Fabienne Willi

ArG
Arbeitsgesetz

ArG

Herausgegeben und erläutert von
Prof. Dr. iur. Roland A. Müller
Rechtsanwalt

Ausgabe 2009

orell füssli Verlag AG

Stand der Gesetzgebung: 1. Januar 2009

Änderungen bei den im Buch enthaltenen Erlassen
können abgerufen werden unter:
www.navigator.ch/updates

Zitiervorschlag: OFK-Müller, Kommentar ArG 6 N 4

© 2009 Orell Füssli Verlag AG, Zürich
www.ofv.ch
Alle Rechte vorbehalten

Dieses Werk ist urheberrechtlich geschützt. Dadurch begründete Rechte, insbesondere
der Übersetzung, des Nachdrucks, des Vortrags, der Entnahme von Abbildungen und Tabellen,
der Funksendung, der Mikroverfilmung oder der Vervielfältigung auf andern Wegen und
der Speicherung in Datenverarbeitungsanlagen, bleiben, auch bei nur auszugsweiser Verwertung,
vorbehalten. Vervielfältigungen des Werkes oder von Teilen des Werkes sind auch im Einzelfall
nur in den Grenzen der gesetzlichen Bestimmungen des Urheberrechtsgesetzes in der jeweils
geltenden Fassung zulässig. Sie sind grundsätzlich vergütungspflichtig.

Druck: fgb · freiburger graphische betriebe, Freiburg
ISBN 978-3-280-07145-8

Bibliografische Information der Deutschen Bibliothek:
Die Deutsche Bibliothek verzeichnet diese Publikation in der
Deutschen Nationalbibliografie; detaillierte bibliografische
Daten sind im Internet abrufbar über http://dnb.d-nb.de

Vorwort

Zur 7. Auflage

Seit der 6. Auflage (2001) ist einige Zeit verstrichen und eine Neuauflage drängte sich auf. Zwar wurden in den letzten Jahren keine fundamentalen ArG-Revisionen vorgenommen. Vielmehr galt es, das am 1. August 2000 in Kraft getretene, revidierte Arbeitsgesetz mit seinen neuen Verordnungen zu konsolidieren. Selbstverständlich blieb aber im Bereich des Arbeitnehmerschutzes die Zeit keineswegs stehen und es erfolgten zahlreiche kleinere und grössere Anpassungen. Die vorliegende Neuauflage bot nun Gelegenheit, diese Änderungen und die neuere Rechtsprechung einzuarbeiten.

Die Neuerungen seit der letzten Auflage betreffen im Wesentlichen folgende Bereiche: **Vereinfachung von Bewilligungsverfahren** (Änderungen der zuständigen Behörde im Bereich der Unterstellungsverfügungen für industrielle Betriebe nach ArG 5 I sowie im Bereich des Plangenehmigungs- und Betriebsbewilligungsverfahrens nach ArG 7, beides in Kraft seit 1. Juni 2008); die Einführung **4 bewilligungsfreier Sonntage für Verkaufsgeschäfte** per 1. Juli 2008 (ArG 19 VI); die Herabsetzung des **Jugendschutzalters auf 18 Jahre** (ArG 29 I) und der Erlass der **Jugendarbeitsschutzverordnung** vom 28. September 2007 (ArGV 5), beides in Kraft seit 1. Januar 2008 (inkl. Verordnung des EVD vom 4. Dezember 2007 über gefährliche Arbeiten für Jugendliche sowie Verordnung des EVD vom 29. Mai 2008 über die Ausnahmen vom Verbot von Nacht- und Sonntagsarbeit während der beruflichen Grundbildung); Änderungen in der **Rechtspflege** mit der Einführung des Bundesverwaltungsgerichtes und der Aufhebung der Rekurskommission EVD per 1. Januar 2007; die Einführung von Sonderbestimmungen für **Bahnhöfe und Flughäfen** in ArG 27 I^{ter} per 1. April 2006 (inkl. ArGV 2 26a und entsprechende EVD-Verordnung); die **Unterstellung der Assistenzärzte** per 1. Januar 2005 (ArG 3 lit. e); in einigen Punkten wurde die **ArGV 2 geändert**, was zu betrieblichen Erleichterungen führte (z.B. für medizinische Labors, fleischverarbeitende Betriebe, künstlerisch-technische Arbeitnehmende und schliesslich eine Gleichstellung der Hauslieferungsdienste [z.B. Pizzakuriere] mit Restaurants durch Änderung von ArGV 2 23); im Zusammenhang mit einer Reorganisation des Eidg. Arbeitsinspektorates die Verordnung des EVD vom 7. August 2002 über die Gebietszuständigkeit der Organe der Eidgenössischen **Arbeitsinspektion** sowie schliesslich die **Mutterschutzverordnung** vom 20. März 2001.

Zu den einzelnen arbeitsgesetzlichen Themen, welche in letzter Zeit besonders aktuell waren, zählt die Frage der sog. **Vertrauensarbeitszeit** (vgl. Kommentar zu ArG 46).

Frau lic. iur. Christine Petrovic und Herrn Rechtsanwalt Dr. Jürg Flütsch danke ich für die kritische Durchsicht das Manuskripts.

Zürich, im März 2009
Prof. Dr. Roland A. Müller

Inhaltsverzeichnis

Inhaltsverzeichnis 7
Abkürzungsverzeichnis 15
Literaturverzeichnis 19
Kommentar zum Bundesgesetz 21

Nr. 1 Bundesgesetz über die Arbeit in Industrie, Gewerbe und Handel
(Arbeitsgesetz, ArG) 22
    I. Geltungsbereich 22
    II. Gesundheitsschutz und Plangenehmigung 47
    III. Arbeits- und Ruhezeit 60
        1. Arbeitszeit 60
        2. Ruhezeit 77
        3. Ununterbrochener Betrieb 102
        4. Weitere Vorschriften 104
    IV. Sonderschutzvorschriften 112
        1. Jugendliche Arbeitnehmer 112
        2. Schwangere Frauen und stillende Mütter 122
        3. Arbeitnehmer mit Familienpflichten 127
        4. Andere Gruppen von Arbeitnehmern 128
    V. Betriebsordnung 129
    VI. Durchführung des Gesetzes 138
        1. Durchführungsbestimmungen 138
        2. Aufgaben und Organisation der Behörden 139
        3. Pflichten der Arbeitgeber und Arbeitnehmer 149
        4. Verwaltungsverfügungen und Verwaltungsmassnahmen 155
        5. Verwaltungsrechtspflege 161
        6. Strafbestimmungen 163
    VII. Änderung von Bundesgesetzen 169
    VIII. Schluss- und Übergangsestimmungen 170
        Schlussbestimmungen der Änderung vom 20. März 1998 173

Inhaltsverzeichnis

Verordnungen *175*

Nr. 2 Verordnung 1 zum Arbeitsgesetz (ArGV 1) 176
  1. Kapitel: Geltungsbereich 176
    1. Abschnitt: Begriffe 176
    2. Abschnitt: Betrieblicher Geltungsbereich 177
    3. Abschnitt: Ausnahmen vom betrieblichen Geltungsbereich 178
    4. Abschnitt: Ausnahmen vom persönlichen Geltungsbereich 179
  2. Kapitel: Arbeits- und Ruhezeiten 180
    1. Abschnitt: Allgemeine Bestimmungen 180
    2. Abschnitt: Pausen und Ruhezeit 182
    3. Abschnitt: Wöchentliche Höchstarbeitszeit 184
    4. Abschnitt: Überzeitarbeit 186
    5. Abschnitt: Voraussetzungen für Nacht- und Sonntagsarbeit und den ununterbrochenen Betrieb 187
    6. Abschnitt: Besondere Formen der Nachtarbeit 188
    7. Abschnitt: Lohn- und Zeitzuschlag 189
    8. Abschnitt: Schichtarbeit 191
    9. Abschnitt: Ununterbrochener Betrieb 192
    10. Abschnitt: Arbeitszeitbewilligungen 194
  3. Kapitel: Massnahmen bei Nachtarbeit 195
    1. Abschnitt: Medizinische Untersuchung und Beratung 195
    2. Abschnitt: Weitere Massnahmen 197
  4. Kapitel 197
  5. Kapitel: Sonderschutz von Frauen 198
    1. Abschnitt: Beschäftigung bei Mutterschaft 198
    2. Abschnitt: Gesundheitsschutz bei Mutterschaft 198
    3. Abschnitt: Beschäftigungseinschränkungen und -verbote 200
  6. Kapitel: Besondere Pflichten der Arbeitgeber und Arbeitnehmer 201
    1. Abschnitt: Betriebsordnung 201
    2. Abschnitt: Weitere Pflichten gegenüber Arbeitnehmern und Arbeitnehmerinnen 202
    3. Abschnitt: Pflichten gegenüber Vollzugs- und Aufsichtsorganen ... 203
  7. Kapitel: Aufgaben und Organisation der Behörden 204
    1. Abschnitt: Bund 204
    2. Abschnitt: Kantone 206
    3. Abschnitt: Eidgenössische Arbeitskommission 207
  8. Kapitel: Datenschutz und Datenverwaltung 208
    1. Abschnitt: Schweigepflicht, Datenbekanntgabe und Auskunftsrecht ... 208
    2. Abschnitt: Informations- und Dokumentationssysteme 209

Inhaltsverzeichnis

9. Kapitel: Schlussbestimmungen 211
   1. Abschnitt: Aufhebung bisherigen Rechts 211
   2. Abschnitt: Übergangsbestimmungen 211
   3. Abschnitt: Inkrafttreten 212
Anhang: Nachweis der technischen oder wirtschaftlichen Unentbehrlichkeit von Nacht- oder Sonntagsarbeit für einzelne Arbeitsverfahren (Art. 28 Abs. 4) 212

Nr. 3   Verfügung Nr. 1 des Eidgenössischen Volkswirtschaftsdepartements zum Arbeitsgesetz (Internationale Organisationen) 215

Nr. 4   Verordnung des EVD über gefährliche und beschwerliche Arbeiten bei Schwangerschaft und Mutterschaft (Mutterschutzverordnung) 217
1. Kapitel: Allgemeine Bestimmungen 217
   1. Abschnitt: Gegenstand 217
   2. Abschnitt: Überprüfung von Schutzmassnahmen 217
2. Kapitel: Risikobeurteilung und Ausschlussgründe 219
   1. Abschnitt: Beurteilungskriterien der Gefährdung 219
   2. Abschnitt: Stark belastende Arbeitszeitsysteme 222
   3. Abschnitt: Ausschlussgründe 222
3. Kapitel: Fachlich kompetente Personen und Information 223
4. Kapitel: Schlussbestimmung 223

Nr. 5   Verordnung 2 zum Arbeitsgesetz (Sonderbestimmungen für bestimmte Gruppen von Betrieben oder Arbeitnehmern und Arbeitnehmerinnen; ArGV 2) 224
1. Abschnitt: Gegenstand und Begriffe 224
2. Abschnitt: Sonderbestimmungen 225
3. Abschnitt: Unterstellte Betriebsarten und Arbeitnehmer 228
4. Abschnitt: Schlussbestimmungen 239

Nr. 6   Verordnung 3 zum Arbeitsgesetz (Gesundheitsvorsorge; ArGV 3) 240
1. Kapitel: Allgemeine Bestimmungen 240
2. Kapitel: Besondere Anforderungen der Gesundheitsvorsorge 243
   1. Abschnitt: Gebäude und Räume 243
   2. Abschnitt: Licht, Raumklima, Lärm und Erschütterungen 244
   3. Abschnitt: Arbeitsplätze 245
   4. Abschnitt: Lasten 246
   5. Abschnitt: Überwachung der Arbeitnehmer 246
   6. Abschnitt: Persönliche Schutzausrüstung und Arbeitskleidung 247
   7. Abschnitt: Garderoben, Waschanlagen, Toiletten, Ess- und Aufenthaltsräume, Erste Hilfe 247
   8. Abschnitt: Unterhalt und Reinigung 249

3. Kapitel: Schlussbestimmungen 250

Nr. 7 Verordnung 4 zum Arbeitsgesetz (Industrielle Betriebe, Plangenehmigung und Betriebsbewilligung; ArGV 4) 251
   1. Kapitel: Geltungsbereich 251
   2. Kapitel: Bau und Einrichtung von Betrieben mit Plangenehmigungspflicht 253
      1. Abschnitt: Allgemeine Bestimmungen 253
      2. Abschnitt: Arbeitsräume 253
      3. Abschnitt: Verkehrswege 254
      4. Abschnitt: Licht, Raumluft 257
      5. Abschnitt: Betriebe mit besonderen Gefahren 258
      6. Abschnitt: Richtlinien und Ausnahmebewilligungen 260
   3. Kapitel: Industrielle Betriebe 261
      1. Abschnitt: Allgemeine Bestimmungen 261
      2. Abschnitt: Unterstellungsverfahren 262
   4. Kapitel: Plangenehmigung und Betriebsbewilligung 264
      1. Abschnitt: Plangenehmigungsverfahren 264
      2. Abschnitt: Betriebsbewilligungsverfahren 266
      3. Abschnitt: Besondere Bestimmungen 267
   5. Kapitel: Schlussbestimmungen 268

Nr. 8 Verordnung 5 zum Arbeitsgesetz (Jugendarbeitsschutzverordnung, ArGV 5) 269
   1. Abschnitt: Allgemeine Bestimmungen 269
   2. Abschnitt: Besondere Tätigkeiten 270
   3. Abschnitt: Beschäftigung schulentlassener Jugendlicher unter 15 Jahren 272
   4. Abschnitt: Arbeits- und Ruhezeit 272
   5. Abschnitt: Ärztliches Zeugnis 275
   6. Abschnitt: Pflicht des Arbeitgebers zur Information und Anleitung 275
   7. Abschnitt: Aufgaben und Organisation der Behörden 276
   8. Abschnitt: Schlussbestimmungen 276

Nr. 9 Verordnung des EVD über gefährliche Arbeiten für Jugendliche 277

Nr. 10 Verordnung des EVD über die Ausnahmen vom Verbot von Nacht- und Sonntagsarbeit während der beruflichen Grundbildung 279

Inhaltsverzeichnis

Anhang *285*

Nr. 11 Verzeichnis der den Sonntagen gleichgestellten kantonalen Feiertage 286
  Feiertage Schweiz 286
    Kantonale Feiertage 286
    Kantonale und regionale Ausnahmen 289
      Aargau 289
      Appenzell IR 290
      Appenzell AR 290
      Bern 291
      Freiburg 291
      Fribourg 291
      Neuchâtel 292
      Solothurn 292

Nr. 12 Auszug aus dem Bundesgesetz über die Unfallversicherung (UVG) 293

Nr. 13 Verordnung über die Verhütung von Unfällen und Berufskrankheiten
  (Verordnung über die Unfallverhütung, VUV) 297
  Erster Titel: Vorschriften über die Verhütung von Berufsunfällen und
  Berufskrankheiten (Arbeitssicherheit) 297
    1. Kapitel: Geltungsbereich 297
    2. Kapitel: Pflichten der Arbeitgeber und der Arbeitnehmer im
    allgemeinen 299
      1. Abschnitt: Pflichten des Arbeitgebers 299
      2. Abschnitt: Pflichten des Arbeitnehmers 301
    2a. Kapitel: Beizug von Arbeitsärzten und anderen Spezialisten der
    Arbeitssicherheit 302
    3. Kapitel: Sicherheitsanforderungen 305
      1. Abschnitt: Gebäude und andere Konstruktionen 305
      2. Abschnitt: Arbeitsmittel 308
      3. Abschnitt: Arbeitsumgebung 311
      4. Abschnitt: Arbeitsorganisation 313
  Zweiter Titel: Organisation 315
    1. Kapitel: Arbeitssicherheit 315
      1. Abschnitt: Durchführungsorgane 315
      2. Abschnitt: Koordinationskommission 318
    2. Kapitel: Verhütung von Nichtberufsunfällen 320
  Dritter Titel: Vollzug der Vorschriften über die Arbeitssicherheit 321
    1. Kapitel: Kontrolle, Anordnungen und Vollstreckung 321
      1. Abschnitt: Kontrolle 321

2. Abschnitt: Anordnungen 322
3. Abschnitt: Vollstreckung 323
2. Kapitel: Ausnahmebewilligungen 324
3. Kapitel: Datenbank der Koordinationskommission 324
Vierter Titel: Arbeitsmedizinische Vorsorge 325
1. Kapitel: Unterstellung 325
2. Kapitel: Vorsorgeuntersuchungen 325
3. Kapitel: Ausschluss gefährdeter Arbeitnehmer 327
4. Kapitel: Ansprüche des Arbeitnehmers 328
   1. Abschnitt: Persönliche Beratung 328
   2. Abschnitt: Übergangstaggeld 329
   3. Abschnitt: Übergangsentschädigung 329
   4. Abschnitt: Kürzung des Übergangstaggeldes oder der Übergangsentschädigung 331
Fünfter Titel: Finanzierung 331
1. Kapitel: Arbeitssicherheit 331
2. Kapitel: Verhütung von Nichtberufsunfällen 333
Schlussbestimmung der Änderung vom 1. Juni 1993 336

Nr. 14 Bundesgesetz über die Sicherheit von technischen Einrichtungen und Geräten (STEG) 337
1. Kapitel: Geltungsbereich und Begriffe 337
2. Kapitel: Voraussetzungen für das Inverkehrbringen 338
3. Kapitel: Behörden und Durchführung 339
4. Kapitel: Strafmassnahmen 341
5. Kapitel: Schlussbestimmungen 342

Nr. 15 Verordnung über die Sicherheit von technischen Einrichtungen und Geräten (STEV) 343
1. Abschnitt: Begriffe 343
2. Abschnitt: Besondere Voraussetzungen für das Inverkehrbringen 344
3. Abschnitt: Technische Unterlagen, Bezug von Regeltexten, Ausstellen und Vorführen 346
4. Abschnitt: Nachträgliche Kontrolle 347
5. Abschnitt: Aufsicht und Koordination 349
6. Abschnitt: Schlussbestimmungen 349
Anhang 1: Konformitätsbewertung (Art. 5 Abs. 1) 350
Anhang 2: Konformitätserklärung (Art. 7 Abs. 1) 351
Anhang 3: Spezielle Anforderungen an die technischen Unterlagen (Art. 8 Abs. 2) 353

Inhaltsverzeichnis

Nr. 16	Bundesgesetz über die Information und Mitsprache der Arbeitnehmerinnen und Arbeitnehmer in den Betrieben (Mitwirkungsgesetz) 355

1. Abschnitt: Allgemeine Bestimmungen 355
2. Abschnitt: Arbeitnehmervertretung 356
3. Abschnitt: Mitwirkungsrechte... 356
4. Abschnitt: Zusammenarbeit 357
5. Abschnitt: Rechtspflege 358
6. Abschnitt: Schlussbestimmungen 359

Nr. 17	Bundesgesetz über die Arbeit in Unternehmen des öffentlichen Verkehrs (Arbeitszeitgesetz, AZG) 360

I. Geltungsbereich... 360
II. Arbeits- und Ruhezeit 361
    1. Arbeitnehmer im Betriebsdienst... 361
    2. Arbeitnehmer im Verwaltungsdienst 365
III. Ferien... 365
IV. Gesundheitsvorsorge und Unfallverhütung 365
V. Sonderschutz.. 366
VI. Durchführung des Gesetzes... 367
VII. Strafbestimmungen... 368
VIII. Schluss- und Übergangsbestimmungen 369

Nr. 18	Verordnung über die Arbeit in Unternehmen des öffentlichen Verkehrs (Verordnung zum Arbeitszeitgesetz, AZGV) 371

I. Geltungsbereich... 371
II. Arbeits- und Ruhezeit 373
III. Ferien... 386
IV. Gesundheitsvorsorge und Unfallverhütung 387
V. Sonderschutz.. 388
VI. Durchführung des Gesetzes... 389
VII. Ausnahmebestimmungen.. 389
VIII. Arbeitszeitgesetzkommission 390
IX. Schluss- und Übergangsbestimmungen 391

Nr. 19	Verordnung über die Arbeits- und Ruhezeit der berufsmässigen Motorfahrzeugführer und -führerinnen (Chauffeurverordnung, ARV 1) 397

1. Abschnitt: Gegenstand und Begriffe 397
2. Abschnitt: Geltungsbereich 398
3. Abschnitt: Lenkzeiten, Arbeitszeiten, Pausen, Ruhezeiten 400
4. Abschnitt: Kontrollbestimmungen 404
5. Abschnitt: Sonderbestimmungen 414

6. Abschnitt: Strafbestimmungen und Strafverfolgung... 415
7. Abschnitt: Vollzug... 416
8. Abschnitt: 417
9. Abschnitt: Inkrafttreten 417

Nr. 20 Bundesgesetz über die Heimarbeit (Heimarbeitsgesetz, HArG) 418
1. Abschnitt: Geltungsbereich 418
2. Abschnitt: Pflichten der Arbeitgeber und der Heimarbeitnehmer......................... 419
3. Abschnitt: Strafbestimmungen 421
4. Abschnitt: Vollzugsbestimmungen... 421
5. Abschnitt: Schlussbestimmungen.. 422

Nr. 21 Verordnung über die Heimarbeit (Heimarbeitsverordnung, HArGV)...................... 424
1. Abschnitt: Geltungsbereich 424
2. Abschnitt: Rechte und Pflichten der Arbeitgeber und Heimarbeitnehmer 424
3. Abschnitt: Vollzugsbestimmungen... 427
4. Abschnitt: Schlussbestimmungen.. 428

Nr. 22 Auszug aus dem Bundesgesetz über den Erwerbsersatz für Dienstleistende und bei Mutterschaft (Erwerbsersatzgesetz, EOG).. 430

Nr. 23 Auszug aus der Verordnung zum Erwerbsersatzgesetz (EOV)............................... 433

Weitere Dokumente... 438

Sachregister 439

Abkürzungsverzeichnis

a.A.	anderer Ansicht
AAB	Allgemeine Arbeitsbedingungen
aArG	BG vom 13. März 1964 über die Arbeit in Industrie, Gewerbe und Handel (Arbeitsgesetz), *Fassung vor den Änderungen gemäss BG vom 20. März 1998 (in Kraft seit 1. September 2000)*
Abs.	Absatz
a.E.	am Ende
AGer	Arbeitsgericht
AJP	Aktuelle Juristische Praxis, Lachen
Art.	Artikel
ArbR	Mitteilungen des Instituts für Schweizerisches Arbeitsrecht, Bern
ArG	BG vom 13. März 1964 über die Arbeit in Industrie, Gewerbe und Handel (Arbeitsgesetz), SR 822.11 → Nr. 1
ArGV 1	Verordnung 1 vom 10. Mai 2000 zum Arbeitsgesetz, SR 822.111 → Nr. 2
ArGV 2	Verordnung 2 vom 10. Mai 2000 zum Arbeitsgesetz (Sonderbestimmungen für bestimmte Gruppen von Betrieben oder Arbeitnehmern und Arbeitnehmerinnen), SR 822.112 → Nr. 5
ArGV 3	Verordnung 3 vom 18. August 1993 zum Arbeitsgesetz (Gesundheitsvorsorge), SR 822.113 → Nr. 6
ArGV 4	Verordnung 4 vom 18. August 1993 zum Arbeitsgesetz (Industrielle Betriebe, Plangenehmigung und Betriebsbewilligung), SR 822.114 → Nr. 7
ArGV 5	Verordnung 5 vom 28. September 2007 zum Arbeitsgesetz (Jugendarbeitsschutzverordnung), SR 822.115 → Nr. 8
ARV	Arbeitsrecht und Arbeitslosenversicherung, Mitteilungsblatt des BIGA = seit 2001: Portmann/Aubert/Müller/Dunand/von Kaenel/Gaillard/Chanson (Hrsg.): Arbeitsrecht (Zeitschrift für Arbeitsrecht und Arbeitslosenversicherung), Zürich

ARV 1	Verordnung vom 19. Juni 1995 über die Arbeits- und Ruhezeit der berufsmässigen Motorfahrzeugführer und -führerinnen (Chauffeurverordnung), SR 822.221 → Nr. 19
AZG	BG vom 8. Okt.1971 über die Arbeit in Unternehmen des öffentlichen Verkehrs (Arbeitszeitgesetz), SR 822.21 → Nr. 17
AZGV	Verordnung vom 26. Januar 1972 über die Arbeit in Unternehmen des öffentlichen Verkehrs (Verordnung zum Arbeitszeitgesetz), SR 822.211 → Nr. 18
BBG	BG über die Berufsbildung vom 13. Dezember 2002, SR 412.10
BBl	Bundesblatt
Bericht WAK	Parlamentarische Initiative «Revision des Arbeitsgesetzes» (WAK-N), Bericht der Kommission für Wirtschaft und Abgaben des Nationalrats vom 17. November 1997, BBl 1997 1394 ff.
BezG	Bezirksgericht
BG	Bundesgesetz
BGE	Entscheidungen des Schweizerischen Bundesgerichts, Amtliche Sammlung
BGer	Bundesgericht
BIGA	Bundesamt für Industrie, Gewerbe und Arbeit; seit 1. Januar 1998 neu: Bundesamt für Wirtschaft und Arbeit (BWA); seit 1. Juli 1999 neu: Staatssekretariat für Wirtschaft (SECO)
BO	Betriebsordnung
Botschaft	Botschaft des Bundesrates vom 30. Sept.1960 zum Entwurf eines BG über die Arbeit in Industrie, Gewerbe und Arbeit, BBl 1960 II 909 ff.
Botschaft Rev.	Botschaft über die Änderung des Bundesgesetzes über die Arbeit in Industrie, Gewerbe und Handel vom 2. Februar 1994, BBl 1994 II 157 ff.
BPG	Bundespersonalgesetz vom 24. März 2000, SR 172.220.1
BR	Bundesrat
BRB	Bundesratsbeschluss
Bsp.	Beispiel
BV	Bundesverfassung der Schweizerischen Eidgenossenschaft vom 18. April 1999, SR 101
BWA	Bundesamt für Wirtschaft und Arbeit (seit 1. Januar 1998, vormals BIGA); seit 1. Juli 1999 neu: Staatssekretariat für Wirtschaft (SECO)
d.h.	das heisst
DSG	Bundesgesetz über den Datenschutz vom 19. Juni 1992, SR 235.1
ebd.	ebenda
eidg.	eidgenössisch
EVD	Eidg. Volkswirtschaftsdepartement

GAV	Gesamtarbeitsvertrag
Gew. SchGer	Gewerbliches Schiedsgericht
HArG	BG vom 12. Dez.1940 über die Heimarbeit, SR 822.31 → Nr. 20
HArGV	Heimarbeitsverordnung vom 20. Dezember 1982, SR 822.311 → Nr. 21
Hrsg. / hrsg.	Herausgeber / herausgegeben
Hs.	Halbsatz
i. Zw.	im Zweifel
i.S.	im Sinne
JAR	Jahrbuch des schweizerischen Arbeitsrechts, Bern
KVG	BG vom 18. März 1994 über die Krankenversicherung, SR 832.10
lit.	litera (Buchstabe)
Mitwirkungsgesetz	BG vom 17. Dezember 1993 über die Information und Mitsprache der Arbeitnehmerinnen und Arbeitnehmer in den Betrieben, SR 822.14 → Nr. 16
Mutterschutzverordnung	Verordnung des EVD vom 20. März 2001 über gefährliche und beschwerliche Arbeiten bei Schwangerschaft und Mutterschaft, SR 822.111.52 → Nr. 4
N	Note (Anmerkung)
NatR	Amtl. Bulletin der Bundesversammlung, Nationalrat
NAV	Normalarbeitsvertrag
o.	oben
ObG	Obergericht
OR	BG vom 30. März 1911 über das Obligationenrecht, SR 220
s.	siehe
S.	Satz
SAE	Sammlung arbeitsrechtlicher Entscheide, Schweizerischer Arbeitgeberverband (Hrsg.)
sc.	scilicet (das heisst)
SchKG	BG vom 11. April 1889 über Schuldbetreibung und Konkurs, SR 281.1
SECO	Staatssekretariat für Wirtschaft (seit 1. Juli 1999, vorher BWA, vormals BIGA)
SJZ	Schweizerische Juristen-Zeitung, Zürich
SR	Systematische Sammlung des Bundesrechts
StändeR	Amtl. stenographisches Bulletin der Bundesversammlung, Ständerat
STEG	BG vom 19. März 1976 über die Sicherheit von technischen Einrichtungen und Geräten, SR 819.1 → Nr. 14
STEV	Verordnung vom 12. Juni 1995 über die Sicherheit von technischen Einrichtungen und Geräten, SR 819.11 → Nr. 15

StGB	Schweizerisches Strafgesetzbuch vom 21. Dez.1937, SR 311.0
StPO	Strafprozessordnung
SUVA	Schweizerische Unfallversicherungsanstalt
SVG	Strassenverkehrsgesetz vom 19. Dezember 1958, SR 741.01
UVG	Bundesgesetz vom 20. März 1981 über die Unfallversicherung, SR 832.20, Art. 81 ff. → Nr. 12
V / VO	Verordnung
Vorbem.	Vorbemerkung
VUV	Verordnung vom 19. Dezember 1983 über die Verhütung von Unfällen und Berufskrankheiten, SR 832.30 → Nr. 13
VV / VVO	Vollziehungsverordnung
VwVG	BG vom 20. Dez. 1968 über das Verwaltungsverfahren, SR 172.021
WAK	Kommission für Wirtschaft und Abgaben

Wo von Arbeitnehmer gesprochen wird, ist stets auch Arbeitnehmerin gemeint.

Literaturverzeichnis

Bigler Friedrich-Walter, Kommentar zum Arbeitsgesetz, 3. Aufl., Zürich 1986
Canner Rudolf/Schoop René, Arbeitsgesetz, 2. Aufl., Zürich 1976
Geiser Thomas/von Kaenel Adrian/Wyler Rémy (Hrsg.), Arbeitsgesetz, Bern 2005
    (zitiert: Bearbeiter, Stämpflis Handkommentar)
Hug Walther (Hrsg.), Kommentar zum Arbeitsgesetz, Bern 1971
    (zitiert: Bearbeiter in Hug)
Müller Roland A., Die Arbeitnehmervertretung. Schriften zum schweizerischen
    Arbeitsrecht Bd. 43, Bern 1999 (zit. Müller SSA)
Müller Roland A., Arbeitsgesetz, 6. Aufl., Zürich 2001
Portmann Wolfgang/Stöckli Jean-Fritz, Schweizerisches Arbeitsrecht,
    Zürich/St. Gallen 2007
Rehbinder Manfred, Schweizerisches Arbeitsrecht, 15. Aufl., Bern 2002
Rehbinder Manfred/Müller Roland A., Arbeitsgesetz, 5. Aufl., Zürich 1998
Tschudi Hans Peter, Schweizerisches Arbeitsschutzrecht, Bern 1985
SECO – Direktion für Arbeit (Hrsg.), Wegleitung I: Wegleitung zum Arbeitsgesetz
    und zu den Verordnungen 1 und 2, Bern, April 2001
    (3. Überarbeitung 2007/2008)
SECO – Direktion für Arbeit (Hrsg.), Wegleitung II: Wegleitung zu den Verordnungen 3
    und 4 zum Arbeitsgesetz, Bern 1995 (5. Überarbeitung 2007/2008)

***Kommentar zum Bundesgesetz über die
Arbeit in Industrie, Gewerbe und Handel
(Arbeitsgesetz, ArG)***

Nr. 1 Bundesgesetz über die Arbeit in Industrie, Gewerbe und Handel (Arbeitsgesetz, ArG)

vom 13. März 1964 (Stand am 1. August 2008)[1]

SR 822.11

Die Bundesversammlung der Schweizerischen Eidgenossenschaft,
gestützt auf die Artikel 26, 31bis Absatz 2, 34bis, 34ter, 36, 64, 64bis, 85, 103 und 114bis der Bundesverfassung[2],[3]
nach Einsicht in eine Botschaft des Bundesrates vom 30. September 1960[4],
beschliesst:

I. Geltungsbereich

Art. 1 Betrieblicher und persönlicher Geltungsbereich

[1] Das Gesetz ist, unter Vorbehalt der Artikel 2–4, anwendbar auf alle öffentlichen und privaten Betriebe.[5]

[2] Ein Betrieb im Sinne des Gesetzes liegt vor, wenn ein Arbeitgeber dauernd oder vorübergehend einen oder mehrere Arbeitnehmer beschäftigt, unabhängig davon, ob bestimmte Einrichtungen oder Anlagen vorhanden sind. Wenn die Voraussetzungen für die Anwendbarkeit des Gesetzes nur für einzelne Teile eines Betriebes gegeben sind, ist das Gesetz nur auf diese anwendbar.

[3] Auf Arbeitnehmer, welche ein im Auslande gelegener Betrieb in der Schweiz beschäftigt, ist das Gesetz anwendbar, soweit dies nach den Umständen möglich ist.

AS 1966 57

1 Fassung gemäss Ziff I des BG vom 21. Dez. 2007, in Kraft seit 1. Juli 2008 (AS 2008 2903 2904; BBl 2007 4261 4269).

2 [BS 1 3; AS 1976 2001]. Den genannten Bestimmungen entsprechen heute die Art. 63, 87, 92, 95, 110, 117, 122, 177 Abs. 3, 188 Abs. 2 und 190 Abs. 1 (nach Inkrafttreten des Bundesbeschlusses vom 8. Okt. 1999 über die Reform der Justiz; BBl 1999 8633; Art. 188 Abs. 2, 189 Abs. 1, 191 Abs. 3 und 191a Abs. 2) der BV vom 18. April 1999 (SR 101).

3 Fassung gemäss Ziff. VII 3 des BG vom 24. März 2000 über die Schaffung und die Anpassung gesetzlicher Grundlagen für die Bearbeitung von Personendaten, in Kraft seit 1. Sept. 2000 (AS 2000 1891 1914; BBl 1999 9005).

4 BBl 1960 II 909.

5 Fassung gemäss Ziff. I des BG vom 20. März 1998, in Kraft seit 1. Aug. 2000 (AS 2000 1569 1580; BBl 1998 1394).

Zu Abs. 1

1 Der Geltungsbereich des Gesetzes erfasst alle Betriebe (zum Betriebsbegriff s. Kommentar zu Abs. 2 N 1; GEISER, Stämpflis Handkommentar, ArG 1 N 7 ff.), unabhängig vom jeweiligen Wirtschaftszweig. Die bisher überflüssige und irreführende Aufzählung von Wirtschaftszweigen wurde gestrichen (REHBINDER/MÜLLER, Art. 1 Abs. 1 N 1). Noch immer irreführend ist jedoch der Titel des Arbeitsgesetzes («Arbeit in Industrie, Gewerbe und Handel»), weil zu eng; denn das Gesetz erfasst z.B. auch die freien Berufe. Ausgenommen vom Geltungsbereich sind lediglich Betriebe der in ArG 2 und ArG 4 Abs. 1 genannten Art. Einige Sondervorschriften des Gesetzes gelten nur für industrielle Betriebe (s. ArG 5).

2 Die bisher explizite Erwähnung von «Forstbetrieben öffentlicher Waldungen» wurde gestrichen, da diese ohnehin vom Betriebsbegriff des Gesetzes erfasst werden (REHBINDER/MÜLLER, Art. 1 Abs. 1 N 2). Die Anwendbarkeit des Gesetzes auf die öffentlich-rechtlichen Forstbetriebe ergibt sich, unter Vorbehalt von ArG 71 lit. b, aus ArG 2 Abs. 2 und ArGV 1 4 lit. a (→ Nr. 2). Die privatrechtlichen Forstbetriebe dagegen sind als Betriebe der landwirtschaftlichen Urproduktion vom Geltungsbereich ausgenommen (ArG 2 Abs. 1 lit. d und ArGV 1 5 Abs. 1).

Andererseits unterscheidet auch das Bundesgesetz über den Wald (Waldgesetz, WaG) vom 04.10.1991 (SR 921.0), welches das Forstpolizeigesetz von 1902 abgelöst hat, nicht mehr zwischen öffentlichen und privaten Waldungen.

Zu Abs. 2

1 Der Geltungsbereich des Gesetzes wird durch den Betriebsbegriff bestimmt (s. Kommentar zu Abs. 1 N 1). Die Begriffsbestimmung des Betriebes in ArG 1 Abs. 2 S. 1 weicht unglücklicherweise vom allgemeinen Betriebsbegriff ab (dazu REHBINDER § 4 B; GEISER, Stämpflis Handkommentar, ArG 1 N 8) und setzt diesen mit der Arbeitsorganisation gleich. Ohne ArG 2 Abs. 1 lit. a würden die Dienststellen der öffentlichen Verwaltung bei dieser Begriffsbestimmung unter das Gesetz fallen und ohne ArG 2 Abs. 1 lit. g auch die private Haushaltung. Das Geflecht von Grundsätzen und Ausnahmebestimmungen für den Geltungsbereich des Gesetzes wäre einfacher und übersichtlicher, hätte man sich an den üblichen Betriebsbegriff gehalten.

Betrieb i.S. des Gesetzes ist jede Arbeitsorganisation, in der ein Arbeitnehmer (vgl. ArGV 1 1, → Nr. 2) beschäftigt wird, der in den persönlichen Geltungsbereich des Gesetzes fällt (dazu den nachfolgenden Kommentar in N 2). Besondere Einrichtungen und Räumlichkeiten der Arbeitsorganisation sind (im Gegensatz zur Anwendung der Sondervorschriften für industrielle Betriebe nach ArG 5 Abs. 2) nicht erforderlich, so dass z.B. auch das Wandergewerbe darunter fällt oder die Berufsausübung in eigener Wohnung. Desgleichen nicht erforderlich ist eine erwerbswirtschaftliche Zielsetzung, die z.B. bei gemeinnützigen Einrichtungen fehlt. Entscheidend ist allein, dass ein privatrechtlicher oder öffentlich-rechtlicher Arbeitgeber einen Arbeitnehmer oder eine Arbeitnehmerin in einem privatrechtlichen oder öffentlich-rechtlichen Arbeitsverhältnis beschäftigt. Auf den Abschluss oder die Gültigkeit eines Arbeitsvertrages kommt es dabei nicht an. Arbeitgeber ist hier mit dem Träger der Arbeitsorganisation, dem Betriebsinhaber gleichzusetzen (CANNER/SCHOOP N 6). Daher fällt im Falle der «Ausleihe» von Arbeitskräften unter befreundeten Unternehmen und bei der «temporären» Arbeit auch der sog. konkrete Arbeitgeber (dazu REHBINDER § 4 A I) unter den Betriebsbegriff, der den Arbeitnehmer «entliehen» hat, und nicht nur der abstrakte Arbeitgeber, der den Arbeitsvertrag mit ihm abgeschlossen hat. Über die Anwendung des Gesetzes auf Betriebsteile s. Kommentar in N 3 und auf ausländische Betriebe s. Abs. 3.

Bestehen Zweifel über die Anwendbarkeit des Gesetzes auf bestimmte Betriebe, so entscheidet die zuständige kantonale Vollzugsbehörde (ArG 41 Abs. 3).

2   Neben dem betrieblichen Geltungsbereich des Gesetzes besteht ein persönlicher Geltungsbereich. Er erfasst alle Arbeitnehmer (GEISER, Stämpflis Handkommentar, ArG 1 N 11 ff.). Das sind Personen, die in fremder Arbeitsorganisation und damit in persönlicher Unterordnung Arbeit leisten. Doch müssen sie, wie ArGV 1 1 Abs. 1 feststellt, in einem dem ArG unterstehenden fremden Betrieb beschäftigt sein. Auf den Abschluss und die Gültigkeit eines Arbeitsvertrages kommt es hingegen nicht an (TSCHUDI 28). Daher fallen nach ArGV 1 1 Abs. 2 alle hauptsächlich zur Ausbildung oder zur Vorbereitung der Berufswahl tätigen Personen darunter, auch wenn sie für ihre Arbeitsleistung keinen Lohn erhalten (z.B. Praktikant, Schnupperlehre). Ein Arbeitsvertrag würde hingegen nach OR 319 Abs. 1 eine Lohnzahlungspflicht voraussetzen. Desgleichen ist Arbeitnehmer, wer unentgeltlich aus karitativen Motiven in einer sozialen Organisation tätig ist. Keine Arbeitnehmer sind Verkehrskadetten; denn hier handelt es sich um eine Freizeitgestaltung auf der Grundlage einer Vereinsmitgliedschaft (BR ARV/1980, 23). Ob die Beschäftigung des Arbeitnehmers während der normalen Betriebszeit erfolgt oder nicht (z.B. Reinigung, Wartung oder Überwachung der Betriebsanlagen), ist gleichgültig. Auch kommt es nicht darauf an, ob der betreffende Arbeitnehmer bei der Ermittlung der Mindestzahl der Arbeitnehmer industrieller Betriebe nach ArG 5 Abs. 2 lit. a mitzuzählen ist. Die Ausnahmen vom persönlichen Geltungsbereich des Gesetzes finden sich allein in ArG 3.

Da die Eigenschaft als Arbeitnehmer voraussetzt, dass der Arbeitende in eine fremde Arbeitsorganisation eingegliedert wird, sind die geschäftsführenden Organe juristischer Personen keine Arbeitnehmer, desgleichen die im Betrieb mitarbeitenden Gesellschafter eines Unternehmens (anders nur, wenn ihnen – wie beim Kommanditär – kein originäres Direktionsrecht zusteht) und Personen, die aufgrund körperschaftlicher (z.B. vereinsrechtlicher oder genossenschaftlicher) Verpflichtung Arbeit leisten (z.B. die Bedienung von Gästen durch die Mitglieder eines Klubs), ferner selbstständige Unternehmer wie kaufmännische Hilfspersonen (Agenten, Mäkler, Kommissionäre) und andere Dienstleistungsunternehmer (Handwerker u. ä.), freie Berufe in selbstständiger Praxis (Ärzte, Anwälte, Revisoren) und freie Mitarbeiter (vgl. REHBINDER § 4 A II). Alle diese Personen arbeiten zwar für andere, sie tun dies aber nicht unter Eingliederung in die Arbeitsorganisation der anderen, sondern in selbstständiger Stellung (BezG ZH ARV/1993/94, 75).

Die Tätigkeit der *arbeitnehmerähnlichen Person (sog. Scheinselbstständige)*, in der Regel ausserhalb der Organisation ihres Auftraggebers, ist mit derjenigen der Heimarbeitnehmer vergleichbar (dazu ROLAND A. MÜLLER: Arbeitnehmerähnliche Personen – Rechtsprobleme der Scheinselbstständigkeit, in ArbR 2000, 21 ff., 38). Es erscheint daher sachgerecht, arbeitnehmerähnliche Personen – unter Vorbehalt der Vorschriften über den Gesundheitsschutz – von der Anwendbarkeit des ArG auszunehmen (in Analogie zu ArG 3 lit. f). Eine andere Mei-

I. Geltungsbereich

Nr. 1 ArG **Art. 1**

nung lässt sich nur vertreten, wenn diese Rechtsverhältnisse eine «starke arbeitsvertragliche Ausprägung» aufweisen (so in Wegleitung I, 001-2).

Mit der Eingliederung in die fremde Arbeitsorganisation entsteht für den Arbeitnehmer im Geltungsbereich des Gesetzes die öffentlich-rechtliche Pflicht, den Arbeitgeber in der Durchführung der Vorschriften über die Gesundheitsvorsorge zu unterstützen (ArG 6 Abs. 3 S. 2) und die strafrechtliche Verantwortlichkeit bei schuldhafter Zuwiderhandlung gegen diese Pflicht (ArG 60). Bestehen Zweifel, ob der Arbeitnehmer in den persönlichen Geltungsbereich des Gesetzes fällt, entscheidet die zuständige kantonale Vollzugsbehörde (ArG 41 Abs. 3).

3 Betriebsteile, die eine vom übrigen Betrieb getrennte, organisatorische Einheit darstellen, unterstehen dem Gesetz auch dann, wenn der übrige Betrieb dem Gesetz nicht untersteht. Wird also im Rahmen eines Landwirtschaftsbetriebes eine Gaststätte (Botschaft, 939) oder ein Antiquitätenhandel (vgl. BGE 105 I 357) betrieben, fallen diese in den Geltungsbereich des Gesetzes, obwohl der Gesamtbetrieb als Landwirtschaftsbetrieb nicht vom Gesetz erfasst wird (ArG 2 Abs. 1 lit. d). Umgekehrt fällt die Nutztierhaltung, die als Betriebsteil mit einer (vom ArG erfassten) Viehhandlung verbunden ist, wegen ArG 2 Abs. 1 lit. d aus dem Anwendungsbereich des Gesetzes heraus (Volkswirtschaftsdirektion ZH JAR 1986, 53). Auch hier entscheidet in Zweifelsfällen die kantonale Vollzugsbehörde nach ArG 41 Abs. 3.

Zu Abs. 3

Das ArG wird durch staatliche Vollzugsbehörden durchgesetzt, gehört also zum öffentlichen Recht. Öffentliches Recht gilt nach dem Territorialitätsprinzip nur im jeweils eigenen Staatsgebiet, internationale Abkommen vorbehalten. Daher kann das ArG auf die Arbeitnehmer ausländischer Betriebe keine Anwendung finden, wenn diese im Ausland beschäftigt werden. Werden sie hingegen im Inland beschäftigt, so gilt das Gesetz, soweit die entsprechenden Vorschriften durchsetzbar sind (Botschaft, 939; GEISER, Stämpflis Handkommentar, ArG 1 N 19). Voll durchsetzbar ist das Gesetz, wenn der ausländische Betrieb im Inland eine feste Niederlassung hat (zur Anwendbarkeit der Strafbestimmungen vgl. Kommentar zu ArG 59 Abs. 1 N 1). Zur Anwendbarkeit auf das Personal öffentlicher Verwaltungen ausländischer Staaten und Organisationen vgl. ArG 3 lit. b. Kaum durchsetzbar hingegen ist das Gesetz bei fehlender Niederlassung und vorübergehender Tätigkeit im Inland.

Ungeregelt ist der umgekehrte Fall, dass ein inländisches Unternehmen seine Arbeitnehmer im Ausland beschäftigt (vgl. dazu ZWAHLEN in HUG N 25; für eine differenzierte Betrachtungsweise je nach ArG-Bestimmung: GEISER, Stämpflis Handkommentar, ArG 1 N 20 ff., 40 ff.). Hier kommt es darauf an, wo sich der Sitz des Arbeitsverhältnisses befindet. Ist die Tätigkeit von längerer Dauer, so ist das Arbeitsverhältnis, zumal wenn sich im Ausland eine Niederlassung befindet, nach dem Territorialitätsprinzip dem Geltungsbereich des Gesetzes entzogen. Bei nur vorübergehender Tätigkeit hingegen ist das Gesetz voll anwendbar.

Auch hier entscheidet in Zweifelsfällen die örtlich zuständige kantonale Vollzugsbehörde (s. Kommentar zu Abs. 2 N 1). Über die zivilrechtliche Wirkung des öffentlichen Arbeitsrechts im Falle von Arbeitsverhältnissen mit Auslandsbezug s. VERENA TRUTMANN: Arbeitsrecht und Internationales Privatrecht, ArbR 1986, 64–80, 74–78.

Art. 2 Ausnahmen vom betrieblichen Geltungsbereich

[1] Das Gesetz ist, unter Vorbehalt von Artikel 3a, nicht anwendbar:[1]

a. auf Verwaltungen des Bundes, der Kantone und Gemeinden, unter Vorbehalt von Absatz 2;
b.[2] auf Betriebe, die der Bundesgesetzgebung über die Arbeit in Unternehmen des öffentlichen Verkehrs unterstehen;
c. auf Betriebe, die der Bundesgesetzgebung über die Seeschifffahrt unter der Schweizerflagge unterstehen;
d. auf Betriebe der landwirtschaftlichen Urproduktion, mit Einschluss von Nebenbetrieben, in denen überwiegend die Erzeugnisse des Hauptbetriebes verarbeitet oder verwertet werden, sowie auf örtliche Milchsammelstellen und die damit verbundenen Milchverarbeitungsbetriebe;
e. auf Betriebe mit überwiegend gärtnerischer Pflanzenproduktion, unter Vorbehalt von Absatz 3;
f. auf Fischereibetriebe;
g. auf private Haushaltungen.

[2] Die öffentlichen Anstalten, die den Verwaltungen des Bundes, der Kantone und der Gemeinden gleichzustellen sind, sowie die Betriebe des Bundes, der Kantone und der Gemeinden, auf die das Gesetz anwendbar ist, werden durch Verordnung bezeichnet.

[3] Auf Betriebe mit überwiegend gärtnerischer Pflanzenproduktion, die Lehrlinge ausbilden, können einzelne Bestimmungen des Gesetzes durch Verordnung anwendbar erklärt werden, soweit dies zum Schutze der Lehrlinge erforderlich ist.

[4] Die Bestimmungen des Gesetzes und seiner Verordnungen über das Mindestalter sind anwendbar auf Betriebe im Sinne von Absatz 1 Buchstaben d–g.[3]

Zu Abs. 1

ArG 2 und 4 enthalten eine abschliessende Aufzählung der Ausnahmen vom betrieblichen Geltungsbereich des Gesetzes. Zusammen mit den Betrieben sind auch die dort beschäftigten Arbeitnehmer aus dem Geltungsbereich ausgenommen, es sei denn, diese sind in Betriebsteilen tätig, die nach ArG 1 Abs. 2 S. 2 dem Gesetz unterstehen, oder es ist eine VO über Gärtnereilernende nach ArG 2 Abs. 3 ergangen. Die Tatsache, dass es sich bei der Aufzählung von ArG 2 um Ausnahmebestimmungen handelt, steht nach den allgemein aner-

---

1 Fassung gemäss Ziff. I des BG vom 8. Okt. 1993, in Kraft seit 1. Mai 1994 (AS 1994 1035 1036; BBl 1993 I 805).
2 Fassung gemäss Art. 28 Abs. 2 des Arbeitszeitgesetzes vom 8. Okt. 1971, in Kraft seit 28. Mai 1972 (SR 822.21).
3 Eingefügt durch Ziff. I des BG vom 19. März 1999, in Kraft seit 1. Aug. 2000 (AS 2000 1568; BBl 1999 513).

kannten Regeln der juristischen Methodenlehre der erweiternden Auslegung mit Hilfe der Analogie auf vergleichbare Tatbestände grundsätzlich nicht entgegen (unzutreffend daher ZWAHLEN in HUG N 1). Bei Zweifeln über die Anwendbarkeit von ArG 2 auf bestimmte Betriebe entscheidet die kantonale Vollzugsbehörde gemäss ArG 41 Abs. 3.

Zu Abs. 1 lit. a

Vom Geltungsbereich des Gesetzes grundsätzlich ausgenommen sind die Dienststellen der Verwaltungsbehörden von Bund, Kantonen und Gemeinden, gleichgültig, ob diese hoheitlich tätig werden oder nicht (anders CANNER/SCHOOP N 2; wie hier: ZWAHLEN in HUG N 9, TSCHUDI, 26; STAEHELIN in ARV/2002, 1 ff.). Hierbei ist jedoch zu beachten, dass aufgrund von ArG 3a die Bestimmungen über den Gesundheitsschutz trotzdem anzuwenden sind (ArGV 1 7 Abs. 1 → Nr. 2; s. ArG 3a zur Ausdehnung des Geltungsbereiches im Bereich des Gesundheitsschutzes auf Verwaltungen der Kantone und Gemeinden). Die Ausnahme bezieht sich also nur auf die Bestimmungen über die Arbeits- und Ruhezeiten, und zwar nur auf öffentlich-rechtliche Anstalten ohne Rechtspersönlichkeit und Körperschaften des öffentlichen Rechts, sofern die Mehrzahl der in ihnen beschäftigten Arbeitnehmer in einem öffentlich-rechtlichen Arbeitsverhältnis steht (ArGV 1 7 Abs. 1). Zur früheren Regelung und der damit verbundenen Kritik: REHBINDER/MÜLLER, Art. 2 Abs. 1 a.

Sobald eine öffentlich-rechtliche Anstalt ohne Rechtspersönlichkeit oder eine Körperschaft des öffentlichen Rechts ihre Arbeitnehmer dagegen mehrheitlich privatrechtlich anstellt, ist das Arbeitsgesetz integral anwendbar, d.h., auch die Vorschriften über die Arbeits- und Ruhezeiten sind zu beachten (ArGV 1 7 Abs. 1). Liegen in einem Betrieb gemischte Arbeitsverhältnisse vor, dann sind die Bestimmungen über die Arbeits- und Ruhezeiten zumindest auf die privatrechtlich angestellten Arbeitnehmer anwendbar, weil diesen sonst in unzumutbarer Weise ihr Rechtsschutzinteresse beschnitten und die Beschreitung des Rechtsweges verunmöglicht würde (ArGV 1 7 Abs. 2). Diese Bestimmung ist insofern subsidiärer Natur, als für die Arbeitnehmer günstigere Vorschriften des öffentlichen Dienstrechts vorgehen.

Für aus einer Zentralverwaltung des Bundes, der Kantone oder Gemeinden ausgegliederte rechtlich selbstständige Anstalten bestimmt sich die Anwendbarkeit des Gesetzes durch VO gemäss ArG 2 Abs. 2 (s. Kommentar zu Abs. 2 N 1). Dasselbe müsste folgerichtig der Fall sein, wenn öffentliche Aufgaben auf privatrechtliche Institutionen übertragen werden. Unrichtig daher BIGA, JAR 1982, 72, das diese privatrechtlichen Institutionen (hier: Schweiz. Verein für Druckbehälterüberwachung) dann «sinngemäss» wie öffentliche Verwaltungen behandelt. Werden aus der Zentralverwaltung der Leistungsverwaltung des Gemeinwesens dienende sog. Regiebetriebe in rechtlich verselbstständigter Form ausgegliedert, so bestimmt sich der Anwendungsbereich des Gesetzes ebenfalls durch VO gemäss ArG 2 Abs. 2 (s. Kommentar zu Abs. 2 N 1).

Zu Abs. 1 lit. b

Die Anwendung des ArG als eines Spezialgesetzes ist im Geltungsbereich des BG vom 8.10.1971 über die Arbeit in Unternehmen des öffentlichen Verkehrs (Arbeitszeitgesetz → Nr. 17) ausgeschlossen. Das AZG regelt nämlich trotz seines irreführenden Kurztitels nicht nur die Arbeitszeit, sondern auch alle übrigen Materien des ArG. Sein betrieblicher Geltungsbereich erfasst gemäss AZG 1 neben der Schweizerischen Post und den SBB alle konzessionierten Eisenbahnunternehmen (Normal- und Schmalspurbahnen, Zahnradbahnen, Strassenbahnen, Standseilbahnen, s. AZGV 1 Abs. 1 → Nr. 18), Trolleybus-Unternehmen, die konzessionierten Automobilunternehmen mit öffentlichem Linienverkehr (die aufgrund eidgenössischer Konzession auf festgelegter Strecke mit Strassenfahrzeugen fahrplanmässige Fahrten ausführen, AZGV 1 Abs. 2), die konzessionierten Schifffahrtsunternehmen, (eidgenössisch) konzessionierte Luftseilbahnunternehmen (Pendel-, Umlauf- und Sesselbahnen einschliesslich solcher, die im Winter als Skilifte betrieben werden, sowie Schlittenseilbahnen, Aufzüge und ähnliche Transportanlagen, AZGV 1 Abs. 3) sowie Unternehmen, die im Auftrag der vorstehenden Unternehmen fahrplanmässige Fahrten ausführen. Betriebe für Transporte mittels Rohrleitungsanlagen fallen dagegen unter das ArG (BGE 93 I 581), desgleichen die Luftverkehrsbetriebe (s. aber ArG 3 lit. c und 27 Abs. 2 lit. k).

Auch Nebenbetriebe werden vom AZG erfasst, wie Schlafwagen- und Speisewagenbetriebe, ambulante Verpflegungsdienste in Zügen und Skilifte, die von einem dem AZG unterstellten Unternehmen betrieben werden (AZGV 2). Für Unternehmen mit Sitz im Ausland: AZG 1 Abs. 3. Soweit ein Unternehmen dem AZG untersteht, sind sämtliche bei ihm beschäftigten Arbeitnehmer dem Geltungsbereich des ArG entzogen und dem AZG oder den Regeln über den öffentlich-rechtlichen Dienst unterstellt (AZG 2, AZGV 3 und 4). Das AZG gilt auch für Arbeitnehmer, die im Ausland beschäftigt werden (AZG 2 Abs. 1).

Zu Abs. 1 lit. c

Die Anwendung des ArG ist ferner im Geltungsbereich des BG vom 23.09.1953 über die (Hoch-)Seeschifffahrt unter der Schweizer Flagge (Seeschifffahrtsgesetz, SR 747.30) ausgeschlossen, das als Sondergesetz dem ArG vorgeht (AS 1956 1305; dazu auch VVO vom 20.11.1956, AS 1956 1369 und 1965 1015). Entgegen dem Wortlaut, aber entsprechend der Botschaft, 943, die auf die mangelnde Einwirkungsmöglichkeit der Arbeitsbehörden auf die Verhältnisse auf hoher See abstellt, betrifft die Ausnahme nur die Seeleute und nicht Arbeitnehmer, die am Schweizer Sitz des Unternehmens arbeiten (TSCHUDI 26).

Zu Abs. 1 lit. d

Die Anwendung des ArG ist auch im Bereich der landwirtschaftlichen Urproduktion ausgeschlossen, weil die Abhängigkeit der Arbeit von den Witterungsbedingungen eine Reglementierung erschwert. Anstelle des öffentlich-rechtlichen Arbeitsschutzes tritt hier gemäss OR 359 Abs. 2 ein minimaler Schutz durch kantonale Normalarbeitsverträge. Deren Einhaltung wird aber nicht von einer Behörde kontrolliert, so dass ihre Wirksamkeit in Zweifel zu ziehen ist.

Entscheidend für die landwirtschaftliche Urproduktion ist das Merkmal der Bodenbestellung. Daher rechnet ArGV 1 5 Abs. 1 (→ Nr. 2) zu den Landwirtschaftsbetrieben die Betriebe des Acker-, Wiesen-, Obst-, Wein- und Gemüsebaues, der Beerenkultur, der Zucht- und Nutztierhaltung (unabhängig von allfälligem Zusammenhang mit landwirtschaftlicher Urproduktion: BR JAR 1986, 54) sowie die zu einem Landwirtschaftsbetrieb gehörenden privaten Waldungen. Die Champignonzucht gehört zum Gemüsebau in der Landwirtschaft (ArGV 1 5 Abs. 1) oder im Gartenbau (ArGV 1 6 Abs. 1 lit. a), auch wenn sie unterirdisch erfolgt (BIGA, ARV/ 1969, 53; anders BGE 76 I 246).

Besonders die Zucht- und Nutztierhaltung kann sich zu einem Nebenbetrieb eines landwirtschaftlichen Hauptbetriebes verselbstständigen. Auch *Nebenbetriebe* sind vom Geltungsbereich des Gesetzes ausgenommen, wenn sie überwiegend Erzeugnisse des Hauptbetriebes verarbeiten oder verwerten (z.B. Sägewerk, Botschaft, 944). Betriebe hingegen, die Bodenprodukte verarbeiten, die überwiegend nicht aus der eigenen Landwirtschaft des Betriebsinhabers stammen, oder die durch ihre Grösse nicht mehr als Nebenbetriebe des Landwirtschaftsbetriebs angesehen werden können, sind hingegen dem ArG unterstellt (z.b. Mostereien: BGE 75 I 91, Brennereien, Konservenfabriken, Geflügelfarmen, Grastrocknungsanlagen: BGer ARV/1967, 17).

Auch die Verteilung der vom Landwirt erzeugten Milch durch ihn selbst sowie ihre Verarbeitung zu Käse und Butter im eigenen Betrieb fällt als Nebenbetrieb nicht in den Anwendungsbereich des Gesetzes. Desgleichen nicht die örtlichen Milchsammelstellen (Definition in ArGV 1 5 Abs. 2) sowie die mit ihnen verbundenen Milchverarbeitungsbetriebe. Für Letztere gilt der Normalarbeitsvertrag des Bundes für milchwirtschaftliche Arbeitnehmer vom 11.01.1984 (SR 221.215.329.2). Hingegen fallen selbstständige Milchverarbeitungsbetriebe wie Molkereien oder Käsereien (dazu näher BIGA, JAR 1982, 73) sowie Milchpulver- und Kondensmilchfabriken unter das ArG, ferner die nicht unter die Definition der örtlichen Milchsammelstellen gehörenden Milchhandelsbetriebe (die grossen Milchzentralen: BGer ARV/1967, 19). Für die dem ArG unterstellten Milchverarbeitungsbetriebe (Lagerung und Weiterverarbeitung von Milch) gilt die Sonderbestimmung von ArGV 2 28 (→ Nr. 5).

Zu Abs. 1 lit. e

Betriebe mit überwiegend gärtnerischer Pflanzenproduktion, die wie die Landwirtschaft im Arbeitsvollzug von Witterungsbedingungen abhängen, sind dem Geltungsbereich des ArG entzogen, Lernende ausgenommen (s. Abs. 3). Zur gärtnerischen Pflanzenproduktion gehören nach der abschliessenden Aufzählung in ArGV 1 6 Abs. 1 (→ Nr. 2): Gemüsebau, Topfpflanzen- und Schnittblumenkultur sowie Baumschulen und Obstbau einschliesslich Stauden und Kleingehölz. Zur Champignonzucht s. Kommentar zu Abs. 1 lit. d. Für die von ZWAHLEN (HUG N 34) geäusserte Auffassung, dass der Gesetzgeber die Gärtnerei in Gewächshäusern dagegen dem Gesetz unterstellen wollte, fehlt jeder Anhaltspunkt. Handels- und Landschaftsgärtnereien fallen dagegen eindeutig unter das ArG. Für Privatgärtner mit abgeschlossener Berufslehre, die von Privathäusern oder anderen als Gartenbaubetrieben beschäftigt werden, gilt der Normalarbeitsvertrag des Bundes für Privatgärtner vom 03.12.1979 (SR 221.215.329.3).

Unterhält ein Gartenbaubetrieb i.S. der ArGV 1 6 Abs. 1 zugleich ein Verkaufsgeschäft mit eigenem Verkaufspersonal, so untersteht dieses Verkaufsgeschäft als Betriebsteil dem Gesetz gemäss ArG 1 Abs. 2. Bei gemischten Betrieben (teils Pflanzenproduktion, teils Handels- oder Landschaftsgärtnerei) muss die Pflanzenproduktion, damit der Betrieb dem Gesetz nicht unterstellt ist, überwiegen. Das bedeutet nach ArGV 1 6 Abs. 1, dass die Mehrzahl der Arbeitnehmer in der Pflanzenproduktion beschäftigt sein muss (dazu näher BIGA, JAR 1986, 54 f.).

Wechseln die betreffenden Arbeitnehmer während der Arbeit von der einen zur anderen Tätigkeit, so kommt es auf die dafür aufgewandte Arbeitszeit an.

Zu Abs. 1 lit. f

Fischereibetriebe sind wie die Landwirtschaft und der Gartenbau im Arbeitsvollzug von den Witterungsbedingungen abhängig und deshalb vom Geltungsbereich des ArG ausgenommen. Es handelt sich hier um Fischfang, nicht um die Fischzucht. Fischzuchtanstalten können als Nebenbetriebe von Landwirtschaftsbetrieben nach ArG 2 Abs. 1 lit. d ausgenommen sein. Andernfalls gilt das ArG.

Zu Abs. 1 lit. g

Arbeitgeber, die Arbeitnehmer in ihrem Haushalt, d.h. für ihre eigenen Bedürfnisse beschäftigen, fallen, weil man hier keine behördlichen Kontrollen durchführen will, nicht unter das ArG. Anstelle des öffentlich-rechtlichen Arbeitsschutzes tritt hier lediglich gemäss OR 359 Abs. 2 ein Schutz durch Normalarbeitsvertrag der Kantone. Arbeitnehmer im Hausdienst sind Butler, Haushälterin, Köchin, Chauffeur, Hausmädchen, Spetterin und andere Hilfen im Haushalt und Garten, unabhängig davon, ob sie mit im Hause wohnen und ob sie ganztags beschäftigt sind oder nicht. Übt der Arbeitgeber in seinen Wohnräumen eine berufliche Tätigkeit aus, unterliegt er insoweit dem Gesetz, wenn diese Berufstätigkeit dem betrieblichen Geltungsbereich des Gesetzes untersteht und der Arbeitnehmer in diesem Rahmen für ihn tätig ist (vgl. GEISER, Stämpflis Handkommentar, ArG 2 N 40).

Zu Abs. 2

1   Dienststellen der öffentlichen Verwaltung von Bund, Kantonen und Gemeinden sind vom Geltungsbereich des ArG ausgenommen (ArG 2 Abs. 1 lit. a). Sind jedoch Verwaltungseinheiten als öffentliche Anstalten aus der dortigen Zentralverwaltung ausgegliedert, so soll die Anwendbarkeit des ArG auf diese verselbstständigten Verwaltungseinheiten durch VO bestimmt werden.

Die Neuformulierung der entsprechenden Verordnungsbestimmung (ArGV 1 7 Abs. 1 → Nr. 2) bringt insofern eine Klarstellung gegenüber früher (REHBINDER/MÜLLER, Art. 2 Abs. 2 N 1), als die öffentlichen Anstalten *ohne* Rechtspersönlichkeit (Verwaltungseinheiten) und Körperschaften des öffentlichen Rechts nur dann vom Gesetz ausgenommen sind, wenn sie ihre Arbeitnehmer *mehrheitlich öffentlich-rechtlich* anstellen. Die Ausnahme bezieht sich allerdings nur auf die Arbeits- und Ruhezeitbestimmungen, da gemäss ArG 3a die Bestimmungen über den Gesundheitsschutz auch für die Verwaltung von Bund, Kantonen und Gemeinden gelten. Wichtigstes Kriterium für die Frage der Anwendbarkeit des Gesetzes (sc. Arbeits- und Ruhezeitvorschriften) ist somit die Art des Arbeitsverhältnisses (öffentlich-rechtlich oder privatrechtlich). Trotzdem bedeutet dies noch nicht, dass sämtliche Betriebe, welche ihre Arbeitnehmer öffentlich-rechtlich anstellen, nicht dem ArG unterliegen würden: vgl. Kommentar in N 3 (ArGV 1 4, 4a [Assistenzärzte und Assistenzärztinnen]).

Anwendbar ist das Gesetz grundsätzlich auf öffentliche Anstalten *mit* Rechtspersönlichkeit (vgl. ArGV 1 7 Abs. 1, der diesbezüglich keine Ausnahme vorsieht). Eine Privilegierung derartiger Anstalten gegenüber privatwirtschaftlichen Betrieben wäre nicht gerechtfertigt, da diese Anstalten oft keine Verwaltungsaufgaben im eigentlichen Sinne mehr wahrnehmen und in aller Regel privatwirtschaftlich organisiert sind (Wegleitung I, 107-2). Sollten sie jedoch ihr Personal in öffentlich-rechtlicher Anstellung beschäftigen, dann gilt zumindest der Vorbehalt der öffentlich-rechtlichen Dienstvorschriften in ArG 71 lit. b. Letztlich liegt daher trotzdem eine Ausnahme hinsichtlich der Vorschriften über die Arbeits- und Ruhezeiten vor.

Sobald eine öffentliche Anstalt oder Körperschaft des öffentlichen Rechts ihre Arbeitnehmer mehrheitlich privatrechtlich anstellt, ist das ArG integral anwendbar, bzw. auch die Vorschriften über die Arbeits- und Ruhezeiten sind zu beachten. Liegen in einem Betrieb gemischte Arbeitsverhältnisse vor, dann sind die Bestimmungen über die Arbeits- und Ruhezeiten zumindest auf die privatrechtlich angestellten Arbeitnehmer anwendbar, weil diesen sonst in unzumutbarer Weise ihr Rechtsschutzinteresse beschnitten und die Beschreitung des Rechtsweges verunmöglicht würde (ArGV 1 7 Abs. 2). Diese Bestimmung ist subsidiärer Natur insofern, als für die Arbeitnehmer günstigere Vorschriften des öffentlichen Dienstrechts vorgehen. Für die Auffassung, dass einheitlich für jede Verwaltungseinheit über die Geltung des Gesetzes zu entscheiden sei, je nachdem, ob das Personal überwiegend öffentlich-rechtlich oder überwiegend privatrechtlich angestellt ist (so Zwahlen in Hug N 13 unter Hinweis auf die wirre Entstehungsgeschichte), fehlt angesichts des nun klaren Wortlauts von ArGV 1 7 Abs. 2 ein einleuchtender Grund. Auch aus dem Leitgedanken war ersichtlich, den Arbeitsschutz entweder durch das Recht des öffentlichen Dienstes oder durch das Arbeitsgesetz gelten zu lassen, und zwar für jedes einzelne Arbeitsverhältnis (ebenso Canner/Schoop N 9).

2   Ein öffentlich-rechtliches Dienstverhältnis wird durch Arbeitsvertrag (BPG 8 Abs. 1) oder durch konstitutiven Verwaltungsakt mit Zustimmung des Betroffenen begründet (Wahl, Ernennung oder Anstellung genannt). Es unterliegt den Vorschriften des Bundes, der Kantone und der Gemeinden über das öffentlich-rechtliche Dienstverhältnis (OR 342 Abs. 1 lit. a). Zur Bundesgesetzgebung vgl. Bundespersonalgesetz (BPG) vom 24.03.2000 (SR 172.220.1; Botschaft in BBl 1999 1597 ff.) mit der dazugehörigen Rahmenverordnung vom 20.12.2000 (SR 172.220.11).

3   Die Bedeutung des Wortes «Betrieb» ist hier nicht etwa aus einem Vergleich mit den vorgenannten öffentlichen Anstalten zu ermitteln und dementsprechend nur als Veranstaltung des Staates in den Formen privatwirtschaftlicher oder gemischtwirtschaftlicher (Staat und Privatunternehmung zusammenfassender) Unternehmen zu verstehen. Vielmehr ist auch hier Betrieb nach ArG 1 Abs. 2 S. 1 gleichbedeutend mit jeder Arbeitsorganisation. Das bedeutet, dass auch Verwaltungen des Bundes, der Kantone und Gemeinden, die nach ArG 2 Abs. 1 lit. a an sich vom betrieblichen Geltungsbereich des ArG ausgenommen sind, und die öffentlichen Anstalten, die gemäss ArG 2 Abs. 2 1. Hs. diesen gleichgestellt sind, gleichwohl unter das ArG fallen, soweit sie Betriebe der durch VO bezeichneten Art unterhalten. Die Tätigkeit dieser Betriebe unterstellt sie also selbst dann dem Gesetz, wenn ihr Personal im öffentlich-rechtlichen Dienstverhältnis beschäftigt ist.

Das Gesetz hält nach wie vor die übergeordneten Gesichtspunkte nicht fest, die Betriebe erfüllen müssen, um ihm unterstellt zu sein. Gemeint ist wohl der Charakter als Produktions- oder Versorgungsbetriebe, die wie Privatbetriebe organisiert sind. ArGV 1 4 nennt Betriebe zur Herstellung, Verarbeitung oder Behandlung von Gütern sowie Betriebe zur Erzeugung, Umwandlung oder Übertragung von Energie (ausgenommen die Energielieferanten für Betriebe des öffentlichen Verkehrs nach ArG 2 Abs. 1 lit. b), ferner Betriebe zur Beförderung von Personen und Gütern (ausgenommen wiederum die Betriebe des öffentlichen Verkehrs) und schliesslich Betriebe für die Abfuhr, die Verbrennung oder Verarbeitung von Kehricht und Betriebe für die Wasserversorgung und Abwasserreinigung.

Ist ein Betrieb der öffentlichen Hand gegeben, der wegen seiner Tätigkeit nach Vorstehendem dem ArG unterliegt, dann ist nach ArG 71 zu beachten, dass die dort genannten Spezialgesetze, insbesondere nach lit. b die Vorschriften über das öffentlich-rechtliche Dienstverhältnis, vorgehen (betr. die Vorschriften über den Gesundheitsschutz gilt dies nur, sofern diese für die Arbeitnehmer günstiger sind). Zwar findet das Gesetz im Falle von ArG 2 Abs. 2 2. Hs. auch auf öffentlich-rechtliche Dienstverhältnisse Anwendung. Das öffentliche Dienstrecht kann aber bestimmte Materien des Arbeitsschutzes regeln, und diese Regelungen gehen dem ArG auch dann vor, wenn sie für den Arbeitnehmer ungünstiger sind (mit Ausnahme der Vorschriften über den Gesundheitsschutz). Soweit keine relevante Regelung im öffentlichen Dienstrecht zu finden ist, findet das ArG Anwendung, doch ist in diesem Falle ferner zu beachten, dass gemäss ArG 27 Abs. 2 für gewisse Betriebsarten Sondervorschriften erlassen sein können. Das ist z.B. für Betriebe der Energie- und Wasserversorgung (ArGV 2 49 → Nr. 5) und Betriebe der Kehricht- und Abwasserentsorgung (ArGV 2 50) der Fall.

Das Gesetz ist zudem (seit 01.01.2005) anwendbar auf öffentliche Krankenanstalten und Kliniken im Rahmen von Arbeitsverhältnissen mit *Assistenzärztinnen und Assistenzärzten* (ArGV 1 4a → Nr. 8); Art. 3 lit. e wurde entsprechend geändert und der Begriff der Assistenzärzte dort gestrichen. Ebenso findet sich die ursprünglich in ArGV 1 12 Abs. 1 (→ Nr. 2) erwähnte Definition nun in ArGV 1 4a Abs. 3 (→ Nr. 8). Darunter fallen Ärzte der Human-, Zahn- und Tiermedizin, die nach erworbenem Staatsexamen eine Weiterbildung zur Erlangung des ersten Facharzttitels (lit. a) oder eine solche für die Zulassung zur Eröffnung einer eigenen Praxis (lit. b) absolvieren. Soweit Assistenzärzte in Anstalten, Kliniken oder Instituten eine betriebsnotwendige Tätigkeit ausüben, findet der Normalarbeitsvertrag des Bundes vom 05.05.1971 Anwendung (SR 221.215.328.1).

Zu Abs. 3

Gemäss ArGV 5 3 Abs. 1 (→ Nr. 8) ist das Arbeitsgesetz in Betrieben mit überwiegend gärtnerischer Pflanzenproduktion anwendbar auf Jugendliche in der beruflichen Grundbildung nach dem BBG.

Zu Abs. 4

Gestützt auf Art. 19 der Verfassung der Internationalen Organisationen (IAO) wurde dem Parlament die Botschaft zum Übereinkommen (Nr. 138) über das Mindestalter für die Zulassung zur Beschäftigung vorgelegt (BBl 1999 513 ff.; SR 0.822.723.8). Darin wird festgestellt, dass eine Ratifizierung des Übereinkommens nur möglich ist (das Übereinkommen ist am 17.08.2000 in Kraft getreten), wenn das ArG mit dem in Abs. 4 enthaltenen Text ergänzt werde. Dadurch bleiben zwar die in Abs. 1 lit. d–g aufgeführten Betriebe dem ArG nicht unterstellt, jedoch dürfen sie keine Arbeitnehmer anstellen, die das erforderliche Mindestalter nicht erreichen. Vom Übereinkommen und Abs. 4 nicht erfasst werden kleinere Gelegenheitsarbeiten zur Aufbesserung des Taschengeldes wie z.B. Babysitting oder sporadischer Verkauf von Zeitungen (BBl 1999 556). Ausserdem ermöglicht das ArG leichte Arbeiten für Personen

I. Geltungsbereich   Nr. 1   ArG   **Art. 3**

über 13 Jahren (ArG 30 Abs. 2), was gemäss Art. 7 des Übereinkommens weiterhin möglich sein wird. Dazu auch ARV/2001, 68 ff., und die ArGV 5 7 ff. (→ Nr. 8).

Art. 3   Ausnahmen vom persönlichen Geltungsbereich

Das Gesetz ist, unter Vorbehalt von Artikel 3a, ferner nicht anwendbar:[1]

a. auf Personen geistlichen Standes und andere Personen, die im Dienste von Kirchen stehen, sowie auf Angehörige von Ordens- und Mutterhäusern oder anderer religiöser Gemeinschaften;
b. auf das in der Schweiz wohnhafte Personal öffentlicher Verwaltungen ausländischer Staaten oder internationaler Organisationen;
c.[2] auf die Besatzungen von schweizerischen Flugbetriebsunternehmen;
d. auf Arbeitnehmer, die eine höhere leitende Tätigkeit oder eine wissenschaftliche oder selbständige künstlerische Tätigkeit ausüben;
e.[3] auf Lehrer an Privatschulen sowie auf Lehrer, Fürsorger, Erzieher und Aufseher in Anstalten;
f.[4] auf Heimarbeitnehmer;
g. auf Handelsreisende im Sinne der Bundesgesetzgebung;
h.[5] auf Arbeitnehmer, die dem Abkommen vom 21. Mai 1954[6] über die Arbeitsbedingungen der Rheinschiffer unterstehen.

Zu Abs. 1

Die folgenden Ausnahmen vom persönlichen Geltungsbereich kommen nur für Betriebe in Betracht, die an sich dem Gesetz nach ArG 1, ArG 2 und ArG 4 unterstellt sind. Sie gelten zudem nur unter dem Vorbehalt von ArG 3a, d.h. dass für bestimmte Kategorien von Arbeitnehmern die Vorschriften des Gesetzes über den Gesundheitsschutz (ArG 6, ArG 35 und ArG 36a) trotzdem anwendbar sind. Bei Zweifeln über die Zugehörigkeit bestimmter Arbeitnehmer zu diesen Ausnahmefällen entscheidet die kantonale Vollzugsbehörde nach ArG 41 Abs. 3.

---

1 Fassung gemäss Ziff. I des BG vom 8. Okt. 1993, in Kraft seit 1. Mai 1994 (AS 1994 1035 1036; BBl 1993 I 805).
2 Fassung gemäss Ziff. II 2 des BG vom 18. Juni 1993, in Kraft seit 1. Jan. 1995 (AS 1994 3010 3024; BBl 1992 I 607).
3 Fassung gemäss Ziff. I des BG vom 22. März 2002, in Kraft seit 1. Jan. 2005 (AS 2002 2547; BBl 2001 3181 6098).
4 Fassung gemäss Art. 21 Ziff. 2 des Heimarbeitsgesetzes vom 20. März 1981, in Kraft seit 1. April 1983 (SR 822.31).
5 Eingefügt durch Ziff. II 2 des BG vom 18. Juni 1993, in Kraft seit 1. Jan. 1995 (AS 1994 3010 3024; BBl 1992 I 607).
6 SR 0.747.224.022

Zu Abs. 1 lit. a

1 Die Ausnahme für Geistliche und andere Arbeitnehmer im Dienste der Kirche hätte unter die betrieblichen Ausnahmen von ArG 2 gehört; denn nach Botschaft, 945 will sich das Gesetz nicht in die inneren Angelegenheiten von Kirchen und religiösen Gemeinschaften einmischen. Deshalb kann man auch diese Ausnahme nicht einschränkend dahin interpretieren, dass nur solche Personen gemeint sind, deren Tätigkeit mit der Ausübung des Gottesdienstes zu tun hat (anders CANNER/SCHOOP N 2; zweifelnd ZWAHLEN in HUG N 4; wie hier: BIGLER N 1). Wie bei der öffentlichen Verwaltung von ArG 2 Abs. 1 lit. a kommt es auf die Art der im Arbeitsverhältnis mit der Kirche ausgeübten Tätigkeit nicht an (z.B. Sekretärin), vorausgesetzt, die Einstellung ist nicht von einer aus der Kirchenverwaltung ausgegliederten rechtlich selbstständigen Einrichtung der Kirche vorgenommen worden (Bsp.: ein von der Kirche betriebenes, rechtlich selbstständiges Spital). Jedoch betrifft dies nur die Arbeitsverhältnisse der staatlich anerkannten Kirchen. Das Gesetz hat nämlich die Absicht, sich auch in die anderen religiösen Gemeinschaften nicht einzumischen, nach dem eindeutigen Wortlaut nicht voll verwirklicht; denn es hat nur die Angehörigen der religiösen Gemeinschaften ausgenommen (dazu den nachfolgenden Kommentar zu N 2), findet also auf die übrigen Arbeitnehmer dieser Gemeinschaften, die noch nicht den Status von Mitgliedern haben, durchaus Anwendung.

2 Hier liegt eine echte Ausnahme vom persönlichen Geltungsbereich vor; denn bei Orden, Mutterhäusern und bei anderen religiösen Gemeinschaften als den staatlich anerkannten Kirchen sind nur deren Angehörige, d.h. ihre Mitglieder, vom ArG ausgenommen, und zwar gleichgültig, wo, d.h. in welchem Betrieb, sie tätig sind. Mitglieder derartiger religiöser Gemeinschaften werden nämlich nicht aufgrund eines Arbeitsvertrages, sondern aufgrund ihrer Mitgliedschaft tätig und von ihrer Gemeinschaft im Falle auswärtiger Beschäftigung lediglich im Wege eines Dienstverschaffungsvertrages «ausgeliehen». Allerdings ist das Gesetz hinsichtlich der Mitglieder religiöser Gemeinschaften schlecht formuliert. Schliessen nämlich z.B. Sektenmitglieder ihre Arbeitsverträge bei Dritten in eigenem Namen ab und lassen sie lediglich ihren Lohn der Sekte zukommen, unterliegen sie selbstverständlich dem Gesetz. Gemeint ist nämlich, dass nur solche Angehörige von religiösen Gemeinschaften ausgenommen sind, die sich allein der Gemeinschaft gegenüber zur Arbeitsleistung verpflichtet haben.

Zu Abs. 1 lit. b

Während Jahren verstand man darunter das gesamte Personal, nicht nur die Träger hoheitlicher Gewalt (REHBINDER/MÜLLER, Art. 3 Abs. 1 b; ZWAHLEN in HUG N 10). Verschiedene Missbräuche haben dazu geführt, dass sich das Bundesgericht mit arbeitsvertraglichen Streitigkeiten befassen musste. Es kam in seinen Entscheiden (BGE 120 II 400 ff. und 120 II 408 ff.) zum Schluss, dass Schweizer Recht dort anwendbar ist, wo ein ausländischer Staat oder eine völkerrechtliche Organisation privatrechtlich handelt (acta iure gestionis). Zu diesem privatrechtlichen Handeln gehören nach BGer auch die Arbeitsverhältnisse mit all jenen Angestellten, denen nicht völkerrechtliche Immunität zukommt (vgl. auch Botschaft, 945). Nach BGE 120 II 411 E. 5c gehören dazu Köche, Gärtner, Chauffeure, Portiers, Übersetzer, Archivare, Sekretärinnen, Zimmermädchen, Lehrer, Sicherheitspersonal etc. Dadurch wird natürlich auch das Arbeitsschutzrecht berührt und die Frage des Gesundheitsschutzes am Arbeitsplatz relevant. In diesem Lichte ist daher die Ausnahme auf das Personal mit völkerrechtlicher Im-

I. Geltungsbereich

Nr. 1 ArG **Art. 3**

munität zu beschränken. Völkerrechtliche Immunität liegt in aller Regel vor, wenn die entsprechenden Personen hoheitliche Funktionen wahrnehmen, m.a.W. staatliche Aufgaben erfüllen.

Entgegen dem Wortlaut kommt es nicht auf den Wohnsitz des Personals an, sondern auf den Beschäftigungsort; denn wenn schon die durch Wohnsitz mit der Schweiz verbundenen Arbeitnehmer nicht den Schutz des ArG erhalten sollen, umso weniger haben Schweizer Behörden Anlass, sich um den Arbeitsschutz der anderen Arbeitnehmer zu kümmern. ArGV 1 8 Abs. 1 (→ Nr. 2), der näher ausführt, welches Personal hier gemeint ist, stellt daher zu Recht nicht mehr auf den Wohnsitz ab (ebenso ZWAHLEN in HUG N 8). Bei den internationalen Organisationen handelt es sich nicht um Privatorganisationen, sondern um solche des Völkerrechts. Welche dies im Einzelnen sind, ist gemäss ArGV 1 8 Abs. 2 vom Staatssekretariat für Wirtschaft (Bundesamt) durch Verfügung festgestellt worden (SR 822.111.1, → Nr. 3).

Zu Abs. 1 lit. c

1   Eingefügt durch Ziff. II 2 des BG vom 18.06.1993, in Kraft seit 01.01.1995 (AS 1994 3010, 3024; BBl 1992 I 607). Der bisherige Artikel 3 lit. c betraf sowohl das fliegende Personal der vorwiegend im internationalen Verkehr tätigen Betriebe als auch die Rheinschiffer (für Letztere s. nun Abs. 1 lit. h).

2   Mit Bezug auf das Flugpersonal schweizerischer Flugbetriebsunternehmen sollen die gleichen luftrechtlichen Regeln auch auf die Besatzung von Flugunternehmen angewandt werden, die vorwiegend bloss innerhalb der Landesgrenzen tätig sind (BBl 1992 I 641). Erfasst werden nur ständige Besatzungsmitglieder, also nicht solche, die nur gelegentlich mitfliegen (GEISER, Stämpflis Handkommentar, ArG 3 N 17). Für das Bodenpersonal gelten gemäss ArG 27 Abs. 2 lit. k (s. dort) die Sondervorschriften von ArGV 2 47 (→ Nr. 5). Wer bei seiner Arbeit nur vorübergehend Einsätze im Flugbetrieb hat (z.B. beim Einsatz von Helikoptern), gehört zum Bodenpersonal.

3   Das im Inland beschäftigte (gesamte) Personal *ausländischer* Luftverkehrsunternehmen soll bereits nach ArG 3 lit. b ausgenommen sein, wie ArGV 1 8 Abs. 1 lit. d (→ Nr. 2) dekretiert, obwohl es sich hier nicht um öffentliche Verwaltungen ausländischer Staaten handelt. Voraussetzung soll danach lediglich sein, dass diese Unternehmen staatlich konzessioniert sind. Das soll bei blosser Polizeierlaubnis für Lufttransporte nicht gegeben sein (BIGA, ARV/1970, 6). Ist das ausländische Unternehmen also nicht konzessioniert, so untersteht das Bodenpersonal, das im Inland beschäftigt wird, dem ArG (s. ArG 1 Abs. 3).

Zu Abs. 1 lit. d

1   Die sog. leitenden Angestellten sind vom öffentlich-rechtlichen Arbeitsschutz ausgenommen. Zwar sind gerade sie es heute, die überarbeitet sind. Doch erscheint eine Kontrolle durch staatliche Behörden hier nicht sinnvoll. Leitende Tätigkeit in selbstständiger Stellung, d.h. ohne Eingliederung in eine fremde Arbeitsorganisation, fällt bereits nach ArG 1 Abs. 2 S. 1 aus dem Geltungsbereich des ArG (s. Kommentar zu Abs. 2 N 2). Nicht jeder Vorgesetzte, der seine Untergebenen zur Arbeit anleitet, ist bereits leitender Angestellter. Das Gesetz erfordert zu Recht «höhere» leitende Tätigkeit. ArGV 1 9 (→ Nr. 2) definiert diese – unter Verdeutlichung der bisherigen Praxis – als weitreichende Entscheidungsbefugnis bzw. massgebliche

Beeinflussung von Entscheiden von grosser Tragweite bzw. als nachhaltige Einflussnahme auf die Struktur, den Geschäftsgang und die Entwicklung eines Betriebes oder Betriebsteils (ungenügend daher: Beratungsfunktion: ObG ZH JAR 1990, 373; im Weiteren noch unter altem Recht: AGer ZH JAR 1990, 127 ff., BGE 98 Ib 348, zuletzt in BGE 126 III 337 E. 5). Dabei übt eine höhere leitende Tätigkeit aus, wer aufgrund seiner Stellung und Verantwortung sowie in Abhängigkeit von der Grösse des Betriebes in dieser Art handelt. Massgebend ist also nicht der verliehene Titel oder die nach aussen eingeräumte Vertretungsmacht, sondern die tatsächliche Natur der übertragenen Tätigkeit, gemessen an der Grösse des Unternehmens (GEISER, Stämpflis Handkommentar, ArG 3 N 21). Wer Personal einstellen und entlassen (Leiter des Personalbüros), wer selbstständig Dispositionen über An- und Verkauf treffen darf (Leiter des Ein- und Verkaufs), wer über das wesentliche Betriebsgeschehen selbstständig entscheidet (Chefarzt einer Klinik, Produktionsstättenleiter), wer den Betriebsinhaber nach Bedarf regelmässig vertritt und dabei wichtige Entscheidungen treffen darf, ist leitender Angestellter, auch wenn dies hinsichtlich seiner Vertretungsmacht nach aussen, nach der Art seiner Ausbildung oder in der Bezeichnung seiner Position nicht zum Ausdruck kommt. Zu den Kriterien im Einzelnen: GEISER, Stämpflis Handkommentar, ArG 3 N 32. Im Zweifel entscheidet die kantonale Arbeitsbehörde (ArG 41 Abs. 3).

2 Wissenschaftliche Tätigkeit ist nicht praktische Tätigkeit, die eine wissenschaftliche Ausbildung voraussetzt, sondern die Beschäftigung mit Forschung und Lehre (ArGV 1 10 Abs. 1). Daher führt die Anwendung wissenschaftlicher Arbeitsmethoden nicht zur Ausnahme aus dem persönlichen Geltungsbereich des ArG, wenn diese mit aktueller Produktionstätigkeit zusammenhängt (Industrie- und Gewerbeinspektorat TG/ARV/1969, 55). Forschung ist aber nicht nur zweckfreie Forschung (Grundlagenforschung), sondern auch angewandte Forschung (z.B. die Arbeit in den Forschungsinstituten der Industrie; ArGV 1 10 Abs. 2). Sowie aber der Bereich des Versuchs überschritten wird, ist jede Umsetzung der gewonnenen Erkenntnisse in die Praxis nicht mehr Forschung (z.B. die Tätigkeit als Laborchemiker einer Färberei, als Rechtskonsulent eines Unternehmens). Nicht darunter fallen also Entwicklung und Produktion.

Anders als bei der künstlerischen Tätigkeit verlangt das Gesetz hier nicht, dass die wissenschaftliche Tätigkeit selbstständig sei. Daher fallen auch Forschungsassistenten unter die Ausnahmebestimmung. Eine wissenschaftliche Tätigkeit liegt nämlich vor, wenn dem Arbeitnehmer in Bezug auf die Zielsetzung der Arbeit, deren Ausführung und Einteilung eine grosse Freiheit zukommt (ArGV 1 10 Abs. 1). Hingegen verbleibt das gesamte übrige, nicht unmittelbar mit Forschung beschäftigte technische und administrative Personal (ohne kreative Denkarbeit) im Anwendungsbereich des Gesetzes (z.B. Sekretärin; ArGV 1 10 Abs. 3), falls nicht ein anderer Ausnahmetatbestand gegeben ist (z.B. öffentlich-rechtliche Anstellung).

3 Bei den Künstlern verlangt das Gesetz im Gegensatz zu den Wissenschaftlern eine selbstständige Tätigkeit. Selbstständigkeit und Arbeitnehmereigenschaft schliessen einander nicht aus; denn das Gesetz meint nur die Selbstständigkeit in künstlerischen, nicht diejenige in organisatorischen Fragen (liegt auch organisatorische Selbstständigkeit vor wie beim Werkvertrag, dann kommt die Anwendung des Gesetzes ohnehin nicht in Betracht, ArG 1 Abs. 2 S. 1). So liegt nach ArGV 1 11 selbstständige künstlerische Tätigkeit dann vor, wenn dem künstlerisch

tätigen Arbeitnehmer in Bezug auf die Gestaltung der Arbeit, bei deren Ausführung und Einteilung eine grosse Freiheit zukommt. Damit bleiben im Anwendungsbereich des Gesetzes die Mitglieder von Bühnenensembles und Orchestern, soweit sie nicht Dirigenten, Regisseure oder Solisten sind. Auch einzelne Künstler, die sich anstellen lassen, bleiben im Anwendungsbereich des Gesetzes, wenn ihnen die Freiheit in der Ausführung und Einteilung der Arbeit fehlt (z.B. angestellte Dekorateure, Grafiker). Die weitaus meisten Künstler unterstehen damit dem ArG. Für diese sind aber gemäss ArG 27 Abs. 2 lit. b Sonderbestimmungen geschaffen worden, so für Mitarbeitende von Radio- und Fernsehbetrieben (ArGV 2 31 → Nr. 5), für das künstlerische Personal von Berufstheatern (ArGV 2 35), Berufsmusiker (ArGV 2 36), Arbeitnehmer in Betrieben der Filmvorführung (ArGV 2 37), solche in Zirkusbetrieben (ArGV 2 38) und in Schaustellungsbetrieben (ArGV 2 39).

Zu Abs. 1 lit. e

1   Seit dem 01.01.2005 unterstehen Assistenzärzte dem ArG. Daher wurde der entsprechende Begriff in Abs. 1 lit. e gestrichen (vgl. dazu Kommentar zu Art. 2 Abs. 2 N 3, letzter Abschnitt; Mitteilung der Direktion für Arbeit in ARV/2002, 166 ff.).

2   Lehrer an öffentlichen Schulen sind dem Gesetz bereits durch ArG 2 Abs. 1 lit. a entzogen (TSCHUDI, 29); denn öffentliche Schulen dürften kaum Anstalten mit eigener Rechtspersönlichkeit sein. Vgl. andernfalls Kommentar zu Art. 2 Abs. 2 N 1.

3   In Erziehungs-, Heil- und Pflegeanstalten ist das vorwiegend mit der Erziehung, Fürsorge und Aufsicht betraute Personal aus dem persönlichen Geltungsbereich des Gesetzes ausgenommen und dem Normalarbeitsvertrag des Bundes vom 16.01.1985 für das Erziehungspersonal in Heimen und Internaten unterstellt (SR 221.215.324.1). Der Begriff des Erziehenden ist im Interesse des Gesundheitsschutzes restriktiv zu handhaben und auf Personen zu beschränken, die über eine entsprechende pädagogische Ausbildung oder eine gleichwertige Weiterbildung verfügen (ArGV 1 12 Abs. 2). Ebenso sind Fürsorger Personen mit einer anerkannten Fachausbildung sozial-pädagogischer oder sozial-psychologischer Richtung oder einer gleichwertigen Aus- und Weiterbildung (ArGV 1 12 Abs. 3).

Das übrige Personal untersteht dem ArG, soweit es nicht nach lit. a und d ausgenommen ist (s. Kommentar zu Abs. 1 lit. a N 1 und N 2 sowie Abs. 1 lit. d N 1). Dann gelten aber gemäss ArG 27 Abs. 2 lit. a die Sondervorschriften für Heime und Internate in ArGV 2 16 (→ Nr. 5).

Zu Abs. 1 lit. f

Der öffentlich-rechtliche Schutz von Heimarbeitnehmern erfolgt durch das BG vom 20.03.1981 über die Heimarbeit (HArG → Nr. 20, vgl. auch die Heimarbeitsverordnung vom 20.12.1982, HArGV → Nr. 21), der privatrechtliche Schutz durch OR 351–355. Das HArG gilt auch für von Heimarbeitnehmern beschäftigte Heimarbeitnehmer (HArG 1 Abs. 1). Die im Heim des Arbeitgebers Mitarbeitenden unterstehen dem ArG, soweit sie nicht Familienmitglieder i.S. von ArG 4 Abs. 1 sind. Vergibt ein Betriebsinhaber neben der Beschäftigung im Betrieb Heimarbeit, um auf diese Weise die Arbeitszeitvorschriften des ArG zu umgehen, macht er sich nach ArG 59 Abs. 1 lit. b strafbar (BIGA, ARV/1969, 54).

Zur Frage der Unterstellung von arbeitnehmerähnlichen Personen bzw. Scheinselbstständigen unter das ArG: vgl. Kommentar zu ArG 1 Abs. 2 N 2.

Zu Abs. 1 lit. g

Definition des Handelsreisenden in OR 347 (AGer/ZH, JAR 1991, 339). Zur Abgrenzung von ähnlichen Berufstätigkeiten vgl. REHBINDER § 15 A und PORTMANN/STÖCKLI N 854 ff. Reisetätigkeit im Agenturverhältnis (OR 418a) ist selbstständige Tätigkeit und daher dem Gesetz nach ArG 1 Abs. 2 S. 1 nicht unterstellt.

Zu Abs. 1 lit. h

Eingefügt durch Ziff. II 2 des BG vom 18.06.1993, in Kraft seit 01.01.1995 (AS 1994 3010, 3024; BBl 1992 I 607): entspricht dem bisherigen Art. 3 lit. c. Besatzungsmitglieder an Bord von Rheinschiffen werden nur durch das Abkommen über die Arbeitsbedingungen der Rheinschiffer vom 21.05.1954 (SR 0.747.224.022) samt Bundesratsbeschluss betr. den Vollzug dieses Abkommens vom 28.07.1955 (SR 747.224.022) geschützt. Zu den Arbeitsbedingungen der Schiffsbesatzung in der Hochseeschifffahrt vgl. BG über die Seeschifffahrt unter der Schweizerflagge vom 23.09.1953 (SR 747.30) und SeeschifffahrtsVO vom 20.11.1956 (SR 747.301).

Art. 3a[1]   Vorschriften über den Gesundheitsschutz[2]

Die Vorschriften dieses Gesetzes über den Gesundheitsschutz (Art. 6, 35 und 36a) sind jedoch anwendbar:[3]

a.[4] auf die Verwaltungen des Bundes, der Kantone und Gemeinden;
b. auf Arbeitnehmer, die eine höhere leitende Tätigkeit oder eine wissenschaftliche oder selbstständige künstlerische Tätigkeit ausüben;
c.[5] auf Lehrer an Privatschulen sowie Lehrer, Fürsorger, Erzieher und Aufseher in Anstalten.

1   Eingefügt durch Ziff. I des BG vom 08.10.1993, in Kraft seit 01.05.1994 (AS 1994 1035, 1036; BBl 1993 I 805, 868 mit Verweisen auf BBl 1992 V 659 und BBl 1992 I V 384).

Im Zuge der Anpassung des Schweizer Rechts an das EU-Recht (Rahmenrichtlinie Nr. 89/391 des Rates vom 12.06.1989 über die Durchführung der Massnahmen zur Verbesserung der Sicherheit und des Gesundheitsschutzes der Arbeitnehmer bei der Arbeit, ABl. Nr. L 183 vom

---

1   Eingefügt durch Ziff. I des BG vom 8. Okt. 1993, in Kraft seit 1. Mai 1994 (AS 1994 1035 1036; BBl 1993 I 805).
2   Fassung gemäss Ziff. I des BG vom 20. März 1998, in Kraft seit 1. Aug. 2000 (AS 2000 1569 1580; BBl 1998 1394).
3   Fassung gemäss Ziff. I des BG vom 20. März 1998, in Kraft seit 1. Aug. 2000 (AS 2000 1569 1580; BBl 1998 1394).
4   Fassung gemäss Ziff. I des BG vom 20. März 1998, in Kraft seit 1. Aug. 2000 (AS 2000 1569 1580; BBl 1998 1394).
5   Fassung gemäss Ziff. I des BG vom 22. März 2002, in Kraft seit 1. Jan. 2005 (AS 2002 2547; BBl 2001 3181 6098).

29.6.1989, sowie weitere Einzelrichtlinien: BBl 1992 V 660 f.; s. auch ROLAND A. MÜLLER: Arbeitssicherheit und Gesundheitsschutz, in ArbR 1997, 144 ff.) wurde auch das ArG geändert (BBl 1992 I V 383).

Nun wurde neben einer materiellen Änderung (vgl. Kommentar zu N 2) auch der Begriff der «Gesundheitsvorsorge» in der Marginale in «Gesundheitsschutz» geändert.

2 Der betriebliche Geltungsbereich des ArG umfasst im Hinblick auf die Vorschriften über den Gesundheitsschutz nun auch die Verwaltungen des Bundes, der Kantone und Gemeinden. Der Einbezug der Kantone und Gemeinden unter den Geltungsbereich dieser Vorschrift ist neu und wurde früher noch mit dem Argument verworfen, bei der Übernahme des EU-Rechtes keine Änderung der bestehenden Kompetenzverteilung zwischen Bund und Kantonen vornehmen zu wollen (BBl 1992 V 660).

3 Wie bis anhin umfasst der persönliche Geltungsbereich der Vorschriften über den Gesundheitsschutz Arbeitnehmer, die eine höhere leitende Tätigkeit oder eine wissenschaftliche oder eine selbstständige künstlerische Tätigkeit ausüben (s. auch Kommentar zu ArG 3 Abs. 1 lit. d); weiter Lehrer an Privatschulen sowie Lehrer, Fürsorger, Erzieher und Aufseher in Anstalten (s. auch Kommentar zu ArG 3 Abs. 1 lit. e; BBl 1992 V 663). Eine Ausdehnung auf weitere Kategorien wurde als ungerechtfertigt erachtet: BBl 1992 V 663. Seit dem 01.01.2005 unterstehen Assistenzärzte dem ArG. Daher wurde der entsprechende Begriff in lit. c gestrichen (vgl. dazu Kommentar zu Art. 2 Abs. 2 N 3, letzter Abschnitt, und Art. 3 Abs. 1 lit. e).

4 Die Aufzählung in ArG 3a ist abschliessend (ArG 6, 35 und 36a). Andere Schutzbestimmungen des ArG sind deshalb nicht auf die dort aufgeführten Betriebs- und Arbeitnehmerkategorien anwendbar, auch wenn sie einen Einfluss auf die Gesundheit dieser Personen haben (nicht anwendbar daher z.B. ArG 35a, 35b). Auch Bestimmungen über die Arbeitszeit, Stundenpläne und Ruhezeiten (ArG 9–28) sind nicht Teil der Schutzbestimmungen im Sinne von ArG 3a.

ArGV 3 (→ Nr. 6) ist aufgrund des direkten Bezuges zu ArG 6 auf die in ArG 3a aufgeführten Betriebe und Arbeitnehmer anwendbar. Dies trifft auf andere VO-Bestimmungen ohne derart direktem Bezug nicht zu (nicht anwendbar daher z.B. ArGV 1 13–42, 45 und 71 → Nr. 2).

Art. 4　Familienbetriebe

¹ Das Gesetz ist nicht anwendbar auf Betriebe, in denen lediglich der Ehegatte, die eingetragene Partnerin oder der eingetragene Partner des Betriebsinhabers, seine Verwandten in auf- und absteigender Linie und deren Ehegatten, eingetragene Partnerinnen oder Partner sowie seine Stiefkinder tätig sind.[1]

² Sind im Betrieb auch andere als die in Absatz 1 erwähnten Personen tätig, so ist das Gesetz nur auf diese anwendbar.

1　Fassung gemäss Anhang Ziff. 27 des Partnerschaftsgesetzes vom 18. Juni 2004, in Kraft seit 1. Jan. 2007 (SR 211.231).

³ Auf jugendliche Familienglieder im Sinne von Absatz 1 können einzelne Vorschriften des Gesetzes durch Verordnung anwendbar erklärt werden, soweit dies zum Schutze von Leben und Gesundheit der Jugendlichen oder zur Wahrung der Sittlichkeit erforderlich ist.

Zu Abs. 1

1 Diese Ausnahme vom Geltungsbereich des Gesetzes erfasst nur Betriebe und Arbeitnehmer, die an sich gemäss ArG 1–3 dem Gesetz unterstehen würden. Der Gesetzgeber wollte sich nicht mit behördlichen Zwangsmassnahmen in Familienverhältnisse einmischen, obwohl gerade hier eine Ausbeutung und Überforderung der Arbeitnehmer naheliegt.

Durch Ziff. 27 des Anhangs zum Bundesgesetz über die eingetragene Partnerschaft gleichgeschlechtlicher Paare (Partnerschaftsgesetz, PartG; SR 211.231) vom 18.06.2004 erhält Abs. 1 von ArG 4 eine neue Fassung. Die Änderung ist rein redaktioneller Art (Gleichstellung der Ehegatten mit den eingetragenen Partnern bzw. den eingetragenen Partnerinnen) und gilt per 01.01.2007 (AS 2005 5685, 5696).

2 Reine Familienbetriebe sind vom betrieblichen Geltungsbereich des Gesetzes ausgenommen. Zur Familie in diesem Sinne gehören nach der abschliessenden Aufzählung in Abs. 1 nur der Ehegatte, die eingetragene Partnerin oder der eingetragene Partner, Blutsverwandte des Betriebsinhabers in auf- und absteigender Linie (also Eltern, Gross- und Urgrosseltern sowie Kinder, Enkel und Urenkel) samt deren Ehegatten, eingetragene Partnerin oder eingetragener Partner sowie die Stief- und Adoptivkinder des Betriebsinhabers. Nicht erfasst werden dagegen Geschwister, Onkel und Tanten sowie Nichten und Neffen. Tatsächlich angenommene Kinder sind den Adoptierten nicht gleichzustellen (so aber ZWAHLEN in HUG N 5); denn dadurch könnte das Gesetz leicht umgangen werden. Der Hinweis auf die Gleichbehandlung im Recht der Familienzulage überzeugt nicht; denn dort wird zugunsten des Kindes gleichbehandelt, hier aber wäre es eine Gleichbehandlung zuungunsten des Kindes.

Zu Abs. 2

Bei gemischten Familienbetrieben sind nur die engsten Verwandten i.S. von Abs. 1 vom persönlichen Geltungsbereich des Gesetzes ausgenommen. Im Übrigen bleibt es bei der Geltung des ArG. Ob die Verwandten, die zur Familie des Abs. 1 gehören, für Lohn arbeiten oder im Haushalt des Betriebsinhabers leben, ist unerheblich (s. Kommentar zu ArG 1 Abs. 2 N 2).

Zu Abs. 3

Definition des Jugendlichen in ArG 29 Abs. 1. Auf jugendliche Familienmitglieder im Sinne von Abs. 1 können einzelne Vorschriften des ArG durch Verordnung anwendbar erklärt werden. ArGV 5 3 Abs. 2 (→ Nr. 8) bestimmt, dass das ArG in Familienbetrieben auf jugendliche Familienangehörige anwendbar ist, sofern diese gemeinsam mit anderen Arbeitnehmern und Arbeitnehmerinnen im Betrieb beschäftigt werden.

Art. 5　Sondervorschriften für industrielle Betriebe

¹ Die besonderen Vorschriften des Gesetzes für industrielle Betriebe sind auf den einzelnen Betrieb oder auf einzelne Betriebsteile nur anwendbar aufgrund einer Unterstellungsverfügung der kantonalen Behörde.[1]

² Als industrielle Betriebe im Sinne des Gesetzes gelten Betriebe mit fester Anlage von dauerndem Charakter für die Herstellung, Verarbeitung oder Behandlung von Gütern oder für die Erzeugung, Umwandlung oder Übertragung von Energie, sofern

a. die Arbeitsweise oder die Arbeitsorganisation durch Maschinen oder andere technische Einrichtungen oder durch serienmässige Verrichtungen bestimmt werden und für die Herstellung, Verarbeitung oder Behandlung von Gütern oder für die Erzeugung, Umwandlung oder Übertragung von Energie wenigstens sechs Arbeitnehmer beschäftigt werden, oder

b. die Arbeitsweise oder die Arbeitsorganisation wesentlich durch automatisierte Verfahren bestimmt werden, oder

c. Leben oder Gesundheit der Arbeitnehmer besonderen Gefahren ausgesetzt sind.

Zu Abs. 1

1　Aus den verschiedenartigen Betrieben, die nach ArG 1 und 2 in den Anwendungsbereich des Gesetzes fallen, werden die industriellen Betriebe herausgegriffen und strengeren Vorschriften unterstellt. Allerdings wurde, wo immer möglich, auf eine unterschiedliche Behandlung von nichtindustriellen und industriellen Betrieben verzichtet. Dies führt dazu, dass nur noch wenige Sondervorschriften existieren: ArG 7 (Plangenehmigung und Betriebsbewilligung), ArG 9 Abs. 1 lit. a (wöchentliche Höchstarbeitszeit), ArG 12 Abs. 2 lit. a (Überzeitarbeit), ArG 37 Abs. 1 (Aufstellen einer Betriebsordnung), ArG 72 Abs. 2 (Einigungswesen).

Ferner werden industrielle Betriebe von der obligatorischen Unfallversicherung bei der Suva erfasst (UVG 66 Abs. 1 lit. a).

2　Nicht nur der ganze Betrieb, sondern auch einzelne Betriebsteile können die Merkmale des industriellen Betriebes aufweisen und daher durch Unterstellungsverfügung (dazu die nachfolgende N 3) den Sondervorschriften unterworfen werden. Voraussetzung ist, dass sich die einzelnen Teile hinsichtlich der Arbeitsorganisation voneinander abgrenzen lassen, auch wenn die Arbeitnehmer in beiden Teilen beschäftigt sind. Bsp. für industrielle Betriebsteile, die mit nichtindustriellen Betriebsteilen verbunden sind: Druckereien von Handels-, Bank- oder Versicherungsunternehmen, mechanische Werkstätten von Bauunternehmen (Botschaft, 954), Wäscherei eines Hotels (BGer ARV/1967, 22), Reparaturwerkstätte, die mit einer Garage verbunden ist (BGE 90 I 59), Fabrikationsstätten, die mit kaufmännischen und technischen Büros, evtl. mit Forschungsabteilungen verbunden sind. Welche Arbeitnehmer welchen

---

1　Fassung gemäss Ziff. I 4 des BG vom 21. Dez. 2007 über die Aufhebung und die Vereinfachung von Bewilligungsverfahren, in Kraft seit 1. Juni 2008 (AS 2008 2265 2286; BBl 2007 315).

Betriebsteilen zuzurechnen sind (s. Kommentar zu Abs. 2 lit. a N 2), entscheidet sich nach deren überwiegender Beschäftigung im einen oder anderen Teil.

3   Die Sondervorschriften für industrielle Betriebe finden auf einen bestimmten Betrieb oder Betriebsteil nur Anwendung, wenn dieser Gegenstand einer rechtskräftigen Unterstellungsverfügung der kantonalen Behörde geworden ist. Bis dahin gelten sie nicht, gleichgültig, ob der Charakter als industrieller Betrieb nach ArG 5 Abs. 2 gegeben ist oder nicht. Die Unterstellung unter die Sondervorschriften gilt dann, bis die Unterstellungsverfügung wieder aufgehoben wird (ArGV 4 33 Abs. 2 S. 1 → Nr. 7). Ob während der Geltungsdauer die Voraussetzungen für industrielle Betriebe nach ArG 5 Abs. 2 gegeben sind oder nicht, ist ebenfalls gleichgültig.

Das Verfahren für die Anordnung, Abänderung oder Aufhebung von Unterstellungsverfügungen durch die kantonale Behörde ist in ArGV 4 32–36 geregelt. Die kantonale Behörde ermittelt jeden Betrieb oder Betriebsteil, der die Voraussetzungen eines industriellen Betriebes nach ArG 5 Abs. 2 erfüllt (dazu Kommentar zu Abs. 2 N 1), und begründet die Unterstellung. Betriebsinhaber und Arbeitnehmer des Betriebes sind den Behörden gegenüber auskunftspflichtig (ArG 45 Abs. 1), auch haben die Behörden ein Zutrittsrecht zum Betrieb (ArG 45 Abs. 2), wo sie die Arbeitnehmer in Abwesenheit Dritter befragen können (ArGV 1 72 Abs. 2 → Nr. 2). Sie können Verzeichnisse und andere Unterlagen, die für die Entscheidung über die Unterstellungsverfügung erforderlich sind, einsehen (ArG 46 und ArGV 1 73, 74) und vom Betriebsinhaber das Ausfüllen eines Fragebogens verlangen (ArGV 4 32 Abs. 3). Der Betriebsinhaber hat das Recht, sich in diesem Fragebogen zur Frage der Unterstellung zu äussern (ArGV 4 32 Abs. 3, 2. Hs.).

Je nach dem Ergebnis der Ermittlungen haben die Behörden die Unterstellung unter die Sondervorschriften für industrielle Betriebe zu beantragen. Auch die Suva hat ein solches Antragsrecht (ArGV 4 32 Abs. 2). Sind die Voraussetzungen für eine Unterstellung nicht mehr gegeben, muss die kantonale Behörde die Unterstellung aufheben (ArGV 4 34). Eine blosse Abänderung kommt in Betracht, wenn der Betriebsinhaber gewechselt hat (ArGV 4 33 Abs. 2 S. 2) oder statt einer Voraussetzung für die Unterstellungsverfügung nunmehr eine andere gegeben ist.

Unterstellungsverfügung und Aufhebung der Unterstellung werden dem Betriebsinhaber schriftlich und begründet eröffnet (ArGV 4 35 Abs. 1), von der Änderung der Unterstellungsverfügung wird er lediglich in Kenntnis gesetzt (ArGV 4 36 Abs. 2). Kantonale Arbeitsbehörde und Suva erhalten ein Doppel der Verfügung (ArGV 4 35 Abs. 2, 36 Abs. 2). Die Arbeitnehmer werden von dem Bescheid hingegen nicht in Kenntnis gesetzt.

Nach Rechtskraft der Verfügung wird ihr Inhalt in Verzeichnisse der industriellen Betriebe eingetragen (dazu ArGV 1 85). Zu datenschutzrechtlichen Aspekten vgl. ArG 44a und 44b (Datenbekanntgabe, Informations- und Dokumentationssysteme etc.) sowie ArGV 1 83–89.

Zu Abs. 2

1   Voraussetzung für eine Unterstellungsverfügung ist der industrielle Charakter des Betriebes oder Betriebsteils. Was industriell i.S. des ArG ist, wird in Abs. 2 definiert. Industriell ist ein Betrieb nach dem eindeutigen Wortlaut des Gesetzes, wenn er

I. Geltungsbereich Nr. 1 ArG **Art. 5**

a) Güter herstellt, verarbeitet oder behandelt (dazu die nachfolgende N 3) oder Energie erzeugt, umwandelt oder überträgt (dazu N 4) und wenn er

b) dazu eine feste Anlage von dauerndem Charakter benutzt (dazu N 2) und wenn er

c) alternativ eine der folgenden drei Voraussetzungen erfüllt, nämlich

   1) in Arbeitsweise oder Arbeitsorganisation durch Maschinen oder andere technische Einrichtungen oder durch seriemässige Verrichtungen bestimmt wird (s. dazu Kommentar zu Abs. 2 lit. a N 1) und für die Güter- oder Energieproduktion wenigstens 6 Arbeitnehmer beschäftigt (dazu Kommentar zu Abs. 2 lit. a N 2) oder

   2) in Arbeitsweise oder Arbeitsorganisation durch automatisierte Verfahren bestimmt wird (Abs. 2 b) oder

   3) Leben oder Gesundheit seiner Arbeitnehmer besonderen Gefahren aussetzt (Abs. 2 c).

Das Erfordernis der maschinellen Produktion in Abs. 2 muss richtigerweise nicht bei allen drei Alternativen verlangt werden. Diese Meinung vertritt auch das SECO in der Wegleitung zum Begriff des industriellen Betriebes (ARV/1987, 49 ff.; wie hier AUBERT in HUG N 12–15 und GEISER, Stämpflis Handkommentar, ArG 5 N 19 ff.; zweifelnd CANNER/SCHOOP N 11). Dies hat besondere Bedeutung für die lit. c; denn besondere Gefahren können auch von gewerblichen Betrieben ausgehen (dazu Abs. 2 c).

Sind zwei rechtlich selbstständige Betriebe produktionstechnisch und wirtschaflich eng miteinander verbunden, können beide Betriebe durch Unterstellungsverfügung wie ein industrieller Betrieb den Sondervorschriften unterstellt werden (die Unterstellung ist an beide Betriebe zu adressieren und in zwei Exemplaren auszufertigen: BGE 93 I 378; ARV/1967 Nr. 12). Die tägliche Betriebsdauer ist für die Unterstellung unter die Sondervorschriften belanglos (unveröffentlichter BGE vom 16.12.1985).

2 Feste Anlagen stehen im Gegensatz zu beweglichen Anlagen wie fahrbare Brennereien, Holzsägen oder Dreschmaschinen (vgl. auch BIGA, ARV/1987 54). Dauernder Charakter steht im Gegensatz zum Provisorium. Nichts ist jedoch so dauerhaft wie ein Provisorium (z.B. jahrelange Arbeit in provisorisch erstellten Baracken). Es wäre daher geschickter gewesen, stattdessen Betriebe auszuschliessen, die lediglich für verhältnismässig kurze Zeit die übrigen gesetzlichen Voraussetzungen erfüllen (ebenso AUBERT in HUG N 11). Ist der Zweck der Anlage lediglich ein vorübergehender, wie bei Betonmisch- und Belagaufbereitungsanlagen auf Grossbaustellen, dann ist sie auch dann nicht von dauerndem Charakter, wenn sie jahrelang in Betrieb bleibt (BGE 98 Ib 484). Der Arbeitgeber muss nicht Eigentümer der Anlage sein (BIGA, ARV/1987, 54).

3 Güterproduktion steht im Gegensatz zur Urproduktion (Landwirtschaft und Gewinnung von Bodenschätzen) und zum Dienstleistungsgewerbe (vgl. auch BIGA, ARV/1987, 54 f.). Sie wird nicht näher definiert. ArGV 4 28 Abs. 1 (→ Nr. 7) stellt lediglich klar, dass auch die Verbrennung und Verarbeitung von Kehricht sowie die Wasserversorgung und Abwasserreinigung darunterfallen. Doch viele dieser Betriebe sind öffentliche Betriebe nach ArGV 1 4 lit. c (→ Nr. 2, s. Kommentar zu ArG 2 Abs. 2 N 3). Unter Produktion sind Herstellung, Verarbeitung oder Behandlung zu verstehen. Nach Botschaft, 954 fallen unter den Begriff der Behandlung von Gütern die Veredlung und Fertigstellung von Sachen, ferner die Reparatur,

Umgestaltung oder Reinigung. Doch wird hier die Abgrenzung zur Dienstleistung schwierig. Das Abpacken und Abfüllen von Waren ist Behandlung von Gütern und daher im Falle des Einsatzes von Maschinen industriell (BGE 97 I 739), ebenso das Waschen und Glätten von Wäsche (BGer, ARV/1968, 24), die Mosterei (BGE 75 I 91), die Molkerei und Butterzentrale (BGer, ARV/1967, 19). Die Herstellung von Drucksachen ist Güterproduktion. Die zur Herstellung des Drucksatzes mittels Lochstreifen benötigten Teletype-Tasterinnen sind daher bei der Güterproduktion tätig. Allerdings ist ihre Arbeitsweise nicht durch die Tastapparate oder durch serienmässige Tätigkeit bestimmt, so dass keine industrielle Tätigkeit vorliegt (Eidg. Arbeitskommission, ARV/1971, 80).

4 Die Energieproduktion ist der Güterproduktion gleichgestellt, d.h., Elektrizität, thermische und atomare Kraft werden als Ware betrachtet (vgl. auch BIGA, ARV/1987, 55). Flüssige und gasförmige Brenn- und Treibstoffe sind Güter, sofern sie behandelt werden (z.B. Raffinerie), und Energie, sofern sie transponiert und damit übertragen werden (Gas- und Rohrleitungen). Eine Druckreduzierstation für den Transport von Erdöl in Rohrleitungen ist daher, wenn mindestens 6 Arbeitnehmer dort beschäftigt werden, ein industrieller Betrieb i.S. von ArG 5 Abs. 2 lit. a (BGE 93 I 584). Nähere Aufzählung der industriellen Energieversorgungsbetriebe in ArGV 4 28 Abs. 2. Viele dieser Betriebe sind aber öffentliche Betriebe nach ArGV 1 4 lit. a (s. Kommentar zu ArG 2 Abs. 2 N 3).

Abs. 2 lit. a

1 Lit. a stellt auf die herkömmlichen Merkmale der Industrie im Gegensatz zum Gewerbe ab (BIGA, ARV/1987, 55 ff.). Arbeitsweise oder Arbeitsorganisation muss von der Maschine oder anderen technischen Einrichtungen oder durch serienmässige Verrichtungen bestimmt sein.

Das Begriffsmerkmal der «Arbeitsorganisation» bezieht sich auf die körperliche und/oder geistige Arbeitsleistung von Arbeitnehmergruppen, die in einem ablaufgebundenen Arbeitssystem aufeinander abgestimmte Tätigkeiten ausüben (Zerlegung der Arbeit auf eine Mehrzahl von Arbeitnehmern: BGE 113 Ib 242 ff.). Als «serienmässige Verrichtung» gelten alle Tätigkeiten, die häufig wiederkehren, immer gleich bleiben oder sich nur wenig voneinander unterscheiden und in kurzen Intervallen auszuführen sind (Bsp. Feinbäckerei, in welcher arbeitsteilig gearbeitet wird: BGE 113 Ib 242 ff.). Steht noch die Einzelanfertigung im Vordergrund, bei der Maschinen und sonstige technische Einrichtungen nur die Rolle von Hilfsmitteln spielen, kommt eine Unterstellungsverfügung nicht in Betracht. So für einen Kürschnereibetrieb: BGE 93 I 475; für die Spezialanfertigung von Autokarosserien: BGer, ARV/1973, 40; für die Tätigkeit als Teletype-Tasterin in Druckereien: Eidg. Arbeitskommission, ARV/1971, 80 (vgl. oben Kommentar zu Abs. 2 N 3).

2 Merkmal der Industrie ist ferner die Arbeitsteilung und der Umstand, dass der Betriebsinhaber nicht im Zentrum der Betriebstätigkeit steht. Daher ist eine bestimmte Betriebsgrösse erforderlich. Das Gesetz zieht die untere Grenze bei 6 Arbeitnehmern, die mit der Güter- oder Energieproduktion i.S. von Abs. 2 N 3 und 4 beschäftigt sind und deren Arbeitsweise oder Arbeitsorganisationen durch Maschinen oder ähnliche Einrichtungen oder durch serielle Arbeitsweise bestimmt sind (Eidg. Arbeitskommission, ARV/1971, 80).

Haben mindestens 6 Arbeitnehmer dieser Art zur Unterstellungsverfügung geführt, dann fallen auch alle übrigen Arbeitnehmer des unterstellten Betriebes oder Betriebsteils in den Geltungsbereich der Sonderbestimmungen, soweit sie mit der Güter- oder Energieproduktion beschäftigt sind (darunter fallen auch die einem Produktionsbetrieb zuzurechnenden Speditions- und Transportdienste und damit Magaziner, Packer, Chauffeure), die aber für die Ermittlung der Mindestzahl nach ArGV 4 29 Abs. 2 nicht mitzählen (→ Nr. 7, BIGA, ARV/1987, 58).

Als Voraussetzung der Unterstellungsverfügung nicht mitzuzählen sind nach ArGV 4 29 Abs. 1 lit. a das kaufmännische und technische Büropersonal und alle anderen Arbeitnehmer, die nicht selbst mit der Güter- oder Energieproduktion beschäftigt sind (z.B. Reinigungspersonal). Nicht mitzuzählen sind nach lit. b Lernende, Volontäre, Praktikanten sowie Personen, die nur vorübergehend im Betrieb tätig sind (sonst würde dies kleinere Betriebe davon abhalten, Lernende usw. zu beschäftigen). Ob eine Beschäftigung vorübergehend ist, richtet sich nicht nach der tatsächlichen Beschäftigungsdauer eines bestimmten Arbeitnehmers, sondern nach dem Arbeitskräftebedarf. Sonst wäre leicht eine Umgehung möglich (zur Praxis des SECO, welches als Richtwert 6 Monate annimmt: ARV/1987, 59). Nicht mitzuzählen sind schliesslich nach lit. c Arbeitnehmer, die überwiegend ausserhalb des betreffenden Betriebes oder Betriebsteils beschäftigt sind. Bei Teilzeitarbeit gilt nach Auffassung des SECO (ARV/1967, 48) Folgendes: Als vollbeschäftigt sind Arbeitnehmer mit einer wöchentlichen Arbeitszeit von wenigstens 22½ Stunden (vgl. ArG 9 Abs. 1 lit. a) anzusehen. Bei mindestens 11 bis höchstens 22 Stunden sind zwei derart beschäftigte Teilzeitarbeitnehmer als ein vollbeschäftigter Arbeitnehmer zu zählen, und Arbeitnehmer, die wöchentlich weniger als 11 Stunden arbeiten, werden überhaupt nicht gezählt. Für unregelmässig beschäftigte Teilzeitarbeitnehmer berechnet man die wöchentliche Arbeitszeit nach dem Jahresdurchschnitt (Arbeitsstunden im Jahr, geteilt durch 52, abzüglich der Ferienwochen).

Um Umgehungen des Gesetzes zu verhindern, werden nach ArGV 4 29 Abs. 1 die Arbeitnehmer von Betriebsteilen, die sich in verschiedenen, aber benachbarten politischen Gemeinden befinden, bei der Berechnung der Mindestzahl zusammengezählt, z.B. Gewürzmühle und Abpackerei (BGE 97 I 738). Bei wirtschaftlicher Einheit des Betriebes werden die Arbeitnehmer selbst dann zusammengezählt, wenn die Betriebsteile rechtlich selbstständige Unternehmen sind (BGE 93 I 381 f.).

Zu Abs. 2 lit. b

Betriebe, die unter Verwendung fester Anlagen der Güter- oder Energieproduktion dienen, können auch bei Beschäftigung von weniger als 6 Arbeitnehmern industriellen Charakter haben, wenn sie sich automatisierter Verfahren bedienen (dazu BIGA, ARV/1987, 60 f.). ArGV 4 30 (→ Nr. 7) definiert Automatisation dahin, dass technische Einrichtungen die Bedienung, Steuerung und Überwachung von Anlagen selbsttätig besorgen und planmässig ablaufen lassen, so dass normalerweise während des ganzen Verfahrens kein menschliches Eingreifen erforderlich ist. Nach BGE 98 Ib 484 ist diese Definition jedoch zu eng. Automatische Verfahren liegen auch dann vor, wenn der Arbeitsvorgang (sei es durch Lochkarten, sei es von Hand) vom Arbeitnehmer ausgelöst werden muss, die Anlage also «bedient» werden muss. Es kommt mit anderen Worten nur darauf an, dass zwischen dem Auslösen des Arbeitsvorgangs und der Fertigstellung des Endproduktes kein menschlicher Eingriff mehr nötig ist.

Der Betriebsbegriff setzt aber voraus, dass wenigstens ein Arbeitnehmer i.S. von ArG 1 Abs. 2 (s. dort N 2) beschäftigt wird (BIGA, ARV/1987, 61). Sonst kann auch bei automatisierten Betrieben keine Unterstellung erfolgen. Betriebe der Güter- und Energieproduktion, die nur teilweise Automaten verwenden, werden in Arbeitsweise oder Arbeitsorganisation nicht wesentlich durch diese bestimmt und können daher nur unterstellt werden, wenn sie die Voraussetzungen von lit. a oder lit. c erfüllen. Bürobetriebe können auch bei starker Automatisierung nicht unterstellt werden, weil sie nicht der Güter- oder Energieproduktion dienen (Botschaft, 955).

Zu Abs. 2 lit. c

Gefährliche Betriebe sind industriell i.S. des Gesetzes, wenn sie unter Verwendung fester Anlagen Güter oder Energie produzieren, und zwar auch dann, wenn sie weniger als 6 Arbeitnehmer (aber mind. einen Arbeitnehmer) beschäftigen und keine Maschinen usw. verwenden (zu letzterem Punkt s. o. Abs. 2 N 1; BIGA, ARV/1987, 61). Es muss sich um Gefahren handeln, die über die gewöhnlichen Gefahren eines industriellen Betriebes hinausgehen. ArGV 4 31 (→ Nr. 7) zählt zu den besonders gefährlichen Betrieben solche, in denen explosionsgefährliche, besonders brandgefährliche oder besonders gesundheitsschädigende Stoffe verarbeitet oder gelagert werden oder in denen erfahrungsgemäss die Gefahr von Unfällen, Krankheiten oder Überbeanspruchung der Arbeitnehmer besonders gross ist. Für diese Betriebe hat ArGV 4 19–25 und VUV 36 (→ Nr. 13) besondere Schutzvorschriften aufgestellt (Wegleitung II, 45-1 f.).

II. Gesundheitsschutz[1] und Plangenehmigung[2]

Art. 6[3]   Pflichten der Arbeitgeber und Arbeitnehmer

[1] Der Arbeitgeber ist verpflichtet, zum Schutze der Gesundheit der Arbeitnehmer alle Massnahmen zu treffen, die nach der Erfahrung notwendig, nach dem Stand der Technik anwendbar und den Verhältnissen des Betriebes angemessen sind. Er hat im Weiteren die erforderlichen Massnahmen zum Schutze der persönlichen Integrität der Arbeitnehmer vorzusehen.[4]

[2] Der Arbeitgeber hat insbesondere die betrieblichen Einrichtungen und den Arbeitsablauf so zu gestalten, dass Gesundheitsgefährdungen und Überbeanspruchungen der Arbeitnehmer nach Möglichkeit vermieden werden.

[2bis] Der Arbeitgeber hat dafür zu sorgen, dass der Arbeitnehmer in Ausübung seiner beruflichen Tätigkeit keinen Alkohol oder andere berauschende Mittel konsumieren muss. Der Bundesrat regelt die Ausnahmen.[5]

[3] Für den Gesundheitsschutz hat der Arbeitgeber die Arbeitnehmer zur Mitwirkung heranzuziehen. Diese sind verpflichtet, den Arbeitgeber in der Durchführung der Vorschriften über den Gesundheitsschutz zu unterstützen.

[4] Durch Verordnung wird bestimmt, welche Massnahmen für den Gesundheitsschutz in den Betrieben zu treffen sind.

Zu Abs. 1

1   Im Gesetz wurde überall der Begriff «Gesundheitsvorsorge» durch «Gesundheitsschutz» ersetzt, so auch in ArG 6. Unter Arbeitgeber i.S. des Gesetzes ist stets der Betriebsinhaber zu verstehen (vgl. Kommentar zu ArG 1 Abs. 2 N 1). Neu ist in Abs. 1 auch der Schutz der persönlichen Integrität aufgenommen (vgl. N 9).

2   Die Pflichten des Betriebsinhabers unter dem Titel «Gesundheitsschutz und Plangenehmigung» bilden zusammen mit den Regeln über die Verhütung von Berufsunfällen und Berufskrankheiten in UVG 81 ff. (→ Nr. 12) das Kernstück des öffentlich-rechtlichen Arbeitsschutzes. Der Sache nach gehören unter diesen Titel eigentlich auch die Regeln über Arbeits- und

---

1   Ausdruck gemäss Ziff. I des BG vom 20. März 1998, in Kraft seit 1. Aug. 2000 (AS 2000 1569 1580; BBl 1998 1394). Diese Änd. ist im ganzen Erlass berücksichtigt.
2   Fassung gemäss Ziff. 9 des Anhangs zum Unfallversicherungsgesetz, in Kraft seit 1. Jan. 1984 (SR 832.20, 832.201 Art. 1 Abs. 1).
3   Fassung gemäss Ziff. 9 des Anhangs zum Unfallversicherungsgesetz, in Kraft seit 1. Jan. 1984 (SR 832.20, 832.201 Art. 1 Abs. 1).
4   Fassung gemäss Ziff. I des BG vom 20. März 1998, in Kraft seit 1. Aug. 2000 (AS 2000 1569 1580; BBl 1998 1394).
5   Eingefügt durch Ziff. I des BG vom 20. März 1998, in Kraft seit 1. Aug. 2000 (AS 2000 1569 1580; BBl 1998 1394).

Ruhezeit (ArG 9–28), ebenso die Pflichten zum Schutze der Jugendlichen und Arbeitnehmerinnen sowie der Arbeitnehmer mit Familienpflichten und anderer Gruppen von Arbeitnehmern (ArG 29–36a). Es hätte daher hier heissen müssen: Allgemeiner Gesundheitsschutz.

Trotz ihrer zentralen Bedeutung ist die gesetzliche Regelung des Gesundheitsschutzes eher dürftig und besteht im Wesentlichen aus Generalklauseln. Dahinter steht der Wunsch, die Detailregelung den raschen Veränderungen der Betriebswirklichkeit anpassen zu können, wozu das Mittel der VO besser geeignet ist. Von der in ArG 40 Abs. 1 lit. b gegebenen Möglichkeit des Bundesrats zur Konkretisierung der Pflichten zum Gesundheitsschutz ist durch die ArGV 3 (→ Nr. 6, Gesundheitsvorsorge) und ArGV 4 (→ Nr. 7, Industrielle Betriebe, Plangenehmigung und Betriebsbewilligung; s. ArG 7) Gebrauch gemacht worden. Die neue ArGV 3 vom 18.08.1993 (mit Anpassungen) gilt nun – im Gegensatz zur alten – für alle dem Gesetz unterstellten Arbeitnehmer (s. dazu ROLAND A. MÜLLER: Arbeitssicherheit und Gesundheitsschutz, in ArbR 1997, 143 ff.; MÜLLER SSA, 248 ff.; Wegleitung II, V-1). Im Übrigen regeln UVG 81 ff. die Verhütung von Berufsunfällen und Berufskrankheiten. Auch sind nach ArG 71 lit. c Vorschriften des Polizeirechts vorbehalten, soweit sie nicht Arbeitsschutzzwecke verfolgen, insbesondere also Vorschriften der Bau-, Feuer-, Gesundheits- und Wasserpolizei. Ferner gilt neben den Vorschriften des öffentlich-rechtlichen Arbeitsschutzes das BG über die Sicherheit technischer Einrichtungen und Geräte vom 19.03.1976 (STEG, → Nr. 14), das bereits das Inverkehrbringen unsicherer Arbeitsmittel verhindern soll (s. dazu HANS RUDOLF FORRER: Die arbeits- und haftungsrechtliche Bedeutung des BG über die Sicherheit technischer Einrichtungen und Geräte, Diss. Bern 1979; TSCHUDI 45–48) sowie das Chemikaliengesetz vom 15.12.2000 (BG über den Schutz vor gefährlichen Stoffen und Zubereitungen: SR 813.1), welches das BG über den Verkehr mit Giften vom 21.03.1969 ablöste. Doch müsste den Erkenntnissen der Arbeitsmedizin umfassender zum Durchbruch verholfen werden. Siehe auch MARKUS BEER: Erfasst der öffentlich-rechtliche Arbeitnehmerschutz auch psycho-soziale Faktoren? SJZ 1984, 89–92. Weiterführende Literatur: Wegleitung II, L-1.

Bestehen Pflichten des Betriebsinhabers nach ArG, so sind diese als öffentlich-rechtliche Pflichten von den Vollzugsbehörden mit den Mitteln des Verwaltungszwanges durchzusetzen (ArG 51, 52). Im Allgemeinen können Betriebe durch die Vollzugsbehörden (kantonale Arbeitsbehörde, Eidg. Arbeitsinspektion und Abteilung für Arbeitsmedizin und Arbeitshygiene = neu: Ressort Grundlagen Arbeit und Gesundheit) erst nachträglich kontrolliert werden. Für industrielle Betriebe besteht jedoch auch die Verpflichtung zur Präventivkontrolle im Rahmen des Plangenehmigungs- und Betriebsbewilligungsverfahrens nach ArG 7. Auch können kantonale Polizeigesetze gemäss ArG 71 lit. c bei der polizeilichen Überprüfung von Neu- und Umbauten die Hinzuziehung der Vollzugsbehörde des Arbeitsschutzes vorschreiben (s. Kommentar zu ArG 7 Abs. 1 N 1). Versagt die selbsttätige behördliche Kontrolle, so bleibt das Mittel der Anzeige bei der kantonalen Arbeitsbehörde (ArG 54) oder auch bei der kantonalen Strafverfolgungsbehörde (dazu ArG 62 Abs. 2); denn die Zuwiderhandlung gegen Vorschriften über Gesundheitsvorsorge und Plangenehmigung ist strafbar (ArG 59 Abs. 1 lit. a), auch kann Strafbarkeit wegen Körperverletzung oder Tötung gegeben sein (ArG 62).

In der Schweiz als einem Lande ohne gesetzlichen Kündigungsschutz ist allerdings den Arbeitnehmern eine Anzeige kaum zu empfehlen; denn diese bedeutet für sie den Verlust ihres Arbeitsplatzes. Anonyme Anzeigen sind (nach dem alten Juristenwitz) form-, frist- und

II. Gesundheitsschutz und Plangenehmigung Nr. 1 ArG **Art. 6**

fruchtlos. So bleibt gegebenenfalls nur die Möglichkeit einer Anzeige bei der Gewerkschaft, in der Hoffnung, dass diese die Sache weiterverfolgt. Über die zivilrechtliche Situation der betroffenen Arbeitnehmer s. N 4.

3 Das ArG beschränkt sich nicht wie das UVG auf den Schutz vor Berufskrankheiten, sondern ordnet einen allgemeinen Gesundheitsschutz an, geht dabei aber nicht über den Bereich des Arbeitsplatzes hinaus. Die Pflicht zum Gesundheitsschutz am Arbeitsplatz wird in ArG 6 Abs. 2 allgemein umschrieben und ist in den ArGV 3 und ArGV 4 näher konkretisiert (s. N 5, Abs. 2 N 1, Abs. 4). Zu den Massnahmen zur Verhütung von Berufsunfällen und Berufskrankheiten nach UVG 82 Abs. 1: VUV und MÜLLER, ArbR (zit. in N 2), 152 ff.

4 Arbeitnehmer ist jeder in fremder Arbeitsorganisation Beschäftigte (näher dazu Kommentar zu ArG 1 Abs. 2 N 2). Da ArG 6 öffentlich-rechtliche Pflichten des Betriebsinhabers begründet (s. N 2), gibt es unmittelbar noch keinen Anspruch des Arbeitnehmers gegenüber dem Betriebsinhaber auf Einhaltung dieser Pflichten. OR 342 Abs. 2 jedoch ermöglicht die Berufung des Arbeitnehmers mit privatrechtlichem Arbeitsvertrag auf die öffentlich-rechtlichen Pflichten des Arbeitsschutzrechts, so dass diese auch Wirksamkeit im privatrechtlichen Arbeitsverhältnis haben (sog. Rezeptionsklausel, die das Arbeitsschutzrecht in das Arbeitsvertragsrecht übernimmt). Im Übrigen hat OR 328 Abs. 2 für die nicht dem ArG unterstehenden Arbeitnehmer die Pflicht zum Schutz der Gesundheit, wie sie in ArG 6 Abs. 1 formuliert ist, fast wörtlich wiederholt (vgl. die Erweiterung des Geltungsbereichs in Bezug auf die Gesundheitsvorsorge durch ArG 3a). Die Folge davon ist, dass der Arbeitnehmer – selbst bei unverschuldeter Pflichtverletzung durch den Arbeitgeber – seine Arbeitsleistung ohne Lohneinbusse verweigern kann, da sich der Arbeitgeber nach OR 324 Abs. 1 in Annahmeverzug befindet (dazu REHBINDER § 8 A II 4 und 9 A IV 1; PORTMANN/STÖCKLI N 303 ff.; Gew. SchGer/BS, Urteil vom 10.06.1996, SAE 1998, 16 ff.). Das gilt auch, wenn der Vertragspartner des Arbeitnehmers und der Betriebsinhaber nicht dieselbe Person sind (Aufspaltung der Arbeitgeberstellung, z.B. bei temporärer Arbeit); denn die Verletzung der Arbeitsschutzvorschriften, die zugunsten des Arbeitnehmers ergangen sind, macht diesem die Arbeitsleistung unzumutbar. Der Arbeitnehmer kann auch – falls er sich etwas davon verspricht – auf Einhaltung der Arbeitsschutzvorschriften vor dem Arbeitsgericht klagen, wenn der Partner seines Arbeitsvertrages diese verletzt. Doch ist in einem Lande ohne eigentlichen Kündigungsschutz die zivilrechtliche Geltendmachung von Arbeitsschutzvorschriften nur sinnvoll, wenn man sein Arbeitsverhältnis bereits aufgelöst hat oder auflösen will. Dann kann man z.B. bei schuldhafter Verletzung von ArG 6 oder UVG 82 auch Schadenersatz, evtl. sogar Genugtuung verlangen (OR 97 ff.); dies auch dann, wenn Partner des Arbeitsvertrages und Betriebsinhaber auseinander fallen (anders CANNER/SCHOOP N 1 a.E.). Denn der konkrete Arbeitgeber ist Hilfsperson des abstrakten Arbeitgebers bei der Erfüllung des Arbeitsvertrages (OR 101 Abs. 1; vgl. Kommentar zu ArG 1 Abs. 2 N 1 a.E.). Im Übrigen besteht zudem eine Haftung wegen unerlaubter Handlung nach OR 41 ff. Diese kann auch von andern als den im Betrieb beschäftigten Arbeitnehmern geltend gemacht werden. Bei Betriebsunfällen, die der Pflichtversicherung bei der Suva unterliegen, haftet dem Arbeitnehmer für materielle Personenschäden nur die Suva, und diese kann beim Betriebsinhaber lediglich im Falle von Vorsatz oder grober Fahrlässigkeit Regress nehmen (UVG 44 Abs. 2). Für Sachschaden und Genugtuungsansprüche bleibt die Haftung des Betriebsinhabers hingegen bestehen (BGE 95 II 625). Machen Hinter-

bliebene einen Versorgerschaden oder eine Genugtuungssumme wegen Tötung geltend, so können sie sich nur auf unerlaubte Handlung stützen (OR 45 Abs. 3, 47; BGE 97 II 123). Dann aber ist die kurze Verjährungsfrist von einem Jahr zu beachten (OR 60).

5 Der Betriebsinhaber ist zu Massnahmen des Gesundheitsschutzes nur dann verpflichtet (SCHEIDEGGER/PITTELOUD, Stämpflis Handkommentar, ArG 6 N 16 ff.), wenn diese

1) nach der Erfahrung notwendig (s. N 6),
2) nach dem Stand der Technik anwendbar (s. N 7) und
3) den Verhältnissen des Betriebes angemessen sind (s. N 8).

Zu solchen Massnahmen gehören nach ArG 6 Abs. 2 «insbesondere» die Gestaltung der betrieblichen Einrichtungen (Abs. 2 N 1) und des Arbeitsablaufs (Abs. 2 N 2) in einer Weise, dass Gesundheitsgefährdungen und Überbeanspruchungen der Arbeitnehmer nach Möglichkeit vermieden werden. Auch andere Massnahmen als diese können demnach von den Behörden verlangt werden. Eine solche Ergänzung ist in ArGV 3 und ArGV 4 erfolgt (beide in Kraft seit 01.10.1993). Welche Massnahmen auf dem Gebiete des Gesundheitsschutzes getroffen werden sollen, gehört, besonders auch wegen der Mitwirkungspflicht der Arbeitnehmer (s. ArG 6 Abs. 3 S. 2), zum obligatorischen Inhalt jeder Betriebsordnung (s. ArG 38).

Welche konkreten Massnahmen getroffen werden müssen, schreibt ArGV in ArGV 3 11–37 und ArGV 4 in ArGV 4 4–25 vor. Die ArGV 3 vom 18.08.1993 enthält Vorschriften über die allgemeine Gesundheitsvorsorge, welche für alle dem Gesetz unterstehenden Betriebe gelten (dies im Gegensatz zur alten ArGV 3, die nur für industrielle Betriebe galt): Gebäude und Räume (ArGV 3 11–14); Licht, Raumklima, Lärm und Erschütterungen (ArGV 3 15–22); Arbeitsplätze (ArGV 3 23, 24); Lasten (ArGV 3 25); Überwachung der Arbeitnehmer (ArGV 3 26); persönliche Schutzausrüstung und Arbeitskleidung (ArGV 3 27, 28); Garderoben, Waschanlagen, Toiletten, Ess- und Aufenthaltsräume, Erste Hilfe (ArGV 3 29–36); Unterhalt und Reinigung (ArGV 3 37). Die ArGV 4 vom 18.08.1993 enthält Vorschriften über den Bau und die Einrichtung von Betrieben mit Plangenehmigungspflicht: Arbeitsräume (ArGV 4 4, 5); Verkehrswege (ArGV 4 6–16); Licht, Raumluft (ArGV 4 17, 18) und Betriebe mit besonderen Gefahren (ArGV 4 19–25). Die Vorschriften über ionisierende Strahlen finden sich im Kernenergiegesetz vom 21.03.2003 (SR 732.1) mit VO über den Strahlenschutz vom 22.06.1994 (SR 814.501). Gestützt auf ArGV 3 38 bzw. ArGV 4 26 kann das SECO nach Gewährung von Anhörungsrechten bestimmter Behörden (ArGV 3 38 Abs. 2 bzw. ArGV 4 26 Abs. 2) entsprechende Richtlinien erlassen. Werden vom Arbeitgeber die Richtlinien befolgt, so wird vermutet, dass er seinen Verpflichtungen hinsichtlich der Gesundheitsvorsorge bzw. Bau und Einrichtung seines Betriebes nachgekommen ist. Der Arbeitgeber kann aber diesen Verpflichtungen auch auf andere Weise nachkommen, wenn er nachweist, dass die von ihm getroffenen Massnahmen gleichwertig sind (ArGV 3 38 Abs. 3 bzw. ArGV 4 26 Abs. 3). Schliesslich können die Behörden auf Antrag des Arbeitgebers im Einzelfall Ausnahmen von den Vorschriften bewilligen, wenn

1) der Arbeitgeber eine andere, ebenso wirksame Massnahme trifft oder
2) die Durchführung der Vorschrift zu einer unverhältnismässigen Härte führen würde (zur wirtschaftlichen Vertretbarkeit: N 8) und die Ausnahme mit dem Schutz der Arbeitnehmer vereinbar ist (ArGV 3 39 bzw. ArGV 4 27; s. auch Wegleitung II, 339-1 und 427-1).

Bevor der Arbeitgeber Antrag stellt, muss er den betroffenen Arbeitnehmern oder der Arbeitnehmervertretung (s. auch Kommentar zu Abs. 3 N 1) Gelegenheit geben, sich dazu zu äussern, und der Behörde das Ergebnis dieser Anhörung (ArG 48) mitteilen. Die Behörde hat die Möglichkeit, die Bewilligung zu befristen und mit Bedingungen oder Auflagen zu verknüpfen, auch wenn dies in der Verordnung nicht ausdrücklich vorgesehen ist. Dabei muss jedoch stets ein sachlicher Zusammenhang zwischen der Auflage/Bedingung und der Ausnahmebewilligung vorliegen. Die Bewilligung kann zudem aufgehoben werden, wenn seit deren Erteilung veränderte Verhältnisse eingetreten sind.

Nach ArGV 3 3 Abs. 1 hat der Arbeitgeber dafür zu sorgen, dass die Schutzmassnahmen der Gesundheitsvorsorge in ihrer Wirksamkeit nicht beeinträchtigt werden. Überprüfung in angemessenen Zeitabständen und Anpassung an veränderte Umstände gehören zu seinen Pflichten. Weiter trifft ihn die in ArGV 3 5 aufgestellte Pflicht, die Arbeitnehmer in geeigneter Weise anzuleiten, dass sie die Schutzmassnahmen beachten und die Schutzeinrichtungen richtig anwenden, und diese Anleitung in angemessenen Zeitabständen zu wiederholen. Die Art der Anleitung bestimmt sich nach Bildung und Fähigkeiten der Arbeitnehmer (BGE 89 II 121) sowie vorhersehbarer Unaufmerksamkeit und Unvorsichtigkeit (BGE 95 II 132). Über die Pflicht des Arbeitgebers zur Heranziehung der Arbeitnehmer bei der Gesundheitsvorsorge s. ArG 6 Abs. 3 S. 1 (näher dazu Kommentar zu Abs. 3 N 1). Schliesslich hat jeder Arbeitgeber die in ArGV 3 3 Abs. 3 normierte Pflicht, im Falle von Hinweisen auf mögliche Gesundheitsgefährdungen arbeitsmedizinische Abklärungen durchzuführen (Wegleitung II, 303–1).

6 Nicht nur die Erfahrung des eigenen Betriebes, sondern auch diejenige anderer Betriebe, von Fachorganisationen, Arbeitsbehörden oder der Suva ist ausschlaggebend. Ob diese Erfahrung auch überall in der Praxis verwirklicht wird, spielt keine Rolle (BGE 90 II 227). Der Betriebsinhaber muss daher mangels eigener Kenntnisse den Rat von Behörden oder sonstigen Sachverständigen, insbesondere der Fachorganisationen, einholen.

7 Die jeweils üblichen Schutzmassnahmen sind also dem technischen Fortschritt anzupassen, wenn dieser die Wirksamkeit erhöht (BGE 90 II 231). Der Stand der Technik ergibt sich aus den Erkenntnissen der jeweils relevanten Fachleute, die in der Praxis erprobt und bewährt sind (REINACHER in HUG N 5). Diese schlagen sich in Richtlinien der Fachorganisationen, Fachliteratur, Fachtagungen und -messen sowie der betrieblichen Praxis nieder (BIGA, JAR 1982, 74).

8 Es sind also die konkreten Verhältnisse des Betriebes zu berücksichtigen. Der Betriebsinhaber ist nur zu dem verpflichtet, was ihm angesichts der technischen und wirtschaftlichen Verhältnisse seines Betriebes zumutbar ist (vgl. ArGV 3 2 Abs. 2). Die gesetzliche Formulierung, die den Verhältnissen von Kleinbetrieben Rechnung tragen will (Botschaft, 961), ist in dieser Fassung missglückt. Sie legt die Auffassung nahe, dass sich Grenznutzenbetriebe, die an sich im Wettbewerb wegen Unwirtschaftlichkeit auszuscheiden hätten, auf Kosten der Gesundheit ihrer Mitarbeiter am Leben erhalten könnten. Das aber wäre ein skandalöses Ergebnis. Die wirtschaftliche Vertretbarkeit einer nach dem Stand der Technik notwendigen Massnahme ist daher nicht im Hinblick auf den konkreten Betrieb, sondern im Hinblick auf alle der Grösse (nicht der «Wirtschaftskraft», so aber CANNER/SCHOOP N 6) nach vergleichbaren Betriebe der betreffenden Art zu bestimmen (TSCHUDI 37; Wegleitung II, 302–4). Im Übrigen muss gelten:

Je grösser die Gefahr für die Gesundheit, desto weniger kann es auf die Kosten der Gefahrenbeseitigung ankommen (so schon CANNER/SCHOOP N 6 und auch REINACHER in HUG N 6).

9   Gemäss ArG 6 Abs. 1 S. 2 wird der Gesundheitsschutz neu durch den Schutz der persönlichen Integrität ergänzt (Botschaft Rev., 176). Diese Regelung tritt an die Stelle des bisherigen Art. 33 Abs. 1 (REHBINDER/MÜLLER, Art. 33 Abs. 1), der allein für Frauen Gültigkeit hatte. Der Begriff «Wahrung der Sittlichkeit» wurde ersetzt durch den weiteren Begriff der «persönlichen Integrität». Darin enthalten ist auch der Schutz vor sexueller Belästigung, und zwar der Schutz von Frauen und Männern (Bericht WAK, 1401). Weitere Massnahmen, zu denen der Arbeitgeber in diesem Zusammenhang verpflichtet wird, betreffen beispielsweise den Schutz vor Diskriminierungen aufgrund der Rasse oder Religion. Die Gleichbehandlung von Arbeitnehmerinnen und Arbeitnehmern in Bezug auf den Schutz der persönlichen Integrität ergibt sich aus dem Gesetzgebungsauftrag nach BV 8 Abs. 3.

Die neue Bestimmung ergänzt die allgemeine Regelung des OR zum Schutz der Persönlichkeit der Arbeitnehmerinnen und der Arbeitnehmer (OR 328) und das Gleichstellungsgesetz (SR 151.1, GlG 3 und GlG 4). Danach sollen bei sexueller Belästigung gleiche Rechtsansprüche gelten wie bei Diskriminierungen. Die betroffene Person muss diese Ansprüche, wie jene aus dem OR, gerichtlich geltend machen, was nach allgemeiner Erfahrung eine (zumindest während der Dauer des Arbeitsverhältnisses) de facto fast unüberwindbare Hürde darstellt. Demgegenüber hat die öffentlich-rechtliche Bestimmung im ArG grundsätzlich die Prävention zum Gegenstand (Botschaft Rev., 177). Der Arbeitgeber soll sicherstellen, dass es nicht zu sexueller Belästigung kommt, und, falls es dennoch dazu kommen sollte, angemessene Massnahmen zur Bewältigung des Problems und zur Vermeidung seiner Wiederholung schaffen. Die beste präventive Wirkung kommt einem entsprechenden Arbeitsklima zu. Eine offene Information der Arbeitnehmer und Arbeitnehmerinnen sowie die Möglichkeit für die Betroffenen, sich bei einer Vertrauensperson beraten und unterstützen zu lassen, sind weitere wichtige Faktoren. Den staatlichen Aufsichtsorganen kommt hier v.a. beratende Funktion zu. Vgl. im Übrigen zum Sittlichkeitsschutz die Ausführungen in ArG 29 Abs. 2.

Zu Abs. 2

1   Betriebliche Einrichtungen sind insbesondere Maschinen, Apparate, elektrische Installationen, Geräte und Werkzeuge, Förderanlagen und Fördermittel, Behälter, Silos, Rohrleitungen und Feuerungsanlagen für technische Zwecke (so noch die explizite Regelung in der alten ArGV 3 39 Abs. 1 vom 26.03.1969). Im Lichte der neuen ArGV 3 (→ Nr. 6) und ArGV 4 (→ Nr. 7), die den Begriff der Betriebseinrichtung nicht (in dieser engen Form) ausdrücklich umschreiben, ist von einem weit gefassten Begriff auszugehen. Unter die betrieblichen Einrichtungen i.S. von ArG 6 Abs. 2 fallen auch die Betriebsgebäude, Arbeitsstätten und Arbeitsplätze samt Verkehrswegen (Botschaft, 961).

2   Der Arbeitsablauf besteht aus dem Arbeitsvorgang, dem Arbeitsverfahren, Rhythmus und Tempo der Arbeit (Botschaft, 961), aber auch aus den Mitteln der Betriebsorganisation, die Gesundheitsgefährdungen und Überanstrengungen der Arbeitnehmer verhindern sollen, wie Arbeitszeitgestaltung, Pausenordnung oder Personalauswahl und -ausbildung im Hinblick auf bestimmte Arbeitsvorgänge (vgl. REINACHER in HUG N 10).

II. Gesundheitsschutz und Plangenehmigung Nr. 1 ArG **Art. 6**

3 Zwecks Verhütung von Unfällen und Berufskrankheiten arbeitet das SECO mit der Suva zusammen (UVG 85: Koordinationskommission → Nr. 12); denn die entsprechenden Pflichten von Arbeitgebern und Arbeitnehmern aus UVG 82 gehen den Regelungen des ArG vor (ArG 71a). Unfall ist die plötzliche, nicht beabsichtigte schädigende Einwirkung eines ungewöhnlichen äusseren Faktors auf den menschlichen Körper (TSCHUDI 33). Berufskrankheiten sind Krankheiten, die bei der beruflichen Tätigkeit ausschliesslich oder vorwiegend durch schädigende Stoffe oder bestimmte Arbeiten verursacht wurden (UVG 9). Die allgemeine Gesundheitsvorsorge nach ArG 6 geht über die Spezialregelungen der UVG 81 ff. und der dazu erlassenen VO über die Verhütung von Unfällen und Berufskrankheiten vom 19.12.1983 (VUV → Nr. 13) hinaus.

4 Überbeanspruchung ist jede Beanspruchung, die bei Fortdauer zu Gesundheitsschäden führen kann. Dabei ist auf die Konstitution des jeweiligen Arbeitnehmers abzustellen. Der Betriebsinhaber muss auch dann die Arbeit in übermüdetem Zustand verhindern, wenn der Arbeitnehmer vorher in einem nicht dem ArG unterstehenden Betrieb oder Betriebsteil gearbeitet hat (BIGA, ARV/1971, 57).

Zu Abs. 2bis

Die Regelung von Abs. 2bis ist ihrem Gehalt nach bereits in Abs. 1 enthalten. In der parlamentarischen Diskussion wurde jedoch das Problem der Arbeitnehmerinnen und Arbeitnehmer von Nachtlokalen besonders betont (NatR 1995, 834 ff.). Da diese regelmässig den Alkoholverkauf während ihrer Arbeitstätigkeit zu fördern hätten, sei ihre Schutzwürdigkeit besonders hervorzuheben (SCHEIDEGGER/PITTELOUD, Stämpflis Handkommentar, ArG 6 N 24 ff.).

Zu Abs. 3

1 Die Pflicht des Betriebsinhabers zur Heranziehung der Arbeitnehmer für den Gesundheitsschutz macht dieses Gebiet zur Gemeinschaftsaufgabe von Betriebsinhaber und Arbeitnehmern (s. auch MÜLLER, ArbR [zit. in Abs. 1 N 2], 159 f., 165 ff.; MÜLLER SSA, 248 ff.). Oft sind die Arbeitnehmer besser als die Unternehmensleitung in der Lage, Mängel und Gefahren des Arbeitsplatzes zu beurteilen. Die Organisation der Zusammenarbeit ist dem allfälligen Vorhandensein einer Arbeitnehmervertretung und der Betriebsgrösse anzupassen (s. auch ArG 37 Abs. 4, 38; ROLAND A. MÜLLER: Die Arbeitnehmervertretung, in AJP 97, 1501 ff.; MÜLLER SSA, 248 ff., 259 ff.). Nach ArGV 3 6 Abs. 1 (→ Nr. 6) müssen die Arbeitnehmer oder ihre Vertretung über alle Fragen, welche die Gesundheitsvorsorge betreffen, frühzeitig und umfassend angehört werden. Sie haben das Recht, Vorschläge zu unterbreiten. Die Arbeitnehmer oder ihre Vertretung sind zudem im Betrieb auf Wunsch in geeigneter Form zu Abklärungen und Betriebsbesuchen der Behörden heranzuziehen. Der Betriebsinhaber hat ihnen von Anordnungen der Behörden Kenntnis zu geben (ArGV 3 6 Abs. 2). Siehe auch Mitwirkungsgesetz Art. 10 lit. a (→ Nr. 16) und ArG 48 Abs. 2 a.E.

Mit der Heranziehung kann sich jedoch die Betriebsleitung nicht von eigener Verantwortlichkeit entlasten.

2 Die öffentlich-rechtliche Pflicht des Arbeitnehmers zur Mitwirkung beim Gesundheitsschutz und der Unfallverhütung ist das Gegenstück zur Pflicht des Betriebsinhabers zur Heranzie-

hung der Arbeitnehmer nach ArG 6 Abs. 3 S. 1 (s. N 1). Sie ermöglicht es den Arbeitsbehörden, mit öffentlich-rechtlichen Mitteln gegen Arbeitnehmer vorzugehen, die sich entsprechenden Weisungen des Betriebsinhabers widersetzen. Auf diese Weise schützt man die Arbeitnehmer gegen sich selbst und verhindert Schädigungen ihrer Arbeitskollegen. Über die Mitwirkungspflicht bei der Unfallverhütung: UVG 82 Abs. 3 (→ Nr. 12). Zuwiderhandlungen gegen die Mitwirkungspflicht sind strafbar (ArG 60, ArG 61; UVG 113). Auch kann es zur Strafbarkeit wegen Körperverletzung oder Tötung kommen (ArG 62 Abs. 1). Bei Schädigung des Betriebsinhabers, eines Arbeitskollegen oder Dritter kommt eine zivilrechtliche Haftung aus unerlaubter Handlung nach OR 41 ff. in Betracht, bei Schädigung des Betriebsinhabers oder eines Arbeitskollegen auch eine Haftung wegen Schlechterfüllung des Arbeitsvertrages (OR 97 Abs. 1, 321e); denn öffentlich-rechtliche Pflichten des Arbeitsschutzrechts haben nach OR 342 Abs. 2 auch zivilrechtliche Wirkung (dazu näher Abs. 1 N 4), und die Arbeitskollegen sind immer in die Schutzwirkung von Arbeitsverträgen eingeschlossen (sog. Vertrag mit Schutzwirkung für Dritte), weil die Einstellung in einen bestimmten Betrieb erfolgt, zu dem auch die Arbeitskollegen gehören. Die vertragliche Schadenshaftung tritt auch dann ein, wenn der Betriebsinhaber und der Partner des Arbeitsvertrages nicht identisch sind, wie bei temporärer Arbeit (dazu näher Kommentar zu ArG 1 Abs. 2 N 1); denn im Falle der «Ausleihe» ist der Schutz des konkreten Arbeitgebers und seiner Mitarbeiter in den Vertrag mit dem abstrakten Arbeitgeber eingeschlossen, weil der Arbeitnehmer diesem sorgfältige Vertragserfüllung verspricht (anders CANNER/SCHOOP ArG 7 N 3). Bei den der Pflichtversicherung bei der Suva unterstellten Betrieben haftet der gegen UVG 82 Abs. 3 verstossende Arbeitnehmer für materielle Personenschäden nicht direkt, sondern nur der Suva gegenüber im Rückgriff bei Vorsatz oder grober Fahrlässigkeit, im Übrigen aber voll (s. näher Abs. 1 N 4). Bei Eigenschädigung des Arbeitnehmers kommt bei der Haftung des Arbeitgebers wegen dessen Verletzung der Arbeitsschutzvorschriften im Falle der Verletzung von ArG 6 ein Mitverschulden des Arbeitnehmers zur Anrechnung.

Die öffentlich-rechtliche Pflicht aus ArG 6 Abs. 3 S. 2 trifft auch Jugendliche. Bei der Frage ihrer strafrechtlichen oder privatrechtlichen Verantwortlichkeit ist jedoch die jeweilige geistige Entwicklung und allfällige verminderte Einsichtsfähigkeit zu berücksichtigen (so CANNER/SCHOOP ArG 7 N 4). Im Übrigen gilt für die strafrechtliche Verantwortlichkeit aller Arbeitnehmer generell der subjektive Fahrlässigkeitsbegriff.

Zu Abs. 4

Die Pflichten von Arbeitgeber und Arbeitnehmer aus ArG 6 werden – nicht abschliessend – in ArGV 3 (→ Nr. 6) näher umschrieben, deren Regelungen in ihrer revidierten Fassung seit 01.10.1993 für alle dem ArG unterstellten Betriebe gelten. Zur Mitwirkungspflicht von ArG 6 Abs. 3 S. 2 gehört in erster Linie der Gebrauch und die richtige Anwendung der Gesundheits- und Sicherheitseinrichtungen. Diese dürfen ohne Erlaubnis des Betriebsinhabers nicht entfernt oder durch Veränderung in ihrer Wirkung vermindert werden (ArGV 3 10 Abs. 1 S. 2). Das Verbot der Entfernung oder Abänderung betrifft nicht nur die betrieblichen Einrichtungen, sondern auch die persönlichen Schutzausrüstungen von ArGV 3 27. Zu den Pflichten des Arbeitgebers nach ArGV 3 siehe Abs. 1 N 5. Nach ArGV 3 10 Abs. 1 S. 1 besteht die Pflicht des Arbeitnehmers, Weisungen des Arbeitgebers über Schutzmassnahmen und Schutzeinrichtungen des Gesundheitsschutzes und der Unfallverhütung zu befolgen. Nach ArGV 3 10 Abs. 2 S. 2 besteht die Pflicht zur unverzüglichen Meldung von Mängeln im Betrieb, die die Gesundheitsvorsorge und Sicherheit beeinträchtigen. Ferner bestehen nach ArGV 3 die Pflicht zur Vermeidung von Lärm und Erschütterungen (22 Abs. 1), die Pflicht zur sachgerechten Benutzung von Arbeitsplätzen, Arbeitsgeräten und Hilfsmitteln (23), die Pflicht zum Gebrauch von Schutzausrüstungen (27), die Pflicht zum Tragen unfallsicherer Arbeitskleidung und zu deren Reinigung (28).

Das Arbeitsgesetz selber enthält weitere Bestimmungen über den Gesundheitsschutz, wie z.B. in ArG 35 den Gesundheitsschutz bei Mutterschaft oder in ArG 29 Abs. 2 und 3 den Gesundheitsschutz jugendlicher Arbeitnehmer (ArGV 5 [→ Nr. 8]).

Art. 7[1] Plangenehmigung und Betriebsbewilligung

[1] Wer einen industriellen Betrieb errichten oder umgestalten will, muss bei der kantonalen Behörde um die Genehmigung der geplanten Anlage nachsuchen. Diese holt den Bericht der Schweizerischen Unfallversicherungsanstalt ein. Die im Bericht ausdrücklich als Weisungen bezeichneten Anträge werden von der kantonalen Behörde als Auflagen in die Plangenehmigung aufgenommen.[2]

[2] Entspricht die geplante Anlage den Vorschriften, so genehmigt die kantonale Behörde die Pläne, nötigenfalls mit der Auflage, dass besondere Schutzmassnahmen zu treffen sind.

[3] Vor der Aufnahme der betrieblichen Tätigkeit muss der Arbeitgeber bei der kantonalen Behörde um die Betriebsbewilligung nachsuchen. Die kantonale Behörde erteilt die Betriebsbewilligung, wenn Bau und Einrichtungen des Betriebes der Plangenehmigung entsprechen.[3]

[4] Ist für die Errichtung oder Umgestaltung eines Betriebs die Genehmigung einer Bundesbehörde erforderlich, so erteilt diese auch die Plangenehmigung im Verfahren nach Absatz 1. Auf Berichte und Mitberichte sind die Artikel 62a und 62b des Regierungs- und Verwaltungsorganisationsgesetzes vom 21. März 1997[4] anwendbar.[5]

---

1 Fassung gemäss Ziff. 9 des Anhangs zum Unfallversicherungsgesetz, in Kraft seit 1. Jan. 1984 (SR 832.20, 832.201 Art. 1 Abs. 1).
2 Fassung des zweiten und dritten Satzes gemäss Ziff. I 4 des BG vom 21. Dez. 2007 über die Aufhebung und die Vereinfachung von Bewilligungsverfahren, in Kraft seit 1. Juni 2008 (AS 2008 2265 2286; BBl 2007 315).
3 Zweiter Satz gemäss Ziff. I des BG vom 21. Mai 2008 (AS 2008 2265).
4 SR 172.010
5 Eingefügt durch Ziff. I 16 des BG vom 18. Juni 1999 über die Koordination und Vereinfachung von Entscheidverfahren, in Kraft seit 1. Jan. 2000 (AS 1999 3071 3124; BBl 1998 2591).

Zu Abs. 1

1 Das Plangenehmigungs- und Betriebsbewilligungsverfahren ist gesetzlich nur für industrielle Betriebe vorgeschrieben. Zum Begriff des industriellen Betriebes s. ArG 5 Abs. 2 und ArGV 4 28 ff. (→ Nr. 7). Für nichtindustrielle Betriebe kann das Plangenehmigungs- und Betriebsbewilligungsverfahren aber durch VO vorgesehen werden (ArG 8; ArGV 4 1 Abs. 2). Im Übrigen kommt eine derartige Präventivkontrolle nur zur Anwendung, wenn das in ArG 71 lit. c vorbehaltene Polizeirecht (dazu näher Abs. 2 N 1) Bewilligungsverfahren vorschreibt (z.B. im Baurecht) und im Rahmen dieser Verfahren gemäss ArG 71 lit. c die Arbeitsbehörden hinzugezogen werden, um die Belange des öffentlichen Arbeitsschutzes zu wahren.

2 Der Plangenehmigungspflicht unterliegen Neu-, Erweiterungs- und Umbauten sowie die Einrichtung von Betrieben in schon bestehenden Räumlichkeiten, auch die Abweichung von bereits genehmigten Plänen nach Baubeginn. Ebenso ist die Umgestaltung innerer Einrichtungen genehmigungspflichtig, wenn sie eine wesentliche Änderung der Arbeitsverfahren zur Folge hat oder wenn erhöhte Gefahren für die Gesundheit der Arbeitnehmer vorauszusehen sind (ArGV 4 45). Ist das nicht der Fall, ist der Betriebsinhaber nach ArGV 3 3 Abs. 2 (→ Nr. 6) verpflichtet, von sich aus eine Anpassung von Schutzmassnahmen und Schutzeinrichtungen an die veränderten Verhältnisse vorzunehmen.

3 Die für den Antrag zuständige kantonale Amtsstelle ergibt sich aus dem SECO-Verzeichnis (→ Weitere Dokumente, hinten).

4 Die Präventivkontrolle des Plangenehmigungsverfahrens ist auch dann durchzuführen, wenn der Charakter als industrieller Betrieb oder die Betriebseröffnung noch unsicher oder durch einen anderen als den Bauherrn vorgesehen ist. Der Antrag auf Plangenehmigung ist vom Bauherrn zu stellen, und zwar auch dann, wenn er die Bauausführung einem Dritten (Bauunternehmer oder Architekten) überträgt. Veräussert oder vermietet er den Bau später, so hat der Erwerber oder Mieter im Falle der Betriebseröffnung dann die Betriebsbewilligung nach ArG 7 Abs. 3 S. 1 einzuholen (Botschaft, 963).

5 Mit dem Gesuch um Genehmigung der geplanten Anlage sind die Pläne und ihre Beschreibung einzureichen (dazu näher ArG 49 Abs. 1, ArGV 4 37–39). Die materiellen Voraussetzungen für die Genehmigung sind in ArGV 3 11–37 und ArGV 4 4–25 enthalten (vgl. näher Kommentar zu ArG 6 Abs. 1 N 5). Können die erforderlichen Angaben in der Planbeschreibung nicht vollständig gemacht werden, sind sie spätestens vor der Erstellung der betreffenden Einrichtung beizubringen (ArGV 4 39 Abs. 2). Wird die Einholung des Gesuchs unterlassen, geht die kantonale Behörde nach ArG 51, 52 vor. Auch ist eine Bestrafung nach ArG 59 Abs. 1 lit. a möglich.

6 Im Rahmen des Plangenehmigungsverfahrens ist die kantonale Behörde nicht mehr gehalten, den Bericht der Eidg. Arbeitsinspektion einzuholen (ArGV 4 37–46). Im Rahmen der Begutachtung können besondere Fachinspektorate oder Sachverständige hinzugezogen werden (ArG 42 Abs. 4). Ferner werden die Pläne von den kantonalen Behörden häufig noch der Gebäudeversicherung zur Stellungnahme in feuerpolizeilicher Sicht vorgelegt.

7 Den Bericht der Suva holt die kantonale Behörde direkt ein.

8 Die im Bericht der Suva ausdrücklich als Weisungen bezeichneten Anträge werden als Auflagen Bestandteil der Plangenehmigungsverfügung und sind deshalb nur durch Beschwerde

nach ArG 56 Abs. 1 anfechtbar (BIGA, ARV/1976, 50). Durch die Weisungsbefugnis soll ein Mindestmass an Einheitlichkeit des Vollzuges durch die Kantone sichergestellt werden (BIGA, JAR 1984, 87 N 3).

Zu Abs. 2

1 Wollen die kantonalen Behörden den Antrag auf Plangenehmigung mit Erwägungen zurückweisen, die sich nicht auf die Vorschriften des Arbeitsschutzrechts, sondern auf das in ArG 71 lit. c vorbehaltene Polizeirecht (Baurecht, Gesundheitsrecht usw.) stützen, so ist dies in ihrer Bescheidung des Antrags klar zum Ausdruck zu bringen und mit der dafür erforderlichen Rechtsmittelbelehrung zu versehen (BIGA, ARV/1970, 55). Die in ArG 7 Abs. 2 vorgesehene Möglichkeit, die Plangenehmigung mit Auflagen zu erteilen, betrifft nur Auflagen im Hinblick auf den Arbeitsschutz und kann nicht dazu verwendet werden, dem Polizeirecht zum Durchbruch zu verhelfen. Hingegen kann die Notwendigkeit polizeilich vorgeschriebener Massnahmen dadurch zum Ausdruck gebracht werden, dass bei der Erteilung der Genehmigung, auf die bei Erfüllung der Voraussetzungen des Arbeitsschutzrechts ein Rechtsanspruch besteht, ein Hinweis auf die betreffenden Vorschriften des Polizeirechts erfolgt (BIGA, ARV/1971, 82).

2 Sind die Voraussetzungen des Arbeitsschutzrechts erfüllt, besteht ein Rechtsanspruch auf Plangenehmigung. Diese ist ebenso wie die Betriebsbewilligung eine Verwaltungsverfügung nach ArG 50. Sie ist daher dem Antragsteller schriftlich (ArG 50 Abs. 1 S. 1) samt Doppel der genehmigten Pläne und der Beschreibung zuzustellen (ArGV 4 40 Abs. 2 → Nr. 7). Die kantonale Behörde und die Bundesbehörden bedienen einander mit einem Doppel ihrer Plangenehmigungen; ebenso erhält die SUVA ein Doppel der Plangenehmigung (ArGV 4 40 Abs. 3). Bei völliger oder teilweiser Ablehnung des Gesuches, wozu auch die Erteilung mit einer Auflage gehört, ist die Verfügung zu begründen und mit einer Rechtsmittelbelehrung über die Beschwerdemöglichkeit nach ArG 56 Abs. 1 zu versehen (ArG 50 Abs. 1 S. 2). Hingegen kann ein Baustopp nur mit baupolizeilichen Mitteln verfügt werden (BR JAR 1983, 57 f.).

3 ArGV 4 41 regelt neu die Plangenehmigung im koordinierten Bundesverfahren. Im sog. koordinierten Bundesverfahren nach Art. 62a–62c des Regierungs- und Verwaltungsorganisationsgesetzes vom 21.03.1997 (RVOG, SR 172.010) ist das Bundesamt die Fachbehörde für die Beurteilung, ob eine Plangenehmigung nach ArG 7 oder 8 erforderlich ist. ArGV 4 41 Abs. 2 regelt den Beizug des Bundesamtes durch die Leitbehörde (Pflicht zur Konsultation, Mitwirkung).

Zu Abs. 3

1 Vor Aufnahme der betrieblichen Tätigkeit hat der Arbeitgeber bei der zuständigen Behörde ein schriftliches Gesuch um Erteilung einer Betriebsbewilligung einzureichen (ArGV 4 42 → Nr. 7). Da eine Überprüfung des Betriebes oft erst durchgeführt werden kann, wenn er seine Tätigkeit aufgenommen hat (z.B. Messung von Immissionen), kann statt einer endgültigen auch nur eine provisorische Betriebsbewilligung erteilt werden, wenn die notwendigen Schutzmassnahmen getroffen wurden (ArGV 4 43 Abs. 1). Stellt sich nach der genehmigten Aufnahme der Betriebstätigkeit heraus, dass die Anlage nicht den Vorschriften des Arbeitsschutzrechts entspricht, müssen die Arbeitsbehörden nach ArGV 4 46 gegen den Betriebsin-

haber vorgehen (Aufforderung zur Herstellung des vorschriftsgemässen Zustands, notfalls Verfügung mit Strafandrohung nach ArG 51 Abs. 2 und Einleitung des Verwaltungszwanges nach ArG 52).

2 Wenn der Betrieb der Plangenehmigungsverfügung entspricht, hat der Betriebsinhaber einen Anspruch auf Betriebsbewilligung. Er muss diese bei der kantonalen Behörde nach Fertigstellung der Anlage vor Betriebsbeginn schriftlich nachsuchen (ArG 49 Abs. 1, ArGV 4 42). Das betrifft auch die blosse Umgestaltung ihrer Einrichtungen im Falle wesentlicher Änderung der Arbeitsverfahren oder erhöhter Gefahr für die Arbeitnehmer (ArGV 4 45).

Ergibt die Prüfung, dass Mängel vorhanden sind, die bei der Plangenehmigung nicht vorhergesehen werden konnten, so kann die kantonale Behörde nach Anhören des Betriebsinhabers neue Auflagen machen (ArGV 4 43 Abs. 2). Betreffen die Mängel Vorschriften des UVG, so können Weisungen nach UVG 86 Abs. 2 ergehen.

Ergibt die Überprüfung, dass die Anlage mit den genehmigten Plänen nicht übereinstimmt, so kann bei nur leichten Mängeln die Betriebsbewilligung provisorisch oder aber endgültig, jedoch mit der Auflage erteilt werden, die Mängel innert Frist zu beheben. Bei gravierenden Mängeln ist die Bewilligung zu versagen oder provisorisch mit entsprechender Auflage zu erteilen. Über Erteilung und Ablehnung der Betriebsbewilligung s. näher die entsprechenden Ausführungen über die Plangenehmigung Abs. 2 N 2.

Zu Abs. 4

In Fällen, in denen für die Errichtung oder Umgestaltung eines Betriebes die Genehmigung einer Bundesbehörde erforderlich ist, erteilt diese dann auch die Plangenehmigung. Zur Plangenehmigung im koordinierten Verahren vgl. ArGV 4 41 (→ Nr. 7) und RVOG 62a–62c (SR 172.010).

Art. 8[1] Nichtindustrielle Betriebe

Der Bundesrat kann Artikel 7 auf nichtindustrielle Betriebe mit erheblichen Betriebsgefahren anwendbar erklären. Die einzelnen Betriebsarten werden durch Verordnung bestimmt.

Dies ist anlässlich der Revision der ArGV 3 in der neuen ArGV 4 (→ Nr. 7) geschehen, welche am 01.10.1993 in Kraft getreten ist. Bei der Definition der Betriebe mit erheblichen Betriebsgefahren, die seit diesem Zeitpunkt dem Plangenehmigungsverfahren unterstellt werden, wurde auf Gefahren im Sinne der Arbeitssicherheit (Verhütung von Berufsunfällen und Berufskrankheiten) und nicht auf Gefährdungen im Sinne des allgemeinen Gesundheitsschutzes abgestellt (zu den Kriterien der Unterstellung: Wegleitung II, 401–2). Nach ArGV 4 1 Abs. 2 sind neben den industriellen folgende nichtindustrielle Betriebe unterstellt: Sägereien; Betriebe, die Abfallstoffe verwerten; chemisch-technische Produktionsbetriebe; Steinsägewerke;

---

1 Fassung gemäss Ziff. 9 des Anhangs zum Unfallversicherungsgesetz, in Kraft seit 1. Jan. 1984 (SR 832.20, 832.201 Art. 1 Abs. 1).

Betriebe, die Zementwaren herstellen; Eisen-, Stahl- und Metallgiessereien; Betriebe der Abwasserreinigung; Eisenbiegereien; Verzinkereien; Betriebe der Holzimprägnierung; Grosslager für Chemikalien sowie für flüssige und gasförmige Brennstoffe; Betriebe, die mit Mikroorganismen umgehen (solche der Gruppe 3 oder 4 nach Art. 3 Abs. 2 der VO vom 25.08.1999 über den Schutz der Arbeitnehmerinnen und Arbeitnehmer vor Gefährdung durch Mikroorganismen, SR 832.321).

III. Arbeits- und Ruhezeit
1. Arbeitszeit

Art. 9 Wöchentliche Höchstarbeitszeit

¹ Die wöchentliche Höchstarbeitszeit beträgt:

a.[1] 45 Stunden für Arbeitnehmer in industriellen Betrieben sowie für Büropersonal, technische und andere Angestellte, mit Einschluss des Verkaufspersonals in Grossbetrieben des Detailhandels;

b. 50 Stunden für alle übrigen Arbeitnehmer.

² ...[2]

³ Für bestimmte Gruppen von Betrieben oder Arbeitnehmern kann die wöchentliche Höchstarbeitszeit durch Verordnung zeitweise um höchstens vier Stunden verlängert werden, sofern sie im Jahresdurchschnitt nicht überschritten wird.

⁴ Eine Verlängerung der wöchentlichen Höchstarbeitszeit um höchstens vier Stunden kann vom Bundesamt für bestimmte Gruppen von Betrieben oder Arbeitnehmern oder für bestimmte Betriebe bewilligt werden, sofern und solange zwingende Gründe dies rechtfertigen.

⁵ Auf Büropersonal, technische und andere Angestellte, mit Einschluss des Verkaufspersonals in Grossbetrieben des Detailhandels, die im gleichen Betrieb oder Betriebsteil zusammen mit Arbeitnehmern beschäftigt werden, für die eine längere wöchentliche Höchstarbeitszeit gilt, ist diese ebenfalls anwendbar.

Zu Abs. 1

1 Neben dem Gesundheitsschutz und der Plangenehmigung ist wichtigster Bestandteil des öffentlich-rechtlichen Arbeitsschutzes die Regelung von Arbeits- und Ruhezeit. Die privatrechtliche Vertragsfreiheit war hier mit öffentlich-rechtlichen Mitteln zu begrenzen, um eine der wirtschaftlichen Entwicklung angemessene Lebensqualität zu gewährleisten. Die Vorschriften über die Arbeitszeit (ArG 9–13) regeln zunächst die wöchentliche Höchstarbeitszeit (einschliesslich des Ausgleichs ausfallender Arbeitszeit in Abweichung von der wöchentlichen Höchstarbeitszeit, ArG 11, und der Überschreitung der wöchentlichen Höchstarbeitszeit durch Überzeitarbeit, ArG 12–13) sowie die Tages- und Abendarbeit (ArG 10) als Schranke für die Verteilung der wöchentlichen Höchstarbeitszeit auf die einzelnen Arbeitstage.

Durch die Festlegung einer wöchentlichen und nicht einer täglichen Arbeitszeit wird die Einführung der 5-Tage-Woche ermöglicht. Die *wöchentliche Arbeitszeit* kann nämlich auf die einzelnen Arbeitstage frei verteilt werden, desgleichen auf die einzelnen Arbeitnehmer oder

---

1 Fassung gemäss Ziff. I des BG vom 20. März 1998, in Kraft seit 1. Aug. 2000 (AS 2000 1569 1580; BBl 1998 1394).

2 Aufgehoben durch Ziff. I des BG vom 20. März 1998 (AS 2000 1569; BBl 1998 1394).

Gruppen von ihnen zeitlich verschieden (ArGV 1 16 Abs. 3 → Nr. 2). Allerdings gibt es maximale Zeitgrenzen für die tägliche Arbeit in ArG 10, ArG 17a Abs. 1, ArG 24 Abs. 5, ArGV 1 38 Abs. 3 sowie für Jugendliche in ArG 31 Abs. 1, ArGV 5 10 f. (→ Nr. 8) und schwangere Frauen bzw. stillende Mütter in ArG 35 Abs. 2, ArGV 1 60 Abs. 1. Ferner ermöglicht die Festlegung einer wöchentlichen Höchstarbeitszeit das Nachholen ausfallender Arbeitszeit während derselben Woche, ohne dass es einer behördlichen Bewilligung bedarf, wenn nur dadurch die zulässige tägliche Arbeitszeit nicht überschritten wird (ArG 11, ArGV 1 24). Richtgrösse für die Bemessung der wöchentlichen Höchstarbeitszeit ist die Kalenderwoche (ArG 10 i.V.m. ArG 16, ArG 18 und ArG 20); ausgenommen davon ist allein der ununterbrochene Betrieb nach ArG 24.

Um eine Kontrolle der effektiv geleisteten wöchentlichen Arbeitszeit zu ermöglichen, muss der Betriebsinhaber entsprechende Verzeichnisse und Unterlagen erstellen (ArG 46, ArGV 1 73 Abs. 1 lit. c). Der Arbeitgeber hat den Arbeitnehmern den Stundenplan durch Anschlag bekannt zu geben und evtl. der kantonalen Behörde mitzuteilen (ArG 47 Abs. 1, ArGV 1 69). Die Arbeitgeber haben die Höchstarbeitszeiten zu respektieren, und zwar auch dann, wenn sie in ihren Betrieben Bandbreiten- oder Jahresarbeitszeitmodelle eingeführt haben. Die Verantwortung für die Einhaltung der gesetzlichen Rahmenbedingungen bzw. Arbeitszeiten obliegt dem Arbeitgeber, auch wenn er die Arbeitnehmer im Rahmen der Mitwirkung einbezieht (ArG 48 Abs. 1 lit. b). Mit Bezug auf die Frage der «Delegation der Kontrolle an die Arbeitnehmer» vgl. Kommentar zu Art. 46 N 2 (Wegleitung I, 009-1; VON KAENEL, Stämpflis Handkommentar, ArG 9 N 39).

Unter *Arbeitszeit* ist nicht etwa die Zeit zu verstehen, die der Arbeitnehmer im Betrieb verbringen muss (vgl. auch ArGV 1 18 Abs. 5). Sie ist vielmehr die Zeit, während der sich der Arbeitnehmer zur Verfügung des Arbeitgebers zu halten hat (ArGV 1 13 Abs. 1 1. Hs.). Das bedeutet, dass Pausen, in denen der Arbeitnehmer Freizeit hat, auch dann nicht mitgerechnet werden, wenn sie der Arbeitnehmer im Betrieb verbringen muss. Der Weg zur und von der Arbeitsstätte ist ebenfalls keine Arbeitszeit (ArGV 1 13 Abs. 1 2. Hs.), unbeschadet der Tatsache, dass er unter die Pflichtversicherung gegen Arbeitsunfall fällt (UVG 7 Abs. 2; UVV 13 Abs. 2: Bei einem Teilzeitpensum bis zu 8 Wochenstunden bei einem Arbeitgeber gelten Unfälle auf dem Arbeitsweg als Berufsunfälle, ansonsten als Nichtberufsunfälle). Vorbehalten bleiben die Bestimmungen über die Beschäftigung von schwangeren Frauen und stillenden Müttern (ArG 35a Abs. 2, ArGV 1 60 Abs. 2 betr. Stillzeit) sowie die Wegzeit im Falle des Pikettdienstes ausserhalb des Betriebes (ArGV 1 15 Abs. 2). Ob während der Arbeitszeit tatsächlich Arbeit geleistet wurde, ist unerheblich. Die sog. *Präsenzzeit*, in der der Arbeitnehmer zwar keine Arbeit leistet, aber im Betrieb auf Arbeit wartet (von Bedeutung besonders bei Dienstleistungsunternehmen), ist Arbeitszeit.

ArGV 1 13 Abs. 2 und 3 regeln die Anrechenbarkeit der *Wegzeiten*. Grundlage für Abs. 2 ist dabei, dass der Arbeitnehmer grundsätzlich einen festen Arbeitsort hat, jedoch auch andere Einsatzorte aufsuchen muss (anders z.B. Monteure; darüber sogleich). Fällt in diesen Fällen die Wegzeit länger aus als zum eigentlichen Anstellungsort, stellt die zeitliche Differenz Arbeitszeit dar. Diese Bestimmung über die Wegzeit bei Dislokationen im Auftrag des Arbeitgebers ist auf Weg- und Zeitverhältnisse in der Schweiz und ins nahe Ausland ausgerichtet (Wegleitung I, 113-2). Bei sehr lange dauernden Auslandreisen wird die Reisezeit als «Auszeit» betrachtet. Sie stellt weder Arbeits- noch Ruhezeit dar (Wegleitung I, a.a.O.). Abs. 3 behandelt den Fall, in dem durch die Rückkreise vom auswärtigen Arbeitsort der zulässige tägliche Zeitraum oder die wöchentliche Höchstarbeitszeit überschritten werden. Dies ist zulässig, jedoch gilt dann die «Mehrzeit» als Überzeitarbeit und ist nach ArG 13 zu entschädigen bzw. auf Wunsch des Arbeitnehmers zu kompensieren (Wegleitung I, a.a.O.). Die tägliche Ruhezeit von 11 Stunden beginnt dabei erst nach dem Eintreffen des Arbeitnehmers an seinem Wohnort.

Vom vorerwähnten Fall zu unterscheiden ist die Behandlung der Reisezeit bei wechselnden Arbeitsstätten ohne Vorliegen eines Arbeitsweges an einen bestimmten, gleichbleibenden Arbeitsort (z.B. *Monteure oder Vertreter*; Handelsreisende sind dem Gesetz gemäss ArG 3 lit. g allerdings nicht unterstellt). Da hier kein sonst üblicher Arbeitsweg vorliegt, stellt sich auch die Frage nach allfälliger «Mehrzeit» nicht. Vielmehr ist die aufgewendete Wegzeit in diesen Fällen immer Arbeitszeit. Dasselbe gilt in Fällen, wo der Arbeitnehmer seinen Arbeitsplatz bei sich zu Hause hat und zwischendurch in den Stammbetrieb oder zu Kunden muss.

ArGV 1 14 f. regelt eine von verschiedenen Formen des Bereitschaftsdienstes, nämlich den *Pikettdienst*. Daneben gibt es beispielsweise auch die sog. «Arbeit auf Abruf», die sich jedoch vom Pikettdienst stark unterscheidet. Mit dem Pikettdienst, der zusätzlich zur normalen Arbeit geleistet wird (ArGV 1 14 Abs. 1), sind verschiedene Mehrbelastungen verbunden, weshalb eine besondere Regelung aus gesundheitlichen Gründen notwendig erscheint. Die übrigen Formen des Bereitschaftsdienstes sind in der ArGV 1 nicht explizit geregelt. Sie sind nach den allgemeinen Grundsätzen über den Gesundheitsschutz (ArG 6, ArGV 3 2 Abs. 1 lit. c und lit. d → Nr. 6) sowie über die Arbeitszeit (ArGV 1 13) zu beurteilen. Im Wesentlichen geht es beim Pikettdienst um die Vermeidung von unerwünschten Ereignissen oder deren Behebung im eigenen Betrieb bzw. bei Kunden oder um vereinzelte Kontrollgänge (sog. «Sonderereignisse»). Im Gegensatz dazu steht die «Arbeit auf Abruf», mit welcher normale Schwankungen des Arbeitsanfalles aufgefangen werden sollen. Hier finden die Bestimmungen über den Pikettdienst keine Anwendung. Da der Arbeitnehmer beim Pikettdienst in aller Regel Einschränkungen unterworfen ist, die es ihm nicht erlauben, über die dem Arbeitgeber zur Verfügung gestellte Zeit (Wartezeit) frei zu verfügen (z.B. ständige Erreichbarkeit, rasche Verfügbarkeit, Alkoholverbot etc.), ist deren Umfang in ArGV 1 14 Abs. 2 und 3 limitiert. Zudem erfahren Arbeitnehmer mit Familienpflichten besondere Privilegien mit Bezug auf kurzfristige Änderungen in der Pikettplanung (ArGV 1 14 Abs. 4; zur generellen Beizugspflicht der Arbeitnehmer durch den Arbeitgeber bei der Planung des Pikettdienstes: ArGV 1 69). Müssen Piketteinsätze in der Nacht, am Sonntag oder an gesetzlichen Feiertagen geleistet werden, ist eine entsprechende Arbeitszeitbewilligung einzuholen. Vorbehalten bleiben Einsätze im Rahmen von Sonderfällen nach ArGV 1 26 und für Betriebe und Gruppen von Arbeitnehmern, die den Sondervorschriften der ArGV 2 (→ Nr. 5) unterstehen, sofern in diesen Betrieben Nacht- und Sonntagsarbeit bewilligungsfrei geleistet werden darf.

Im Weiteren ist beim Pikettdienst danach zu unterscheiden, ob die betreffende Zeit innerhalb des Betriebes (zum Betriebsbegriff: Kommentar zu ArG 1 Abs. 2, ArGV 1 18 Abs. 5) zugebracht werden muss (Arbeitsbereitschaft) oder ob sie ausserhalb des Betriebes zugebracht werden kann (Rufbereitschaft). Pikettdienst im Betrieb (Arbeitsbereitschaft) gehört zur Arbeitszeit (ArGV 1 15 Abs. 1; BIGA, ARV/1972, 8; Trib. des Prud'hommes GE JAR 1993,

111 f.). Pikettdienst ausserhalb des Betriebes (Rufbereitschaft) wird nur insoweit auf die Arbeitszeit angerechnet, als der Arbeitnehmer tatsächlich zur Arbeit herangezogen wird (ArGV 1 15 Abs. 2). Ob Rufbereitschaft damit umgekehrt der Ruhezeit gleichgestellt wird, ist differenziert zu betrachten (Einzelheiten: BIGA, JAR 1985, 73–77). Die Wegzeit zu und von der Arbeit ist bei der Rufbereitschaft an die Arbeitszeit anzurechnen (ArGV 1 15 Abs. 2 S. 2).

Die Frage der Anrechnung des Pikettdienstes auf die Arbeitszeit im Arbeitsschutzrecht ist aber nicht zu verwechseln mit der privatrechtlichen Frage nach der *Lohnzahlungspflicht* (VON KAENEL, Stämpfli Handkommentar, ArG 9 N 13). Ist privatrechtlich (Normalarbeitsvertrag, Gesamtarbeitsvertrag oder Einzelarbeitsvertrag) nichts anderes bestimmt, so ist jede Zeit zu vergüten, über die der Arbeitnehmer nicht frei verfügen kann (Arbeitsbereitschaft und Rufbereitschaft). Bei Vereinbarung eines Wochen- oder Monatslohnes ist aber im Zweifel anzunehmen, dass dieser auch den ausserdienstlichen Pikettdienst mit abgelten soll.

Zur Arbeitszeit gehört auch die Zeit für *Fort- oder Weiterbildung* (ArGV 1 13 Abs. 4), die der Arbeitnehmer auf Anordnung des Arbeitgebers oder aufgrund seiner beruflichen Tätigkeit von Gesetzes wegen absolvieren muss (vgl. auch Wegleitung I, 113-2).

Schliesslich fällt auch die *Nebenbeschäftigung* (im Gegensatz zur blossen Freizeitbeschäftigung) unter die wöchentliche Höchstarbeitszeit, so dass der zweite Arbeitgeber sich unter Umständen strafbar macht (BIGA, ARV/1974, 1). Auch mit der zusätzlichen Beschäftigung in Heimarbeit dürfen die Arbeitszeitvorschriften nicht umgangen werden (BIGA, ARV/1969, 54), s. ArG 59 Abs. 1 lit. b. Zur sog. Mehrfachbeschäftigung vgl. auch VON KAENEL, Stämpfli Handkommentar, ArG 9 N 42 f.

2 Die Bestimmung der wöchentlichen Höchstarbeitszeit, die durch privatrechtliche Vereinbarungen selbstverständlich unterschritten werden kann und wird, geschieht durch ein verwirrendes Geflecht von Regeln und Ausnahmen. Nach ArG 9 Abs. 1 beträgt im Geltungsbereich des Gesetzes die wöchentliche Höchstarbeitszeit 50 Stunden (unten Abs. 1 b); für die Arbeitnehmer in industriellen Betrieben (s. Kommentar zu ArG 5 Abs. 2 N 1 ff.) sowie für alle Angestellten (im Gegensatz zu Arbeitern, Abs. 1 lit. a N 3) mit Ausnahme des Verkaufspersonals in Kleinbetrieben des Detailhandels jedoch (Abs. 1 lit. a N 4) 45 Stunden (Abs. 1 lit. a N 1). Diese wöchentliche Höchstarbeitszeit von 50 bzw. 45 Stunden kann durch VO gemäss ArG 9 Abs. 3 zeitweise um höchstens 4 Stunden verlängert werden, sofern sie im Jahresdurchschnitt nicht überschritten wird (s. Abs. 3). Ferner kann das SECO eine Verlängerung um höchstens 4 Stunden nach ArG 9 Abs. 4 auch ohne Jahresausgleich vornehmen (s. Abs. 4). Darüber hinausgehend ist sogar eine dauernde Verlängerung der Höchstarbeitszeit oder eine zeitweise Verlängerung von mehr als 4 Stunden nach ArG 27 durch VO möglich.

Etwas anderes als die Verlängerung der wöchentlichen Höchstarbeitszeit ist die zeitweise Überschreitung der Höchstarbeitszeit. Sie kann sich beispielsweise beim Ausgleich ausfallender Arbeitszeit (ArG 11) und bei Überzeitarbeit (ArG 12, ArGV 1 25) ergeben und zusätzlich zur Verlängerung der wöchentlichen Höchstarbeitszeit hinzutreten. Schliesslich kann nach ArG 26 Abs. 2 die wöchentliche Höchstarbeitszeit durch VO auch verkürzt werden.

Zu Abs. 1 lit. a

1   Zum Begriff der «industriellen Betriebe» vgl. ArG 5 Abs. 2 N 1 ff.

2   Unter «technischen und anderen Angestellten» sind heutzutage alle Arbeitnehmer zu verstehen, welche im Büro oder in büroähnlichen Berufen tätig sind. Neben der Art des Arbeitsplatzes unterscheiden sie sich auch durch die Art der Tätigkeit mit vorwiegend Kopfarbeit gegenüber den vorwiegend handwerklich oder manuell beschäftigten «übrigen Arbeitnehmern» (Abs. 1 lit. b). Zu früheren Unterscheidungskriterien: Wegleitung I, 009-2. «Technische und andere Angestellte» sind beispielsweise Personen, die an Kundenschaltern, in Versuchswerkstätten und Labors, in der Softwareentwicklung, in einer Beratungsstelle oder in der Druckvorstufe im grafischen Gewerbe tätig sind (Wegleitung I, a.a.O.). Nicht zu «technischen und anderen Angestellten» zählen dagegen die Arbeitnehmer im Gesundheitsbereich, in den Krankenanstalten und Heimen.

3   Die Besserstellung der Angestellten gegenüber den Arbeitern entspricht antiquiertem Denken im Arbeitsrecht und hätte wie im Arbeitsvertragsrecht beseitigt werden müssen (vgl. REHBINDER § 4 A II). Die Unterscheidung von Arbeiter (blue collar worker), der überwiegend körperliche Arbeit leistet (Handarbeit), und Angestelltem (white collar worker), der überwiegend geistige Arbeit leistet (Kopfarbeit), ist angesichts der zunehmenden Technisierung aller Arbeitsvorgänge in weiten Bereichen des Arbeitslebens nicht mehr sinnvoll durchzuführen (TSCHUDI 51 f.; ebenso: VON KAENEL, Stämpflis Handkommentar, ArG 9 N 33). Im Übrigen kann sie keinen Gesichtspunkt dafür liefern, gewisse als minderwertig betrachtete Arbeitskräfte länger arbeiten zu lassen; denn gerade die körperliche Arbeit ist anstrengender und bedürfte daher grösseren Schutzes. Als Indizien für die Abgrenzung werden genannt: Stand der Ausbildung, Art der geleisteten Dienste, Mass an Selbstständigkeit und Verantwortung (HOLZER in HUG N 6), soziale Wertung sowie Länge der Kündigungsfrist (CANNER/SCHOOP N 4).

4   Da das Verkaufspersonal unabhängig von der Grösse des Betriebes zur Kategorie der Angestellten gehört, hätte es richtig heissen müssen: «mit Ausnahme des Verkaufspersonals in Kleinbetrieben des Detailhandels» (so schon HOLZER in HUG N 7, anders BIGLER N 3a). Grossbetriebe sind Betriebe, die in demselben Gebäude oder in benachbarten Gebäuden insgesamt mehr als 50 Arbeitnehmer im Detailverkauf beschäftigen (Wegleitung I, 009-2). Massgebend für die Verkaufstätigkeit ist die direkte Kundenberührung. Daher wird im Hinblick auf die Selbstbedienungsläden das Kassenpersonal auch ausdrücklich mit eingeschlossen.

Zu Abs. 1 lit. b

1   Zu den «übrigen Arbeitnehmern» gehören all jene, die vorwiegend manuelle Tätigkeiten ausüben, wie z.B. Handwerk, handwerkliche Hilfsarbeit, Verkauf in kleineren und mittleren Betrieben.

2   Mit 50 Wochenstunden ist die Schweiz das Land mit der höchsten gesetzlichen Arbeitszeit in Westeuropa. Im Übrigen ist die Abstufung der Höchstarbeitszeit nach Arbeitern und Angestellten (vgl. Abs. 1 lit. a N 3) moralisch anstössig und wird nur durch den Grundsatz der einheitlichen Arbeitszeitordnung im Betrieb nach ArG 9 Abs. 5 gemildert (s. Kommentar zu Abs. 5).

III. Arbeits- und Ruhezeit Nr. 1 ArG **Art. 9**

Zu Abs. 2

Aus formellen Gründen wurde Abs. 2 gestrichen (Botschaft Rev., 177). Bereits 1976 hat der Bundesrat von der ihm in aArG Art. 9 Abs. 2 eingeräumten Möglichkeit Gebrauch gemacht, die Höchstarbeitszeit auf dem Verordnungsweg auf 45 Stunden zu reduzieren. Die seither geltende Verordnungsregelung wurde nun ins Gesetz eingegliedert.

Zu Abs. 3

Die starre Grenze der wöchentlichen Höchstarbeitszeit von 45 bzw. 50 Stunden/ Kalenderwoche kann durch Verordnung um maximal vier Stunden verlängert werden, sofern die Höchstarbeitszeit im Jahresdurchschnitt eingehalten wird (vgl. auch Wegleitung I, 009-2). ArGV 1 22 (→ Nr. 2) regelt die Voraussetzungen und das Ausmass der vom Betriebsinhaber anzuordnenden Verlängerung. Unter Vorbehalt von ArGV 1 22 Abs. 3 kann dies ohne Bewilligung erfolgen. Eine Verlängerung ist wie folgt möglich:

a) Bei Tätigkeiten mit witterungsbedingtem Arbeitsausfall (Abs. 1 lit. a; z.B. Baustellen, Steinbrüche, Skilifte) oder in Betrieben mit erheblichen saisonmässigen Schwankungen des Arbeitsanfalls (Abs. 1 lit. b; z.B. Konservenindustrie, Zuckerfabriken) um höchstens 4 Stunden, sofern die wöchentliche Höchstarbeitszeit im Durchschnitt eines halben Jahres nicht überschritten wird. Als saisonale Schwankungen gelten ausserordentliche Belastungsschwankungen, die in Zusammenhang mit Jahreszeiten und Feiertagen stehen.

b) Die wöchentliche Höchstarbeitszeit von 45 Stunden kann zur Bewältigung von (kurzfristigen) Auslastungsspitzen für Arbeitnehmer mit einer im Durchschnitt gewährten 5-Tage-Woche vorübergehend verlängert werden (vgl. ArGV 1 22 Abs. 2) um

   aa) 2 Stunden, sofern sie im Durchschnitt von 8 Wochen nicht überschritten wird, oder

   bb) um 4 Stunden, sofern sie im Durchschnitt von 4 Wochen nicht überschritten wird (zur Berechnung vgl. Wegleitung I, 122-2).

Die Ausgleichspflicht gilt auch für befristete Arbeitsverträge (ArGV 1 22 Abs. 4). Sollte der Ausgleich innerhalb der Einsatzzeit ausnahmsweise nicht möglich sein, ist nach ArG 22 vorzugehen.

Zu Abs. 4

Zwingende Gründe, die wöchentliche Höchstarbeitszeit um 4 Stunden zu verlängern, können z.B. übergangsrechtliche Probleme sein, wenn der Geltungsbereich des ArG auf Betriebe oder Arbeitnehmer ausgedehnt wird, die bisher nicht dem ArG unterstanden und daher länger arbeiten konnten. Bisher häufigster Grund war die Unterstellung eines Betriebes unter die Vorschriften über die industriellen Betriebe (ArG 5). Da heutzutage die vertraglich vereinbarte Arbeitszeit im Gewerbe in der Regel unter 45 Stunden liegt, dürfte dieser Fall kaum mehr auftreten. Zu weiteren Gründen vgl. auch Wegleitung I, 009-2.

Zu Abs. 5

In nichtindustriellen Betrieben gilt für Angestellte und Arbeiter nicht dieselbe wöchentliche Höchstarbeitszeit (vgl. o. Abs. 1 lit. a N 3, Abs. 1 b). Werden diese beiden Arbeitnehmerkategorien zusammen in einem Betrieb beschäftigt, würde die gesetzliche Diskriminierung der

Arbeiter auffallen, und es käme zu unerfreulichen Diskussionen über die Gerechtigkeit des Arbeitsrechts. Deshalb lässt man in diesen Betrieben auch die Angestellten länger arbeiten. HOLZER (HUG N 9) begründet diese Regelung allerdings lebensfremd mit der Behauptung, die Anwesenheit der Angestellten sei notwendig, damit die Arbeiter ihre Arbeit richtig ausführen. Die erforderliche Aufsicht könnte aber auch von solchen Leuten ausgeführt werden, die nicht dem Geltungsbereich des Gesetzes unterstehen (Betriebsinhaber und leitende Angestellte). V. SCHUMACHER (Schweiz. Arbeitgeber-Zeitung 1987, 279) spricht zutreffender von der «ungestörten Aufrechterhaltung des Teamworks» und stellt fest, eine solche Arbeitszeitverlängerung käme nur sehr selten vor.

Art. 10[1]   Tages- und Abendarbeit

¹ Die Arbeit von 6 Uhr bis 20 Uhr gilt als Tagesarbeit, die Arbeit von 20 Uhr bis 23 Uhr ist Abendarbeit. Tages- und Abendarbeit sind bewilligungsfrei. Abendarbeit kann vom Arbeitgeber nach Anhörung der Arbeitnehmervertretung im Betrieb oder, wo eine solche nicht besteht, der betroffenen Arbeitnehmer eingeführt werden.

² Beginn und Ende der betrieblichen Tages- und Abendarbeit können zwischen 5 Uhr und 24 Uhr anders festgelegt werden, wenn die Arbeitnehmervertretung im Betrieb oder, wo eine solche nicht besteht, die Mehrheit der betroffenen Arbeitnehmer dem zustimmt. Die betriebliche Tages- und Abendarbeit beträgt auch in diesem Falle höchstens 17 Stunden.

³ Die Tages- und Abendarbeit des einzelnen Arbeitnehmers muss mit Einschluss der Pausen und der Überzeit innerhalb von 14 Stunden liegen.

> Der Arbeitstag wird (neu) in drei Phasen unterteilt: Tages- (6–20 Uhr), Abend- (20–23 Uhr) und Nachtarbeit (ArG 16 ff.). Es wird nicht mehr zwischen Sommer und Winter unterschieden und auf Sonderbestimmungen für industrielle Betriebe wurde verzichtet (REHBINDER/MÜLLER, Art. 10 Abs. 1 N 2). Bezüglich Abendarbeit (vgl. Kommentar zu Abs. 1) sowie Verschiebung von Beginn und Ende der betrieblichen Tages- und Abendarbeit besteht (neu) ein Mitwirkungsrecht der Arbeitnehmer (vgl. Kommentar zu Abs. 2). Diese Regelungen bedeuten für den Arbeitgeber eine wesentliche Flexibilität und Erleichterung (zum alten System: REHBINDER/MÜLLER, Art. 10).

> ***Zu Abs. 1***

1   Neu dauert die bewilligungsfreie Arbeit von 6 Uhr bis 23 Uhr. Ursprünglich hat das Parlament nur die Tagesarbeit definiert und diese bis 23 Uhr ausgedehnt (Botschaft Rev., 177). Das Volk hat aber in der Referendumsvorlage diesen Vorschlag abgelehnt. Die nun vorliegende Lösung unterteilt diesen Zeitraum in Tages- und Abendarbeit, wobei für die Abendarbeit (20–

---

1   Fassung gemäss Ziff. I des BG vom 20. März 1998, in Kraft seit 1. Aug. 2000 (AS 2000 1569 1580; BBl 1998 1394).

23 Uhr) die Arbeitnehmervertretung im Betrieb angehört (s. N 2) werden muss (Bericht WAK, 1401). Damit wird die bewilligungsfreie Einführung des Zweischichtbetriebes ermöglicht.

Das Gesetz regelt die Grenzen, innerhalb deren gearbeitet werden kann. Über das Verbot der Nachtarbeit vgl. ArG 16. Innerhalb dieser Grenzen ist der Arbeitgeber frei, mit dem Arbeitnehmer (wo nötig unter Einbezug der Arbeitnehmervertretung, dazu N 2) die Lage der Arbeitszeit zu vereinbaren (ArGV 1 16 → Nr. 2). Doch sind dabei noch die gesetzlichen Pausen (ArG 15) bzw. Ruhezeiten (ArG 15a) zu berücksichtigen. Zum längstmöglichen Zeitraum für den einzelnen Arbeitnehmer: Kommentar zu ArG 10 Abs. 3. Schliesslich sind für besondere Personengruppen Einschränkungen zu beachten, so z.B. für Jugendliche (ArG 31) bzw. Schwangere und stillende Mütter (ArG 35a Abs. 4), und in gewissen Fällen sind tägliche Höchstarbeitszeiten vorgesehen (Nachtarbeit gemäss ArG 17a Abs. 1 und 2, ArGV 1 29; Schichtarbeit gemäss ArGV 1 34; ununterbrochener Betrieb gemäss ArG 24 Abs. 5, ArGV 1 38). Zudem gelten für bestimmte Gruppen von Betrieben oder Arbeitnehmern Sondervorschriften (ArG 27, ArGV 2 → Nr. 5).

Um trotz entfallender Bewilligungspflicht die Kontrollmöglichkeiten zu wahren, wird in ArG 47 Abs. 2 die Möglichkeit eingeführt, für bestimmte Arbeitszeitsysteme eine Meldepflicht in Bezug auf die Stundenpläne vorzusehen (Botschaft Rev., 178); zudem gilt neu die generelle Anschlagspflicht oder Bekanntgabe des Stundenplans im Betrieb selber (ArG 47 Abs. 1).

2 Abendarbeit (20–23 Uhr) kann in einem Betrieb nur nach *Anhörung* der betroffenen Arbeitnehmer oder deren Vertretung *eingeführt* werden (Abs. 1 S. 2). Sie kann auch gegen den Willen der Arbeitnehmer eingeführt werden. Es steht ihnen kein Einspracherecht zu. Zur Arbeitnehmervertretung und ihren Mitwirkungsrechten s. auch ArG 48 und MÜLLER SSA, 120 ff., 228 ff.

Der Begriff der «Anhörung» ist im Gesetz nirgends genau definiert. ArG 48 Abs. 2 umschreibt das weiterreichende Recht der «Mitsprache», welches den Anspruch auf Anhörung und Beratung umfasst, bevor der Arbeitgeber einen Entscheid trifft, sowie denjenigen auf Begründung des Entscheids, wenn dieser den Einwänden der Arbeitnehmer bzw. deren Vertretung im Betrieb nicht oder nur teilweise Rechnung trägt (Botschaft Rev., 187 f.). In den Materialien ist von einem «minimalen Recht des Arbeitnehmers, informiert zu werden und gegenüber dem Arbeitgeber seine Meinung zu äussern» die Rede (NatR 1997, 2798). Nach herrschender Lehre umfasst der Begriff der Anhörung das Recht auf (einseitige) Meinungsäusserung. Der Arbeitgeber hat die Meinungskundgabe nach Möglichkeit zu berücksichtigen. Es handelt sich jedoch weder um eigentliche Beratungen im Sinne eines gemeinsamen Erörterns und wechselseitigen Abwägens von Gründen noch um die Pflicht, eine abweichende Entscheidung zu begründen (MÜLLER SSA, 229).

Andererseits wird die Einführung der Abendarbeit in der Regel in einem grösseren Zusammenhang der «Organisation der Arbeitszeit und der Gestaltung der Stundenpläne» erfolgen (ArG 48 Abs. 1 lit. b), so dass in der Praxis eine Trennung zwischen den beiden Mitwirkungsrechten «Anhörung» und «Mitsprache im Sinne von ArG 48 Abs. 2» wohl kaum erfolgen dürfte (vgl. Wegleitung I, 010-1/010-2, wonach das Anhörungsverfahren nach den Grundsätzen der Mitwirkungsbestimmungen im Sinne von ArG 48 zu erfolgen habe).

Zu Abs. 2

1 Der Tageszeitraum von 17 Stunden kann mit dem Einverständnis der Arbeitnehmervertretung im Betrieb bzw. – wo eine solche nicht besteht – der Mehrheit der betroffenen Arbeitnehmer um maximal eine Stunde vor- oder nachverschoben werden (22–5 Uhr oder 24–7 Uhr). Es kann also die Lage verschoben, nicht jedoch der Zeitraum der betrieblichen Tagesarbeit von 17 Stunden ausgedehnt werden. Mit dieser Abweichungsmöglichkeit wird dem Anspruch nach betriebsgerechten Lösungen Rechnung getragen. Im Gegensatz zum altrechtlichen Verschieben der Grenzen der Tagesarbeit (REHBINDER/MÜLLER, Art. 10 Abs. 2) ist hier weder ein Bedürfnisnachweis noch eine Bewilligung des SECO bzw. der kantonalen Behörde notwendig.

2 Das erforderliche Einverständnis ist grundsätzlich bei der Einführung einer solchen abweichenden Regelung einzuholen. Bei Arbeitnehmern, die später hinzukommen, ist davon auszugehen, dass sie ihre entsprechende Zustimmung durch Eintritt in dieses Arbeitszeitsystem stillschweigend oder ausdrücklich gegeben haben (Botschaft Rev., 178). Es handelt sich um ein echtes Mitentscheidungsrecht (Zustimmung erforderlich; VON KAENEL, Stämpflis Handkommentar, ArG 10 N 20).

Zu Abs. 3

Der einzelne Arbeitnehmer darf höchstens in einem Zeitraum von 14 Stunden – Pausen, Überzeitarbeit und Ausgleich ausfallender Arbeitszeit (ArG 11) eingeschlossen – innerhalb der betrieblichen Tages- und Abendarbeit von 17 Stunden (vgl. Abs. 2 N 1) beschäftigt werden. Vorbehalten bleiben allerdings die Sonderfälle gemäss ArG 12 Abs. 2 bzw. ArGV 1 26 (→ Nr. 2, vorübergehende Arbeiten in Notfällen). Demgegenüber bestehen Einschränkungen mit Bezug auf die zulässige Höchstarbeitszeit für Schichtarbeitnehmer (ArGV 1 34, 38, 39). Schliesslich bestehen Sonderregelungen für die Leistung von Nachtarbeit (ArG 16 ff.).

Art. 11 Ausgleich ausfallender Arbeitszeit

Wird die Arbeit wegen Betriebsstörungen, wegen Betriebsferien, zwischen arbeitsfreien Tagen oder unter ähnlichen Umständen für verhältnismässig kurze Zeit ausgesetzt oder werden einem Arbeitnehmer auf seinen Wunsch arbeitsfreie Tage eingeräumt, so darf der Arbeitgeber innert eines angemessenen Zeitraumes einen entsprechenden Ausgleich in Abweichung von der wöchentlichen Höchstarbeitszeit anordnen. Der Ausgleich für den einzelnen Arbeitnehmer darf, mit Einschluss von Überzeitarbeit, zwei Stunden im Tag nicht überschreiten, ausser an arbeitsfreien Tagen oder Halbtagen.

1 Arbeitszeit, die aus bestimmten Gründen ausfällt, kann unter den Voraussetzungen von ArG 11 vor- oder nachgeholt werden (MÜLLER, Stämpflis Handkommentar, ArG 11 N 1). Da ein Ausgleich innerhalb der wöchentlichen Höchstarbeitszeit stets möglich ist (ArGV 1 16 Abs. 3 → Nr. 2; vgl. Kommentar zu ArG 9 Abs. 1 N 1), betrifft ArG 11 nur solchen Ausgleich, der die wöchentliche Höchstarbeitszeit überschreitet. Der Arbeitgeber kann ihn ohne besondere Bewilligung vornehmen, wenn die Arbeit für verhältnismässig kurze Zeit aus betrieblichen Gründen ausgesetzt oder wenn dem Arbeitnehmer auf seinen Wunsch Arbeitsbefreiung ge-

währt wird. Der kurzfristige Arbeitsausfall aus betrieblichen Gründen muss wegen Betriebsstörungen, Betriebsferien, wegen nur kurzen Zwischenraums zwischen arbeitsfreien Tagen oder aus ähnlichen Umständen erfolgen.

Das Gesetz ist jedoch selbst für den Fachjuristen schwer verständlich formuliert (ebenso CANNER/SCHOOP N 1; VINZENZ SCHUMACHER: Mögliche Regelung flexibler Arbeitszeiten, in Schweizerische Arbeitgeber-Zeitung 1987, 279 ff.). Es hätte angesichts OR 342 Abs. 2 unbedingt klargestellt werden müssen, dass die im Gesetz aufgezählten Gründe einen Ausgleich allein unter dem Gesichtspunkt des öffentlichen Rechts erlauben. Hingegen ist es eine ganz andere Frage, ob die Arbeitnehmer zu diesem Ausgleich auch privatrechtlich verpflichtet sind. Kann oder will der Arbeitgeber aus betrieblichen Gründen die Arbeitsleistung zu der vertragsgemässen Zeit nicht annehmen, kommt er nach OR 324 Abs. 1 in Annahmeverzug, und ein Ausgleich der ausgefallenen Zeit ist nicht geschuldet. Ob der Arbeitgeber einen Ausgleich anordnen darf, ist also zunächst einmal eine Frage des Privatrechts. Ist dort nichts anderes bestimmt, so wird das im Falle von Betriebsstörungen gerade nicht der Fall sein (MÜLLER, Stämpflis Handkommentar, ArG 11 N 42). Bei den Betriebsferien kann es hingegen anders sein. Wird der gesamte Betrieb für bestimmte Zeit geschlossen, so kann dies zu dem Zwecke geschehen, allen Arbeitnehmern gleichzeitig ihren Jahresurlaub zu gewähren. Selbst wenn diese Massnahme als sog. Zwangsferien vom Arbeitgeber einseitig angeordnet ist, kommt hier ein Ausgleich nicht in Betracht, wenn und insoweit dem einzelnen Arbeitnehmer damit seine Ferien eingeräumt werden (vgl. REHBINDER § 8 A II 4). Hat aber ein bestimmter Arbeitnehmer nur auf kürzere Ferien Anspruch, dann kann der Arbeitgeber seine Teilnahme an den Betriebsferien von einer Ausgleichsvereinbarung abhängig machen. Der Arbeitnehmer wird sich mit dem Ausgleich auf jeden Fall einverstanden erklären; denn wenn er – was möglich wäre – den Arbeitgeber in Annahmeverzug setzen würde, dürfte er sich mit Sicherheit die Kündigung zuziehen. Diese Situation hat das Gesetz im Auge (Botschaft, 971). Auch im Falle einer Arbeitsbefreiung zwischen arbeitsfreien Tagen wie in der Zeit zwischen Auffahrt und dem folgenden Wochenende oder zwischen Weihnachten und Neujahr werden die Arbeitnehmer mit einem Ausgleich einverstanden sein, so dass der Arbeitgeber den Ausgleich fordern kann.

Unter die im Gesetz erwähnten «ähnlichen Umstände» fällt die Kurzarbeit. In der Regel erklärt sich der Arbeitnehmer mit einseitig angeordneter Kurzarbeit einverstanden, um nicht seinen Arbeitsplatz zu verlieren. Im Rahmen der Verständigung über die Kurzarbeit kann es auch zu Vereinbarungen über das Nachholen kommen (vgl. BIGA, ARV/1974, 78). Ferner fällt die gleitende Arbeitszeit unter die «ähnlichen Umstände» (BIGA, ARV/1972, 4). Während der Gleitzeit, die vor oder hinter der Blockzeit (z.B. 9–11 Uhr und 14–16 Uhr), während der alle Arbeitnehmer am Arbeitsplatz tätig sein müssen, angesetzt wird, kann der einzelne Arbeitnehmer Arbeitsbeginn, Pausen und Arbeitsschluss sowie die Dauer der Arbeit individuell und von Tag zu Tag verschieden ansetzen, wobei er lediglich ein bestimmtes Soll an Arbeitszeit zu erfüllen hat. Wird dieses Arbeitssoll nach Zeiteinheiten berechnet, die über einer Woche liegen (z.B. pro Monat), kann es zur Überschreitung der wöchentlichen Höchstarbeitszeit und damit zur Anwendung von ArG 11 kommen. Unter die «ähnlichen Umstände» fällt auch die Einführung der Sommerzeit, die die Arbeitszeit von Nachtarbeitern verkürzt (BIGLER N 1c). Schliesslich können unter die «ähnlichen Umstände» auch kantonale oder kommunale Feiertage fallen, die nicht nach ArG 20a Abs. 1 den Sonntagen gleichzustellen sind. Handelt es sich um religiöse Feiertage, kann der Arbeitnehmer von sich aus die Arbeit aussetzen und muss mangels abweichender Vereinbarung dann die ausgefallene Arbeitszeit ausgleichen (ArG 20a Abs. 2; s. dort).

Im Übrigen aber kann es stets zum Einverständnis von Arbeitgeber und Arbeitnehmer über das Aussetzen kommen. Wenn dabei ein Ausgleich vereinbart wurde, kann der Arbeitgeber diesen im Rahmen von ArG 11 durchführen, andernfalls braucht der Arbeitnehmer den Ausgleich nicht zu leisten. Ordnet der Arbeitgeber von sich aus ohne Einverständnis die Arbeitsaussetzung an, kommt er in Annahmeverzug, OR 324 Abs. 1 (anders für die einseitige Anordnung eines Aussetzens bei «anerkannten», aber nicht unter ArG 20a Abs. 1 fallenden Feiertagen CANNER/SCHOOP N 4).

Schliesslich kann ein Ausgleich ausfallender Arbeitszeit unter Überschreitung der wöchentlichen Höchstarbeitszeit auch angeordnet werden, wenn dem Arbeitnehmer auf dessen Wunsch arbeitsfreie Zeit eingeräumt wurde. Das Gesetz spricht nur von freien Tagen, will aber damit ersichtlich freie Stunden und Minuten nicht ausschliessen. Privatrechtlich betrachtet darf diese Zeit aber nicht unter OR 329 Abs. 3 fallen; denn in diesem Rahmen ist bis zu zwei Stunden am Tag oder einem halben Tag in der Woche ein Ausgleich nicht geschuldet (vgl. REHBINDER § 9 B II 5; PORTMANN/STÖCKLI N 491 ff.).

Hat der Arbeitgeber aufgrund des Privatrechts – was wirksam vereinbart werden kann, aber selten so sein dürfte – das Recht, die Arbeitsaussetzung mit Ausgleichsarbeit einseitig anzuordnen, so muss er vor Anordnung der Ausgleichszeit nach ArG 48 Abs. 1 lit. b den beteiligten Arbeitnehmern oder deren Vertretung im Betrieb ein Mitspracherecht gewähren (s. Kommentar zu ArG 48).

2 Zum angemessenen Zeitraum bestimmt ArGV 1 24 Abs. 1, dass dieser grundsätzlich 14 Wochen beträgt. Will der Arbeitgeber den Ausgleich unter Überschreitung der wöchentlichen Höchstarbeitszeit in einem Zeitraum vornehmen, der über 14 Wochen liegt, so bedarf er dazu des Einverständnisses des Arbeitnehmers. Die Vereinbarung einer Verlängerung der Ausgleichsfrist darf 12 Monate nicht übersteigen. Im Gegensatz zum Ausgleich innerhalb 14 Wochen, bei dem der Arbeitgeber den Arbeitnehmern lediglich ein Mitspracherecht gewähren muss (ArG 48 Abs. 1 lit. b), ist hier also eine Zustimmung erforderlich. Diese hat zugleich privatrechtliche Wirkung, so dass der Arbeitgeber den Ausgleich zu fordern auch stets berechtigt ist (MÜLLER, Stämpflis Handkommentar, ArG 11 N 32).

3 Durch die Anordnung des Arbeitgebers über das Vor- und Nachholen ausfallender Arbeitszeit, das die wöchentliche Höchstarbeitszeit überschreitet, darf die zulässige *tägliche* Arbeitsdauer nicht überschritten werden (ArGV 1 24 Abs. 2, ArG 10 Abs. 3). Im Gegensatz zur Überzeitarbeit, mit der eine effektive Mehrleistung an Arbeit erbracht wird, darf Ausgleichsarbeit auch an Sonntagen geleistet werden (vgl. ArGV 1 25 Abs. 1), sofern eine entsprechende Bewilligung eingeholt wurde. Über die Beschränkung der täglichen Höchstarbeitszeit und Mindestruhezeit s. N 4.

Wurde Ausgleichsarbeit angeordnet, erkrankte aber der Arbeitnehmer in der ausgefallenen Arbeitszeit (z.B. in der Zeit zwischen Weihnachten und Neujahr), so fragt sich, ob er für die Zeit der Krankheit einen entsprechenden Anspruch auf Nachbezug von Freizeit oder auf Ent-

III. Arbeits- und Ruhezeit Nr. 1 ArG **Art. 12**

gelt für Überzeitarbeit hat. Für die Erkrankung während der Ferien wird trotz fehlender gesetzlicher Regelung ein solcher Anspruch auf Nachgewährung angenommen (vgl. REHBINDER § 9 B II 5; PORTMANN/STÖCKLI N 499). Bei Erkrankung während der ausgefallenen, aber ausgeglichenen Arbeitszeit kann ein solcher Anspruch aber nicht bestehen, denn die ausgefallene Zeit tritt hier lediglich an die Stelle der Freizeit (MÜLLER, Stämpflis Handkommentar, ArG 11 N 34 f.). Wäre der Arbeitnehmer in der Freizeit erkrankt, z.B. am Weihnachtstag, dann hatte er ebenfalls keinen Anspruch auf Nachbezug/Entschädigung. Bei vorzeitiger Beendigung des Arbeitsverhältnisses gilt bezüglich vorgeholter Ausgleichsarbeit Entsprechendes (vgl. CANNER/SCHOOP N 8). Besondere individual- oder kollektivrechtliche Vereinbarungen bleiben vorbehalten.

4   Die Dauer der Ausgleichsarbeit darf mit Einschluss allfälliger Überzeitarbeit (dazu ArG 12) 2 Stunden am Tag nicht überschreiten, arbeitsfreie Tage oder Halbtage ausgenommen (vgl. SCHUMACHER zit. in N 1). Wird die Ausgleichsarbeit aber auf den wöchentlichen freien Halbtag gelegt, so ist dieser an einem anderen Wochentag zu gewähren (ArGV 1 20 Abs. 4, ArG 21 Abs. 1). Ferner erinnert ArGV 1 24 Abs. 2 daran, dass die tägliche Höchstarbeitszeit eingehalten werden muss (s. Kommentar zu Art. 10 Abs. 1 N 1). In ArGV 1 24 Abs. 2 ist jedoch nicht erwähnt, dass auch die Vorschriften über die Mindestruhezeit (ArG 15 ff.) einzuhalten sind.

Art. 12   Voraussetzungen und Dauer der Überzeitarbeit

¹ Die wöchentliche Höchstarbeitszeit darf ausnahmsweise überschritten werden

a. wegen Dringlichkeit der Arbeit oder ausserordentlichen Arbeitsandranges;
b. für Inventaraufnahmen, Rechnungsabschlüsse und Liquidationsarbeiten;
c. zur Vermeidung oder Beseitigung von Betriebsstörungen, soweit dem Arbeitgeber nicht andere Vorkehren zugemutet werden können.

² Die Überzeit darf für den einzelnen Arbeitnehmer zwei Stunden im Tag nicht überschreiten, ausser an arbeitsfreien Werktagen oder in Notfällen, und im Kalenderjahr insgesamt nicht mehr betragen als:

a. 170 Stunden für Arbeitnehmer mit einer wöchentlichen Höchstarbeitszeit von 45 Stunden;
b. 140 Stunden für Arbeitnehmer mit einer wöchentlichen Höchstarbeitszeit von 50 Stunden.[1]

3–4 ...[2]

---

1   Fassung gemäss Ziff. I des BG vom 20. März 1998, in Kraft seit 1. Aug. 2000 (AS 2000 1569 1580; BBl 1998 1394).
2   Aufgehoben durch Ziff. I des BG vom 20. März 1998 (AS 2000 1569; BBl 1998 1394).

Zu Abs. 1

1 Wird die wöchentliche Höchstarbeitszeit (ArG 9) überschritten, liegt Überzeitarbeit vor. Wird die einzeln oder kollektiv vereinbarte oder (mangels Abrede) übliche Arbeitszeit durch Mehrarbeit überschritten, liegt Überstundenarbeit vor (OR 321c). Da die privatrechtlich geschuldete Arbeitszeit in der Regel weniger beträgt als die wöchentliche Höchstarbeitszeit, ist nicht jede Überstundenarbeit auch Überzeitarbeit. Die meisten Betriebe haben also eine disponible Mehrarbeitsquote, nach deren Überschreitung erst die Überzeitregelung des ArG eingreift. Ob Überzeitarbeit vom Arbeitnehmer geschuldet ist, entscheidet die privatrechtliche Bestimmung von OR 321c über die Überstundenarbeit (dazu näher REHBINDER § 8 A II 3 und PORTMANN/STÖCKLI N 179 ff.). Danach setzt ein Anspruch auf Leistung von Überstundenarbeit voraus, dass die Arbeit notwendig ist, dass der Arbeitnehmer sie zu leisten vermag und dass sie ihm nach Treu und Glauben zugemutet werden kann. Unzumutbar ist Überstundenarbeit, die vom Arbeitgeber durch bessere Arbeitseinteilung oder durch Beizug von Hilfskräften vermieden werden kann. Doch würde eine Weigerung gegen Treu und Glauben verstossen, wenn die zusätzliche Arbeit periodisch notwendig und daher vorhersehbar ist, wie bei saisonbedingtem Geschäftsandrang, Inventur usw. Weiter kann der Arbeitnehmer notwendige Überstunden ablehnen, wenn er sie mit seinen Kräften oder aus gesundheitlichen Gründen nicht bewältigen kann. Schliesslich besteht wegen Unzumutbarkeit kein Anspruch auf Überstunden, die nach ArG 12 unzulässige Überzeitarbeit sein würden (OR 342 Abs. 2). Auch bei Teilzeitarbeit und bei vereinbarter Kurzarbeit kann vorübergehende Überstundenarbeit notwendig werden und dann nach OR 321c geschuldet sein. Allerdings betrifft die Überstundenarbeit nur die einseitig angeordnete Mehrarbeit. Liegt eine Vereinbarung vor, wird dadurch die geschuldete Normalarbeitszeit ausgedehnt. Doch kann sich eine Vereinbarung auch darauf beschränken, dass auf eine besondere Vergütung für die Überstundenarbeit verzichtet wird (OR 321c Abs. 3). Wird die geschuldete Arbeitszeit durch Vereinbarung erweitert, so findet dies ebenfalls seine Grenze in der öffentlich-rechtlich zulässigen Überzeitarbeit (ArG 12, OR 342 Abs. 2).

2 Die Überschreitung der wöchentlichen Höchstarbeitszeit durch Mehrarbeit wird im Geltungsbereich des Arbeitsgesetzes in ArG 12 Abs. 1 abschliessend an drei Voraussetzungen geknüpft, von denen eine auf die Art der Mehrarbeit und zwei auf die Gründe der Mehrarbeit abstellen (dazu auch Wegleitung I, 012-2). Nach lit. b ist Überzeitarbeit erlaubt für Inventaraufnahmen, Rechnungsabschlüsse und Liquidationsarbeiten. Nach lit. a ist Überzeitarbeit erlaubt wegen Dringlichkeit der Arbeit (z.B. bei Unmöglichkeit, vereinbarte oder verlangte Liefertermine ohne die Leistung von Mehrarbeit einzuhalten) oder ausserordentlichem Geschäftsandrang (Übersteigen der Leistungskapazität eines Betriebes oder Betriebsteils aufgrund des kurzfristig anfallenden Auftragsvolumens) und nach lit. c zum Zwecke der Vermeidung oder Beseitigung von Betriebsstörungen (dazu REHBINDER § 9 A IV 2 b), soweit dem Arbeitgeber nicht andere Vorkehren zugemutet werden können. Letztere Einschränkung gilt aber entgegen dem klaren Wortlaut für alle drei Voraussetzungen zulässiger Überzeitarbeit (REHBINDER/MÜLLER, Art. 12 Abs. 1; DUNAND, Stämpflis Handkommentar, ArG 12 N 16).

Zu Abs. 2

1 Eine Ausnahme von der täglichen Höchstdauer der Überzeitarbeit von 2 Stunden besteht nach ArG 12 Abs. 2 lediglich für Notfälle (vgl. ArGV 1 26 → Nr. 2) oder an arbeitsfreien Werktagen. Unter arbeitsfreien Werktagen sind nur völlig arbeitsfreie Werktage zu verstehen, wie ein Vergleich mit ArG 11 S. 2 ergibt. Eine weitere Begrenzung der täglichen Höchstdauer ist dann gegeben, wenn gleichzeitig Ausgleichsarbeit im Sinne von ArG 11 geleistet werden muss. Dann darf die gesamte Mehrarbeit 2 Stunden nicht überschreiten.

Unter Vorbehalt von ArGV 1 26 (Überzeitarbeit in der Nacht und an Sonntagen sowie in Überschreitung der zulässigen täglichen Arbeitsdauer *bei Notfällen*) darf Überzeit nur als Tages- und Abendarbeit, d.h. im Normalfall zwischen 6 Uhr und 23 Uhr bzw. 5 Uhr und 22 Uhr oder 7 Uhr und 24 Uhr und an Werktagen, geleistet werden (ArGV 1 25 Abs. 1). Wird Überzeit geleistet, so muss die gesamte Arbeitszeit, also Normalarbeitszeit und Überzeit, innerhalb dieses Zeitraums liegen. Wird die tägliche Ruhezeit von 11 Stunden verkürzt (ArG 15a Abs. 2), so darf beim darauf folgenden Arbeitseinsatz keine Überzeit geleistet werden (ArGV 1 19 Abs. 2).

In der Praxis kann es schwierig sein, die Einhaltung der täglichen Höchstdauer von zwei Stunden Überzeit zu überprüfen (vgl. auch Wegleitung I, 012-2). Dies gilt namentlich für Fälle, in denen die tägliche Arbeitszeit innerhalb einer Woche variiert, wie z.B. bei der Gleitzeit. Fehlt eine regelmässige Verteilung der wöchentlichen Arbeitszeit auf die einzelnen Arbeitstage, muss für die Ermittlung der geleisteten Überzeiten von der geleisteten Arbeitszeit ausgegangen werden, welche die wöchentliche Höchstarbeitszeit übersteigt. In diesem Sinne äusserte sich das SECO bereits früher wie folgt: «Als Überzeitarbeit im Sinne des ArG gilt bei gleitender Arbeitszeit jene Arbeitszeit, die vom Arbeitgeber direkt oder indirekt angeordnet wird, die Soll-Arbeitszeit sowie die für die betreffende Kalenderwoche unter Berücksichtigung des Arbeitszeitausgleichs massgebende wöchentliche Höchstarbeitszeit überschreitet und die Voraussetzungen gemäss Art. 12 Abs. 1 ArG erfüllt» (TSCHUDI 56).

2 Die bisherige Bewilligungspflicht bei Leistung von über 90 Über(zeit)stunden pro Kalenderjahr wurde abgeschafft (REHBINDER/MÜLLER, Art. 12 Abs. 3). Die Erfahrung hat gezeigt, dass das Instrument der Bewilligungspflicht für Überzeitarbeit mehr administrativen Aufwand (für die Betriebe) als Kontrollnutzen (für die Durchführungsorgane) mit sich brachte. Die Leistung von Überzeitarbeit wird häufig kurzfristig erforderlich, was die Durchführung eines echten Bewilligungsverfahrens mit Prüfung der Voraussetzungen kaum zulässt. Daher wurde vielfach dazu übergegangen, Überzeitbewilligungen gewissermassen auf Vorrat für ein ganzes Jahr auszustellen mit dem Ergebnis, dass diese dann oft gar nicht ausgeschöpft wurden (Botschaft Rev., 178). Die nun durch den Wegfall der Bewilligungspflicht eingesparte Zeit können die kantonalen Behörden effizienter für wirksame Betriebskontrollen einsetzen. Bereits HOLZER (HUG N 15) musste als ehemaliger Chef des SECO – Direktion für Arbeit – zugeben, dass die Stichhaltigkeit der angeführten Gründe von den Behörden «schon aus Zeitgründen» nicht überprüft werden könne. Nach ArG 46 und ArGV 1 73 Abs. 1 lit. c hat der Arbeitgeber Verzeichnisse zu führen, die über die geleistete Überzeitarbeit Aufschluss geben.

3 Der jährliche Umfang der Überzeit wurde gegenüber früher eingeschränkt (REHBINDER/MÜLLER, Art. 12 Abs. 2 N 2). Gemäss lit. a und b wird die maximale jährliche Stundenzahl pro Arbeitnehmer für die Überzeit festgelegt. Sie ist je nach wöchentlicher Höchstarbeitszeit unterschiedlich geregelt: Die tiefere Zahl von 140 Stunden für Arbeitnehmer mit einer wöchentlichen Höchstarbeitszeit von 50 Stunden trägt der sonst schon höheren Belastung Rechnung (lit. b). Für Arbeitnehmer mit einer wöchentlichen Höchstarbeitszeit von 45 Stunden beträgt die Stundenzahl 170 (lit. a). Die Höchststundenzahl von 140 bzw. 170 Stunden pro Jahr ist die Summe aller in einem Jahr geleisteten Überzeitstunden pro einzelnem Arbeitnehmer. Sie wird durch das Kompensieren während des Jahres nicht abgebaut.

Massgeblich ist das Kalenderjahr ohne Rücksicht auf einen allfälligen Stellenwechsel, so dass ein neuer Arbeitgeber im selben Kalenderjahr wiederum die volle Stundenzahl an Überzeitarbeit durchführen kann. Der Arbeitnehmer hingegen wird diese nicht voll zu leisten verpflichtet sein; denn dies würde den Rahmen der Zumutbarkeit in OR 321c Abs. 1 übersteigen.

Art. 13 Lohnzuschlag für Überzeitarbeit

¹ Der Arbeitgeber hat den Arbeitnehmern für die Überzeitarbeit einen Lohnzuschlag von wenigstens 25 Prozent auszurichten, dem Büropersonal sowie den technischen und andern Angestellten, mit Einschluss des Verkaufspersonals in Grossbetrieben des Detailhandels, jedoch nur für Überzeitarbeit, die 60 Stunden im Kalenderjahr übersteigt.

² Wird Überzeitarbeit im Einverständnis mit dem einzelnen Arbeitnehmer innert eines angemessenen Zeitraums durch Freizeit von gleicher Dauer ausgeglichen, so ist kein Zuschlag auszurichten.

Zu Abs. 1

1 Rätselraten setzte ein, welches die Bedeutung des öffentlich-rechtlichen Lohnzuschlages für Überzeitarbeit nach ArG 13 Abs. 1 sei, nachdem OR 321c Abs. 3 den gleichen Zuschlag auch für die nicht dem ArG unterstellten Arbeitsverhältnisse, ebenfalls mit zwingender Wirkung (OR 361 Abs. 1), vorgeschrieben hatte. Man sah die Bedeutung allein in der Verschärfung der Sanktionen durch das Strafrecht (ArG 59 Abs. 1 lit. a, anders aber AEPPLI in HUG Art. 59 N 14) und hielt es angesichts OR 321c Abs. 1 für möglich, dass auch der öffentlich-rechtliche Lohnzuschlag wie der privatrechtliche durch schriftliche Vereinbarung der Parteien oder durch Gesamtarbeitsvertrag und Normalarbeitsvertrag beiseitegeschoben werden könnte (so CANNER/SCHOOP N 1; HOLZER in HUG N 1; BIGA, ARV/1969, 26). Mit dieser Auffassung wird übersehen, dass spätestens seit OR 321c das Wort Überstundenarbeit eine andere Bedeutung hat als das Wort Überzeitarbeit (dazu ArG 12 Abs. 1). Der Anspruch auf Zuschlag für Überstundenarbeit kann in der Tat gemäss OR 321c Abs. 3 durch schriftliche Parteienvereinbarung oder durch Gesamtarbeitsvertrag oder Normalarbeitsvertrag beseitigt werden. Die Grenze dieser Disponibilität ist aber die Überzeitarbeit. Wird nämlich Überstundenarbeit durch Überschreitung der wöchentlichen Höchstarbeitszeit zur Überzeitarbeit, dann wird der Zuschlag, soweit er im Geltungsbereich und im Rahmen von ArG 13 geschuldet ist, zwingend, weil ArG 13 Abs. 2 eine abweichende Vereinbarung nicht zulässt

und OR 342 Abs. 2 diese Regelung mit absolut zwingender Wirkung (OR 361 Abs. 2) in das Zivilrecht rezipiert, so dass auf diesen Anspruch erst einen Monat nach Beendigung des Arbeitsverhältnisses verzichtet werden kann (OR 341 Abs. 1; ObG/ZH JAR 1990, 373). Jede andere Auffassung würde den Gesetzgeber für einen Dilettanten erklären und seine Absicht unterlaufen, die Überzeitarbeit durch den Lohnzuschlag zurückzudrängen (wie hier TSCHUDI 58). BGE 126 III 337 E. 6 hält nun – weitergehend als die hier vertretene Meinung – fest, dass Überzeitarbeit im Sinne von ArG 13 zwingend mit dem *um 25% höheren Basislohn* zu entschädigen sei. Damit vertritt das Bundesgericht die Meinung, nicht nur der Zuschlag sei zwingend, sondern (und in diesem zweiten Punkt weitergehend als die hier vertretene Meinung) auch der (anteilsmässige) Grundlohn. Vorsätzliches Vorenthalten des Überzeitzuschlages ist strafbar (ArG 59 Abs. 1 lit. b).

Bevor man an die Berechnung des Lohnzuschlages geht, ist gemäss ArGV 1 33 Abs. 4 (→ Nr. 2) zu prüfen, ob für die fragliche Mehrarbeit noch aus einem anderen Gesichtspunkt Lohnzuschläge nach ArG geschuldet sind. Dann findet nämlich keine Kumulation der Lohnzuschläge statt, sondern es ist nur ein Zuschlag, nämlich der für den Arbeitnehmer günstigste, zur Anwendung zu bringen (DUNAND, Stämpflis Handkommentar, ArG 13 N 8). Es gibt seltene Fälle, in denen Überzeitarbeit in der Nacht oder am Sonntag zulässig ist (s. Kommentar zu ArG 12 Abs. 2 N 1). Da der Lohnzuschlag für Nachtarbeit ebenfalls 25% (ArG 17b Abs. 1), derjenige für Sonntagsarbeit aber 50% beträgt (ArG 19 Abs. 3), geht im Falle der Überzeitarbeit am Sonntag der Sonntagszuschlag vor.

Der Lohnzuschlag wird in allen Fällen des Zuschlags nach ArG unter Zugrundelegung des auf die Stunde umgerechneten Zeitlohnes (ArGV 1 33 Abs. 1) oder des in der jeweiligen Lohnzahlungsperiode durchschnittlich verdienten Akkordlohnes (ArGV 1 33 Abs. 2) berechnet, jeweils ohne Sozialzulagen wie Orts-, Haushaltungs- und Kinderzulage. Bei anderen Zulagen kommt es darauf an, ob die tatsächlichen Voraussetzungen dieser Zulagen (z.B. Schichtarbeit, Schmutzarbeit, Zulage für einen bestimmten Arbeitserfolg) auch bei der Mehrarbeit gegeben sind (TSCHUDI 58; HOLZER in HUG N 3). Zu den einzelnen Lohnbestandteilen, insbesondere Naturallohn, Erfolgsvergütungen und Gratifikationen vgl. REHBINDER § 9 A II; PORTMANN/STÖCKLI N 248 ff., 297 ff. Für die Bewertung des Naturallohnes sowie der Trinkgelder sind die Berechnungsvorschriften für die AHV massgebend (ArGV 1 33 Abs. 3). Dazu die mehrfach geänderte VO vom 31.10.1947 über die Alters- und Hinterlassenenversicherung (AHVV; SR 831.101). Die in ArGV 1 33 Abs. 3 noch genannten Bedienungsgelder sind heute durch die GAV für das Gastgewerbe, Coiffeurgewerbe, Taxigewerbe usw. in die Lohnbeträge einbezogen worden, so dass jetzt nur noch die freiwillig von der Kundschaft geleisteten Trinkgelder, dort wo sie üblich sind, zu bewerten und vom Arbeitgeber mit dem angeordneten Zuschlag zu versehen sind. Im Übrigen sehen aber die privatrechtlichen Einzel- oder Kollektivvereinbarungen häufig günstigere Lohnzuschläge vor.

2 Kein Lohnzuschlag wegen Überzeitarbeit ist geschuldet für Angestellte (in industriellen oder nichtindustriellen Betrieben) mit Ausnahme des Verkaufspersonals in Kleinbetrieben des Detailhandels sowie der Arbeiter (vgl. die Entsprechung zu ArG 9 Abs. 1 lit. a und die dortigen N 3 und 4), sofern die Überzeitarbeit nicht mehr als 60 Stunden im Kalenderjahr beträgt. Für den Fall des Stellenwechsels in einem Kalenderjahr s. Kommentar zu ArG 12 Abs. 2 N 3. Im Umkehrschluss heisst das aber, dass dem genannten Personenkreis Überzeitarbeit,

die 60 Stunden im Kalenderjahr überschreitet, mit einem Zuschlag vergütet werden muss, und zwar unabhängig davon, ob die von ihm geleistete Mehrarbeit als Überstundenarbeit im Sinne von OR 321c Abs. 3 vergütungspflichtig ist oder nicht, da der öffentlich-rechtliche Zuschlag nach ArG 13 Abs. 1 unabhängig von OR 321c Abs. 3 privatrechtliche Wirkung hat (OR 342 Abs. 2; Dunand, Stämpflis Handkommentar, ArG 13 N 14), vgl. die vorstehende N 1. Im Übrigen wurde ArG 13 Abs. 2 wegen OR 342 Abs. 2 gelegentlich so aufgefasst, dass der genannte Personenkreis unabhängig von OR 321c Abs. 3 zur unentgeltlichen Leistung von Überstunden bis zu 60 Stunden im Jahr verpflichtet sei. Diese Auffassung verkennt den Unterschied von Überstunden und Überzeit und übersieht, dass es sich bei ArG 13 nicht um Pflichten des Arbeitnehmers, sondern des Arbeitgebers handelt (ebenso Canner/Schoop N 4). Überzeitarbeit unter 60 Stunden im Jahr ist also nur dann nicht als Überstundenarbeit vergütungspflichtig, wenn eine schriftliche Einzelvereinbarung, ein Gesamtarbeitsvertrag oder ein Normalarbeitsvertrag die Vergütung ausgeschlossen hat (OR 321c Abs. 3).

Im Übrigen enthält ArGV 2 Sonderregelungen (z.B. ArGV 2 8 mit Bezug auf Überzeitarbeit am Sonntag → Nr. 5).

Zu Abs. 2

Im Einverständnis mit dem einzelnen Arbeitnehmer kann der Arbeitgeber Überzeitarbeit durch Freizeit gleicher Dauer ausgleichen. Dann entfällt nicht nur der Lohnzuschlag, sondern auch ein zusätzlicher Lohn, weil dadurch nur eine veränderte Anordnung von Arbeits- und Ruhezeit vorgenommen wird. Im Geltungsbereich des ArG ist aber eine Einzelabrede erforderlich. Gesamtarbeitsvertrag und Normalarbeitsvertrag können das Erfordernis der Zustimmung des Einzelnen, weil ArG 13 Abs. 2 nach OR 342 Abs. 2, 361 Abs. 1 zwingendes Recht ist, nicht ersetzen (OR 361 Abs. 2), anders Canner/Schoop N 6. Überstunden hingegen, die keine Überzeit sind, können auch aufgrund eines Gesamtarbeitsvertrags oder Normalarbeitsvertrags ausgleichspflichtig sein, weil OR 321c Abs. 2 dispositives Recht ist. Der Ausgleich hat innert eines angemessenen Zeitraums zu erfolgen. Diesen hat ArGV 1 25 Abs. 2 (→ Nr. 2) auf längstens 14 Wochen festgesetzt, soweit die Parteien nicht eine längere Frist vereinbart haben, was bis zur Höchstdauer von 12 Monaten zulässig ist. Wird die Ausgleichsfrist überschritten, hat der Arbeitgeber trotz Gewährung von Freizeit einen Lohnzuschlag zu zahlen. Einzel- oder Kollektivabreden über günstigere Regelungen (längere Freizeit, höhere Zuschläge) sind jederzeit möglich, da OR 321c Abs. 2 und Abs. 3 von Freizeit von «mindestens» gleicher Dauer und Zuschlag von «mindestens» einem Viertel ausgehen.

Art. 14[1]

---

[1] Aufgehoben durch Ziff. I des BG vom 20. März 1998 (AS 2000 1569; BBl 1998 1394).

2. Ruhezeit

Art. 15 Pausen

¹ Die Arbeit ist durch Pausen von folgender Mindestdauer zu unterbrechen:
a. eine Viertelstunde bei einer täglichen Arbeitszeit von mehr als fünfeinhalb Stunden;
b. eine halbe Stunde bei einer täglichen Arbeitszeit von mehr als sieben Stunden;
c. eine Stunde bei einer täglichen Arbeitszeit von mehr als neun Stunden.

² Die Pausen gelten als Arbeitszeit, wenn die Arbeitnehmer ihren Arbeitsplatz nicht verlassen dürfen.

Zu Abs. 1

1   Die Vorschriften über die Arbeitszeit (ArG 9–14) werden durch Vorschriften über die Ruhezeit ergänzt (ArG 15–22), und zwar über die tägliche Ruhezeit (ArG 15–17e), die wöchentliche Ruhezeit (ArG 18–21) und das Verbot der Abgeltung der Ruhezeit (ArG 22). Die jährliche Ruhezeit ist als privatrechtlicher Ferienanspruch im OR (329a–329e) geregelt.

Die tägliche Ruhezeit wird durch die Vorschrift über Pausen (ArG 15) und das Verbot der Nachtarbeit (ArG 16, 17–17e) bestimmt. Pausen sind Unterbrechungen der Arbeitsleistung, die der Erholung und Entspannung sowie der Verpflegung dienen, um Überbeanspruchungen sowie die daraus herrührende Gefahr von Arbeitsunfällen zu vermeiden (MÜLLER, Stämpfli Handkommentar, ArG 15 N 4).

2   ArG 15 Abs. 1 regelt die Mindestdauer der Pausen und staffelt diese nach der Länge der Arbeitszeit. Man ist sich einig darüber, dass das Gesetz falsch formuliert ist. Es geht nicht um die tägliche Arbeitszeit, sondern um die einzelne Arbeitsperiode (WEGMANN in HUG N 3; CANNER/SCHOOP N 1, 3; MÜLLER, Stämpfli Handkommentar, ArG 15 N 9); so nun auch ArGV 1 18 Abs. 2 (→ Nr. 2). Wird die tägliche Arbeitszeit z.B. durch eine Mittagspause unterbrochen und überschreitet ein Teil der dadurch unterteilten Arbeitszeit 5½ Stunden, so sind weitere Pausen nach Massgabe von ArG 15 Abs. 1 einzulegen. Je 5½ Stunden und mehr sind also eine Viertelstunde, je 7 Stunden und mehr eine halbe Stunde und je 9 Stunden und mehr eine ganze Stunde Pause durchzuführen. Die Arbeitsperiode berechnet sich dabei nach der tatsächlichen Arbeitszeit unter Abzug der in diesem Zeitraum eingeschalteten Pausen, jedoch eingeschlossen diejenigen Pausen, in denen der Arbeitnehmer den Arbeitsplatz nicht verlassen darf (s. Abs. 2). Muss im Anschluss an die ordentliche Arbeitszeit voraussehbare Überzeitarbeit geleistet werden, so ist diese in die Länge der Arbeitszeit einzurechnen und kann daher die Mindestpausenzeit verlängern. War diese Arbeit jedoch nicht voraussehbar, so muss der Rest der dadurch verlängert zu gewährenden Pause später nachgewährt werden. Eine Unterschreitung der gesetzlichen Mindestdauer durch privatrechtliche Vereinbarung ist unzulässig (OR 342 Abs. 2, 361 Abs. 1; Botschaft, 974). Siehe generell zur Pausenregelung BIGA, JAR 1983, 58–60.

Bei flexiblen Arbeitszeiten, wie etwa bei der gleitenden Arbeitszeit, ist für die Bemessung der Pausen die durchschnittliche tägliche Arbeitszeit massgebend (ArGV 1 18 Abs. 4).

Aus dem Sinn der Pause folgt im Grundsatz deren Unteilbarkeit. Gemäss ArGV 1 18 Abs. 3 dürfen jedoch Pausen von mehr als einer halben Stunde aufgeteilt werden. Noch unter altem Recht wurde demgegenüber von den Behörden die Aufteilung in Kurzpausen toleriert, soweit diese 5 Minuten nicht unterschritten (BIGA, JAR 1983, 59 f.; REHBINDER/MÜLLER, Art. 15 Abs. 1 N 2; MÜLLER, Stämpfli Handkommentar, ArG 15 N 19).

Hinsichtlich der zeitlichen Lage der Pause kann der Arbeitgeber jeweils für den einzelnen Arbeitnehmer oder Gruppen von ihnen frei entscheiden (ArGV 1 18 Abs. 1; MÜLLER, Stämpfli Handkommentar, ArG 15 N 15). Grundsätzlich sind die Pausen um die Mitte der Arbeitszeit anzusetzen (ArGV 1 18 Abs. 2). Gemäss ArG 48 Abs. 1 lit. b besteht zudem ein Mitspracherecht der Arbeitnehmer oder deren Vertretung bei der Organisation der Arbeitszeit und der Gestaltung der Stundenpläne (MÜLLER, Stämpfli Handkommentar, ArG 15 N 17 f.).

Sondervorschriften über die Mindestpausen gelten für Arbeitnehmer mit Familienpflichten (ArG 36 Abs. 2) und für den ununterbrochenen Betrieb (ArG 24 Abs. 5, ArGV 1 38 Abs. 3 S. 2).

Zu Abs. 2

Pausen, die der Arbeitnehmer am Arbeitsplatz zu verbringen hat (z.B. zur Erfüllung von Kontrollaufgaben oder Telefondienst) sind Zeiträume mit Arbeitsbereitschaft (ObG/AG, JAR 1981, 196; MÜLLER, Stämpfli Handkommentar, ArG 15 N 22). Sie dienen zwar der Verpflegung und der Erholung von der tatsächlichen Arbeitsleistung, bieten jedoch nicht die übliche Entspannung, die Pausen bieten, in denen der Arbeitnehmer den Arbeitsplatz (nicht notwendig auch das Betriebsgebäude) verlassen darf, mag er von dieser Möglichkeit Gebrauch machen oder nicht. Arbeitsplatz ist nach ArGV 1 18 Abs. 5 (→ Nr. 2) jeder Ort im Betrieb oder ausserhalb des Betriebes, an dem sich der Arbeitnehmer zur Ausführung der ihm zugewiesenen Arbeit aufzuhalten hat. Um die verminderte Erholungsmöglichkeit auszugleichen, rechnet ArG 15 Abs. 2 zwar die betreffende Zeit in die Mindestpausendauer ein, lässt sie aber gleichzeitig als volle Arbeitszeit gelten, so dass auf diese Zeit wiederum ein anteiliger Pausenzeitraum entfällt, wenn sie zusammen mit der Arbeitszeit die in ArG 15 Abs. 1 vorgesehene Arbeitszeitdauer für einen Pausenanspruch erfüllt. Wird Stundenlohn bezahlt, taucht die Frage auf, ob Pausen zu entlöhnen sind (MÜLLER, Stämpfli Handkommentar, ArG 15 N 27 f.). Das ist mangels abweichender privatrechtlicher Regelung nur der Fall, wenn es sich um Pausen mit Arbeitsbereitschaft i.S. von ArG 15 Abs. 2 handelt.

Art. 15a[1] Tägliche Ruhezeit

¹ Den Arbeitnehmern ist eine tägliche Ruhezeit von mindestens elf aufeinander folgenden Stunden zu gewähren.

² Die Ruhezeit kann für erwachsene Arbeitnehmer einmal in der Woche bis auf acht Stunden herabgesetzt werden, sofern die Dauer von elf Stunden im Durchschnitt von zwei Wochen eingehalten wird.

---

1 Eingefügt durch Ziff. I des BG vom 20. März 1998, in Kraft seit 1. Aug. 2000 (AS 2000 1569 1580; BBl 1998 1394).

Zu Abs. 1

Bisher war die tägliche Ruhezeit für Männer, Frauen und Jugendliche unterschiedlich geregelt, und die einzelnen Bestimmungen waren über Gesetz und Verordnung verstreut. Die tägliche Ruhezeit wird nun für Männer und Frauen im Gesetz einheitlich geregelt und beträgt generell mindestens elf aufeinander folgende Stunden. Damit sind Abweichungen zuungunsten der Arbeitnehmer grundsätzlich ausgeschlossen. Die einzige Abweichung im Sinne einer Verkürzung der Dauer ist ebenfalls im Gesetz geregelt und an klar definierte Bedingungen geknüpft (vgl. Abs. 2). Die tägliche Ruhezeit für Jugendliche beträgt 12 Stunden (ArG 31 Abs. 2; ArGV 5 10 f., 16 [→ Nr. 8]). Besondere Bestimmungen gelten für schwangere Frauen und stillende Mütter gemäss ArGV 1 60 Abs. 2 lit. c, 61 Abs. 1 (→ Nr. 2).

Wo die Berechtigung zu Nachtarbeit durch eine entsprechende Bewilligung (ArG 17 Abs. 1) oder durch Sonderbestimmungen gemäss ArGV 2 4, 15 ff. (→ Nr. 5), nicht vorliegt, umfasst die tägliche Ruhezeit zwingend den Zeitraum ausserhalb der Tages- und Abendarbeit nach ArG 10, also den Zeitraum der Nacht.

Durch Piketteinsätze im Sinne von ArGV 1 14 (→ Nr. 2, vgl. auch Kommentar zu ArG 9 Abs. 1 N 1) darf die tägliche Ruhezeit unterbrochen werden; sie muss jedoch im Anschluss an den Pikettdienst im restlichen Umfang nachgewährt werden. Kann eine minimale Ruhezeit von vier aufeinander folgenden Stunden nicht erreicht werden, muss im Anschluss an den letzten Einsatz die tägliche Ruhezeit von 11 Stunden nachgewährt werden (ArGV 1 19 Abs. 3; MÜLLER, Stämpflis Handkommentar, ArG 15a N 12 ff.).

Zu Abs. 2

Die Abweichungsmöglichkeit nach Abs. 2 – einmalige Herabsetzung der Ruhezeit pro Woche für erwachsene Arbeitnehmer auf 8 Stunden, sofern die Dauer von 11 Stunden im Durchschnitt von 2 Wochen eingehalten wird – kann in gewissen Schichtsystemen beim Schichtwechsel nötig sein (Botschaft Rev., 179; MÜLLER, Stämpflis Handkommentar, ArG 15a N 7). Eine mehrmalige Verkürzung der täglichen Ruhezeit in der gleichen Woche ist jedoch ausgeschlossen. Wird die tägliche Ruhezeit verkürzt, so darf der Arbeitnehmer beim darauf folgenden Arbeitseinsatz nicht zu Überzeiteinsätzen nach ArGV 1 25 (→ Nr. 2) herangezogen werden (ArGV 1 19 Abs. 2). Zur Überzeit: Kommentar zu ArG 12 Abs. 2 N 1.

Der vorgeschriebene Ausgleich der verkürzten Ruhezeit innerhalb von 2 Wochen bringt in der Regel keine Probleme, da normalerweise die tägliche Ruhezeit ohnehin mehr als 11 Stunden beträgt (vgl. auch Wegleitung I, 015a-1).

Art. 16[1] Verbot der Nachtarbeit

Die Beschäftigung von Arbeitnehmern ausserhalb der betrieblichen Tages- und Abendarbeit nach Artikel 10 (Nachtarbeit) ist untersagt. Vorbehalten bleibt Artikel 17.

1 Das Verbot der Nachtarbeit steht unter dem Vorbehalt behördlicher Bewilligung, deren Erteilung in ArG 17, ArGV 1 27 ff. (→ Nr. 2) an bestimmte Voraussetzungen geknüpft ist. Vorbehalten bleiben Betriebe, auf die im Rahmen der ArGV 2 Sonderbestimmungen anwendbar sind (ArGV 2 4 → Nr. 5). Unabhängig von dem arbeitsrechtlichen Verbot der Nachtarbeit sind die nach ArG 71 lit. c vorbehaltenen Vorschriften des Polizeirechts über die Öffnungszeiten von Betrieben, die dem Detailverkauf, der Bewirtung oder der Unterhaltung dienen. Diese können arbeitsrechtlich erlaubte Nachtarbeit weiter einschränken, soweit dadurch eine Störung der öffentlichen Ruhe und Ordnung vermieden werden soll.

2 Mit der Definition der Tages- und Abendarbeit in ArG 10 ist auch der Zeitraum für die Nachtarbeit, also 7 Stunden zwischen 23 und 6 Uhr, klar definiert. Aus diesem Grund konnte auch der alte Abs. 2 gestrichen werden (REHBINDER/MÜLLER, Art. 16 Abs. 2). Durch die Möglichkeit, Beginn und Ende der Tages- und Abendarbeit um eine Stunde vor- oder nachzuverschieben (ArG 10), kann allerdings die Nachtzeit bereits um 22 Uhr beginnen oder erst um 24 Uhr. Die Nachtzeit umfasst in jedem Fall 7 Stunden. Während dieser Zeit ist eine Beschäftigung untersagt. Vorbehalten bleiben Ausnahmen nach ArG 17 bzw. ArG 24 im Rahmen des ununterbrochenen Betriebes. Der frühe Morgen (Arbeitsbeginn um 4 Uhr) gilt in jedem Fall als Nachtzeit (vgl. auch ArG 17 Abs. 4). Zu den diesbezüglichen Auswirkungen auf die Gestaltung der Tagesarbeit vgl. Wegleitung I, 016-1.

Art. 17[2] Ausnahmen vom Verbot der Nachtarbeit

1 Ausnahmen vom Verbot der Nachtarbeit bedürfen der Bewilligung.

2 Dauernde oder regelmässig wiederkehrende Nachtarbeit wird bewilligt, sofern sie aus technischen oder wirtschaftlichen Gründen unentbehrlich ist.

3 Vorübergehende Nachtarbeit wird bewilligt, sofern ein dringendes Bedürfnis nachgewiesen wird.

4 Nachtarbeit zwischen 5 Uhr und 6 Uhr sowie zwischen 23 Uhr und 24 Uhr wird bewilligt, sofern ein dringendes Bedürfnis nachgewiesen wird.

5 Dauernde oder regelmässig wiederkehrende Nachtarbeit wird vom Bundesamt, vorübergehende Nachtarbeit von der kantonalen Behörde bewilligt.

6 Der Arbeitgeber darf den Arbeitnehmer ohne dessen Einverständnis nicht zu Nachtarbeit heranziehen.

---

1 Fassung gemäss Ziff. I des BG vom 20. März 1998, in Kraft seit 1. Aug. 2000 (AS 2000 1569 1580; BBl 1998 1394).
2 Fassung gemäss Ziff. I des BG vom 20. März 1998, in Kraft seit 1. Aug. 2000 (AS 2000 1569 1580; BBl 1998 1394).

III. Arbeits- und Ruhezeit   Nr. 1   ArG   **Art. 17**

Zu Abs. 1

Die Ausnahmen vom grundsätzlichen Verbot der Nachtarbeit (ArG 16) unterstehen der Bewilligungspflicht. ArG 17 regelt die Voraussetzungen für eine Bewilligung für vorübergehende (Abs. 3; ArGV 1 27 → Nr. 2) bzw. für dauernde oder regelmässig wiederkehrende (Abs. 2; ArGV 1 28) Nachtarbeit. Bewilligungspflichtig sind alle *Tätigkeiten von Arbeitnehmern*, die teilweise oder ganz in der Nacht ausgeübt werden, nicht etwa betriebliche Vorgänge wie z.B. das Laufenlassen von Maschinen ohne Personal.

Für bestimmte Gruppen von Betrieben oder Arbeitnehmern enthält ArGV 2 Sonderbestimmungen mit Bezug auf die Bewilligungspflicht (ArGV 2 4 Abs. 1: Befreiung von der Bewilligungspflicht → Nr. 5). Dieser Bestimmung unterworfen sind: Krankenanstalten und Kliniken für die ganze Nacht (ArGV 2 15); Heime und Internate für die ganze Nacht (ArGV 2 16); Spitex-Betriebe für die ganze Nacht (ArGV 2 17); Arzt-, Zahnarzt- und Tierarztpraxen zur Aufrechterhaltung von Notfalldiensten (ArGV 2 18); ebenso für Apotheken (ArGV 2 19); medizinische Labors für die ganze Nacht (ArGV 2 19a); Bestattungsbetriebe für unaufschiebbare Tätigkeiten (ArGV 2 20); Tierkliniken für die ganze Nacht (ArGV 2 21); Zoologische Gärten, Tiergärten und Tierheime für Überwachungstätigkeiten (ArGV 2 22); Gastbetriebe (ArGV 2 23); Spielbanken für die ganze Nacht (ArGV 2 24); Kioske und Betriebe für Reisende für die Bedienung von Durchreisenden bis 1 Uhr (ArGV 2 26 Abs. 2); Bäckereien, Konditoreien, Confiserien für die Herstellung von Waren an zwei Tagen pro Woche für die ganze Nacht, sonst ab 1 Uhr (ArGV 2 27); fleischverarbeitende Betriebe an zwei Tagen pro Woche ab 2 Uhr, sonst ab 4 Uhr (ArGV 2 27a); Milchverarbeitungsbetriebe für die Nacht ab 2 Uhr (ArGV 2 28); Zeitungs- und Zeitschriftenredaktionen sowie Nachrichten- und Bildagenturen für die ganze Nacht (ArGV 2 30); ebenso für Radio- und Fernsehbetriebe (ArGV 2 31); ebenso für Telekommunikationsbetriebe (ArGV 2 32) und Telefonzentralen (ArGV 2 33); Banken-, Effektenhandel, Börsen und deren Gemeinschaftswerke für die ganze Nacht zur Aufrechterhaltung des internationalen Zahlungsverkehrs etc. (ArGV 2 34); Berufstheater bis 1 Uhr (ArGV 2 35); Berufsmusiker für die ganze Nacht (ArGV 2 36); Betriebe der Filmvorführung für die Nacht bis 2 Uhr (ArGV 2 37); Zirkusbetriebe für die ganze Nacht (ArGV 2 38); Sport- und Freizeitanlagen für die ganze Nacht (ArGV 2 40); Skilifte und Luftseilbahnen zwecks Unterhalt für die ganze Nacht (ArGV 2 41); Konferenz-, Kongress- und Messebetriebe für die ganze Nacht (ArGV 2 43); Bewachungs- und Überwachungspersonal für die ganze Nacht (ArGV 2 45); Betriebe des Autogewerbes zur Versorgung von Fahrzeugen mit Betriebsstoffen und zur Pannenbehebung (ArGV 2 46); Bodenpersonal der Luftfahrt für die ganze Nacht (ArGV 2 47); Bau-, und Unterhaltsbetriebe für Eisenbahnanlagen für die ganze Nacht (ArGV 2 48); ebenso für Betriebe der Energie- und Wasserversorgung (ArGV 2 49) und solche der Kehricht- und Abwasserentsorgung (ArGV 2 50); unter besonderen Voraussetzungen für Reinigungsbetriebe (ArGV 2 51); Betriebe für die Verarbeitung landwirtschaftlicher Produkte – sofern eine unverzügliche Verarbeitung notwendig ist – für die ganze Nacht (ArGV 2 52).

Sollte die Nachtarbeit in den Sonntag hineinreichen, so bedarf es dafür der Bewilligung für Sonntagsarbeit und – für den Fall vorübergehender Sonntagsarbeit – eines Lohnzuschlages von 50% (s. ArG 19 Abs. 1 und 3).

Zu Abs. 2

1 Für dauernde oder regelmässig wiederkehrende Nachtarbeit wird – sofern nicht Sondervorschriften die Bewilligungspflicht entfallen lassen (s. Abs. 1) – eine Bewilligung nur erteilt, wenn die Nachtarbeit technisch oder wirtschaftlich unentbehrlich ist (STÖCKLI/SOLTERMANN, Stämpflis Handkommentar, ArG 17 N 4). Vorbehalten bleiben weitere Bewilligungsvoraussetzungen im Zusammenhang mit speziellen Nachtarbeitssituationen (verlängerte Dauer der Nachtarbeit: ArGV 1 29 [→ Nr. 2]; Nachtarbeit ohne Wechsel mit Tagesarbeit: ArGV 1 30; zusammengesetzter ununterbrochener Betrieb: ArGV 1 39; Ausnahmebewilligungen: ArG 28).

Dauernd im Gegensatz zu vorübergehend ist gemäss bisheriger Praxis Nachtarbeit, die 2 bis 3 Monate überschreitet (REHBINDER/MÜLLER, Art. 17 Abs. 2; ebenso WEGMANN in HUG N 5; STÖCKLI/SOLTERMANN, Stämpflis Handkommentar, ArG 17 N 5; Botschaft Rev., 179 f.; ArGV 1 40 Abs. 2; Chambre d'appel des prud'hommes du Canton de Genève, Urteil vom 21.06.1999, JAR 2000, 350 ff.). Das bedeutet aber nicht – vgl. ArGV 1 40 Abs. 1 lit. b –, dass vorübergehende Nachtarbeit nicht auch länger dauern könnte; so etwa, wenn diese wegen betrieblicher Umstellungen erforderlich ist (z.B. Erneuerung der Produktionsanlagen), die mehr als drei Monate – aber doch eine klar beschränkte, absehbare Zeit – in Anspruch nehmen. Gegenüber früher wurde nun in ArGV 1 40 Abs. 1 der Begriff der *vorübergehenden* Nachtarbeit umschrieben. Nicht die Dauer der nachgesuchten Bewilligung, sondern die Dauer des Bedürfnisses ist entscheidend (BIGA, ARV/1971, 60). Bereits mit dem Kriterium der Unentbehrlichkeit werden Zustände umschrieben, die von ihrem inneren Wesen her zwingend und dauerhaft mit der betreffenden Betriebsart verquickt sind. *Vorübergehenden* Charakter hat die Nachtarbeit in der Regel dann, wenn es darum geht, einer aussergewöhnlichen, zeitlich befristeten Situation des Betriebes Rechnung zu tragen. Als Beispiele können die Erledigung eines dringenden Auftrages oder die Betriebsumstellung infolge baulicher Veränderungen erwähnt werden (Botschaft Rev., 179). ArGV 1 40 Abs. 1 spricht im Falle vorübergehender Nachtarbeit davon, dass diese sporadische oder periodisch wiederkehrende Einsätze von nicht mehr als 3 Monaten pro Betrieb und Kalenderjahr umfasse (lit. a) bzw. bei zeitlich befristeten Einsätzen von bis zu 6 Monaten einen einmaligen Charakter aufweise, wobei eine einmalige Verlängerung um weitere sechs Monate möglich sei (lit. b).

Zum Lohn- (vorübergehende Nachtarbeit) bzw. Zeitzuschlag (dauernde oder regelmässig wiederkehrende Nachtarbeit) vgl. ArG 17b.

2 Neu enthalten ArGV 1 28 Abs. 1–3 die früher im Anhang zur alten ArGV 1 (I. Allgemeine Richtlinien) geregelten Kriterien. Gemäss ArGV 1 28 Abs. 4 braucht die technische oder wirtschaftliche Notwendigkeit nicht besonders nachgewiesen zu werden, wenn das Gesuch um Bewilligung der Nachtarbeit Arbeiten betrifft, die im Anhang zur ArGV 1 aufgeführt sind. ArGV 1 28 umschreibt die Begriffe wirtschaftliche und technische Unentbehrlichkeit näher. Nach BGer ist nicht die wirtschaftliche Lage des einzelnen Betriebes, sondern das Arbeitsverfahren für die Beurteilung der wirtschaftlichen Unentbehrlichkeit massgebend (JAR 1991, 339 ff., 350 ff.). Hohe Investitionen können für die Bewilligung von Nachtarbeit nur dann ausschlaggebend sein, wenn sie nötig sind, weil das Produkt anders gar nicht oder nicht in genügender Qualität hergestellt werden kann.

Rechtlich fragwürdig, weil die Kompetenz als Verordnungsgeber überschreitend, ist dabei ArGV 1 28 Abs. 3. Dort werden besondere Konsumbedürfnisse, die ohne Nacht- und Sonntagsarbeit nicht befriedigt werden können, der wirtschaftlichen Unentbehrlichkeit «gleichgestellt». Immerhin wird – gegenüber früher in Ziff. 3 des Anhangs zur alten ArGV 1 – das Konsumbedürfnis enger umschrieben (vgl. die Kritik in REHBINDER/MÜLLER, Art. 17 Abs. 2). Der Verordnungsgeber gibt damit zu, dass dieser Fall an sich kein Fall der wirtschaftlichen Unentbehrlichkeit ist und damit nicht die gesetzliche Voraussetzung des ArG 17 Abs. 2 erfüllt. Er widerspricht auch dem Geist des Gesetzes, das die Nachtarbeit erkennbar vermindern will. Nach WEGMANN in HUG N 19 sollen «besondere» Konsumbedürfnisse u.a. die Bedürfnisse nach Presseerzeugnissen und Backwaren sein (allerdings fallen diese Betriebe bzw. Arbeitnehmer teilweise bereits unter die Sonderbestimmungen von ArGV 2 → Nr. 5). Insofern umschreibt ArGV 1 28 Abs. 3 lit. a die Konsumbedürfnisse auch als täglich notwendige und unentbehrliche Waren oder Dienstleistungen, deren Fehlen von einem Grossteil der Bevölkerung als wesentlicher Mangel empfunden würde. Dabei muss das Bedürfnis dauernd oder in der Nacht besonders hervortreten (lit. b).

Dogmatisch zutreffend, aber rechtspolitisch fragwürdig ist der Fall in ArGV 1 28 Abs. 2 lit. c, wo wirtschaftliche Unentbehrlichkeit gleichgesetzt wird mit erheblichen Beeinträchtigungen der Konkurrenzfähigkeit mit dem Ausland. Aufgrund der bundesgerichtlichen Rechtsprechung, wonach Arbeitsbedingungen im Ausland zwar mitberücksichtigt werden können, aber nur solche von Ländern mit sozial gleichwertiger Regelung (BGer/JAR 1991, 339 ff., 350 ff.), wurde der Verordnungstext dementsprechend angepasst. Daher liegt wirtschaftliche Unentbehrlichkeit nurmehr vor, wenn die Konkurrenzfähigkeit gegenüber Ländern «mit vergleichbarem sozialem Standard» erheblich beeinträchtigt ist.

Zu Abs. 3

Ist das Bedürfnis nach Nachtarbeit vorübergehend, d.h. 2 bis 3 Monate nicht überschreitend (so WEGMANN in HUG N 5; Botschaft Rev., 179 f.; ArGV 1 40 Abs. 1 [→ Nr. 2]; dazu auch oben Abs. 2 N 1), so wird die Bewilligung nur unter drei Voraussetzungen erteilt:

a) das Bedürfnis nach Nachtarbeit muss dringend sein im Sinne von ArGV 1 27 (dazu insbesondere Wegleitung I, 127-1 f.; abgelehnt im Grundsatz für Inventuren: Volkswirtschaftsdirektion ZH, JAR 1993, 252 ff.);

b) die betroffenen Arbeitnehmer müssen mit der Nachtarbeit einverstanden sein (ArG 17 Abs. 6) und

c) für die in die Nacht fallenden Arbeitsstunden muss ein Lohnzuschlag von 25% bezahlt werden (s. ArG 17b Abs. 1).

Zur Frage des dringenden Bedürfnisses s. auch ArG 19 Abs. 3 (vorübergehende Sonntagsarbeit).

Zu Abs. 4

Dieser Absatz stellt eine Ausnahmeregelung zu Abs. 2 dar. Es kommt öfter vor, dass Betriebe mit einem Zweischichtsystem für jede Schicht 9 Stunden benötigen. Zusammen ergibt dies eine tägliche Betriebszeit von 18 Stunden. Der bewilligungsfreie Tageszeitraum von 17 Stunden (ArG 10) reicht dafür nicht aus. Um in diesen Fällen den aufwendigen Nachweis der technischen oder wirtschaftlichen Unentbehrlichkeit zu ersparen, ist es für solche Schichtsysteme weiterhin möglich, beim Vorliegen eines dringenden Bedürfnisses ab 5 Uhr und bis 24 Uhr arbeiten zu können. ArGV 1 27 Abs. 2 (→ Nr. 2) umschreibt die Voraussetzungen für das Vorliegen eines dringenden Bedürfnisses.

Zu Abs. 5

Die Zuständigkeit im Bewilligungsverfahren zwischen Bund und Kantonen wurde neu geregelt (Botschaft Rev., 179 f.). Massgebend ist nicht mehr das überholte Kriterium «industriell/nicht industriell». Vielmehr werden alle kurzfristigen Bewilligungen inskünftig von der kantonalen Behörde (→ Weitere Dokumente, hinten), Dauerbewilligungen vom SECO erteilt. Die Vollzugszuständigkeit der Kantone wird dadurch jedoch nicht berührt. Diese sind weiterhin für die Kontrolle der Einhaltung der Arbeits- und Ruhezeitvorschriften in den Betrieben verantwortlich (ArG 41). Zu den Abgrenzungskriterien hinsichtlich Bewilligungszuständigkeiten vgl. ArGV 1 40 (→ Nr. 2).

Über Form und Inhalt des Gesuchs s. ArGV 1 41, über Inhalt der Bewilligung und Auflagen s. ArGV 1 42.

Zu Abs. 6

Für die Leistung von Nachtarbeit müssen die Arbeitnehmer ihr ausdrückliches Einverständnis geben. Das Einverständnis kann schriftlich im Arbeitsvertrag vereinbart oder dann eingeholt werden, wenn neu Nachtarbeit zu leisten ist (vgl. Wegleitung I, 017-2). Die Bewilligungsbehörde überprüft, ob die Bestätigung, dass das Einverständnis des Arbeitnehmers eingeholt worden ist, vorliegt (ArGV 1 41 lit. e → Nr. 2).

Die Kündigung gegenüber einem Arbeitnehmer, der von seinem Recht Gebrauch gemacht und es abgelehnt hat, in der Nacht zu arbeiten, könnte missbräuchlich sein im Sinne von OR 336 (Botschaft Rev., 180). Dabei sind Ablehnungsgrund einerseits und Arbeitgeberinteresse andererseits im Rahmen des Grundsatzes von Treu und Glauben (Zumutbarkeit, Gefährdung des Betriebes) zu würdigen (Interessenabwägung).

Art. 17a[1] Dauer der Nachtarbeit

[1] Bei Nachtarbeit darf die tägliche Arbeitszeit für den einzelnen Arbeitnehmer neun Stunden nicht überschreiten; sie muss, mit Einschluss der Pausen, innerhalb eines Zeitraumes von zehn Stunden liegen.

[2] Wird der Arbeitnehmer in höchstens drei von sieben aufeinander folgenden Nächten beschäftigt, so darf die tägliche Arbeitszeit unter den Voraussetzungen, welche durch Verordnung festzulegen sind, zehn Stunden betragen; sie muss aber, mit Einschluss der Pausen, innerhalb eines Zeitraumes von zwölf Stunden liegen.

---

1   Eingefügt durch Ziff. I des BG vom 20. März 1998, in Kraft seit 1. Aug. 2000 (AS 2000 1569 1580; BBl 1998 1394).

Zu Abs. 1

Leistet ein Arbeitnehmer Nachtarbeit (Zeitraum zwischen 23 Uhr und 6 Uhr, also 7 Stunden), darf die tägliche Arbeitszeit insgesamt höchstens 9 Stunden in einem Zeitraum von 10 Stunden betragen. Diese Zeitdauer darf auch durch Ausgleich ausfallender Arbeitszeit (ArGV 1 24 Abs. 2 → Nr. 2) oder durch Überzeit (Ausnahme: ArGV 1 26) nicht überschritten werden. Diese Grundregel kommt immer dann zur Anwendung, wenn ein Teil der Arbeit in der Nachtzeit (vgl. oben) geleistet wird (so ist beispielsweise bei einem Arbeitsbeginn vor 6 Uhr nur mehr eine Arbeitszeit von 9 Stunden möglich). Zu Schichtbetrieb und Nachtarbeit vgl. ArG 25 und ArGV 1 34.

Zu Abs. 2

Abs. 2 sieht vor, unter bestimmten Voraussetzungen die in Abs. 1 erwähnte Höchstdauer von 9 auf 10 Stunden Arbeit innerhalb eines Zeitraumes von 12 Stunden verlängern zu können. Das Gesetz selbst erwähnt die Voraussetzung, dass der Arbeitnehmer in höchstens 3 von 7 aufeinander folgenden Nächten eingesetzt wird. Weitere Voraussetzungen enthält ArGV 1 29 (→ Nr. 2), unterteilt nach der Art der Nachtarbeit in dauernd und regelmässig bzw. vorübergehend (s. auch Wegleitung I, 129-1 f.). Wesentlich ist, dass dabei die Gesamtbelastung, die sich aus den Bedingungen des Arbeitsplatzes und aus der Art der Tätigkeit ergibt, gering sein muss, damit mittel- und langfristig die Gesundheit der Arbeitnehmer nicht beeinträchtigt wird. Als Voraussetzungen nennt ArGV 1 für die dauernde und regelmässig wiederkehrende Nachtarbeit (ArGV 1 29 Abs. 1):

a) keine erhöhten Risiken bez. chemischer, biologischer und physikalischer Einwirkungen;
b) keine ausserordentliche physische, psychische und mentale Belastungen;
c) optimale Arbeitsorganisation zur Erhaltung der Leistungsfähigkeit der Arbeitnehmer;
d) medizinisch festgestellte Eignung;
e) keine Überschreitung der effektiven Arbeitszeit von 10 Stunden innerhalb des Tageszeitraums von 24 Stunden (= Ruhezeit von 12 Stunden).

Für die verlängerte Dauer bei vorübergehender Nachtarbeit gelten die Voraussetzungen von lit. c und e. Zudem ist das Einverständnis des Arbeitnehmers notwendig (ArGV 1 29 Abs. 2 lit. c).

Gedacht wurde v.a. an Arbeiten mit einem hohen Anteil an Präsenzzeit (z.B. 25%), so etwa Arbeiten, die vorwiegend aus Überwachungs- und Kontrolltätigkeiten bestehen, wie sie heute vermehrt in EDV-gestützten Produktions- und Überwachungssystemen vorkommen (Botschaft Rev., 180).

Art. 17b[1] Lohn- und Zeitzuschlag

¹ Dem Arbeitnehmer, der nur vorübergehend Nachtarbeit verrichtet, hat der Arbeitgeber einen Lohnzuschlag von mindestens 25 Prozent zu bezahlen.

² Arbeitnehmer, die dauernd oder regelmässig wiederkehrend Nachtarbeit leisten, haben Anspruch auf eine Kompensation von 10 Prozent der Zeit, während der sie Nachtarbeit geleistet haben. Die Ausgleichsruhezeit ist innerhalb eines Jahres zu gewähren. Für Arbeitnehmer, die regelmässig abends oder morgens höchstens eine Randstunde in der Nachtzeit arbeiten, kann der Ausgleich auch als Lohnzuschlag gewährt werden.

³ Die Ausgleichsruhezeit gemäss Absatz 2 ist nicht zu gewähren, wenn:

a. die durchschnittliche betriebliche Schichtdauer einschliesslich der Pausen sieben Stunden nicht überschreitet, oder

b. die Person, die Nachtarbeit leistet, nur in vier Nächten pro Woche (Vier-Tage-Woche) beschäftigt wird, oder

c. den Arbeitnehmern durch Gesamtarbeitsvertrag oder die analoge Anwendung öffentlich-rechtlicher Vorschriften andere gleichwertige Ausgleichsruhezeiten innerhalb eines Jahres gewährt werden.

⁴ Ausgleichsregelungen nach Absatz 3 Buchstabe c sind dem Bundesamt zur Beurteilung vorzulegen; dieses stellt die Gleichwertigkeit mit der gesetzlichen Ausgleichsruhezeit nach Absatz 2 fest.

Zu Abs. 1

Für vorübergehende Nachtarbeit hat der Arbeitnehmer einen Anspruch auf einen Lohnzuschlag von mindestens 25%. Zur Abgrenzung von vorübergehender und dauernd oder regelmässig wiederkehrender Nachtarbeit vgl. ArGV 1 31 (→ Nr. 2).

Der öffentlich-rechtliche Lohnzuschlag gemäss ArG 17b Abs. 1 ist auch dann zu bezahlen, wenn die Bewilligung zur Nachtarbeit rechtswidrig nicht eingeholt wurde. Zum Zeitraum der Nachtarbeit vgl. ArG 16. Für Nachtarbeit am Sonntag ist allein der Sonntagszuschlag von 50% zu zahlen (ArGV 1 33 Abs. 4). Zur Berechnung des Zuschlages vgl. ArGV 1 33 Abs. 1–3 und Kommentar zu ArG 13 Abs. 1 N 1. Der öffentlich-rechtliche Lohnzuschlag des ArG 17b Abs. 1 ist auch privatrechtlich zwingend (OR 342 Abs. 2, 361 Abs. 1), so dass er nicht von vornherein durch Vereinbarung ausgeschlossen (OR 361 Abs. 2) und später auf ihn nur in den Grenzen von OR 341 Abs. 1 verzichtet werden kann (vgl. Kommentar zu ArG 13 Abs. 1 N 1; STÖCKLI/SOLTERMANN, Stämpflis Handkommentar, ArG 17b N 1).

---

1 Eingefügt durch Ziff. I des BG vom 20. März 1998, in Kraft seit 1. Aug. 2000 (AS 2000 1569 1580; BBl 1998 1394). Für die Abs. 2–4 siehe auch die SchlB am Ende des Textes.

III. Arbeits- und Ruhezeit Nr. 1 ArG **Art. 17b**

Zu Abs. 2

1 Im Falle von dauernder bzw. regelmässig wiederkehrender Nachtarbeit (vgl. ArGV 1 31 Abs. 1 → Nr. 2: Einsatz in 25 und mehr Nächten pro Kalenderjahr; analoge Abrenzung wie in ArGV 1 40) haben die Arbeitnehmer Anspruch auf eine Kompensation von 10% der Zeit, während der sie Nachtarbeit geleistet haben (vgl. das Merkblatt der Direktion für Arbeit vom Mai 2003 in ARV/2003, 176 ff.). Dieser Zeitzuschlag ist ab dem ersten Nachteinsatz zu gewähren und berechnet sich aufgrund der tatsächlich geleisteten Arbeitszeit (ArGV 1 31 Abs. 2; Pausen gelten gemäss ArG 15 Abs. 2 als Arbeitszeit, wenn der Arbeitsplatz nicht verlassen werden darf). Wird aber erst im Verlaufe eines Kalenderjahres ersichtlich, dass ein Arbeitnehmer Nachtarbeit von mehr als 25 Nächten pro Kalenderjahr zu leisten hat, muss der Lohnzuschlag von 25% für die ersten 25 Nächte nicht in den Zeitzuschlag umgewandelt werden (ArGV 1 31 Abs. 3). Der Arbeitgeber ist verpflichtet, dem Arbeitnehmer diese Ausgleichsruhezeit innerhalb eines Jahres zu gewähren. Der Anspruch verfällt jedoch nicht, wenn er nicht innert Frist bezogen, gewährt oder ausgenützt werden kann (Botschaft Rev., 182; STÖCKLI/SOLTERMANN, Stämpflis Handkommentar, ArG 17b N 3). Es handelt sich somit um eine Ordnungsvorschrift. Da der Zeitzuschlag eine gesetzliche Ausgleichsruhezeit darstellt, darf er auch nicht als ausfallende Arbeitszeit betrachtet werden, die vor- oder nachgeholt werden kann (ArGV 1 24 Abs. 3).

2 Ausgenommen vom generellen Zeitzuschlag sind die Randstunden der Nachtarbeit (wie z.B. die Arbeit im Gastgewerbe bis 24 Uhr), welche auch die geldwerte Entschädigung (Lohnzuschlag von 10%) offenlassen (Wahlmöglichkeit).

3 Der Zeitzuschlag tritt anstelle des bisher vorgeschriebenen Lohnzuschlages. Eine *zusätzliche* Abgeltung durch Geldleistungen bleibt vertraglichen Abmachungen vorbehalten (Botschaft Rev., 181). Um eine saubere Regelung der Beziehungen zwischen gesetzlichen und vertraglichen Leistungen zu sichern, wurde für die Realisierung des Zeitzuschlages eine Übergangsfrist von drei Jahren (bis zum 31.07.2003) eingeräumt (Schlussbestimmungen der Änderung vom 20.03.1998). Diese Frist erlaubte es den Sozialpartnern, für eine bestimmte Zeit ihre diesbezüglichen Verpflichtungen aus bestehenden Gesamtarbeitsverträgen unverändert aufrechtzuerhalten und die gegebenenfalls erforderlichen Anpassungen ohne Zeitdruck im Rahmen einer ordentlichen Vertragsänderung vorzunehmen.

Zu Abs. 3

Abgesehen von der bereits in Abs. 2 N 2 erwähnten Ausnahme definiert Abs. 3 drei weitere, abschliessend aufgezählte Ausnahmen:

a) bezieht sich auf ein betriebliches (d.h. auf einen Betrieb oder auf einen klar abgegrenzten Betriebsteil bezogenes) Arbeitszeitsystem, in welchem sich für die gleiche Arbeit am gleichen Arbeitsplatz verschiedene Arbeitnehmer nach einem bestimmten Zeitplan ablösen, vgl. ArGV 1 34 Abs. 1 (→ Nr. 2);

b) enthält sodann den Fall, dass ein Arbeitnehmer an bloss vier Nächten pro Kalenderwoche beschäftigt wird;

c) regelt schliesslich den Fall durch GAV bzw. öffentlich-rechtliche Vorschriften (Gesundheitswesen, Heime) gewährte andere gleichwertige Ausgleichsruhezeiten (z.B. insgesamt kürzere Arbeitszeiten oder längere Ferien).

Berechnungsgrundlage bildet bei lit. a bzw. lit. b das Vollzeitpensum eines Arbeitnehmers. Teilzeitangestellte dürfen entsprechend ihrem tieferen Anstellungsgrad z.B. bei einer 4-Tage-Woche nur einen Bruchteil von 4 Tagen pro Woche Arbeit leisten, also bei 80%-iger Beschäftigung nur 3,2 Tage bzw. Nächte.

Zu lit. a und lit. b vgl. ArGV 1 32 Abs. 1 und 2, zu lit. c vgl. ArGV 1 32 Abs. 3; zu Beispielen vgl. im Weiteren Wegleitung I, 017b-3 mit Verweisen.

Zu Abs. 4

Die Ausgleichsregeln in GAV oder in öffentlich-rechtlichen Vorschriften (vgl. oben Abs. 3) müssen vom SECO auf ihre Gleichwertigkeit hin überprüft werden, ansonsten die Ausnahmeregelung nicht gilt. Sobald dies erfolgt ist, genügt es hinsichtlich des Zeitzuschlags, wenn die Betriebe in ihrem Gesuch um Arbeitszeitbewilligung für Nachtarbeit auf den entsprechenden GAV verweisen.

Hinweis auf die Schlussbestimmung der Änderung vom 20.03.1998

Die Inkraftsetzung von ArG 17b Abs. 2–4 (Zeitzuschlag) erfolgte unterschiedlich, je nachdem, ob es sich um Nachtarbeit von Frauen handelte, welche neu Nachtarbeit leisten (Inkrafttreten am 01.08.2000), oder um andere Arbeitnehmer (01.08.2003).

Art. 17c[1] Medizinische Untersuchung und Beratung

¹ Der Arbeitnehmer, der über längere Zeit Nachtarbeit verrichtet, hat Anspruch auf eine Untersuchung seines Gesundheitszustandes sowie darauf, sich beraten zu lassen, wie die mit seiner Arbeit verbundenen Gesundheitsprobleme vermindert oder vermieden werden können.

² Die Einzelheiten werden durch Verordnung geregelt. Für bestimmte Gruppen von Arbeitnehmern kann die medizinische Untersuchung obligatorisch erklärt werden.

³ Die Kosten der medizinischen Untersuchung und der Beratung trägt der Arbeitgeber, soweit nicht die Krankenkasse oder ein anderer Versicherer des Arbeitnehmers dafür aufkommt.

Zu Abs. 1

Es ist erwiesen, dass namentlich dauernde oder regelmässig wiederkehrende Nachtarbeit mit Gesundheitsrisiken verbunden sein kann (zu den Risiken vgl. Wegleitung I, 017c-1). Aus diesem Grund sind sowohl eine Überwachung des Gesundheitszustandes sowie eine Beratung angezeigt, welche speziell auf die Probleme rund um die Nachtarbeit eingehen. Dabei sollen

---

1 Eingefügt durch Ziff. I des BG vom 20. März 1998, in Kraft seit 1. Aug. 2000 (AS 2000 1569 1580; BBl 1998 1394).

III. Arbeits- und Ruhezeit   Nr. 1 ArG **Art. 17c**

die Arbeitnehmer für die gesundheitlichen Probleme im Zusammenhang mit der Nachtarbeit sensibilisiert werden, um ihr Verhalten bestmöglich den Belastungen anpassen zu können. Abs. 1 normiert einen Anspruch der Arbeitnehmer, sofern diese dauernd oder regelmässig wiederkehrende Nachtarbeit leisten. Für bestimmte Kategorien von Arbeitnehmern besteht allerdings eine Verpflichtung zur Untersuchung und Beratung (vgl. Abs. 2).

Zu Abs. 2

1   Da man mit dieser Bestimmung arbeitsmedizinisches Neuland betritt, werden die konkreten Regeln in der ArGV 1 geregelt (→ Nr. 2, Botschaft Rev., 182 f.). Dabei umschreibt ArGV 1 43 Inhalt und Umfang der medizinischen Untersuchung (Abs. 1), wozu das SECO einen Leitfaden herausgegeben hat («Leitfaden zur medizinischen Vorsorge für Nacht- und Schichtarbeitende», Wegleitung I, AH3-1 ff., und ARV/2005, 45 ff.) sowie Inhalt der Beratung (Abs. 3: Fragen familiärer und sozialer Art oder Ernährungsprobleme).

Für die Fälle der obligatorischen medizinischen Untersuchung (vgl. N 2 und ArGV 1 29, 30, 45) schreibt die ArGV 1 eine solche durch einen Arzt bzw. eine Ärztin (Anspruch für Frauen) vor, der oder die sich mit dem Arbeitsprozess, den Arbeitsverhältnissen und den arbeitsmedizinischen Grundlagen vertraut gemacht hat (Abs. 2; nicht zwingend einen Facharzt für Arbeitsmedizin). Es kann sich auch um einen Vertrauensarzt des Betriebes handeln. Die beigezogenen Ärzte und medizinischen Fachkräfte gelten als Sachverständige im Sinne von ArG 42 Abs. 4 (s. dort).

Der in Abs. 1 (s. oben) erwähnte Anspruch auf Untersuchung und Beratung besteht für Arbeitnehmer mit dauernder bzw. regelmässig wiederkehrender Nachtarbeit. Diese wird in ArGV 1 44 Abs. 1 (wie in ArGV 1 31 für die Frage des Lohn- und Zeitzuschlags) als Arbeit definiert, die in 25 oder mehr Nachteinsätzen pro Jahr geleistet wird. Der Anspruch kann in regelmässigen Abständen von 2 Jahren geltend gemacht werden, wobei der Zeitabstand nach Vollendung des 45. Lebensjahres auf 1 Jahr verkürzt wird (ArGV 1 44 Abs. 2). Der Arbeitgeber hat die Arbeitnehmer auf ihren Anspruch aufmerksam zu machen (ArG 6).

2   In ArGV 1 45 werden die Fälle geregelt, in denen die Untersuchung und Beratung obligatorisch ist. Dies gilt beispielsweise für Fälle verlängerter Dauer der Nachtschicht (ArGV 1 29), bei Nachtarbeit ohne Wechsel mit Tagesarbeit (ArGV 1 30) sowie bei besonders gefährdeten Personengruppen (ArGV 1 45 Abs. 1: Jugendliche, z.B. Bäckerlernende) und bei in erhöhtem Ausmass belastenden oder gefährlichen Tätigkeiten bzw. Situationen (ArGV 1 45 Abs. 1 lit. a–d, dazu auch Wegleitung I, 145-2 f.). Dabei hat die erstmalige Untersuchung bzw. Beratung vor Antritt der entsprechenden Tätigkeit und danach in Abständen von 2 Jahren zu erfolgen (ArGV 1 45 Abs. 2). Eignung oder Nichteignung werden dem betroffenen Arbeitnehmer, dem Arbeitgeber sowie der zuständigen Behörde mitgeteilt. Diese kann auch unter Bedingungen erteilt werden (ArGV 1 45 Abs. 4 und 5). Bei Nichteignung oder Verweigerung der Untersuchung dürfen die Arbeitnehmer in der Nacht nicht beschäftigt werden (ArGV 1 45 Abs. 4).

Zu Abs. 3

Die Kosten für die medizinische Basisuntersuchung, für die Folgeuntersuchungen sowie die Beratung hat der Arbeitgeber zu übernehmen. Werden gleichzeitig weitergehende Untersuchungen durchgeführt, die keinen direkten Bezug zum Arbeitsplatz und zum Arbeitsprozess haben, können deren Kosten nicht dem Arbeitgeber überwälzt werden. Sie sind allenfalls den zuständigen Krankenversicherern zu verrechnen.

Art. 17d[1] Untauglichkeit zur Nachtarbeit

Der Arbeitgeber hat den Arbeitnehmer, der aus gesundheitlichen Gründen zur Nachtarbeit untauglich erklärt wird, nach Möglichkeit zu einer ähnlichen Tagesarbeit zu versetzen, zu der er tauglich ist.

Diese Bestimmung regelt den Fall, in dem ein Arbeitnehmer aus gesundheitlichen Gründen untauglich wird, Nachtarbeit zu verrichten. Der Arbeitgeber wird dazu verpflichtet, nach den in seinem Betrieb vorhandenen Möglichkeiten die betroffene Person zu einer Tagesarbeit zu versetzen, zu der sie tauglich ist und die etwa ihrer bisherigen Tätigkeit enspricht. Die Bestimmung enthält insofern zwei wichtige Einschränkungen, als

a) eine Versetzung nur im Rahmen der *im Betrieb vorhandenen Möglichkeiten* und

b) nur in eine *ähnliche* (Tages-)Arbeit zu erfolgen hat.

Sowohl die Fürsorgepflicht des Arbeitgebers (genaue und wohlwollende Abklärung der Möglichkeiten), aber auch der Grundsatz von Treu und Glauben aus der Sicht des Arbeitnehmers (gemässigte Anforderungen an die Ähnlichkeit) spielen dabei eine wichtige Rolle. Schliesslich ist auch dem Grundsatz der Verhältnismässigkeit Rechnung zu tragen. Je nachdem, ob die medizinische Untersuchung und Beratung obligatorisch ist oder nicht (vgl. Kommentar zu Art. 17c Abs. 2 N 2), erfährt der Arbeitgeber die Untauglichkeit zur Nachtarbeit vom Arbeitnehmer selbst (ArG 17c Abs. 1) oder vom untersuchenden Arzt (ArG 17c Abs. 2, ArGV 1 45 Abs. 3 → Nr. 2). Während im zweiten Fall die Prüfung einer Versetzung ohne Weiteres vorzunehmen ist, kann der Arbeitgeber im ersten Fall eine solche mangels Kenntnis über die Tauglichkeit des Arbeitnehmers überhaupt nicht vornehmen. Hier liegt dann auch die Verantwortung für eine allfällige Verschlechterung des Gesundheitszustandes beim Arbeitnehmer.

Ist eine Versetzung in eine ähnliche Tagesarbeit nicht möglich, richtet sich eine allfällige Lohnfortzahlungspflicht des Arbeitgebers nach OR 324a. Zudem besteht im Rahmen von OR 336c ein Kündigungsschutz des Arbeitnehmers (vgl. Botschaft Rev., 183; STÖCKLI/SOLTERMANN, Stämpflis Handkommentar, ArG 17d N 1). Eine Verpflichtung zur Weiterbeschäftigung, wenn keine ähnliche Tagesarbeit angeboten werden kann, besteht im Arbeitsgesetz nicht. Sie richtet sich nach dem Privatrecht (Normierung im GAV o.ä.). Dasselbe gilt für die Konsequenzen aus einem Verbot für Nachtarbeit, wie z.B. allfällige Lohnreduktion etc.

---

1   Eingefügt durch Ziff. I des BG vom 20. März 1998, in Kraft seit 1. Aug. 2000 (AS 2000 1569 1580; BBl 1998 1394).

Art. 17e[1] Weitere Massnahmen bei Nachtarbeit

¹ Soweit nach den Umständen erforderlich ist der Arbeitgeber, der regelmässig Arbeitnehmer in der Nacht beschäftigt, verpflichtet, weitere geeignete Massnahmen zum Schutz der Arbeitnehmer vorzusehen, namentlich im Hinblick auf die Sicherheit des Arbeitsweges, die Organisation des Transportes, die Ruhegelegenheiten und Verpflegungsmöglichkeiten sowie die Kinderbetreuung.
² Die Bewilligungsbehörden können die Arbeitszeitbewilligungen mit entsprechenden Auflagen verbinden.

Zu Abs. 1

Die Leistung von Nachtarbeit wirkt sich, wenn auch individuell und graduell verschieden, belastend auf die Gesundheit der Arbeitnehmer aus. Umso mehr erlangen die Rahmenbedingungen, unter denen Nachtarbeit geleistet wird, Bedeutung. Die Notwendigkeit besonderer Massnahmen hängt oft von den Verhältnissen in den einzelnen Betrieben ab. Der Arbeitgeber wird deshalb verpflichtet, weitere geeignete Massnahmen vorzusehen, soweit die Umstände *in seinem Betrieb* dies erforderlich machen (Botschaft Rev. S. 183; NatR 1995, 895). Dem Grundsatz der Verhältnismässigkeit ist damit Rechnung zu tragen. Die vom Gesetz vorgesehenen Massnahmen (Transportmittel, Pausen- und Ruheräume, Verpflegungsmöglichkeiten, Kinderbetreuung) werden in ArGV 1 46 (→ Nr. 2) konkretisiert. Mit Bezug auf die Kinderbetreuung (Arbeitnehmer mit Erziehungs- oder Betreuungspflichten im Sinne von ArG 36) hat der Arbeitgeber selber geeignete Massnahmen zu organisieren oder zu vermitteln (ArGV 1 46 lit. d). Die Übernahme der Kosten ist privatrechtlich zu regeln. Gemäss ArG 48 Abs. 1 lit. c steht den Arbeitnehmern oder deren Vertretung hinsichtlich der vorgesehenen Massnahmen ein Mitspracherecht zu (s. dort).

Zu Abs. 2

Die Forderungen gemäss Abs. 1 sind auch bei bewilligungsfreier Nachtarbeit nach ArGV 2 4 (→ Nr. 5) zu prüfen und umzusetzen. Die Bewilligungsbehörden können ihre Bewilligungserteilung im Einzelfall mit Auflagen und Bedingungen zum Schutze der Arbeitnehmer verknüpfen (ArGV 1 42 Abs. 1 lit. f, 42 Abs. 4 → Nr. 2).

---

1 Eingefügt durch Ziff. I des BG vom 20. März 1998, in Kraft seit 1. Aug. 2000 (AS 2000 1569 1580; BBl 1998 1394).

Art. 18[1] Verbot der Sonntagsarbeit

[1] In der Zeit zwischen Samstag 23 Uhr und Sonntag 23 Uhr ist die Beschäftigung von Arbeitnehmern untersagt. Vorbehalten bleibt Artikel 19.

[2] Der in Absatz 1 festgelegte Zeitraum von 24 Stunden kann um höchstens eine Stunde vorgezogen oder verschoben werden, wenn die Arbeitnehmervertretung im Betrieb oder, wo eine solche nicht besteht, die Mehrheit der betroffenen Arbeitnehmer dem zustimmt.

Zu Abs. 1

Die Regelungen des Gesetzes über die Ruhezeit (ArG 15–22) enthalten neben den Vorschriften über die tägliche Ruhezeit (ArG 15–17e) auch Vorschriften über die wöchentliche Ruhezeit (ArG 18–21), und zwar das Verbot der Sonntagsarbeit (ArG 18) mit den unvermeidlichen Ausnahmen (ArG 19), den freien Sonntag und die Ersatzruhe (ArG 20), Feiertage und religiöse Feiern (ArG 20a) sowie den wöchentlichen freien Halbtag (ArG 21). Die jährliche Ruhezeit hingegen ist als Anspruch auf Ferien nicht öffentlich-rechtlich, sondern privatrechtlich geregelt (OR 329a–329d, dazu REHBINDER § 9 B II 5 und PORTMANN/STÖCKLI N 497 ff.). Die wöchentliche Ruhezeit fällt traditionsgemäss auf den Sonntag, der bei einer 6-Tage-Woche durch einen weiteren freien Halbtag ergänzt wird (ArG 21). ArG 18 Abs. 1 S. 2 nennt als Ausnahme vom Verbot der Sonntagsarbeit nur die Ausnahmebewilligung nach ArG 19. Das ergibt ein falsches Bild. Für eine Fülle von Sonderbereichen sieht nämlich die ArGV 2 (ArGV 2 4 → Nr. 5) von einer behördlichen Bewilligung gemäss ArG 19 ab (s. ArG 19 Abs. 1). Mit oder ohne behördliche Bewilligung ist Sonntagsarbeit im Übrigen für Jugendliche (ArG 31 Abs. 4, ArGV 5 14 → Nr. 8) gegenüber ArG 19 stark beschränkt. Ferner sind gemäss ArG 71 lit. c die Polizeivorschriften über die Sonntagsruhe und über die Öffnungszeiten von Betrieben vorbehalten (s. dort; BIGA, ARV/1988, 103 ff. = JAR 1990, 89 ff.; BGE 125 I 431 ff.), die dem Detailverkauf, dem Gast- oder Unterhaltungsgewerbe dienen. Die Polizeivorschriften können die nach ArG 19 an sich zulässige Sonntagsarbeit weiter einschränken, soweit sie nicht Arbeitsschutzzwecke verfolgen, sondern lediglich die Sonntagsruhe sichern wollen (s. Kommentar zu Art. 20a; STÖCKLI/SOLTERMANN, Stämpflis Handkommentar, ArG 18 N 7).

Abs. 1 umschreibt den Zeitraum des Arbeitsverbots von Samstag 23 Uhr bis Sonntag 23 Uhr (vgl. aber Abs. 2).

Zu Abs. 2

Der Zeitraum für das Verbot der Sonntagsarbeit (s. Abs. 1) kann in Abstimmung auf die Nachtarbeit um eine Stunde vorverlegt oder verschoben werden. Dazu ist die Einwilligung der Mehrheit der betroffenen Arbeitnehmer oder deren Vertretung notwendig. Für eine bestimmte Gruppe von Betrieben darf die Lage des Sonntagszeitraumes um höchstens 3 Stunden vor- oder nachverschoben werden (ArGV 2 11 → Nr. 5).

---

1 Fassung gemäss Ziff. I des BG vom 20. März 1998, in Kraft seit 1. Aug. 2000 (AS 2000 1569 1580; BBl 1998 1394).

Art. 19[1] Ausnahmen vom Verbot der Sonntagsarbeit

[1] Ausnahmen vom Verbot der Sonntagsarbeit bedürfen der Bewilligung.

[2] Dauernde oder regelmässig wiederkehrende Sonntagsarbeit wird bewilligt, sofern sie aus technischen oder wirtschaftlichen Gründen unentbehrlich ist.

[3] Vorübergehende Sonntagsarbeit wird bewilligt, sofern ein dringendes Bedürfnis nachgewiesen wird. Dem Arbeitnehmer ist ein Lohnzuschlag von 50 Prozent zu bezahlen.

[4] Dauernde oder regelmässig wiederkehrende Sonntagsarbeit wird vom Bundesamt, vorübergehende Sonntagsarbeit von der kantonalen Behörde bewilligt.

[5] Der Arbeitgeber darf den Arbeitnehmer ohne dessen Einverständnis nicht zu Sonntagsarbeit heranziehen.

[6] Die Kantone können höchstens vier Sonntage pro Jahr bezeichnen, an denen Arbeitnehmer in Verkaufsgeschäften ohne Bewilligung beschäftigt werden dürfen.[2]

Zu Abs. 1

Sonntagsarbeit ist Arbeit am Sonntag oder einem Feiertag i.S. von ArG 20a Abs. 1 in der Zeit zwischen Samstag 23 Uhr und Sonntag 23 Uhr. Sie ist bewilligungspflichtig. Ähnlich wie bei der Nachtarbeit besteht auch hier eine Fülle von Sonderbereichen, in denen gemäss ArG 27 Abs. 1 und ArGV 2 (→ Nr. 5) eine Bewilligungspflicht und/oder die Einhaltung der sonstigen Grenzen für Sonntagsarbeit entfällt.

Die in den Sondervorschriften der ArGV 2 enthaltenen Ausnahmeregelungen sind vor dem Hintergrund der für alle übrigen Betriebe in ArG 19 aufgestellten Voraussetzungen zu sehen. Diese entsprechen den Voraussetzungen für die Nachtarbeit in ArG 17. Nur der Lohnzuschlag ist, weil Sonntagsarbeit mehr noch als Nachtarbeit zurückgedrängt werden soll (Sonntagsarbeit ist restriktiver zu bewilligen als Nachtarbeit: BGE 120 Ib 332; Wegleitung I, 019-1), auf 50% erhöht.

Die Bewilligung entbindet nicht von der Beachtung der wöchentlichen Höchstarbeitszeit nach ArG 9 und dem Verbot der Überzeitarbeit an Sonntagen nach ArGV 1 25 Abs. 1 (→ Nr. 2, für Sonderfälle vgl. ArGV 1 26). Ferner gelten besondere Beschränkungen für die Sonntagsarbeit von Jugendlichen (ArG 31 Abs. 4, ArGV 5 13 ff. → Nr. 8).

Zu Abs. 2

Für die dauernde oder regelmässig wiederkehrende Sonntagsarbeit gelten die Ausführungen zur entsprechenden Nachtarbeit in ArG 17 Abs. 2. Es werden allerdings höhere Anforderungen als bei der Nachtarbeit an die Voraussetzungen gemäss ArGV 1 28 (→ Nr. 2) gestellt,

---

1 Fassung gemäss Ziff. I des BG vom 20. März 1998, in Kraft seit 1. Aug. 2000 (AS 2000 1569 1580; BBl 1998 1394).
2 Eingefügt durch Ziff I des BG vom 21. Dez. 2007, in Kraft seit 1. Juli 2008 (AS 2008 2903 2904; BBl 2007 4261 4269).

was sich v.a. bei der wirtschaftlichen Unentbehrlichkeit bzw. beim besonderen Konsumbedürfnis auswirkt (Wegleitung I, 019-2; STÖCKLI/SOLTERMANN, Stämpflis Handkommentar, ArG 19 N 2).

Zu Abs. 3

Für die vorübergehende Sonntagsarbeit gelten die Ausführungen zur entsprechenden Nachtarbeit in ArG 17 Abs. 3 (vgl. auch ArGV 1 27 Abs. 1 → Nr. 2).

Zur Rechtsnatur und Berechnung des zwingenden Lohnzuschlages von 50% (AGer/ZH, JAR 1988, 382 ff.) s. Kommentar zu ArG 17b Abs. 1. Zur Frage des dringenden Bedürfnisses äusserte sich das BGer im Zusammenhang mit vorübergehender Sonntagsarbeit in Verkaufsgeschäften noch unter altem Recht dahingehend, dass ein einfaches Bedürfnis nicht genüge (vgl. nun Abs. 6). Das BGer anerkannte, dass in der Vorweihnachtszeit normalerweise ein Anstieg der Kundschaft und eine gesteigerte Nachfrage nach Konsumgütern zu verzeichnen seien. Es erachtete jedoch im konkreten Fall den Nachweis des *dringenden* Bedürfnisses als nicht erbracht, da die Bedürfnisse der Kundschaft auch ohne Sonntagsarbeit befriedigt werden könnten (im konkreten Fall fanden bereits Abendverkäufe statt: Fall «Pruntrut», BGE 120 Ib 332 ff. = JAR 1996, 294 ff. = ARV/1995, 15 ff.; vgl. auch BGer, Urteil vom 07.08.2003 in ARV/2004, 41 ff.). Um sich den administrativen Aufwand zu vereinfachen, allerdings in grosszügiger Auslegung des Gesetzes, hat das SECO im (anpassungsbedürftigen) Kreisschreiben 2/97 vom Oktober 1997 festgehalten, dass jährlich zwei Globalbewilligungen (z.B. in ganzen Quartieren, Ortschaften oder Regionen) ohne weitere Bedürfnisabklärung erteilt werden können, da aufgrund einer generellen Beurteilung ein genügendes Bedürfnis in diesem Umfang als gegeben angesehen werden kann (Liberalisierung der Ladenschlussvorschriften). Eine eingehende Einzelfallprüfung ist jedoch – so auch das vorgenannte Kreisschreiben – bei Gesuchen für dauernde oder regelmässige Sonntagsarbeit vorzunehmen. Zum Ganzen auch unten Kommentar zu Abs. 6.

Zu Abs. 4

Für die Zuständigkeit der Bewilligungsbehörde zu Sonntagsarbeit gelten die entsprechenden Ausführungen zur Nachtarbeit in ArG 17 Abs. 5. Zum Verfahren ebd.

Zu Abs. 5

Für die Notwendigkeit des Einverständnisses des Arbeitnehmers zu Sonntagsarbeit gelten die entsprechenden Ausführungen zur Nachtarbeit in ArG 17 Abs. 6.

Zu Abs. 6

Mit dieser Bestimmung wird die Beschäftigung von Personal an vier Sonntagen pro Jahr ermöglicht, ohne dass ein dringendes Bedürfnis nach ArG 19 Abs. 3 besonders nachgewiesen werden muss. Für das Personal in Verkaufsgeschäften ist bei vorübergehender Sonntagsarbeit ein Lohnzuschlag von 50 Prozent zu entrichten. Die in ArG 19 Abs. 4 festgehaltene Voraussetzung, wonach die Arbeitnehmenden mit der Sonntagsarbeit einverstanden sein müssen, ist auch auf das Personal in Verkaufsgeschäften anwendbar. Diese Bestimmung ermöglicht, Personal an vier Sonntagen zu beschäftigen. Ob ein Betrieb des Detailhandels tatsächlich offen sein kann, wird aber vom kantonalen Recht über die Ladenöffnungszeiten abhängig sein. Somit liegt es in der Kompetenz der Kantone zu bestimmen, ob sie vier Sonntage pro Jahr bezeichnen wollen, an welchen die Verkaufsgeschäfte die Tore öffnen können, oder ob sie darauf verzichten wollen. Die Kompetenz zur Festlegung der vier Ladenöffnungssonntage wird den Kantonen in diesem Artikel zugewiesen, damit auch jene Kantone diese Kompetenz erhalten, welche die Ladenöffnungszeiten und somit auch die Sonntagsöffnung nicht regeln. Durch die Berücksichtigung der Zentralkompetenz kann sichergestellt werden, dass die lokalen Sitten und Gebräuche berücksichtigt werden. Dem Kanton steht es frei, bei der Bezeichnung der Sonntage regionale Unterschiede zu berücksichtigen. Zudem ist es – so nun auch das SECO – zulässig, dass der Kanton die Bezeichnung der Sonntage an die Gemeinden delegiert. Unzulässig wäre jedoch, die Bezeichnung der Sonntage den einzelnen Geschäften zu überlassen. Nicht von dieser Regelung betroffen sind die Betriebe nach ArG 27, die in den Genuss der Sonderbestimmungen der Verordnung 2 zum Arbeitsgesetz kommen und somit von der Bewilligungspflicht für Sonntagsarbeit ohnehin befreit sind (BBl 2007 4264 f.).

Art. 20[1] Freier Sonntag und Ersatzruhe

¹ Innert zweier Wochen muss wenigstens einmal ein ganzer Sonntag als wöchentlicher Ruhetag unmittelbar vor oder nach der täglichen Ruhezeit freigegeben werden. Vorbehalten bleibt Artikel 24.

² Sonntagsarbeit von einer Dauer bis zu fünf Stunden ist durch Freizeit auszugleichen. Dauert sie länger als fünf Stunden, so ist während der vorhergehenden oder der nachfolgenden Woche im Anschluss an die tägliche Ruhezeit ein auf einen Arbeitstag fallender Ersatzruhetag von mindestens 24 aufeinander folgenden Stunden zu gewähren.

³ Der Arbeitgeber darf die Arbeitnehmer während der Ersatzruhe vorübergehend zur Arbeit heranziehen, soweit dies notwendig ist, um dem Verderb von Gütern vorzubeugen oder um Betriebsstörungen zu vermeiden oder zu beseitigen; doch ist die Ersatzruhe spätestens in der folgenden Woche zu gewähren.

Zu Abs. 1

Wöchentlicher Ruhetag ist grundsätzlich der Sonntag (ArG 18 Abs. 1 i.V.m. ArGV 1 21 Abs. 1 → Nr. 2). Innert zweier Wochen muss mindestens einmal ein ganzer Sonntag als wöchentlicher Ruhetag freigegeben werden. Dieser muss mindestens 35 Stunden (Sonntag plus tägliche Ruhezeit) umfassen (ArGV 1 21 Abs. 2; vgl. die diesbezügliche Ausnahme in ArGV 1 19 Abs. 1) und gemäss ArG 18 Abs. 1 zwingend die Zeit zwischen Samstag 23 Uhr und Sonntag 23 Uhr einschliessen. Wie bei der Tages- und Abendarbeit kann mit Zustimmung der Mehrheit der betroffenen Arbeitnehmer oder deren Vertretung diese Zeitspanne um eine Stunde vor- oder nachverschoben werden. Zu beachten ist der Vorbehalt zugunsten ArG 24 (ununterbrochener Betrieb; betr. Ruhetage vgl. ArGV 1 37).

---

1 Fassung gemäss Ziff. I des BG vom 20. März 1998, in Kraft seit 1. Aug. 2000 (AS 2000 1569 1580; BBl 1998 1394).

Zu Abs. 2

Bei dauernder bzw. regelmässig wiederkehrender sowie bei vorübergehender Sonntagsarbeit bis zu 5 Stunden muss die geleistete Zeit mit Freizeit von gleicher Dauer ausgeglichen werden. Dieser Ausgleich hat nach ArGV 1 21 Abs. 7 (→ Nr. 2) innert 4 Wochen zu erfolgen. Wird dauernde bzw. regelmässig wiederkehrende sowie vorübergehende Sonntagsarbeit von mehr als 5 Stunden geleistet, so ist zwingend während der vorhergehenden oder nachfolgenden Arbeitswoche ein Ersatzruhetag zu gewähren. Unabhängig von den effektiv geleisteten Arbeitsstunden (sofern mehr als 5) sind dabei – zusammen mit der täglichen Ruhezeit (ArG 15a Abs. 1) – 35 Stunden zu gewähren. Zudem muss der Zeitraum von 6 Uhr bis 20 Uhr umfasst werden (ArGV 1 21 Abs. 5). Mit Ausnahme von ununterbrochenem Betrieb (ArG 24) muss jedem Arbeitnehmer in einem Zeitraum von 7 Tagen mindestens ein Ruhetag gewährt werden (ArGV 1 21 Abs. 3). Zu den besonderen Regelungen in ArGV 1 21 Abs. 4 und Abs. 6 vgl. Wegleitung I, 121-2.

Für bestimmte Gruppen von Betrieben sieht ArGV 2 Ausnahmen vor (ArGV 2 7, 12, 13 → Nr. 5).

Bei vorübergehender Sonntagsarbeit erhält der Arbeitnehmer zusätzlich zu Freizeit oder Ersatzruhetag noch einen Lohnzuschlag von 50% auf der geleisteten Arbeitszeit (ArG 19 Abs. 3).

Die privatrechtliche Frage, ob während der Ersatzruhe Lohn geschuldet ist, wird nur bei Tagelohn, Stundenlohn oder Akkordlohn praktisch. Sie ist mangels abweichender Einzel- oder Kollektivvereinbarungen zu verneinen, da die Ersatzruhe nur ein Ausgleich für die Sonntagsruhe ist, während der kein Lohnanspruch entsteht.

Zu Abs. 3

Die Ersatzruhezeit darf ihrerseits nicht durch Ausgleichs- oder Überzeitarbeit in Anspruch genommen werden (ArG 11 S. 2; ArGV 1 25 Abs. 1, 26 → Nr. 2). Danach ist in jedem Fall ein Rückgriff auf die Ersatzruhe nur vorübergehend und nur dann erlaubt, wenn er notwendig wird, um dem Verderb von Gütern vorzubeugen oder um Betriebsstörungen zu vermeiden oder zu beseitigen (vgl. auch ArGV 1 26). Diese vorübergehende Heranziehung bedarf keiner behördlichen Bewilligung. Die dafür geschuldete Ersatzruhe ist spätestens in der folgenden Woche zu gewähren (ArG 20 Abs. 3, 2. Hs.; ArGV 1 26 Abs. 2).

Art. 20a[1] Feiertage und religiöse Feiern

¹ Der Bundesfeiertag ist den Sonntagen gleichgestellt. Die Kantone können höchstens acht weitere Feiertage im Jahr den Sonntagen gleichstellen und sie nach Kantonsteilen verschieden ansetzen.

---

1   Eingefügt durch Ziff. I des BG vom 20. März 1998, in Kraft seit 1. Aug. 2000 (AS 2000 1569 1580; BBI 1998 1394).

² Der Arbeitnehmer ist berechtigt, an andern als den von den Kantonen anerkannten religiösen Feiertagen die Arbeit auszusetzen. Er hat jedoch sein Vorhaben dem Arbeitgeber spätestens drei Tage im Voraus anzuzeigen. Artikel 11 ist anwendbar.

³ Für den Besuch von religiösen Feiern muss der Arbeitgeber dem Arbeitnehmer auf dessen Wunsch die erforderliche Zeit nach Möglichkeit freigeben.

Zu Abs. 1

1   Der 1. August (Bundesfeiertag) ist der einzige eidgenössische Feiertag (BV 110 Abs. 3: «Der 1. August ist Bundesfeiertag. Er ist arbeitsrechtlich den Sonntagen gleichgestellt und bezahlt.»). Die Verordnung über den Bundesfeiertag vom 30.05.1994 (SR 116) regelt die Details zum Bundesfeiertag. Die Kantone können bis zu 8 Feiertage, die nicht oder nicht immer auf einen Sonntag fallen, den Sonntagen gleichstellen und damit in das Verbot der Sonntagsarbeit einbeziehen. Davon ist die Möglichkeit zu unterscheiden, im Wege der nach ArG 71 lit. c vorbehaltenen kantonalen Polizeigesetzgebung über die Sonntagsruhe und die Öffnungszeiten von Betrieben des Detailverkaufs sowie des Gast- oder Unterhaltungsgewerbes beliebige Tage mit Sonntagsruhe zu belegen. Solche Ruhetagsgesetzgebung bezweckt nicht den Schutz der Arbeitnehmer vor Überanstrengung, sondern gründet sich auf religiöse oder geschichtliche Überlieferung (vgl. BGE 125 I 431 E. 3). Sie darf daher gemäss ArG 73 Abs. 1 lit. a auch nicht zu einem allgemeinen Arbeitsverbot, sondern nur zum Verbot solcher Arbeiten führen, die eine nach aussen dringende Störung der Sonntagsruhe mit sich bringen, was bei Büroarbeiten, Aufräume- oder Inventurarbeiten des Verkaufspersonals bei geschlossenem Ladengeschäft usw. nicht der Fall ist (zu den weiteren Voraussetzungen der Sonntagsarbeit, namentlich zum dringenden Bedürfnis nach ArG 19 Abs. 3 in Bezug auf Inventuren: Volkswirtschaftsdirektion ZH, JAR 1993, 252 ff.). Ob der Betriebsinhaber derartige, nicht die kantonale Sonntagsruhe störende Arbeiten verlangen kann, richtet sich nach den privatrechtlichen Vereinbarungen und Regelungen des Arbeitsvertragsrechts.

Mit Rücksicht auf die regional unterschiedlichen Mehrheitsverhältnisse unter den Konfessionen ist es den Kantonen gestattet, ihre Feiertagsregelung nach Kantonsteilen unterschiedlich vorzunehmen. Dann aber gilt die Regelung für alle im jeweiligen Kantonsteil gelegenen Betriebe, unabhängig von der Religionszugehörigkeit des Betriebsinhabers oder der Arbeitnehmer.

Für die Beschäftigung von Arbeitnehmern an Feiertagen, die den Sonntagen gleichgestellt sind, benötigen die dem ArG unterstellten Betriebe eine Arbeitsbewilligung für Sonntagsarbeit (ArG 19; Vorbehalt ArGV 2 → Nr. 5; PORTMANN/PETROVIC, Stämpflis Handkommentar, ArG 20a N 16) und evtl. eine Polizeierlaubnis gemäss kantonalem Ruhetagsgesetz (Polizeivorschriften über die Sonntagsruhe).

2   Eine Liste der von den Kantonen gemäss ArGV 1 80 Abs. 1 lit. b (→ Nr. 2) dem SECO mitgeteilten Feiertage findet sich im Anhang (→ Nr. 11). Sie enthält auch die aufgrund kantonaler Ruhetagsgesetzgebung angeordneten Feiertage, die nicht Sonntage i.S. von ArG 20a Abs. 1 S. 2 sind. Diese Liste ist ein interessanter Beleg für die unterschiedliche Arbeitsethik von Katholiken und Protestanten. Die Zahl der Feiertage reicht von 15 im Tessin bis zu 4 im reformierten Teil von Freiburg und stimmt im Wesentlichen mit der regional aufgeteilten Fehl-

zeitenstatistik des SECO überein. Was eine regional zersplitterte Regelung der Feiertage angeht, stellt der Kanton Aargau alles in den Schatten.

Feiertage, die sich auf die polizeirechtliche Ruhetagsgesetzgebung der Kantone stützen und damit nicht unter ArG 20a Abs. 1 fallen, sind Werktage, so dass die ausfallende Arbeitszeit im Rahmen von ArG 11 ausgeglichen werden kann (s. Kommentar zu ArG 11 Abs. 1 N 1). Feiertage hingegen, die den Sonntagen gleichgestellt sind, sind nicht auszugleichen, doch ist eine Umverteilung der Arbeitszeit nach ArGV 1 16 Abs. 3, insbesondere bei normal üblicher 5-Tage-Woche, möglich (BIGA, ARV/1972, 9) oder eine Verschiebung der ausgefallenen Arbeitszeit auf andere Wochen, sofern damit nicht die wöchentliche Höchstarbeitszeit überschritten wird (BIGA, ARV/1971, 3). Ohne privatrechtliche Vereinbarung zum Ausgleich durch Vor- oder Nachholen ist der Arbeitnehmer allerdings dazu nicht verpflichtet; denn die normale Arbeitszeit ist Bestandteil des Arbeitsvertrages, es sei denn, der Ausgleich ist üblich (dazu CANNER/SCHOOP N 4).

Die Frage der Lohnzahlung für die an Feiertagen ausfallende Arbeit ist als zivilrechtlich der kantonalen Gesetzgebung entzogen (BV 122 Abs. 1; BGE 76 I 305 ff.). Sie stellt sich nur bei Tagelohn, Stundenlohn und Akkordlohn. Das OR hat sie nicht ausdrücklich geregelt, doch finden sich meist entsprechende Kollektiv- oder Einzelvereinbarungen. Andernfalls entscheidet die Ortsüblichkeit (OR 322 Abs. 1; anders BR, ARV/1973, 6, wo ausdrückliche Vereinbarung gefordert wird). Ist eine Übung, den Lohn zu bezahlen, nicht nachweisbar, erhält der Arbeitnehmer keinen Lohn für die ausfallende Arbeitszeit (PORTMANN/PETROVIC, Stämpfli Handkommentar, ArG 20a N 17 ff.).

Zu Abs. 2

Keinen Arbeitsschutz, sondern Gewissensschutz bezweckt ArG 20a Abs. 2, wonach ein Arbeitnehmer auch bei kantonal nicht anerkannten religiösen Feiertagen nach Wunsch die Arbeit aussetzen kann. Dieser Anspruch hat privatrechtliche Bedeutung für das Verhältnis zwischen Arbeitgeber und Arbeitnehmer (OR 342 Abs. 2, 361 Abs. 1) und hätte eigentlich in das OR gehört. Der Hinweis auf die Anwendbarkeit von ArG 11 in ArG 20a Abs. 2 S. 3 ist überflüssig; denn es handelt sich hier um den in ArG 11 ausdrücklich vorgesehenen Fall, dass dem Arbeitnehmer auf seinen Wunsch ein arbeitsfreier Tag eingeräumt wird. Religiöse Feiertage sind neben den christlichen auch diejenigen anderer Religionen, ja selbst kleinerer Sekten. Hingegen ist ein Anspruch auf Freizeit an nicht anerkannten patriotischen oder politischen (1. Mai!) Feiertagen nicht gegeben. Hier kann der Betriebsinhaber dem Arbeitnehmer freiwillig Freizeit gewähren, die dann gemäss ArG 11, ArGV 1 24 (→ Nr. 2) ausgeglichen werden kann (BIGA, ARV/1971, 4). Der Freizeitausgleich gemäss ArG 11 ist im Falle von Freizeitgewährung an nicht kantonalen Feiertagen auch privatrechtlich geschuldet. Wird er nicht geleistet, kann der Arbeitgeber im Falle von Tages-, Stunden- oder Akkordlohn entsprechende Lohnabzüge vornehmen. Anders ist es, wenn der Betriebsinhaber den Betrieb ohne Zustimmung des Arbeitnehmers von sich aus schliesst. Dann gerät er in Annahmeverzug, und der Arbeitnehmer kann Lohnzahlung ohne Nachleistung verlangen (OR 324 Abs. 1; PORTMANN/PETROVIC, Stämpflis Handkommentar, ArG 20a N 35).

Um dem Arbeitgeber entsprechende Umdispositionen zu ermöglichen, muss der Arbeitnehmer dem Arbeitgeber das Aussetzen an nicht anerkannten religiösen Feiertagen spätestens drei Tage im Voraus anzeigen (ArG 20a Abs. 2 S. 2).

Zu Abs. 3

Ist Sonntagsarbeit bewilligt und darf der Arbeitgeber diese privatrechtlich verlangen, weil der Arbeitnehmer sich mit der Arbeit am Sonntag einverstanden erklärt hat, so hat der Arbeitnehmer gleichwohl einen Anspruch auf Freistellung für den Besuch des Gottesdienstes, soweit das möglich ist (PORTMANN/PETROVIC, Stämpflis Handkommentar, ArG 20a N 36). Hier ist die Anzeigefrist für den Wunsch nach Arbeitsbefreiung, wie sie in ArG 20a Abs. 2 S. 2 niedergelegt ist, zwar vergessen. Sie ergibt sich jedoch privatrechtlich aus der arbeitsrechtlichen Treuepflicht des Arbeitnehmers (dazu PORTMANN/STÖCKLI N 353 ff.; REHBINDER § 8 B I; ebenso TSCHUDI 65).

Früher war die Bestimmung in aArG Art. 19 Abs. 3 (Sonntagsarbeit) geregelt (REHBINDER/MÜLLER, Art. 19 Abs. 3). Gemäss Botschaft Rev., 184 handelt es sich vorliegend um eine formelle Bereinigung, so dass weiterhin davon auszugehen ist, es seien Abwesenheiten am Sonntag gemeint.

Art. 21 Wöchentlicher freier Halbtag

¹ Wird die wöchentliche Arbeitszeit auf mehr als fünf Tage verteilt, so ist den Arbeitnehmern jede Woche ein freier Halbtag zu gewähren, mit Ausnahme der Wochen, in die ein arbeitsfreier Tag fällt.

² Der Arbeitgeber darf im Einverständnis mit dem Arbeitnehmer die wöchentlichen freien Halbtage für höchstens vier Wochen zusammenhängend gewähren; die wöchentliche Höchstarbeitszeit ist im Durchschnitt einzuhalten.

³ Artikel 20 Absatz 3 ist sinngemäss anwendbar.[1]

Zu Abs. 1

Arbeitnehmer, die an 6 Tagen in der Woche arbeiten, haben Anspruch auf einen wöchentlichen freien Halbtag. Vorbehalten ist ArGV 2 14 (→ Nr. 5). Sinn des freien Halbtags ist nicht die Gesundheitsvorsorge (vgl. nun aber PORTMANN/BACHMANN, Stämpflis Handkommentar, ArG 21 N 3), sondern allein die Absicht, dem Arbeitnehmer Gelegenheit zur Besorgung persönlicher Angelegenheiten zu geben und damit die nach OR 329 Abs. 3 möglichen Kurzabsenzen gering zu halten (so Botschaft, 978; Wegleitung I, 120-1 f.). Darin lag jedoch ein Denkfehler des Gesetzgebers. Denn wenn man allen Arbeitnehmern einen freien Halbtag einräumt und vergisst, für eine unterschiedliche Lage dieses Halbtags zu sorgen, dann war damit zu rechnen, dass in weiten Teilen derselbe Werktag, nämlich Samstagnachmittag oder Montagvormittag, gewählt wird. Ist das aber der Fall, dann können die betreffenden Arbeit-

---

[1] Fassung gemäss Ziff. I des BG vom 20. März 1998, in Kraft seit 1. Aug. 2000 (AS 2000 1569 1580; BBl 1998 1394).

nehmer ihre persönlichen Angelegenheiten gar nicht besorgen, weil die von ihnen aufzusuchenden Personen nicht am Arbeitsplatz sind, da sie ebenfalls zu dieser Zeit frei haben (PORTMANN/BACHMANN, Stämpflis Handkommentar, ArG 21 N 5). Kein Wunder also, dass man inzwischen festgestellt hat, das Gesetz habe leider seinen Zweck verfehlt (so WEGMANN in HUG N 1, CANNER/SCHOOP N 1).

Der freie Halbtag braucht nicht gewährt zu werden, wenn in die betreffende Woche ein arbeitsfreier Tag fällt, z.B. der freie Werktag in der 5-Tage-Woche, Ferientage, Krankheitstage oder Urlaubstage bei Heirat, Geburt, Todesfall, Umzug oder ähnlichen Gründen (so BIGA, ARV/1973, 3). Wieso allerdings beim Urlaub im Rahmen von OR 329 Abs. 3 und bei Krankheit der Gesetzeszweck erfüllt sein soll, der ja in der Ermöglichung der Besorgung eigener Angelegenheiten besteht, ist unerfindlich. Hingegen dürfen vom Gesetz vorgeschriebene Ruhezeiten nach ArGV 1 20 Abs. 4 (→ Nr. 2) nicht auf den arbeitsfreien Halbtag angerechnet werden. Fällt der freie Halbtag jedoch auf einen den Sonntagen gleichgestellten Feiertag i.S. von ArG 20a Abs. 1, so gilt er nach ArGV 1 20 Abs. 4 S. 2 als damit gewährt. Ist der freie Halbtag allerdings nicht auf einen bestimmten Wochentag fixiert, dann darf ihn der Arbeitgeber nicht auf einen solchen Feiertag legen (BIGA, ARV/1977, 114 f.). ArGV 1 20 Abs. 4 S. 2 missachtet ebenfalls den Gesetzeszweck, die Erledigung persönlicher Angelegenheiten zu gewährleisten; denn diese ist an kantonalen Feiertagen nicht möglich.

Ebenfalls unberücksichtigt bleiben Ersatzruhetage für Sonntagsarbeit (ArG 20 Abs. 2 und 3) und solche arbeitsfreien Tage, deren ausfallende Arbeitszeit nach ArG 11 ausgeglichen wird (ArGV 1 20 Abs. 4, vgl. BIGA, ARV/1970, 9); denn hier soll der Arbeitnehmer ruhen und nicht Besorgungen machen müssen. Wird jedoch in Nacht- oder Schichtarbeit gearbeitet, so verfügen die Arbeitnehmer während ihrer Tagesfreizeit über genügend Gelegenheit zu Besorgungen, so dass ein Anspruch auf den freien Halbtag in der Regel entfällt (vgl. ArGV 1 20 Abs. 2). Fällt in Ausbildungsverhältnissen der obligatorische Berufsunterricht in den im Betrieb gewährten freien Halbtag, so ist ein anderer freier Halbtag zu gewähren. Auch ist bei 5-Tage-Woche des Betriebes der ausserhalb dieser Zeit angesetzte Berufsunterricht mitzuzählen, so dass die betreffenden Berufsschüler im Betrieb einen freien Halbtag beanspruchen können, als würden sie in einer 6-Tage-Woche arbeiten (BIGA, ARV/1971, 62).

Der wöchentliche freie Halbtag umfasst 8 Stunden, die unmittelbar vor oder nach der täglichen Ruhezeit (ArG 15a) an einem Werktag zu gewähren sind (ArGV 1 20 Abs. 1). Vorbehalten bleibt ArGV 2 14.

Zur Frage der Lohnzahlungspflicht bei freien Halbtagen gelten die Ausführungen in ArG 20 Abs. 2 a.E. entsprechend (PORTMANN/BACHMANN, Stämpflis Handkommentar, ArG 21 N 27). Über Abgeltung von Freizeitansprüchen, die wegen Beendigung des Arbeitsverhältnisses nicht mehr gewährt werden können, s. ArG 22.

Zu Abs. 2

Im Einverständnis mit dem Arbeitnehmer kann der Arbeitgeber die wöchentlichen freien Halbtage für höchstens 4 Wochen zu ganzen freien Tagen zusammenlegen (PORTMANN/BACHMANN, Stämpflis Handkommentar, ArG 21 N 22 ff.). Doch ist dabei die wöchentliche Höchstarbeitszeit im Durchschnitt einzuhalten. Statt ganzer Tage kann im Zeitraum von 4 Wochen aber auch für 2 Wochen ein ganzer Tag und dann je Woche ein weiterer Halbtag gewährt

III. Arbeits- und Ruhezeit

werden (BIGA, ARV/1974, 9). Abweichende Vorschriften über die Zusammenlegung freier Halbtage sind für bestimmte Betriebsgruppen in ArGV 2 14 (→ Nr. 5) geregelt. Wegen Verbreitung der 5-Tage-Woche hat ArG 21 Abs. 2 nur noch geringe Bedeutung.

Zu Abs. 3

An den freien Halbtagen kann der Arbeitnehmer nur unter den Voraussetzungen von ArG 20 Abs. 3 (s. dort) zur Überzeitarbeit oder Ausgleichsarbeit herangezogen werden, wobei die Ersatzruhe spätestens in der folgenden Woche zu gewähren ist (vgl. auch ArGV 1 20 Abs. 3 → Nr. 2, ArGV 1 26; PORTMANN/BACHMANN, Stämpfli Handkommentar, ArG 21 N 26). Ist der an sich freie Halbtag im Einverständnis mit dem Arbeitnehmer mit einem anderen freien Halbtag zusammengelegt worden, so kann während der nun zu arbeitenden Zeit auch Überzeit- oder Ausgleichsarbeit verlangt werden, sofern die gesetzlichen Voraussetzungen dafür erfüllt sind (ArG 11–13). Für Überzeitarbeit gilt dann insbesondere ArG 12 Abs. 2.

Art. 22[1] Verbot der Abgeltung der Ruhezeit

Soweit das Gesetz Ruhezeiten vorschreibt, dürfen diese nicht durch Geldleistungen oder andere Vergünstigungen abgegolten werden, ausser bei Beendigung des Arbeitsverhältnisses.

Die tägliche und wöchentliche Ruhezeit darf nicht anderweitig abgegolten werden. Da die Vorschriften über die Ruhezeit bereits genügend durchlöchert sind, ist es nicht erstaunlich, dass das Abgeltungsverbot nur durch eine einzige Ausnahme eingeschränkt ist, nämlich den Fall der Beendigung des Arbeitsverhältnisses. Die entsprechende Vorschrift für die jährliche Ruhezeit, nämlich die Ferien, findet sich in OR 329d Abs. 2. Ob der Arbeitnehmer auch einen Anspruch auf Entgelt hat, beurteilt sich nach Privatrecht. Ein solcher Anspruch ist nur bei Tagelohn, Stundenlohn oder Akkordlohn fraglich, weil bei Wochen- oder Monatslohn die Ruhezeiten ohnehin mit abgegolten sind (vgl. Kommentar zu ArG 20 Abs. 2 a.E.). Mangels gesetzlicher Regelung im OR ist ein Anspruch nur gegeben, wenn dies in einer Einzel- oder Kollektivvereinbarung so vorgesehen ist. Dann darf er also nur im Falle der Beendigung des Arbeitsverhältnisses vor Gewährleistung der Ruhezeit realisiert werden. Die abzugeltende Ruhezeit darf aber nur in der letzten Lohnzahlungsperiode gelegen haben. Andernfalls hätte eine Kompensation durchgeführt werden können, und der später erhobene Abgeltungsanspruch ist insoweit rechtsmissbräuchlich (BGE 101 II 289 = JAR 1980, 86 f.; a.M. PORTMANN/PETROVIC, Stämpfli Handkommentar, ArG 22 N 11). Für die Berechnung des Abgeltungsanspruchs gilt gemäss ArGV 1 17 (→ Nr. 2) die Regelung des ArGV 1 33 (dazu Kommentar zu ArG 13 Abs. 3 N 1). Unabhängig vom Lohnanspruch ist für jeden Arbeitnehmer, der bei Beendigung des Arbeitsverhältnisses mehr gearbeitet hat, als er gemäss den Ruhezeitregelungen hätte arbeiten müssen, die Frage zu prüfen, ob ihm eine Entschädigung wegen Überstunden-/Überzeitarbeit in Höhe von 25% zusteht (dazu Kommentar zu ArG 13 Abs. 1 N 1 und 2).

---

1 Fassung gemäss Ziff. I des BG vom 20. März 1998, in Kraft seit 1. Aug. 2000 (AS 2000 1569 1580; BBl 1998 1394).

3. Ununterbrochener Betrieb[1]

Art. 23[2]

Mit der Ausdehnung der Grenzen der Tagesarbeit um die Abendarbeit ist die bewilligungsfreie Arbeitszeit auf 17 Stunden ausgedehnt worden (ArG 10; s. dort). Damit wurde die Bestimmung in aArG 23 überflüssig.

Art. 24[3] Ununterbrochener Betrieb

¹ Der ununterbrochene Betrieb bedarf der Bewilligung.

² Dauernder oder wiederkehrender ununterbrochener Betrieb wird bewilligt, sofern er aus technischen oder wirtschaftlichen Gründen unentbehrlich ist.

³ Vorübergehender ununterbrochener Betrieb wird bewilligt, sofern ein dringendes Bedürfnis nachgewiesen wird.

⁴ Dauernder oder wiederkehrender ununterbrochener Betrieb wird vom Bundesamt, vorübergehender ununterbrochener Betrieb von der kantonalen Behörde bewilligt.

⁵ Durch Verordnung wird bestimmt, unter welchen zusätzlichen Voraussetzungen und wie weit bei ununterbrochenem Betrieb die tägliche und wöchentliche Höchstarbeitszeit verlängert und die Ruhezeit anders verteilt werden kann. Dabei darf in der Regel die wöchentliche Höchstarbeitszeit im Durchschnitt von 16 Wochen nicht überschritten werden.

⁶ Im Übrigen sind auf den ununterbrochenen Betrieb die Vorschriften über die Nacht- und Sonntagsarbeit anwendbar.

Zu Abs. 1

Unter ununterbrochenem Betrieb ist ein Arbeitszeitsystem zu verstehen,

a) bei dem während 24 Stunden und an sieben Tagen der Woche Schichtarbeit geleistet wird und

b) das aus mehreren Schichten besteht, wobei der einzelne Arbeitnehmer *grundsätzlich alle Schichten* durchläuft (ArGV 1 36 Abs. 1 lit. a und lit. b → Nr. 2).

Sobald die zweite Voraussetzung nicht gegeben ist, handelt es sich um einen sog. zusammengesetzten ununterbrochenen Betrieb, der anderen Regeln unterworfen ist (vgl. ArGV 1 39; der Arbeitnehmer arbeitet nur in einzelnen Schichten oder an bestimmten Tagen). Hier

---

1 Fassung gemäss Ziff. I des BG vom 20. März 1998, in Kraft seit 1. Aug. 2000 (AS 2000 1569 1580; BBl 1998 1394).
2 Aufgehoben durch Ziff. I des BG vom 20. März 1998 (AS 2000 1569; BBl 1998 1394).
3 Fassung gemäss Ziff. I des BG vom 20. März 1998, in Kraft seit 1. Aug. 2000 (AS 2000 1569 1580; BBl 1998 1394).

sind die ArGV 1 37 (Ruhetage) und 38 (Arbeitszeit) nicht anwendbar, jedoch ist die Zulässigkeit von Wochenendschichten an besondere Voraussetzungen geknüpft (ArGV 1 39 Abs. 2 lit. a–e). Der ununterbrochene Betrieb ist in jedem Fall bewilligungspflichtig.

Das Gesetz unterscheidet die Bewilligung von vorübergehender ununterbrochener Arbeit und diejenige von dauernder oder regelmässig wiederkehrender ununterbrochener Arbeit und knüpft sie jeweils an die gleichen Voraussetzungen wie die entsprechende Bewilligung für Nachtarbeit (ArG 17).

Zu Abs. 2

Siehe dazu wegen der Übereinstimmung des Gesetzes mit ArG 17 Abs. 2 die entsprechenden Ausführungen in ArG 17 Abs. 2 (Botschaft Rev., 185) und auch BGer, JAR 1987, 313 ff. (ArGV 1 28 und Anhang zu ArGV 1 → Nr. 2).

Zu Abs. 3

Siehe dazu wegen der Übereinstimmung des Gesetzes mit ArG 17 Abs. 3 die entsprechenden Ausführungen in ArG 17 Abs. 3 (Botschaft Rev., 185; ArGV 1 27 → Nr. 2).

Längstens dauert ein vorübergehender ununterbrochener Betrieb 16 Wochen (vgl. ArG 24 Abs. 5; ArGV 1 38 Abs. 1), innert welchen die wöchentliche Höchstarbeitszeit im Durchschnitt einzuhalten ist (vgl. auch Wegleitung I, 024-2). Weitere Abgrenzungskriterien zum dauernden oder regelmässig wiederkehrenden ununterbrochenen Betrieb finden sich in ArGV 1 40.

Zu Abs. 4

Siehe dazu wegen der Übereinstimmung des Gesetzes mit ArG 17 Abs. 5 die entsprechenden Ausführungen in ArG 17 Abs. 5. Die Regelung gilt für industrielle und nichtindustrielle Betriebe.

Zu Abs. 5

Zur Verwirklichung dieses anspruchsvollen Arbeitszeitsystems (vgl. Abs. 1) bedarf es im Vergleich zur (einfachen) Nacht- und Sonntagsarbeit weitergehender Regelungen. Gemäss ArGV 1 37 und 38 (→ Nr. 2) können die Grenzen für die tägliche (ArGV 1 38 Abs. 3) und die wöchentliche (ArGV 1 38 Abs. 1 und 2) Höchstarbeitszeit sowie die täglichen und wöchentlichen Ruhezeiten (ArGV 1 37) anders festgelegt werden. Dabei dürfen die wöchentlichen Höchstarbeitszeiten im Sinne von ArG 9 Abs. 1 im Mittel über einen Zeitraum von 16 Wochen nicht überschritten werden.

Als Ruhezeit für den einzelnen Arbeitnehmer sind mindestens 61 arbeitsfreie Tage im Kalenderjahr vorgeschrieben (ArGV 1 37 Abs. 1). Die in die Ferien fallenden, an sich arbeitsfreien Tage zählen hier mit; denn das öffentlich-rechtliche Arbeitszeitrecht ist unabhängig von der privatrechtlichen Ferienregelung (so ausführlich Canner/Schoop N 5). Doch hätte dies klargestellt werden sollen.

Für die Details sei auf Wegleitung I, 137-1 ff., 138-1 ff. und 139-1 ff. verwiesen.

Zu Abs. 6

Es wird auf ArG 16 ff. verwiesen (s. dort).

4. Weitere Vorschriften[1]

Art. 25[2]   Schichtenwechsel

[1] Die Arbeitszeit ist so einzuteilen, dass der einzelne Arbeitnehmer nicht länger als während sechs aufeinander folgenden Wochen die gleiche Schicht zu leisten hat.

[2] Bei zweischichtiger Arbeit am Tag und am Abend muss der Arbeitnehmer an beiden Schichten und bei Nachtarbeit an der Tages- und Nachtarbeit gleichmässig Anteil haben.

[3] Wenn die betroffenen Arbeitnehmer einverstanden sind und die durch Verordnung festzulegenden Bedingungen und Auflagen eingehalten werden, kann die Dauer von sechs Wochen verlängert, oder aber es kann auf den Wechsel ganz verzichtet werden.

Zu Abs. 1

Aus gesundheitlichen Gründen sind bei der Schichtplangestaltung zyklische Wechsel der Schichten anzustreben (Botschaft Rev., 185). Zudem werden dadurch auch soziale Kontakte erleichtert (vgl. auch ArGV 1 34 Abs. 2 → Nr. 2). Die Schichtwechsel erfolgen in der Regel wöchentlich oder zweiwöchentlich. Zu den Möglichkeiten, von dieser Regel abzuweichen, s. Abs. 3 sowie ArGV 1 35 und ArGV 1 30.

Zu Abs. 2

Grundsätzlich ist bei Schichtsystemen auf ausgeglichene Anteile der verschiedenen Schichten zu achten. Auch diese Bestimmung ist mit dem Gesundheitsschutz begründet.

Zu den Voraussetzungen zweischichtiger Tagesarbeit: ArGV 1 34 Abs. 3 (→ Nr. 2), zu denjenigen drei- und mehrschichtiger Arbeit, sofern alle Schichten durchlaufen werden: ArGV 1 34 Abs. 4 lit. a–c.

Zum Ganzen auch Wegleitung I, 134-2 ff.

Zu Abs. 3

Neben der Voraussetzung des (schriftlichen) Einverständnisses des Arbeitnehmers enthalten ArGV 1 30 und 35 (→ Nr. 2) je nach Dauer weitere Voraussetzungen, wie betriebliche Notwendigkeit, Unentbehrlichkeit, Massnahmen zum Schutz der Gesundheit der Arbeitnehmer (vgl. auch ArG 6 Abs. 2) und – beim Verzicht auf Schichtwechsel bei Tages- und Abendarbeit – als subjektives Element persönliche Gründe des Arbeitnehmers. Dabei spielt auch OR 328 Abs. 1 (Fürsorgepflicht des Arbeitgebers) eine zentrale Rolle.

---

1   Ursprünglich vor Art. 25.
2   Fassung gemäss Ziff. I des BG vom 20. März 1998, in Kraft seit 1. Aug. 2000 (AS 2000 1569 1580; BBl 1998 1394).

Art. 26 Weitere Schutzbestimmungen

¹ Über die Überzeit-, Nacht- und Sonntagsarbeit sowie über die Schichtarbeit und den ununterbrochenen Betrieb können zum Schutze der Arbeitnehmer durch Verordnung im Rahmen der wöchentlichen Höchstarbeitszeit weitere Bestimmungen aufgestellt werden.[1]

² Die wöchentliche Höchstarbeitszeit kann für bestimmte Gruppen von Betrieben oder Arbeitnehmern durch Verordnung verkürzt werden, soweit dies zum Schutze der Gesundheit der Arbeitnehmer erforderlich ist.

Zu Abs. 1

ArG 26 schafft die Möglichkeit für eine Verschärfung der gesetzlichen Schutzvorschriften über Arbeits- und Ruhezeit im Wege der VO. Dabei ist aber die wöchentliche Höchstarbeitszeit unverändert zu lassen. Die entsprechenden Verordnungsvorschriften finden sich in ArGV 1 25, 26 (Überzeitarbeit, → Nr. 2), ArGV 1 30, 32 (Nachtarbeit), ArGV 1 34 (Schichtarbeit), ArGV 1 39 (ununterbrochener Betrieb).

Zu Abs. 2

Die Möglichkeit zur Verschärfung des Arbeitszeitschutzes durch Herabsetzung der wöchentlichen Höchstarbeitszeit ist nur für ganze Gruppen von Betrieben oder Arbeitnehmern vorgesehen (Botschaft, 981), doch ist davon kein Gebrauch gemacht worden (SUBILIA, Stämpflis Handkommentar, ArG 26 N 12).

Art. 27 Sonderbestimmungen für bestimmte Gruppen von Betrieben oder Arbeitnehmern

¹ Bestimmte Gruppen von Betrieben oder Arbeitnehmern können durch Verordnung ganz oder teilweise von den Vorschriften der Artikel 9–17a, 17b Absatz 1, 18–20, 21, 24, 25, 31 und 36 ausgenommen und entsprechenden Sonderbestimmungen unterstellt werden, soweit dies mit Rücksicht auf ihre besonderen Verhältnisse notwendig ist.[2]

¹bis Insbesondere werden kleingewerbliche Betriebe, für die Nacht- und Sonntagsarbeit betriebsnotwendig ist, von der Bewilligungspflicht ausgenommen.[3]

---

[1] Fassung gemäss Ziff. I des BG vom 20. März 1998, in Kraft seit 1. Aug. 2000 (AS 2000 1569 1580; BBl 1998 1394).

[2] Fassung gemäss Ziff. I des BG vom 20. März 1998, in Kraft seit 1. Aug. 2000 (AS 2000 1569 1580; BBl 1998 1394).

[3] Eingefügt durch Ziff. I des BG vom 20. März 1998, in Kraft seit 1. Aug. 2000 (AS 2000 1569 1580; BBl 1998 1394).

¹ᵗᵉʳ In Verkaufsstellen und Dienstleistungsbetrieben in Bahnhöfen, welche auf Grund des grossen Reiseverkehrs Zentren des öffentlichen Verkehrs sind, sowie in Flughäfen dürfen Arbeitnehmerinnen und Arbeitnehmer sonntags beschäftigt werden.[1]

² Solche Sonderbestimmungen können insbesondere erlassen werden

a. für Betriebe der Erziehung, des Unterrichts, der Fürsorge, der Krankenpflege, der ärztlichen Behandlung sowie für Apotheken;
b. für Betriebe der Beherbergung, der Bewirtung und der Unterhaltung sowie für Betriebe, die der Versorgung des Gastgewerbes bei besonderen Anlässen dienen;
c. für Betriebe, die den Bedürfnissen des Fremdenverkehrs oder der landwirtschaftlichen Bevölkerung dienen;
d. für Betriebe, die der Versorgung mit leicht verderblichen Gütern dienen;
e. für Betriebe, die der Verarbeitung landwirtschaftlicher Erzeugnisse dienen, sowie für Gartenbaubetriebe, die nicht unter Artikel 2 Absatz 1 Buchstabe e fallen;
f. für Forstbetriebe;
g. für Betriebe, die der Versorgung mit Elektrizität, Gas oder Wasser dienen;
h. für Betriebe, die der Versorgung von Fahrzeugen mit Betriebsstoffen oder ihrer Instandhaltung und Instandstellung dienen;
i. für Redaktionen von Zeitungen und Zeitschriften;
k. für das Bodenpersonal der Luftfahrt;
l. für Arbeitnehmer auf Bauplätzen und in Steinbrüchen, für welche wegen ihrer geographischen Lage oder wegen besonderer klimatischer oder technischer Verhältnisse eine besondere Ordnung der Arbeitszeit erforderlich ist;
m. für Arbeitnehmer, deren Arbeitszeit in erheblichem Masse blosse Präsenzzeit ist oder deren Tätigkeit in erheblichem Masse Reisen oder eine häufige Verlegung des Arbeitsplatzes erfordert.

Zu Abs. 1

Praktisch bedeutsamer als die Möglichkeit zur Verschärfung der gesetzlichen Vorschriften durch VO in ArG 26 ist die Möglichkeit zur Abschwächung, die ArG 27 und 28 bieten. Der BR kann durch VO von allen Schutzbestimmungen des ArG abweichen, mit Ausnahme von ArG 17b Abs. 2–4 (Zeitzuschlag), ArG 17c (medizinische Untersuchung und Beratung), ArG 17d (Untauglichkeit zur Nachtarbeit), ArG 17e (weitere Massnahmen bei Nachtarbeit), ArG 22 (Abgeltung der Ruhezeit), ArG 29 (Schutz jugendlicher Arbeitnehmer) und ArG 35 ff. (Gesundheitsschutz bei Mutterschaft). Er hat dies für 41 Gruppen von Betrieben und Arbeitnehmern in ArGV 2 (→ Nr. 5) getan (die neusten, zusätzlichen Gruppen sind: Art. 19a [Medizini-

---

1 Eingefügt durch Ziff. I des BG vom 8. Okt. 2004, in Kraft seit 1. April 2006 (AS 2006 961 962; BBl 2004 1621 1629).

III. Arbeits- und Ruhezeit   Nr. 1 ArG **Art. 27**

sche Labors], Art. 26a [Betriebe in Bahnhöfen und Flughäfen], Art. 27a [Fleischverarbeitende Betriebe]). Dabei hat er lediglich abgesegnet, was die betroffenen Kreise durch ihre Arbeitsverbände (Arbeitgeberverbände und Gewerkschaften) ausgehandelt haben, auf eine rechtspolitische Kontrolle von deren Sonderinteressen mit dem Ziele einer Vereinheitlichung der Arbeitsbedingungen (und damit Wirtschaftsbedingungen) also verzichtet, so dass der gegenwärtige Rechtszustand von «fast verwirrender Mannigfaltigkeit» ist (so HOLZER in HUG N 4). Siehe auch die (wie immer zu milde formulierte) Kritik von TSCHUDI 69, der darauf hinweist, dass das Gesetz Notwendigkeit, nicht Wünschbarkeit der Sonderregelung voraussetzt. Gemäss Botschaft Rev., 193 sind «Abweichungen vom Gesetz zu gewähren, wo immer ein entsprechendes Bedürfnis besteht, gleichzeitig sind sie aber auf das notwendige Minimum zu beschränken und nach Möglichkeit kompensatorisch auszugleichen».

Damit bildet ArG 27 die Grundlage für Abweichungen von Arbeits- und Ruhezeitvorschriften (nicht aber mit Bezug auf den Gesundheitsschutz). Soweit eine Abweichung in ArGV 2 von bestimmten Artikeln des ArG erfolgt ist, sind auch die für alle diese Artikel geltenden Bestimmungen der ArGV 1 (→ Nr. 2) unanwendbar.

Zu Abs. 1bis

Von der Einholung der Nacht- und Sonntagsarbeitsbewilligung sollen ausgesprochen kleingewerbliche Betriebe befreit werden, für die Leistung von Nacht- und Sonntagsarbeit eine absolute Betriebsnotwendigkeit darstellen (Bericht WAK, 1403). Als Beispiel wurden Bäckereien angeführt. Gemäss ArGV 2 2 (→ Nr. 5) sind unter kleingewerblichen Betrieben solche zu verstehen, in denen neben dem Arbeitgeber nicht mehr als 4 Arbeitnehmer, unabhängig vom Beschäftigungsgrad, beschäftigt werden. Betriebsnotwendigkeit liegt vor, wenn

a)   ein Betrieb zu einer der 41 Betriebsgruppen gehört (ArGV 2 15 ff.) oder
b)   die Voraussetzungen gemäss ArGV 1 28 (→ Nr. 2) erfüllt sind (ArGV 2 2 Abs. 2).

Zu Abs. 1ter

Mit Gesetzesänderung vom 08.10.2004 wurde Abs. 1ter betreffend Sonntagsarbeit in Bahnhöfen und Flughäfen eingeführt. Die Änderung gilt per 01.04.2006 (AS 2006 961). Die Flughäfen werden zusammen mit den Bahnhöfen aufgeführt, da diese ebenso als Zentren des öffentlichen Verkehrs zu bezeichnen sind und ausserdem sowohl in Kloten als auch in Cointrin die Bahnhof- und Flughafenlokalitäten direkt ineinander übergehen und deshalb kaum zu unterscheiden sind (Wegleitung I, 027-2).

In ArGV2 26a Abs. 2 (→ Nr. 5) werden die Kriterien für die Bezeichnung der Zentren des öffentlichen Verkehrs (Bahnhöfe) und Flughäfen festgehalten. Weiter werden darin Sonderbestimmungen festgelegt, welche auf die Betriebe in Zentren des öffentlichen Verkehrs bzw. auf die Arbeitnehmerinnen und Arbeitnehmer angewendet werden dürfen. Siehe dazu im Weiteren: Verordnung des EVD zur Bezeichnung der Bahnhöfe und Flughäfen gemäss Art. 26a Abs. 2 ArGV 2 vom 16.06.2006, in Kraft seit 01.07.2006 (Wegleitung I, 226a-1 f. und AH2-1; SR 822.112.1). Aufgrund des neuen ArG 27 Abs. 1ter wird die Definiton der Läden, die in Bahnhöfen und Flughäfen am Sonntag Personal beschäftigen können, nur noch von deren Lage abhängig gemacht und nicht mehr vom Sortiment, das auf die Bedürfnisse der

Reisenden ausgerichtet ist, wie es in ArGV2 26 zum ArG vorgesehen ist (vgl. dazu nachfolgend, Kommentar zu Abs. 2 lit. m).

Zu Abs. 2

Auch die umfangreiche Aufzählung von Sonderbereichen in ArG 27 Abs. 2 ist überflüssig; denn sie ist nicht abschliessend gemeint («insbesondere»), und der BR ist nach ArG 27 Abs. 1 auch keinesfalls verpflichtet, diese Sonderbereiche durch Sonderregelungen zu berücksichtigen (Kann-Vorschrift). In der Tat hat der BR in ArGV 2 (→ Nr. 5) z.B. die in ArG 27 Abs. 2 lit. m vorgesehene Sonderregelung für Arbeitnehmer, deren Tätigkeit eine häufige Verlegung des Arbeitsplatzes erfordert, nicht erlassen und dagegen Sonderbereiche geregelt, die in ArG 27 Abs. 2 nicht erwähnt sind, wie z.B. Betriebe, die den Bedürfnissen von Reisenden dienen (ArGV 2 26), das Bewachungspersonal (ArGV 2 45) usw. Die Aufzählung durch den Gesetzgeber war lediglich als «Merkposten» für den Verordnungsgeber gedacht und hätte bei ökonomischer Gesetzgebung allein in die Gesetzesmaterialien gehört. Bisher bestehen Sondervorschriften für folgende Bereiche:

a) Krankenanstalten und Kliniken, d.h. ärztlich betreute Betriebe für Kranke, Wöchnerinnen, Säuglinge, Verunfallte und Rekonvaleszente (ArGV 2 15 Abs. 2). Darunter fallen auch Nervenheilanstalten. Ein Teil des Personals ist jedoch vom Geltungsbereich des ArG ausgenommen, s. ArG 3 lit. a, lit. d, lit. e. Für dipl. Pflegepersonal erfolgt ein zusätzlicher Arbeitsschutz durch Normalarbeitsvertrag des Bundes für das Pflegepersonal vom 23.12.1971 (SR 221.215.328.4). Vgl. auch Wegleitung I, 215-1 f.

b) Heime und Internate, und zwar Kinderheime, Erziehungsheime, Anlern- und Ausbildungsheime, Beschäftigungsheime, Alters-, Pflege- und Krankenheime sowie Unterkunfts- und Versorgungsheime (ArGV 2 16). Ein Teil des Personals ist jedoch vom Geltungsbereich des ArG ausgenommen, s. ArG 3 lit. a, lit. d, lit. e. Vgl. auch Wegleitung I, 216-1 f.

c) Spitex-Betriebe, d.h. Betriebe, die spitalexterne Aufgaben für pflege- und betreuungsbedürftige Personen erfüllen (ArGV 2 17).

d) Arzt-, Zahnarzt- und Tierpraxen mit Ausnahme des Personals, das ausschliesslich Büroarbeiten verrichtet (ArGV 2 18), sowie Apotheken (ArGV 2 19).

e) Medizinische Labors (ArGV 19a). Dieser neue Artikel, der durch die Änderung vom 01.07.2004 eingeführt wurde, betrifft die privaten Labors, die für Spitäler und Kliniken sowie Arztpraxen Dienstleistungen erbringen. Das Personal dieser medizinischen Labors kann für medizinische Notfälle nachts und sonntags arbeiten, z.B. wenn ein Patient sofort gepflegt werden muss und für die Diagnose die Labortests notwendig sind. Sonntags- oder Nachtarbeit ist aber auch möglich, wenn sie in technischer Hinsicht für die Qualität der Testresultate unentbehrlich sind (z.B. wenn Tests in regelmässigen Abständen Manipulationen benötigen; vgl. Wegleitung I, 219a-1 f.).

f) Bestattungsbetriebe, d.h. Betriebe, die Formalitäten und Verrichtungen bei Todesfällen besorgen (ArGV 2 20).

g) Tierkliniken, d.h. Tierspitäler und tierspitalähnliche Betriebe, die kranke, pflegebedürftige und verunfallte Tiere medizinisch betreuen (ArGV 2 21).

III. Arbeits- und Ruhezeit Nr. 1 ArG **Art. 27**

h) Zoologische Gärten, Tiergärten und Tierheime (ArGV 2 22).

i) Gastbetriebe, d.h. Betriebe, die gegen Entgelt Personen beherbergen oder Speisen oder Getränke zum Genuss an Ort und Stelle abgeben, wozu der Betrieb auch die nötige Infrastruktur zur Verfügung stellen muss (ArGV 2 23). Nicht notwendig ist, dass die gastgewerblichen Leistungen im Betrieb selber erbracht werden. Sie können auch ausserhalb des Betriebes angeboten werden, z.B. in Festwirtschaften bei besonderen Anlässen oder an Banketten, die an einem anderen Ort stattfinden. Geranten fallen aus dem Geltungsbereich des Gesetzes nach ArG 3 lit. d. Ausgenommen sind ferner Gastwirtschaften, die unter ArGV 2 25 (Fremdenverkehrsgebiete) oder ArGV 2 26 (Betriebe für Reisende) fallen. Neu werden Gastbetrieben solche Betriebe gleichgestellt, welche fertig zubereitete Speisen ausliefern (z.B. Pizza-Lieferdienste, Take-away; in Kraft seit 01.07.2005, AS 2005 2525). Demzufolge muss es sich um ein Angebot von gastgewerblichen Leistungen (Abgabe von Speisen und Getränken) handeln, nicht aber Detaillisten, die ihre Kunden mit Lebensmitteln, Tiefgefrierprodukten oder ausschliesslich mit Getränken beliefern. Für Jugendliche vgl. ArGV 5 5 (→ Nr. 8). Vgl. auch Wegleitung I, 223-1 f., mit Bezug auf den Geltungsbereich (ArGV 2 23 Abs. 3): Darunter fallen insbesondere nicht: Personalrestaurants, Kantinen, Cafébars in Warenhäusern, Internetcafés, Kioske oder Tankstellen mit Getränkeausschank etc.

k) Spielbanken, d.h. Betriebe, die über eine Betriebskonzession gemäss Bundesgesetz vom 18.12.1998 über Glücksspiele und Spielbanken (SR 935.52) verfügen (ArGV 2 24).

l) Betriebe in Fremdenverkehrsgebieten. Darunter fallen Verkaufsgeschäfte, Skiwagnereien, Reparaturwerkstätten für Sportartikel, Fotolabors o.ä. (s. auch Trib. adm. du canton de VD, Urteil vom 17.02.1999, ARV/1999, 162 ff. = JAR 2000, 337 ff.), d.h. Betriebe in Kur-, Sport-, Ausflugs- und Erholungsorten, in denen Fremdenverkehr von wesentlicher Bedeutung ist und erheblichen saisonalen Schwankungen unterliegt (ArGV 2 25). Über Fremdenverkehrsgebiete vgl. die Aufzählung im Anhang der Verordnung zum Bundesgesetz über die Förderung der Beherbergungswirtschaft vom 26.11.2003 (SR 935.121). Zum Ganzen auch Wegleitung I, 225-1 f. Kantonale oder kommunale Ladenschlussvorschriften können das ArG einschränken, vgl. ArG 71 lit. c. In einzelnen Kantonen bestehen zudem Fremdenverkehrsgesetze. Allerdings sind die darin verwendeten Begriffe nicht immer mit denjenigen in ArGV 2 25 Abs. 2 identisch. Allenfalls kann ein besonderes Konsumbedürfnis i.S. von ArGV 1 28 Abs. 3 vorliegen, welches Sonntagsarbeit begründet.

m) Kioske und Betriebe, die den Bedürfnissen der Reisenden dienen (ArGV 2 26). Da Kioske ebenfalls Betriebe i.S. von ArG 1 Abs. 2 S. 1 sind, ist ihre gesonderte Erwähnung überflüssig (zum Begriff «Kiosk» s. ArGV 2 26 Abs. 3 und BGer, Urteil vom 22.06.1998, JAR 1999, 355 ff. = ARV/1998, 161 ff.). Im Weiteren geht es um alle Verkaufsstellen und Dienstleistungsbetriebe an Bahnhöfen (Kreisschreiben der Direktion für Arbeit an die Kantone: ARV/1999, 89 ff.; BGer, Urteil vom 22.03.2002, in ARV/2003, 39 ff.), Flughäfen, an anderen Terminals des öffentlichen Verkehrs (z.B. Tram, Bus) und in Grenzorten sowie Tankstellenshops auf Autobahnraststätten und an Hauptverkehrswegen mit starkem Reiseverkehr, die ein Waren- und Dienstleistungsangebot führen, das überwiegend auf die spezifischen Bedürfnisse der Reisenden ausgerichtet ist

(ArGV 2 26 Abs. 4; Kreisschreiben des BWA an die Kantone: ARV/1998, 245 ff.; zur Auslegung des Begriffs «Tankstellenshop» vgl. auch ARV/2007, 110 ff.). Entscheidend ist die Zusammensetzung der Kundschaft. Sie muss zur Hauptsache aus Reisenden (Lauf-, nicht Stammkundschaft) bestehen (BIGA, ARV/1969, 61; Wegleitung I, 226-2). Für Bahnhöfe und Flughäfen *als Zentren des öffentlichen Verkehrs* vgl. Kommentar zu ArG 27 Abs. 1ter (nurmehr Lage des Betriebes notwendig und nicht mehr dessen Sortiment, welches auf Reisende ausgerichtet sein muss).

n) Betriebe mit leicht verderblichen Gütern, nämlich Bäckereien, Konditoreien, Confiserien (ArGV 2 27), fleischverarbeitende Betriebe (ArGV 2 27a), Milchverarbeitungsbetriebe (ArGV 2 28, vgl. aber ArG 2 Abs. 1 lit. d, ArGV 1 5 Abs. 2) und Blumenläden (ArGV 2 29).

o) Zeitungs- und Zeitschriftenredaktionen mit Einschluss der Nachrichten- und Bildagenturen (ArGV 2 30). Redaktion steht im Pressewesen im Gegensatz zur Setzerei und Druckerei, die mithin nicht in den Sonderbereich fallen. Vgl. auch Wegleitung I, 230-1 f.

p) Radio- und Fernsehbetriebe (ArGV 2 31). Darunter sind aber nicht die Reparaturbetriebe oder der Fachhandel für Radio- und Fernsehgeräte zu verstehen, sondern nur die Betriebe der Sendegesellschaften.

q) Telekommunikationsbetriebe, d.h. konzessionierte Betriebe, die Anlagen zur Erbringung von Fernmeldediensten betreiben (ArGV 2 32). Vgl. auch Wegleitung I, 232-1.

r) Telefonzentralen, d.h. Betriebe, die in Zentralen telefonisch Auskunft erteilen, Anrufe und Aufträge entgegennehmen und weiterleiten (ArGV 2 33). Vgl. auch Wegleitung I, 233-1 f.

s) Banken, Effektenhandel, Börsen und deren Gemeinschaftswerke (ArGV 2 34).

t) Das künstlerische sowie das technische und kaufmännische Personal von Berufstheatern (Schauspiel-, Opern-, Operetten-, Ballett- und Musical-Aufführungen), letzteres, soweit es normalerweise bei Proben und Aufführungen beschäftigt ist (ArGV 2 35; mit der VO-Änderung vom 01.07.2004 wurde eine neue Personalkategorie eingeführt: die Arbeitnehmerinnen und Arbeitnehmer, die mit der künstlerisch-technischen Gestaltung der Aufführungen beschäftigt sind [Abs. 3]; vgl. im Detail: Wegleitung I, 235-2). Für Berufsmusiker vgl. ArGV 2 36. Zur selbstständigen künstlerischen Tätigkeit vgl. ArG 3 lit. d.

u) Unterhaltungsbetriebe, und zwar Filmtheater (ArGV 2 37), Zirkusbetriebe (ArGV 2 38) und Schaustellungsbetriebe (ArGV 2 39). Für die selbstständige künstlerische Tätigkeit beachte ArG 3 lit. d, für Jugendliche vgl. ArGV 5 6 (→ Nr. 8).

v) Sport- und Freizeitanlagen (ArGV 2 40), Skilifte und Luftseilbahnen (ArGV 2 41: vom Bund nicht konzessionierte Betriebe, die Anlagen zum Transport von Personen betreiben) und Campingplätze (ArGV 2 42). Vgl. auch Wegleitung I, 240-1 f.

w) Konferenz-, Kongress- und Messebetriebe, d.h. Betriebe, die politische, kulturelle oder wissenschaftliche Informationsveranstaltungen durchführen, bzw. solche, die für Aussteller Präsentations- und Verkaufsveranstaltungen durchführen (ArGV 2 43), sowie Museen und Ausstellungsbetriebe (ArGV 2 44).

x) Bewachungsbetriebe, die entgeltlich Überwachungsaufträge übernehmen (ArGV 2 45), und Überwachungspersonal anderer Betriebe (BGer Pra. 1996 Nr. 224 = JAR 1997, 257 ff.), d.h. Nachtwächter, Abwarte u. ä., deren Arbeitszeit in erheblichem Masse blosse Präsenzzeit ist. Vgl. auch Wegleitung I, 245-1 f.

y) Betriebe des Autogewerbes, die der Versorgung von Fahrzeugen mit Betriebsstoffen und ihrer Instandhaltung sowie Instandsetzung dienen, wie Tank- und Servicestellen, Garagen und Reparaturwerkstätten (ArGV 2 46).

z) Das Bodenpersonal der Luftfahrt (ArGV 2 47), d.h. das gesamte nichtfliegende Personal der Flughäfen und der Fluggesellschaften, einschliesslich deren Stadtbüros (Dienstleistungen zur Aufrechterhaltung des ordentlichen Flugbetriebes). Ausgenommen ist das Personal ausländischer Betriebe des konzessionierten Luftverkehrs (ArG 3 lit. b, ArGV 1 8 Abs. 1 lit. d) sowie die Besatzungen von schweizerischen Flugbetriebsunternehmen (ArG 3 lit. c).

ä) Schliesslich erfahren noch Bau- und Unterhaltsbetriebe für Eisenbahnanlagen (ArGV 2 48), Betriebe der Energie- und Wasserversorgung (ArGV 2 49), solche der Kehricht- und Abwasserentsorgung (ArGV 2 50), Reinigungsbetriebe (ArGV 2 51) sowie Betriebe für die Verarbeitung landwirtschaftlicher Produkte (ArGV 2 52; Wegleitung I, 252-1 ff.) eine Sonderregelung.

Art. 28 Geringfügige Abweichungen

Die zuständige Behörde ist ermächtigt, in ihren Arbeitszeitbewilligungen ausnahmsweise geringfügige Abweichungen von den Vorschriften des Gesetzes oder einer Verordnung vorzusehen, soweit der Befolgung dieser Vorschriften ausserordentliche Schwierigkeiten entgegenstehen und das Einverständnis der Mehrheit der beteiligten Arbeitnehmer oder deren Vertretung im Betriebe vorliegt.

Eine weitere Möglichkeit der Abschwächung von Arbeitsschutzvorschriften räumt ArG 28 den für Arbeitszeitbewilligungen zuständigen Behörden ein. Sie können von Vorschriften des Gesetzes oder der VO in geringfügigem Umfang abweichen, wenn andernfalls ausserordentliche Schwierigkeiten entstehen würden und wenn die Mehrheit der betroffenen Arbeitnehmer oder ihre Betriebskommission der Verschlechterung zugestimmt hat. Das Eintreten ausserordentlicher Schwierigkeiten bei Befolgung der Vorschriften und das Zustimmungserfordernis dürfte eine Abweichung gemäss dieser Vorschrift theoretisch selten sein lassen. Es liegen zwar keine Statistiken hierüber vor, doch ist die praktische Bedeutung dieser Vorschrift nicht zu unterschätzen (zu Anwendungsfällen vgl. auch SUBILIA, Stämpflis Handkommentar, ArG 28 N 4).

IV. Sonderschutzvorschriften[1]

1. Jugendliche Arbeitnehmer

Art. 29 Allgemeine Vorschriften

[1] Als Jugendliche gelten Arbeitnehmer beider Geschlechter bis zum vollendeten 18. Altersjahr.[2]

[2] Der Arbeitgeber hat auf die Gesundheit der Jugendlichen gebührend Rücksicht zu nehmen und für die Wahrung der Sittlichkeit zu sorgen. Er hat namentlich darauf zu achten, dass die Jugendlichen nicht überanstrengt werden und vor schlechten Einflüssen im Betriebe bewahrt bleiben.

[3] Die Verwendung Jugendlicher für bestimmte Arbeiten kann zum Schutze von Leben und Gesundheit oder zur Wahrung der Sittlichkeit durch Verordnung untersagt oder von besonderen Voraussetzungen abhängig gemacht werden.

[4] Bei der Einstellung eines Jugendlichen hat der Arbeitgeber einen Altersausweis zu verlangen. Durch Verordnung kann bestimmt werden, dass ausserdem ein ärztliches Zeugnis beizubringen ist.

Zu Abs. 1

Mit Bundesgesetz vom 23.06.2006, in Kraft per 01.01.2008 (AS 2007 4957), wurde Abs. 1 geändert und an die zivilrechtliche Altersgrenze der Mündigkeit angepasst (ZGB 14, in Kraft seit 01.01.1996). Am 01.01.2008 ist zudem die neue Jugendarbeitsschutzverordnung in Kraft getreten (ArGV 5 → Nr. 8).

Das ArG definiert den Jugendlichen i.S. seiner Sonderschutzregel, indem es in ArG 30 Abs. 1 die untere Grenze im Prinzip mit vollendetem 15. Altersjahr und in ArG 29 Abs. 1 die obere Grenze mit vollendetem 18. Altersjahr festlegt. Während das ZGB entsprechend der herrschenden Rechtsterminologie zwischen Definition und Fiktion unterscheidet und das Wort «gelten» nur für Fiktionen verwendet (ZGB 14: Mündig ist, wer das 18. Lebensjahr vollendet hat; ZGB 25 Abs. 1: Als Wohnsitz des Kindes unter elterlicher Gewalt gilt der Wohnsitz der Eltern), spricht ArG 29 Abs. 1 von «gelten». Richtig müsste es heissen: «Jugendliche sind Arbeitnehmer beider Geschlechter.» Es hätte dem Gesetzgeber freigestanden, dann fortzufahren: «Als Jugendliche gelten Entmündigte.»

Zu Abs. 2

Der Sonderschutz für Jugendliche (dazu umfassend WERNER ERISMANN: Der Sonderschutz des jugendlichen Arbeitnehmers, Diss. Zürich 1983) besteht in einer Erweiterung der Fürsorge-

---

1   Fassung gemäss Ziff. I des BG vom 20. März 1998, in Kraft seit 1. Aug. 2000 (AS 2000 1569 1580; BBl 1998 1394).
2   Fassung gemäss Ziff. I des BG vom 23. Juni 2006, in Kraft seit 1. Jan. 2008 (AS 2007 4957 4958; BBl 2004 6773).

pflichten des Arbeitgebers (ArG 29 Abs. 2, 32), in einem Verwendungsverbot für bestimmte Arbeiten (ArG 29 Abs. 3, 30) sowie in einer günstigeren Regelung der Arbeits- und Ruhezeit (ArG 31). Es handelt sich hier um einen öffentlich-rechtlichen Mindestschutz, der mit privatrechtlicher Wirkung durch Normalarbeitsvertrag, Gesamtarbeitsvertrag oder Einzelabrede verbessert werden kann (OR 342 Abs. 2, 361 Abs. 2). Der öffentlich-rechtliche Jugendarbeitsschutz gilt für Lernende in den dem ArG an sich nicht unterstellten Gartenbaubetrieben (ArG 2 Abs. 1 lit. e, Abs. 3; ArGV 5 3 Abs. 1 → Nr. 8) sowie – mit Ausnahme von ArG 29 Abs. 4 – auch für jugendliche Familienmitglieder in gemischten Familienbetrieben (dazu ArG 4 Abs. 3, ArGV 5 3 Abs. 2 → Nr. 8).

ArG 29 Abs. 2 statuiert zwei öffentlich-rechtliche Pflichten des Arbeitgebers, nämlich die Pflicht zur Rücksichtnahme auf die Gesundheit von Jugendlichen (vgl. dazu ArGV 5 19 → Nr. 8: Pflicht des Arbeitgebers zur Information und Anleitung), namentlich zur Vermeidung von Überanstrengung, und die Pflicht zur Wahrung der Sittlichkeit, namentlich zur Bewahrung vor schlechten Einflüssen im Betrieb. Die erste Pflicht ist inhaltlich nicht weitergehend als die allgemeine Pflicht zur Gesundheitsvorsorge in ArG 6 und damit überflüssig, denn das Wort «gebührend» soll wohl besagen, dass der Gesundheitsschutz denselben Einschränkungen unterliegt wie in ArG 6, und auch in ArG 6 ist auf die besondere Konstitution des jeweiligen Arbeitnehmers abzustellen (vgl. Kommentar zu ArG 6 Abs. 2 und 3 je N 1; FAVRE, Stämpflis Handkommentar, ArG 29 N 14). Ebenso ist die zweite Pflicht zur Wahrung der Sittlichkeit neu in ArG 6 Abs. 1 S. 2 (Schutz der persönlichen Integrität) enthalten (vgl. Kommentar zu Art. 6 Abs. 1 N 9) und damit an dieser Stelle auch überflüssig. Zu Unrecht wird in ArG 29 Abs. 2 bezüglich Angriffen auf die Sittlichkeit eine Lücke beanstandet, weil schlechte Einflüsse durch den Arbeitgeber selbst nicht ausdrücklich untersagt seien (so JÖRG MÜLLER in HUG N 1; CANNER/SCHOOP N 3). Das ist jedoch ein Irrtum, weil die Sorge um die «Wahrung der Sittlichkeit» auch das Unterlassen eigener Unsittlichkeit umfasst (BGE 32 I 553). Die Pflicht zur Bewahrung vor schlechten Einflüssen im Betrieb betont nur noch einmal, dass nicht nur eigene, sondern auch fremde Angriffe gegen die Sittlichkeit untersagt sind und dass der Arbeitgeber die Verpflichtung hat, Angriffe von fremder Seite durch geeignete Massnahmen abzuwehren.

Weil die Sittlichkeit nach aufgeklärter Auffassung nicht auf apriorischen, der Gesellschaft quasi vorgegebenen, Wertsetzungen beruht, sondern durch die herrschenden Wertvorstellungen bestimmt wird, brauchen und dürfen Arbeitgeber und Arbeitsbehörden «nicht päpstlicher sein als der Papst». Herrschende Wertvorstellungen sind nicht die Wertvorstellungen der Herrschenden, sondern in einer demokratischen und pluralistischen Gesellschaft die mehrheitlichen Wertvorstellungen der betroffenen Bevölkerungskreise (also nicht notwendig diejenigen der Behörden und Gerichte), ebenso TSCHUDI 76. Besondere Sittenstrenge ehrt ihren Verfechter, ist aber kein gültiger Rechtsmassstab in seinen Beziehungen zu anderen Staatsbürgern. Umgekehrt ist gegenüber der Umwelt sich abhebende besondere Libertinität, so zukunftsweisend sie auch sein mag, dann nicht mehr rechtlich akzeptabel, wenn sie Jugendliche zu Nonkonformisten macht, denen die Gesellschaft daraufhin Schwierigkeiten bereitet. Da die hier auftauchenden ethischen Fragen sehr kontrovers sind, ist es gut, dass die arbeitsrechtlichen Vorschriften über die Wahrung der Sittlichkeit keine grosse praktische

Bedeutung haben, zumal Sittlichkeit ohnehin in der Praxis nur auf das Sexualverhalten und allenfalls noch auf die Trinkgewohnheiten bezogen wird.

Neben der besonderen Fürsorgepflicht aus ArG 29 Abs. 2 treffen den Arbeitgeber noch die allgemeine Fürsorgepflicht aus ArG 6 und die besondere Fürsorgepflicht aus ArG 32. Über die Folgen der Zuwiderhandlung siehe Kommentar zu ArG 6 Abs. 1 N 2 und 4.

Zu Abs. 3

Als potentiell gesundheitlich oder sittlich gefährdend können bestimmte Arbeiten durch VO untersagt oder eingeschränkt werden. ArGV 5 (→ Nr. 8) macht davon Gebrauch und unterscheidet zwischen der Art der Arbeit und der Art des Betriebes. Bestimmte gefährliche Arten von Arbeit sind für alle Jugendlichen untersagt (ArGV 5 4; vgl. dazu die Verordnung des EVD über gefährliche Arbeiten für Jugendliche vom 04.12.2007; SR 822.115.2 → Nr. 9), andere nur für Jugendliche unter 16 Jahren (ArGV 5 5 ff.). Über die Gesichtspunkte, die bei einer Untersagung der Beschäftigung bei der Kehrichtabfuhr eine Rolle spielen, siehe BIGA, JAR 1981, 53 f. Wegen Gefährdung der Sittlichkeit ist jede Art von Arbeit in bestimmten Betrieben untersagt (ArGV 5 5 f.), und zwar für Jugendliche unter 16 Jahren in Filmtheatern, Zirkus- und Schaustellungsbetrieben sowie in Hotels, Restaurants und Cafés, wenn sie dort Gäste bedienen (also nicht das Küchenpersonal usw.), und für Jugendliche unter 18 Jahren in Betrieben der Unterhaltung (Nachtlokale, Dancings, Discotheken und Barbetriebe). Gemäss ArGV 5 5 Abs. 2 ist die Tätigkeit in Hotels, Restaurants und Cafés im Rahmen einer anerkannten Berufsbildung oder von Berufswahlpraktika zugelassen. Im Unterschied zu früher wird jedoch auf ein Bewilligungsverfahren verzichtet. Dies ist sachlich gerechtfertigt, da Ausbildungsbetriebe grundsätzlich den Bestimmungen der anerkannten Berufsbildung unterstehen und somit auch gewissen Qualitätsstandards genügen müssen. Neben den Beschäftigungsverboten der ArGV 5 bestehen noch solche nach Art. 4 der VO über die Verhütung von Unfällen und Berufskrankheiten vom 19.12.1983 (VUV → Nr. 13) und Art. 33 Abs. 3, 36 der VO vom 22.06.1994 über den Strahlenschutz (StSV, SR 814.501), ferner allfällige kantonale Beschäftigungsverbote aus sittenpolizeilichen Gründen (vgl. BIGA, ARV/1969, 65). Alle Beschäftigungsverbote gelten auch in Bereichen, die nach ArGV 2 (→ Nr. 5) besonderen Regelungen unterstehen. Über die Folgen der Übertretung der Beschäftigungsverbote s. Kommentar zu ArG 6 Abs. 1 N 2 und 4.

Zu Abs. 4

1 Der Altersausweis soll dem Betriebsinhaber und den Arbeitsbehörden Aufschluss über das genaue Alter des Jugendlichen geben, damit die entsprechenden Schutzvorschriften beachtet werden können. Er muss spätestens bei Beginn der Beschäftigung vorliegen. Der Betriebsinhaber hat ihn zur Verfügung der Arbeitsbehörden zu halten (ArGV 1 74 Abs. 1 → Nr. 2). Er gehört also in die Personalakte und kann daher nicht durch Pass oder Identitätskarte ersetzt werden. Die Ausstellung des Altersausweises erfolgt kostenlos beim Zivilstandsamt des Geburts- oder Heimatortes, für nicht in der Schweiz geborene Ausländer von der zuständigen schweizerischen Polizeibehörde (ArGV 1 74 Abs. 2), doch genügt bei Ausländern auch die von den kantonalen Behörden ausgestellte Arbeitsbewilligung (BIGA, ARV/1972, 10).

IV. Sonderschutzvorschriften Nr. 1 ArG **Art. 30**

2 Der Arbeitsschutz von Jugendlichen durch ärztliche Überwachung, wie er in anderen Ländern üblich ist, ist noch sehr unvollkommen (ebenso JÖRG MÜLLER in HUG N 15 mit Hinweis auf das deutsche Recht). Das Gesetz überlässt es der Verordnung des EVD zu bestimmen, in welchen Fällen bei der Einstellung ein ärztliches Zeugnis vorzulegen ist (ArG 29 Abs. 4 S. 2, ArGV 5 18 Abs. 1 → Nr. 8; FAVRE, Stämpflis Handkommentar, ArG 29 N 29). Bisher ist ein solches Zeugnis nur bei der Einreichung eines Gesuchs um Bewilligung regelmässiger Beschäftigung eines schulentlassenen Jugendlichen von über 14 Jahren in einem Betrieb im Geltungsbereich des ArG vorgeschrieben (ArG 30 Abs. 3, ArGV 5 9 Abs. 2). Ferner sieht die VO über die Verhütung von Unfällen und Berufskrankheiten vom 19.12.1983 (VUV → Nr. 13) in VuV 72 und 73 für die der Suva unterstellten Betriebe ärztliche Eignungsuntersuchungen und periodische Kontrolluntersuchungen vor. Im Übrigen aber ist nichts geschehen, obwohl auch den Kantonen hierzu die Möglichkeit gegeben wäre (ArG 73 Abs. 3, ArGV 5 18 Abs. 2; Wegleitung I, 029-2). Dass den Kantonen hier die Gesetzgebungskompetenz belassen wurde, ist im Übrigen befremdlich, denn die Gesundheitsgefahren für Arbeitnehmer sind ja wohl nicht von Kanton zu Kanton verschieden. Das SECO will den Behörden keine Arbeit machen und lehnt eine Verbesserung des Gesundheitsschutzes unter Hinweis auf zeitliche und finanzielle Gründe ab (ERISMANN, 62, s. oben Abs. 2).

Art. 30 Mindestalter

¹ Vor dem vollendeten 15. Altersjahr dürfen Jugendliche nicht beschäftigt werden. Vorbehalten bleiben die Absätze 2 und 3.

² Durch Verordnung wird bestimmt, für welche Gruppen von Betrieben oder Arbeitnehmern sowie unter welchen Voraussetzungen:

a. Jugendliche im Alter von über 13 Jahren zu Botengängen und leichten Arbeiten herangezogen werden dürfen;

b. Jugendliche im Alter von unter 15 Jahren bei kulturellen, künstlerischen und sportlichen Darbietungen sowie in der Werbung beschäftigt werden dürfen.[1]

³ Die Kantone, in denen die Schulpflicht vor dem vollendeten 15. Altersjahr endigt, können durch Verordnung ermächtigt werden, für schulentlassene Jugendliche im Alter von mehr als 14 Jahren unter besonderen Voraussetzungen Ausnahmen zu bewilligen.

Zu Abs. 1

In Betrieben, die dem ArG unterstehen, ist das Mindestalter für Beschäftigte 15 Jahre. Das gilt auch für Familienmitglieder in gemischten Familienbetrieben (ArG 4, ArGV 5 3 Abs. 2 → Nr. 8) und für Gartenbaulernende (ArG 2 Abs. 3, ArGV 5 3 Abs. 1). Ein höheres Mindestalter gilt für die Beschäftigung in Kino-, Zirkus- und Schaustellungsbetrieben sowie für die

---

1 Fassung gemäss Ziff. I des BG vom 20. März 1998, in Kraft seit 1. Aug. 2000 (AS 2000 1569 1580; BBl 1998 1394).

Bedienung von Gästen im Gastgewerbe (ArG 29 Abs. 3, ArGV 5 5 f.). Ein geringeres Mindestalter kann durch VO nach ArG 30 Abs. 2 und Abs. 3 festgelegt werden (s. Kommentar zu Abs. 2 und 3; zur Übersicht über die Schutzvorschriften für Jugendliche [vor Inkrafttreten der ArGV 5]: Merkblatt des BWA JAR 1991, 81 ff. = ARV/1990, 1 ff.). Zum Jugendschutz s. auch ARV/2001, 68 ff. (Kreisschreiben an die Kantone vom November 2000).

Zu Abs. 2

ArG 30 Abs. 2 erlaubt die Beschäftigung von

a) Jugendlichen über 13 Jahren zu Botengängen und leichten Arbeiten und

b) von Jugendlichen unter 15 Jahren bei kulturellen, künstlerischen und sportlichen Darbietungen sowie in der Werbung, soweit dies in einer VO geregelt ist. Das ist in ArGV 5 geschehen (ArGV 5 7 ff. → Nr. 8).

Voraussetzung der Beschäftigung von Jugendlichen ab 13 Jahren ist, dass Gesundheit und Schulleistungen der Jugendlichen nicht beeinträchtigt werden und die Sicherheit gewährleistet ist (ArGV 5 7 Abs. 1, ArGV 5 8 → Nr. 8). Die Erwähnung von Gesundheit (inkl. physische und psychische Entwicklung) ist überflüssig, weil selbstverständlich (s. ArG 29 Abs. 2). Nur die Abhängigkeit von den schulischen Leistungen ist neu. Sie ist sachlich berechtigt, denkt man an die Klagen über den Leistungsstress in der heutigen Schule.

Um eine Überforderung zu verhindern, enthalten ArGV 5 10 ff. spezielle Arbeits- und Ruhezeitschriften für Jugendliche. ArGV 5 10 normiert eine Höchstarbeitszeit für Jugendliche unter 13 Jahren und setzt sie auf 3 Stunden pro Tag und 9 Stunden pro Woche fest. ArGV 5 11 enthält Vorschriften betr. täglicher und wöchentlicher Höchstarbeitszeiten sowie Pausen für schulpflichtige Jugendliche ab 13 Jahren (d.h. während der Schulzeit 3 Stunden/Tag bzw. 9 Stunden/Woche; während der halben Dauer der Schulferien oder während eines Berufswahlpraktikums [Dauer höchstens 2 Wochen] 8 Stunden/Tag bzw. 40 Stunden/Woche jeweils zwischen 6 Uhr und 18 Uhr und bei mehr als 5 Stunden eine Mindestpause von ½ Stunde). Schliesslich enthält ArGV 5 12 Bestimmungen für Jugendliche über 15 Jahren (dazu auch Kommentar zu ArG 31).

Jugendliche unter 16 Jahren dürfen keine Nacht- oder Sonntagsarbeit leisten (ArGV 5 12 f.) und für sie ist die Beschäftigung nur bis 20 Uhr zulässig (ArG 31 Abs. 2; s. auch dortigen Kommentar).

Erlaubt sind gemäss ArG 30 Abs. 2 lit. a Botengänge sowie leichte Arbeiten (vgl. dazu ArGV 5 8 → Nr. 8; entspricht Art. 7 des Übereinkommens Nr. 138 der IAO [SR 0.822.723.8]). Jugendliche ab 13 Jahren dürfen namentlich beschäftigt werden in Programmen, die im Rahmen der Berufswahlvorbereitung vom Betrieb, von den ausbildungs- und prüfungsverantwortlichen Organisationen der Arbeitswelt, von Berufsberatungsstellen oder Organisationen, die ausserschulische Jugendarbeit nach dem Bundesgesetz vom 06.10.1989 über die Förderung der ausserschulischen Jugendarbeit (SR 446.1) betreiben, angeboten werden.

Mit BG vom 20.03.1998 (in Kraft seit 01.08.2000) neu eingeführt wurde ArG 30 Abs. 2 lit. b, welcher eine Beschäftigung von Jugendlichen unter 15 Jahren in einem eng begrenzten Tätigkeitsfeld zulässt (Botschaft Rev., 186; vgl. zum früheren Rechtszustand die Kritik in REHBIN-

DER/MÜLLER, Art. 30 Abs. 2). Eine Beschäftigung (von Heranwachsenden auch unter 13 Jahren) ist erlaubt bei kulturellen, künstlerischen (Bühne, Konzert, Rundfunk) und sportlichen Darbietungen sowie in der Werbung (Modeschauen etc.; ArGV 5 7 Abs. 1). Jugendliche dürfen für solche Tätigkeiten im Rahmen von Radio-, Fernseh-, Film- und Fotoaufnahmen und bei kulturellen Anlässen wie Theater-, Zirkus- oder Musikaufführungen, einschliesslich Proben, sowie bei Sportanlässen beschäftigt werden (ArGV 5 7 Abs. 1 → Nr. 8). Die Tätigkeit als Verkehrskadett fällt hingegen nicht in den Geltungsbereich des ArG, denn hier handelt es sich um Freizeitgestaltung aufgrund einer Vereinsmitgliedschaft (BR ARV/1980, 23). Ausserhalb des Anwendungsbereichs des ArG liegen alle Arten von Gelegenheitsarbeiten, um ein Taschengeld zu verdienen (FAVRE, Stämpflis Handkommentar, ArG 30 N 14). Vgl. zur Arbeitnehmereigenschaft im Übrigen ArG 1 Abs. 2 N 2. Alle gefährlichen Tätigkeiten im Sinne von ArGV 5 4 bleiben ausnahmslos ausgeschlossen.

Die Beschäftigung von Jugendlichen unter 15 Jahren für Tätigkeiten gemäss vorgenanntem Absatz muss den zuständigen kantonalen Behörden 14 Tage vor deren Aufnahme angezeigt werden. Ohne Gegenbericht innert 10 Tagen ist die Beschäftigung zulässig (ArGV 5 7 Abs. 2 → Nr. 8).

Zu Abs. 3

In Kantonen, in denen die Schulpflicht schon mit 14 Jahren endet, müssen die Schulentlassenen bereits vor dem 15. Altersjahr ein regelmässiges Arbeitsverhältnis oder ein Ausbildungsverhältnis eingehen können. Nach ArG 30 Abs. 3, ArGV 5 9 (→ Nr. 8) kann die kantonale Behörde (→ Weitere Dokumente, hinten) im Einzelfall die Eingehung eines regelmässigen Beschäftigungsverhältnisses unter den Voraussetzungen von ArGV 5 9 Abs. 2 (insbesondere ärztliche Untersuchung) genehmigen.

Diese Regelung drängt sich aus praktischen Gründen auf. Die obligatorische Schulzeit kann aus verschiedenen Gründen unter 15 Jahren enden. Es besteht zunehmend die Tendenz, den Beginn der obligatorischen Schulzeit vorzuziehen oder sehr begabte Schülerinnen und Schüler Schuljahre überspringen zu lassen, so dass die Betroffenen nach Beendigung des neunten Schuljahres noch nicht 15 Jahre alt sind. Dass solche Jugendliche im Anschluss an die obligatorische Schulzeit gleich in die Berufsbildung einsteigen, wird nur in seltenen Fällen vorkommen. Trotzdem muss den kantonalen Vollzugsbehörden die Kompetenz verliehen werden, eine Bewilligung zu erteilen. Ebenso muss die Möglichkeit bestehen, Schülerinnen oder Schüler, die aus disziplinarischen oder anderen Gründen aus der Schule ausgeschlossen werden, vorübergehend oder definitiv in den Arbeitsprozess zu integrieren.

Art. 31 Arbeits- und Ruhezeit

¹ Die tägliche Arbeitszeit der Jugendlichen darf diejenige der andern im Betriebe beschäftigten Arbeitnehmer und, falls keine anderen Arbeitnehmer vorhanden sind, die ortsübliche Arbeitszeit nicht überschreiten und nicht mehr als neun Stunden betra-

gen. Auf die Arbeitszeit sind allfällige Überzeitarbeit sowie obligatorischer Unterricht, soweit er in die Arbeitszeit fällt, anzurechen.[1]

[2] Die Tagesarbeit der Jugendlichen muss, mit Einschluss der Pausen, innerhalb eines Zeitraumes von zwölf Stunden liegen. Jugendliche bis zum vollendeten 16. Altersjahr dürfen höchstens bis 20 Uhr und Jugendliche von mehr als 16 Jahren höchstens bis 22 Uhr beschäftigt werden. Vorbehalten bleiben abweichende Bestimmungen über die Beschäftigung Jugendlicher im Sinne von Artikel 30 Absatz 2.[2]

[3] Jugendliche dürfen bis zum vollendeten 16. Altersjahr zu Überzeitarbeit nicht eingesetzt werden.[3]

[4] Der Arbeitgeber darf Jugendliche während der Nacht und an Sonntagen nicht beschäftigen. Ausnahmen können, insbesondere im Interesse der beruflichen Ausbildung sowie für die Beschäftigung Jugendlicher im Sinne von Artikel 30 Absatz 2, durch Verordnung vorgesehen werden.[4]

Zu Abs. 1

ArG 31 regelt die Arbeits- und Ruhezeit von Jugendlichen ab 15 Jahren (s. ArG 29 Abs. 1). Die zahlreichen Sonderbereiche, die früher in ArGV 2 (→ Nr. 5) geregelt waren und in denen ArG 31 keine Anwendung fand (vgl. hierzu REHBINDER/MÜLLER, Art. 31 Abs. 1), wurden gestrichen. Mithin kommt die neue ArGV 2 nurmehr für erwachsene Arbeitnehmer zur Anwendung. Betriebe, die nach der aArGV 2 bis anhin Jugendliche ohne Bewilligung beschäftigen konnten (dazu REHBINDER/MÜLLER, a.a.O.), müssen inskünftig eine Arbeitszeitbewilligung einholen.

ArG 31 und ergänzend ArG 9–25 sind Mindestvorschriften, von denen durch Normalarbeitsvertrag, Gesamtarbeitsvertrag oder Einzelvereinbarung nur zugunsten der Jugendlichen abgewichen werden darf (OR 342 Abs. 2, 361 Abs. 2). Über die Folgen eines Verstosses vgl. Kommentar zu ArG 6 Abs. 1 N 2 und 4. Verwenden Jugendliche die ihnen garantierte Freizeit zu anderweitiger Erwerbstätigkeit, so kann gegen den zweiten Betriebsinhaber, wenn er dem ArG unterliegt, aufgrund ArG 29 Abs. 2 eingeschritten werden. Der erste Arbeitgeber kann nur im Falle geminderter Arbeitskraft oder im Falle der Arbeit bei der Konkurrenz gegen den Jugendlichen vorgehen (OR 321a Abs. 3; vgl. REHBINDER § 8 B II 1; PORTMANN/STÖCKLI N 374 ff.). Bei der beruflichen Grundbildung nach BBG kann die Aufsichtsbehörde nach BBG 24 einschreiten.

Die wöchentliche Höchstarbeitszeit ist für Jugendliche dieselbe wie für Erwachsene. ArG 31 Abs. 1 regelt nur die tägliche Arbeitszeit abweichend. Sie ist auf 9 Stunden beschränkt und

---

1 Fassung des Satzes gemäss Ziff. I des BG vom 20. März 1998, in Kraft seit 1. Aug. 2000 (AS 2000 1569 1580; BBl 1998 1394).

2 Fassung gemäss Ziff. I des BG vom 20. März 1998, in Kraft seit 1. Aug. 2000 (AS 2000 1569 1580; BBl 1998 1394).

3 Fassung gemäss Ziff. I des BG vom 20. März 1998, in Kraft seit 1. Aug. 2000 (AS 2000 1569 1580; BBl 1998 1394).

4 Fassung gemäss Ziff. I des BG vom 20. März 1998, in Kraft seit 1. Aug. 2000 (AS 2000 1569 1580; BBl 1998 1394).

darf die tägliche Arbeitszeit der übrigen im Betrieb beschäftigten Arbeitnehmer, bei Fehlen dieser die ortsübliche Arbeitszeit, nicht überschreiten. Zum Begriff der Arbeitszeit vgl. Kommentar zu ArG 9 Abs. 1 N 1. Nach ArG 31 Abs. 1 S. 2 ist in die Arbeitszeit der Jugendlichen die Zeit des obligatorischen Unterrichts mit einzurechnen. Bei Ausbildungsverhältnissen (berufliche Grundbildung), die durch das BBG geregelt werden, geht dieses vor (ArG 71 lit. a).

Da der Weg zur Arbeitsstätte nicht zur Arbeitszeit gehört, ist der Weg zur Berufsschule, Fortbildungsschule oder Hauswirtschaftsschule nur dann anzurechnen, wenn die Schule vom Betrieb aus aufgesucht wird (vgl. auch ArGV 1 13 Abs. 1; zu weitgehend daher JÖRG MÜLLER in HUG N 4). Ansonsten wird nur die Wegzeit als Arbeitszeit angerechnet, soweit sie für den Schulbesuch länger als für den üblichen Arbeitsweg dauert (ArGV 1 13 Abs. 2). Dem Berufsschulbesuch soll der Besuch des Konfirmationsunterrichts gleichzustellen sein (BIGA, ARV/1971, 61). Das überzeugt nicht; denn dadurch würde die Kirche, die nichts mit dem Arbeitsverhältnis zu tun hat, mit dem Militärdienst gleichgestellt. Gilt der Schulbesuch als geleistete Arbeitszeit, so ist er nicht durch Vor- oder Nachholen auszugleichen. Über die Anrechnung von Überzeitarbeit s. Kommentar zu Abs. 3. Die Verteilung der eigentlichen Arbeitszeit innerhalb der Grenzen der Tagesarbeit ist frei (mit Bezug auf Abendarbeit vgl. Abs. 2). Die Jugendlichen dürfen zwar nicht länger als die Erwachsenen arbeiten, aber ihre Arbeitszeit kann anders als die der Erwachsenen liegen, so dass sie z.B. nach Arbeitsschluss zu Aufräumarbeiten eingesetzt werden können. Durch die Begrenzung der täglichen Arbeitszeit auf 9 Stunden ist allerdings die Möglichkeit gleitender Arbeitszeit beschränkt.

Zu Abs. 2

1   Dadurch ist bei normalem Stundenplan eine tägliche Ruhezeit von 12 Stunden gegeben (vgl. ArGV 5 16 Abs. 1 → Nr. 8). Vor Berufsschultagen oder überbetrieblichen Kursen dürfen sie längstens bis 20 Uhr beschäftigt werden (ArGV 5 16 Abs. 2).

2   Aufgrund der geänderten Grenzen der bewilligungsfreien Arbeitszeit (ArG 10) wurde ArG 31 Abs. 2 angepasst. Die Arbeit darf damit frühestens zwischen 5 Uhr und 7 Uhr (je nach Tagesdefinition des Betriebes) beginnen (Wegleitung I, 031-1). Abends ist die Arbeit für Jugendliche bis zum vollendeten 16. Altersjahr spätestens um 20 Uhr zu beenden; ältere Jugendliche dürfen längstens bis 22 Uhr eingesetzt werden (zur Anhörungspflicht bei Abendarbeit vgl. ArG 10 Abs. 1 S. 3). Im Weiteren verweist der Gesetzestext auf ArG 30 Abs. 2, welcher Ausnahmen vom Mindestalter für jugendliche Arbeitnehmer vorsieht (s. dort).

Zu Abs. 3

Überzeitarbeit (ArG 12 Abs. 1) ist nur für Jugendliche ab 16 Jahren gestattet. Für diese ist sie nur an Werktagen und innerhalb der Grenzen der Tagesarbeit (in Abhängigkeit von der betrieblichen Tagesdefinition gemäss ArG 10 zwischen 5 Uhr [vgl. ArGV 5 12 Abs. 2: gilt auch für Jugendliche als Tagesarbeit] bzw. 7 Uhr und 20 Uhr) und im Abendzeitraum bis 22 Uhr zulässig (ArGV 5 17 Abs. 1 → Nr. 8). Ferner ist Überzeitarbeit der über 16-Jährigen in die Höchstdauer der täglichen Arbeitszeit von 9 Stunden einzurechnen (ArG 31 Abs. 1 S. 2). Auch ist die tägliche Ruhezeit nach ArGV 5 16 zu beachten. Für Arbeitnehmer mit Familienpflichten gilt zudem ArG 36 Abs. 2.

Während der beruflichen Grundbildung dürfen Jugendliche nicht zu Überzeit herangezogen werden, ausser wenn dies zur Behebung einer Betriebsstörung infolge höherer Gewalt (z.B. Hochwasser) unentbehrlich ist (ArGV 5 17 Abs. 2 → Nr. 8).

Zu Abs. 4

Die Anordnung von Nacht- oder Sonntagsarbeit bedarf stets der behördlichen Bewilligung nach ArG 17, 19. Soweit diese Bewilligung gemäss den dort genannten Voraussetzungen erteilt werden darf, stellt sich als Nächstes die Frage, ob sie auch für die Beschäftigung von Jugendlichen erteilt werden kann. Das ist nur unter sehr engen Voraussetzungen möglich (ArG 31 Abs. 4 S. 2, ArGV 5 12 und 13 → Nr. 8). Die Jugendlichen müssen 16 Jahre alt sein. Die Beschäftigung in Nacht- oder Sonntagsarbeit muss

a) für die Berufsbildung unentbehrlich oder

b) zur Behebung von Betriebsstörungen infolge höherer Gewalt notwendig sein.

Die medizinische Untersuchung und Beratung ist für Jugendliche obligatorisch, die dauernd oder regelmässig in der Nacht beschäftigt werden (ArGV 5 12 Abs. 3 → Nr. 8). Die Kosten trägt der Arbeitgeber.

Bei kulturellen, künstlerischen und sportlichen Anlässen, die nur abends oder am Sonntag stattfinden, dürfen Jugendliche ausnahmsweise bis 23 Uhr und am Sonntag beschäftigt werden (ArGV 5 15 Abs. 1 → Nr. 8). Die täglichen und wöchentlichen Höchstarbeitszeiten nach ArGV 5 10 und 11 gelten selbstverständlich.

In Tourismusgebieten können Jugendliche ab 16 Jahren ausserhalb der Berufsbildung am Sonntag auch in Betrieben beschäftigt werden, die den Kriterien von ArGV 2 25 (→ Nr. 5) entsprechen (ArGV 5 15 Abs. 2 → Nr. 8). Wie die anderen Arbeitnehmerinnen und Arbeitnehmer dürfen sie auch nur an 26 Sonntagen pro Jahr beschäftigt werden.

Sonntagsarbeit wird für Jugendliche über 16 Jahren gemäss ArGV 5 13 (→ Nr. 8) bewilligt, wenn sie unentbehrlich ist, die Ziele einer beruflichen Grundbildung zu erreichen oder eine Betriebsstörung infolge höherer Gewalt zu beheben. Zudem darf die Sonntagsarbeit nur unter Aufsicht einer erwachsenen und qualifizierten Person ausgeführt werden und sie darf den Besuch der Berufsfachschule nicht beeinträchtigen.

Gemäss ArGV 5 14 legt das EVD nach Konsultation der Sozialpartner fest, für welche beruflichen Grundbildungen keine Bewilligung für Nacht- und Sonntagsarbeit notwendig ist und in welchem Umfang diese geleistet werden darf. Weitere Ausnahmen für die Sonntagsarbeit von Jugendlichen ab 16 Jahren ausserhalb der Grundbildung (ArGV 5 13 Abs. 2 → Nr. 8) sowie von Schülerinnen und Schülern nach Abschluss der obligatorischen Schulzeit (ArGV 5 13 Abs. 3 → Nr. 8) kann das EVD für dieselben Branchen und im selben Umfang (für Schülerinnen und Schüler jedoch höchstens jeden zweiten Sonntag) wie nach ArGV 5 14 festlegen. Vgl. Verordnung des EVD über die Ausnahmen vom Verbot von Nacht- und Sonntagsarbeit während der beruflichen Grundbildung vom 29.05.2008 (→ Nr. 10; darunter fallen insbesondere die Gastronomiebranche, Bäcker- und Konditorenbranche, Sozial- und Gesundheitsbranche, Tierpflegebranche und Gleisbaubranche. Verhandlungen über den Einbezug weiterer Branchen sind im Gange).

Zur Heranziehung Jugendlicher zur vorübergehenden Nacht- oder Sonntagsarbeit bedarf es ihres Einverständnisses, und der Arbeitgeber hat den gesetzlichen Lohnzuschlag von 25% bzw. 50% zu zahlen (ArG 17b Abs. 1, 19 Abs. 3). Über Bewilligungsbehörde und Bewilligungsverfahren vgl. ArGV 5 12 Abs. 4 bzw. 13 Abs. 4 (→ Nr. 8).

Art. 32 Besondere Fürsorgepflichten des Arbeitgebers

¹ Erkrankt der Jugendliche, erleidet er einen Unfall oder erweist er sich als gesundheitlich oder sittlich gefährdet, so ist der Inhaber der elterlichen Gewalt oder der Vormund zu benachrichtigen. Bis zum Eintreffen ihrer Weisungen hat der Arbeitgeber die gebotenen Massnahmen zu treffen.

² Lebt der Jugendliche in der Hausgemeinschaft des Arbeitgebers, so hat dieser für eine ausreichende und dem Alter entsprechende Verpflegung sowie für gesundheitlich und sittlich einwandfreie Unterkunft zu sorgen.

Zu Abs. 1

ArG 32 ergänzt ArG 29 Abs. 2 durch weitere öffentlich-rechtliche Fürsorgepflichten im Falle der Beschäftigung von Jugendlichen. Er ist auch auf Lernende in Gartenbaubetrieben anwendbar, die dem Gesetz an sich nicht unterstehen (ArG 2 Abs. 3, ArGV 1 6 Abs. 2 → Nr. 2). Über die Folgen der Zuwiderhandlung s. Kommentar zu ArG 6 Abs. 1 N 2 und 4.

Die Benachrichtigungspflicht betrifft vor allem Vorgänge im Rahmen des Betriebes und solche ausserhalb des Betriebes nur, wenn der Inhaber der elterlichen Gewalt oder der Vormund von ihnen nicht oder nicht rechtzeitig Kenntnis haben konnten. Bis sich der Inhaber der elterlichen Gewalt oder der Vormund geäussert haben, muss der Betriebsinhaber aufgrund öffentlich-rechtlicher Fürsorgepflicht die erforderlichen Massnahmen treffen, bei Gefährdungen auch dann, wenn diese ausserhalb seines Herrschaftsbereichs, des Betriebs, eintreten (anders JÖRG MÜLLER in HUG N 2; wie hier: TSCHUDI 76 und Wegleitung I, 032-1). Sieht er also vor dem Fabriktor einen Drogendealer, der auf die jugendlichen Arbeitnehmer wartet, hat er die Polizei zu benachrichtigen.

Zu Abs. 2

ArG 32 Abs. 2 ist das öffentlich-rechtliche Gegenstück zu OR 328a (dazu REHBINDER § 9 B II 2; PORTMANN/STÖCKLI N 422). Hausgemeinschaft liegt vor, wenn der Arbeitnehmer mit dem Arbeitgeber in einem gemeinsamen Haushalt lebt und dadurch der Hausgewalt des Arbeitgebers unterworfen ist (ZGB 331, 332). Das ist bei Lernenden, Hausangestellten, Arbeitnehmern von Handwerkern, Hoteliers sowie privaten oder öffentlichen Anstalten der Fall, die im Haus des Arbeitgebers wohnen und dort verpflegt werden, ferner bei ausländischen Arbeitnehmern, die in einem Wohnheim ihrer Arbeitgeberfirma leben und deren Hausordnung und Hausgewalt unterstellt sind. Die Gewährung von Kost und Logis bedeutet aber nicht immer zugleich eine Aufnahme in die Hausgemeinschaft. So lässt sich beim sog. Pensionsverhältnis einzelner gewerblicher Berufe der Arbeitnehmer ein «Pensionspreis» vom Lohn abziehen, um dadurch seine Unabhängigkeit von der Hausgewalt des Arbeitgebers zum Ausdruck zu bringen. Entscheidend ist also stets die Einordnung in den gemeinsamen Haushalt.

Art. 33–34[1]

2.[2] Schwangere Frauen und stillende Mütter[3]

Art. 35 Gesundheitsschutz bei Mutterschaft

[1] Der Arbeitgeber hat schwangere Frauen und stillende Mütter so zu beschäftigen und ihre Arbeitsbedingungen so zu gestalten, dass ihre Gesundheit und die Gesundheit des Kindes nicht beeinträchtigt werden.

[2] Durch Verordnung kann die Beschäftigung schwangerer Frauen und stillender Mütter für beschwerliche und gefährliche Arbeiten aus gesundheitlichen Gründen untersagt oder von besonderen Voraussetzungen abhängig gemacht werden.

[3] Schwangere Frauen und stillende Mütter, die aufgrund der Vorschriften von Absatz 2 bestimmte Arbeiten nicht verrichten können, haben Anspruch auf 80 Prozent des Lohnes, samt einer angemessenen Vergütung für ausfallenden Naturallohn, soweit ihnen der Arbeitgeber keine gleichwertige Ersatzarbeit zuweisen kann.

Zu Abs. 1

Inhaltlich stimmt Abs. 1 mit aArGV 1 67 Abs. 1 überein. Schwangere Frauen und stillende Mütter sind am Arbeitsplatz besonderen Risiken für ihre Gesundheit und die ihres Kindes ausgesetzt. Aus diesem Grund sind Massnahmen zu treffen, um sie vor übermässigen Anstrengungen und gesundheitlichen Schäden zu schützen (vgl. auch das Merkblatt des SECO über den Schutz der Arbeitnehmerinnen bei Mutterschaft vom September 2005 [ARV 2006, 48 ff.]).

Gemäss ArGV 1 60 Abs. 1 (→ Nr. 2) dürfen schwangere Frauen und stillende Mütter nicht über die vereinbarte ordentliche Dauer der täglichen Arbeit (sc. vertragliche Abmachung) hinaus beschäftigt werden, jedoch keinesfalls über 9 Stunden hinaus. Zur Anrechnung der Stillzeit vgl. ArGV 1 60 Abs. 2 und Kommentar zu ArG 35a Abs. 2. Bei hauptsächlich stehend zu verrichtender Tätigkeit sind schwangeren Frauen ab dem 4. Schwangerschaftsmonat eine tägliche Ruhezeit von 12 Stunden und nach jeder 2. Stunde zusätzlich zu den Pausen nach ArG 15 eine Kurzpause von 10 Minuten zu gewähren (ArGV 1 61 Abs. 1). Ab dem 6. Schwangerschaftsmonat sind stehende Tätigkeiten auf insgesamt 4 Stunden/Tag zu beschränken (ArGV 1 61 Abs. 2).

---

1 Aufgehoben durch Ziff. I des BG vom 20. März 1998 (AS 2000 1569; BBl 1998 1394).
2 Fassung gemäss Ziff. I des BG vom 20. März 1998, in Kraft seit 1. Aug. 2000 (AS 2000 1569 1580; BBl 1998 1394).
3 Ursprünglich vor Art. 33.

Zu Abs. 2

Werden Frauen für beschwerliche und gefährliche Arbeiten eingesetzt, können ihnen diese Tätigkeiten im Falle der Schwangerschaft oder während der Stillzeit verboten oder von gewissen Voraussetzungen abhängig gemacht werden. Dabei hat vor Beschäftigungsbeginn eine Risikobeurteilung durch den Arbeitgeber bzw. eine fachlich kompetente Person nach den Grundsätzen von VUV 11a ff. zu erfolgen (→ Nr. 13, ArGV 1 62 Abs. 1, 63 → Nr. 2). Wurden geeignete Schutzmassnahmen getroffen und konnte die Belastung eliminiert werden, kann auf ein Beschäftigungsverbot verzichtet werden (ArGV 1 62 Abs. 1). Die Wirksamkeit solcher Schutzmassnahmen ist periodisch, mindestens vierteljährlich, zu überprüfen (ArGV 1 62 Abs. 2). Ansonsten hat der Arbeitgeber die Arbeitnehmerin an einen für sie ungefährlichen und gleichwertigen Arbeitsplatz zu versetzen (ArGV 1 64 Abs. 3). Dazu auch Abs. 3.

In ArGV 1 62 Abs. 3 werden mögliche gefährliche und beschwerliche Arbeiten aufgezählt (vgl. auch Wegleitung I, 162-1 ff.; WYLER, Stämpflis Handkommentar, ArG 35 N 12 ff.). Es handelt sich dabei um Arbeiten, welche objektiv gefährlich oder beschwerlich sind (zur Arbeitsbefreiung im Falle des subjektiven Empfindens der Beschwerlichkeit vgl. ArGV 1 64). Das EVD hat zudem in der Verordnung über gefährliche und beschwerliche Arbeiten bei Schwangerschaft und Mutterschaft vom 20.03.2001 (Mutterschutzverordnung, SR 822.111.52, in Kraft seit 01.04.2001 → Nr. 4, Wegleitung I, AH1-1 ff.) Kriterien zur Beurteilung der Gefährlichkeit und Beschwerlichkeit aufgestellt und die fachlich kompetenten Personen bezeichnet (ArGV 1 62 Abs. 4). Die Verordnung äussert sich zu den Themen Überprüfung von Schutzmassnahmen (durch den Arzt, der die Arbeitnehmerin im Rahmen der Schwangerschaft medizinisch betreut), Risikobeurteilung und Ausschlussgründe (Beurteilungskriterien der Gefährdung, Grenzwerte, stark belastende Arbeitszeitsysteme, Ausschlussgründe), fachlich kompetente Personen (VO über die Eignung der Spezialistinnen und Spezialisten der Arbeitssicherheit vom 25.11.1996, SR 822.116) und Informationen.

Zu Abs. 3

Schwangere Frauen und stillende Mütter, die gemäss Abs. 2 an ihrem angestammten Arbeitsplatz nicht mehr beschäftigt werden dürfen, sollen nach Möglichkeit an einen gleichwertigen Arbeitsplatz ohne solche Risiken versetzt werden (Bericht WAK, 1403; WYLER, Stämpflis Handkommentar, ArG 35 N 22). Zur gleichwertigen Ersatzarbeit vgl. ArG 35b.

Kann eine gleichwertige Ersatzarbeit nicht angeboten werden, so haben die Arbeitnehmerinnen während der Zeit des Beschäftigungsverbotes (vgl. ArGV 1 65 → Nr. 2) Anspruch auf 80% des Lohnes ihrer üblichen Arbeit. Die Verpflichtung dauert ab Beginn der Schwangerschaft bis 16 Wochen nach der Geburt.

Dies gilt jedoch nur im Falle *objektiv* gefährlicher oder beschwerlicher Arbeiten (dazu Abs. 2 und ArGV 1 62 Abs. 3 lit. a–h). Die Arbeitnehmerin ist jedoch auch bei *subjektivem* Empfinden der Beschwerlichkeit auf Verlangen von der Arbeit zu befreien (ArGV 1 64) und wenn möglich zu versetzen. Ist eine Versetzung nicht möglich, entfällt jedoch die Lohnzahlungspflicht nach ArG 35 Abs. 3. Eine Lohnzahlung richtet sich dann nach den vertraglichen Abmachungen oder nach öffentlich-rechtlichem Anstellungsrecht, soweit überhaupt ein Anspruch besteht (OR 324a; dazu auch REHBINDER § 9 A IV 2 a; PORTMANN/STÖCKLI N 313 ff.). Dazu auch Wegleitung I, 165-1 f.

Zur Mutterschaftsentschädigung vgl. Bundesgesetz vom 25.09.1952 über den Erwerbsersatz für Dienstleistende und bei Mutterschaft (SR 834.1), Art. 16b ff., und zum Mutterschaftsurlaub OR 329f (PORTMANN/STÖCKLI N 525 f.). Ein Schutz der Schwangeren gegenüber ordentlicher Kündigung ist während der Schwangerschaft und in den 16 Wochen nach der Niederkunft gegeben (OR 336c Abs. 1 lit. c, dazu im Einzelnen REHBINDER § 12 B II 2 b; PORTMANN/STÖCKLI N 710). Vgl. auch Kommentar zu ArG 35a Abs. 3.

Art. 35a Beschäftigung bei Mutterschaft

¹ Schwangere und stillende Frauen dürfen nur mit ihrem Einverständnis beschäftigt werden.

² Schwangere dürfen auf blosse Anzeige hin von der Arbeit fernbleiben oder die Arbeit verlassen. Stillenden Müttern ist die erforderliche Zeit zum Stillen freizugeben.

³ Wöchnerinnen dürfen während acht Wochen nach der Niederkunft nicht und danach bis zur 16. Woche nur mit ihrem Einverständnis beschäftigt werden.

⁴ Schwangere Frauen dürfen ab der 8. Woche vor der Niederkunft zwischen 20 Uhr und 6 Uhr nicht beschäftigt werden.

Zu Abs. 1

Schwangere und stillende Frauen dürfen nur mit ihrem Einverständnis beschäftigt werden (vgl. auch ArGV 1 64 Abs. 1 und ArG 35 Abs. 3 → Nr. 2; noch unter altem Recht: Gew. SchGer/BS, SAE 1988, 26 f.). Hier wie anderswo wird die Ansicht vertreten, das Einverständnis sei in der stillschweigenden Arbeitsübernahme zu sehen (vgl. CANNER/SCHOOP N 8). Das ist in dieser Allgemeinheit nicht richtig; denn eine entsprechende Willenserklärung kann in der Arbeitsübernahme nur dann gesehen werden, wenn die Betreffende über ihre Rechtsposition aufgeklärt ist, von der Möglichkeit der Arbeitsbefreiung also weiss (ebenso: WYLER, Stämpflis Handkommentar, ArG 35a N 5).

Frauen, die gemäss ärztlichem Zeugnis in den ersten Monaten nach der Entbindung nicht voll leistungsfähig sind, dürfen nicht zu Arbeiten herangezogen werden, die ihre Leistungsfähigkeit übersteigen (ArGV 1 64 Abs. 2). Zur Frage der Versetzung und Lohnzahlung s. ArG 35 Abs. 3.

Zu Abs. 2

Schwangere oder stillende Arbeitnehmerinnen dürfen von der Arbeit fernbleiben oder sie verlassen, wenn sie sich – trotz allfälliger Massnahmen und Rücksichtnahme – nicht wohl fühlen. Sie müssen dies dem Arbeitgeber aber vorgängig mitteilen (ObG/BL, Urteil vom 23.11.1999, JAR 2000, 355 ff.).

Zum Stillen ist die erforderliche Zeit freizugeben. Die Stillzeit ist gemäss ArGV 1 60 Abs. 2 (→ Nr. 2) im ersten Lebensjahr wie folgt an die Arbeitszeit anzurechnen:

a)   Stillzeit im Betrieb gilt als Arbeitszeit;

b)   verlässt die Arbeitnehmerin den Arbeitsort zum Stillen, ist die Hälfte dieser Abwesenheit als Arbeitszeit anzuerkennen;

c) die übrige Stillzeit darf weder vor- noch nachgeholt werden, sie darf auch nicht anderen gesetzlichen Ruhe- oder Ausgleichsruhezeiten angerechnet werden (zum altem Recht: REHBINDER/MÜLLER, Art. 35 Abs. 3). Die Anrechnung der Arbeitszeit erfolgt unter dem Titel des Gesundheitsschutzes. Es geht darum, dass die stillende Mutter aufgrund ihrer besonderen Situation nicht zu Mehrarbeit herangezogen werden darf.

Die Frage der Entlöhnung richtet sich nach dem Arbeitsvertragsrecht (WYLER, Stämpflis Handkommentar, ArG 35a N 14). Zur Lohnzahlung s. auch ArG 35 Abs. 3: Die Lohnzahlung bei Abwesenheiten der *schwangeren* Arbeitnehmerin richtet sich – anderweitige vertragliche oder versicherungstechnische Lösungen vorbehalten – nach OR 324a (dazu auch REHBINDER § 9 A IV 2 a; PORTMANN/STÖCKLI N 313 ff.), sofern nicht die Voraussetzungen von ArG 35 Abs. 3 (objektive Beschwerlichkeit oder Gefahr ohne Versetzungsmöglichkeit) erfüllt sind. Wenn die Arbeit auf blossen Wunsch der Schwangeren ausgefallen ist (ArGV 1 64 Abs. 1), muss im Streitfall durch ärztliches Zeugnis nachgewiesen werden, dass die Absenz durch die Schwangerschaft begründet war.

Zu Abs. 3

Nach der Niederkunft dürfen Frauen während 8 Wochen nicht beschäftigt werden. Während weiterer 8 Wochen darf die Frau nur mit ihrem Einverständnis beschäftigt werden (zur Lohnzahlung s. ArG 35 Abs. 3). Diese Frist nach erfolgter Niederkunft stimmt mit derjenigen des Kündigungsschutzes überein (OR 336c Abs. 1 lit. c). Die Möglichkeit, unter Vorlage eines Arztzeugnisses auf Verlangen der Arbeitnehmerin bereits nach 6 Wochen wieder beschäftigt werden zu können, wurde gestrichen (zum alten Recht: REHBINDER/MÜLLER, Art. 35 Abs. 2; Botschaft Rev. S. 187). Niederkunft ist jede natürliche Befreiung der Frau von der Schwangerschaft, also auch Frühgeburt und Fehlgeburt. Der Schwangerschaftsabbruch hingegen wird vom Wortsinn nicht gedeckt. Er dürfte auch bei medizinisch ordnungsgemässer Durchführung kaum die hier vorgesehene Schonfrist erfordern. Die Arbeitsunfähigkeit nach dem Eingriff ist vielmehr Krankheit i.S. von OR 324a Abs. 1 (Gew. SchGer/BS JAR 1980, 207).

Zu Abs. 4

Im Zeitraum von 8 Wochen vor der Niederkunft ist eine Beschäftigung nach 20 Uhr und vor 6 Uhr (Abend- bzw. Nachtarbeit) nicht zulässig. Für die Zeit nach dem Beschäftigungsverbot gemäss ArG 35a Abs. 3 vgl. ArG 35b Abs. 1. Die Grenzen ändern sich nicht bei Verschiebung der Tages- und Abendarbeitszeit gemäss ArG 10. Die Entschädigungsansprüche für das Arbeitsverbot richten sich nach ArG 35b; s. dort.

Art. 35b   Ersatzarbeit und Lohnfortzahlung bei Mutterschaft

[1] Der Arbeitgeber hat schwangeren Frauen, die zwischen 20 Uhr und 6 Uhr beschäftigt werden, nach Möglichkeit eine gleichwertige Arbeit zwischen 6 Uhr und 20 Uhr anzubieten. Diese Verpflichtung gilt auch für die Zeit zwischen der 8. und der 16. Woche nach der Niederkunft.

² Frauen, die zwischen 20 Uhr und 6 Uhr beschäftigt werden, haben während der in Absatz 1 festgelegten Zeiträume Anspruch auf 80 Prozent des Lohnes, ohne allfällige Zuschläge für Nachtarbeit, samt einer angemessenen Vergütung für ausfallenden Naturallohn, soweit ihnen keine andere gleichwertige Arbeit angeboten werden kann.

Zu Abs. 1

1 Sowohl für die Zeit während der Schwangerschaft (beachte das Beschäftigungsverbot für Abend- und Nachtarbeit ab der 8. Woche vor der Niederkunft in ArG 35a Abs. 4) wie auch während des Zeitraums von der 8. bis zur 16. Woche nach Niederkunft (von der Niederkunft bis zur 8. Woche danach gilt das generelle Beschäftigungsverbot gemäss ArG 35a Abs. 3) hat der Arbeitgeber der Arbeitnehmerin nach Möglichkeit eine gleichwertige Beschäftigung als Tagesarbeit anzubieten. Die Arbeitnehmerin muss jedoch nicht zur Tagesarbeit wechseln, wenn sie nicht will. Sie kann auch weiterhin – mit Ausnahme der Zeitperiode von der 8. Woche vor der Niederkunft bis zur 8. Woche danach (vgl. obiges Beschäftigungsverbot) – am Abend bzw. in der Nacht (20 Uhr bis 6 Uhr) arbeiten. Möchte sie jedoch zur Tagesarbeit wechseln und kann der Arbeitgeber keine gleichwertige Beschäftigung anbieten, richtet sich die Lohnzahlung – unter gleichzeitiger Arbeitsbefreiung (vgl. auch ArGV 1 64 → Nr. 2) – nach Abs. 2 (s. dort).

2 Gleichwertig ist eine Arbeit dann, wenn sie den vertraglichen Vereinbarungen in etwa entspricht. Sie hat den geistigen und fachlichen Anforderungen am üblichen Arbeitsplatz gerecht zu werden und darf die betroffene Frau in ihrer besonderen Situation nicht übermässig belasten (dazu auch Wegleitung I, 035b-1; WYLER, Stämpflis Handkommentar, ArG 35b N 2 ff.). Das Gesetz nennt jedoch nicht Identität der Tätigkeit. Gewisse Veränderungen des bisherigen Arbeitsablaufs, des Arbeitsplatzes etc. muss die Arbeitnehmerin daher akzeptieren (vgl. auch ArG 17d). Auch muss vorübergehend unter Umständen eine gewisse Einbusse in der beruflichen Stellung in Kauf genommen werden (NatR 1995, 905; WYLER, Stämpflis Handkommentar, ArG 35b N 3).

Zu Abs. 2

Falls der Arbeitgeber nicht in der Lage ist, eine der bisherigen Abend- oder Nachtarbeit gleichwertige Beschäftigung während des Tages anzubieten, muss er der Arbeitnehmerin während der in Abs. 1 erwähnten Zeiträume 80% des Lohnes (exkl. Nachtarbeitszuschlag, zuzüglich eine angemessene Vergütung für ausfallenden Naturallohn) bezahlen. Vorbehalten bleiben für die Arbeitnehmerin günstigere Lösungen nach Einzelarbeitsvertrag, GAV oder Gesetz (OR 324a; Botschaft Rev., 187; NatR 1995, 904 f.).

3. Arbeitnehmer mit Familienpflichten[1]

Art. 36[2]

[1] Bei der Festsetzung der Arbeits- und Ruhezeit ist auf Arbeitnehmer mit Familienpflichten besonders Rücksicht zu nehmen. Als Familienpflichten gelten die Erziehung von Kindern bis 15 Jahren sowie die Betreuung pflegebedürftiger Angehöriger oder nahestehender Personen.

[2] Diese Arbeitnehmer dürfen nur mit ihrem Einverständnis zu Überzeitarbeit herangezogen werden. Auf ihr Verlangen ist ihnen eine Mittagspause von wenigstens anderthalb Stunden zu gewähren.

[3] Der Arbeitgeber hat Arbeitnehmern mit Familienpflichten gegen Vorlage eines ärztlichen Zeugnisses die zur Betreuung kranker Kinder erforderliche Zeit im Umfang bis zu drei Tagen freizugeben.

Zu Abs. 1

Bisher galt die Verpflichtung des Arbeitgebers, bei der Festsetzung der Arbeits- und Ruhezeit auf die Familienverhältnisse Rücksicht zu nehmen, nur in Bezug auf Arbeitnehmerinnen (REHBINDER/MÜLLER, Art. 36 Abs. 1). Neu wird diese Bestimmung geschlechtsneutral formuliert. Zudem werden die Familienpflichten näher definiert (Botschaft Rev., 187). Werden diese gemeinsam getragen, wird in der Regel diejenige Person die besondere Rücksichtnahme in Anspruch nehmen können, die sich zum gegebenen Zeitpunkt um die Betreuung kümmert.

Zu den Familienpflichten gehören die Erziehung von Kindern bis 15 Jahren sowie die Betreuung pflegebedürftiger Angehöriger oder nahestehender Personen (ArG 36 Abs. 1 S. 2). Zu den Pflichten im Detail vgl. Wegleitung I, 036-1 f.

Zu Abs. 2

Die Leistung von Überzeit (ArG 12) wird vom Einverständnis der betroffenen Arbeitnehmer abhängig gemacht. Ihnen steht das Recht zu, die Leistung von Überzeit abzulehnen, wenn sie sonst ihre Familienpflichten vernachlässigen müssten. Zudem können sie eine Mittagspause von mindestens 1½ Stunden verlangen. Über den genauen Zeitpunkt müssen sie sich mit dem Arbeitgeber verständigen.

Zu Abs. 3

Werden Kinder krank, ist es vor allem für alleinerziehende oder auch für berufstätige Eltern oft schwierig, kurzfristig die Betreuung sicherzustellen. Die neue Bestimmung gibt Arbeitnehmern mit Familienpflichten einen Anspruch auf drei Freitage zur Betreuung der Kinder

---

1 Titel eingefügt durch Ziff. I des BG vom 20. März 1998, in Kraft seit 1. Aug. 2000 (AS 2000 1569 1580; BBl 1998 1394).

2 Fassung gemäss Ziff. I des BG vom 20. März 1998, in Kraft seit 1. Aug. 2000 (AS 2000 1569 1580; BBl 1998 1394).

(Bericht WAK, 1404). Darunter sind Arbeitstage zu verstehen. Der Anspruch gilt pro Krankheitsfall, nicht Kalenderjahr. Die Krankheit des Kindes muss mit einem Arztzeugnis bestätigt werden. Die Lohnzahlung für diese Tage richtet sich nach arbeitsvertraglichen Regeln (Einzelarbeitsvertrag, GAV oder Gesetz bzw. Gerichtspraxis; OR 329; PORTMANN/STÖCKLI N 496).

4.[1] Andere Gruppen von Arbeitnehmern

Art. 36a

Durch Verordnung kann die Beschäftigung anderer Gruppen von Arbeitnehmern für beschwerliche und gefährliche Arbeiten aus gesundheitlichen Gründen untersagt oder von besonderen Voraussetzungen abhängig gemacht werden.

Dieser Artikel enthält eine Verordnungskompetenz, wonach beschwerliche und gefährliche Arbeiten für bestimmte Gruppen von Arbeitnehmern aus gesundheitlichen Gründen untersagt oder von besonderen Voraussetzungen abhängig gemacht werden können (Botschaft Rev., 187: z.B. ältere oder behinderte Arbeitnehmer; für Jugendliche, Schwangere und Stillende findet sich diese Kompetenz bereits in ArG 29 Abs. 3 bzw. 35 Abs. 2).

Ein erster Anwendungsfall findet sich in ArGV 1 66 (→ Nr. 2), welcher Frauen grundsätzlich (vgl. jedoch die Ausnahmen in lit. a–d) Arbeiten auf Untertage-Baustellen verbietet (dazu im Detail: Wegleitung I, 166-1 f.; SUBILIA, Stämpflis Handkommentar, ArG 36a N 3 ff.).

---

1 Eingefügt durch Ziff. I des BG vom 20. März 1998, in Kraft seit 1. Aug. 2000 (AS 2000 1569 1580; BBl 1998 1394).

V. Betriebsordnung

Art. 37 Aufstellung

¹ Für industrielle Betriebe ist eine Betriebsordnung aufzustellen.

² Durch Verordnung kann die Aufstellung einer Betriebsordnung auch für nicht-industrielle Betriebe vorgeschrieben werden, soweit die Art des Betriebes oder die Zahl der Arbeitnehmer dies rechtfertigen.

³ Andere nicht-industrielle Betriebe können nach Massgabe der Vorschriften dieses Abschnittes freiwillig eine Betriebsordnung aufstellen.

⁴ Die Betriebsordnung wird zwischen dem Arbeitgeber und einer von den Arbeitnehmern frei gewählten Vertretung schriftlich vereinbart oder vom Arbeitgeber nach Anhören der Arbeitnehmer erlassen.

Zu Abs. 1

Der rechtstechnisch desolate Zustand der Gesetzgebung im Arbeitsrecht (vgl. Kommentar zu Abs. 3) zeigt sich besonders deutlich in der Regelung der Betriebsordnung allein in einem öffentlich-rechtlichen Arbeitsschutzgesetz wie dem ArG und in der Entfernung der (inhaltlich völlig unzulänglichen) Regelung des Arbeitsordnung genannten Rechtsinstituts während der Revision des Arbeitsvertragsrechts von 1971 aus dem OR (zur BO: MÜLLER SSA, 267). Dort nämlich hätte die BO wegen ihrer Wirkung (s. ArG 39 Abs. 2) hingehört, wenn man schon Gesamtvereinbarungen mit Normencharakter wie den GAV im OR regelt. Die alte Fabrik- oder Arbeitsordnung entstand aus dem praktischen Bedürfnis nach Vereinheitlichung der zivilrechtlichen Arbeitsbedingungen in grösseren Betrieben, hatte also den Charakter von Allgemeinen Arbeitsbedingungen (über diese umfassend: JEAN-FRITZ STÖCKLI: Allgemeine Arbeitsbedingungen, Bern 1979). Im alten Fabrikgesetz hatte der Staat ihren Erlass obligatorisch gemacht und sie der Genehmigungspflicht unterworfen. Die Begründung dafür ist heute noch gültig: «Durch sie hat der Fabrikbesitzer nachzuweisen, dass die Verhältnisse in der Fabrik den gesetzlichen Vorschriften gemäss geordnet sind» (Botschaft BBl 1875 IV 921). Auch jetzt gilt das Obligatorium nur für industrielle Betriebe (dazu ArG 5). Kommen diese ihrer öffentlich-rechtlichen Pflicht zur Aufstellung einer BO nicht nach, ist mit Verwaltungszwang nach ArG 51 gegen den Betriebsinhaber vorzugehen.

Zu Abs. 2

Von der Möglichkeit nach ArG 37 Abs. 2, im Wege der VO das Obligatorium auf nichtindustrielle Betriebe auszudehnen, hat der BR keinen Gebrauch gemacht (VISCHER, Stämpflis Handkommentar, ArG 37 N 11).

Zu Abs. 3

Nichtindustrielle Betriebe können freiwillig eine BO aufstellen, doch unterliegt auch diese den öffentlich-rechtlichen Vorschriften des ArG über die Aufstellung (ArG 37 Abs. 4), den Inhalt (ArG 38) sowie die behördliche Überprüfung und die Wirkung (ArG 39). Damit ist die BO ein eigenständiges Rechtsinstitut, das von den AAB zu unterscheiden ist, für die diese öffentlich-rechtlichen Beschränkungen nicht gelten. Ferner steht es dem Betriebsinhaber völlig frei, sein arbeitsvertragsrechtliches Direktionsrecht in allgemeinen Anordnungen gemäss OR 321d auszuüben. Dass es der Gesetzgebung nicht gelungen ist, Allgemeine Arbeitsbedingungen, Allgemeine Anordnungen nach OR 321d, BO sowie GAV in Form von Hausverträgen klarer voneinander abzugrenzen, beruht auf mangelndem rechtstheoretischem Verständnis und unbekümmerter Gesetzestechnik. Die im Arbeitsleben gern benutzte Bezeichnung «Firmenreglement» kann also recht verschiedenartige rechtstheoretische Phänomene erfassen.

Zu Abs. 4

1   Kennzeichnend für die antiquierte Auffassung des Gesetzgebers vom Wesen einer BO ist die Tatsache, dass die Aufstellung einer BO, die ja nach ArG 39 Abs. 2 normativen Charakter hat (Gesetzgebung ohne Gesetzgeber!), im Wege eines «Diktats des Unternehmers» (HUG N 5) zulässig ist. Der Betriebsinhaber hat bei obligatorischen wie freiwilligen BO die Wahl: Entweder er vereinbart sie mit der Arbeitnehmervertretung oder er erlässt sie einseitig. Im Falle des einseitigen Erlasses, wofür sich die Betriebsinhaber in 90% aller Fälle entschieden haben (TSCHUDI 91), hat er die Arbeitnehmer lediglich anzuhören. Zu diesem Zwecke muss er gemäss ArGV 1 67 Abs. 2 (→ Nr. 2) einen Entwurf im Betrieb gut sichtbar anschlagen oder den Arbeitnehmern aushändigen. Innert 4 Wochen ab Anschlag oder Aushändigung können dann die Arbeitnehmer dazu ihre Stellungnahme abgeben, sei es schriftlich oder in mündlicher Anhörung. Auf dieses Recht sind sie hinzuweisen. Rückweisung der schriftlichen Stellungnahmen oder Weigerung der Anhörung ist ein Verfahrensmangel, der die BO unwirksam macht und die Arbeitsbehörden zum Eingreifen nach ArG 51 berechtigt, bei freiwilligen BO nur zur Untersagung ihrer Bekanntgabe im Betrieb. Eine inhaltliche Berücksichtigung der Einwendungen der Arbeitnehmer ist hingegen nicht erforderlich. Für den Fall der Beschäftigung von Fremdarbeitern wird die Auffassung vertreten, der Entwurf müsse auch in deren Muttersprache verfasst werden, um den Betreffenden die Kenntnisnahme zu ermöglichen (HUG N 11; CANNER/SCHOOP VO I 73 N 2). Dies ist dahin einzuschränken, dass eine fremdsprachige Fassung nur erforderlich ist, wenn man sich auch in den übrigen Belangen mit den Betreffenden in deren Sprache verständigt (man denke an den Fall der Beschäftigung von Vietnamesen). Eine Ersetzung der Anhörung der Arbeitnehmer durch eine solche von deren Arbeitnehmervertretung (wie in ArG 48) ist in ArGV 1 67 Abs. 2 zwar nicht ausdrücklich vorgesehen, kann jedoch je nach Bestimmung im Organisationsreglement der Arbeitnehmervertretung (Kompetenzdelegation) genügen (ebenso CANNER/SCHOOP N 7). Nach Ablauf der Anhörungsfrist kann der Betriebsinhaber seinen Entwurf unverändert gemäss ArGV 1 68 bekanntmachen. Will er ihn verändern, muss er ihn erneut zur Anhörung stellen.

2   Rechtspolitisch richtig wäre es gewesen, die BO in Parallele zum GAV nur als Kollektivvereinbarung zuzulassen. Einseitige Diktate sollten nur im Rahmen von Allgemeinen Arbeitsbedingungen und Allgemeinen Anordnungen möglich sein. (TSCHUDI 85: «Unser wenig entwickeltes Betriebsverfassungsrecht trägt im Wesentlichen autokratische Züge.») Für die Betriebsvereinbarung stellt ArG 37 Abs. 4 wie beim GAV (OR 356c Abs. 1) das Schriftformerfordernis auf (s. OR 12–15). Dazu gehört insbesondere die eigenhändige Unterzeichnung durch die Vertragsparteien. Vertragspartei ist der Betriebsinhaber einerseits und die Arbeit-

nehmer andererseits (ROLAND A. MÜLLER: Die Arbeitnehmervertretung, AJP 1997, 1501 ff., mit weiteren Verweisen; MÜLLER SSA, 120 ff., 238 ff.; s. auch N 3 nachfolgend).

3   Die bereits früher von HUG N 7 und in neuerer Zeit von MÜLLER (s. N 2) vertretene Meinung, Vertragspartei auf der einen Seite seien die Arbeitnehmer, vertreten durch die Arbeitnehmervertretung, wird von REHBINDER abgelehnt (REHBINDER/MÜLLER, Art. 37 Abs. 4 N 2). Bisher wurde die Rechtsnatur der Arbeitnehmervertretung in der Schweiz kaum näher diskutiert. MÜLLER (N 2) untersuchte die Problematik insbesondere im Lichte des am 01.05.1994 in Kraft getretenen Mitwirkungsgesetzes (→ Nr. 16) und kommt nach der Diskussion der bisherigen Lehrmeinungen sowie unter Berücksichtigung der Regelungen in Gesamtarbeitsverträgen, welche vor Inkrafttreten des Mitwirkungsgesetzes die wichtigste Rechtsgrundlage für Arbeitnehmervertretungen bildeten, zum Ergebnis, dass es sich bei der Arbeitnehmervertretung um die *Repräsentantin* der Arbeitnehmer handelt. Träger der Mitwirkungsrechte seien die einzelnen Arbeitnehmer. Die Arbeitnehmervertretung nehme die Mitwirkungsrechte der Arbeitnehmer lediglich in deren Interesse (kollektiv) wahr. Da die Arbeitnehmervertretung keine juristische Person darstelle und sie im Mitwirkungsgesetz Art. 15 Abs. 2 unter den Klageberechtigten auch nicht aufgeführt werde, sei nicht sie Partei einer Betriebsvereinbarung, sondern die Arbeitnehmer (Träger der Mitwirkungsrechte). Anderes bedürfte – so MÜLLER – einer ausdrücklichen gesetzlichen Grundlage, wie dies z.B. bei der Stockwerkeigentümergemeinschaft (ZGB 712 Abs. 1) oder der Kollektivgesellschaft (OR 562) der Fall sei (MÜLLER, AJP [zit. in N 2], 1505, 1507, 1511; DERS. SSA, 120 ff., 132 ff.).

Die Arbeitnehmervertretung geniesst andererseits gegenüber den Arbeitnehmern – nach erfolgter Wahl – eine gewisse Unabhängigkeit. Dieses Prinzip der Unabhängigkeit stützt sich auf Mitwirkungsgesetz Art. 6 (Grundsatz der allgemeinen und freien Wahl; dazu MÜLLER SSA, 150 ff.), auf welchen in ArGV 1 67 Abs. 1 Bezug genommen wird (→ Nr. 16). Dadurch werde die Arbeitnehmervertretung – so REHBINDER (REHBINDER/MÜLLER, Art. 37 Abs. 4 N 3) – zur Partei kraft Amtes. Sie übernehme die soziale Vormundschaft über die Arbeitnehmer und könne auch gegen den Willen Einzelner handeln. Dies bedeute, dass die in Mitwirkungsgesetz Art. 15 Abs. 2 enthaltene Lücke in Analogie zu den Bestimmungen über die Stockwerkeigentümergemeinschaft und die Kollektivgesellschaft zu schliessen und die Arbeitnehmervertretung in Bezug auf Betriebsvereinbarungen als parteifähig und klageberechtigt anzusehen sei (ebenso: VISCHER, Stämpflis Handkommentar, ArG 37 N 27, der die Arbeitnehmervertretung als Institut sui generis qualifiziert).

4   Änderungen der BO haben dasselbe Verfahren einzuhalten wie die Aufstellung. Bei der Aufhebung ist zwischen obligatorischen und freiwilligen BO zu unterscheiden. Untersteht der Betrieb zur Zeit der Aufhebung dem Obligatorium, ist die Aufhebung nur in Verbindung mit der Aufstellung einer neuen BO zulässig. Freiwillige BO können hingegen wie GAV durch ordentliche Kündigung zur Aufhebung gebracht werden (OR 356c Abs. 2 S. 1 analog). Wenn HUG N 19 die Aufhebung stattdessen von der Einhaltung der für die einzelnen Arbeitnehmer massgeblichen Kündigungsfrist abhängig machen will, wird die kollektivrechtliche und die individualrechtliche Ebene des Arbeitsrechts verwechselt.

Bei Betriebsnachfolge sind zwei Fälle zu unterscheiden:

a) Handelt es sich um einen Betriebsinhaberwechsel unter *Wahrung der betrieblichen Einheit*, bleibt die BO weiterhin anwendbar (OR 333 Abs. 1bis analog; MÜLLER SSA, 277 f.; ROLAND A. MÜLLER: Die neuen Bestimmungen über den Betriebsübergang, AJP 1996, 149 ff., 154 f., 157; mit gleichem Resultat, jedoch anderer Begründung: REHBINDER/ MÜLLER, Art. 37 Abs. 4 N 4);

b) handelt es sich um einen Betriebsinhaberwechsel unter *Verlust der betrieblichen Einheit*, ist nach dem Inhalt der BO zu unterscheiden:

   aa) Im Bereich, der (für industrielle Betriebe) obligatorisch aufzustellen ist (Bestimmungen über die Gesundheitsvorsorge und Unfallverhütung, über die Ordnung im Betrieb und das Verhalten der Arbeitnehmer), gelten die Bestimmungen weiter, wenn sie in diejenigen des neuen Betriebes sinnvoll eingegliedert werden können (kein Widerspruch) oder im neuen Betrieb keine derartigen Bestimmungen existieren. Allenfalls ist eine neue Betriebsordnung zu erlassen bzw. eine neue Vereinbarung zu treffen.

   bb) Für den nur durch Vereinbarung zulässigen Teil, der – um die Gliederung des GAV-Rechtes aufzunehmen – zu den arbeitsvertraglichen Bestimmungen gehört, gilt OR 333 Abs. 1bis analog (personenbezogene Weitergeltung). Derjenige Teil (auch dieser nur durch Vereinbarung zulässig), der im GAV-Recht den indirektschuldrechtlichen Bestimmungen zuzuordnen wäre (also typischerweise die Mitwirkungsvereinbarung), gilt in der Regel nicht weiter, weil er praktisch nicht durchführbar ist (Einheitlichkeit der Betriebsverfassung, Auseinanderfallen des Vertretungsbereiches).

   cc) Im Weiteren kann mit dem Übergang des Betriebsteils die Durchführung der Betriebsvereinbarung generell unmöglich oder unzumutbar sein. So wird beispielsweise der Anspruch auf unentgeltliche Benützung des Personalrestaurants gegenstandslos, wenn der neue Betrieb überhaupt kein Personalrestaurant besitzt (MÜLLER SSA, 281).

Art. 38[1] Inhalt

[1] Die Betriebsordnung hat Bestimmungen über den Gesundheitsschutz und die Unfallverhütung und, soweit notwendig, über die Ordnung im Betrieb und das Verhalten der Arbeitnehmer im Betrieb aufzustellen; Ordnungsstrafen sind nur zulässig, wenn sie in der Betriebsordnung angemessen geregelt sind.

[2] Die vereinbarte Betriebsordnung kann auch andere Bestimmungen enthalten, die das Verhältnis zwischen dem Arbeitgeber und den Arbeitnehmern betreffen, jedoch

---

1   Fassung gemäss Ziff. II Art. 5 des BG vom 25. Juni 1971 über die Revision des Zehnten Titels und des Zehnten Titels[bis] des Obligationenrechts (Der Arbeitsvertrag), in Kraft seit 1. Jan. 1972 (SR 220 am Schluss, Schl- und UeB zum X. Tit.).

nur soweit, als ihr Gegenstand in dem Bereich, dem der Betrieb angehört, nicht üblicherweise durch Gesamtarbeitsvertrag oder durch andere kollektive Vereinbarung geregelt wird.

³ Der Inhalt der Betriebsordnung darf dem zwingenden Recht und den für den Arbeitgeber verbindlichen Gesamtarbeitsverträgen nicht widersprechen.

Zu Abs. 1

1   Nach negativen Erfahrungen mit der ursprünglichen Regelung der BO im ArG wurde ArG 38 mit der Revision des Arbeitsvertragsrechts von 1971 stark verändert. Der Inhalt der BO wird in einen obligatorischen und einen fakultativen Teil unterteilt. Jede BO (ob obligatorisch oder freiwillig aufgestellt, ob einseitig erlassen oder als Betriebsvereinbarung, vgl. ArG 37) muss Gesundheitsvorsorge und Unfallverhütung regeln sowie im Falle der Notwendigkeit auch die Ordnung und das Verhalten der Arbeitnehmer im Betrieb.

Die Regeln der Gesundheitsvorsorge und Unfallverhütung bedürfen angesichts der sehr generellen Regelungen in ArG 6 und UVG 81 ff. (→ Nr. 12) der Präzisierung im Hinblick auf die Verhältnisse des betreffenden Betriebes. Nur dann können sie das Betriebsgeschehen praktisch beeinflussen. Über einzelne Gesichtspunkte, die regelungsbedürftig sein können, vgl. die Anmerkungen zu ArG 6. Vorschriften über die Ordnung und das Verhalten der Arbeitnehmer im Betrieb gehören nur dann zum obligatorischen Inhalt der BO, wenn sie notwendig sind. Da solche Vorschriften auch als Allgemeine Anordnungen aufgrund des Weisungsrechts ergehen können (OR 321d Abs. 1), die den Vorteil haben, jederzeit vom Arbeitgeber abgeändert werden zu können, ist es für den Arbeitgeber empfehlenswert, auf solche Vorschriften in einer BO zu verzichten. Der Arbeitsbehörde dürfte es schwerfallen, für die Festlegung solcher Vorschriften angesichts OR 321d Abs. 1 eine Notwendigkeit zu behaupten (für ein Wahlrecht des Arbeitgebers: Vischer, Stämpflis Handkommentar, ArG 38 N 17). Hätte der Gesetzgeber die Notwendigkeit gesehen, ArG 38 mit OR 321d Abs. 1 abzustimmen, wäre bemerkt worden, dass das Erfordernis der Notwendigkeit leerläuft und gesetzestechnisch eine Panne darstellt.

2   Nicht zum obligatorischen, sondern zum fakultativen Inhalt einer BO gehören die Ordnungsstrafen (anders Hug N 12; Canner/Schoop N 4; Tschudi 89); denn das Gesetz erfordert nicht, dass jede BO das Disziplinarwesen regelt. Wenn sie das aber will, dann sind Ordnungsstrafen nur zulässig, wenn sie angemessen geregelt sind. Ausserdem lässt sich dem Gesetz – wenn auch nicht klar genug – entnehmen, dass Ordnungsstrafen nicht anders als nur in einer BO geregelt werden dürfen (dazu Rehbinder § 8 C II 3 und Vischer, Stämpflis Handkommentar, ArG 38 N 24; a.M. Portmann/Stöckli N 1225). Doch macht das nicht das Disziplinarwesen zum obligatorischen Inhalt; denn der Betriebsinhaber kann auch darauf verzichten. Der Unterschied zum sonstigen fakultativen Inhalt einer BO besteht darin, dass dieser nach ArG 38 Abs. 2 nur in einer Betriebsvereinbarung enthalten sein darf, während Ordnungsstrafen auch in einseitig erlassenen BO enthalten sein dürfen.

Vertragsverletzungen des Arbeitnehmers, insbesondere Verstösse gegen Anordnungen und Weisungen des Arbeitgebers im Rahmen seines Direktionsrechts (OR 321d Abs. 1), sowie Verstösse gegen Verhaltenspflichten aus einer BO, können vom Arbeitgeber durch Disziplinarmassnahmen geahndet werden (sog. Betriebsjustiz). Dabei sind allgemeine und besondere Disziplinarmassnahmen zu unterscheiden. Zu allgemeinen Disziplinarmassnahmen ist der Arbeitgeber ohne Weiteres berechtigt, wenn die allgemeinen rechtlichen Voraussetzungen gegeben sind, so zu Entlassungen oder Schadenersatzforderungen, aber auch zu Verweisen und Verwarnungen; denn diese sind negative Verhaltensanweisungen. Besondere Disziplinarmassnahmen bedürfen hingegen einer besonderen Rechtsgrundlage, nämlich einer angemessenen Regelung in einer BO (ArG 38 Abs. 1). Das Gesetz nennt sie Ordnungsstrafen. Darunter fallen Geldbusse, Lohnkürzung, Nacharbeit, Versetzung, Verlängerung der Probezeit oder Suspendierung. Ihre Rechtsnatur ist seit langem umstritten (siehe umfassend ROLAND MÜLLER: Betriebliches Disziplinarwesen, Bern 1983). Bis zum 1. Weltkrieg war sogar das Züchtigungsrecht des Arbeitgebers bekannt. Da der Staat heute das Strafmonopol hat, ist die Betriebsjustiz schwersten rechtsstaatlichen Bedenken ausgesetzt, wenn man sie nicht als Vertragsstrafe (Konventionalstrafe; BGE 119 II 162 = JAR 1994, 132) auffasst. Es verwundert daher, dass HUG N 12 und CANNER/SCHOOP N 4 das betriebliche Disziplinarrecht als ein zwischen dem staatlichen Strafrecht und dem Recht der Vertragsstrafe liegendes eigenständiges Recht auf Privatstrafe ansehen, wenn auch nicht näher diskutieren. Wie das Recht der Vereinsstrafe lässt sich die Strafgewalt nur aus der freiwilligen Unterwerfung des Betroffenen unter das Recht zur Privatstrafe erklären. Mit dem Beitritt zum Verein unterwirft man sich dessen Satzung, die die Disziplinargewalt regelt. Mit dem Eingehen eines Arbeitsverhältnisses begibt man sich freiwillig durch Eingliederung in eine fremde Arbeitsorganisation in ein Abhängigkeitsverhältnis, in dem das Disziplinarwesen seinen Ursprung hat. Das in der BO zu regelnde Recht des Arbeitgebers auf Verhängung von Ordnungsstrafen regelt die Arbeitsbedingungen (ArG 39 Abs. 2). Der Arbeitnehmer hat sich diesen Arbeitsbedingungen durch Eingehung des Arbeitsverhältnisses unterworfen, das auf einem Vertrag beruht. Die Ordnungsstrafe ist daher Vertragsstrafe. Sie darf deshalb auch verhängt werden, wenn dem Betriebsinhaber kein Schaden erwachsen ist, und ihre Höhe kann vom Richter herabgesetzt werden (OR 161 Abs. 1, 163 Abs. 3). Wäre die Disziplinargewalt nicht im Arbeitsvertrag begründet, sondern in der «Fabrikhoheit», könnte nicht erklärt werden, warum sie nicht auch auf temporär beschäftigte oder sonstwie «ausgeliehene» Arbeitnehmer Anwendung findet, wie CANNER/SCHOOP N 4 im Ergebnis zu Recht betonen. Hier kann der Betriebsinhaber nur gegen seinen Vertragspartner wegen Schlechterfüllung seines Dienstverschaffungsvertrages vorgehen.

Eine angemessene Regelung der Ordnungsstrafen liegt nur vor, wenn die rechtsstaatlichen Grundsätze beachtet werden: Umschreibung der Straftatbestände, die jedoch nicht so streng wie im Kriminalstrafrecht erfolgen muss (BGE 73 I 290), Angemessenheit der Strafe, Anhörung, Beschwerdeverfahren (TSCHUDI 89 f.). Solange keine nähere Regelung im Verordnungswege (ArG 40 Abs. 1 lit. b) erfolgt ist, sollen die Regelungen des aufgehobenen Fabrikgesetzes weiter massgebend sein (so HUG N 12, CANNER/SCHOOP N 4; a.M. VISCHER, Stämpflis Handkommentar, ArG 38 N 38). Danach durfte z.B. die einzelne Busse nicht höher als ¼ des Tageslohnes sein und war für die Interessen der Arbeitnehmer, insbesondere für Unterstützungskassen, zu verwenden (s. auch ARV 71, 76). Es wäre an der Zeit, hier eine Neuregelung vorzunehmen. Zum Gesamtproblem: M. REHBINDER: Ordnungsstrafen im schweizerischen Arbeitsrecht, in Gedächtnisschrift PETER NOLL, 1984, 257–265.

Zu Abs. 2

Fakultativ kann über die Regelung von Gesundheitsvorsorge und Unfallverhütung, über die notwendigen Vorschriften betreffend Ordnung und Verhalten der Arbeitnehmer im Betrieb sowie über die Ordnungsstrafen hinausgehend in einer BO Weiteres geregelt werden, jedoch nur, wenn es sich um eine Betriebsvereinbarung (s. auch Kommentar zu ArG 37 Abs. 4 N 3) handelt. Einseitig erlassene BO haben sich auf den Regelungsgehalt von ArG 38 Abs. 1 zu beschränken. Inhaltlich kann es dabei um die Organisation der Arbeit (BIGA, ARV/1972, 26 f.) und die Organisation des Betriebes, ferner um Fragen der Betriebsverfassung gehen (Bestellung einer Betriebskommission und Regelung von deren Befugnissen, die sog. betriebliche Mitbestimmung). Jedoch steht der fakultative Inhalt von Betriebsvereinbarungen unter einer entscheidenden Schranke. Regelungsgegenstand dürfen nur solche Fragen sein, die im räumlichen und fachlichen Bereich des jeweiligen Betriebes nicht Gegenstand eines GAV sind (mag dieser für den Betrieb verbindlich sein oder nicht), und bei zeitweiligem Fehlen einer Regelung durch GAV nur Fragen, die nicht üblicherweise in einem GAV geregelt werden. Sinn dieser Schranke ist die Verhinderung einer Aushöhlung des Regelungsinstruments GAV und seine Ersetzung durch Hausverträge (so HUG N 19). Der Gesetzgeber gibt damit zu erkennen, dass ihm bewusst ist, dass nur eine überbetriebliche Organisation der Arbeitnehmervertretung ein gerechtes Aushandeln der Arbeitsbedingungen garantiert und dass daher der gewerkschaftlichen Vertretung der Vorzug vor der betrieblichen Vertretung der Arbeitnehmer zu geben ist. Dadurch wird die Bedeutung von Betriebsvereinbarungen stark reduziert. Der Gesetzestext geht davon aus, dass im Arbeitsrecht neben GAV und Betriebsvereinbarungen noch andere kollektivrechtliche Vereinbarungen möglich sind. Das ist falsch und beruht wahrscheinlich auf der Vorstellung, ein GAV müsse einen bestimmten Mindestinhalt haben. Dass dies nicht der Fall ist, hat das ObG/BL in JAR 1980, 159 f. klargestellt. Der Gesetzestext bedarf daher der Berichtigung.

Rechtspolitisch ist ArG 38 Abs. 2 ohnehin ein Fehlentscheid. Er drängt nämlich das Institut der BO zugunsten von AAB zurück, die ohne Einschränkung einseitig erlassen werden können (s. die Ausführungen von STÖCKLI, zit. in Kommentar zu ArG 37 Abs. 1).

Zu Abs. 3

Da eine BO nach ArG 39 Abs. 2 zwingendes Recht setzt, musste ihr Verhältnis zum zwingenden Recht des Gesetzes, des Normalarbeitsvertrages und des Gesamtarbeitsvertrages geklärt werden. ArG 38 Abs. 3 legt fest, dass die BO gegenüber Gesetz, Normalarbeitsvertrag und Gesamtarbeitsvertrag die niederrangige Rechtsquelle ist, die erst zum Zuge kommt, wenn Gesetz, Normalarbeitsvertrag oder Gesamtarbeitsvertrag dem nicht entgegenstehen. Missglückt ist jedoch die Formulierung, die ein Vorgehen des zwingenden Rechts und des für den Arbeitgeber verbindlichen GAV statuiert. Zunächst können GAV stets nur dann relevant werden, wenn sie «für den Arbeitgeber verbindlich» sind. Diese Voraussetzung ist also überflüssig. Sodann setzen auch GAV zwingendes Recht (OR 357). Sie hätten daher überhaupt nicht erwähnt zu werden brauchen. Der Gesetzgeber meint aber mit zwingendem Recht wohl nur das Gesetzesrecht. Dann hätte aber der Normalarbeitsvertrag wegen OR 359 Abs. 3, 358 erwähnt werden müssen, der kein Gesetzesrecht ist.

Art. 39 Kontrolle, Wirkungen[1]

[1] Die Betriebsordnung ist der kantonalen Behörde zuzustellen; stellt diese fest, dass Bestimmungen der Betriebsordnung mit den Vorschriften dieses Gesetzes nicht übereinstimmen, so ist das Verfahren gemäss Artikel 51 durchzuführen.[2]

[2] Nach der Bekanntgabe im Betrieb ist die Betriebsordnung für den Arbeitgeber und für die Arbeitnehmer verbindlich.

Zu Abs. 1

Da selbst die Arbeitsbehörden nicht wussten, was nach dem Gesetz Inhalt einer BO sein darf und muss, und da sie die Genehmigung als Leerlauf empfanden, weil sie offensichtlich wegen ihrer Rechtsunkenntnis keine rechtswidrigen Regelungen fanden, wurde die ursprünglich vorgeschriebene Genehmigungspflicht anlässlich der Revision des Arbeitsvertragsrechts von 1971 in eine Prüfungspflicht umgewandelt (vgl. dazu HUG N 1). Vernichtender konnte ein Urteil über den Gesetzgeber wohl nicht sein. Die Gesetzesrevision lief auf eine reine Augenwischerei hinaus. Die Arbeitsbehörden (→ Weitere Dokumente, hinten), denen die BO zuzustellen ist, haben jetzt Verwaltungszwang nach ArG 51 anzuwenden, wenn sie Vorschriften in einer BO entdecken, die dem ArG widersprechen. Da die Behörden jetzt wohl nicht klüger sein werden als vor der Gesetzesänderung, werden sie eben keine Rechtswidrigkeiten entdecken, um jeder Auseinandersetzung aus dem Wege zu gehen.

Obligatorische wie freiwillige BO müssen also der zuständigen Behörde eingesandt werden (ArGV 1 68 Abs. 2 → Nr. 2). Die Einsendung ist aber nicht Voraussetzung für ihre Wirksamkeit (s. Kommentar zu Abs. 2). Geprüft werden soll die Einhaltung der Verfahrensvorschriften für das Zustandekommen der BO und inhaltlich nur die Vereinbarkeit mit dem ArG. Die Vereinbarkeit mit sonstigem zwingendem Recht braucht nicht überprüft zu werden. Wird jedoch zufällig eine Kollision festgestellt, kann ebenfalls nach ArG 51 vorgegangen werden. Nach Botschaft, 996 braucht auch die Vereinbarkeit mit den Regelungen eines GAV nicht überprüft zu werden. Da ArG 38 Abs. 3 jedoch als Bestimmung des ArG festlegt, dass die BO nicht gegen einen einschlägigen GAV verstossen darf, ist die Absicht des Gesetzgebers, die Überprüfung anhand des GAV nicht vorzuschreiben, alles andere als klar zum Ausdruck gekommen; denn diese Überprüfung wäre eine Überprüfung der Vereinbarkeit der BO mit ArG 38 Abs. 3.

---

1 Fassung gemäss Ziff. II Art. 5 des BG vom 25. Juni 1971 über die Revision des Zehnten Titels und des Zehnten Titels[bis] des Obligationenrechts (Der Arbeitsvertrag), in Kraft seit 1. Jan. 1972 (SR 220 am Schluss, Schl- und UeB zum X. Tit.).

2 Fassung gemäss Ziff. II Art. 5 des BG vom 25. Juni 1971 über die Revision des Zehnten Titels und des Zehnten Titels[bis] des Obligationenrechts (Der Arbeitsvertrag), in Kraft seit 1. Jan. 1972 (SR 220 am Schluss, Schl- und UeB zum X. Tit.).

Zu Abs. 2

Eine BO, die ordnungsgemäss zustande gekommen ist (dazu ArG 37 Abs. 4), wird wirksam mit ihrer Bekanntgabe im Betrieb. Diese muss durch gut sichtbaren Anschlag oder durch Aushändigung an die Beschäftigten erfolgen (ArGV 1 68 Abs. 1 → Nr. 2; VISCHER, Stämpflis Handkommentar, ArG 39 N 9 f.). Eine Aushändigung der BO an neu eintretende Arbeitnehmer ist nicht vorgeschrieben und daher für die Verbindlichkeit einer BO nach ArG 39 Abs. 2 auch nicht erforderlich (MÜLLER SSA, 240; CANNER/SCHOOP N 4; anders wohl TSCHUDI 92).

Mit der Bekanntgabe entfaltet die BO eine dem GAV entsprechende normative Wirkung (vgl. HUG N 15; MÜLLER SSA, 243). Jedoch kann von ihren Regelungen nach dem Günstigkeitsprinzip zugunsten des Arbeitnehmers abgewichen werden (OR 357 Abs. 2 analog), so Botschaft, 996, CANNER/SCHOOP N 4, MÜLLER SSA, a.a.O.; anders HUG N 16. Wie der GAV (OR 357 Abs. 1), so hat auch die BO unmittelbar zivilrechtliche Wirkung und kann daher mit zivilrechtlichen Mitteln durchgesetzt werden (Botschaft, 996; HUG N 17), obwohl es sich bei der Verbindlichkeit in ArG 39 Abs. 2 nicht um eine öffentlich-rechtliche Verpflichtung i.S. von OR 342 Abs. 2 handelt, der ja die übliche Bestimmung ist, über die die Vorschriften des ArG zivilrechtliche Wirkung entfalten. Eine Durchsetzung mit öffentlich-rechtlichen Mitteln hingegen ist nicht möglich (CANNER/SCHOOP N 4).

VI. Durchführung des Gesetzes
1. Durchführungsbestimmungen

Art. 40

¹ Der Bundesrat ist zuständig zum Erlasse

a. von Verordnungsbestimmungen in den vom Gesetz ausdrücklich vorgesehenen Fällen;
b. von Ausführungsbestimmungen zur nähern Umschreibung einzelner Vorschriften des Gesetzes;
c. von Verwaltungsbestimmungen für die Vollzugs- und Aufsichtsbehörden.

² Vor dem Erlasse von Bestimmungen gemäss Absatz 1 Buchstaben a und b sind die Kantone, die Eidgenössische Arbeitskommission und die zuständigen Organisationen der Wirtschaft anzuhören.

Zu Abs. 1

ArG 40 ermächtigt den BR zum Erlass von drei Arten von Rechtssätzen auf dem Gebiete des ArG, die im Range unter den Rechtssätzen eines Gesetzes stehen (untergesetzliches Recht), nämlich (a) zur gesetzesvertretenden VO, (b) zur VollziehungsVO und (c) zur Dienstanweisung.

a) Gesetzesvertretende VO überlassen die rechtspolitische Entscheidung dem Verordnungsgeber. Hier findet eine «Abdankung des Gesetzgebers» statt, die nicht global, sondern nur für bestimmt umrissene Probleme erfolgen kann. Das ArG hat diese Probleme z.B. in ArG 2 Abs. 2, Abs. 3, ArG 4 Abs. 3, ArG 9 Abs. 3, ArG 24 Abs. 5, ArG 26, ArG 27, ArG 29 Abs. 3, Abs. 4, ArG 30 Abs. 2, Abs. 3, ArG 31 Abs. 4, ArG 35 Abs. 2, ArG 36a, ArG 37 Abs. 2 bezeichnet. Über die Nutzung dieser Ermächtigung durch den BR vgl. die Kommentierung dieser Vorschriften. Lit. a ist selbstverständlich und daher überflüssig (dazu umfassend: SCHEIDEGGER, Stämpflis Handkommentar, ArG 40 N 6).

b) VollziehungsVO enthalten Ausführungsbestimmungen zur näheren Umschreibung einzelner Vorschriften des Gesetzes. Da hier die rechtspolitische Entscheidung bereits im Gesetz getroffen ist, bedarf es zum Erlass dieser Art von VO-Bestimmungen keiner besonderen Ermächtigung. Lit. b ist daher im Hinblick auf BV 182 Abs. 1, der die allgemeine Zuständigkeit des BR festlegt, überflüssig (dazu auch SCHEIDEGGER, Stämpflis Handkommentar, ArG 40 N 7).

c) Dienstanweisungen enthalten Verwaltungsbestimmungen, die sich an die Vollzugs- und Aufsichtsbehörden wenden und die die Rechtsstellung des Bürgers nicht direkt betreffen. Auch lit. c ist im Hinblick auf BV 182 Abs. 1, ArG 42 Abs. 1 S. 2 überflüssig (dazu auch SCHEIDEGGER, Stämpflis Handkommentar, ArG 40 N 9 ff.).

Der BR hat von seiner Befugnis zum Erlass von VO und Dienstanweisungen verschiedentlich Gebrauch gemacht, wobei die verschiedenen Erlasse Vorschriften unterschiedlichen Typs enthalten. ArGV 1 (→ Nr. 2, Allgemeine VO) vom 10.05.2000 betrifft die nähere Ausgestaltung der allgemein anwendbaren Normen. ArGV 2 (→ Nr. 5, Sonderbestimmungen für bestimmte Gruppen von Betrieben oder Arbeitnehmern und Arbeitnehmerinnen) vom 10.05.2000, die sich auf ArG 27 stützt, enthält gesetzesvertretende Arbeits- und Ruhezeitvorschriften für 41 verschiedene Gruppen von Betrieben und Arbeitnehmern. ArGV 3 (→ Nr. 6, Gesundheitsvorsorge) vom 18.08.1993 regelt die Massnahmen, die in allen dem ArG unterstehenden Betrieben für die Gesundheitsvorsorge zu treffen sind. ArGV 4 (→ Nr. 7, Industrielle Betriebe, Plangenehmigung und Betriebsbewilligung) vom 18.08.1993 die besonderen Anforderungen an den Bau und die Einrichtung von Betrieben, welche dem Plangenehmigungsverfahren (ArG 7 und 8) unterstellt sind (s. auch ArG 6, 7 und 8), sowie spezielle Punkte für industrielle Betriebe und schliesslich ArGV 5 (→ Nr. 8, Jugendarbeitsschutzverordnung) vom 28.09.2007 regelt den Arbeitsschutz Jugendlicher. Der BR hat ferner in ArGV 1 8 Abs. 2 dem SECO seine Ermächtigung zum Erlass von VO in Bezug auf die Bestimmung der vom persönlichen Geltungsbereich des ArG ausgenommenen internationalen Organisationen delegiert. Deren Erlass hat den Rechtscharakter einer VO, wird aber gemäss einer überholten, für die Bundesbehörden aber wohl immer noch üblichen Terminologie, die der allgemeinen Theorie des Verwaltungsrechts widerspricht (vgl. JAGMETTI in HUG N 17), Verfügung genannt (anders nun korrekt die neueren Erlasse, vgl. hernach). Siehe Verfügung Nr. 1 des EVD vom 03.03.1967 zum ArG betr. internationale Organisationen (SR 822.111.1 → Nr. 3). Weiter enthält ArGV 1 62 Abs. 4 (→ Nr. 2) eine Delegationsnorm zugunsten des EVD betreffend Festlegung von gefährlichen und beschwerlichen Arbeiten bei Schwangerschaft und Mutterschaft (SR 822.111.52 → Nr. 4). ArGV 2 (→ Nr. 5) enthält in Art. 26a eine entsprechende Delegationsnorm zugunsten des EVD betreffend Bezeichnung von Bahnhöfen und Flughäfen (SR 822.112.1) und auch die ArGV 5 enthält an verschiedenen Orten (Art. 4 Abs. 3 [SR 822.115.2 → Nr. 9] und Abs. 4, Art. 14 [SR 822.115.4 → Nr. 10], Art. 18 Abs. 1) eine entsprechende Delegationsnorm zugunsten des EVD (Departementsverordnung), des BBT (Bundesamt für Berufsbildung und Technologie) oder des SECO (Amtsverordnung).

Zu Abs. 2

Vor dem Erlass von Bestimmungen im Sinne von Abs. 1 sind nicht nur die Kantone, sondern auch die Eidg. Arbeitskommission (ArG 43, s. dort) und die Arbeitsverbände (Aufzählung in REHBINDER § 22 A) anzuhören. Die Erwähnung der Eidg. Arbeitskommission ist angesichts ArG 42 Abs. 4, ArG 43 Abs. 2 überflüssig.

2. Aufgaben und Organisation der Behörden

Art. 41 Kantone

¹ Der Vollzug des Gesetzes und der Verordnungen obliegt, unter Vorbehalt von Artikel 42, den Kantonen. Diese bezeichnen die zuständigen Vollzugsbehörden und eine kantonale Rekursbehörde.

² Die Kantone erstatten dem Bundesrat nach Ablauf jedes zweiten Jahres Bericht über den Vollzug.

³ Bestehen Zweifel über die Anwendbarkeit des Gesetzes auf einzelne nicht-industrielle Betriebe oder einzelne Arbeitnehmer in industriellen oder nicht-industriellen Betrieben, so entscheidet die kantonale Behörde.

Zu Abs. 1

1 Der Vollzug des ArG und seiner VO obliegt den Kantonen unter der Aufsicht des Bundes (H.-U. KÖNIG: Arbeitnehmerschutz – Gesetzliche Regelung und Organisation der Aufsicht, in «Die Volkswirtschaft» 7/90, 14 ff.). Dem Bund obliegt der Vollzug nur in den Betrieben des Bundes und in Fällen, die das ArG ausdrücklich bezeichnet (ArG 42 Abs. 2). Die Kantone üben beim Vollzug nach ArG 41 Abs. 1 S. 1 im Auftrag des Bundes einen Teil der Bundesverwaltung aus (Auftragsverwaltung). Im Einzelnen haben die Kantone u.a. folgende Aufgaben: Kontrolle in den Betrieben und Beratung der Betriebsinhaber und Arbeitnehmer (ArGV 1 79 → Nr. 2), Ermittlung der industriellen Betriebe und Erlass der Unterstellungsverfügung (ArG 5, ArGV 4 32–36 → Nr. 7), Plangenehmigung und Betriebsbewilligung für industrielle Betriebe (ArG 7, ArGV 4 37–46), Bezeichnung von kantonalen Feiertagen (ArG 20a Abs. 1), Erteilung von Arbeitszeitbewilligungen (ArG 17 Abs. 5, 19 Abs. 4, 24 Abs. 4, 31 Abs. 4, ArGV 5 12 Abs. 4, 13 Abs. 4), Bewilligung regelmässiger Beschäftigung schulentlassener Jugendlicher unter 15 Jahren (ArG 30 Abs. 3, ArGV 5 9 Abs. 2), Einführung der Pflicht zur ärztlichen Untersuchung bei der Einstellung Jugendlicher (ArG 29 Abs. 4, 73 Abs. 3, ArGV 5 18 Abs. 2), Prüfung der BO (ArG 39 Abs. 1), Prüfung der Stundenpläne (ArG 47 Abs. 2), Aufsichtsmassnahmen bei Nichtbefolgung von Vorschriften oder Verfügungen (ArG 51), Massnahmen des Verwaltungszwanges (ArG 52), Entzug und Sperre kantonaler Arbeitszeitbewilligungen (ArG 53 Abs. 1), Entzug der Befugnis zur Anordnung von Überzeitarbeit (ArG 53 Abs. 2), Behandlung von Anzeigen und Erlass entsprechender Verwaltungsmassnahmen (ArG 54 Abs. 1), Veranlassung der Strafverfolgung bei Zuwiderhandlungen gegen Gesetz oder VO (ArG 62 Abs. 2).

2 Mit dem Vollzug sind besondere kantonale Behörden und mit den Beschwerden gegen deren Verwaltungsakte (Verfügungen oder Anordnungen) kantonale Rekursinstanzen zu betrauen und dem SECO mitzuteilen (ArGV 1 80 Abs. 1 lit. a). Die Kantone können einzelne Vollzugsaufgaben an Bezirke und Gemeinden delegieren oder diese beim Vollzug heranziehen. Auch können sie mehrere Inspektionskreise bilden oder mehrere Beschwerdeinstanzen schaffen (Verzeichnis der kantonalen Arbeitsbehörden und Rekursinstanzen → Weitere Dokumente, hinten). Massgebend für die Zuständigkeit bestimmter Kantone ist der Standort des Betriebes und mangels eines solchen der Standort des festen Arbeitsplatzes (BIGA, ARV/1980, 3), beim Wandergewerbe der Wohnsitz des Betriebsinhabers. Bei auswärtiger Arbeitstätigkeit muss eine Zusammenarbeit der zuständigen Behörden von Arbeits- und Betriebsstätte erfolgen.

Zu Abs. 2

Dazu näher ArGV 1 80 (→ Nr. 2).

Zu Abs. 3

Zweifel über die Anwendbarkeit des Gesetzes werden durch Verfügung der kantonalen Behörde entschieden. Dieser feststellende Verwaltungsakt kann durch dieselben Personen beantragt werden, die nach ArG 58 Abs. 1 zur Beschwerde berechtigt sind. Gegen den Entscheid der Arbeitsbehörde ist die Beschwerde an die Rekursinstanz gegeben (ArG 56).

Art. 42 Bund

1 Der Bund übt die Oberaufsicht über den Vollzug des Gesetzes und der Verordnungen durch die Kantone aus. Er kann den kantonalen Vollzugsbehörden Weisungen erteilen.

2 Dem Bund obliegen ferner die Vollzugsmassnahmen, für die ihn das Gesetz ausdrücklich als zuständig erklärt, sowie der Vollzug des Gesetzes und der Verordnungen in den Betrieben des Bundes im Sinne von Artikel 2 Absatz 2.

3 Die Aufgaben des Bundes im Sinne der Absätze 1 und 2 obliegen dem Bundesamt, soweit sie nicht dem Bundesrat oder dem Eidgenössischen Volkswirtschaftsdepartement vorbehalten bleiben.

4 Für die Durchführung seiner Aufgaben stehen dem Bundesamt die Eidgenössischen Arbeitsinspektorate und der Arbeitsärztliche Dienst zur Verfügung. Es kann ferner besondere Fachinspektorate oder Sachverständige heranziehen.

Zu Abs. 1

ArG 42 Abs. 1 ist überflüssig, weil bei der Übertragung der Vollzugsverwaltung von Bundesgesetzen auf kantonale Behörden, wie in ArG 41 Abs. 1 S. 1 geschehen, nach allgemeinem Staatsrecht stets die Oberaufsicht beim Bund verbleibt und dieser stets seine Oberaufsicht durch Weisungen ausüben kann (FLEINER/GIACOMETTI: Schweizerisches Bundesstaatsrecht, 1944, 128). Banalitäten brauchen nur dann in Gesetzen zu stehen, wenn diese sich an den Staatsbürger wenden. HOLZER in HUG N 5 meint zwar, ohne ArG 42 Abs. 1 S. 2 könnte der Bund nicht der kantonalen Behörde Einzelweisungen erteilen. Das aber verkennt die allgemeinen Grundsätze der Auftragsverwaltung im Bundesstaat.

Bei der Oberaufsicht geht es vor allem um die einheitliche Anwendung des Gesetzes in der ganzen Schweiz. Denn Arbeitsbedingungen sind Wirtschaftsbedingungen. Uneinheitliche Arbeitsbedingungen führen zur Wettbewerbsverzerrung. Um die Oberaufsicht zu ermöglichen, haben die kantonalen Behörden von Plangenehmigungen und Betriebsbewilligungen sowie von Arbeitszeitbewilligungen den Bundesbehörden ein Doppel zuzustellen und ihnen von Verfügungen und Massnahmen nach ArG 51–53 Kenntnis zu geben (ArGV 4 40 Abs. 3 → Nr. 7, ArGV 4 43 Abs. 3, ArGV 1 80 Abs. 4 → Nr. 2). Ausserdem haben sie jedes zweite Jahr dem BR Bericht zu erstatten (ArG 41 Abs. 2).

Zu Abs. 2 und 3

1 Die Vollzugs- und Aufsichtsaufgaben des Bundes werden schwerpunktmässig vom SECO wahrgenommen. Dieses richtet besondere Organisationen ein und zieht andere Instanzen hinzu (ArG 42 Abs. 4). Zum Aufgabenbereich des SECO gehört u.a.: Oberaufsicht über den

Gesetzesvollzug, soweit nicht dem BR oder EVD vorbehalten (ArG 42 Abs. 1), Vollzug des ArG und der VO in den dem ArG unterstellten Bundesbetrieben (ArG 42 Abs. 2), Weisungen an die kantonalen Vollzugs- und Aufsichtsbehörden sowie die dem SECO unterstehenden Vollzugsorgane des Bundes (Eidg. Arbeitsinspektion und Abteilung für Arbeitsmedizin und Arbeitshygiene = neu: Ressort Grundlagen Arbeit und Gesundheit) über die Anwendung des ArG sowie Erlass aller Einzelverfügungen, die in die Zuständigkeit des Bundes fallen (ArG 42 Abs. 1–4, ArGV 1 75, 78 → Nr. 2), Feststellung der internationalen Organisationen und öffentlichen Verwaltungen ausländischer Staaten, deren Personal dem ArG nicht unterstellt ist (ArG 3 lit. b, ArGV 1 8 Abs. 2), Bewilligung von Verlängerungen der wöchentlichen Höchstarbeitszeit (ArG 9 Abs. 4), Erteilung von Arbeitszeitbewilligungen (ArG 17 Abs. 5, 19 Abs. 4, 24 Abs. 4), Bewilligung von Ausnahmen von Arbeitsverboten für Jugendliche hinsichtlich bestimmter Lern- und Anlernberufe (ArGV 5 4 Abs. 2), Festsetzung der Voraussetzungen für Bewilligung weiterer Ausnahmen vom Nachtarbeitsverbot für Jugendliche (ArGV 5 12 Abs. 4), Entzug und Sperre vom SECO erteilter Arbeitszeitbewilligungen (ArG 53 Abs. 1), Behandlung von Anzeigen betreffend Verletzung einer vom SECO verfügten Arbeitszeitbewilligung (ArG 54 Abs. 1), Erlass einheitlicher Formulare für Gesuche, Bewilligungen und Genehmigungen (ArGV 1 75 Abs. 4), Richtlinien hinsichtlich des Aus- und Weiterbildungsstandards und der Anzahl der zu beschäftigenden Aufsichtspersonen pro Kanton (ArGV 1 79 Abs. 3), Erlass von Richtlinien über die Anforderungen der Gesundheitsvorsorge (ArGV 3 38 Abs. 1 → Nr. 6; s. Wegleitung II, 338–1) sowie über die Anforderungen an den Bau und die Einrichtung von Betrieben im Rahmen der Plangenehmigung (ArGV 4 26 Abs. 1; s. Wegleitung II, 426–1).

2 Neben dem SECO sind auch dem BR im Bereich des ArG einige Aufgaben übertragen. Diese sind: Oberste Aufsicht über den Vollzug des ArG (BV 182 Abs. 2, ArG 42 Abs. 1), Erlass von VO-Bestimmungen in den vom Gesetz vorgesehenen Fällen (ArG 26, ArG 40 Abs. 1 lit. a), von Ausführungsbestimmungen zur näheren Umschreibung einzelner Gesetzesvorschriften (ArG 40 Abs. 1 lit. b), von Dienstanweisungen für die Vollzugs- und Aufsichtsbehörden (ArG 40 Abs. 1 lit. c), von Weisungen an die kantonalen Vollzugs- und Aufsichtsbehörden (ArG 42 Abs. 1), in den Fällen von ArG 40 Abs. 1 lit. a und lit. b sind Kantone, Eidg. Arbeitskommission und die zuständigen Arbeitsverbände zuvor anzuhören (ArG 40 Abs. 2), Bestellung der Eidg. Arbeitskommission (ArG 43), Verkürzung der wöchentlichen Arbeitszeit (ArG 26 Abs. 2).

3 Neben dem SECO und dem BR sind auch dem EVD im Bereich des ArG einige Aufgabenbereiche übertragen, wie z.B.: Bezeichnung der Arbeiten, welche für Jugendliche als gefährlich gelten (ArGV 5 4 Abs. 3), Erlass des Geschäftsreglements der Eidg. Arbeitskommission (ArGV 1 81 Abs. 5).

Zu Abs. 4

1 Dem SECO (Leistungsbereich Arbeitsbedingungen) unterstellt sind die 2 eidg. Arbeitsinspektionen West (Lausanne) und Ost (Zürich), welche für je rund die Hälfte der Kantone bzw. des Wirtschaftsvolumens der Schweiz zuständig sind (Wegleitung I, 042-2, 176-1; SR 822.111.71 → weitere Dokumente). Über deren Inspektionskreise s. ArGV 1 76 (→ Nr. 2).

2 Dem SECO unterstellt ist ferner das Ressort Grundlagen Arbeit und Gesundheit, unterstützt durch die Stabsstelle Arbeitsmedizin (vormals Arbeitsärztlicher Dienst) mit Sitz in Zürich (vgl.

Wegleitung I, 042-2). Seine Aufgabe besteht u.a. in Betriebsbesuchen im Rahmen der Oberaufsicht, Abklärung arbeitsmedizinischer und -physiologischer Einzelfälle, Beratung der Kantone sowie der Betriebsinhaber und Arbeitnehmer bei der Gesundheitsvorsorge, Untersuchung arbeitsmedizinischer und -physiologischer Fragen, die für den Arbeitsschutz von allgemeiner Bedeutung sind, ferner im Einschreiten bei Nichtbefolgung von Vorschriften oder Verfügungen und im Erlass von Anordnungen zur Herstellung des vorschriftsgemässen Zustandes (ArG 51 Abs. 1).

3 Ein Beizug von (nichtstaatlichen) Fachinspektoraten findet nicht statt, da diese nur für Betriebe in Frage kommen, die bereits der Suva unterstellt sind, und da sie bereits von dieser mit der Kontrolle betraut sind. Es sind dies die Inspektorate des Schweiz. Vereins für technische Inspektionen (SVTI) und des Schweiz. Vereins für Schweisstechnik (SVS), die Eidg. Starkstrom-Inspektorate (ESTI) von electrosuisse (ehemals Schweiz. Elektrotechnischer Verein SEV) sowie die Inspektorate des Schweiz. Vereins des Gas- und Wasserfaches (SVGW). Für nicht der Suva unterstehende Betriebe ist die Kontrolle den beiden erstgenannten Fachinspektoraten durch die Kantone übertragen worden (vgl. HOLZER in HUG N 19, 20).

4 Der Beizug von Sachverständigen durch das SECO ist hingegen gelegentlich praktisch geworden. ArG 42 Abs. 4 S. 2 ist aber insgesamt überflüssig.

Art. 43 Arbeitskommission

1 Der Bundesrat bestellt eine Eidgenössische Arbeitskommission aus Vertretern der Kantone und wissenschaftlichen Sachverständigen, aus Vertretern der Arbeitgeber- und Arbeitnehmerverbände in gleicher Zahl sowie aus Vertretern weiterer Organisationen.

2 Die Arbeitskommission begutachtet zuhanden der Bundesbehörden Fragen der Gesetzgebung und des Vollzugs. Sie ist befugt, von sich aus Anregungen zu machen.

Zu Abs. 1

Zusammensetzung, Vorsitz, Amtsperiode der Mitglieder s. ArGV 1 81 Abs. 1 und Abs. 2 (→ Nr. 2). Der Erlass des Geschäftsreglements erfolgt gemäss ArGV 1 81 Abs. 5 durch das EVD (Reglement vom 10.10.1968). Die Kommission kann für bestimmte Fragen Unterausschüsse bestellen und Sachverständige beiziehen (ArGV 1 81 Abs. 3).

Zu Abs. 2

Aufgabenbereich u.a.: Begutachtung des Entwurfs neuer VO des BR (ArG 40 Abs. 2), die Bezeichnung von Arbeiten, für die Jugendliche nur nach ärztlicher Begutachtung herangezogen werden können (ArGV 5 18 Abs. 1 → Nr. 8), Anhörungsrecht vor Erlass von Richtlinien im Bereich der Gesundheitsvorsorge (ArGV 3 38 Abs. 2 → Nr. 6) und des Baus und der Einrichtung von Betrieben mit Plangenehmigungspflicht (ArGV 4 26 Abs. 2 → Nr. 7). Ferner kann die Arbeitskommission Anregungen in allen Fragen geben, die in den Bereich des ArG fallen.

Art. 44[1]　Schweigepflicht

¹ Personen, die mit Aufgaben nach diesem Gesetz betraut sind oder dabei mitwirken, sind verpflichtet, über Tatsachen, die ihnen bei ihrer Tätigkeit zur Kenntnis gelangen, gegenüber Dritten Stillschweigen zu bewahren.

² Die mit der Aufsicht und dem Vollzug dieses Gesetzes betrauten kantonalen Behörden und das Bundesamt unterstützen sich gegenseitig in der Erfüllung ihrer Aufgaben; sie erteilen einander die benötigten Auskünfte kostenlos und gewähren auf Verlangen Einsicht in amtliche Akten. Die in Anwendung dieser Vorschrift gemeldeten oder festgestellten Tatsachen unterliegen der Schweigepflicht nach Absatz 1.

Zu Abs. 1

1 Der Schweigepflicht unterliegen alle Personen, die mit Aufgaben nach dem ArG betraut sind, gleichgültig, ob es sich um Beamte, öffentlich-rechtliche Angestellte oder privatrechtliche Angestellte handelt; denn massgebend ist nicht die Art des Dienstverhältnisses, sondern die Funktion (noch unter altem Recht: BGE 70 IV 219). Ferner unterliegen der Schweigepflicht alle hinzugezogenen Personen, z.B. Sachverständige, Mitarbeiter der Suva oder die Mitarbeiter des Eidg. Statistischen Amtes. Werden Sachverständige und Fachinspektoren beigezogen, sind diese auf die Schweigepflicht gegenüber Dritten schriftlich aufmerksam zu machen (ArGV 1 82 Abs. 2 → Nr. 2). Ebenso der Schweigepflicht unterliegen die Mitglieder der Eidg. Arbeitskommission (ArGV 1 82 Abs. 1). Zwar dürfen diese die jeweiligen Fragen mit ihren Verbänden besprechen, doch dürfen sie keine bestimmte Betriebe identifizierende Einzelheiten mitteilen. Auch dürfen sie keine konkreten Fragestellungen an die Öffentlichkeit tragen, bevor der BR oder das EVD offiziell dazu Stellung genommen hat (Art. 8 des Geschäftsreglements der Kommission vom 10.10.1968), oder Protokolle und Voten einzelner Kommissionsmitglieder in die Öffentlichkeit gelangen lassen (HOLZER in HUG N 5). Beschliesst die Kommission Geheimhaltung im Einzelfall, ist die Veröffentlichung für die Mitglieder wie für jeden Dritten nach StGB 293 strafbar.

2 Die Schweigepflicht umfasst alles, was die schweigepflichtige Person im Rahmen ihrer Funktionsausübung oder auch nur rein zufällig anlässlich ihrer Tätigkeit erfahren hat und was erkennbar geheimgehalten werden soll, z.B. Lärmmessungen in einem Betrieb (BGer JAR 1987, 69 = ARV/1986, 1 ff.). Doch darf dies nicht dazu führen, dass Entscheide der Behörde unzureichend begründet werden (BGer JAR 1987, 309). Über den Umfang im Einzelnen kann auf Rechtsprechung und Lehre zum Amtsgeheimnis nach StGB 320 verwiesen werden. Bei vorsätzlicher Verletzung ist Strafbarkeit nach ArG 62 gegeben, es sei denn, dass der Geheimnisträger das Geheimnis mit schriftlicher Einwilligung der vorgesetzten Behörde offenbart hat. Zu Aspekten der strafrechtlichen Verfolgung, des Disziplinarverfahrens sowie der Haftung von

---

1　Fassung gemäss Ziff. VII 3 des BG vom 24. März 2000 über die Schaffung und die Anpassung gesetzlicher Grundlagen für die Bearbeitung von Personendaten, in Kraft seit 1. Sept. 2000 (AS 2000 1891 1914; BBl 1999 9005).

Bundesangestellten s. auch Verantwortlichkeitsgesetz (SR 170.32) und die dazugehörige VVO (SR 170.321).

Zu Abs. 2

Abs. 2 normiert eine gegenseitige Unterstützungspflicht zwischen mit der Aufsicht und dem Vollzug des ArG betrauten kantonalen Behörden und dem SECO. Zu diesem Zweck erteilen sie einander kostenlos Auskünfte, gewähren ein Akteneinsichtsrecht (ArG 44 Abs. 2 S. 1) und tauschen gegenseitig Daten aus (ArGV 1 87 Abs. 1 → Nr. 2). Die in gegenseitiger Rechtshilfe gemeldeten oder festgestellten Tatsachen unterliegen wiederum der Schweigepflicht gemäss Abs. 1 (ArG 44 Abs. 2 S. 2). Damit nicht unbefugte Dritte auf die Daten zugreifen können, haben das SECO und die Kantone alle erforderlichen Massnahmen zu ergreifen (ArGV 1 87 Abs. 4).

Art. 44a[1] Datenbekanntgabe

[1] Das Bundesamt oder die zuständige kantonale Behörde kann auf begründetes schriftliches Gesuch hin Daten bekannt geben an:

a. die Aufsichts- und Vollzugsbehörde über die Arbeitssicherheit nach dem Bundesgesetz vom 20. März 1981[2] über die Unfallversicherung, sofern diese die Daten zur Erfüllung ihrer Aufgaben benötigt;

b. Gerichte und Strafuntersuchungsbehörden, sofern es die Ermittlung eines rechtlich relevanten Sachverhaltes erfordert;

c. Versicherer, sofern es die Abklärung eines versicherten Risikos erfordert;

d. den Arbeitgeber, sofern die Anordnung personenbezogener Massnahmen nötig wird;

e. die Organe des Bundesamtes für Statistik, sofern diese die Daten zur Erfüllung ihrer Aufgaben benötigen.

[2] An andere Behörden von Bund, Kantonen und Gemeinden oder an Dritte dürfen Daten auf begründetes schriftliches Gesuch hin bekannt gegeben werden, wenn die betroffene Person schriftlich eingewilligt hat oder die Einwilligung nach den Umständen vorausgesetzt werden darf.

[3] Zur Abwendung einer Gefahr für Leben oder Gesundheit der Arbeitnehmer oder von Dritten können Daten ausnahmsweise bekannt gegeben werden.

[4] Die Weitergabe von anonymisierten Daten, die namentlich der Planung, Statistik oder Forschung dienen, kann ohne Zustimmung der betroffenen Personen erfolgen.

---

1 Eingefügt durch Ziff. VII 3 des BG vom 24. März 2000 über die Schaffung und die Anpassung gesetzlicher Grundlagen für die Bearbeitung von Personendaten, in Kraft seit 1. Sept. 2000 (AS 2000 1891 1914; BBl 1999 9005).

2 SR 832.20

⁵ Der Bundesrat kann eine generelle Bekanntgabe von nicht besonders schützenswerten Daten an Behörden oder Institutionen vorsehen, sofern diese Daten für den Empfänger zur Erfüllung einer gesetzlichen Aufgabe notwendig sind. Er kann zu diesem Zweck ein Abrufverfahren vorsehen.

Zu Abs. 1

1 Grundsätzlich richtet sich der Datenschutz nach den Bestimmungen des Bundesgesetzes über den Datenschutz vom 19.06.1992 (DSG, SR 235.1), soweit das ArG keine abweichenden Bestimmungen kennt (ArGV 1 89 → Nr. 2). Namentlich die Strafverfolgung für Verletzungen des Datenschutzes und der Auskunftspflicht richtet sich nach dem DSG (ArGV 1 90).

ArG 44a Abs. 1 enthält eine abschliessende Aufzählung von Adressaten, an welche das SECO oder die zuständige kantonale Behörde *besonders schützenswerte Daten* auf begründetes und schriftliches Gesuch hin bekannt geben darf. Es sind dies:

a) die Aufsichts- und Vollzugsbehörde über die Arbeitssicherheit gemäss UVG (soweit die Daten für deren Arbeit notwendig sind),

b) Gerichte und Strafuntersuchungsbehörden (sofern zur Ermittlung des rechtlich relevanten Sachverhaltes notwendig),

c) Versicherer (sofern zur Abklärung des versicherten Risikos notwendig),

d) Arbeitgeber (sofern die Anordnung personenbezogener Massnahmen notwendig wird) und

e) Organe des Bundesamtes für Statistik (sofern Daten zur Aufgabenerfüllung notwendig).

Besonders schützenswerte Personendaten sind Daten über:

1) religiöse, weltanschauliche, politische oder gewerkschaftliche Ansichten oder Tätigkeiten,

2) die Gesundheit, die Intimsphäre oder die Rassenzugehörigkeit,

3) Massnahmen der sozialen Hilfe,

4) administrative oder strafrechtliche Verfolgungen und Sanktionen (DSG 3 lit. c).

2 Wurde der betroffenen Person die Datenbekanntgabe nicht ausdrücklich mitgeteilt oder ist sie nicht bereits aus den Umständen ersichtlich, muss die betroffene Person über die Bekanntgabe und den tatsächlichen Umfang der Personendaten informiert werden (ArGV 1 83 Abs. 1).

Vor der Datenbekanntgabe steht ihr das rechtliche Gehör zu. Darauf kann nur dann verzichtet werden, wenn Gefahr im Verzug besteht (Rechtsansprüche oder wichtige Drittinteressen werden beeinträchtigt oder die Erfüllung gesetzlicher Aufgaben wird vereitelt) oder wenn der Betroffene innert Frist nicht reagiert oder auffindbar ist (ArGV 1 83 Abs. 2).

Zu Abs. 2

Weiteren Personen (Behörden von Bund, Kantonen, Gemeinden und Dritte) dürfen Daten – wie in Abs. 1 auf begründetes und schriftliches Gesuch hin – nur bekannt gegeben werden, wenn der Betroffene schriftlich eingewilligt hat oder die Einwilligung nach den Umständen vorausgesetzt werden darf. Letzteres ist dann der Fall, wenn die Datenbekanntgabe von grosser Dringlichkeit für den Adressaten ist, diese im Interesse des Betroffenen erfolgt und eine

Stellungnahme des Betroffenen nicht innert nützlicher Frist erfolgen kann (ArGV 1 83 Abs. 4 → Nr. 2).

Zu Abs. 3

In besonderen Fällen kann eine Datenbekanntgabe besonders schützenswerter Daten ohne besondere Voraussetzungen erfolgen: zur Abwendung einer Gefahr für Leben und Gesundheit der Arbeitnehmer oder von Dritten.

Zu Abs. 4

Ohne Zustimmung der Betroffenen können besonders schützenswerte Daten, die namentlich zur Planung, Statistik oder Forschung dienen, nur dann weitergegeben werden, wenn sie anonymisiert wurden. Zudem erfolgt eine generelle Datenbekanntgabe allein zu statistischen Zwecken des BA für Statistik, sofern sich dieses für die nachgefragten Informationen auf eine gesetzliche Grundlage mit klar umschriebenem Aufgabenprofil berufen kann und die Datenbekanntgabe an Dritte nicht oder nur anonymisiert möglich ist (ArGV 1 83 Abs. 3 → Nr. 2).

Zu Abs. 5

Mit Bezug auf eine Datenbekanntgabe bei nicht besonders schützenswerten Daten hat der BR in ArGV 1 84 Abs. 1 (→ Nr. 2) die Möglichkeit einer generellen Bekanntgabe an die Vollzugs- und Aufsichtsbehörden des ArG und UVG vorgesehen. Zudem können im Einzelfall auf begründetes Gesuch hin auch an Dritte derartige Daten bekannt gegeben werden, wenn ein öffentliches oder ein erhebliches privates Interesse geltend gemacht werden kann (ArGV 1 84 Abs. 2).

Art. 44b[1]   Informations- und Dokumentationssysteme

[1] Die Kantone und das Bundesamt führen zur Erfüllung der Aufgaben nach diesem Gesetz Informations- oder Dokumentationssysteme.

[2] Die Informations- und Dokumentationssysteme können besonders schützenswerte Daten enthalten über:

a. den Gesundheitszustand einzelner Arbeitnehmer im Zusammenhang mit den von diesem Gesetz und seinen Verordnungen vorgesehenen medizinischen Abklärungen, Risikoanalysen und Gutachten;

b. Verwaltungs- und Strafverfahren nach diesem Gesetz.

[3] Der Bundesrat bestimmt die Kategorien der zu erfassenden Daten und deren Aufbewahrungsdauer sowie die Zugriffs- und Bearbeitungsberechtigung. Er regelt die Zusammenarbeit mit den beteiligten Organen, den Datenaustausch und die Datensicherheit.

---

1   Eingefügt durch Ziff. VII 3 des BG vom 24. März 2000 über die Schaffung und die Anpassung gesetzlicher Grundlagen für die Bearbeitung von Personendaten, in Kraft seit 1. Sept. 2000 (AS 2000 1891 1914; BBl 1999 9005).

Zu Abs. 1

Abs. 1 enthält die Kompetenz des SECO und der Kantone, zur Erfüllung ihrer Aufgaben, Informations- und Dokumentationssysteme zu führen. Zu den Details s. Abs. 3.

Zu Abs. 2

Die Datensammlungen dienen hauptsächlich der Dokumentation von gesundheitlichen Risiken der Arbeitnehmer. Aus diesem Grund sind Datensammlungen über

a) den Gesundheitszustand einzelner Arbeitnehmer im Zusammenhang mit medizinischen Abklärungen, Risikoanalysen und Gutachten im Sinne von ArG und seinen VO zulässig (z.B. ArG 17c, ArGV 1 43 ff. → Nr. 2; ArG 35, ArGV 1 63) sowie über

b) das Verwaltungs- und Strafverfahren gemäss ArG.

Zu Abs. 3

ArGV 1 (→ Nr. 2) enthält detaillierte Angaben zum sog. Betriebsregister (ArGV 1 85), zu den automatisierten Informations- und Dokumentationssystemen (ArGV 1 86), zum Datenaustausch und der -sicherheit (ArGV 1 87) sowie zur Eingabe, Mutation und Archivierung von Daten (ArGV 1 88).

Das SECO führt ein Betriebsregister für industrielle Betriebe (ArG 5, ArGV 4 28 ff. → Nr. 7); für Betriebe mit Dauerarbeitszeitbewilligungen; für Betriebe, die im Rahmen des Vollzugs und der Oberaufsicht besucht werden; für Betriebe, die der Plangenehmigungspflicht unterstehen (ArG 7 Abs. 4, s. dort). Zu den entsprechenden Daten des Registers s. ArGV 1 85 Abs. 2 lit. a–i. Die Kantone dürfen ebenfalls Betriebsregister führen, soweit dies zur Erfüllung ihrer Aufgaben notwendig ist (ArGV 1 85 Abs. 3).

Im Weiteren richtet das SECO zur Bearbeitung und Verwaltung der Aufsichts- und Vollzugstätigkeiten ein automatisiertes Informations- und Dokumentationssystem ein für (ArGV 1 86):

a) das Betriebsregister,
b) die Unterstellung industrieller Betriebe,
c) das Plangenehmigungs- und Betriebsbewilligungsverfahren,
d) Arbeits- und Ruhezeitbewilligungen,
e) die arbeitsrechtliche Datenbank (Auskünfte und Kartothek),
f) die Vollzugsdatenbank der EKAS,
g) Betriebsbesuche und
h) die Adressverwaltung.

Nicht besonders schützenswerte Daten von vorstehend lit. a, b, c, f und g können mit anderen automatisierten Systemen der Vollzugs- und Aufsichtsbehörden des ArG und UVG mittels Abrufverfahren (ArG 44a Abs. 5 S. 2) verbunden werden (ArGV 1 86 Abs. 2).

Innerhalb des Informations- und Dokumentationssystems im Sinne von ArGV 1 86 können angeschlossene Kantone – ebenso wie umgekehrt das SECO – uneingeschränkt in nicht besonders schützenswerte Personendaten Einsicht nehmen (ArGV 1 87 Abs. 2). Der Zugriff auf besonders schützenswerte Daten muss demgegenüber im Rahmen der gegenseitigen Rechtshilfe begründet werden (ArGV 1 87 Abs. 3). Die Daten werden für den Bund vom SECO zentral verwaltet; für den Kanton erfolgt die Verwaltung durch die zuständige Behörde (ArGV 1 88 Abs. 1). Im Weiteren sind Personendaten 5 Jahre nach Ablauf ihrer Gültigkeit zu vernichten, sofern sie nicht dem Bundesarchiv zu übergeben sind (ArGV 1 88 Abs. 2).

3. Pflichten der Arbeitgeber und Arbeitnehmer

Art. 45 Auskunftspflicht

¹ Der Arbeitgeber und seine Arbeitnehmer sowie Personen, die im Auftrag des Arbeitgebers Aufgaben nach diesem Gesetz wahrnehmen, haben den Vollzugs- und Aufsichtsbehörden alle Auskünfte zu erteilen, die diese zur Erfüllung ihrer Aufgaben benötigen.[1]

² Der Arbeitgeber hat den Vollzugs- und Aufsichtsorganen den Zutritt zum Betriebe, die Vornahme von Feststellungen und die Entnahme von Proben zu gestatten.

Zu Abs. 1

Die Auskunftspflicht in ArG 45 Abs. 1 enthält eine Pflicht von Arbeitgeber und Arbeitnehmer gegenüber den Behörden. Die Pflicht des Arbeitgebers gemäss ArG 47 zur Bekanntgabe des Stundenplans besteht dagegen nicht nur gegenüber den Behörden, sondern auch gegenüber den Arbeitnehmern. Die Pflicht des Arbeitgebers gemäss ArG 48 zur Gewährung der Mitsprache besteht nicht gegenüber den Behörden, sondern nur gegenüber den Arbeitnehmern bzw. deren Vertretung. Hingegen sind die Duldungspflicht von ArG 45 Abs. 2 sowie ArG 46 und 49 wiederum nur Pflichten des Arbeitgebers gegenüber den Behörden. Der Aufbau des 3. Unterabschnitts im Abschnitt «Durchführung des Gesetzes» ist daher wenig überzeugend.

Die Auskunftspflicht des ArG 45 Abs. 1 betrifft Arbeitgeber wie Arbeitnehmer. Näheres zur Reichweite dieser beiden Begriffe im Kommentar zu ArG 1 Abs. 2 N 1 und 2. Die Behörden haben ein entsprechendes Befragungsrecht und können Arbeitnehmer in Abwesenheit von Dritten befragen (ArGV 1 72 Abs. 2 → Nr. 2). Die Auskünfte sind wahrheitsgetreu über alle Tatsachen zu erteilen, die für den Arbeitsschutz des ArG und seiner VO erheblich sind. Die Pflichten des ArG 45 bestehen nicht nur, wenn die Anwendbarkeit des ArG auf die betreffenden Arbeitgeber und Arbeitnehmer bereits feststeht, sondern auch dann, wenn entsprechende Ermittlungen über die Anwendbarkeit nach ArG 41 Abs. 3 durchgeführt werden. Zuwiderhandlungen sind nicht strafbar, unterliegen aber der Anwendung von Verwaltungszwang nach ArG 51, 52.

---

1   Fassung gemäss Ziff. VII 3 des BG vom 24. März 2000 über die Schaffung und die Anpassung gesetzlicher Grundlagen für die Bearbeitung von Personendaten, in Kraft seit 1. Sept. 2000 (AS 2000 1891 1914; BBl 1999 9005).

Zu Abs. 2

Im Gegensatz zur Handlungspflicht in Abs. 1 enthält Abs. 2 eine Duldungspflicht. Sie trifft nur den Arbeitgeber. Zu den Betriebsräumen gehören auch die Ess-, Aufenthalts- und Unterkunftsräume (ArGV 1 72 Abs. 1 → Nr. 2). Eine Pflicht zur vorherigen Anmeldung besteht nicht, wäre mit dem Kontrollzweck auch nicht zu vereinbaren. Das Hausrecht ist also bedingungslos eingeschränkt. Die Entnahme von Proben ist notwendig zwecks Analyse der im Betrieb verwendeten Stoffe und Substanzen im Hinblick auf ihre Gefährlichkeit oder Gesundheitsschädlichkeit (vgl. ArG 5 Abs. 2 lit. c, ArGV 4 31 → Nr. 7).

Art. 46[1] Verzeichnisse und andere Unterlagen

Der Arbeitgeber hat die Verzeichnisse oder andere Unterlagen, aus denen die für den Vollzug dieses Gesetzes und seiner Verordnungen erforderlichen Angaben ersichtlich sind, den Vollzugs- und Aufsichtsorganen zur Verfügung zu halten. Im Übrigen gelten die Bestimmungen des Bundesgesetzes vom 19. Juni 1992[2] über den Datenschutz.

1 Der Arbeitgeber (dazu Kommentar zu ArG 1 Abs. 2 N 1) ist den Behörden gegenüber zur Führung von Unterlagen verpflichtet, deren Inhalt in ArGV 1 73 Abs. 1, 74 im Einzelnen, jedoch nicht abschliessend (→ Nr. 2, BGer, JAR 1985, 287, 288) bezeichnet ist und die mindestens fünf Jahre aufzubewahren sind (ArGV 1 73 Abs. 2). Eine Pflicht zur Übersendung dieser Unterlagen an die Behörde besteht nicht (BIGA, ARV/1970, 40). Zuwiderhandlungen gegen ArG 46 sind nicht strafbar, sondern nur durch Verwaltungszwang zu bekämpfen (ArG 51, 52; zur Sonderfrage einer – richtigerweise verneinten – Beweislastumkehr im Überstunden- und Überzeitprozess bei ungenügender Arbeitszeitdokumentation durch den Arbeitgeber vgl. RUDOLPH, Stämpflis Handkommentar, ArG 46 N 15 ff., 18; derselbe ARV/2007, 238 ff.). Die Frist stimmt neu mit derjenigen nach Privatrecht mit Bezug auf Verjährung von Lohnforderungen überein (OR 128 Ziff. 3; zur alten Frist von zwei Jahren und den entsprechenden Gefahren: REHBINDER/MÜLLER, Art. 46).

2 Mit Bezug auf die Arbeitszeit ist Folgendes festzuhalten: Die Verantwortung für die Einhaltung der Arbeitszeiten liegt beim Arbeitgeber (s. Kommentar zu Art. 9 Abs. 1 N 1). Diese Verantwortung kann er nicht delegieren. Es ist jedoch möglich, namentlich im Zusammenhang mit neuen Organisationsformen oder mit elektronischer Datenverarbeitung, dass die Arbeitnehmer ihre Arbeitszeit selbst deklarieren (z.B. durch selbstständiges Aufzeichnen der Arbeitszeit anstelle von Stempeluhren oder durch Anmelden im Computersystem des Arbeitgebers). Dabei ist einerseits zu gewährleisten, dass die Daten für die Behörden ebenfalls während fünf Jahren (vgl. N 1) verfügbar (vgl. ArGV 1 73 Abs. 3: die Behörden müssen die

---

1 Fassung gemäss Ziff. VII 3 des BG vom 24. März 2000 über die Schaffung und die Anpassung gesetzlicher Grundlagen für die Bearbeitung von Personendaten, in Kraft seit 1. Sept. 2000 (AS 2000 1891 1914; BBl 1999 9005).

2 SR 235.1

Daten mitnehmen können) bleiben (v.a. bei Umstellungen der EDV zu beachten), und andererseits im Auge zu behalten, dass auch in diesen Fällen der Arbeitgeber für die Einhaltung der gesetzlichen Arbeitszeitbestimmungen verantwortlich bleibt (Wegleitung I, 173-2). Eine gänzliche Delegation an die Arbeitnehmer oder deren Vertretung ist daher unmöglich. So genügt es nach heutigem Recht nicht, wenn der Arbeitgeber den Arbeitnehmer anweist, ihm Arbeitszeitüberschreitungen zu melden, ohne je selbst – wenigstens stichprobenweise – die Einhaltung zu überprüfen (ebenso RUDOLPH, Stämpflis Handkommentar, ArG 46 N 9). Selbstverständlich muss der Arbeitgeber reagieren, wenn ihm Arbeitszeitüberschreitungen von anderen Arbeitnehmern oder der Arbeitnehmervertretung gemeldet werden. In neuerer Zeit haben sich Fragen insbesondere im Zusammenhang mit der sog. **Vertrauensarbeitszeit** gestellt. Nach heutiger Gesetzeslage ist *echte* Vertrauensarbeitszeit (Delegation der Kontrollpflicht an den Arbeitnehmer) nicht möglich. Bei der *unechten* Vertrauensarbeitszeit verbleibt die Kontrollpflicht nach wie vor beim Arbeitgeber, aber die Aufzeichnungspflicht wird an den Arbeitnehmer delegiert. Damit sind aus heutiger Sicht folgende Modelle zulässig: Der Arbeitnehmer deklariert seine Arbeitszeit selbst, arbeitet nach einem vorgegebenen Stundenplan/Schichtplan/Arbeitszeitreglement oder seine Arbeitszeit lässt sich konkludent aus den Umständen ableiten. Bei den beiden letzten Modellen entfällt eine direkte Arbeitszeiterfassung durch den Arbeitnehmer. Echte Vertrauensarbeitszeit bedürfte einer expliziten gesetzlichen Grundlage. So wäre beispielsweise eine neue Kategorie von Arbeitnehmern mit besonderer Zeitsouveränität – ähnlich der Arbeitnehmerkategorie mit höherer leitender oder wissenschaftlicher bzw. selbstständiger künstlerischer Tätigkeit im Sinne von ArG 3 lit. d – denkbar, für welche besondere Bestimmungen gälten.

Art. 47[1] Bekanntgabe des Stundenplanes und der Arbeitszeitbewilligungen

¹ Der Arbeitgeber hat den Arbeitnehmern durch Anschlag oder auf andere geeignete Weise bekannt zu geben:

a. den Stundenplan und die Arbeitszeitbewilligungen sowie

b. die damit zusammenhängenden besonderen Schutzvorschriften.

² Durch Verordnung wird bestimmt, welche Stundenpläne der kantonalen Behörde mitzuteilen sind.

Zu Abs. 1

1   Der Anschlag von

a)   Stundenplan, allfällig erteilter Arbeitszeitbewilligung sowie

b)   den damit zusammenhängenden besonderen Schutzvorschriften an geeigneter Stelle ermöglicht den Arbeitnehmern die Orientierung über Arbeits- und Ruhezeit sowie über eventuelle Schutzmassnahmen (dazu unten) im Betrieb.

---

1   Fassung gemäss Ziff. I des BG vom 20. März 1998, in Kraft seit 1. Aug. 2000 (AS 2000 1569 1580; BBl 1998 1394).

Die Pflicht gilt neu für alle Betriebe (früher unverständlicherweise nur für industrielle Betriebe; vgl. die entsprechende Kritik in REHBINDER/MÜLLER, Art. 47 Abs. 1 N 1). Die Bekanntgabepflicht erfasst auch jede Änderung des Stundenplans oder jede Änderung der Arbeitszeitbewilligung, nicht aber den blossen Ausgleich ausfallender Arbeitszeit oder von Überzeitarbeit. Diese sind lediglich in den Unterlagen nach ArG 46, ArGV 1 73 (→ Nr. 2) festzuhalten.

Besondere Schutzvorschriften im Sinne von ArG 47 Abs. 1 lit. b (vgl. ArGV 1 69 Abs. 2) sind solche des Gesetzes und seiner VO über den Jugendschutz (ArG 29–32, ArGV 5), die Mutterschaft (ArG 35, ArG 35a, ArG 35b; ArGV 1 60–66) und die zu gewährenden Ausgleichsruhezeiten für geleistete Nachtarbeit (ArG 17b, ArGV 1 31, 32).

Bei der Planung der betrieblichen Arbeitszeiten (Rahmeneinsatzzeiten, Pikettdienst, Einsatzpläne, bewilligte Stundenpläne) sind die Arbeitnehmer beizuziehen (ArGV 1 69 Abs. 1 S. 1, ArG 48 Abs. 1 lit. b; s. dort). Über den Zeitpunkt der konkreten Einführung der massgeblichen Arbeitszeiten sind sie möglichst frühzeitig zu informieren, in der Regel 2 Wochen vor der geplanten Einführung (ArGV 1 69 Abs. 1 S. 2).

Bei gleitender Arbeitszeit (dazu ArG 11 N 1) ist ein Stundenplan im herkömmlichen Sinne nicht möglich. Hier ist das Reglement über die gleitende Arbeitszeit vorzulegen, um eine Überprüfung auf Einhaltung des ArG zu ermöglichen. Dieses muss die folgenden Angaben enthalten: frühester Arbeitsbeginn, spätester Arbeitsschluss, Zeitraum der täglichen Arbeit von Frauen und Jugendlichen, tägliche Höchstarbeitszeit für Jugendliche, Pausen, tägliche Ruhezeit für Frauen und Jugendliche, durchschnittliche wöchentliche Arbeitszeit und Höchstarbeitszeit in den einzelnen Wochen (BIGLER N 1 b).

2   Die Mitteilungspflicht gegenüber der Behörde ist keine Genehmigungspflicht. Verstösst der Stundenplan aber gegen ArG oder VO, so muss die Behörde mit Verwaltungszwang nach ArG 51, 52 vorgehen. Nur für die Erteilung einer Arbeitszeitbewilligung ist eine Genehmigung des Stundenplanes erforderlich (ArGV 1 41 lit. c, 42 Abs. 1 lit. e).

Zu Abs. 2

Davon ist bisher kein Gebrauch gemacht worden.

Art. 48[1]   Mitwirkungsrechte

1 Den Arbeitnehmern oder deren Vertretung im Betrieb stehen in folgenden Angelegenheiten Mitspracherechte zu:

a. in allen Fragen des Gesundheitsschutzes;
b. bei der Organisation der Arbeitszeit und der Gestaltung der Stundenpläne;
c. hinsichtlich der bei Nachtarbeit vorgesehenen Massnahmen im Sinne von Artikel 17e.

---

1   Fassung gemäss Ziff. I des BG vom 20. März 1998, in Kraft seit 1. Aug. 2000 (AS 2000 1569 1580; BBl 1998 1394).

² Das Mitspracherecht umfasst den Anspruch auf Anhörung und Beratung, bevor der Arbeitgeber einen Entscheid trifft, sowie auf Begründung des Entscheids, wenn dieser den Einwänden der Arbeitnehmer oder deren Vertretung im Betrieb nicht oder nur teilweise Rechnung trägt.

Zu Abs. 1

Abs. 1 zählt abschliessend (Botschaft Rev., 187) Bereiche auf, in denen den Arbeitnehmern oder ihrer innerbetrieblichen Vertretung (s. MÜLLER SSA, 120 ff.; ROLAND A. MÜLLER: Die Arbeitnehmervertretung, AJP 1997, 1501 ff., und Kommentar zu ArG 37 Abs. 4 N 3) ein Mitwirkungsrecht in der Form der Mitsprache (s. Abs. 2; MÜLLER SSA, 225 ff., 228 ff.) zusteht. Damit wird Mitwirkungsgesetz Art. 10 (→ Nr. 16) konkretisiert (MÜLLER SSA, 244 ff.): Neben den in Mitwirkungsgesetz Art. 10 bereits normierten Gebieten der Arbeitssicherheit und des Gesundheitsschutzes (lit. a; Mitwirkungsgesetz Art. 10 lit. a wurde mit Inkrafttreten des rev. ArG [vgl. ArG 64] wie folgt geändert: «...in Fragen der Arbeitssicherheit im Sinne von Artikel 82 des Unfallversicherungsgesetzes sowie in Fragen des Arbeitnehmerschutzes im Sinne von Artikel 48 des Arbeitsgesetzes...»; s. auch Wegleitung I, 064-1), des Betriebsüberganges (lit. b) sowie der Massenentlassungen (lit. c) treten nun in ArG 48 die Organisation der Arbeitszeit und Gestaltung der Stundenpläne (lit. b; s. auch ArGV 1 69 Abs. 1 → Nr. 2) sowie die Massnahmen bei Nachtarbeit gemäss ArG 17e (lit. c) hinzu. Zur alten Regelung in ArG 48: REHBINDER/MÜLLER, Art. 48.

Bei «bewilligungstechnischen Fragen», die vom Arbeitgeber nachzuweisen und von der Behörde zu prüfen sind, steht den Arbeitnehmern bzw. deren Vertretung kein Mitwirkungsrecht zu (z.B. ArGV 1 27: dringendes Bedürfnis; ArGV 1 28: Unentbehrlichkeit).

Die Nichtbeachtung der Mitwirkungsrechte ist nicht strafbar, sondern unterliegt lediglich der Anwendung von Verwaltungszwang nach ArG 51, 52.

Zu Abs. 2

Abs. 2 umschreibt das Mitspracherecht als eine Form des Rechtes auf Mitwirkung der Arbeitnehmer bzw. deren Vertretung (MÜLLER SSA, 225 ff., 228 ff.). Es umfasst zunächst den Anspruch auf Anhörung und Beratung (sc. wechselseitiges Abwägen der Gründe), und zwar bevor der Arbeitgeber den Entscheid trifft. Nach der Entscheidfindung haben die Arbeitnehmer bzw. deren Vertretung im Betrieb Anspruch auf Begründung des Entscheides, und zwar nur dann, wenn dieser ihren Einwänden nicht oder nur teilweise Rechnung trägt (s. auch Botschaft Rev., 188; VISCHER, Stämpflis Handkommentar, ArG 48 N 16 ff.).

Das Mitspracherecht setzt die Information der Arbeitnehmer bzw. ihrer Vertretung im Betrieb voraus. Diese wird in ArGV 1 70 Abs. 1 (→ Nr. 2) konkretisiert: Es sind alle im Betrieb beschäftigten Arbeitnehmer, einschliesslich der dort tätigen Arbeitnehmer eines anderen Betriebes, ausreichend und angemessen zu informieren und anzuleiten. Dies hat im Zeitpunkt des Stellenantritts und bei jeder Änderung der Arbeitsbedingungen zu erfolgen und ist nötigenfalls zu wiederholen. ArGV 1 70 Abs. 1 bedeutet nicht, dass im Betrieb beschäftigte Arbeitnehmer eines anderen Betriebes automatisch auch in die Arbeitnehmervertretung wählbar sein müssten (zu zulässigen Einschränkungen bei der Wählbarkeit: s. MÜLLER SSA, 159 ff., bzw. bei der Wahlberechtigung: DERS., 154 ff.). Auf vorübergehend im Betrieb beschäftigte

Arbeitnehmer eines anderen Betriebes ist zudem auch das Mitwirkungsgesetz (→ Nr. 16) nicht anwendbar (Mitwirkungsgesetz Art. 1; MÜLLER SSA, 41 f.). Die Information und die Anleitung müssen während der Arbeitszeit erfolgen und dürfen nicht zulasten der Arbeitnehmer gehen (ArGV 1 70 Abs. 2).

Weitere Bestimmungen mit Bezug auf die Mitwirkungsrechte der Arbeitnehmer im Bereich Gesundheitsvorsorge und Unfallverhütung finden sich in ArGV 3 6 (→ Nr. 6) und VUV 6 (→ Nr. 13, MÜLLER SSA, 248 ff.).

Zur Beizugspflicht der Arbeitnehmer im Falle von Betriebsbesuchen der Vollzugsbehörde und der entsprechenden Kenntnisgabe mit Bezug auf Anordnungen der Behörde: ArGV 1 71, ArG 6 Abs. 3 (s. dort). Dabei handelt es sich um einen kollektiven Anspruch (MÜLLER SSA, 259 ff.) der Arbeitnehmerschaft (im Gegensatz zum individuellen, arbeitsplatzbezogenen Anspruch gemäss ArGV 1 70; MÜLLER SSA, 256 ff.).

Art. 49   Bewilligungsgesuche

[1] Der Arbeitgeber hat Gesuche für die im Gesetze vorgesehenen Bewilligungen rechtzeitig einzureichen und zu begründen sowie die erforderlichen Unterlagen beizufügen.

[2] Kann in dringlichen Fällen das Gesuch für eine Arbeitszeitbewilligung nicht rechtzeitig gestellt werden, so hat der Arbeitgeber dies so rasch als möglich nachzuholen und die Verspätung zu begründen. In nicht voraussehbaren Fällen von geringfügiger Tragweite kann auf die nachträgliche Einreichung eines Gesuches verzichtet werden.

[3] Für Arbeitszeitbewilligungen dürfen lediglich mässige Kanzleigebühren erhoben werden.[1]

Zu Abs. 1

Es geht um die Gesuche für Arbeitszeitbewilligung (ArG 9 Abs. 4; ArG 17 Abs. 1, Abs. 2, Abs. 3; ArG 19 Abs. 1, Abs. 2, Abs. 3; ArG 24 Abs. 1, Abs. 2, Abs. 3; ArGV 1 22 Abs. 3 → Nr. 2, ArGV 5 12, 13 → Nr. 8), über deren Form und Inhalt: ArGV 1 41, über die Bewilligungserteilung: ArGV 1 42; ferner um Plangenehmigung und Betriebsbewilligung (ArG 7), über deren Inhalt: ArGV 4 37–39 (→ Nr. 7), ArGV 4 42; um die Bewilligung für die Beschäftigung schulentlassener Jugendlicher unter 15 Jahren (ArG 30 Abs. 1–3; ArGV 5 9), über deren Form und Inhalt: ArGV 5 9 Abs. 2.

Zu Abs. 2

Kann das Gesuch wegen Dringlichkeit des Falles nicht mehr rechtzeitig bei der zuständigen Behörde gestellt werden, so ist es in der Regel nachträglich zu stellen. Oder es ist erst mündlich zu stellen und später schriftlich zu wiederholen. Über die zuständige Behörde siehe ArG

---

1   Fassung gemäss Ziff. II Art. 5 des BG vom 25. Juni 1971 über die Revision des Zehnten Titels und des Zehnten Titels[bis] des Obligationenrechts (Der Arbeitsvertrag), in Kraft seit 1. Jan. 1972 (SR 220 am Schluss, Schl- und UeB zum X. Tit.).

41 Abs. 1, 42 Abs. 2. Bei Zuwiderhandlungen gegen die Pflicht zur rechtzeitigen oder nachträglichen Einreichung des Gesuchs: Verwaltungszwang nach ArG 51, 52 und Strafbarkeit nach ArG 59 Abs. 1 lit. b. Nur in geringfügigen Fällen, die nicht vorhersehbar waren, kann die nachträgliche Einreichung des Gesuchs entfallen (z.B. unvorhergesehene und dringliche kleinere Reparaturen nachts oder am Sonntag).

Zu Abs. 3

Abs. 3 sieht vor, dass für Arbeitszeitbewilligungen mässige Kanzleigebühren erhoben werden. Ein Gebührenverzicht ist dadurch aber nicht ausgeschlossen.

4. Verwaltungsverfügungen und Verwaltungsmassnahmen

Art. 50 Verwaltungsverfügungen

¹ Die auf Grund des Gesetzes oder einer Verordnung getroffenen Verfügungen sind schriftlich zu eröffnen. Verfügungen, durch welche ein Gesuch ganz oder teilweise abgelehnt wird, sind zu begründen, unter Hinweis auf Beschwerderecht, Beschwerdefrist und Beschwerdeinstanz.

² Die Verfügungen können jederzeit geändert oder aufgehoben werden, wenn sich die zugrunde liegenden Tatsachen ändern.

Zu Abs. 1

1 Verwaltungsverfügungen oder Verwaltungsakte sind Massnahmen einer Verwaltungsbehörde zur Regelung eines Einzelfalles auf dem Gebiete des öffentlichen Rechts (s. VwVG 5 [SR 172.021]; BGE 101 Ia 74). Für den Erlass dieser Massnahmen sowie deren zwangsweise Durchsetzung stellen ArG 50–54 Regeln auf, die für das Verhalten der kantonalen Behörden massgebend sind. Für das Verhalten der Bundesbehörden gelten diese nach Erlass des VwVG jedoch nur, soweit sie eingehendere Regelungen enthalten und dem VwVG nicht widersprechen (VwVG 4, 80 lit. c). ArG 50 ist deshalb heute im Bereich der Bundesbehörden durch VwVG 34–38 ersetzt. Im Bereiche der kantonalen Vollzugsbehörden gilt ergänzend das kantonale Verwaltungsrecht. ArG 50–54 bedürfen daher der Überprüfung, ob sie nach Erlass des VwVG und angesichts des kantonalen Verwaltungsrechts nicht ersatzlos wegfallen können. Diese Überprüfung ist allem Anschein nach als lästiger Arbeitsaufwand beiseite geschoben worden.

Im Folgenden wird kein Abriss des Verwaltungsverfahrens im Arbeitsschutzrecht auf der Grundlage des VwVG gegeben, wie dies JAGMETTI in seiner Kommentierung der Art. 50–54 bei HUG verdienstvollerweise getan hat, und zwar in der Erwägung, dass die meisten Verwaltungsakte des Arbeitsschutzes von kantonalen Vollzugsbehörden ergehen, gegenüber denen sich die Beteiligten auf kantonales Recht und nicht auf das VwVG berufen können. Vielmehr beschränkt sich die Kommentierung auf den Text des ArG, der als Kernregelung sowohl gegenüber den Bundesbehörden als auch gegenüber den kantonalen Behörden gilt (vgl. auch BOVAY, Stämpflis Handkommentar, ArG 50 ff.).

2 Verwaltungsakte sind den Betroffenen, deren Rechte und Pflichten geregelt werden, schriftlich mitzuteilen, ferner Dritten, soweit sie zur Beschwerde legitimiert sind. Kommt eine Beschwerde in Betracht, weil dem Begehren einer Partei ganz oder teilweise nicht entsprochen wurde, ist eine Rechtsmittelbelehrung zu erteilen. Andernfalls erwächst der Verwaltungsakt nicht in formelle Rechtskraft, kann also jederzeit wieder angefochten werden. Dies ist heute selbstverständlich. Zur Begründungspflicht für den Fall einer ablehnenden Verfügung: BGer JAR 1987, 308 ff.

Zu Verfügungen des SECO s. ArGV 1 77 (→ Nr. 2).

Zu Abs. 2

Selbstverständlich ist auch, dass Verwaltungsakte abgeändert oder aufgehoben werden können, wenn sich die zugrunde liegenden Tatsachen verändert haben. Sie erwachsen also – anders als Gerichtsentscheide – nicht in materielle Rechtskraft. Hat sich lediglich die Beurteilung geändert, war der Verwaltungsakt also während seines Erlasses nicht fehlerfrei, so sind feststellende Verwaltungsakte wie derjenige nach ArG 41 Abs. 3 stets unwiderruflich, rechtsgestaltende Verwaltungsakte aber wie die auf das ArG gestützten behördlichen Bewilligungen sind hingegen so lange noch widerruflich, wie von ihnen noch nicht Gebrauch gemacht worden ist (BGE 94 I 343; JAGMETTI in HUG N 23).

Art. 51 Vorkehren bei Nichtbefolgung von Vorschriften oder Verfügungen

1 Werden Vorschriften des Gesetzes oder einer Verordnung oder wird eine Verfügung nicht befolgt, so macht die kantonale Behörde, das Eidgenössische Arbeitsinspektorat oder der Arbeitsärztliche Dienst den Fehlbaren darauf aufmerksam und verlangt die Einhaltung der nicht befolgten Vorschrift oder Verfügung.

2 Leistet der Fehlbare dem Verlangen keine Folge, so erlässt die kantonale Behörde eine entsprechende Verfügung, verbunden mit der Strafandrohung des Artikels 292 des Strafgesetzbuches[1].

3 Wird durch einen Verstoss im Sinne von Absatz 1 zugleich ein Gesamtarbeitsvertrag verletzt, so kann die kantonale Behörde in geeigneter Weise auf die Massnahmen der Vertragsparteien zur Durchsetzung des Gesamtarbeitsvertrages Rücksicht nehmen.

Zu Abs. 1

Über die Einhaltung des ArG wachen in erster Linie die Kantone (ArG 41 Abs. 1 S. 1, ArGV 1 79 → Nr. 2). Der Bund hat nur die Oberaufsicht und die Aufsicht über die Bundesbetriebe (ArG 42). Er lässt diese durch die Eidg. Arbeitsinspektorate (neu: Eidg. Arbeitsinspektionen, vgl. ArGV1 76) und die Abteilung für Arbeitsmedizin und Arbeitshygiene (neu: Ressort Grundlagen Arbeit und Gesundheit) ausüben (ArG 42 Abs. 4 S. 1, ArGV 1 75–78). Die Kontrolle erfolgt von Amtes wegen (ArGV 1 75, 79) oder auf Anzeige (ArG 54). Kontrollmittel

1   SR 311.0

sind Betriebsbesuche (ArG 45 Abs. 2, ArGV 1 72, 75 Abs. 2), Befragungen von Arbeitgebern und Arbeitnehmern (ArG 45 Abs. 1, ArGV 1 72 Abs. 2) sowie Einsichtnahmen in die vom Arbeitgeber bereitzustellenden Unterlagen (ArG 46, ArGV 1 73 f.). Gegenstand der Kontrolle ist die Einhaltung von Gesetz und VO sowie die Einhaltung rechtsgestaltender Verwaltungsakte wie z.B. der Arbeitszeitbewilligungen.

Stellen die Arbeitsbehörden Rechtsverletzungen in ihrem Kontrollbereich fest, haben sie nach dem Grundsatz der Verhältnismässigkeit das jeweils schonendste Mittel anzuwenden (BGE 92 I 103). ArG 51 Abs. 1 schreibt daher als Erstes die blosse Abmahnung vor. Diese ist als solche kein Verwaltungsakt; denn sie hat keine Auswirkungen auf die Rechtsstellung des Abgemahnten.

Zu Abs. 2

Nach erfolgloser Abmahnung ist als nächstes Mittel des Vollzugs die Verwaltungsverfügung, gerichtet auf Abhilfe, mit Strafandrohung nach StGB 292 (Ungehorsam gegen amtliche Verfügungen) vorgesehen. Da diese Verwaltungsverfügung die Grundlage für die Bestrafungsmöglichkeit nach StGB 292 setzt, ist sie ein Verwaltungsakt und kann daher mit der Beschwerde angefochten werden (ArG 56 Abs. 1). Zum Erlass einer solchen Verwaltungsverfügung sind nur die kantonalen Vollzugsbehörden zuständig (→ Weitere Dokumente, hinten). Die Eidg. Arbeitsinspektorate und die Abteilung für Arbeitsmedizin und Arbeitshygiene (zur je neuen Bezeichnung vgl. Abs. 1) können jedoch bei Missachtung ihrer Abmahnungen nach ArG 51 Abs. 1 den kantonalen Behörden Weisungen auf Erlass einer Verfügung nach ArG 51 Abs. 2 erteilen, denen diese nachzukommen haben (ArG 42 Abs. 1 S. 2, ArGV 1 78 → Nr. 2). Die Verstärkung der Abhilfeverfügung durch die Strafbarkeit nach StGB 292 ist für die Fälle gedacht, in denen nicht ohnehin eine Strafbarkeit nach StGB (ArG 62) oder nach den Sondertatbeständen der ArG 59–61 gegeben ist (BGE 90 IV 206; ObG/SO, ARV/1971, 63). Die Strafbarkeit nach StGB 292 setzt Rechtmässigkeit der Verfügung, ausdrückliche Androhung der Bestrafung (nicht blossen Verweis auf das Gesetz, BGE 95 II 460) und persönliche Zustellung an die Adressaten voraus. Mit der Strafandrohung kann auch die Androhung von Verwaltungszwang nach ArG 52 Abs. 2 oder 53 verbunden werden. Von der Verfügung nach ArG 51 Abs. 2 oder den Massnahmen nach ArG 51 Abs. 3 ist das Bundesamt zu benachrichtigen (ArGV 1 80 Abs. 4). Bei Missachtung der Verfügung nach ArG 51 Abs. 2 muss mit der Anwendung von Verwaltungszwang begonnen werden (ArG 52 Abs. 1). Liegt eine Widerhandlung gegen das Gesetz vor, kann die zuständige Behörde direkt Strafmassnahmen ergreifen. Eine Verpflichtung, vorerst Verwaltungsmassnahmen anzuordnen, besteht nicht (BezG Bülach, ARV/1993/94, 59 ff.; Kommentar zu ArG 59 Abs. 1 N 2).

Zu Abs. 3

Soweit der rechtswidrige Zustand zugleich gegen die Bestimmungen eines GAV verstösst (z.B. gegen die Regelung der Arbeits- und Ruhezeit), sollen die Vollzugsbehörden mit eigenen Durchsetzungsmassnahmen abwarten und der Durchsetzung durch die Parteien des GAV den Vorrang geben. Erst wenn diese – nach der angezeigten Kontaktnahme der Behörden mit den Arbeitsverbänden – nicht in angemessener Frist erfolgt, sollen die Behörden mit ihren Vollzugsmassnahmen beginnen. Siehe aber ArGV 1 80 Abs. 4 (→ Nr. 2) über die Mitteilung an das Bundesamt.

Art. 52 Massnahmen des Verwaltungszwangs

¹ Wird eine Verfügung im Sinne von Artikel 51 Absatz 2 missachtet, so ergreift die kantonale Behörde die zur Herbeiführung des rechtmässigen Zustandes erforderlichen Massnahmen.

² Werden Leben oder Gesundheit von Arbeitnehmern oder die Umgebung des Betriebes durch die Missachtung einer Verfügung im Sinne von Artikel 51 Absatz 2 erheblich gefährdet, so kann die kantonale Behörde nach vorheriger schriftlicher Androhung die Benützung von Räumen oder Einrichtungen verhindern und in besonders schweren Fällen den Betrieb für eine bestimmte Zeit schliessen.

Zu Abs. 1

ArG 52, 53 regeln die Ausübung von Verwaltungszwang. Doch kommt daneben die Anwendung des VwVG und des kantonalen Verwaltungsrechts in Betracht (s. näher Kommentar zu ArG 50 Abs. 1 N 1). ArG 52 Abs. 1 ermächtigt zum Vollstreckungszwang, ArG 52 Abs. 2, 53 geht über die Vollstreckung hinaus und hat zugleich den Charakter von Präventivmassnahmen gegen künftige Rechtsverletzungen. Die Mittel des allgemeinen Vollstreckungszwangs sind Schuldbetreibung (SchKG 38), Ersatzvornahme (BGE 91 I 300) und die Anwendung unmittelbaren Zwanges (vgl. JAGMETTI in HUG N 4–7). Die Schuldbetreibung kann eingesetzt werden für das Inkasso rechtskräftiger Gebührenentscheide der Arbeitsbehörden (vgl. ArG 49 Abs. 3), die Ersatzvornahme z.B. für die Durchführung von Sicherheitsmassnahmen der Gesundheitsvorsorge durch die Vollzugsbehörden (vgl. ArG 6) und die Anwendung unmittelbaren Zwanges (d.h. von Gewalt) z.B. bei der Betriebsbesichtigung oder der Entnahme von Proben (vgl. ArG 45 Abs. 2).

Da Voraussetzung des allgemeinen Vollstreckungszwangs nach ArG 52 Abs. 1 die Missachtung einer Verfügung nach ArG 51 Abs. 2 ist, kommt neben der Zwangsanwendung noch die Strafanzeige nach StGB 292 in Frage (positiv zur Kumulation von Verwaltungszwang und Strafverfahren: BGE 90 IV 209). Bei der Kumulation verschiedener Zwangsmassnahmen nach ArG 52, 53 ist hingegen der Verhältnismässigkeitsgrundsatz zu beachten (vgl. ArG 51 Abs. 1), doch ist unter den dortigen Voraussetzungen eine Gleichzeitigkeit von Massnahmen nach ArG 52 Abs. 2 und 53 möglich (Botschaft, 1005).

Zu Abs. 2

Wird eine Verfügung nach ArG 51 Abs. 2 missachtet, die der Durchsetzung von ArG 6 sowie der ArGV 3 (→ Nr. 6) dient, so kann, wenn geringere Massnahmen wie z.B. eine Ersatzvornahme nicht in Betracht kommen (zum Verhältnismässigkeitsgrundsatz s. ArG 51 Abs. 1), auch ein Benützungsverbot für bestimmte Räume oder Einrichtungen, in besonders schweren Fällen gar eine Betriebsschliessung, vorgenommen werden, wenn dies vorher schriftlich angedroht wurde. Diese Massnahmen dürfen nur so lange aufrechterhalten bleiben, wie die erhebliche Gefährdung andauert (Botschaft, 1005). Sie sind nicht möglich, wenn der Betriebsinhaber allen Vorschriften und Auflagen nachgekommen ist, gleichwohl aber eine Gefahr droht (BIGA, ARV/1970, 12). Hier kann nur die Sicherheitspolizei eingreifen. Im Übrigen kann bei Gefahr im Verzuge auf die schriftliche Androhung verzichtet werden. Auch kann die

Androhung gleich mit der Verfügung nach ArG 51 Abs. 2 verbunden werden. Entscheidungen gemäss ArG 52 Abs. 2 sind Verfügungen nach ArG 50 Abs. 1, so dass Schriftlichkeit, Begründung und Rechtsmittelbelehrung sowie Mitteilung nach ArGV 1 80 Abs. 4 (→ Nr. 2) an das Bundesamt erforderlich sind. Die Androhung selbst ist kein Verwaltungsakt und daher nicht selbstständig mit Rechtsmittel anfechtbar.

Art. 53 Entzug und Sperre von Arbeitszeitbewilligungen

¹ Wird eine Arbeitszeitbewilligung nicht eingehalten, so kann die Bewilligungsbehörde, unabhängig vom Verfahren gemäss den Artikeln 51 und 52, die Bewilligung nach vorheriger schriftlicher Androhung aufheben und, wenn die Verhältnisse dies rechtfertigen, die Erteilung neuer Bewilligungen für eine bestimmte Zeit sperren.

² Missbraucht ein Arbeitgeber die Befugnis zur Anordnung von Überzeitarbeit ohne Bewilligung, so kann ihm die kantonale Behörde diese Befugnis für eine bestimmte Zeit entziehen.

Zu Abs. 1

Auch dieses Zwangsmittel geht über den reinen Vollstreckungszwang hinaus (s. ArG 52 Abs. 1). Es ist neben Strafverfahren nach ArG 59 Abs. 1 lit. b oder StGB 292 möglich. Eine Abmahnung nach ArG 51 Abs. 1 oder der vorherige Erlass einer Verfügung nach ArG 51 Abs. 2 oder Massnahmen des Verwaltungszwanges nach ArG 52 sind nicht erforderlich, sondern lediglich eine vorherige schriftliche Androhung der Bewilligungsbehörde, also des SECO oder der kantonalen Behörde. Die Sperre für die Erteilung neuer Bewilligungen wird in der Regel nur in Betracht kommen, wenn der Betriebsinhaber bereits in früheren Fällen den erteilten Arbeitszeitbewilligungen zuwidergehandelt hat. Die blosse Androhung ist noch kein Verwaltungsakt und damit nicht selbstständig durch Rechtsmittel anfechtbar.

Zu Verfügungen des SECO und Ersatzmassnahmen vgl. ArGV 1 77 (→ Nr. 2).

Zu Abs. 2

Mit Streichung der Bewilligungspflicht nach aArG 12 Abs. 3 S. 1 für Überstunden (vgl. REHBINDER/MÜLLER, Art. 53 Abs. 2) hat diese Bestimmung ihren Hauptanwendungsfall verloren.

Art. 54 Anzeigen

¹ Die zuständigen Behörden sind verpflichtet, Anzeigen wegen Nichtbefolgung des Gesetzes, einer Verordnung oder einer Verfügung zu prüfen und, falls sie begründet sind, gemäss den Artikeln 51–53 zu verfahren.

² Trifft die Behörde auf Anzeige hin keine oder ungenügende Vorkehren, so kann die übergeordnete Behörde angerufen werden.

Zu Abs. 1

1 Anzeigen wegen Verletzung des ArG sind je nach Art der Rechtsverletzung an die örtlich zuständige kantonale Arbeitsbehörde (dazu Kommentar zu ArG 41 Abs. 1 N 2), an das örtlich zuständige Eidg. Arbeitsinspektorat (neu: Arbeitsinspektion; dazu Kommentar zu ArG 42 Abs. 3 N 1, Abs. 4 N 1) oder an die Abteilung für Arbeitsmedizin und Arbeitshygiene (neu: Ressort Grundlagen Arbeit und Gesundheit; dazu Kommentar zu ArG 42 Abs. 4 N 2) zu richten. Anzeigen bei unzuständigen Behörden (bei der unzuständigen Arbeitsbehörde oder z.B. bei der Polizei oder beim Arbeitsgericht) sind jedoch nach allgemeinem Verwaltungsverfahrensrecht von der betreffenden Behörde an die zuständige Behörde weiterzuleiten (für die Bundesbehörden gesetzlich festgelegt in VwVG 8 Abs. 1).

2 Da die Arbeitsbehörden infolge unzureichender personeller Ausstattung mit ihren Aufsichtsaufgaben ständig überfordert sind, ist der ordnungsgemässe Vollzug des ArG stark auf die Mithilfe aus der Bevölkerung und damit auf Anzeigen angewiesen (MOREILLON, Stämpflis Handkommentar, ArG 54 N 5). Die Situation ist hier der Lebensmittelaufsicht vergleichbar, wo die meisten Skandale erst infolge von Pressehinweisen, nicht aber durch die Aufsichtsbehörde selbst entdeckt werden. Statt dieser Einsicht hat den Gesetzgeber bei der Regelung des Anzeigewesens allein das Motiv bewegt, einen Missbrauch des Anzeigerechts zu verhindern (s. Botschaft, 1006). Infolgedessen hat er es abgelehnt, die Behörde zu verpflichten, den Anzeigenden von Amtes wegen über das Ergebnis der behördlichen Überprüfung zu unterrichten. Da der Anzeigende aber nach ArG 54 Abs. 2 das Recht der Aufsichtsbeschwerde hat, muss ihm auf Verlangen Auskunft über die Behandlung seiner Anzeige erteilt werden (JAGMETTI in HUG N 6).

Das Hauptproblem eines Gesetzes, das zu seinem Vollzug faktisch auf Anzeigen angewiesen ist, ist die Frage nach der Behandlung anonymer Anzeigen. Gibt sich nämlich der Anzeigende zu erkennen, wird er als «Quittung» sozialen Pressionen ausgesetzt; in der Schweiz ein in einem Lande ohne gesetzlichen Kündigungsschutz setzt er seine Arbeitsstelle aufs Spiel. Zwar hat die Behörde in Bezug auf die Person des Anzeigenden das Amtsgeheimnis zu wahren (ArG 44). Auf die gesetzliche Schweigepflicht wird sich aber nicht jeder verlassen wollen und können. Entscheidet er sich in achtenswerter Vorsicht für eine anonyme Anzeige, so wird von Verwaltungsrechtlern die Ansicht vertreten, dass die Behörde zur «Prüfung solcher Meldungen (...) wohl nicht verpflichtet» sei (so JAGMETTI in HUG N 3 unter Hinweis auf GRISEL; erstaunlicherweise aber auch TSCHUDI 99; ebenso MOREILLON, Stämpflis Handkommentar, ArG 54 N 7 ff.). Da die Anonymität als solche nicht bereits rechtlich negativ zu bewerten ist, wie das Grundrecht auf geheime Wahl beweist, widerspricht diese einschränkende Auslegung des Gesetzes Sinn und Zweck der Regelung des Anzeigewesens in ArG 54 (für die Bearbeitung anonymer Anzeigen, jedoch nur i.S. eines ethischen Appells an das Behördenpersonal: CANNER/SCHOOP N 1a; wie hier: DANIEL E. GUNDELFINGER: Das Arbeitsgesetz und die Verwaltungsrechtspflege im Bund und im Kanton Zürich, Diessenhofen 1983, 164 f.).

3 Geht die zuständige Behörde pflichtgemäss der Anzeige nach und stellt sie Rechtsverletzungen fest, so muss sie für Abhilfe sorgen, notfalls durch Verwaltungszwang (ArG 51–53) und gegebenenfalls zusätzlich durch Strafanzeige (ArG 59–62). Der Umstand, dass die Strafanzeige in ArG 54 Abs. 1 als behördliche Reaktion auf eine Anzeige nicht genannt ist, darf nicht zur Annahme verleiten, die Arbeitsbehörden seien hier berechtigt, nach dem Opportu-

nitätsprinzip zu verfahren («wo sich dies aufdrängt», so CANNER/SCHOOP N 1a). Sie ist vielmehr als Polizeibehörde Hilfsorgan der Staatsanwaltschaft, die nach dem Legalitätsprinzip vorzugehen hat. Es besteht also eine Rechtspflicht zur Strafanzeige.

Zu Abs. 2

Wer einen Rechtsanspruch auf Erlass bestimmter Verwaltungsakte hat, kann bei unrechtmässiger Verweigerung oder Verzögerung hiergegen mit der Verwaltungsbeschwerde und der Verwaltungsgerichtsbeschwerde vorgehen. Er kann aber auch darauf verzichten und bei der übergeordneten Behörde eine Aufsichtsbeschwerde erheben. Im Regelfall steht hingegen dem Anzeigenden ein Anspruch gegenüber der Behörde auf ordnungsgemässe Erledigung seiner Beanstandungen nicht zu. Dann ist er auf die Erhebung einer Aufsichtsbeschwerde beschränkt.

Die Aufsichtsbeschwerde gegen eine mangelhafte Erledigung von Anzeigen durch die kantonalen Arbeitsbehörden kann bei den übergeordneten kantonalen Behörden oder aber bei den Eidg. Arbeitsinspektionen erhoben werden, da dem SECO die Oberaufsicht über den Vollzug des ArG übertragen ist (ArG 42 Abs. 1, Abs. 3, Abs. 4). Gegen die Erledigung der Aufsichtsbeschwerde durch das SECO oder gegen eine mangelhafte Erledigung von Anzeigen beim SECO kann Aufsichtsbeschwerde bei dessen übergeordneten Behörden, nämlich dem EVD und (diesem übergeordnet) dem Bundesrat erhoben werden.

Wird auf eine Aufsichtsbeschwerde nicht eingetreten, kann dieser Entscheid nicht durch Verwaltungsbeschwerde oder Verwaltungsgerichtsbeschwerde angefochten werden, weil der Beschwerdeführer nicht die Rechte einer Partei hat.

5. Verwaltungsrechtspflege

Art. 55[1]

Die Rekurskommission EVD geht im Bundesverwaltungsgericht auf. Der Rechtsschutz folgt den allgemeinen Bestimmungen über die Bundesrechtspflege und bedarf keiner spezialgesetzlichen Regelung, weshalb Art. 55 gestrichen wurde.

Art. 56   Beschwerde gegen Verfügungen der kantonalen Behörde

[1] Gegen Verfügungen der kantonalen Behörde kann innert 30 Tagen, von der Eröffnung der Verfügung an gerechnet, Beschwerde bei der kantonalen Rekursbehörde erhoben werden.

---

1   Aufgehoben durch Anhang Ziff. 98 des Verwaltungsgerichtsgesetzes vom 17. Juni 2005, mit Wirkung seit 1. Jan. 2007 (SR 173.32).

² Der Entscheid ist dem Beschwerdeführer und der Behörde, deren Verfügung angefochten wurde, schriftlich mit Angabe der Gründe und mit Rechtsmittelbelehrung zu eröffnen. Im Übrigen richtet sich das Verfahren nach kantonalem Recht.

Zu Abs. 1

Das dem Verwaltungsgerichtsprozess in vielen Kantonen vorgeschaltete streitige Verwaltungsverfahren ist gegenüber Verfügungen der kantonalen Arbeitsbehörden durch Beschwerde bei der diesen Behörden übergeordneten kantonalen Rekursbehörde einzuleiten. Gegenstand der Beschwerde können sein: die Anfechtung von Plangenehmigungen und Betriebsbewilligungen für industrielle Betriebe (ArG 7), von Entscheiden über Arbeitszeitbewilligungen (ArG 17 Abs. 5, 19 Abs. 4, 24 Abs. 4, 31 Abs. 4), von Entscheiden über die Beschäftigung Jugendlicher (ArG 30 Abs. 2, Abs. 3; ArGV 5 9 → Nr. 2), von Entscheiden über die Bewilligung der Nacht- oder Sonntagsarbeit von Jugendlichen (ArG 31 Abs. 4; ArGV 5 12 Abs. 4, 13 Abs. 4), von Entscheiden über die Anwendbarkeit des ArG (ArG 41 Abs. 3), von Verfügungen mit Strafandrohung nach ArG 51 Abs. 2 sowie von Vollstreckungsmassnahmen nach ArG 52 Abs. 1 und Massnahmen des Verwaltungszwanges nach ArG 52 Abs. 2 und 53. Keiner Verwaltungsbeschwerde hingegen unterliegt die dem Verwaltungszwang nach ArG 52 Abs. 2, 53 vorauszuschickende Androhung mit Fristsetzung, da es sich hier nicht um Verfügungen i.S. des Verwaltungsrechts handelt.

Verzeichnis der Rekursbehörden → Weitere Dokumente, hinten. Gelegentlich haben die Kantone eine zweite Rekursinstanz geschaffen.

Zu Abs. 2

Das Verwaltungsverfahren von den kantonalen Rekursinstanzen richtet sich im Prinzip nach kantonalem Recht. Durch Bundesrecht sind nur die Beschwerdefrist (ArG 56 Abs. 1), die Eröffnung des Beschwerdeentscheids (ArG 56 Abs. 2 S. 1) und die Beschwerdelegitimation (ArG 58 Abs. 1) vorgeschrieben. Ferner gelangen gemäss VwVG 1 Abs. 3 auf das Verfahren der letzten kantonalen Instanz die Bestimmungen des VwVG über die Modalitäten der Eröffnung von Beschwerdeentscheiden (VwVG 34–38, VwVG 61 Abs. 2 und Abs. 3) sowie den Entzug der aufschiebenden Wirkung der Verwaltungsbeschwerde (VwVG 55 Abs. 2 und Abs. 4) zur Anwendung. Ob hingegen die Beschwerde aufschiebende Wirkung hat oder nicht, richtet sich nach kantonalem Recht.

Art. 57[1]

Der Rechtsschutz folgt den allgemeinen Bestimmungen über die Bundesrechtspflege und bedarf keiner spezialgesetzlichen Regelung, weshalb Art. 57 gestrichen wurde.

---

1   Aufgehoben durch Anhang Ziff. 98 des Verwaltungsgerichtsgesetzes vom 17. Juni 2005, mit Wirkung seit 1. Jan. 2007 (SR 173.32).

Art. 58[1] Beschwerderecht

Zur Beschwerde gegen Verfügungen der kantonalen Behörden und der Bundesbehörden sind auch die Verbände der beteiligten Arbeitgeber und Arbeitnehmer berechtigt.

1 Die Beschwerdelegitimation der Verbände der beteiligten Arbeitgeber und Arbeitnehmer wird beibehalten. Die Beschwerdeberechtigung der übrigen, im alten Art. 58 Abs. 1 genannten Personen ergibt sich aus den allgemeinen Bestimmungen über die Bundesrechtspflege und wurde daher im neuen Art. 58 nicht speziell erwähnt.

2 Grundsätzlich zur Beschwerde berechtigt ist, wer durch die angefochtene Verfügung berührt ist und ein schützenswürdiges Interesse daran hat, deren Aufhebung oder Änderung zu begehren (vgl. Wegleitung I, 058-1). In Zusammenhang mit Verfügungen bzw. Bewilligungen sind sowohl Arbeitgeber als auch Arbeitnehmer zur Beschwerde berechtigt, wenn sie von der jeweiligen Verfügung direkt betroffen sind. Arbeitgeber- und Arbeitnehmerverbände haben ein eigenes Beschwerderecht. Sie können auch dann Beschwerde führen, wenn die von der Verfügung belastete Person nicht Verbandsmitglied ist oder von sich aus nicht Beschwerde führen würde. Im Gegensatz zur Verbandsbeschwerde muss nicht die Mehrzahl der Verbandsmitglieder ein Interesse an der Aufhebung der in Frage stehenden Verfügung haben. Das Beschwerdeverfahren ist im Bundesgesetz vom 20.12.1968 über das Verwaltungsverfahren geregelt (SR 172.021).

6. Strafbestimmungen[2]

Art. 59[3] Strafrechtliche Verantwortlichkeit des Arbeitgebers

1 Der Arbeitgeber ist strafbar, wenn er den Vorschriften über

a. den Gesundheitsschutz und die Plangenehmigung vorsätzlich oder fahrlässig zuwiderhandelt;

b. die Arbeits- und Ruhezeit vorsätzlich zuwiderhandelt;

---

1 Fassung gemäss Anhang Ziff. 98 des Verwaltungsgerichtsgesetzes vom 17. Juni 2005, in Kraft seit 1. Jan. 2007 (SR 173.32).
2 Ab 1. Jan. 2007 sind die angedrohten Strafen und die Verjährungsfristen in Anwendung von Art. 333 Abs. 2–6 des Strafgesetzbuches (SR 311.0) in der Fassung des BG vom 13. Dez. 2002 (AS 2006 3459) zu interpretieren beziehungsweise umzurechnen.
3 Fassung gemäss Ziff. 9 des Anhangs zum Unfallversicherungsgesetz, in Kraft seit 1. Jan. 1984 (SR 832.20, 832.201 Art. 1 Abs. 1).

c. den Sonderschutz der jugendlichen oder weiblichen Arbeitnehmer vorsätzlich oder fahrlässig zuwiderhandelt.

² Artikel 6 des Verwaltungsstrafrechtsgesetzes vom 22. März 1974[1] ist anwendbar.

Zu Abs. 1

1 Die strafrechtliche Verantwortlichkeit nach ArG 59 kann nur einen Arbeitgeber treffen, der gegen die in diesem Artikel abschliessend aufgezählten (Enumerationsprinzip) Vorschriften des ArG oder seiner VO verstösst, mithin nur denjenigen Arbeitgeber, der in den Geltungsbereich dieses Gesetzes fällt (dazu ArG 1–4 und ArG 1 Abs. 1 N 1; ObG Kt. BL, Urteil vom 25.03.1997, JAR 1998, 270 f.). Strafbar ist jeder Arbeitgeber, der eine in ArG 59 aufgeführte Zuwiderhandlung auf dem Staatsgebiet der Schweiz begeht; auf den Wohnsitz oder die Staatsangehörigkeit des Täters kommt es nicht an (StGB 333 Abs. 1, 3 Abs. 1: Territorialitätsprinzip).

Arbeitgeber ist der Inhaber eines dem ArG unterstellten Betriebes (dazu näher Kommentar zu ArG 1 Abs. 2 N 1). Der Strafrichter ist hier wie in anderen das ArG betreffenden materiellen Fragen an die Entscheide der Arbeitsbehörden gebunden. Über die Strafbarkeit im Falle der Beauftragung anderer mit der Leitung des Betriebes s. Kommentar zu Abs. 2.

2 Gegenüber der strafrechtlichen Verantwortlichkeit nach dem ArG sind gemäss ArG 62 Abs. 1 die besonderen Bestimmungen des StGB vorbehalten (s. dort). Mit der Begehung eines Straftatbestandes des StGB kann daher nach Lage des Einzelfalles (vgl. Botschaft, 1010) gemäss den allgemeinen Grundsätzen über die Konkurrenz von Straftatbeständen die Strafbarkeit nach ArG entfallen. Nach ArG 71 lit. c ist auch das Polizeistrafrecht von Bund, Kantonen und Gemeinden vorbehalten. Nach ArG 71 lit. a ist schliesslich das UVG vorbehalten. Zuwiderhandlungen gegen die dort vorgeschriebenen Pflichten sind in den der Suva unterstellten Betrieben nach UVG 112 Abs. 4 strafbar. Siehe ferner die ausserhalb des Geltungsbereichs des ArG bestehenden vergleichbaren Straftatbestände in AZG 24 (→ Nr. 17), HArG 12–14 (→ Nr. 20), SeeschiffG 150 und SVG 100 Ziff. 2.

Da als Täter nur Arbeitgeber (ArG 59 Abs. 1), Arbeitnehmer (ArG 60) oder Beauftragte und dergl. (ArG 59 Abs. 2) in Betracht kommen, können andere Personen nicht als Täter oder Teilnehmer bestraft werden. Das Bundesgericht will zwar bei derartigen sog. Sonderdelikten auch Aussenstehende bestrafen (vgl. BGE 95 IV 117), doch muss StGB 26 auf strafbegründende Merkmale analog angewendet werden, weshalb eine Strafbarkeit mangels der gesetzlich erforderten persönlichen Eigenschaften entfällt (NOLL: Strafrecht I, 1977, 71; AEPPLI in HUG Vorbem. 7; CANNER/SCHOOP N 1).

Wird ein Straftatbestand des ArG erfüllt, so hat die zuständige Arbeitsbehörde die Wahl: Sie kann die Verantwortlichen bei der zuständigen Strafbehörde (dazu ArG 62 Abs. 2) anzeigen und damit die Einleitung der Strafverfolgung veranlassen, oder sie kann zunächst nur Verwaltungsmassnahmen nach ArG 51–53 ergreifen (BezG Bülach ARV/1993/94, 59 ff.; Kommentar zu ArG 51 Abs. 2 a.E.). Es ist unglücklich, wenn in diesem Zusammenhang von

---

[1] SR 313.0

einer Subsidiarität der Strafbestimmungen gesprochen wird (siehe AEPPLI in HUG Vorbem. 1); denn dadurch wird der unrichtige Eindruck erweckt, als sei die Strafverfolgung von der vorherigen erfolglosen Anwendung von Verwaltungszwang abhängig (dagegen zu Recht: ObG/SO, ARV/1971, 63 = SJZ 1972, 346). Richtig ist daran nur so viel, dass nach den Vorstellungen des Gesetzgebers die Arbeitsbehörden in der Regel erst nach ArG 51 ff. vorgehen sollen, bevor sie die Strafverfolgung betreiben (Botschaft, 1008). Tun sie das, so kann später gleichwohl nach ArG bestraft werden; denn die in ArG 51 Abs. 2 vorgesehene Bestrafung nach StGB 292 ist nur für diejenigen Fälle gedacht, in denen sich die Strafbarkeit nicht bereits aus anderen Vorschriften ergibt (s. Kommentar zu ArG 51 Abs. 2). Im Übrigen ist festzuhalten: Zuwiderhandlungen gegen das ArG sind Offizialdelikte (siehe ArG 62 Abs. 2).

Zu Abs. 1 lit. a

ArG 6 und 7, ArGV 3 (→ Nr. 6), ArGV 4 (→ Nr. 7). Verschuldensformen sind Vorsatz (StGB 12 Abs. 2: Tat mit Wissen und Willen) oder Fahrlässigkeit (StGB 12 Abs. 3: Ausserachtlassung derjenigen Vorsicht, zu der der Täter nach den Umständen und nach seinen persönlichen Verhältnissen verpflichtet ist). Bei Lückenhaftigkeit der Spezialregelungen ist nicht ausgeschlossen, dass der Vorwurf der Fahrlässigkeit auch auf den allgemeinen Gefahrensatz gestützt wird (BGE 106 IV 80 = JAR 1981, 99–101).

Zu Abs. 1 lit. b

ArG 9–21, ArG 24, 25, ArGV 1 13–42 (→ Nr. 2), ArGV 1 60–61, ArGV 2 (→ Nr. 5), ArGV 5 10–17 (→ Nr. 8). Verschuldensform: Vorsatz. Zur Umgehung durch Arbeitsvergabe in Heimarbeit vgl. Kommentar zu ArG 3 lit. f.

Arbeitet ein Arbeitnehmer gleichzeitig an mehreren Arbeitsstellen (Halbtagsstellen, Nebentätigkeit), so ist Strafbarkeit wegen Verletzung der wöchentlichen Höchstarbeitszeit nur gegeben, wenn einer der Arbeitgeber von der Überschreitung Kenntnis hat; der Arbeitnehmer ist ohnehin nicht strafbar (siehe ausführlich BIGA, ARV/1974, 1). Strafbarkeit ist auch wegen vorsätzlicher Nichtbezahlung öffentlich-rechtlich geschuldeter Lohnzuschläge gegeben, weil diese der Zurückdämmung unerwünschter Arbeit dienen (BIGA, ARV/1969, 57; anders: AEPPLI in HUG N 14, wie hier: HOLZER in HUG Art. 13 N 6, CANNER/SCHOOP N 6).

Zu Abs. 1 lit. c

ArG 29–36a, ArGV 1 60–66 (→ Nr. 2), ArGV 5 (→ Nr. 8). Verschuldensform: Vorsatz oder Fahrlässigkeit.

Zu Abs. 2

VStrR 6 (SR 313.0) regelt in ausführlicher Weise die strafrechtliche Verantwortlichkeit von Beauftragten und dergleichen in Geschäftsbetrieben. Er lautet:

[1] Wird eine Widerhandlung beim Besorgen der Angelegenheiten einer juristischen Person, Kollektiv- oder Kommanditgesellschaft, Einzelfirma oder Personengesamtheit ohne Rechtspersönlichkeit oder sonst in Ausübung geschäftlicher oder dienstlicher Verrichtungen für einen andern begangen, so sind die Strafbestimmungen auf diejenigen natürlichen Personen anwendbar, welche die Tat verübt haben.

² Der Geschäftsherr, Arbeitgeber, Auftraggeber oder Vertretene, der es vorsätzlich oder fahrlässig in Verletzung einer Rechtspflicht unterlässt, eine Widerhandlung des Untergebenen, Beauftragten oder Vertreters abzuwenden oder in ihren Wirkungen aufzuheben, untersteht den Strafbestimmungen, die für den entsprechend handelnden Täter gelten.

³ Ist der Geschäftsherr, Arbeitgeber, Auftraggeber oder Vertretene eine juristische Person, Kollektiv- oder Kommanditgesellschaft, Einzelfirma oder Personengesamtheit ohne Rechtspersönlichkeit, so wird Absatz 2 auf die schuldigen Organe, Organmitglieder, geschäftsführenden Gesellschafter, tatsächlich leitenden Personen oder Liquidatoren angewendet.

Zu VStrR 6 Abs. 2 s. PETER BÖCKLI: Zur Garantenhaftung des Vorgesetzten im Verwaltungsstrafrecht, ZStrR 97 (1980), 73–97.

Art. 60[1] Strafrechtliche Verantwortlichkeit des Arbeitnehmers

¹ Der Arbeitnehmer ist strafbar, wenn er den Vorschriften über den Gesundheitsschutz vorsätzlich zuwiderhandelt.

² Gefährdet er dadurch andere Personen ernstlich, so ist auch die fahrlässige Widerhandlung strafbar.

Die mit dem ArG neu eingeführte Strafbarkeit des Arbeitnehmers steht auf dem Papier. Zur Strafbarkeit bei Verstoss gegen UVG 82 Abs. 3 (→ Nr. 12, vgl. Kommentar zu ArG 59 Abs. 1 N 2) s. UVG 113. Seit Inkrafttreten des Gesetzes ist kein derartiges Strafverfahren durchgeführt worden. Dafür besteht auch keine Notwendigkeit. Zum einen gibt es genügend andere Straftatbestände (siehe Kommentar zu ArG 59 Abs. 1 N 2). Zum anderen reicht es aus, wenn die Behörde gegen den Arbeitgeber vorgeht und dieser den Arbeitnehmer mit der Kündigung bedroht. Auch kann man den Arbeitnehmer notfalls auf die Verkürzung einer allfälligen Suva-Rente (UVG 36 Abs. 2, 37 Abs. 2) und seine Schadenersatzpflicht gegenüber Dritten hinweisen (zu den Sanktionen gegenüber Pflichtverletzungen des Arbeitnehmers siehe im Einzelnen die Bemerkungen zu ArG 6 Abs. 3).

Straftäter können nur Arbeitnehmer sein, die in den Geltungsbereich dieses Gesetzes fallen (siehe die entsprechenden Ausführungen zum Arbeitgeber als Straftäter in Kommentar zu ArG 59 Abs. 1 N 1) und daher ArG 6 sowie den bestehenden Pflichten nach ArGV 3 (→ Nr. 6) unterliegen (s. auch ROLAND A. MÜLLER: Arbeitssicherheit und Gesundheitsschutz, in ArbR 1997, 159 f.; MÜLLER SSA, 248 ff.). Zum Arbeitnehmerbegriff siehe im Übrigen Kommentar zu ArG 1 Abs. 1 N 2. Verschuldensform: Vorsatz (StGB 12 Abs. 2), im Falle einer konkreten und umfangmässig (vgl. BGE 87 IV 89 f.) erheblichen Gefährdung von Leben und Gesundheit anderer Personen, nach ArG 60 Abs. 2 auch Fahrlässigkeit (StGB 12 Abs. 3). Verwirklicht sich hingegen die Rechtsgutsverletzung, gehen die Straftatbestände der fahrlässigen Körperverletzung oder der fahrlässigen Tötung vor (StGB 125, 117).

---

1 Fassung gemäss Ziff. 9 des Anhangs zum Unfallversicherungsgesetz, in Kraft seit 1. Jan. 1984 (SR 832.20, 832.201 Art. 1 Abs. 1).

Art. 61[1] Strafen

[1] Der Arbeitgeber wird mit Geldstrafe bis zu 180 Tagessätzen bestraft. [2]
[2] Der Arbeitnehmer wird mit Busse bestraft. [3]

Zu Abs. 1

Am 01.01.2007 ist die Gesamterneuerung der allgemeinen Bestimmungen des StGB (Art. 1-110 und 333-401) in Kraft getreten. Wichtigstes Anliegen der Revision war in erster Linie die Neuordnung und Differenzierung des Sanktionensystems (Wegleitung I, 061-1). Die kurze unbedingte Freiheitsstrafe bis zu sechs Monaten wurde weitgehend durch die Geldstrafe im Tagessatzsystem oder durch gemeinnützige Arbeit ersetzt. Seit dieser Revision sind die im vorliegenden Gesetz vorgesehenen Strafen in Anwendung von StGB 333 Abs. 2–6 zu interpretieren bzw. umzurechnen.

Gemäss StGB 10 sind Vergehen Taten, die mit Freiheitsrafe bis zu drei Jahren oder mit Geldstrafe bedroht sind. Somit zielt ArG 61 Abs. 1 auch unter neuem Recht auf ein Vergehen des Arbeitgebers ab. Unter dem neuen Recht wird jedoch nicht mehr von der Busse gesprochen, sondern von Geldstrafe. Diese hat den Vorrang gegenüber den kurzen unbedingten Freiheitsstrafen. Bei der Bemessung der Geldstrafe wird zunächst – abgestützt auf das Verschulden des Täters – eine bestimmte Anzahl Tagessätze festgelegt. Anschliessend wird die Höhe des Tagessatzes in Franken nach den persönlichen und wirtschaftlichen Verhältnissen des Täters bestimmt (StGB 34). Zur Strafzumessung und Bussenhöhe in Strafurteilen bei Verletzung von Arbeitszeitvorschriften s. ARV/1995, 37 ff.

Zu Abs. 2

Gemäss StGB 333 Abs. 3 gilt Folgendes: Wenn in einem anderen Bundesgesetz Haft oder Busse oder Busse allein als Höchststrafe angedroht wird, so liegt eine Übertretung vor. In diesem Fall sind StGB 106 und 107 anwendbar. Im Fall von ArG 61 Abs. 2 ist die Strafandrohung somit die Busse (die Haft gelangt nicht mehr zur Anwendung). Nach StGB 333 gelten die allgemeinen Bestimmungen über die Übertretungen. Dies hat unter anderem zur Folge, dass weder ein Versuch noch eine Beihilfe strafbar ist.

---

1   Fassung gemäss Ziff. 9 des Anhangs zum Unfallversicherungsgesetz, in Kraft seit 1. Jan. 1984 (SR 832.20, 832.201 Art. 1 Abs. 1).
2   Fassung gemäss Art. 333 des Strafgesetzbuches (SR 311.0) in der Fassung des BG vom 13. Dez. 2002, in Kraft seit 1. Jan. 2007 (AS 2006 3459).
3   Fassung gemäss Art. 333 des Strafgesetzbuches (SR 311.0) in der Fassung des BG vom 13. Dez. 2002, in Kraft seit 1. Jan. 2007 (AS 2006 3459).

Art. 62 Vorbehalt des Strafgesetzbuches und Strafverfolgung

[1] Die besonderen Bestimmungen des Strafgesetzbuches[1] bleiben vorbehalten.
[2] Die Strafverfolgung ist Sache der Kantone.

Zu Abs. 1

Über den Vorbehalt weiterer Strafgesetze siehe Kommentar zu ArG 59 Abs. 1 N 2. Arbeitsrechtliche Zielrichtung hat im StGB der Tatbestand der Beseitigung oder Nichtanbringung von Sicherheitsvorrichtungen (StGB 230). Von den allgemeinen Straftatbeständen kommen insbesondere in Betracht: fahrlässige Tötung (StGB 117), fahrlässige Körperverletzung (StGB 125), Gefährdung des Lebens (StGB 129), sexuelle Handlungen mit Abhängigen (StGB 188), fahrlässige Verursachung einer Feuersbrunst (StGB 222), Verursachung einer Explosion (StGB 223), fahrlässige Gefährdung durch Sprengstoffe oder giftige Gase (StGB 225), fahrlässige Überschwemmung oder Einsturz (StGB 227), Beschädigung elektrischer Anlagen etc. (StGB 228), Verletzung der Regeln der Baukunde (StGB 229), Ungehorsam gegen amtliche Verfügungen (StGB 292, s. ArG 51 Abs. 2) sowie Verletzung des Amtsgeheimnisses für die in ArG 44 genannten Personen (StGB 320). Zur Konkurrenz mit den Straftatbeständen des ArG vgl. Kommentar zu ArG 59 Abs. 1 N 2.

Zu Abs. 2

Zuständig sind also die kantonalen Gerichte am Ort der Rechtsverletzung (StGB 340, 343, 346). Die Straftatbestände des ArG sind Offizialdelikte, d.h. von Amts wegen zu verfolgen. Die Behörden müssen deshalb jeder Anzeige, auch anonymen Anzeigen, nachgehen (ebenso AEPPLI in HUG N 11). Das Verwaltungsverfahren nach ArG 51–53 und das Strafverfahren sind voneinander unabhängig: Die kantonale Vollzugsbehörde des ArG kann der Strafbehörde einen Verstoss melden und das Verwaltungsverfahren gegen die Strafbaren weiterführen (Wegleitung I, 062-1). Die Anzeige wegen eines Verstosses gegen das ArG bei der zuständigen Strafbehörde muss nicht ausschliesslich von der kantonalen Vollzugsbehörde des ArG ausgehen. Auch eine Privatperson kann direkt bei der Strafbehörde einen solchen Gesetzesverstoss melden.

---

1   SR 311.0

VII. Änderung von Bundesgesetzen

Art. 63[1]

Art. 64[2] Mitwirkungsgesetz

Das Mitwirkungsgesetz vom 17. Dezember 1993[3] wird wie folgt geändert:
Art. 10 Bst. a
...

Art. 65[4]

Art. 66[5]

Art. 67–70[6]

---

[1] Aufgehoben durch Ziff. II 35 des BG vom 20. März 2008 zur formellen Bereinigung des Bundesrechts, mit Wirkung seit 1. Aug. 2008 (AS 2008 3437 3452; BBl 2007 6121).

[2] Aufgehoben durch Ziff. II Art. 6 Ziff. 12 des BG vom 25. Juni 1971 über die Revision des Zehnten Titels und des Zehnten Titels[bis] des Obligationenrechts (Der Arbeitsvertrag) (SR 220 am Schluss, Schl- und UeB zum X. Tit.). Fassung gemäss Ziff. I des BG vom 20. März 1998, in Kraft seit 1. Aug. 2000 (AS 2000 1569 1580; BBl 1998 1394).

[3] SR 822.14. Die hiernach aufgeführte Änd. ist eingefügt im genannten Erlass.

[4] Aufgehoben durch Ziff. II 35 des BG vom 20. März 2008 zur formellen Bereinigung des Bundesrechts, mit Wirkung seit 1. Aug. 2008 (AS 2008 3437 3452; BBl 2007 6121).

[5] Aufgehoben durch Art. 28 Abs. 1 des Arbeitszeitgesetzes vom 8. Oktober 1971 (SR 822.21).

[6] Aufgehoben durch Ziff. II 35 des BG vom 20. März 2008 zur formellen Bereinigung des Bundesrechts, mit Wirkung seit 1. Aug. 2008 (AS 2008 3437 3452; BBl 2007 6121).

VIII. Schluss- und Übergangsbestimmungen

Art. 71 Vorbehalt von Vorschriften des Bundes, der Kantone und der Gemeinden

Vorbehalten bleiben insbesondere

a. die Bundesgesetzgebung über die berufliche Ausbildung, über die Verhütung von Unfällen und Berufskrankheiten sowie über die Arbeits- und Ruhezeit der berufsmässigen Motorfahrzeugführer;

b.[1] Vorschriften des Bundes, der Kantone und der Gemeinden über das öffentlich-rechtliche Dienstverhältnis; von den Vorschriften über den Gesundheitsschutz und über die Arbeits- und Ruhezeit darf dabei jedoch nur zu Gunsten der Arbeitnehmer abgewichen werden;

c. Polizeivorschriften des Bundes, der Kantone und der Gemeinden, wie namentlich solche über die Bau-, Feuer-, Gesundheits- und Wasserpolizei sowie über die Sonntagsruhe und über die Öffnungszeiten von Betrieben, die dem Detailverkauf, der Bewirtung oder der Unterhaltung dienen.

Zu Abs. 1 lit. a

1   BG vom 13.12.2002 über die Berufsbildung (SR 412.10) und die Verordnung über die Berufsbildung (BBV, SR 412.101) vom 19.11.2003.

2   BG vom 18.03.1994 über die Krankenversicherung (KVG, SR 832.10) und BG vom 20.03.1981 über die Unfallversicherung (UVG, SR 832.20).

3   VO vom 19.06.1995 über die Arbeits- und Ruhezeit der berufsmässigen Motorfahrzeugführer und -führerinnen (SR 822.221; ARV 1 → Nr. 18), siehe die Darstellung bei Tschudi S. 70–73. Diese verfolgt Zwecke des Arbeitsschutzes und der Verkehrssicherheit. Sie geht als Spezialregelung für einen bestimmten Berufszweig den Regelungen des ArG vor, jedoch nur insoweit, als dieses keine Sonderregelungen enthält wie z.B. den Sonderschutz für Schwangere und stillende Mütter und Jugendliche oder den Sonderschutz der ArGV 2 (→ Nr. 5) für Arbeitnehmer in bestimmten Betrieben. Hat die ARV 1 hingegen an den Sonderschutz gedacht, geht ihre Regelung dem ArG vor.

Zu Abs. 1 lit. b

Der Geltungsbereich des ArG erstreckt sich ohnehin nur in seltenen Fällen auf einen betrieblichen Bereich, in dem Angehörige des öffentlichen Dienstes tätig werden (s. Kommentar zu ArG 2 Abs. 1 lit. a, Abs. 2 N 1, Abs. 2 N 2 a.E. und ArG 3a; Mitteilung der Direktion für Arbeit in ARV/2002, 166 ff.). Der Schutz dieses Personenkreises ist in diesen Fällen dem Recht des öffentlichen Dienstes vorbehalten. Allerdings darf dabei von den Vorschriften über

---

1   Fassung gemäss Ziff. I des BG vom 22. März 2002, in Kraft seit 1. Jan. 2005 (AS 2002 2547; BBl 2001 3181 6098).

den Gesundheitsschutz (ArG 3a) und über die Arbeits- und Ruhezeit nur zugunsten der Arbeitnehmer abgewichen werden. Die Bestimmungen über den Gesundheitsschutz sind auf sämtliche öffentlichen Verwaltungen anwendbar. Sämtliche Vorschriften über öffentlich-rechtliche Dienstverhältnisse müssen die diesbezüglichen Minimalvorschriften des Arbeitsgesetzes berücksichtigen. Hingegen müssen die Arbeits- und Ruhezeitbestimmungen nur für die öffentlich-rechtlichen Dienstverhältnisse in den Betrieben beachtet werden, die dem Arbeitsgesetz unterstellt sind (vgl. dazu Wegleitung I, 071-1 f.).

Zu Abs. 1 lit. c

Polizeivorschriften sind vorbehalten, weil sie in erster Linie andere als Arbeitsschutzzwecke verfolgen (zur Kompetenzabgrenzung zwischen Bund und Kantonen auf dem Gebiet des Arbeitnehmerschutzes s. ARV/1988, 103 ff. = JAR 1990, 89 ff.). Soweit sie aber darüber hinausgehen und nur noch arbeitsrechtlich begründet werden können, sind sie unwirksam (siehe ausführlich zum leidigen Problem der Ladenschluss-Ordnungen: BGE 98 Ia 400 ff., 101 Ia 484 ff., 102 Ia 452 ff., 123 II 317 ff., 125 I 431 ff., sowie Kommentar zu 18 Abs. 1). Beispiele für Polizeivorschriften des Bundesrechts sind das BG vom 24.06.1902 betr. die elektrischen Schwach- und Starkstromanlagen nebst Verordnungen von 1994 (SR 734.0, SR 734.1 und SR 734.2), die VO vom 22.06.1994 über den Strahlenschutz (SR 814.501) sowie die ganze Fülle bundesrechtlicher Vorschriften zum Umweltschutz (SR 814). Polizeiliche Verbote gehen also auch einer Arbeitszeitbewilligung des SECO vor (BIGA, JAR 1981, 52).

Art. 72   Aufhebung eidgenössischer Vorschriften

[1] Mit dem Inkrafttreten des Gesetzes sind folgende Bundesgesetze aufgehoben:
a. das Bundesgesetz vom 2. November 1898[1] betreffend die Fabrikation und den Vertrieb von Zündhölzern;
b. das Bundesgesetz vom 18. Juni 1914[2] betreffend die Arbeit in den Fabriken, unter Vorbehalt von Absatz 2;
c. das Bundesgesetz vom 31. März 1922[3] über die Beschäftigung der jugendlichen und weiblichen Personen in den Gewerben;
d. das Bundesgesetz vom 26. September 1931[4] über die wöchentliche Ruhezeit;
e. das Bundesgesetz vom 24. Juni 1938[5] über das Mindestalter der Arbeitnehmer.

[2] Auf industrielle Betriebe bleiben die folgenden Vorschriften des Bundesgesetzes vom 18. Juni 1914[6] betreffend die Arbeit in den Fabriken weiterhin anwendbar:

1   [BS 8 117]
2   SR 821.41
3   [BS 8 206]
4   [BS 8 125]
5   [BS 8 217 221]
6   SR 821.41

a. ...[1]
b. die Vorschriften der Artikel 30, 31 und 33–35 über das Einigungswesen.

Art. 73   Aufhebung kantonaler Vorschriften

[1] Mit dem Inkrafttreten des Gesetzes sind ferner aufgehoben:
a. die kantonalen Vorschriften, die vom Gesetze geregelte Sachgebiete betreffen;
b. die kantonalen Vorschriften über die Ferien, unter Vorbehalt von Absatz 2.

[2] Kantonale Vorschriften über die Feriendauer, die längere Ferien als Artikel 341bis Absatz 1 des Obligationenrechts[2] vorsehen, bleiben als zivilrechtliche Bestimmungen im Rahmen von Artikel 341bis Absatz 2 des Obligationenrechts weiterhin in Kraft.

[3] Vorbehalten bleiben kantonale Vorschriften über die ärztliche Untersuchung der Jugendlichen, soweit der Bund von seiner Befugnis gemäss Artikel 29 Absatz 4 keinen Gebrauch macht.

[4] ...[3]

Zu Abs. 1 lit. a

Den Kantonen ist damit die Kompetenz zur Regelung des öffentlich-rechtlichen Arbeitsschutzes genommen (ausgenommen ArG 73 Abs. 3; s. Kommentar zu ArG 71 Abs. 1 c). Zwar vertreten AUBERT in HUG N 20 f. und CANNER/SCHOOP N 1 im Gegensatz zur Eidg. Justizabteilung (ARV/1967, 28–31) die Ansicht, ausserhalb des Geltungsbereichs des ArG und der bundesrechtlichen Nebengesetze des öffentlich-rechtlichen Arbeitsschutzes könnten die Kantone weiterhin tätig werden, z.B. auf dem Gebiete der Landwirtschaft, Fischerei oder der privaten Haushaltungen. ArG 73 Abs. 1 lit. a spricht aber nicht vom Geltungsbereich, sondern von den im ArG geregelten Sachgebieten, und das sind Gesundheitsvorsorge und Unfallverhütung, Arbeits- und Ruhezeit sowie der Sonderschutz von Jugendlichen, Schwangeren und stillenden Müttern. Hier können die Kantone nicht mehr tätig werden, auch wenn das Bundesrecht bestimmte Betriebe und bestimmte Arbeitnehmer nicht erfasst.

Zu Abs. 1 lit. b und Abs. 2

Durch Aufhebung der kantonalen Gesetzgebungskompetenz von alt OR 329a Abs. 2 durch BB vom 16.12.1983 gegenstandslos geworden.

---

1   Aufgehoben durch Ziff. II Art. 6 Ziff. 12 des BG vom 25. Juni 1971 über die Revision des Zehnten Titels und des Zehnten Titels[bis] des Obligationenrechts (Der Arbeitsvertrag) (SR 220 am Schluss, Schl- und UeB zum X. Tit.).
2   SR 220. Dem Art. 341bis Abs. 1 und 2 in der Fassung des vorliegenden BG (AS 1966 57 Art. 64) entspricht heute Art. 329a Abs. 1 in der Fassung vom 16. Dez. 1983.
3   Aufgehoben durch Ziff. II 408 des BG vom 15. Dez. 1989 über die Genehmigung kantonaler Erlasse durch den Bund (AS 1991 362; BBl 1988 II 1333).

Zu Abs. 3

Siehe Kommentar zu ArG 29 Abs. 4 N 2.

Zu Abs. 4

Aufgehoben durch BG vom 15.12.1989, in Kraft seit 01.02.1991.

Art. 74 Inkrafttreten

¹ Der Bundesrat bestimmt den Zeitpunkt des Inkrafttretens des Gesetzes. Er kann einzelne Teile oder Vorschriften des Gesetzes in einem späteren Zeitpunkt in Kraft setzen.

² Setzt der Bundesrat nicht alle Vorschriften des Gesetzes auf den gleichen Zeitpunkt in Kraft, so bestimmt er mit der Inkraftsetzung der einzelnen Vorschriften, ob und inwieweit die in Artikel 72 Absatz 1 genannten Bundesgesetze aufgehoben sind.

Datum des Inkrafttretens: 1. Februar 1966[1]

Zu Abs. 1 und 2

Die Revisionen des ArG traten grundsätzlich am 01.08.2000 in Kraft. Jedoch hat der BR einzelne Teile bzw. Vorschriften des Gesetzes wie folgt zu einem späteren Zeitpunkt in Kraft gesetzt (vgl. ArGV 1 92–94 → Nr. 2):

1 Arbeitszeitbewilligungen, welche gestützt auf das alte ArG erlassen worden sind, bleiben bis zu ihrem Ablauf, spätestens jedoch bis am 31.03.2003 in Kraft (ArGV 1 92).

2 Die Bestimmungen über den Datenschutz und die Datenverwaltung (ArGV 1 83–90) traten am 01.09.2000 in Kraft (ArGV 1 94 Abs. 2; gleichzeitig mit dem Bundesgesetz über die Schaffung und die Anpassung gesetzlicher Grundlagen für die Bearbeitung von Personendaten vom 24.03.2000, s. BBl 2000 2136).

Schlussbestimmungen der Änderung vom 20. März 1998[2]

---

1 BRB vom 14. Jan. 1966 (AS 1966 85).
2 AS 2000 1569. Aufgehoben durch Ziff. II 31 des BG vom 20. März 2008 zur formellen Bereinigung des Bundesrechts, mit Wirkung seit 1. Aug. 2008 (AS 2008 3437 3452; BBl 2007 6121).

Verordnungen

Nr. 2 Verordnung 1 zum Arbeitsgesetz (ArGV 1)

vom 10. Mai 2000 (Stand am 1. Dezember 2008)

SR 822.111

Der Schweizerische Bundesrat,

gestützt auf Artikel 40 des Arbeitsgesetzes vom 13. März 1964 (Gesetz, ArG)[1], Artikel 83 Absatz 2 des Bundesgesetzes vom 20. März 1981[2] über die Unfallversicherung (UVG)
und Artikel 16 Absatz 2 des Bundesgesetzes vom 19. Juni 1992[3] über den Datenschutz (DSG),

verordnet:

1. Kapitel: Geltungsbereich

1. Abschnitt: Begriffe

Art. 1 Arbeitnehmer
(Art. 1 ArG)

[1] Arbeitnehmer oder Arbeitnehmerin ist jede Person, die in einem unter das Gesetz fallenden Betrieb dauernd oder vorübergehend während der ganzen Arbeitszeit oder eines Teils davon beschäftigt wird.

[2] Arbeitnehmer oder Arbeitnehmerinnen sind auch Lehrlinge, Praktikanten, Praktikantinnen, Volontäre, Volontärinnen und andere Personen, die hauptsächlich zur Ausbildung oder zur Vorbereitung der Berufswahl im Betrieb tätig sind.

Art. 2 Grossbetriebe des Detailhandels
(Art. 9 Abs. 1 Bst. a ArG)

Grossbetriebe des Detailhandels sind Betriebe, die im gleichen Gebäude oder in benachbarten Gebäuden insgesamt mehr als 50 Arbeitnehmer oder Arbeitnehmerinnen, einschliesslich das Kassenpersonal, im Detailverkauf beschäftigen.

AS 2000 1581
1   SR 822.11
2   SR 832.20
3   SR 235.1

2. Abschnitt: Betrieblicher Geltungsbereich

Art. 3[1]

Art. 4 Betriebe des Bundes, der Kantone und der Gemeinden
(Art. 2 Abs. 2 ArG)

Das Gesetz ist insbesondere anwendbar auf Betriebe des Bundes, der Kantone und der Gemeinden:

a. zur Herstellung, Verarbeitung oder Behandlung von Gütern sowie zur Erzeugung, Umwandlung oder Übertragung von Energie, unter Vorbehalt von Artikel 2 Absatz 1 Buchstabe b des Gesetzes;

b. zur Beförderung von Personen oder Gütern, unter Vorbehalt von Artikel 2 Absatz 1 Buchstabe b des Gesetzes;

c. für die Abfuhr, für die Verbrennung oder Verarbeitung von Kehricht, Betriebe der Wasserversorgung und der Abwasserreinigung.

Art. 4a[2] Öffentliche Krankenanstalten und Kliniken

[1] Das Gesetz ist anwendbar auf öffentliche Krankenanstalten und Kliniken im Rahmen von Arbeitsverhältnissen mit Assistenzärztinnen und Assistenzärzten.

[2] Öffentliche Krankenanstalten und Kliniken sind Krankenanstalten und Kliniken der Kantone und der Gemeinden, die Bestandteil einer öffentlichen Verwaltung sind oder als öffentlich-rechtliche Anstalten ohne Rechtspersönlichkeit oder als öffentlich-rechtliche Körperschaften organisiert sind.

[3] Assistenzärztinnen und Assistenzärzte sind Ärztinnen und Ärzte der Human-, Zahn- oder Tiermedizin, die nach erworbenem Staatsexamen eine Weiterbildung absolvieren:

a. zur Erlangung des ersten Facharzttitels; oder

b. für die Zulassung zur Eröffnung einer eigenen Praxis.

---

1 Aufgehoben durch Art. 22 der Jugendarbeitsschutzverordnung vom 28. Sept. 2007, mit Wirkung seit 1. Jan. 2008 (SR 822.115).
2 Eingefügt durch Ziff. I der V vom 7. April 2004, in Kraft seit 1. Jan. 2005 (AS 2004 2411).

3. Abschnitt: Ausnahmen vom betrieblichen Geltungsbereich

Art. 5 Landwirtschaftsbetriebe
(Art. 2 Abs. 1 Bst. d ArG)

¹ Als Betriebe der landwirtschaftlichen Urproduktion gelten Betriebe des Acker-, Wiesen-, Obst-, Wein- und Gemüsebaues, der Beerenkultur, der Zucht- und Nutztierhaltung sowie die zu einem Landwirtschaftsbetrieb gehörenden privaten Waldungen.

² Als örtliche Milchsammelstellen gelten Betriebe, die Verkehrsmilch aus einem örtlich beschränkten Einzugsgebiet unmittelbar von landwirtschaftlichen Betrieben übernehmen und sie ganz oder teilweise in damit verbundenen Räumlichkeiten verarbeiten oder an andere Betriebe zur Verarbeitung oder zum Verkauf weitergeben.

³ Ein Nebenbetrieb liegt vor, wenn die darin verarbeiteten oder verwerteten Erzeugnisse des Hauptbetriebes für den Eigengebrauch oder den lokalen Markt bestimmt sind.

Art. 6 Gartenbaubetriebe
(Art. 2 Abs. 1 Bst. e und Abs. 3 ArG)

¹ Als Betriebe mit überwiegend gärtnerischer Pflanzenproduktion gelten Gartenbaubetriebe, in denen die Mehrzahl der Arbeitnehmer und Arbeitnehmerinnen in einer oder mehreren der folgenden Betriebsarten beschäftigt werden:

a. Gemüsebau;
b. Topfpflanzen- und Schnittblumenkultur;
c. Baumschulen und Obstbau, einschliesslich Stauden und Kleingehölze.

² …[1]

Art. 7 Öffentliche Anstalten und Körperschaften
(Art. 2 Abs. 2 und 71 Bst. b ArG)

¹ Die Arbeits- und Ruhezeitbestimmungen sind nicht anwendbar auf öffentlich-rechtliche Anstalten ohne Rechtspersönlichkeit sowie Körperschaften des öffentlichen Rechts, sofern die Mehrzahl der in ihnen beschäftigten Arbeitnehmer und Arbeitnehmerinnen in einem öffentlich-rechtlichen Arbeitsverhältnis stehen.

² Beschäftigt ein Betrieb nach Absatz 1 Arbeitnehmer oder Arbeitnehmerinnen, die in einem privatrechtlichen Arbeitsverhältnis stehen, dann ist auf diese Arbeitnehmer und Arbeitnehmerinnen das Gesetz auch bezüglich der Arbeits- und Ruhezeiten

---

[1] Aufgehoben durch Art. 22 der Jugendarbeitsschutzverordnung vom 28. Sept. 2007, mit Wirkung seit 1. Jan. 2008 (SR 822.115).

anwendbar, soweit das öffentliche Dienstrecht für den Arbeitnehmer oder die Arbeitnehmerin nicht günstigere Bestimmungen vorsieht.

³ Die Artikel 4 und 4a bleiben vorbehalten.[1]

4. Abschnitt: Ausnahmen vom persönlichen Geltungsbereich

Art. 8 Personal internationaler Organisationen
und öffentlicher Verwaltungen ausländischer Staaten
(Art. 3 Bst. b ArG)

¹ Zum Personal internationaler Organisationen und öffentlicher Verwaltungen ausländischer Staaten gehören:

a. das Personal der diplomatischen Missionen und der konsularischen Posten ausländischer Staaten in der Schweiz, sofern dieses hoheitliche Funktionen ausübt oder in einem öffentlich-rechtlichen Anstellungsverhältnis zum Entsendestaat steht;

b. das Personal der ständigen Missionen bei internationalen Organisationen, mit denen die Schweiz ein Sitzabkommen abgeschlossen hat, sofern dieses hoheitliche Funktionen ausübt oder in einem öffentlich-rechtlichen Anstellungsverhältnis zum Entsendestaat steht;

c. das Personal internationaler Organisationen, mit denen die Schweiz ein Sitzabkommen abgeschlossen hat;

d. das Personal der ausländischen öffentlichen Verwaltungen und der ausländischen Betriebe des konzessionierten Eisenbahn-, Schifffahrts- und Luftverkehrs, unter Vorbehalt abweichender zwischenstaatlicher Vereinbarungen.

² Das Staatssekretariat für Wirtschaft (Bundesamt) stellt im Einvernehmen mit der Direktion für Völkerrecht des Eidgenössischen Departementes für auswärtige Angelegenheiten fest, welche Organisationen die Voraussetzungen nach Absatz 1 Buchstaben b und c erfüllen.

Art. 9 Höhere leitende Tätigkeit
(Art. 3 Bst. d ArG)

Eine höhere leitende Tätigkeit übt aus, wer auf Grund seiner Stellung und Verantwortung sowie in Abhängigkeit von der Grösse des Betriebes über weitreichende Entscheidungsbefugnisse verfügt oder Entscheide von grosser Tragweite massgeblich beeinflussen und dadurch auf die Struktur, den Geschäftsgang und die Entwicklung eines Betriebes oder Betriebsteils einen nachhaltigen Einfluss nehmen kann.

---

[1] Eingefügt durch Ziff. I der V vom 7. April 2004, in Kraft seit 1. Jan. 2005 (AS 2004 2411).

Art. 10 Wissenschaftliche Tätigkeit
(Art. 3 Bst. d ArG)

¹ Zur wissenschaftlichen Tätigkeit gehören Forschung und Lehre. Eine wissenschaftliche Tätigkeit liegt vor, wenn dem Arbeitnehmer oder der Arbeitnehmerin in Bezug auf die Zielsetzung der Arbeit, deren Ausführung und Einteilung eine grosse Freiheit zukommt.

² Die Forschung umfasst neben der Grundlagenforschung auch die angewandte Forschung, nicht aber deren Umsetzung in die Praxis wie die Entwicklung und die Produktion.

³ Auf das technische und das administrative Personal in der Forschung sind die Arbeits- und Ruhezeitbestimmungen des Gesetzes und seiner Verordnungen anwendbar.

Art. 11 Selbstständige künstlerische Tätigkeit
(Art. 3 Bst. d ArG)

Eine selbstständige künstlerische Tätigkeit liegt vor, wenn dem künstlerisch tätigen Arbeitnehmer oder der Arbeitnehmerin in Bezug auf die Gestaltung der Arbeit, bei deren Ausführung und Einteilung eine grosse Freiheit zukommt.

Art. 12 Assistenzärzte, Erzieher und Fürsorger
(Art. 3 Bst. e ArG)

¹ …¹

² Erzieher und Erzieherinnen sind Personen mit einer anerkannten pädagogischen Fachausbildung oder einer gleichwertigen Aus- und Weiterbildung.

³ Fürsorger und Fürsorgerinnen sind Personen mit einer anerkannten Fachausbildung sozial-pädagogischer oder sozial-psychologischer Richtung oder einer gleichwertigen Aus- und Weiterbildung.

2. Kapitel: Arbeits- und Ruhezeiten

1. Abschnitt: Allgemeine Bestimmungen

Art. 13 Begriff der Arbeitszeit
(Art. 6 Abs. 2, 9–31 ArG)

¹ Als Arbeitszeit im Sinne des Gesetzes gilt die Zeit, während der sich der Arbeitnehmer oder die Arbeitnehmerin zur Verfügung des Arbeitgebers zu halten hat; der

---

1   Aufgehoben durch Ziff. I der V vom 7. April 2004, mit Wirkung seit 1. Jan. 2005 (AS 2004 2411).

Weg zu und von der Arbeit gilt nicht als Arbeitszeit. Vorbehalten bleiben die Bestimmungen über die Beschäftigung von schwangeren Frauen und stillenden Müttern sowie Artikel 15 Absatz 2.

² Ist die Arbeit ausserhalb des Arbeitsortes zu leisten, an dem der Arbeitnehmer normalerweise seine Arbeit verrichtet, und fällt dadurch die Wegzeit länger als üblich aus, so stellt die zeitliche Differenz zur normalen Wegzeit Arbeitszeit dar.

³ Durch die Rückreise von einem auswärtigen Arbeitsort im Sinn von Absatz 2 darf der Zeitraum der täglichen Arbeitszeit oder die wöchentliche Höchstarbeitszeit überschritten werden; dabei beginnt die tägliche Ruhezeit von 11 Stunden erst nach dem Eintreffen des Arbeitnehmers oder der Arbeitnehmerin an seinem bzw. ihrem Wohnort zu laufen.

⁴ Muss sich ein Arbeitnehmer oder eine Arbeitnehmerin auf Anordnung des Arbeitgebers oder auf Grund seiner bzw. ihrer beruflichen Tätigkeit von Gesetzes wegen weiter- oder fortbilden, dann stellt die dafür aufgewendete Ausbildungszeit Arbeitszeit dar.

Art. 14 Pikettdienst
a. Grundsatz
(Art. 6, 9–31 und 36 ArG)

¹ Beim Pikettdienst hält sich der Arbeitnehmer oder die Arbeitnehmerin neben der normalen Arbeit für allfällige Arbeitseinsätze bereit für die Behebung von Störungen, die Hilfeleistung in Notsituationen, für Kontrollgänge oder für ähnliche Sonderereignisse.

² Der einzelne Arbeitnehmer oder die einzelne Arbeitnehmerin darf im Zeitraum von vier Wochen an höchstens sieben Tagen auf Pikett sein oder Piketteinsätze leisten. Nach Beendigung des letzten Pikettdienstes darf der Arbeitnehmer oder die Arbeitnehmerin während den zwei darauf folgenden Wochen nicht mehr zum Pikettdienst aufgeboten werden.

³ Ausnahmsweise kann ein Arbeitnehmer oder eine Arbeitnehmerin im Zeitraum von vier Wochen an höchstens 14 Tagen auf Pikett sein, sofern:
a. auf Grund der betrieblichen Grösse und Struktur keine genügenden Personalressourcen für einen Pikettdienst nach Absatz 2 zur Verfügung stehen; und
b. die Anzahl der tatsächlichen Piketteinsätze im Durchschnitt eines Kalenderjahres nicht mehr als fünf Einsätze pro Monat ausmacht.

⁴ Kurzfristige Änderungen in der Pikettplanung und -einteilung und sich daraus ergebende Einsätze dürfen für Arbeitnehmer und Arbeitnehmerinnen mit Familienpflichten nur mit deren Einverständnis vorgenommen werden und soweit eine andere Lösung für den Betrieb nicht zumutbar ist.

Art. 15 b. Anrechnung an die Arbeitszeit
(Art. 6 und 9–31 ArG)

¹ Wird der Pikettdienst im Betrieb geleistet, stellt die gesamte zur Verfügung gestellte Zeit Arbeitszeit dar.

² Wird der Pikettdienst ausserhalb des Betriebes geleistet, so ist die zur Verfügung gestellte Zeit soweit an die Arbeitszeit anzurechnen, als der Arbeitnehmer oder die Arbeitnehmerin tatsächlich zur Arbeit herangezogen wird. Die Wegzeit zu und von der Arbeit ist in diesem Fall an die Arbeitszeit anzurechnen.

Art. 16 Verteilung der Arbeitszeit
(Art. 9–15a, 18–21, 25 Abs. 2, 31 ArG)

¹ Die Woche im Sinne des Gesetzes (Arbeitswoche) beginnt mit dem Montag oder bei mehrschichtigen Systemen in der Sonntag-/Montagnacht und endet mit dem Sonntag. Vorbehalten bleiben die Bestimmungen über den ununterbrochenen Betrieb.

² Für den einzelnen Arbeitnehmer oder die einzelne Arbeitnehmerin darf die Arbeitswoche höchstens 5½ Arbeitstage umfassen. Sie kann auf sechs Arbeitstage ausgedehnt werden, sofern die wöchentlichen freien Halbtage im Einverständnis mit dem Arbeitnehmer oder der Arbeitnehmerin für längstens vier Wochen zusammengelegt werden.

³ Die wöchentliche Arbeitszeit kann auf die einzelnen Arbeitstage und die einzelnen Arbeitnehmer oder Arbeitnehmerinnen oder Gruppen von Arbeitnehmern und Arbeitnehmerinnen gleichmässig oder zeitlich verschieden verteilt werden.

Art. 17 Entschädigung für Ruhe- und Ausgleichsruhezeiten
(Art. 22 ArG)

Werden bei Beendigung des Arbeitsverhältnisses die gesetzlichen Ruhe- und Ausgleichsruhezeiten durch eine Geldleistung abgegolten, so ist für deren Bemessung Artikel 33 anwendbar.

2. Abschnitt: Pausen und Ruhezeit

Art. 18 Pausen
(Art. 15 und 6 Abs. 2 ArG)

¹ Die Pausen können für einzelne Arbeitnehmer oder Arbeitnehmerinnen oder Gruppen von Arbeitnehmern und Arbeitnehmerinnen gleichmässig oder zeitlich verschieden angesetzt werden.

² Die Pausen sind um die Mitte der Arbeitszeit anzusetzen. Entsteht vor oder nach einer Pause eine Teilarbeitszeit von mehr als 5½ Stunden, so ist für diese eine zusätzliche Pause gemäss Artikel 15 des Gesetzes zu gewähren.

³ Pausen von mehr als einer halben Stunde dürfen aufgeteilt werden.

⁴ Bei flexiblen Arbeitszeiten, wie etwa bei der gleitenden Arbeitszeit, ist für die Bemessung der Pausen die durchschnittliche tägliche Arbeitszeit massgebend.

⁵ Arbeitsplatz im Sinne von Artikel 15 Absatz 2 des Gesetzes ist jeder Ort im Betrieb oder ausserhalb des Betriebes, an dem sich der Arbeitnehmer oder die Arbeitnehmerin zur Ausführung der ihm bzw. ihr zugewiesenen Arbeit aufzuhalten hat.

Art. 19 Tägliche Ruhezeit
(Art. 15a, 20 und 6 Abs. 2 ArG)

¹ Fallen zwei oder mehrere Ruhetage oder gesetzliche Feiertage in eine Woche, so kann die zusammenhängende Ruhezeit von 35 Stunden nach Artikel 21 Absatz 2 einmal auf 24 Stunden verkürzt werden.

² Wird die tägliche Ruhezeit nach Artikel 15a Absatz 2 des Gesetzes verkürzt, so darf der Arbeitnehmer beim darauf folgenden Arbeitseinsatz nicht zu Überzeiteinsätzen nach Artikel 25 herangezogen werden.

³ Durch Piketteinsätze nach Artikel 14 darf die tägliche Ruhezeit unterbrochen werden, sie muss jedoch im Anschluss an den Piketteinsatz im restlichen Umfang nachgewährt werden. Kann durch die Piketteinsätze eine minimale Ruhezeit von vier aufeinander folgenden Stunden nicht erreicht werden, so muss im Anschluss an den letzten Einsatz die tägliche Ruhezeit von 11 Stunden nachgewährt werden.

Art. 20 Wöchentlicher freier Halbtag
(Art. 21 ArG)

¹ Der wöchentliche freie Halbtag umfasst 8 Stunden, die unmittelbar vor oder nach der täglichen Ruhezeit an einem Werktag zu gewähren sind.

² Der wöchentliche freie Halbtag gilt als gewährt, wenn:
a. der ganze Vormittag von 6 Uhr bis 14 Uhr arbeitsfrei bleibt;
b. der ganze Nachmittag von 12 Uhr bis 20 Uhr arbeitsfrei bleibt;
c. bei zweischichtiger Arbeit der Schichtwechsel zwischen 12 Uhr und 14 Uhr erfolgt; oder
d. bei Nachtarbeit die alternierende Fünf-Tage-Woche oder im Zeitraum von vier Wochen zwei Kompensationstage eingeräumt werden.

³ An wöchentlichen freien Halbtagen darf der Arbeitnehmer oder die Arbeitnehmerin nicht zur Leistung von Arbeit herangezogen werden; vorbehalten bleibt die Leistung von Arbeit in Sonderfällen nach Artikel 26. In diesen Fällen ist der wöchentliche freie Halbtag innert vier Wochen nachzugewähren.

⁴ Vom Gesetz vorgeschriebene Ruhezeiten können nicht an den wöchentlichen freien Halbtag angerechnet werden. Der wöchentliche freie Halbtag gilt jedoch als bezogen, wenn der Werktag, an dem er üblicherweise gewährt wird, mit einem arbeitsfreien Feiertag im Sinne von Artikel 20a Absatz 1 des Gesetzes zusammenfällt.

Art. 21 Wöchentlicher Ruhetag
sowie Ersatzruhetag für Sonn- und Feiertagsarbeit
(Art. 18–20 ArG)

¹ Wöchentlicher Ruhetag ist grundsätzlich der Sonntag.

² Der wöchentliche Ruhetag und die tägliche Ruhezeit müssen zusammen mindestens 35 aufeinanderfolgende Stunden ergeben.

³ Muss am Sonntag gearbeitet werden, darf der Arbeitnehmer oder die Arbeitnehmerin nicht mehr als an sechs aufeinanderfolgenden Tagen beschäftigt werden. Vorbehalten bleiben die Bestimmungen über den ununterbrochenen Betrieb.

⁴ Arbeitnehmern und Arbeitnehmerinnen, die sonntags arbeiten, dürfen Sonntage, die in ihre Ferienzeit fallen, nicht an die gesetzlich vorgeschriebenen freien Sonntage angerechnet werden.

⁵ Der Ersatzruhetag im Sinn des Artikels 20 Absatz 2 des Gesetzes weist zusammen mit der täglichen Ruhezeit 35 aufeinanderfolgende Stunden auf; er hat in jedem Fall den Zeitraum von 6 Uhr bis 20 Uhr zu umfassen.

⁶ Der Ersatzruhetag darf nicht auf einen Tag fallen, an dem der Arbeitnehmer oder die Arbeitnehmerin üblicherweise seinen bzw. ihren Ruhetag oder freien Tag bezieht.

⁷ Der Freizeitausgleich für geleistete Sonntagsarbeit von bis zu 5 Stunden ist innert vier Wochen vorzunehmen.

3. Abschnitt: Wöchentliche Höchstarbeitszeit

Art. 22 Verlängerung mit Ausgleich
(Art. 9 Abs. 3 ArG)

¹ Die wöchentliche Höchstarbeitszeit von 45 bzw. 50 Stunden kann, sofern sie im Durchschnitt eines halben Jahres nicht überschritten wird, um höchstens 4 Stunden verlängert werden:

a. bei Tätigkeiten mit witterungsbedingtem Arbeitsausfall; oder
b. in Betrieben mit erheblichen saisonalen Schwankungen des Arbeitsanfalles.

² Die wöchentliche Höchstarbeitszeit von 45 Stunden kann für Arbeitnehmer und Arbeitnehmerinnen mit einer im Durchschnitt des Kalenderjahres gewährten Fünf-Tage-Woche verlängert werden:

a. um 2 Stunden, sofern sie im Durchschnitt von acht Wochen nicht überschritten wird; oder
b. um 4 Stunden, sofern sie im Durchschnitt von vier Wochen nicht überschritten wird.

³ Der Arbeitgeber darf die Verlängerung der wöchentlichen Höchstarbeitszeit nach Absatz 1 oder 2 ohne Bewilligung anordnen, wenn nicht nach einem bewilligungspflichtigen Stundenplan gearbeitet wird.

⁴ Ist ein Arbeitsverhältnis befristet, so ist die durchschnittliche wöchentliche Höchstarbeitszeit nach Absatz 1 oder 2 während der Dauer des Arbeitsverhältnisses einzuhalten, sofern dieses weniger lang als die in den Absätzen 1 und 2 genannten Ausgleichszeiträume dauert.

Art. 23 Verkürzung der wöchentlichen Höchstarbeitszeit
(Art. 9 und 11 i.V.m. Art. 20 und 20a ArG)

¹ In Wochen, in denen ein oder mehrere den Sonntagen gleichgestellte gesetzliche Feiertage auf einen Werktag fallen, an dem der Arbeitnehmer oder die Arbeitnehmerin üblicherweise zu arbeiten hat, wird die wöchentliche Höchstarbeitszeit anteilsmässig verkürzt.

² Arbeitnehmern und Arbeitnehmerinnen, die an einem den Sonntagen gleichgestellten gesetzlichen Feiertag arbeiten, ist die anteilsmässige Verkürzung der wöchentlichen Höchstarbeitszeit in der Woche anzurechnen, in welcher der Ersatzruhetag für den Feiertag gewährt wird.

Art. 24 Ausgleich ausfallender Arbeitszeit
(Art. 11 i.V.m. 15, 15a, 18, 20 und 20a ArG)

¹ Der Ausgleich ausfallender Arbeitszeit nach Artikel 11 des Gesetzes ist unmittelbar vor oder nach dem Arbeitsausfall innerhalb von höchstens 14 Wochen vorzunehmen, sofern Arbeitgeber und Arbeitnehmer nicht eine längere Frist vereinbaren, die aber zwölf Monate nicht überschreiten darf. Die Arbeitsausfälle über Weihnachten und Neujahr gelten als eine Ausfallperiode.

² Ausfallende Arbeitszeit darf nur soweit ausgeglichen werden, als dadurch die zulässige tägliche Arbeitsdauer nicht überschritten wird.

³ Gesetzliche Ruhezeiten und Ausgleichsruhezeiten stellen keine ausfallende Arbeitszeit dar; diese dürfen weder vor- noch nachgeholt werden.

4. Abschnitt: Überzeitarbeit

Art. 25 Grundsatz
(Art. 12 und 26 ArG)

¹ Unter Vorbehalt von Artikel 26 ist Überzeitarbeit nach Artikel 12 Absatz 1 Buchstaben a und b des Gesetzes nur als Tages- und Abendarbeit nach Artikel 10 des Gesetzes und nur an Werktagen zulässig.

² Der Ausgleich von Überzeitarbeit durch Freizeit nach Artikel 13 Absatz 2 des Gesetzes ist innert 14 Wochen vorzunehmen, sofern Arbeitgeber und Arbeitnehmer oder Arbeitnehmerin nicht eine längere Frist vereinbaren, die aber zwölf Monate nicht überschreiten darf.

Art. 26 Sonderfälle
(Art. 12 Abs. 2 und 26 Abs. 1 ArG)

¹ Überzeitarbeit darf auch in der Nacht und an Sonntagen sowie in Überschreitung der zulässigen täglichen Arbeitsdauer geleistet werden, wenn es sich um vorübergehende Arbeiten in Notfällen handelt, die unabhängig vom Willen der Betroffenen eintreten und deren Folgen nicht auf andere zumutbare Weise beseitigt werden können, besonders wenn:

a. Arbeitsergebnisse gefährdet sind und dadurch unverhältnismässiger Schaden droht;
b. Piketteinsätze für die Schadensvorbeugung oder -behebung notwendig sind;
c. Arbeitsmaschinen, Geräte, Transporteinrichtungen und Fahrzeuge, die für die Aufrechterhaltung des Betriebes unabdingbar sind, wegen schwerwiegender Störungen oder erlittener Schäden in Stand gestellt werden müssen;
d. Betriebsstörungen infolge unmittelbarer Einwirkung höherer Gewalt vermieden oder behoben werden müssen;
e. Störungen bei der Versorgung mit Energie und Wasser sowie Störungen des öffentlichen oder privaten Verkehrs vermieden oder behoben werden müssen;
f. dem unvermeidlichen Verderb von Gütern, namentlich Rohstoffen oder Lebensmitteln, vorgebeugt werden muss und damit keine Steigerung der Produktion verbunden ist;
g. unaufschiebbare Verrichtungen zur Erhaltung des Lebens und der Gesundheit von Mensch und Tier sowie zur Vermeidung von Umweltschäden vorgenommen werden müssen.

² Überzeitarbeit, die in Überschreitung der zulässigen täglichen Arbeitsdauer geleistet wird, ist innerhalb von sechs Wochen durch Freizeit von gleicher Dauer auszugleichen. Vorbehalten bleibt Artikel 20 Absatz 3 des Gesetzes.

5. Abschnitt: Voraussetzungen für Nacht- und Sonntagsarbeit und den ununterbrochenen Betrieb

Art. 27 Dringendes Bedürfnis
(Art. 17, 19 und 24 ArG)

¹ Ein dringendes Bedürfnis liegt vor, wenn:
a. zusätzliche Arbeiten kurzfristig anfallen, deren Erledigung zeitlich nicht aufschiebbar sind und die am Tag und während den Werktagen weder mit planerischen Mitteln noch mit organisatorischen Massnahmen bewältigt werden können;
b. Arbeiten aus Gründen der öffentlichen Sicherheit oder aus sicherheitstechnischen Gründen nur in der Nacht oder am Sonntag erledigt werden können; oder
c. Ereignisse kultureller, gesellschaftlicher oder sportlicher Art in Abhängigkeit von den örtlichen Verhältnissen und Gebräuchen oder den spezifischen Bedürfnissen von Kunden die Erbringung von zeitlich begrenzten Arbeitseinsätzen in der Nacht oder am Sonntag erfordern.

² Ein dringendes Bedürfnis für Nachtarbeit im Sinn von Artikel 17 Absatz 4 des Gesetzes liegt vor, wenn Betriebe mit einem zweischichtigen Arbeitszeitsystem:
a. aus Gründen der täglichen Auslastung regelmässig auf eine Betriebszeit von 18 Stunden angewiesen sind;
b. dabei nicht mehr als eine Randstunde in Anspruch nehmen; und
c. dadurch die Leistung von weiterer Nachtarbeit zwischen 24 Uhr und 5 Uhr vermieden werden kann.

Art. 28 Unentbehrlichkeit von Nacht- und Sonntagsarbeit
(Art. 17, 19 und 24 ArG)

¹ Technische Unentbehrlichkeit liegt insbesondere vor, wenn ein Arbeitsverfahren oder Arbeiten nicht unterbrochen oder aufgeschoben werden können, weil:
a. mit der Unterbrechung oder dem Aufschub erhebliche und unzumutbare Nachteile für die Produktion und das Arbeitsergebnis oder die Betriebseinrichtungen verbunden sind;
b. andernfalls die Gesundheit der Arbeitnehmer und Arbeitnehmerinnen oder die Umgebung des Betriebes gefährdet werden.

² Wirtschaftliche Unentbehrlichkeit liegt vor, wenn:
a. die Unterbrechung eines Arbeitsverfahrens und dessen Wiederingangsetzung hohe Zusatzkosten verursachen, die ohne die Leistung von Nacht- oder Sonntagsarbeit eine merkliche Schwächung der Wettbewerbsfähigkeit des Betriebes gegenüber seinen Konkurrenten zur Folge hat oder haben könnte;

b. das angewandte Arbeitsverfahren mit unvermeidlich hohen Investitionskosten verbunden ist, die ohne Nacht- oder Sonntagsarbeit nicht amortisiert werden können; oder

c. die Konkurrenzfähigkeit gegenüber Ländern mit vergleichbarem sozialem Standard wegen längerer Arbeitszeiten oder anderer Arbeitsbedingungen im Ausland erheblich beeinträchtigt ist und durch die Bewilligung die Beschäftigung mit grosser Wahrscheinlichkeit gesichert wird.

3 Der wirtschaftlichen Unentbehrlichkeit gleichgestellt sind die besonderen Konsumbedürfnisse, deren Befriedigung im öffentlichen Interesse liegt und nicht ohne Nacht- oder Sonntagsarbeit möglich ist. Solche Konsumbedürfnisse sind:

a. täglich notwendige und unentbehrliche Waren oder Dienstleistungen, deren Fehlen von einem Grossteil der Bevölkerung als wesentlicher Mangel empfunden würde; und

b. bei denen das Bedürfnis dauernd oder in der Nacht oder am Sonntag besonders hervortritt.

4 Unentbehrlichkeit wird für die im Anhang aufgeführten Produktions- und Arbeitsverfahren vermutet.

6. Abschnitt: Besondere Formen der Nachtarbeit

Art. 29 Verlängerte Dauer der Nachtarbeit
(Art. 17a Abs. 2 ArG)

1 Bei dauernd und regelmässig wiederkehrender Nachtarbeit ist eine Arbeitszeit von 10 Stunden im Zeitraum von 12 Stunden zulässig, sofern:

a. für den Arbeitnehmer oder die Arbeitnehmerin keine erhöhten Risiken bezüglich chemischer, biologischer und physikalischer Einwirkungen bestehen;

b. der Arbeitnehmer oder die Arbeitnehmerin keinen ausserordentlichen physischen, psychischen und mentalen Belastungen ausgesetzt ist;

c. der Arbeitseinsatz so organisiert ist, dass die Leistungsfähigkeit des Arbeitnehmers oder der Arbeitnehmerin erhalten bleibt und dadurch die Entstehung von Gefahrensituationen vermieden werden kann;

d. in einer medizinischen Untersuchung die Eignung des Arbeitnehmers oder der Arbeitnehmerin festgestellt worden ist; und

e. die effektiv zu leistende Arbeitszeit innert 24 Stunden 10 Stunden nicht überschreitet.

2 Bei vorübergehender Nachtarbeit ist eine Arbeitszeit von 10 Stunden im Zeitraum von 12 Stunden gemäss Artikel 17a Absatz 2 des Gesetzes zulässig, sofern:

a. der Arbeitseinsatz so organisiert ist, dass die Leistungsfähigkeit des Arbeitnehmers oder der Arbeitnehmerin erhalten bleibt und dadurch die Entstehung von Gefahrensituationen vermieden werden kann;
b. die effektiv zu leistende Arbeitszeit innert 24 Stunden 10 Stunden nicht überschreitet; und
c. der Arbeitnehmer oder die Arbeitnehmerin einverstanden ist.

Art. 30 Nachtarbeit ohne Wechsel mit Tagesarbeit
(Art. 25 und 26 ArG)

¹ Nachtarbeit von mehr als sechs Wochen ohne Wechsel mit Tagesarbeit nach Artikel 25 Absatz 3 des Gesetzes ist zulässig, sofern:
a. es aus betrieblichen Gründen notwendig ist;
b. der Arbeitnehmer oder die Arbeitnehmerin schriftlich sein bzw. ihr Einverständnis erklärt hat; und
c. innert 24 Wochen die Tagesarbeits-Perioden insgesamt mindestens gleich lang sind wie die Nachtarbeits-Perioden.

² Nachtarbeit von mehr als zwölf Wochen ohne Wechsel mit Tagesarbeit nach Artikel 25 Absatz 3 des Gesetzes ist zulässig, sofern:
a. die Voraussetzungen nach Artikel 29 Absatz 1 Buchstaben a–d erfüllt sind;
b. sie aus betrieblichen Gründen unentbehrlich ist; und
c. der Arbeitnehmer oder die Arbeitnehmerin schriftlich sein bzw. ihr Einverständnis erklärt hat.

³ Arbeitnehmer und Arbeitnehmerinnen in Nachtarbeit nach Absatz 2 dürfen:
a. höchstens eingesetzt werden:
   1. in fünf von sieben aufeinander folgenden Nächten; oder
   2. in sechs von neun aufeinander folgenden Nächten; und
b. an ihren freien Tagen keine Überzeitarbeit nach Artikel 25 leisten.

⁴ Auf Arbeitnehmer und Arbeitnehmerinnen, die höchstens für eine Randstunde zwischen 5 Uhr und 6 Uhr oder 23 Uhr und 24 Uhr dauernd Nachtarbeit leisten, sind die Voraussetzungen und die Bedingungen nach den Absätzen 1–3 nicht anwendbar.

7. Abschnitt: Lohn- und Zeitzuschlag

Art. 31 Lohn- und Zeitzuschlag bei Nachtarbeit
(Art. 17b Abs. 2 ArG)

¹ Dauernde oder regelmässig wiederkehrende Nachtarbeit leistet ein Arbeitnehmer, der in 25 und mehr Nächten pro Kalenderjahr zum Einsatz gelangt.

² Der Zeitzuschlag ist ab dem ersten Nachteinsatz zu gewähren. Er berechnet sich auf Grund der tatsächlich geleisteten Arbeitszeit.

³ Stellt sich erst im Verlaufe eines Kalenderjahres heraus, dass ein Arbeitnehmer wider Erwarten Nachtarbeit in mehr als 25 Nächten pro Kalenderjahr zu leisten hat, so muss der Lohnzuschlag von 25 Prozent für die ersten 25 Nächte nicht in den Zeitzuschlag umgewandelt werden.

Art. 32 Ausnahmen vom Zeitzuschlag
(Art. 17b Abs. 3 und 4, Art. 26 ArG)

¹ Der Zeitzuschlag nach Artikel 17b Absatz 3 Buchstaben a und b des Gesetzes ist nicht geschuldet, wenn ein Betrieb ein betriebliches Arbeitszeitsystem aufweist, dessen wöchentliche Arbeitszeit für einen vollzeitlich beschäftigten Arbeitnehmer folgende Dauer nicht übersteigt:

a. 35 Stunden, Pausen eingeschlossen, bei der auf 7 Stunden im Durchschnitt verkürzten Schichtdauer;

b. 36 Stunden, Pausen abgezogen, im Fall der Vier-Tage-Woche.

² Betrieblich ist ein Arbeitszeitsystem, wenn dieses für den ganzen Betrieb oder einen klar davon abgrenzbaren Betriebsteil integral Anwendung findet.

³ Die Gleichwertigkeit anderer Ausgleichsruhezeiten im Rahmen von Gesamtarbeitsverträgen oder öffentlich-rechtlicher Vorschriften nach Artikel 17b Absatz 3 Buchstabe c des Gesetzes liegt vor, wenn der entsprechende Gesamtarbeitsvertrag oder der zur Anwendung gelangende öffentlich-rechtliche Erlass Ausgleichsregeln aufweist:

a. die speziell den Nachtarbeit leistenden Arbeitnehmern für die dafür geleistete Arbeit zusätzliche Freizeit einräumen; und

b. die in ihrem Umfang insgesamt mit dem Zeitzuschlag von 10 Prozent gleichwertig ist.

Art. 33 Berechnung des Lohnzuschlages
(Art. 13 Abs. 1, 17b Abs. 1 und 2, 19 Abs. 3 und 24 Abs. 6 ArG)

¹ Der Lohnzuschlag für Überzeitarbeit, Nachtarbeit und Sonntagsarbeit ist bei Zeitlohn nach dem auf die Stunde berechneten Lohn, ohne Orts-, Haushaltungs- und Kinderzulagen, zu bemessen.

² Bei Akkordarbeit ist der Lohnzuschlag in der Regel nach dem in der Zahltagsperiode durchschnittlich erzielten Lohn, ohne Orts-, Haushaltungs- und Kinderzulagen, zu bemessen.

³ Für die Bewertung des Naturallohnes sowie der Bedienungs- und Trinkgelder sind die Vorschriften der Bundesgesetzgebung über die Alters- und Hinterlassenenversicherung sinngemäss anwendbar.

⁴ Sind für die gleiche Zeitspanne verschiedene Vorschriften des Gesetzes über die Ausrichtung von Lohnzuschlägen anwendbar, so ist der für den Arbeitnehmer oder die Arbeitnehmerin günstigste Zuschlag auszurichten.

8. Abschnitt: Schichtarbeit

Art. 34 Schichtarbeit und Schichtwechsel
(Art. 25, 6 Abs. 2 und 26 ArG)

¹ Schichtarbeit liegt vor, wenn zwei oder mehrere Gruppen von Arbeitnehmern und Arbeitnehmerinnen nach einem bestimmten Zeitplan gestaffelt und wechselweise am gleichen Arbeitsplatz zum Einsatz gelangen.

² Bei der Gestaltung von Schichtarbeit sind die arbeitsmedizinischen und arbeitswissenschaftlichen Erkenntnisse zu beachten.

³ Bei zweischichtiger Tagesarbeit, die nicht in den Nachtzeitraum fällt, darf die einzelne Schichtdauer, Pausen inbegriffen, 11 Stunden nicht überschreiten. Die Leistung von Überzeitarbeit nach Artikel 25 ist nur an sonst arbeitsfreien Werktagen zulässig und soweit, als an diesen Tagen nicht gesetzliche Ruhe- oder Ausgleichsruhezeiten bezogen werden.

⁴ Bei drei- und mehrschichtigen Arbeitszeitsystemen, bei denen der Arbeitnehmer oder die Arbeitnehmerin alle Schichten durchläuft, gilt Folgendes:

a. die einzelne Schichtdauer darf 10 Stunden, Pausen inbegriffen, nicht überschreiten;

b.[1] der Schichtwechsel hat von der Früh- zur Spät- und von dieser zur Nachtschicht (Vorwärtsrotation) zu erfolgen; eine Rückwärtsrotation ist ausnahmsweise zulässig, wenn die Mehrheit der betroffenen Arbeitnehmer oder Arbeitnehmerinnen schriftlich darum ersucht;

c. die Leistung von Überzeitarbeit nach Artikel 25 ist nur an sonst arbeitsfreien Werktagen zulässig und soweit, als an diesen Tagen nicht gesetzliche Ruhe- oder Ausgleichsruhezeiten bezogen werden.

Art. 35 Verzicht auf den Schichtwechsel bei Tages- und Abendarbeit
(Art. 25 Abs. 3 ArG)

Auf den Schichtwechsel kann verzichtet werden, sofern:

a. Arbeitnehmer aus besonderen persönlichen Gründen nur am Morgen oder am Abend arbeiten können; oder

b. eine der beiden Schichten wesentlich kürzer ist und nicht mehr als 5 Stunden beträgt.

---

1   Fassung gemäss Ziff. I der V vom 29. Okt. 2008, in Kraft seit 1. Dez. 2008 (AS 2008 5181).

9. Abschnitt: Ununterbrochener Betrieb

Art. 36 Begriff
(Art. 24 ArG)

Als ununterbrochener Betrieb gilt ein Arbeitszeitsystem:
a. bei dem während 24 Stunden und an sieben Tage der Woche Schichtarbeit geleistet wird; und
b. das aus mehreren Schichten besteht, wobei der einzelne Arbeitnehmer oder die einzelne Arbeitnehmerin grundsätzlich alle Schichten durchläuft.

Art. 37 Ruhetage
(Art. 24 Abs. 5 ArG)

[1] Bei ununterbrochenem Betrieb sind den Arbeitnehmern und Arbeitnehmerinnen im Kalenderjahr wenigstens 61 wöchentliche Ruhetage zu gewähren, die zusammen mit der täglichen Ruhezeit mindestens 35 aufeinander folgende Stunden umfassen. Davon müssen wenigstens 26 Ruhetage auf einen Sonntag fallen und mindestens die Zeit von 6–16 Uhr umfassen.

[2] Unter der Voraussetzung, dass der Sonntag die Zeit von Samstag 23 Uhr bis Sonntag 23 Uhr umfasst, kann die Zahl der auf einen Sonntag fallenden Ruhetage wie folgt herabgesetzt werden:
a. auf 17, wenn die tägliche Arbeitszeit des einzelnen Arbeitnehmers oder der einzelnen Arbeitnehmerin 8 Stunden nicht übersteigt;
b. auf 13, wenn zusätzlich zu der in Buchstabe a genannten Voraussetzung die durchschnittliche wöchentliche Arbeitszeit einschliesslich der Pausen nicht mehr als 42 Stunden beträgt.

[3] Kann aus betrieblichen oder organisatorischen Gründen nicht in jeder Woche ein wöchentlicher Ruhetag gewährt werden, so ist dieser spätestens in der dritten Folgewoche zu gewähren. Dieser Ruhetag kann mit anderen wöchentlichen Ruhetagen zusammengelegt werden.

[4] Nach spätestens sieben Tagen ist dem Arbeitnehmer oder der Arbeitnehmerin eine tägliche Ruhezeit von 24 Stunden zu gewähren.

Art. 38 Arbeitszeit
(Art. 24 Abs. 5 ArG)

[1] Die wöchentliche Höchstarbeitszeit nach Artikel 9 des Gesetzes ist beim ununterbrochenen Betrieb im Durchschnitt von 16 Wochen einzuhalten. Diese Zeitspanne kann ausnahmsweise bis auf 20 Wochen verlängert werden.

[2] Die wöchentliche Höchstarbeitszeit kann für einzelne Zeiträume von sieben aufeinander folgenden Tagen auf 52 Stunden verlängert werden. Ausnahmsweise kann sie auf 60 Stunden verlängert werden, wenn ein grosser Teil der Arbeitszeit aus rei-

ner Präsenzzeit besteht und der Arbeitnehmer oder die Arbeitnehmerin keinen physisch, psychisch und mental belastenden Tätigkeiten ausgesetzt ist. Die wöchentliche Höchstarbeitszeit ist dann im Durchschnitt von 16 Wochen einzuhalten.

³ Für den einzelnen Arbeitnehmer oder die einzelne Arbeitnehmerin darf die Arbeitszeit innert 24 Stunden nicht mehr als 9 Stunden betragen und muss, mit Einschluss der Pausen, innert eines Zeitraumes von 10 Stunden liegen. Wird zwischen Freitagabend und Montagmorgen in zwei Schichten gearbeitet, so kann die Arbeitszeit bis auf 12 Stunden verlängert werden, doch ist in diesem Falle eine Pause von 2 Stunden zu gewähren, die innerhalb der Schicht hälftig geteilt und gestaffelt angeordnet werden kann.

⁴ Auf den ununterbrochenen Betrieb sind im Übrigen die Vorschriften dieser Verordnung über die Nacht- und Sonntagsarbeit sowie über die Schichtarbeit anwendbar, sofern die Artikel 37 und 38 nichts anderes bestimmen.

Art. 39 Zusammengesetzter ununterbrochener Betrieb
(Art. 10, 17, 19, 25 und 24 Abs. 5 i.V.m. 26 ArG)

¹ Auf Arbeitnehmer oder Arbeitnehmerinnen, die im Rahmen eines ununterbrochenen Betriebssystems nur in einzelnen Schichten oder an bestimmten Tagen eingesetzt werden, sind die Artikel 37 und 38 nicht anwendbar.

² Die Beschäftigung von Arbeitnehmern oder Arbeitnehmerinnen in Wochenendschichten zwischen Donnerstagabend (20 Uhr) und Montagmorgen (5 Uhr bis 7 Uhr) ist zulässig, sofern:

a. die Arbeitnehmer oder die Arbeitnehmerinnen – abgesehen von Ausnahmefällen wie Ferienablösungen – in der übrigen Zeit der Woche keiner weiteren Erwerbstätigkeit als Arbeitnehmer oder Arbeitnehmerin nachgehen;

b. die Arbeitnehmer oder die Arbeitnehmerinnen in keiner Schicht mehr als 10 Stunden Arbeitszeit innerhalb von 12 Stunden leisten müssen;

c. die tägliche Ruhezeit von 11 Stunden nicht verkürzt wird;

d. die Arbeitnehmer oder die Arbeitnehmerinnen nicht zu Überzeitarbeit nach Artikel 25 herangezogen werden; und

e. die Arbeitnehmer oder Arbeitnehmerinnen mindestens fünf auf einen Sonntag fallende Ruhetage pro Kalenderjahr haben.

10. Abschnitt: Arbeitszeitbewilligungen

Art. 40 Abgrenzungskriterien für die Bewilligungszuständigkeit
(Art. 17, 19 und 24 ArG)

¹ Vorübergehend ist Nachtarbeit im Sinne von Artikel 17 des Gesetzes, wenn sie:
a. bei sporadisch oder periodisch wiederkehrenden Einsätzen nicht mehr als drei Monate pro Betrieb und Kalenderjahr umfasst; oder
b. bei zeitlich befristeten Einsätzen von bis zu sechs Monaten einen einmaligen Charakter aufweist. Eine einmalige Verlängerung um sechs Monate ist möglich.

² Dauernd oder regelmässig wiederkehrend ist Nachtarbeit, wenn diese die in Absatz 1 genannten Bedingungen vom zeitlichen Umfang her überschreitet.

³ Vorübergehend ist Sonntagsarbeit im Sinne von Artikel 19 des Gesetzes, wenn sie:
a. bei sporadisch vorkommenden Einsätzen nicht mehr als sechs Sonntage, gesetzliche Feiertage inbegriffen, pro Betrieb und Kalenderjahr umfasst; oder
b. bei zeitlich befristeten Einsätzen von bis zu drei Monaten einen einmaligen Charakter aufweist.

⁴ Dauernd und regelmässig wiederkehrend ist Sonntagsarbeit, wenn diese die in Absatz 3 genannten Bedingungen vom zeitlichen Umfang her überschreitet.

Art. 41 Gesuch
(Art. 49 ArG)

Das Gesuch um eine Arbeitszeitbewilligung ist schriftlich einzureichen und hat folgende Angaben zu enthalten:
a. die Bezeichnung des Betriebes oder der Betriebsteile, für welche um die Bewilligung nachgesucht wird;
b. die Zahl der beteiligten Arbeitnehmer und Arbeitnehmerinnen, getrennt nach Männern, Frauen und Jugendlichen;
c. den vorgesehenen Stundenplan, mit Einschluss der Ruhezeit und Pausen sowie den Schichtwechsel oder allfällige Abweichungen; für die Nachtarbeit, für die drei- und mehrschichtige Arbeit sowie für den ununterbrochenen Betrieb kann auf grafische Darstellungen von Stunden- und Schichtenplänen verwiesen werden;
d. die vorgesehene Dauer der Bewilligung;
e. die Bestätigung, dass das Einverständnis des Arbeitnehmers oder der Arbeitnehmerin eingeholt worden ist;
f. das Ergebnis der medizinischen Untersuchung hinsichtlich der Eignung der betroffenen Arbeitnehmer und Arbeitnehmerinnen, soweit von Gesetz oder Verordnung vorgesehen;
g. den Nachweis des dringenden Bedürfnisses oder der Unentbehrlichkeit;
h. die Zustimmung Dritter, soweit von Gesetz oder Verordnung vorgesehen.

Art. 42 Bewilligungserteilung
(Art. 49 ArG)

¹ In den Arbeitszeitbewilligungen sind anzuführen:
a. die Rechtsgrundlage;
b. der Betrieb oder der Betriebsteil oder die Art der Tätigkeit;
c. die Begründung der Bewilligung;
d. die Zahl der im Ganzen und, bei Schichtarbeit und ununterbrochenem Betrieb, der an den einzelnen Schichten beteiligten Arbeitnehmer und Arbeitnehmerinnen, getrennt nach Männern, Frauen und Jugendlichen;
e. die bewilligten Tage, Nächte oder Stunden, der bewilligte Stundenplan, die einzuhaltenden Ruhezeiten und Pausen, der Schichtwechsel sowie allfällige Abweichungen;
f. allfällige Auflagen und Bedingungen zum Schutze der Arbeitnehmer;
g. der räumliche Geltungsbereich, wenn mehrere Kantone von der Bewilligung betroffen sind.

² Die Arbeitszeitbewilligungen sind nach ihrem Zweck zeitlich zu befristen.

³ Für vorübergehende Arbeitszeitbewilligungen, die kantonsübergreifende Tatbestände regeln, ist der Kanton zuständig, in dem der Betrieb seinen Sitz hat.

⁴ Die Bewilligung darf nur von den im Gesetz oder in einer Verordnung vorgesehenen Voraussetzungen abhängig gemacht werden. Sie darf auch keine anderen Auflagen enthalten, als im Gesetz oder in einer Verordnung vorgesehen sind.

⁵ Das Bundesamt stellt seine Bewilligungen den Standortkantonen der Betriebe zu; gleich verfahren die Kantone bei Bewilligungen, die kantonsübergreifende Tatbestände regeln.

3. Kapitel: Massnahmen bei Nachtarbeit

1. Abschnitt: Medizinische Untersuchung und Beratung

Art. 43 Begriff der medizinischen Untersuchung und Beratung
(Art. 17c und 42 Abs. 4 ArG)

¹ Die medizinische Untersuchung beinhaltet eine Basiskontrolle des Gesundheitszustandes des betroffenen Arbeitnehmers oder der Arbeitnehmerin. Der Umfang richtet sich nach der Art der auszuübenden Tätigkeit und den Gefährdungen am Arbeitsplatz. Das Bundesamt gibt für die medizinische Untersuchung und Beratung einen Leitfaden heraus.

² Die medizinische Untersuchung nach den Artikeln 29, 30 und 45 ist von einem Arzt oder einer Ärztin vorzunehmen, der oder die sich mit dem Arbeitsprozess, den Arbeitsverhältnissen und den arbeitsmedizinischen Grundlagen vertraut gemacht hat.

Frauen haben Anspruch auf medizinische Untersuchung und Beratung bei einer Ärztin.

³ Die Beratung nach Artikel 17c des Gesetzes umfasst spezifische Gesichtspunkte, die im Zusammenhang mit der Nachtarbeit stehen. Das können Fragen familiärer und sozialer Art oder Ernährungsprobleme sein, soweit diese einen Einfluss auf die Gesundheit des in der Nacht beschäftigten Arbeitnehmers oder der Arbeitnehmerin haben können.

⁴ Die im Rahmen des Obligatoriums beigezogenen Ärzte oder Ärztinnen und anderen beigezogenen medizinischen Fachkräfte sind Sachverständige nach Artikel 42 Absatz 4 des Gesetzes.

Art. 44 Anspruch auf medizinische Untersuchung und Beratung
(Art. 17c ArG)

¹ Arbeitnehmer und Arbeitnehmerinnen, die 25 und mehr Nachteinsätze pro Jahr leisten, haben auf Verlangen Anspruch auf medizinische Untersuchung und Beratung.

² Der Anspruch auf medizinische Untersuchung und Beratung kann in regelmässigen Abständen von zwei Jahren geltend gemacht werden. Nach Vollendung des 45. Lebensjahres steht den Arbeitnehmern und Arbeitnehmerinnen dieses Recht in Zeitabständen von einem Jahr zu.

Art. 45 Obligatorische medizinische Untersuchung und Beratung
(Art. 17c Abs. 2 und 3, Art. 6 Abs. 2 ArG)

¹ Die medizinische Untersuchung und Beratung ist obligatorisch für Jugendliche, die dauernd oder regelmässig wiederkehrend zwischen 1 Uhr und 6 Uhr Nachtarbeit leisten, und für Arbeitnehmer oder Arbeitnehmerinnen, die dauernd oder regelmässig wiederkehrende Nachtarbeit leisten und dabei in erhöhtem Ausmass belastende oder gefährliche Tätigkeiten verrichten oder belastenden oder gefährlichen Situationen ausgesetzt sind. Belastende und gefährliche Tätigkeiten oder Situationen sind:

a. gehörschädigender Lärm, starke Erschütterungen und Arbeit in Hitze oder in Kälte;

b. Luftschadstoffe, sofern sie den Bereich von 50 Prozent der maximal zulässigen Arbeitsplatzkonzentration für gesundheitsgefährdende Stoffe nach dem Bundesgesetz über die Unfallversicherung übersteigen;

c. ausserordentliche physische, psychische und mentale Belastungen;

d. Arbeit als allein arbeitende Person in einem Betrieb oder Betriebsteil;

e. verlängerte Dauer der Nachtarbeit und Nachtarbeit ohne Wechsel mit Tagesarbeit.

² Die medizinische Untersuchung und Beratung erfolgt erstmals vor Antritt zu einer in Absatz 1 genannten Tätigkeit und danach alle zwei Jahre.

³ Der untersuchende Arzt oder die untersuchende Ärztin teilt dem betroffenen Arbeitnehmer oder der Arbeitnehmerin, dem Arbeitgeber und der zuständigen Behörde die Schlussfolgerungen hinsichtlich der Eignung oder Nichteignung mit.

⁴ Arbeitnehmer und Arbeitnehmerinnen, die nach Feststellung des Arztes nicht geeignet sind oder sich nicht untersuchen lassen, dürfen für Arbeiten nach Absatz 1 nicht in der Nacht eingesetzt werden. Eignet sich ein Arbeitnehmer oder eine Arbeitnehmerin nur bedingt, kann die zuständige Behörde nach Rücksprache mit dem untersuchenden Arzt oder der Ärztin die Beschäftigung des betroffenen Arbeitnehmers oder der Arbeitnehmerin in der Nacht ganz oder teilweise auf Gesuch hin zulassen, sofern der Betrieb die als notwendig erachteten Massnahmen für die Erhaltung der Gesundheit ergreift.

⁵ Bei bedingter Eignung werden die untersuchenden Ärzte von ihrem ärztlichen Berufsgeheimnis gegenüber dem Arbeitgeber soweit entbunden, als es für das Treffen von Massnahmen im Betrieb notwendig ist und der betroffene Arbeitnehmer oder die betroffene Arbeitnehmerin einwilligt.

2. Abschnitt: Weitere Massnahmen

Art. 46   (Art. 17e ArG)

Der Arbeitgeber hat als weitere Massnahmen bei Nachtarbeit insbesondere:

a. ein sicheres Transportmittel zur Verfügung zu stellen, wenn die persönliche Sicherheit eines Arbeitnehmers oder einer Arbeitnehmerin auf dem Weg zum und vom Arbeitsplatz gefährdet sein könnte;

b. Transportmöglichkeiten beim Fehlen öffentlicher Verkehrsmittel bereitzustellen;

c. Kochgelegenheiten für die Zubereitung warmer Mahlzeiten in einem geeigneten Raum bereitzustellen oder warme Mahlzeiten abzugeben;

d. Arbeitnehmer und Arbeitnehmerinnen mit Erziehungs- oder Betreuungspflichten nach Artikel 36 des Gesetzes zu unterstützen, damit sie diese Aufgaben selber oder durch Dritte wahrnehmen können.

4.[1] Kapitel ...

Art. 47–59

---

[1] Aufgehoben durch Art. 22 der Jugendarbeitsschutzverordnung vom 28. Sept. 2007, mit Wirkung seit 1. Jan. 2008 (SR 822.115).

5. Kapitel: Sonderschutz von Frauen
1. Abschnitt: Beschäftigung bei Mutterschaft

Art. 60 Arbeitszeit und Stillzeit bei Schwangerschaft und Mutterschaft
(Art. 35 und 35a ArG)

[1] Schwangere Frauen und stillende Mütter dürfen nicht über die vereinbarte ordentliche Dauer der täglichen Arbeit hinaus beschäftigt werden, jedoch keinesfalls über 9 Stunden hinaus.

[2] Für das Stillen im ersten Lebensjahr ist die Stillzeit wie folgt an die Arbeitszeit anzurechnen:

a. Stillzeit im Betrieb gilt als Arbeitszeit;
b. verlässt die Arbeitnehmerin den Arbeitsort zum Stillen, ist die Hälfte dieser Abwesenheit als Arbeitszeit anzuerkennen;
c. die übrige Stillzeit darf weder vor- noch nachgeholt werden, sie darf auch nicht anderen gesetzlichen Ruhe- oder Ausgleichsruhezeiten angerechnet werden.

Art. 61 Beschäftigungserleichterung
(Art. 35 ArG)

[1] Bei hauptsächlich stehend zu verrichtender Tätigkeit sind schwangeren Frauen ab dem vierten Schwangerschaftsmonat eine tägliche Ruhezeit von 12 Stunden und nach jeder zweiten Stunde zusätzlich zu den Pausen nach Artikel 15 des Gesetzes eine Kurzpause von 10 Minuten zu gewähren.

[2] Ab dem sechsten Schwangerschaftsmonat sind stehende Tätigkeiten auf insgesamt 4 Stunden pro Tag zu beschränken.

2. Abschnitt: Gesundheitsschutz bei Mutterschaft

Art. 62 Gefährliche und beschwerliche Arbeiten
bei Schwangerschaft und Mutterschaft
(Art. 35 ArG)

[1] Der Arbeitgeber darf schwangere Frauen und stillende Mütter zu gefährlichen und beschwerlichen Arbeiten nur beschäftigen, wenn auf Grund einer Risikobeurteilung feststeht, dass dabei keine konkrete gesundheitliche Belastung für Mutter und Kind vorliegt, oder wenn eine solche durch geeignete Schutzmassnahmen ausgeschaltet werden kann. Vorbehalten bleiben weitere Ausschlussgründe nach Absatz 4.

[2] Kann eine gefährliche gesundheitliche Belastung für Mutter und Kind nur durch das Ergreifen geeigneter Schutzmassnahmen ausgeschaltet werden, ist deren Wirksamkeit periodisch, mindestens vierteljährlich zu überprüfen. Stellt sich dabei heraus,

dass das Schutzziel nicht erreicht wird, ist nach den Artikeln 64 Absatz 2 bzw. 65 zu verfahren.

³ Als gefährliche und beschwerliche Arbeiten für schwangere Frauen und stillende Mütter gelten alle Arbeiten, die sich erfahrungsgemäss nachteilig auf die Gesundheit dieser Frauen und ihrer Kinder auswirken. Dazu gehören namentlich:

a. das Bewegen schwerer Lasten von Hand;
b. Bewegungen und Körperhaltungen, die zu vorzeitiger Ermüdung führen;
c. Arbeiten, die mit Einwirkungen wie Stössen, Erschütterungen oder Vibrationen verbunden sind;
d. Arbeiten bei Überdruck, z.B. in Druckkammern, beim Tauchen usw.;
e. Arbeiten bei Kälte oder Hitze oder bei Nässe;
f. Arbeiten unter Einwirkung schädlicher Strahlen oder Lärm;
g. Arbeiten unter Einwirkung schädlicher Stoffe oder Mikroorganismen;
h. Arbeiten in Arbeitszeitsystemen, die erfahrungsgemäss zu einer starken Belastung führen.

⁴ Das Eidgenössische Volkswirtschaftsdepartement legt in einer Verordnung fest, wie die in Absatz 3 aufgeführten gefährlichen und beschwerlichen Arbeiten zu beurteilen sind. Überdies definiert es Stoffe, Mikroorganismen und Arbeiten, die auf Grund der Erfahrung und dem Stand der Wissenschaft mit einem besonderen hohen Gefahrenpotenzial für Mutter und Kind verbunden sind und die bei jeder Beschäftigung von schwangeren Frauen und stillenden Müttern verboten sind.

Art. 63   Risikobeurteilung und Unterrichtung
(Art. 35 und 48 ArG)

¹ Ein Betrieb mit gefährlichen und beschwerlichen Arbeiten für Mutter und Kind nach Artikel 62 hat die Risikobeurteilung durch eine fachlich kompetente Person nach den Grundsätzen der Artikel 11a ff. der Verordnung vom 19. Dezember 1983[1] über die Verhütung von Unfällen und Berufskrankheiten und den spezifischen Vorschriften über den Beizug von fachlich kompetenten Personen bei Mutterschaft vorzunehmen.

² Die Risikobeurteilung erfolgt erstmals vor Beginn der Beschäftigung von Frauen in einem Betrieb oder Betriebsteil nach Artikel 62 und bei jeder bedeutenden Änderung der Arbeitsbedingungen.

³ Das Ergebnis der Risikobeurteilung ist schriftlich festzuhalten, ebenso die vom Spezialisten der Arbeitssicherheit vorgeschlagenen Schutzmassnahmen. Bei der Risikobeurteilung sind zu beachten:

a.   die Vorschriften nach Artikel 62 Absatz 4;

---

1   SR 832.30

b. die Vorschriften der Verordnung 3 vom 18. August 1993[1] zum Arbeitsgesetz; und

c. die Verordnung vom 19. Dezember 1983 über die Verhütung von Unfällen und Berufskrankheiten.

[4] Der Arbeitgeber hat dafür zu sorgen, dass Frauen mit beschwerlichen und gefährlichen Arbeiten über die mit der Schwangerschaft und der Mutterschaft in Zusammenhang stehenden Gefahren und Massnahmen rechtzeitig, umfassend und angemessen informiert sowie angeleitet werden.

3. Abschnitt: Beschäftigungseinschränkungen und -verbote

Art. 64 Arbeitsbefreiung und Versetzung
(Art. 35 und 35a ArG)

[1] Schwangere Frauen und stillende Mütter sind auf ihr Verlangen von Arbeiten zu befreien, die für sie beschwerlich sind.

[2] Frauen, die gemäss ärztlichem Zeugnis in den ersten Monaten nach der Entbindung nicht voll leistungsfähig sind, dürfen nicht zu Arbeiten herangezogen werden, die ihre Leistungsfähigkeit übersteigen.

[3] Der Arbeitgeber hat eine schwangere Frau oder eine stillende Mutter an einen für sie ungefährlichen und gleichwertigen Arbeitsplatz zu versetzen, wenn:

a. die Risikobeurteilung eine Gefahr für die Sicherheit und Gesundheit von Mutter oder Kind ergibt und keine geeignete Schutzmassnahme getroffen werden kann; oder

b. feststeht, dass die betroffene Frau Umgang hat mit Stoffen, Mikroorganismen oder Arbeiten ausführt, die mit einem hohen Gefahrenpotenzial nach Artikel 62 Absatz 4 verbunden sind.

Art. 65 Verbotene Arbeiten während der Mutterschaft
(Art. 35 ArG)

Ist eine Versetzung nach Artikel 64 Absatz 2 nicht möglich, darf die betroffene Frau im von der Gefahr betroffenen Betrieb oder Betriebsteil nicht mehr beschäftigt werden.

---

1 SR 822.113

Art. 66 Verbotene Arbeiten
(Art. 36a ArG)

Frauen dürfen nicht zu Arbeiten auf Untertage-Baustellen herangezogen werden, ausser für:
a. wissenschaftliche Tätigkeiten;
b. Dienstleistungen der ersten Hilfe und der medizinischen Erstversorgung;
c. kurzfristige Tätigkeiten im Rahmen einer geregelten Berufsausbildung; oder
d. kurzfristige Tätigkeiten nicht handwerklicher Art.

6. Kapitel: Besondere Pflichten der Arbeitgeber und Arbeitnehmer

1. Abschnitt: Betriebsordnung

Art. 67 Vereinbarte oder erlassene Betriebsordnung
(Art. 37 ArG)

¹ Als frei gewählt gilt die Arbeitnehmervertretung, wenn die Wahl nach den Grundsätzen der Artikel 5–7 des Mitwirkungsgesetzes vom 17. Dezember 1993[1] erfolgt ist.

² Wird die Betriebsordnung vom Arbeitgeber erlassen, so ist der Entwurf im Betrieb gut sichtbar anzuschlagen oder den Arbeitnehmern und Arbeitnehmerinnen auszuhändigen. Innert vier Wochen können die Arbeitnehmer oder Arbeitnehmerinnen schriftlich dazu Stellung nehmen oder sie sind vom Arbeitgeber mündlich anzuhören.

Art. 68 Bekanntmachung der Betriebsordnung
(Art. 39 ArG)

¹ Die Betriebsordnung ist im Betrieb gut sichtbar anzuschlagen oder den Arbeitnehmern oder Arbeitnehmerinnen auszuhändigen.

² Die Betriebsordnung ist der kantonalen Behörde zuzustellen.[2]

---

[1] SR 822.14
[2] Fassung gemäss Ziff. I der V vom 24. April 2002, in Kraft seit 1. Juni 2002 (AS 2002 1347).

2. Abschnitt: Weitere Pflichten gegenüber Arbeitnehmern und Arbeitnehmerinnen

Art. 69 Bekanntgabe der Arbeitszeiten und der Schutzvorschriften
(Art. 47 Abs. 1 ArG)

[1] Bei der Planung für die im Betrieb massgeblichen Arbeitszeiten, wie Rahmeneinsatzzeiten, Pikettdienst, Einsatzpläne, bewilligte Stundenpläne und deren Änderungen sind die Arbeitnehmer und Arbeitnehmerinnen beizuziehen. Über den Zeitpunkt der konkreten Einführung der massgeblichen Arbeitszeiten sind die Arbeitnehmer und Arbeitnehmerinnen möglichst frühzeitig zu informieren, in der Regel zwei Wochen vor einem geplanten Einsatz mit neuen Arbeitszeiten.

[2] Besondere Schutzvorschriften nach Artikel 47 Absatz 1 Buchstabe b des Gesetzes sind die Vorschriften des Gesetzes und dieser Verordnung über den Jugendschutz, die Mutterschaft und die zu gewährenden Ausgleichsruhezeiten für geleistete Nachtarbeit.

Art. 70 Information und Anleitung der Arbeitnehmer
(Art. 48 ArG)

[1] Der Arbeitgeber muss dafür sorgen, dass alle in seinem Betrieb beschäftigten Arbeitnehmer und Arbeitnehmerinnen, einschliesslich der dort tätigen Arbeitnehmer und Arbeitnehmerinnen eines andern Betriebes, ausreichend und angemessen informiert und angeleitet werden über die Organisation der Arbeitszeit, die Gestaltung der Stundenpläne und die bei Nachtarbeit vorgesehenen Massnahmen im Sinne von Artikel 17e des Gesetzes. Diese Anleitung hat im Zeitpunkt des Stellenantritts und bei jeder Änderung der Arbeitsbedingungen zu erfolgen und ist nötigenfalls zu wiederholen.

[2] Die Information und die Anleitung müssen während der Arbeitszeit erfolgen und dürfen nicht zu Lasten der Arbeitnehmer und Arbeitnehmerinnen gehen.

Art. 71 Beizug der Arbeitnehmer
(Art. 48 und 6 Abs. 3 ArG)

[1] Die Arbeitnehmer und Arbeitnehmerinnen oder ihre Vertretung im Betrieb sind vorgängig über Besuche der Vollzugsbehörde zu informieren und auf ihren Wunsch in geeigneter Form zu Abklärungen und Betriebsbesuchen derselben beizuziehen. Bei unangemeldeten Betriebsbesuchen sind die Arbeitnehmer und Arbeitnehmerinnen ebenfalls beizuziehen.

[2] Der Arbeitgeber hat den Arbeitnehmern und Arbeitnehmerinnen oder deren Vertretung im Betrieb von Anordnungen der Vollzugsbehörde Kenntnis zu geben.

3. Abschnitt: Pflichten gegenüber Vollzugs- und Aufsichtsorganen

Art. 72 Zutritt zum Betrieb
(Art. 45 ArG)

¹ Der Arbeitgeber hat den Vollzugs- und Aufsichtsorganen Zutritt zu allen Räumen des Betriebes, mit Einschluss der Ess-, Aufenthalts- und Unterkunftsräume, zu gewähren.

² Die Vollzugs- und Aufsichtsorgane sind befugt, im Rahmen ihrer Aufgaben den Arbeitgeber und, ohne Anwesenheit von Drittpersonen, die im Betrieb beschäftigten Arbeitnehmer und Arbeitnehmerinnen über die Durchführung des Gesetzes, der Verordnungen und der Verfügungen zu befragen.

Art. 73 Verzeichnisse und andere Unterlagen
(Art. 46 ArG)

¹ Die Verzeichnisse und Unterlagen haben alle Angaben zu enthalten, die für den Vollzug des Gesetzes notwendig sind, namentlich müssen daraus ersichtlich sein:

a. die Personalien der Arbeitnehmer und der Arbeitnehmerinnen;
b. die Art der Beschäftigung sowie Ein- und Austritt der Arbeitnehmer oder der Arbeitnehmerinnen;
c. die geleistete (tägliche und wöchentliche) Arbeitszeit inkl. Ausgleichs- und Überzeitarbeit sowie ihre Lage;
d. die gewährten wöchentlichen Ruhe- oder Ersatzruhetage, soweit diese nicht regelmässig auf einen Sonntag fallen;
e. die Lage und Dauer der Pausen von einer halben Stunde und mehr;
f. die betrieblichen Abweichungen von der Tag-, Nacht- und Sonntagsdefinition nach den Artikeln 10, 16 und 18 des Gesetzes;
g. Regelungen über den Zeitzuschlag nach Artikel 17b Absätze 2 und 3 des Gesetzes;
h. die nach Gesetz geschuldeten Lohn- und/oder Zeitzuschläge;
i. die Ergebnisse der medizinischen Abklärungen hinsichtlich der Eignung oder Nichteignung bei Nachtarbeit oder Mutterschaft;.
j. das Vorliegen von Ausschlussgründen oder die Ergebnisse der Risikobeurteilung bei Mutterschaft und gestützt darauf getroffene betriebliche Massnahmen.

² Verzeichnisse und andere Unterlagen sind nach Ablauf ihrer Gültigkeit für mindestens fünf Jahre aufzubewahren.

³ Die Vollzugs- und Aufsichtsorgane können Einsicht nehmen in weitere Verzeichnisse und Unterlagen, soweit das für die Erfüllung ihrer Aufgaben notwendig ist. Sofern es für die Ermittlung notwendig ist, kann die zuständige Behörde diese Un-

terlagen und Verzeichnisse mitnehmen. Nach Abschluss der Ermittlungen sind diese dem Arbeitgeber zurückzugeben.

Art. 74 Altersausweis
(Art. 29 Abs. 4 ArG)

¹ Für alle Jugendlichen hat der Arbeitgeber einen Altersausweis zur Verfügung der Vollzugs- und Aufsichtsbehörden zu halten.

² Der Altersausweis wird vom Zivilstandsbeamten des Geburts- oder Heimatortes, für nicht in der Schweiz geborene Ausländer und Ausländerinnen von der zuständigen Polizeibehörde unentgeltlich ausgestellt.

7. Kapitel: Aufgaben und Organisation der Behörden

1. Abschnitt: Bund

Art. 75 Bundesamt
(Art. 42 Abs. 3 ArG)

¹ Das Bundesamt ist die Fachstelle des Bundes für den Arbeitnehmerschutz. Es hat namentlich folgende Aufgaben:[1]

a. Es beaufsichtigt und koordiniert die Durchführung des Gesetzes durch die Kantone und sorgt für eine einheitliche Rechtsanwendung.

b. Es stellt die Weiter- und Fortbildung der Vollzugsbehörden sicher.

c. Es berät und informiert die kantonalen Vollzugsbehörden sowie die Arbeitgeber- und Arbeitnehmerverbände bei der Anwendung des Gesetzes und der Verordnungen sowie in allgemeinen Belangen des Arbeitnehmerschutzes auch andere interessierte oder betroffene Organisationen.

d. Es beschafft Informationen auf dem Gebiet des Arbeitnehmerschutzes.

e. Es stellt Fachleute und nötige Infrastrukturen für die Beurteilung und Lösung komplexer Fragen, Probleme und Vorfälle bereit.

f. Es untersucht Grundsatz- und Spezialfragen aus dem Bereich des Arbeitnehmerschutzes und klärt Fälle ab, die von allgemeiner Bedeutung sind.

g. Es unterstützt die Bemühungen zur Förderung des Gesundheitsschutzes am Arbeitsplatz und es initiiert und fördert Forschungsvorhaben zum Thema Arbeit und Gesundheit.

h. Es nimmt im Bereich des Arbeitnehmerschutzes die Aufgaben der Öffentlichkeitsarbeit sowie die internationalen Kontakte wahr.

---

1 Fassung gemäss Ziff. I der V vom 24. April 2002, in Kraft seit 1. Juni 2002 (AS 2002 1347).

i. Es vollzieht das Gesetz und seine Verordnungen in den Betrieben und Verwaltungen des Bundes.

j. Es führt das Plangenehmigungsverfahren nach den Artikeln 7 und 8 des Gesetzes im koordinierten Bundesverfahren nach Artikel 62a–62c des Regierungs- und Verwaltungsorganisationsgesetzes vom 21. März 1997[1] durch.

² Soweit es die Aufgaben nach Absatz 1 erfordern, hat das Bundesamt Zutritt zu allen Betrieben.

³ Das Bundesamt kann auf Gesuch hin gegen Ersatz der Kosten ganz oder teilweise Aufgaben eines Kantons übernehmen, wenn dieser mangels personeller, fachlicher oder sachlicher Mittel seine Aufgaben nicht erfüllen kann.

⁴ Für Gesuche, Bewilligungen und Genehmigungen kann das Bundesamt einheitliche Formulare vorschreiben.

Art. 76[2] Gebietszuständigkeit der Eidgenössischen Arbeitsinspektion

Das Eidgenössische Volkswirtschaftsdepartement legt die Gebietszuständigkeit der Organe der Eidgenössischen Arbeitsinspektion im Sinn von Artikel 42 Absatz 4 des Gesetzes fest.

Art. 77 Verfügungen des Bundesamtes und Ersatzmassnahmen
(Art. 42, 50, 51 und 53 ArG)

¹ Das Bundesamt kann in seinem Aufgabenbereich gegenüber dem Arbeitgeber Verfügungen erlassen und ihn auffordern, die notwendigen Massnahmen zur Herbeiführung des gesetzmässigen Zustandes zu treffen. Ist Gefahr im Verzug, können Verfügungen im Sinne vorsorglicher Massnahmen getroffen werden.

² Die in Absatz 1 genannten Verfügungen sind schriftlich zu eröffnen; vorsorgliche Massnahmen sind nachträglich zu bestätigen und zu begründen. Dem Arbeitgeber ist eine Frist anzusetzen, innert der er den gesetzmässigen Zustand herbeizuführen und darüber Bericht zu erstatten hat.

³ Kommt der Arbeitgeber nicht innert der gesetzten Frist den Verfügungen und angeordneten Massnahmen nach, so ergreift das Bundesamt die zur Durchsetzung notwendigen Massnahmen unter Kosten- und Straffolge für den Arbeitgeber.

⁴ …[3]

---

1 SR 172.010
2 Fassung gemäss Ziff. I der V vom 24. April 2002, in Kraft seit 1. Juni 2002 (AS 2002 1347).
3 Aufgehoben durch Ziff. IV 37 der V vom 22. Aug. 2007 zur formellen Bereinigung des Bundesrechts, mit Wirkung seit 1. Jan. 2008 (AS 2007 4477).

Art. 78 Massnahmen der Oberaufsicht
(Art. 42 ArG)

Unterlässt die kantonale Vollzugsbehörde eine notwendige Amtshandlung oder widersprechen Verfügungen ganz oder teilweise dem Gesetz, so erteilt das Bundesamt die nötigen Weisungen. Ist Gefahr im Verzug oder liegen erhebliche Rechtsgüterverletzungen vor, trifft das Bundesamt von sich aus die nötigen Massnahmen zur Herbeiführung des gesetzmässigen Zustandes.

2. Abschnitt: Kantone

Art. 79 Aufgaben
(Art. 41 ArG)

¹ Soweit der Vollzug des Gesetzes und der Verordnungen nicht dem Bunde vorbehalten ist, nehmen die kantonalen Behörden diesen wahr; insbesondere haben sie:

a. Kontrollen in den Betrieben über die Einhaltung der Vorschriften des Gesetzes und der Verordnungen durchzuführen;

b. Arbeitgeber und Arbeitnehmer, Bauherren, Planer und andere mit Aufgaben des Arbeitsgesetzes betraute Personen in Fragen der Anwendung des Gesetzes und der Verordnungen zu beraten;

c. Arbeitgeber, Arbeitnehmer, deren Organisationen sowie weitere Fachorganisationen und andere interessierte Stellen über aktuelle Fragen und Entwicklungen zu informieren.

² Die Kantone sorgen dafür, dass:

a. gut ausgebildete Aufsichtspersonen in einer für die Erfüllung der gesetzlichen Aufgaben genügenden Zahl eingesetzt werden;

b. weibliches Aufsichtspersonal für spezifische Frauenanliegen eingesetzt wird oder beigezogen werden kann;

c. den Aufsichtspersonen die nötigen Kompetenzen und Sachmittel eingeräumt werden; und

d. das Anstellungsverhältnis der Aufsichtspersonen diesen die nötige Stetigkeit bei ihrer Beschäftigung erlaubt und die Wahrung ihrer Unabhängigkeit gewährleistet.

³ Das Bundesamt erlässt Richtlinien hinsichtlich des Aus- und Weiterbildungsstandards und der Anzahl der zu beschäftigenden Aufsichtspersonen pro Kanton in Abhängigkeit der Anzahl Betriebe und der zu erfüllenden gesetzlichen Aufgaben sowie ihrer Komplexität.

Art. 80 Mitteilungen und Berichterstattung
(Art. 41 ArG)

¹ Die Kantone haben dem Bundesamt mitzuteilen:

a. die nach Artikel 41 Absatz 1 des Gesetzes bezeichneten Vollzugsbehörden sowie die kantonalen Rekursbehörden;
b. die nach Artikel 20a Absatz 1 des Gesetzes den Sonntagen gleichgestellten Feiertage;
c. die gestützt auf das Gesetz erlassenen kantonalen Vollzugserlasse wie jede Änderung derselben;
d. Entscheide über Verwaltungsmassnahmen, Strafurteile und Einstellungsbeschlüsse in vollständiger und begründeter Ausfertigung.

² Die Kantone liefern dem Bundesamt jährlich die für die Berichterstattung an das internationale Arbeitsamt sowie die zur Wahrnehmung der Oberaufsicht nötigen Angaben.

³ Die vom Bundesamt verlangten Angaben sind diesem innert drei Monaten nach Ablauf des Berichtsjahres einzureichen.

⁴ Die kantonale Behörde hat dem Bundesamt eine Ausfertigung der erteilten Arbeitszeitbewilligungen zuzustellen und ihm Kenntnis zu geben von ihren Verfügungen und Massnahmen, die sie nach den Artikeln 51 Absätze 2 und 3 sowie 52 und 53 des Gesetzes getroffen hat.[1]

3. Abschnitt: Eidgenössische Arbeitskommission

Art. 81 (Art. 43 ArG)

¹ Die Eidgenössische Arbeitskommission besteht aus 24 Mitgliedern. In der Kommission sind vertreten:

a. die Kantone mit drei Mitgliedern;
b. die Wissenschaft mit drei Mitgliedern;
c. die Arbeitgeberverbände und die Arbeitnehmerverbände mit je acht Mitgliedern;
d. die Frauenorganisationen mit zwei Mitgliedern.

² Den Vorsitz führt der Direktor oder die Direktorin für Arbeit im Staatssekretariat für Wirtschaft oder der Stellvertreter oder die Stellvertreterin.

³ Die Mitglieder werden für die jeweilige Dauer der für die Bundesbehörden geltenden Amtsperiode gewählt.

---

1 Fassung gemäss Ziff. I der V vom 24. April 2002, in Kraft seit 1. Juni 2002 (AS 2002 1347).

⁴ Die Kommission kann für die Behandlung bestimmter Fragen Ausschüsse bestellen und Sachverständige beiziehen.

⁵ Das Geschäftsreglement der Kommission wird in ihrem Einvernehmen vom Eidgenössischen Volkswirtschaftsdepartement erlassen.

8. Kapitel: Datenschutz und Datenverwaltung

1. Abschnitt: Schweigepflicht, Datenbekanntgabe und Auskunftsrecht

Art. 82 Schweigepflicht
(Art. 44 ArG)

¹ Die Schweigepflicht nach Artikel 44 des Gesetzes erstreckt sich auf die Aufsichts- und Vollzugsbehörden des Gesetzes, die Mitglieder der Eidgenössischen Arbeitskommission, beigezogene Sachverständige und Fachinspektoren.

² Werden Sachverständige und Fachinspektoren beigezogen, sind diese auf die Schweigepflicht gegenüber Dritten schriftlich aufmerksam zu machen.

Art. 83 Bekanntgabe von besonders schützenswerten Personendaten
(Art. 44a ArG)

¹ Soweit die Datenbekanntgabe der betroffenen Person nicht ausdrücklich mitgeteilt wurde oder ihr nicht aus den Umständen ersichtlich ist, muss die betroffene Person über die Bekanntgabe und den tatsächlichen Umfang der Personendaten informiert werden und es ist ihr Gelegenheit einzuräumen, sich dazu zu äussern.

² Auf die Einräumung des rechtlichen Gehörs vor der Datenbekanntgabe kann verzichtet werden, wenn die Gefahr besteht, dass Rechtsansprüche oder wichtige Interessen Dritter beeinträchtigt oder die Erfüllung gesetzlicher Aufgaben vereitelt werden, oder wenn der Betroffene innert Frist nicht reagiert oder unauffindbar ist.

³ Eine generelle Datenbekanntgabe besonders schützenswerter Personendaten erfolgt allein zu statistischen Zwecken des Bundesamtes für Statistik, sofern sich dieses für die nachgefragten Informationen auf eine gesetzliche Grundlage mit klar umschriebenem Aufgabenprofil berufen kann, und die Datenweitergabe an Dritte nicht oder nur in anonymisierter Form möglich ist.

⁴ Die Einwilligung der betroffenen Person nach Artikel 44a Absatz 2 des Gesetzes wird vorausgesetzt, wenn die Datenbekanntgabe von grosser Dringlichkeit für den Adressaten ist, diese im Interesse der betroffenen Person erfolgt und eine Stellungnahme der betroffenen Person nicht innert nützlicher Frist erfolgen kann.

Art. 84 Bekanntgabe bei nicht besonders schützenswerten Personendaten
(Art. 44a ArG)

¹ Die generelle Bekanntgabe von nicht besonders schützenswerten Personendaten erfolgt an die Vollzugs- und Aufsichtsbehörden des Arbeits- und Unfallversicherungsgesetzes.

² Im Einzelfall können auf begründetes Gesuch hin auch an Dritte nicht besonders schützenswerte Personendaten bekannt gegeben werden, wenn ein öffentliches oder ein erhebliches privates Interesse geltend gemacht werden kann.

2. Abschnitt: Informations- und Dokumentationssysteme

Art. 85 Betriebsregister
(Art. 44b ArG)

¹ Das Bundesamt führt für die Erfüllung seiner gesetzlichen Aufgaben ein Betriebsregister (BR) für:

a. industrielle Betriebe nach Artikel 5 des Gesetzes;
b. Betriebe mit Dauerarbeitszeitbewilligungen;
c. Betriebe, die im Rahmen des Vollzugs und der Oberaufsicht besucht werden;
d. Betriebe, die der Plangenehmigungspflicht nach Artikel 7 Absatz 4 des Gesetzes unterstehen.

² Das Betriebsregister enthält folgende Daten:

a. Name und Adresse des Betriebes und des Arbeitgebers;
b. Anzahl der Arbeitnehmer und Arbeitnehmerinnen im Zeitpunkt der Unterstellung nach Artikel 5 Absatz 2 Buchstabe a des Gesetzes;
c. sprechende Identifikationsnummern (BR-Nummern);
d. die Art der wirtschaftlichen Tätigkeit;
e. die besonderen Gefahren nach Artikel 5 Absatz 2 Buchstabe c des Gesetzes;
f. Datum der Aufnahme in das BR sowie der Löschung des Eintrages;
g. Protokolle über Betriebsbesuche;
h. Pläne, Planbeschreibungen, Plangenehmigungen, Betriebsbewilligungen, Risikobeurteilungen, Gutachten, Verfügungen, Anzeigen und Strafurteile;
i. den Grund des Eintrages.

³ Die kantonale Behörde führt für alle Betriebe des Gesetzes ein kantonales BR, soweit es zur Aufgabenerfüllung notwendig ist. Das kantonale BR enthält die in Absatz 2 genannten Daten.

Art. 86 Automatisiertes Informations- und Dokumentationssystem
(Art. 44b ArG, Art. 97a UVG)

¹ Für die Bearbeitung und Verwaltung der Aufsichts- und Vollzugstätigkeiten richtet das Bundesamt ein automatisiertes Informations- und Dokumentationssystem ein für:

a. das Betriebsregister;
b. die Unterstellung industrieller Betriebe;
c. das Plangenehmigungs- und Betriebsbewilligungsverfahren;
d. Arbeits- und Ruhezeitbewilligungen;
e. die arbeitsrechtliche Datenbank (Auskünfte und Kartothek);
f. die Vollzugsdatenbank der Eidgenössischen Koordinationskommission für Arbeitssicherheit;
g. Betriebsbesuche;
h. die Adressverwaltung.

² Für nicht besonders schützenswerte Daten nach Absatz 1 Buchstaben a, b, c, f und g kann eine Verknüpfung mit anderen automatisierten Informations- und Dokumentationssystemen der Vollzugs- und Aufsichtsbehörden des Arbeits- und Unfallversicherungsgesetzes für den gegenseitigen Informations- und Datenaustausch mittels Abrufverfahren eingerichtet werden.

Art. 87 Datenaustausch und -sicherheit
(Art. 44 Abs. 2 und 44b ArG)

¹ Die Kantone und der Bund tauschen ihre Daten gegenseitig aus, soweit es für die Erfüllung des gesetzlichen Auftrages nötig ist.

² Kantone, die am automatisierten Informations- und Dokumentationssystem beteiligt sind, können uneingeschränkt in nicht besonders schützenswerte Personendaten Einsicht nehmen. Das Gleiche gilt umgekehrt für das Bundesamt.

³ Der Zugriff auf besonders schützenswerte Personendaten muss im Rahmen der gegenseitigen Rechtshilfe begründet werden.

⁴ Das Bundesamt und die Kantone haben die erforderlichen Massnahmen zu ergreifen, damit nicht unbefugte Dritte auf die Daten zugreifen können.

Art. 88 Eingabe, Mutation und Archivierung von Daten
(Art. 44b ArG)

¹ Die Daten werden für den Bund vom Bundesamt zentral verwaltet; für den Kanton erfolgt die Verwaltung durch die zuständige Behörde.

² Daten, die Personen betreffen, sind fünf Jahre nach Ablauf ihrer Gültigkeit zu vernichten, sofern sie nicht dem Bundesarchiv übergeben werden müssen. Für anony-

misierte Daten, die zu Zwecken der Planung, Forschung oder Statistik erarbeitet worden sind, gilt diese Frist nicht.

Art. 89 Datenschutz
(Art. 16 Abs. 2 DSG, Art. 44–46 ArG)

Die Rechte der Betroffenen, insbesondere das Auskunfts-, Berichtigungs- und Löschungsrecht, richten sich nach den Bestimmungen des Bundesgesetzes vom 19. Juni 1992 über den Datenschutz, soweit das Gesetz (ArG) keine abweichenden Bestimmungen kennt.

Art. 90 Strafbestimmung

Die Strafverfolgung für Verletzungen des Datenschutzes und der Auskunftspflicht richtet sich nach dem Bundesgesetz vom 19. Juni 1992 über den Datenschutz.

9. Kapitel: Schlussbestimmungen

1. Abschnitt: Aufhebung bisherigen Rechts

Art. 91

Die Verordnung 1 vom 14. Januar 1966[1] zum Arbeitsgesetz wird aufgehoben.

2. Abschnitt: Übergangsbestimmungen

Art. 92 Unter altem Recht erlassene Arbeitszeitbewilligungen

Arbeitszeitbewilligungen, die gestützt auf das bisherige Gesetz erlassen worden sind, bleiben bis zu ihrem Ablauf in Kraft, jedoch längstens bis am 31. März 2003.

Art. 93[2]

---

1 [AS 1966 86, 1969 77 Ziff. II Bst. E Ziff. 1 368, 1972 868, 1974 1817, 1977 2367, 1978 1707, 1979 643, 1989 2483, 2000 187 Art. 22 Abs. 1 Ziff. 8]
2 Aufgehoben durch Ziff. IV 37 der V vom 22. Aug. 2007 zur formellen Bereinigung des Bundesrechts, mit Wirkung seit 1. Jan. 2008 (AS 2007 4477).

3. Abschnitt: Inkrafttreten

Art. 94

[1] Diese Verordnung tritt unter Vorbehalt von Absatz 2 am 1. August 2000 in Kraft.

[2] Die Bestimmungen des 8. Kapitels über den Datenschutz und die Datenverwaltung (Art. 83–91) treten gleichzeitig mit dem Bundesgesetz vom 24. März 2000[1] über die Schaffung und die Anpassung gesetzlicher Grundlagen für die Bearbeitung von Personendaten in Kraft.

Anhang: Nachweis der technischen oder wirtschaftlichen Unentbehrlichkeit von Nacht- oder Sonntagsarbeit für einzelne Arbeitsverfahren (Art. 28 Abs. 4)

Der Nachweis der Unentbehrlichkeit von dauernder oder regelmässig wiederkehrender Nacht- und Sonntagsarbeit gilt für die nachstehend genannten Arbeitsverfahren im bezeichneten Umfang als vermutet:

1. Milchverarbeitung
Nacht- und Sonntagsarbeit für die Annahme und Behandlung von Milch sowie die Herstellung von Milchprodukten und die zugehörigen Reinigungsarbeiten.

2. Müllereien
Nachtarbeit für die Bedienung der Müllereianlagen.

3. Teigwarenherstellung
Nachtarbeit für automatisierte Produktionsanlagen inkl. Trocknereien.

4. Herstellung von Bäckerei- und Konditoreiwaren
Nachtarbeit für die Produktion.

5. Bierbrauereien
Nacht- und Sonntagsarbeit für Mälzerei und Gärprozess;
Nachtarbeit für Sudhaus.

6. Herstellung von Papier, beschichteten und behandelten Papieren, Karton und Zellulose
Nacht- und Sonntagsarbeit für die ganze Produktion von Basisprodukten.

---

[1] AS 2000 1891 1914. Dieses BG ist am 1. Sept. 2000 in Kraft getreten.

7. Druckereien

Nacht- und Sonntagsarbeit für den Druck von Tages- und Wochenzeitungen, soweit sie einen hohen Aktualitätsbezug aufweisen.

8. Kunststoffverarbeitung und Folienherstellung durch Spritzgiessen, Blasen, Extrudieren, inkl. direkt damit verbundene Veredelungsverfahren

Nacht- und Sonntagsarbeit für alle direkten Herstellverfahren.

9. Chemische, chemisch-physikalische und biologische Arbeitsverfahren

Nacht- und Sonntagsarbeit für Verfahren, die aus technischen Gründen nicht unterbrochen werden können;

Nacht- und Sonntagsarbeit für die Durchführung langfristiger technischer oder wissenschaftlicher Versuche;

Nacht- und Sonntagsarbeit für Arbeiten mit Versuchstieren und die unerlässlichen Arbeiten in Gewächshäusern;

Sonntagsarbeit für die Betreuung von Versuchstieren.

10. Textilindustrie

Nacht- und Sonntagsarbeit in Spinnereien, Zwirnereien für die Herstellung von Garnen und Zwirnen, inkl. direkt damit verbundene Veredelungsverfahren;

Nacht- und Sonntagsarbeit in Webereien, Wirkereien und Strickereien für die Herstellung von Geweben und Gestricken, inkl. damit verbundene Veredelungsverfahren;

Nacht- und Sonntagsarbeit in Stickereien, inkl. damit verbundene Veredelungsverfahren.

11. Kalk- und Zementindustrie

Nacht- und Sonntagsarbeit für alle Mahl- und Brennprozesse sowie für die Überwachung des Materialzu- oder -wegflusses.

12. Keramische Industrie (Ziegeleien, Keramik- und Porzellanfabrikation)

Nacht- und Sonntagsarbeit für Brenn- und Trockenverfahren.

13. Metallindustrie

Nachtarbeit für

- die Bedienung von Elektroschmelzöfen, Vorwärmeöfen sowie der damit unmittelbar im Zusammenhang stehenden Anlagen;
- für die Bedienung von Kalt- und Warmwalzwerken sowie der damit unmittelbar im Zusammenhang stehenden Anlagen;
- für das Schweissen von Werkstücken, an denen die Arbeit aus technischen Gründen nicht unterbrochen werden kann;
- für das Bedienen von Druckguss- und Strangpressanlagen;

Nacht- und Sonntagsarbeit für die Bedienung von Wärmebehandlungsanlagen.

14. Tunnel- und Stollenbau
Nacht- und Sonntagsarbeit für Vortriebs- und Sicherungsarbeiten.

15. Uhrenindustrie
Teilweise Sonntagsarbeit für die Überprüfung von mechanischen und automatischen Uhrwerken, die anschliessende Reglage sowie für die Chronometer-Prüfung.

16. Elektronikindustrie
Nacht- und Sonntagsarbeit für die Produktion integrierter Schaltkreise (Mikroelektronik).

17. Glasindustrie
Nacht- und Sonntagsarbeit zur Verarbeitung von Rohmaterial zu Glas.

Nr. 3 — Verfügung Nr. 1 des Eidgenössischen Volkswirtschaftsdepartements zum Arbeitsgesetz (Internationale Organisationen)

vom 3. März 1967

SR 822.111.1

Das Eidgenössische Volkswirtschaftsdepartement,

gestützt auf Artikel 5 Absatz 2 der Verordnung I vom 14. Januar 1966[1] zum Bundesgesetz über die Arbeit in Industrie, Gewerbe und Handel, im Einvernehmen mit dem Eidgenössischen Politischen Departement,

verfügt:

Art. 1

Als internationale Organisationen des Völkerrechts, auf deren Personal das Arbeitsgesetz vom 13. März 1964[2] gemäss Artikel 3 Buchstabe b des Gesetzes sowie Artikel 5 Absatz 1 Buchstaben b und c der Verordnung I zum Arbeitsgesetz[3] nicht anwendbar ist, gelten die folgenden:

die Organisation der Vereinten Nationen,
das Hochkommissariat der Vereinten Nationen für die Flüchtlinge,
die Internationale Arbeitsorganisation,
die Weltgesundheitsorganisation,
das Allgemeine Zoll- und Handelsabkommen (GATT),
die Meteorologische Weltorganisation,
der Internationale Fernmeldeverein,
die Vereinigten internationalen Büros zum Schutze des geistigen Eigentums,
das Internationale Erziehungsamt,
das Zwischenstaatliche Komitee für europäische Auswanderung,
die Europäische Organisation für kernphysikalische Forschung (CERN),
die Europäische Freihandelsassoziation (EFTA),
mit Sitz in Genf;
das Internationale Büro des Weltpostvereins,
das Zentralamt für den internationalen Eisenbahnverkehr,
mit Sitz in Bern;

AS 1967 274
1   SR 822.111. Heute: Verordnung 1 zum Arbeitsgesetz.
2   SR 822.11
3   SR 822.111. Heute: Verordnung 1 zum Arbeitsgesetz.

die Bank für internationalen Zahlungsausgleich, mit Sitz in Basel.

Art. 2
Diese Verfügung tritt am 1. März 1967 in Kraft.

Nr. 4 Verordnung des EVD über gefährliche und beschwerliche Arbeiten bei Schwangerschaft und Mutterschaft (Mutterschutzverordnung)

vom 20. März 2001 (Stand am 1. Oktober 2008)

SR 822.111.52

Das Eidgenössische Volkswirtschaftsdepartement,

gestützt auf Artikel 62 Absatz 4 der Verordnung 1 vom 10. Mai 2000[1] zum Arbeitsgesetz (ArGV 1),

verordnet:

1. Kapitel: Allgemeine Bestimmungen
1. Abschnitt: Gegenstand

Art. 1

[1] Diese Verordnung regelt die Kriterien für die Beurteilung der gefährlichen und beschwerlichen Arbeiten (Risikobeurteilung) nach Artikel 62 Absatz 3 ArGV 1 und umschreibt Stoffe, Mikroorganismen und Arbeiten mit einem hohen Gefahrenpotenzial für Mutter und Kind (Ausschlussgründe) nach Artikel 62 Absatz 4 ArGV 1.

[2] Sie bezeichnet:

a. die fachlich kompetenten Personen nach Artikel 63 Absatz 1 ArGV 1, die für die Beurteilung der Risiken für Mutter und Kind oder der Ausschlussgründe (Beschäftigungsverbote) beizuziehen sind;

b. die Personen, welche die Wirksamkeit der getroffenen Schutzmassnahmen nach Artikel 62 Absatz 1 ArGV 1 überprüfen.

2. Abschnitt: Überprüfung von Schutzmassnahmen

Art. 2[2]   Grundsatz

[1] Die Beurteilung des Gesundheitszustandes der schwangeren Frau oder der stillenden Mutter im Rahmen der Überprüfung der Wirksamkeit von getroffenen Schutzmassnahmen nach Artikel 62 Absatz 2 ArGV 1 ist durch den Arzt oder die Ärztin

---

AS 2001 935
1   SR 822.111
2   Fassung gemäss Ziff. I der V des EVD vom 17. Sept. 2008, in Kraft seit 1. Okt. 2008 (AS 2008 4487).

vorzunehmen, der oder die im Rahmen der Schwangerschaft die Arbeitnehmerin medizinisch betreut.

² Der Arzt oder die Ärztin nimmt eine Eignungsuntersuchung an der schwangeren Frau oder der stillenden Mutter vor. Er oder sie berücksichtigt bei der Beurteilung:

a. die Befragung und Untersuchung der Arbeitnehmerin;
b. das Ergebnis der vom Betrieb durch eine fachlich kompetente Person nach Artikel 17 veranlassten Risikobeurteilung;
c. allenfalls weitere Informationen, die er oder sie aufgrund einer Rücksprache mit dem Verfasser oder der Verfasserin der Risikobeurteilung oder dem Arbeitgeber erhalten hat.

³ Eine schwangere Frau oder eine stillende Mutter darf im von einer Gefahr betroffenen Betrieb oder Betriebsteil nicht beschäftigt werden, wenn der Arzt oder die Ärztin auf der Grundlage der Befragung und der Untersuchung feststellt, dass:

a. keine oder eine ungenügende Risikobeurteilung vorgenommen wurde;
b. die nach der Risikobeurteilung erforderlichen Schutzmassnahmen nicht umgesetzt oder nicht eingehalten werden;
c. die nach der Risikobeurteilung getroffenen Schutzmassnahmen nicht genügend wirksam sind; oder
d. Hinweise auf eine Gefährdung bestehen.

Art. 3 Ärztliches Zeugnis

¹ Der untersuchende Arzt oder die untersuchende Ärztin hält in einem Zeugnis fest, ob eine Beschäftigung am betreffenden Arbeitsplatz vorbehaltlos, nur unter bestimmten Voraussetzungen oder nicht mehr möglich ist.

² Der untersuchende Arzt oder die untersuchende Ärztin teilt der betroffenen Arbeitnehmerin und dem Arbeitgeber das Ergebnis der Beurteilung nach Absatz 1 mit, damit der Arbeitgeber nötigenfalls die erforderlichen Massnahmen im von der Gefahr betroffenen Betrieb oder Betriebsteil treffen kann.

Art. 4 Kostentragung

Der Arbeitgeber trägt die Kosten für die Aufwendungen nach den Artikeln 2 und 3.

2. Kapitel: Risikobeurteilung und Ausschlussgründe
1. Abschnitt: Beurteilungskriterien der Gefährdung

Art. 5[1] Vermutung der Gefährdung

Sind die Voraussetzungen nach den Artikeln 7–13 erfüllt, wird eine Gefährdung von Mutter und Kind vermutet.

Art. 6 Gewichtung der Kriterien

Bei der Gewichtung der Kriterien sind auch die konkreten Umstände im Betrieb zu berücksichtigen wie namentlich das Zusammenwirken verschiedener Belastungen, die Expositionsdauer, die Häufigkeit der Belastung oder der Gefährdung und weitere Faktoren, die einen positiven oder negativen Einfluss auf das abzuschätzende Gefahrenpotenzial haben können.

Art. 7 Bewegen schwerer Lasten

[1] Als gefährlich oder beschwerlich für Schwangere gelten bis zum Ende des sechsten Schwangerschaftsmonats das regelmässige Versetzen von Lasten von mehr als 5 kg oder das gelegentliche Versetzen von Lasten von mehr als 10 kg sowie bei der Bedienung mechanischer Hilfsmittel wie Hebeln und Kurbeln ein maximaler Kraftaufwand in beliebiger Richtung, der dem Heben oder dem Tragen einer Last von mehr als 5 beziehungsweise 10 kg entspricht.[2]

[2] Ab dem siebten Schwangerschaftsmonat dürfen Schwangere schwere Lasten im Sinn von Absatz 1 nicht mehr bewegen.

Art. 8 Arbeiten bei Kälte oder Hitze oder bei Nässe

Als gefährlich oder beschwerlich für Schwangere gelten Arbeiten in Innenräumen bei Raumtemperaturen unter −5° C oder über 28° C sowie die regelmässige Beschäftigung mit Arbeiten, die mit starker Nässe verbunden sind. Bei Temperaturen, die 15° C unterschreiten, sind warme Getränke bereit zu stellen. Arbeiten bei Temperaturen unter 10° C bis −5° C sind zulässig, sofern der Arbeitgeber eine Bekleidung zur Verfügung stellt, die der thermischen Situation und der Tätigkeit angepasst ist. Bei der Beurteilung der Raumtemperatur sind auch Faktoren wie die Luftfeuchtigkeit, die Luftgeschwindigkeit oder die Dauer der Exposition zu berücksichtigen.

---

[1] Fassung gemäss Ziff. I der V des EVD vom 17. Sept. 2008, in Kraft seit 1. Okt. 2008 (AS 2008 4487).
[2] Fassung gemäss Ziff. I der V des EVD vom 17. Sept. 2008, in Kraft seit 1. Okt. 2008 (AS 2008 4487).

Art. 9 Bewegungen und Körperhaltungen,
die zu vorzeitiger Ermüdung führen

Als gefährlich oder beschwerlich gelten während der Schwangerschaft und bis zur 16. Woche nach der Niederkunft Tätigkeiten, die mit häufig auftretenden ungünstigen Bewegungen oder Körperhaltungen verbunden sind, wie z.B. sich erheblich Strecken oder Beugen, dauernd Kauern oder sich gebückt Halten sowie Tätigkeiten mit fixierten Körperhaltungen ohne Bewegungsmöglichkeit. Ebenso gehören dazu äussere Krafteinwirkungen auf den Körper wie Stösse, Vibrationen und Erschütterungen.

Art. 10[1] Mikroorganismen

[1] Bei einer Exposition gegenüber Mikroorganismen der Gruppen 2–4 nach Anhang 2.1 der Verordnung vom 25. August 1999[2] über den Schutz der Arbeitnehmerinnen und Arbeitnehmer vor Gefährdung durch Mikroorganismen (SAMV) muss im Rahmen einer Risikobeurteilung die Gesundheitsgefährdung für Mutter und Kind im Kontext der Tätigkeiten, des Immunstatus der Arbeitnehmerin und der getroffenen Schutzmassnahmen bewertet werden. Es ist sicherzustellen, dass eine solche Exposition zu keiner Schädigung von Mutter und Kind führt.

[2] Beim Umgang mit Mikroorganismen der Gruppe 2, von denen bekannt ist, dass sie fruchtschädigend wirken können, wie das Rötelnvirus oder Toxoplasma, ist eine Beschäftigung von schwangeren Frauen und stillenden Müttern nicht zulässig; davon ausgenommen sind Fälle, in denen nachgewiesen ist, dass die Arbeitnehmerin durch Immunisierung ausreichend dagegen geschützt ist. Die Arbeiten mit den übrigen Mikroorganismen der Gruppe 2 sind für schwangere Frauen und stillende Mütter nur zulässig, wenn durch eine Risikobeurteilung der Nachweis erbracht wird, dass sowohl für die Mutter als auch für das Kind eine Gesundheitsgefährdung ausgeschlossen ist.

[3] Beim Umgang mit Mikroorganismen der Gruppe 3 oder 4 ist eine Beschäftigung von schwangeren Frauen und stillenden Müttern nicht zulässig; davon ausgenommen sind Fälle, in denen nachgewiesen ist, dass die Arbeitnehmerin durch Immunisierung ausreichend dagegen geschützt ist.

...[3]

---

1 Fassung gemäss Ziff. I der V des EVD vom 17. Sept. 2008, in Kraft seit 1. Okt. 2008 (AS 2008 4487).
2 SR 832.321
3 Aufgehoben durch Ziff. I der V des EVD vom 17. Sept. 2008, mit Wirkung seit 1. Okt. 2008 (AS 2008 4487).

Art. 11[1]   Einwirkung von Lärm

Schwangere dürfen an Arbeitsplätzen mit einem Schalldruckpegel von ≥ 85 dB(A) (L_{EX} 8 Std) nicht beschäftigt werden. Belastungen durch Infra- oder Ultraschall sind gesondert zu beurteilen.

Art. 12   Arbeiten unter Einwirkung von ionisierender Strahlung

[1] Ab Kenntnis einer Schwangerschaft bis zu ihrem Ende darf für beruflich strahlenexponierte Frauen die Äquivalentdosis an der Oberfläche des Abdomens 2 mSv und die effektive Dosis als Folge einer Inkorporation 1 mSv nicht überschreiten (Art. 36 Abs. 2 Strahlenschutzverordnung vom 22. Juni 1994[2]).

[2] Stillende Frauen dürfen keine Arbeiten mit radioaktiven Stoffen ausführen, bei denen die Gefahr einer Inkorporation oder radioaktiven Kontamination besteht (Art. 36 Abs. 3 Strahlenschutzverordnung vom 22. Juni 1994).

Art. 13[3]   Einwirkung von chemischen Gefahrstoffen

[1] Es ist sicherzustellen, dass die Exposition gegenüber Gefahrstoffen zu keinen Schädigungen für Mutter und Kind führt. Insbesondere sind die in der Schweiz gemäss Grenzwertliste der Schweizerischen Unfallversicherungsanstalt (SUVA) gültigen Expositionsgrenzwerte einzuhalten.

[2] Als für Mutter und Kind besonders gefährlich gelten insbesondere:

a.   Stoffe, die gemäss der Chemikalienverordnung vom 18. Mai 2005[4] als krebserzeugend, erbgutverändernd oder fortpflanzungsgefährdend mit den Gefahrensätzen R40, R45, R46, R49, R60, R61, R62, R63, R64 oder Kombinationen davon eingestuft sind;

b.   Quecksilber und Quecksilberverbindungen;

c.   Mitosehemmstoffe;

d.   Kohlenmonoxid.

---

1   Fassung gemäss Ziff. I der V des EVD vom 17. Sept. 2008, in Kraft seit 1. Okt. 2008 (AS 2008 4487).
2   SR 814.501
3   Fassung gemäss Ziff. I der V des EVD vom 17. Sept. 2008, in Kraft seit 1. Okt. 2008 (AS 2008 4487).
4   SR 813.11

2. Abschnitt:[1] Stark belastende Arbeitszeitsysteme

Art. 14

Frauen dürfen während der gesamten Schwangerschaft und danach während der Stillzeit nicht Nacht- und Schichtarbeit leisten, wenn diese mit gefährlichen oder beschwerlichen Arbeiten nach den Artikeln 7–13 verbunden sind oder wenn ein besonders gesundheitsbelastendes Schichtsystem vorliegt. Als besonders gesundheitsbelastend gelten Schichtsysteme, die eine regelmässige Rückwärtsrotation aufweisen (Nacht-, Spät-, Frühschicht), oder solche mit mehr als drei hintereinander liegenden Nachtschichten.

3. Abschnitt:[2] Ausschlussgründe

Art. 15   Akkordarbeit und taktgebundene Arbeit

Nicht zulässig ist Arbeit im Akkord oder taktgebundene Arbeit, wenn der Arbeitsrhythmus durch eine Maschine oder technische Einrichtung vorgegeben wird und von der Arbeitnehmerin nicht beeinflusst werden kann.

Art. 16[3]   Besondere Beschäftigungsverbote

[1] Schwangere Frauen dürfen nicht beschäftigt werden für Arbeiten bei Überdruck wie Arbeiten in Druckkammern oder Taucharbeiten.

[2] Schwangere Frauen dürfen Räumlichkeiten mit sauerstoffreduzierter Atmosphäre nicht betreten.

[3] Der Arbeitgeber muss Frauen vor einer Beschäftigung nach den Absätzen 1 und 2 in angemessener Weise über die Gefahren solcher Aktivitäten während der Schwangerschaft informieren. Dabei muss er sie darauf aufmerksam machen, dass die Gefahren ab dem ersten Tag der Schwangerschaft bestehen. Wenn eine Frau Zweifel über das Bestehen einer Schwangerschaft äussert, so sind solche Beschäftigungen in jedem Fall verboten.

---

[1]   Ursprünglich 3. Abschn.
[2]   Ursprünglich 4. Abschn.
[3]   Fassung gemäss Ziff. I der V des EVD vom 17. Sept. 2008, in Kraft seit 1. Okt. 2008 (AS 2008 4487).

3. Kapitel: Fachlich kompetente Personen und Information

Art. 17 Fachlich kompetente Personen

[1] Fachlich kompetente Personen nach Artikel 63 Absatz 1 ArGV 1 sind Arbeitsärzte und Arbeitsärztinnen sowie Arbeitshygieniker und Arbeitshygienikerinnen nach der Verordnung vom 25. November 1996[1] über die Eignung der Spezialistinnen und Spezialisten der Arbeitssicherheit sowie weitere Fachspezialisten, wie Ergonomen, die sich über die notwendigen Kenntnisse und Erfahrungen zur Durchführung einer Risikobeurteilung nach den Artikeln 4 und 5 der genannten Verordnung ausweisen können.

[2] Es ist sicherzustellen, dass bei der Risikobeurteilung alle zu beurteilenden Fachbereiche kompetent abgedeckt werden.

Art. 18 Information

[1] Der Arbeitgeber sorgt dafür, dass die zur Risikobeurteilung beigezogenen Personen zu allen Informationen gelangen, die für eine Beurteilung der betrieblichen Situation und zur Überprüfung der getroffenen Schutzmassnahmen notwendig sind.

[2] Der Arbeitgeber sorgt auch dafür, dass der Arzt oder die Ärztin nach Artikel 2 zu den für die Beurteilung der Beschäftigung der schwangeren Frau oder stillenden Mutter notwendigen Informationen gelangt.

4. Kapitel: Schlussbestimmung

Art. 19

Diese Verordnung tritt am 1. April 2001 in Kraft.

---

1 SR 822.116

Nr. 5 Verordnung 2 zum Arbeitsgesetz (Sonderbestimmungen für bestimmte Gruppen von Betrieben oder Arbeitnehmern und Arbeitnehmerinnen; ArGV 2)

vom 10. Mai 2000 (Stand am 1. Januar 2008)

SR 822.112

Der Schweizerische Bundesrat,

gestützt auf Artikel 27 des Arbeitsgesetzes vom 13. März 1964[1] (Gesetz),
verordnet:

1. Abschnitt: Gegenstand und Begriffe

Art. 1 Gegenstand

Diese Verordnung umschreibt die bei Vorliegen besonderer Verhältnisse nach Artikel 27 Absatz 1 des Gesetzes möglichen Abweichungen von den gesetzlichen Arbeits- und Ruhezeitvorschriften und bezeichnet die Betriebsarten oder Gruppen von Arbeitnehmern und Arbeitnehmerinnen, welche unter diese Abweichungen fallen. Sie bezeichnet für die einzelnen Branchen oder Gruppen von Arbeitnehmern und Arbeitnehmerinnen den Umfang der Abweichungen.

Art. 2 Kleingewerbliche Betriebe

[1] Kleingewerbliche Betriebe (Art. 27 Abs. 1bis des Gesetzes) sind Betriebe, in denen neben dem Arbeitgeber nicht mehr als vier Arbeitnehmer und Arbeitnehmerinnen, unabhängig von ihrem Beschäftigungsgrad, beschäftigt werden.

[2] Betriebsnotwendigkeit (Art. 27 Abs. 1bis des Gesetzes) liegt vor, wenn:

a. ein Betrieb zu einer im 3. Abschnitt dieser Verordnung aufgeführten Betriebsart gehört; oder

b. die Voraussetzungen nach Artikel 28 der Verordnung 1 zum Arbeitsgesetz vom 10. Mai 2000[2] erfüllt sind.

AS 2000 1623
1 SR 822.11
2 SR 822.111

2. Abschnitt: Sonderbestimmungen

Art. 3 Geltung

Die Bestimmungen dieses Abschnitts sind auf die einzelnen Betriebsarten sowie Arbeitnehmer und Arbeitnehmerinnen entsprechend den Bestimmungen des 3. Abschnitts anwendbar.

Art. 4 Befreiung von der Bewilligungspflicht für Nacht- und Sonntagsarbeit sowie für den ununterbrochenen Betrieb

[1] Der Arbeitgeber darf die Arbeitnehmer und Arbeitnehmerinnen ohne behördliche Bewilligung ganz oder teilweise in der Nacht beschäftigen.

[2] Der Arbeitgeber darf die Arbeitnehmer und Arbeitnehmerinnen ohne behördliche Bewilligung ganz oder teilweise am Sonntag beschäftigen.

[3] Der Arbeitgeber darf die Arbeitnehmer und Arbeitnehmerinnen ohne behördliche Bewilligung im ununterbrochenen Betrieb beschäftigen.

Art. 5 Verlängerung des Zeitraumes der täglichen Arbeit bei Tages- und Abendarbeit

Der Zeitraum der Tages- und Abendarbeit darf für die einzelnen Arbeitnehmer und Arbeitnehmerinnen, mit Einschluss der Pausen und der Überzeitarbeit, auf höchstens 17 Stunden verlängert werden, sofern im Durchschnitt einer Kalenderwoche eine tägliche Ruhezeit von mindestens 12 aufeinanderfolgenden Stunden gewährt wird. Die tägliche Ruhezeit zwischen zwei Arbeitseinsätzen muss dabei mindestens 8 aufeinanderfolgende Stunden betragen.

Art. 6 Verlängerung der wöchentlichen Höchstarbeitszeit

Die wöchentliche Höchstarbeitszeit darf in einzelnen Wochen um 4 Stunden verlängert werden, sofern sie im Durchschnitt von drei Wochen eingehalten wird und im Durchschnitt des Kalenderjahres die Fünf-Tage-Woche gewährt wird.

Art. 7 Verlängerung der Arbeitswoche

Die einzelnen Arbeitnehmer und Arbeitnehmerinnen dürfen bis zu elf aufeinanderfolgende Tage beschäftigt werden, sofern unmittelbar im Anschluss daran mindestens drei aufeinanderfolgende Tage frei gewährt werden und im Durchschnitt des Kalenderjahrs die Fünf-Tage-Woche gewährt wird.

Art. 8 Überzeitarbeit am Sonntag

[1] Überzeitarbeit nach Artikel 12 Absatz 1 des Gesetzes darf am Sonntag geleistet werden. Die am Sonntag geleistete Überzeitarbeit ist innert 14 Wochen durch Freizeit von gleicher Dauer auszugleichen.

[2] Überzeitarbeit nach Artikel 12 Absatz 1 des Gesetzes darf am Sonntag geleistet werden. Die am Sonntag geleistete Überzeitarbeit ist innert 26 Wochen durch Freizeit von gleicher Dauer auszugleichen.[1]

Art. 9 Verkürzung der täglichen Ruhezeit

Die Ruhezeit darf für erwachsene Arbeitnehmer und Arbeitnehmerinnen bis auf 9 Stunden herabgesetzt werden, sofern sie im Durchschnitt von zwei Wochen 12 Stunden beträgt.

Art. 10 Dauer der Nachtarbeit

[1] Bei Nachtarbeit darf die tägliche Arbeitszeit für die einzelnen erwachsenen Arbeitnehmer und Arbeitnehmerinnen 9 Stunden nicht überschreiten. Sie muss, mit Einschluss der Pausen, innert eines Zeitraumes von 12 Stunden liegen. Dabei ist den Arbeitnehmern und Arbeitnehmerinnen eine tägliche Ruhezeit von 12 Stunden und einmal in der Woche eine zusammenhängende Ruhezeit von 48 Stunden zu gewähren.

[2] Bei Nachtarbeit darf die tägliche Arbeitszeit für die einzelnen erwachsenen Arbeitnehmer und Arbeitnehmerinnen 10 Stunden nicht überschreiten, wenn ein grosser Teil davon reine Präsenzzeit darstellt und eine Ruhegelegenheit vorhanden ist. Sie muss, mit Einschluss der Pausen, innert eines Zeitraumes von 12 Stunden liegen. Dabei ist den Arbeitnehmern und Arbeitnehmerinnen eine tägliche Ruhezeit von 12 Stunden zu gewähren.

[3] Bei Nachtarbeit mit einem Arbeitsbeginn nach 4 Uhr oder einem Arbeitsschluss vor 1 Uhr darf die tägliche Arbeitszeit in einem Zeitraum von höchstens 17 Stunden liegen. Beginnt die tägliche Arbeitszeit vor 5 Uhr oder endet sie nach 24 Uhr, so ist im Durchschnitt einer Kalenderwoche eine tägliche Ruhezeit von mindestens 12 Stunden zu gewähren. Die tägliche Ruhezeit zwischen zwei Arbeitseinsätzen muss dabei mindestens 8 Stunden betragen.

[4] Bei Nachtarbeit darf die tägliche Arbeitszeit innert eines Zeitraumes von 13 Stunden höchstens 11 Stunden betragen, sofern sie im Durchschnitt einer Kalenderwoche 9 Stunden nicht übersteigt.

[5] Nachtarbeit ohne Wechsel mit Tagesarbeit darf in höchstens 6 von 7 aufeinanderfolgenden Nächten geleistet werden, sofern im Durchschnitt des Kalenderjahrs die Fünf-Tage-Woche gewährt wird.

---

1   Eingefügt durch Ziff. I der V vom 18. Mai 2004, in Kraft seit 1. Juli 2004 (AS 2004 3045).

Art. 11 Verschiebung der Lage des Sonntages

Die Lage des Sonntagszeitraumes nach Artikel 18 Absatz 1 des Gesetzes darf um höchstens 3 Stunden vor- oder nachverschoben werden.

Art. 12 Anzahl freie Sonntage

[1] Im Kalenderjahr sind mindestens 26 freie Sonntage zu gewähren. Sie können unregelmässig auf das Jahr verteilt werden. Im Zeitraum eines Kalenderquartals ist jedoch mindestens ein freier Sonntag zu gewähren.

[2] Im Kalenderjahr sind mindestens zwölf freie Sonntage zu gewähren. Sie können unregelmässig auf das Jahr verteilt werden. In den Wochen ohne freien Sonntag ist jedoch im Anschluss an die tägliche Ruhezeit eine wöchentliche Ruhezeit von 36 aufeinanderfolgenden Stunden zu gewähren.

[3] Wird im Durchschnitt des Kalenderjahres die Fünf-Tage-Woche gewährt, so kann die Anzahl freie Sonntage bis auf vier herabgesetzt werden. Die freien Sonntage können unregelmässig auf das Jahr verteilt werden.

Art. 13 Ersatzruhetag für Feiertagsarbeit

Die Ersatzruhe für Feiertagsarbeit darf für ein Kalenderjahr zusammengefasst gewährt werden.

Art. 14 Wöchentlicher freier Halbtag

[1] Der wöchentliche freie Halbtag darf für einen Zeitraum von höchstens acht Wochen zusammenhängend gewährt werden.

[2] Der wöchentliche freie Halbtag darf in Betrieben mit erheblichen saisonmässigen Schwankungen für einen Zeitraum von höchstens zwölf Wochen zusammenhängend gewährt werden.

[3] Der wöchentliche freie Halbtag kann von 8 bis auf 6 aufeinanderfolgende Stunden verkürzt werden. Er ist am Vormittag bis 12 Uhr oder am Nachmittag ab 14 Uhr zu gewähren. Die durch die Verkürzung ausfallende Ruhezeit ist innerhalb von sechs Monaten zusammenhängend nachzugewähren.

3. Abschnitt: Unterstellte Betriebsarten und Arbeitnehmer

Art. 15 Krankenanstalten und Kliniken

¹ Auf Krankenanstalten und Kliniken und die in ihnen beschäftigten Arbeitnehmer und Arbeitnehmerinnen sind Artikel 4 für die ganze Nacht und den ganzen Sonntag sowie die Artikel 5, 8 Absatz 2, 9, 10 Absatz 2 und 12 Absatz 2 anwendbar.[1]

² Krankenanstalten und Kliniken sind ärztlich betreute Betriebe für Kranke, Wöchnerinnen, Säuglinge, Verunfallte und Rekonvaleszente.

Art. 16 Heime und Internate

¹ Auf Heime und Internate und die in ihnen mit der Betreuung der Insassen beschäftigten Arbeitnehmer und Arbeitnehmerinnen sind Artikel 4 für die ganze Nacht und den ganzen Sonntag sowie die Artikel 8 Absatz 1, 9, 10 Absatz 2, 12 Absatz 2 und 14 Absatz 1 anwendbar.[2]

² Heime und Internate sind Kinder-, Erziehungs-, Anlern-, Ausbildungs-, Beschäftigungs-, Alters-, Pflege-, Kranken-, Unterkunfts- und Versorgungsheime.

Art. 17 Spitex-Betriebe

¹ Auf Spitex-Betriebe und die von ihnen mit Pflege- und Betreuungsaufgaben beschäftigten Arbeitnehmer und Arbeitnehmerinnen ist Artikel 4 für die ganze Nacht und den ganzen Sonntag anwendbar.

² Spitex-Betriebe sind Betriebe, die spitalexterne Aufgaben für pflege- und betreuungsbedürftige Personen erfüllen.

Art. 18 Arzt-, Zahnarzt- und Tierarztpraxen

Auf Arzt-, Zahnarzt- und Tierarztpraxen und die in ihnen beschäftigten Arbeitnehmer und Arbeitnehmerinnen ist Artikel 4 für die ganze Nacht und den ganzen Sonntag anwendbar, soweit die Aufrechterhaltung von Notfalldiensten zu gewährleisten ist.

Art. 19 Apotheken

Auf Apotheken und die in ihnen mit der Bereitstellung und dem Verkauf von Medikamenten beschäftigten Arbeitnehmer und Arbeitnehmerinnen ist Artikel 4 für die ganze Nacht und den ganzen Sonntag anwendbar, soweit die Aufrechterhaltung von Notfalldiensten zu gewährleisten ist.

---

1 Fassung gemäss Ziff. I der V vom 18. Mai 2004, in Kraft seit 1. Juli 2004 (AS 2004 3045).
2 Fassung gemäss Ziff. I der V vom 18. Mai 2004, in Kraft seit 1. Juli 2004 (AS 2004 3045).

Art. 19a[1] Medizinische Labors

Auf medizinische Labors und die in ihnen beschäftigten Arbeitnehmer sind Artikel 4 für die ganze Nacht und den ganzen Sonntag sowie die Artikel 5, 8 Absatz 2, 9, 10 Absatz 2 und 12 Absatz 2 anwendbar.

Art. 20 Bestattungsbetriebe

[1] Auf Bestattungsbetriebe und die in ihnen beschäftigten Arbeitnehmer und Arbeitnehmerinnen sind Artikel 4 für die ganze Nacht und den ganzen Sonntag und Artikel 8 Absatz 1 anwendbar, soweit Nacht- und Sonntagsarbeit für unaufschiebbare Tätigkeiten notwendig sind.[2]

[2] Bestattungsbetriebe sind Betriebe, die Formalitäten und Verrichtungen bei Todesfällen besorgen.

Art. 21 Tierkliniken

[1] Auf Tierkliniken und die in ihnen mit der Pflege und Betreuung der Tiere beschäftigten Arbeitnehmer und Arbeitnehmerinnen ist Artikel 4 für die ganze Nacht und den ganzen Sonntag anwendbar.

[2] Tierkliniken sind Tierspitäler und tierspitalähnliche Betriebe, die kranke, pflegebedürftige und verunfallte Tiere medizinisch betreuen.

Art. 22[3] Zoologische Gärten, Tiergärten und Tierheime

Auf zoologische Gärten, Tiergärten und Tierheime und die in ihnen mit der Beaufsichtigung und der Pflege der Tiere, mit dem Unterhalt der Anlagen sowie der Bedienung der Kassen beschäftigten Arbeitnehmer und Arbeitnehmerinnen sind Artikel 4 Absatz 1 für die ganze Nacht für Überwachungstätigkeiten und Absatz 2 für den ganzen Sonntag sowie die Artikel 8 Absatz 1 und 12 Absatz 2 anwendbar.

Art. 23 Gastbetriebe

[1] Auf Gastbetriebe und die in ihnen beschäftigten gastgewerblichen Arbeitnehmer und Arbeitnehmerinnen sind Artikel 4 für die ganze Nacht und den ganzen Sonntag sowie die Artikel 8 Absatz 1, 11, 12 Absatz 3, 13 und 14 Absätze 2 und 3 anwendbar.[4]

---

1 Eingefügt durch Ziff. I der V vom 18. Mai 2004, in Kraft seit 1. Juli 2004 (AS 2004 3045).
2 Fassung gemäss Ziff. I der V vom 18. Mai 2004, in Kraft seit 1. Juli 2004 (AS 2004 3045).
3 Fassung gemäss Ziff. I der V vom 18. Mai 2004, in Kraft seit 1. Juli 2004 (AS 2004 3045).
4 Fassung gemäss Ziff. I der V vom 18. Mai 2004, in Kraft seit 1. Juli 2004 (AS 2004 3045).

[2] Auf Arbeitnehmer und Arbeitnehmerinnen mit Erziehungs- und Betreuungspflichten nach Artikel 36 des Gesetzes ist anstelle von Artikel 12 Absatz 3 Artikel 12 Absatz 2 anwendbar.

[3] Gastbetriebe sind Betriebe, die gegen Entgelt Personen beherbergen oder Speisen oder Getränke zum Genuss an Ort und Stelle abgeben. Gastbetrieben gleichgestellt sind Betriebe, die fertig zubereitete Speisen ausliefern.[1]

Art. 24 Spielbanken

[1] Auf Spielbanken und die in ihnen beschäftigten Arbeitnehmer und Arbeitnehmerinnen sind Artikel 4 für die ganze Nacht und den ganzen Sonntag sowie Artikel 12 Absatz 2, 13 und 14 Absätze 2 und 3 anwendbar.[2]

[2] Spielbanken sind Betriebe, die über eine Betriebskonzession gemäss Bundesgesetz vom 18. Dezember 1998[3] über die Spielbanken verfügen.

Art. 25 Betriebe in Fremdenverkehrsgebieten

[1] Auf die Betriebe in Fremdenverkehrsgebieten, die der Befriedigung spezifischer Bedürfnisse der Touristen dienen, und auf die in ihnen mit der Bedienung der Kundschaft beschäftigten Arbeitnehmer und Arbeitnehmerinnen sind während der Saison die Artikel 4 Absatz 2 für den ganzen Sonntag sowie die Artikel 8 Absatz 1, 12 Absatz 1 und 14 Absatz 1 anwendbar.[4]

[2] Betriebe in Fremdenverkehrsgebieten sind Betriebe in Kur-, Sport-, Ausflugs- und Erholungsorten, in denen der Fremdenverkehr von wesentlicher Bedeutung ist und erheblichen saisonmässigen Schwankungen unterliegt.

Art. 26 Kioske und Betriebe für Reisende

[1] Auf Kioske an öffentlichen Strassen und Plätzen sind Artikel 4 Absatz 2 für den ganzen Sonntag sowie die Artikel 8 Absatz 1, 12 Absatz 1 und 14 Absatz 1 anwendbar.[5]

[2] Auf Kioske und Betriebe für Reisende und die in ihnen für die Bedienung der Durchreisenden beschäftigten Arbeitnehmer und Arbeitnehmerinnen sind Artikel 4 Absatz 1 für die Nacht bis 1 Uhr und Absatz 2 für den ganzen Sonntag sowie die Artikel 8 Absatz 1, 12 Absatz 2 und 14 Absatz 1 anwendbar.[6]

---

1 Fassung gemäss Ziff. I der V vom 25. Mai 2005, in Kraft seit 1. Juli 2005 (AS 2005 2525).
2 Fassung gemäss Ziff. I der V vom 18. Mai 2004, in Kraft seit 1. Juli 2004 (AS 2004 3045).
3 SR 935.52
4 Fassung gemäss Ziff. I der V vom 18. Mai 2004, in Kraft seit 1. Juli 2004 (AS 2004 3045).
5 Fassung gemäss Ziff. I der V vom 18. Mai 2004, in Kraft seit 1. Juli 2004 (AS 2004 3045).
6 Fassung gemäss Ziff. I der V vom 18. Mai 2004, in Kraft seit 1. Juli 2004 (AS 2004 3045).

³ Kioske sind kleinere Verkaufsstände oder Verkaufsstellen, die der Kundschaft überwiegend Presseerzeugnisse, Süssigkeiten, Tabak- und Souvenierwaren sowie kleine Verpflegungsartikel zum Verzehr an Ort und Stelle oder für unterwegs anbieten.

⁴ Betriebe für Reisende sind Verkaufsstellen und Dienstleistungsbetriebe an Bahnhöfen, Flughäfen, an anderen Terminals des öffentlichen Verkehrs und in Grenzorten sowie Tankstellenshops auf Autobahnraststätten und an Hauptverkehrswegen mit starkem Reiseverkehr, die ein Waren- und Dienstleistungsangebot führen, das überwiegend auf die spezifischen Bedürfnisse der Reisenden ausgerichtet ist.

Art. 26a[1]   Betriebe in Bahnhöfen und Flughäfen

¹ Auf Betriebe in Bahnhöfen und Flughäfen im Sinne von Artikel 27 Absatz 1ᵗᵉʳ des Gesetzes und die in ihnen für die Bedienung der Kundschaft beschäftigten Arbeitnehmer und Arbeitnehmerinnen sind Artikel 4 Absatz 2 für den ganzen Sonntag sowie die Artikel 8 Absatz 1, 12 Absatz 2 und 14 Absatz 1 anwendbar.

² Das Eidgenössische Volkswirtschaftsdepartement (EVD) legt die Bahnhöfe und Flughäfen nach Absatz 1 fest. Dabei gilt:

a. Die Bahnhöfe müssen mit dem Personenverkehr jährlich mindestens 20 Millionen Franken umsetzen oder von grosser regionaler Bedeutung sein.

b. Die Flughäfen müssen Linienverkehr anbieten.

³ Vor der Bezeichnung hört das EVD an:

a. für Bahnhöfe, deren Umsatz mit dem Personenverkehr jährlich mindestens 20 Millionen Franken beträgt: das Bahnunternehmen;

b. für Bahnhöfe von grosser regionaler Bedeutung: das Bahnunternehmen und den betroffenen Kanton;

c. für Flughäfen: den Flughafenbetreiber.

Art. 27   Bäckereien, Konditoreien, Confiserien

¹ Auf Bäckereien, Konditoreien, Confiserien und die in ihnen mit der Herstellung von Bäckerei-, Konditorei- oder Confiseriewaren beschäftigten Arbeitnehmer und Arbeitnehmerinnen sind die Artikel 4 an zwei Tagen pro Woche für die ganze Nacht, für die übrigen Tage ab 1 Uhr sowie für den ganzen Sonntag sowie die Artikel 10 Absätze 4 und 5, 11, 12 Absatz 2 und 13 anwendbar.[2]

² Auf die Verkaufsgeschäfte in Bäckereien, Konditoreien, Confiserien und das in ihnen beschäftigte Verkaufspersonal sind Artikel 4 Absatz 2 für den ganzen Sonntag sowie die Artikel 12 Absatz 2 und 13 anwendbar.

---

1   Eingefügt durch Ziff. I der V vom 10. März 2006 (AS 2006 963).
2   Fassung gemäss Ziff. I der V vom 18. Mai 2004, in Kraft seit 1. Juli 2004 (AS 2004 3045).

³ Bäckereien, Konditoreien oder Confiserien sind Betriebe, die Bäckerei-, Konditorei- oder Confiseriewaren herstellen, einschliesslich der dazugehörigen Verkaufsgeschäfte, sofern diese überwiegend selbst hergestellte Produkte verkaufen.

Art. 27a[1]   Fleischverarbeitende Betriebe

¹ Auf fleischverarbeitende Betriebe und die in ihnen mit der Verarbeitung des Fleisches sowie dessen Verpackung und Lagerung beschäftigten Arbeitnehmer und Arbeitnehmerinnen sind der Artikel 4 an zwei Tagen pro Woche ab 2 Uhr und an den übrigen Tagen ab 4 Uhr für die Nacht sowie für den Sonntag ab 17 Uhr sowie die Artikel 12 Absatz 1, 13 und 14 Absatz 1 anwendbar.

² Fleischverarbeitende Betriebe sind Betriebe, die überwiegend Fleisch gewinnen, verarbeiten, veredeln und Fleischerzeugnisse herstellen.

Art. 28   Milchverarbeitungsbetriebe

¹ Auf Milchverarbeitungsbetriebe und die in ihnen mit der Entgegennahme und Behandlung der Milch beschäftigten Arbeitnehmer und Arbeitnehmerinnen ist Artikel 4 für die Nacht ab 2 Uhr und für den ganzen Sonntag anwendbar, soweit Nachtarbeit und Sonntagsarbeit notwendig sind, um den Verderb der Milch zu verhindern.

² Milchverarbeitungsbetriebe sind Betriebe, welche Milch zur Lagerung und Weiterverarbeitung entgegennehmen.

Art. 29   Blumenläden

Auf Blumenläden des Detailhandels und die in ihnen beschäftigten Arbeitnehmer und Arbeitnehmerinnen ist Artikel 4 Absatz 2 für den ganzen Sonntag anwendbar.

Art. 30   Zeitungs- und Zeitschriftenredaktionen
           sowie Nachrichten- und Bildagenturen

¹ Auf Zeitungs- und Zeitschriftenredaktionen sowie Nachrichten- und Bildagenturen und die in ihnen beschäftigten Arbeitnehmer und Arbeitnehmerinnen sind Artikel 4 für die ganze Nacht und für den ganzen Sonntag sowie die Artikel 8 Absatz 1, 11, 12 Absatz 1 und 13 anwendbar, soweit Nacht- und Sonntagsarbeit zur Wahrung der Aktualität notwendig sind.[2]

² Auf Arbeitnehmer und Arbeitnehmerinnen, die in der Sportberichterstattung tätig sind, ist anstelle von Artikel 12 Absatz 1 Artikel 12 Absatz 2 anwendbar.

---

1   Eingefügt durch Ziff. I der V vom 18. Mai 2004, in Kraft seit 1. Juli 2004 (AS 2004 3045).
2   Fassung gemäss Ziff. I der V vom 18. Mai 2004, in Kraft seit 1. Juli 2004 (AS 2004 3045).

³ Zeitungs- und Zeitschriftenredaktionen sowie Nachrichten- und Bildagenturen sind Betriebe, die Informationen oder Bildmaterial empfangen, verarbeiten, weiterleiten oder verbreiten.

Art. 31 Radio- und Fernsehbetriebe

¹ Auf Radio- und Fernsehbetriebe und die in ihnen mit der Vorbereitung, Produktion, Aufnahme oder Ausstrahlung der Sendung beschäftigten Arbeitnehmer und Arbeitnehmerinnen sind Artikel 4 für die ganze Nacht und den ganzen Sonntag sowie die Artikel 5, 6, 7, 8 Absatz 1, 9, 10 Absatz 3, 11, 12 Absatz 1 und 13 anwendbar.[1]

² Artikel 6, 7 und 8 Absatz 1 sind nur anwendbar auf Arbeitnehmer und Arbeitnehmerinnen, die bei länger dauernden zusammenhängenden Produktionen zum Einsatz gelangen.[2]

³ Auf Arbeitnehmer und Arbeitnehmerinnen, die bei der Vorbereitung, Produktion, Aufnahme oder Ausstrahlung von Sportveranstaltungen zum Einsatz kommen, ist anstelle von Artikel 12 Absatz 1 Artikel 12 Absatz 2 anwendbar.

⁴ Radio- und Fernsehbetriebe sind Betriebe, die Radio- und Fernsehsendungen vorbereiten, produzieren, aufnehmen oder ausstrahlen.

Art. 32 Telekommunikationsbetriebe

¹ Auf Telekommunikationsbetriebe und die in ihnen beschäftigten Arbeitnehmer und Arbeitnehmerinnen ist Artikel 4 für die ganze Nacht und für den ganzen Sonntag anwendbar, soweit Nacht- und Sonntagsarbeit für die Aufrechterhaltung der angebotenen Fernmeldedienste notwendig sind.

² Telekommunikationsbetriebe sind konzessionierte Betriebe, die Anlagen zur Erbringung von Fernmeldediensten betreiben.

Art. 33 Telefonzentralen

¹ Auf Telefonzentralen und die in ihnen beschäftigten Arbeitnehmer und Arbeitnehmerinnen ist Artikel 4 für die ganze Nacht und den ganzen Sonntag sowie für den ununterbrochenen Betrieb anwendbar.

² Absatz 1 ist nicht anwendbar auf Arbeitnehmer und Arbeitnehmerinnen, die ausserhalb der Erbringung von reinen Telefondiensten mit kommerziellen Dienstleistungen wie namentlich Telefonmarketing und Verkauf von Waren sowie Dienstleistungen beschäftigt sind.

³ Telefonzentralen sind Betriebe, die in Zentralen telefonisch Auskunft erteilen, Anrufe und Aufträge entgegennehmen und weiterleiten.

---

1 Fassung gemäss Ziff. I der V vom 18. Mai 2004, in Kraft seit 1. Juli 2004 (AS 2004 3045).
2 Fassung gemäss Ziff. I der V vom 18. Mai 2004, in Kraft seit 1. Juli 2004 (AS 2004 3045).

Art. 34 Banken, Effektenhandel, Börsen und deren Gemeinschaftswerke

Auf Arbeitnehmer und Arbeitnehmerinnen in Banken, im Effektenhandel, in Börsen sowie in deren Gemeinschaftswerken ist Artikel 4 für die ganze Nacht und für die auf einen Werktag fallenden gesetzlichen Feiertage anwendbar, soweit Nacht- und Feiertagsarbeit für die Aufrechterhaltung des ununterbrochenen Funktionierens internationaler Zahlungsverkehrs-, Effektenhandels- und Abwicklungssysteme notwendig sind.

Art. 35[1] Berufstheater

[1] Auf Berufstheater und die in ihnen für die künstlerische Gestaltung der Aufführungen beschäftigten Arbeitnehmer und Arbeitnehmerinnen sind Artikel 4 für die Nacht bis 1 Uhr und für den ganzen Sonntag sowie die Artikel 11, 12 Absätze 1 oder 2, 13, 14 Abs. 2 und für die Vorbereitung von Premieren Artikel 7 anwendbar.

[2] Für die mit den für die Aufführungen notwendigen Tätigkeiten sowie für die Bedienung und Betreuung der Theaterbesucher beschäftigten Arbeitnehmer und Arbeitnehmerinnen sind Artikel 4 für die Nacht bis 1 Uhr und für den ganzen Sonntag sowie die Artikel 10 Absatz 3, 12 Absätze 1 oder 2, 13, 14 Absatz 2 und für die Vorbereitung von Premieren Artikel 7 anwendbar.

[3] Für die mit der künstlerisch-technischen Gestaltung der Aufführungen beschäftigten Arbeitnehmer und Arbeitnehmerinnen sind Artikel 4 für die Nacht bis 1 Uhr und für den ganzen Sonntag sowie die Artikel 5, 9, 12 Absätze 1 oder 2, 13, 14 Absatz 2 und für die Vorbereitung von Premieren Artikel 7 anwendbar. Dabei darf vor oder nach einer Verlängerung der Tages- und Abendarbeit gemäss Artikel 5 die tägliche Ruhezeit nicht herabgesetzt werden.

[4] Für die während Tourneen oder Gastspielen beschäftigten Arbeitnehmerinnen und Arbeitnehmer nach Absatz 1, 2 und 3 ist Artikel 4 Absatz 1 für die Nacht bis 3 Uhr anwendbar.

[5] Berufstheater sind Betriebe, die Schauspiel-, Opern-, Operetten-, Ballett- und Musicalaufführungen durchführen.

Art. 36 Berufsmusiker

Auf Arbeitnehmer und Arbeitnehmerinnen, die mit der Durchführung musikalischer Darbietungen beschäftigt sind, sind Artikel 4 für die ganze Nacht und den ganzen Sonntag sowie die Artikel 12 Absatz 2 und 13 anwendbar.

---

1 Fassung gemäss Ziff. I der V vom 18. Mai 2004, in Kraft seit 1. Juli 2004 (AS 2004 3045).

Art. 37 Betriebe der Filmvorführung

Auf Betriebe der Filmvorführung, die gewerbsmässig Kinofilme vorführen und die in ihnen beschäftigten Arbeitnehmer und Arbeitnehmerinnen sind Artikel 4 für die Nacht bis 2 Uhr und für den ganzen Sonntag sowie Artikel 12 Absatz 2 anwendbar.

Art. 38 Zirkusbetriebe

[1] Auf Zirkusbetriebe und die in ihnen beschäftigten Arbeitnehmer und Arbeitnehmerinnen sind Artikel 4 für die ganze Nacht und den ganzen Sonntag sowie die Artikel 8 Absatz 1, 9, 10 Absatz 3, 12 Absatz 2, 13 und 14 Absatz 1 anwendbar.[1]

[2] Die Artikel 4 Absatz 1 und 10 Absatz 3 sind nur anwendbar, soweit Nachtarbeit für den Auf- und Abbau der Zelte, für die Tierpflege und den Weitertransport notwendig ist.

[3] Zirkusbetriebe sind Betriebe, die das Publikum gegen Entgelt mit einem artistischen Programm unterhalten und die ihren Standort in der Regel ständig ändern.

Art. 39 Schaustellungsbetriebe

[1] Auf Schaustellungsbetriebe und die in ihnen beschäftigten Arbeitnehmer und Arbeitnehmerinnen sind Artikel 4 Absatz 2 für den ganzen Sonntag sowie die Artikel 12 Absatz 2 und 13 anwendbar.

[2] Schaustellungsbetriebe sind Betriebe, die bei Kirchmessen, Märkten oder ähnlichen Anlässen dem Publikum gegen Entgelt Darbietungen vorführen oder Vergnügungs- oder andere Unterhaltungseinrichtungen zum Gebrauch zur Verfügung stellen.

Art. 40 Sport- und Freizeitanlagen

[1] Auf die in Sport- und Freizeitanlagen mit der Bedienung, Betreuung und Anleitung der Kunden sowie mit dem Unterhalt der Anlagen beschäftigten Arbeitnehmer und Arbeitnehmerinnen sind Artikel 4 für die ganze Nacht und den ganzen Sonntag sowie die Artikel 8 Absatz 1, 10 Absatz 3, 12 Absatz 2 und 14 Absatz 1 anwendbar.[2]

[2] Die Artikel 4 Absatz 1 und 10 Absatz 3 sind nur anwendbar, soweit Nachtarbeit für den Unterhalt der Anlagen notwendig ist.

---

1   Fassung gemäss Ziff. I der V vom 18. Mai 2004, in Kraft seit 1. Juli 2004 (AS 2004 3045).
2   Fassung gemäss Ziff. I der V vom 18. Mai 2004, in Kraft seit 1. Juli 2004 (AS 2004 3045).

Art. 41   Skilifte und Luftseilbahnen

[1] Auf Skilifte und Luftseilbahnen und die in ihnen mit dem Betrieb und Unterhalt beschäftigten Arbeitnehmer und Arbeitnehmerinnen sind Artikel 4 für die ganze Nacht und den ganzen Sonntag sowie die Artikel 8 Absatz 1, 12 Absatz 2, 13 und 14 Absatz 1 anwendbar.[1]

[2] Artikel 4 Absatz 1 ist nur anwendbar, soweit Nachtarbeit für den Unterhalt der Anlagen notwendig ist.

[3] Skilifte und Luftseilbahnen sind vom Bund nicht konzessionierte Betriebe, die Anlagen zum Transport von Personen betreiben.

Art. 42[2]   Campingplätze

Auf Campingplätze und die in ihnen mit dem Betrieb und Unterhalt der Anlagen sowie mit der Bedienung und Betreuung der Kunden beschäftigten Arbeitnehmer und Arbeitnehmerinnen sind Artikel 4 Absatz 2 für den ganzen Sonntag sowie die Artikel 8 Absatz 1, 9, 12 Absatz 2, 13 und 14 Absatz 1 anwendbar.

Art. 43   Konferenz-, Kongress- und Messebetriebe

[1] Auf Konferenz- und Kongressbetriebe und die mit der Betreuung und Bedienung der Besucher sowie mit dem Unterhalt beschäftigten Arbeitnehmer und Arbeitnehmerinnen sind Artikel 4 für die ganze Nacht und für den ganzen Sonntag sowie die Artikel 12 Absatz 1 und 13 anwendbar.

[2] Auf Messebetriebe und die in ihnen mit dem Auf- und Abbau, der Bedienung der Stände und Eintrittskassen sowie mit dem Unterhalt beschäftigten Arbeitnehmer und Arbeitnehmerinnen sind Artikel 4 für die ganze Nacht und den ganzen Sonntag sowie die Artikel 7, 12 Absatz 1 und 13 anwendbar.

[3] Artikel 4 Absatz 1 ist nur anwendbar, soweit Nachtarbeit für den Auf- und Abbau von Veranstaltungseinrichtungen und Ständen sowie für den Unterhalt notwendig ist.

[4] Konferenz- und Kongressbetriebe sind Betriebe, die politische, kulturelle oder wissenschaftliche Informationsveranstaltungen durchführen.

[5] Messebetriebe sind Betriebe, die für Aussteller Präsentations- und Verkaufsveranstaltungen durchführen.

---

1   Fassung gemäss Ziff. I der V vom 18. Mai 2004, in Kraft seit 1. Juli 2004 (AS 2004 3045).
2   Fassung gemäss Ziff. I der V vom 18. Mai 2004, in Kraft seit 1. Juli 2004 (AS 2004 3045).

Art. 44 Museen und Ausstellungsbetriebe

¹ Auf Museen und Ausstellungsbetriebe und die in ihnen mit der Bedienung der Eintrittskassen, der Verkaufsstände und der Garderoben, für Führungen und die Aufsicht sowie mit dem technischen Unterhalt beschäftigten Arbeitnehmer und Arbeitnehmerinnen sind Artikel 4 Absatz 2 für den ganzen Sonntag sowie die Artikel 12 Absatz 2 und 13 anwendbar.

² Museen und Ausstellungsbetriebe sind Betriebe, die kulturelle Ausstellungen durchführen.

Art. 45[1] Bewachungs- und Überwachungspersonal

Auf die mit Bewachungs- und Überwachungsaufgaben beschäftigten Arbeitnehmer und Arbeitnehmerinnen sind Artikel 4 für die ganze Nacht, für den ganzen Sonntag und für ununterbrochenen Betrieb sowie die Artikel 6, 8 Absatz 1, 9, 10 Absätze 4 und 5, 12 Absatz 2 und 13 anwendbar.

Art. 46 Betriebe des Autogewerbes

Auf Betriebe des Autogewerbes und die in ihnen beschäftigten Arbeitnehmer und Arbeitnehmerinnen ist Artikel 4 für die ganze Nacht und den ganzen Sonntag anwendbar, soweit sie mit der Versorgung von Fahrzeugen mit Betriebsstoffen sowie für die Aufrechterhaltung eines Pannen-, Abschlepp- und damit verbundenen Reparaturdienstes beschäftigt sind.

Art. 47 Bodenpersonal der Luftfahrt

¹ Auf das Bodenpersonal der Luftfahrt sind Artikel 4 für die ganze Nacht, den ganzen Sonntag und für den ununterbrochenen Betrieb sowie die Artikel 5, 10 Absatz 3, 12 Absatz 1 und 13 anwendbar.

² Die Artikel 5 und 10 Absatz 3 sind nur anwendbar für Tätigkeiten zur Vermeidung oder Behebung von Betriebsstörungen im Flugbetrieb.

³ Bodenpersonal der Luftfahrt sind Arbeitnehmer und Arbeitnehmerinnen, die Dienstleistungen erbringen, die der Aufrechterhaltung des ordentlichen Flugbetriebes dienen.

Art. 48 Bau- und Unterhaltsbetriebe für Eisenbahnanlagen

Auf Bau- und Unterhaltsbetriebe für Eisenbahnanlagen und die in ihnen mit Unterhalts- und Erneuerungsarbeiten an Eisenbahnanlagen beschäftigten Arbeitnehmer und Arbeitnehmerinnen ist Artikel 4 für die ganze Nacht und den ganzen Sonntag anwendbar, soweit Nacht- und Sonntagsarbeit, namentlich an Anlagen der Fahrbahn

---

[1] Fassung gemäss Ziff. I der V vom 18. Mai 2004, in Kraft seit 1. Juli 2004 (AS 2004 3045).

und der Stromversorgung sowie an Anlagen für die Steuerung und Sicherung des Zugverkehrs, für die Aufrechterhaltung des Bahnbetriebes notwendig sind.

Art. 49   Betriebe der Energie- und Wasserversorgung

Auf Betriebe, die die Versorgung mit Elektrizität, Gas, Wärme oder Wasser sicherstellen und die in ihnen mit der Produktion und der Sicherstellung der Verteilung beschäftigten Arbeitnehmer und Arbeitnehmerinnen ist Artikel 4 für die ganze Nacht, den ganzen Sonntag und für den ununterbrochenen Betrieb anwendbar.

Art. 50   Betriebe der Kehricht- und Abwasserentsorgung

Auf Betriebe der Kehricht- und Abwasserentsorgung und die in ihnen mit dem Betrieb und dem Unterhalt der Anlagen beschäftigten Arbeitnehmer und Arbeitnehmerinnen ist Artikel 4 für die ganze Nacht, den ganzen Sonntag und für den ununterbrochenen Betrieb anwendbar.

Art. 51   Reinigungsbetriebe

[1] Auf Arbeitnehmer und Arbeitnehmerinnen von Reinigungsbetrieben, die ausschliesslich oder vorwiegend in einem Betrieb eingesetzt werden, der dieser Verordnung unterstellt ist, sind die für die betreffende Betriebsart geltenden Sonderbestimmungen anwendbar, sofern:

a. der betreffende Einsatzbetrieb die entsprechenden Sonderbestimmungen tatsächlich in Anspruch nimmt; und

b. der Einsatz des Reinigungspersonals in der Nacht oder am Sonntag für den Betriebsablauf des Einsatzbetriebes notwendig ist.

[2] Reinigungsbetriebe sind Betriebe, die Reinigungs- und Aufräumarbeiten durchführen.

Art. 52   Betriebe für die Verarbeitung landwirtschaftlicher Produkte

[1] Auf die Betriebe für die Verarbeitung landwirtschaftlicher Produkte und die in ihnen beschäftigten Arbeitnehmer und Arbeitnehmerinnen sind Artikel 4 für die ganze Nacht und den ganzen Sonntag sowie die Artikel 5, 8 Absatz 1, 9, 10 Absatz 1, 11, 12 Absatz 1, 13 und 14 Absatz 2 anwendbar, sofern eine unverzügliche Verarbeitung zur Vermeidung einer erheblichen Qualitätseinbusse der Produkte notwendig ist.[1]

[2] Die Artikel 5, 8 Absatz 1, 9, 10 Absatz 1 und 11 sind nur während Erntezeiten zur Vermeidung eines Verderbes der Produkte anwendbar.[2]

---

1   Fassung gemäss Ziff. I der V vom 18. Mai 2004, in Kraft seit 1. Juli 2004 (AS 2004 3045).
2   Fassung gemäss Ziff. I der V vom 18. Mai 2004, in Kraft seit 1. Juli 2004 (AS 2004 3045).

³ Betriebe für die Verarbeitung landwirtschaftlicher Produkte sind Betriebe, die pflanzliche Erzeugnisse wie Früchte, Gemüse, Kartoffeln, Obst, Speisepilze oder Schnittblumen aufbereiten, lagern, verarbeiten, kommissionieren oder verteilen.

4. Abschnitt: Schlussbestimmungen

Art. 53 Aufhebung bisherigen Rechts

Die Verordnung 2 zum Arbeitsgesetz (Sonderbestimmungen für bestimmte Gruppen von Betrieben oder Arbeitnehmern) vom 14. Januar 1966[1] wird aufgehoben.

Art. 54[2]

Art. 55 Inkrafttreten

Diese Verordnung tritt am 1. August 2000 in Kraft.

---

1   [AS 1966 119]
2   Aufgehoben durch Ziff. IV 38 der V vom 22. Aug. 2007 zur formellen Bereinigung des Bundesrechts, mit Wirkung seit 1. Jan. 2008 (AS 2007 4477).

Nr. 6 — Verordnung 3 zum Arbeitsgesetz (Gesundheitsvorsorge; ArGV 3)

vom 18. August 1993 (Stand am 1. Januar 2008)

SR 822.113

Der Schweizerische Bundesrat,

gestützt auf die Artikel 6 Absatz 4 und 40 des Arbeitsgesetzes vom 13. März 1964[1] (nachstehend «Gesetz»),

verordnet:

1. Kapitel: Allgemeine Bestimmungen

Art. 1 Gegenstand und Geltungsbereich

[1] Diese Verordnung regelt die Massnahmen, die in allen dem Gesetz unterstehenden Betrieben für die Gesundheitsvorsorge zu treffen sind.

[2] Nicht in den Bereich der Gesundheitsvorsorge im Sinn dieser Verordnung fallen die Massnahmen zur Verhütung von Berufsunfällen und Berufskrankheiten nach Artikel 82 des Unfallversicherungsgesetzes vom 20. März 1981[2].

Art. 2 Grundsatz

[1] Der Arbeitgeber muss alle Massnahmen treffen, die nötig sind, um den Gesundheitsschutz zu wahren und zu verbessern und die physische und psychische Gesundheit der Arbeitnehmer zu gewährleisten. Insbesondere muss er dafür sorgen, dass:

a. ergonomisch und hygienisch gute Arbeitsbedingungen herrschen;
b. die Gesundheit nicht durch schädliche und belästigende physikalische, chemische und biologische Einflüsse beeinträchtigt wird;
c. eine übermässig starke oder allzu einseitige Beanspruchung vermieden wird;
d. die Arbeit geeignet organisiert wird.

[2] Die Massnahmen, welche die Behörde vom Arbeitgeber zur Gesundheitsvorsorge verlangt, müssen im Hinblick auf ihre baulichen und organisatorischen Auswirkungen verhältnismässig sein.

AS 1993 2553
1   SR 822.11
2   SR 832.20

Art. 3 Besondere Pflichten des Arbeitgebers

[1] Der Arbeitgeber muss dafür sorgen, dass die Massnahmen der Gesundheitsvorsorge in ihrer Wirksamkeit nicht beeinträchtigt werden; er hat sie in angemessenen Zeitabständen zu überprüfen.

[2] Werden Bauten, Gebäudeteile, technische Einrichtungen und Geräte oder Arbeitsverfahren geändert oder im Betrieb neue Stoffe verwendet, so muss der Arbeitgeber die Massnahmen den neuen Verhältnissen anpassen.

[3] Liegen Hinweise vor, dass die Gesundheit eines Arbeitnehmers durch die von ihm ausgeübte Tätigkeit geschädigt wird, so ist eine arbeitsmedizinische Abklärung durchzuführen.

Art. 4 Fachtechnisches Gutachten

Der Arbeitgeber hat auf Verlangen der Behörde ein fachtechnisches Gutachten beizubringen, wenn begründete Zweifel bestehen, ob die Anforderungen der Gesundheitsvorsorge erfüllt sind.

Art. 5 Information und Anleitung der Arbeitnehmer

[1] Der Arbeitgeber muss dafür sorgen, dass alle in seinem Betrieb beschäftigten Arbeitnehmer, einschliesslich der dort tätigen Arbeitnehmer eines anderen Betriebes, ausreichend und angemessen informiert und angeleitet werden über die bei ihren Tätigkeiten auftretenden Gefahren sowie über die Massnahmen der Gesundheitsvorsorge zu deren Verhütung. Diese Anleitung hat im Zeitpunkt des Stellenantritts und bei jeder Änderung der Arbeitsbedingungen zu erfolgen und ist nötigenfalls zu wiederholen.

[2] Der Arbeitgeber sorgt dafür, dass die Arbeitnehmer die Massnahmen der Gesundheitsvorsorge einhalten.

[3] Die Information und die Anleitung müssen während der Arbeitszeit erfolgen und dürfen nicht zu Lasten der Arbeitnehmer gehen.

Art. 6 Anhörung der Arbeitnehmer

[1] Die Arbeitnehmer oder ihre Vertretung im Betrieb müssen über alle Fragen, welche die Gesundheitsvorsorge betreffen, frühzeitig und umfassend angehört werden. Sie haben das Recht, Vorschläge zu unterbreiten.

[2] Die Arbeitnehmer oder ihre Vertretung im Betrieb sind auf ihren Wunsch in geeigneter Form zu Abklärungen und Betriebsbesuchen der Behörden beizuziehen. Der Arbeitgeber hat ihnen von Anordnungen der Behörden Kenntnis zu geben.

Art. 7 Zuständigkeiten für die Gesundheitsvorsorge

[1] Der Arbeitgeber regelt die Zuständigkeiten für die Gesundheitsvorsorge in seinem Betrieb. Wenn nötig überträgt er geeigneten Arbeitnehmern besondere Aufgaben

der Gesundheitsvorsorge. Diesen Arbeitnehmern dürfen aus der entsprechenden Tätigkeit keine Nachteile erwachsen.

² Hat der Arbeitgeber einen Arbeitnehmer mit bestimmten Aufgaben der Gesundheitsvorsorge betraut, so muss er ihn in zweckmässiger Weise aus- und weiterbilden und ihm klare Weisungen und Kompetenzen erteilen. Die für die Aus- und Weiterbildung benötigte Zeit gilt in der Regel als Arbeitszeit.

³ Werden Spezialisten der Arbeitssicherheit nach den Ausführungsvorschriften zu Artikel 83 Absatz 2 des Unfallversicherungsgesetzes vom 20. März 1981[1] beigezogen, so beziehen sie bei ihrer Tätigkeit auch die Anforderungen der Gesundheitsvorsorge mit ein.

⁴ Die Regelung der Zuständigkeiten im Betrieb entbindet den Arbeitgeber nicht von seiner Verantwortung für die Gesundheitsvorsorge.

Art. 8   Zusammenwirken mehrerer Betriebe

¹ Sind an einem Arbeitsplatz Arbeitnehmer mehrerer Betriebe tätig, so haben deren Arbeitgeber die zur Wahrung der Gesundheitsvorsorge erforderlichen Absprachen zu treffen und die notwendigen Massnahmen anzuordnen. Sie haben sich gegenseitig und ihre jeweiligen Arbeitnehmer über die Gefahren und die Massnahmen zu deren Behebung zu informieren.

² Der Arbeitgeber muss einen Dritten auf die Anforderungen der Gesundheitsvorsorge ausdrücklich aufmerksam machen, wenn er ihm den Auftrag erteilt, für seinen Betrieb:

a. Einrichtungen zu planen, herzustellen, zu ändern oder instand zu setzen;
b. technische Einrichtungen und Geräte oder gesundheitsgefährdende Stoffe zu liefern;
c. Arbeitsverfahren zu planen oder zu gestalten.

Art. 9   Personalverleih

Der Arbeitgeber, der in seinem Betrieb Arbeitskräfte beschäftigt, die er von einem anderen Arbeitgeber ausleiht, hat hinsichtlich der Gesundheitsvorsorge gegenüber diesen die gleichen Pflichten wie gegenüber den eigenen Arbeitnehmern.

Art. 10   Pflichten der Arbeitnehmer

¹ Der Arbeitnehmer muss die Weisungen des Arbeitgebers in Bezug auf die Gesundheitsvorsorge befolgen und die allgemein anerkannten Regeln berücksichtigen. Er muss insbesondere die persönlichen Schutzausrüstungen benützen und darf die Wirksamkeit der Schutzeinrichtungen nicht beeinträchtigen.

---

1   SR 832.20

² Stellt ein Arbeitnehmer Mängel fest, welche die Gesundheitsvorsorge beeinträchtigen, so muss er sie beseitigen. Ist er dazu nicht befugt oder nicht in der Lage, so muss er den Mangel dem Arbeitgeber melden.

2. Kapitel: Besondere Anforderungen der Gesundheitsvorsorge

1. Abschnitt: Gebäude und Räume

Art. 11 Bauweise

¹ Aussenwände und Bedachung müssen ausreichenden Schutz gegen Witterungseinflüsse gewähren. Innenwände und Böden sind nötigenfalls gegen Feuchtigkeit und Kälte zu isolieren.

² Es sind Baumaterialien zu verwenden, die nicht zu Gesundheitsbeeinträchtigungen führen.

Art. 12 Luftraum

¹ In Arbeitsräumen muss auf jeden darin beschäftigten Arbeitnehmer ein Luftraum von wenigstens 12 m³, bei ausreichender künstlicher Lüftung von wenigstens 10 m³, entfallen.

² Die Behörde schreibt einen grösseren Luftraum vor, wenn es die Gesundheitsvorsorge erfordert.

Art. 13 Decken und Wände

Decken und Wände im Innern der Gebäude sollen so beschaffen sein, dass sie leicht gereinigt werden können und sich möglichst wenig Staub und Schmutz darauf ablagern.

Art. 14 Böden

¹ Bodenbeläge sollen so beschaffen sein, dass sie wenig Staub bilden, wenig Schmutzstoffe aufnehmen und leicht gereinigt werden können. Gelangt erfahrungsgemäss Flüssigkeit auf den Boden, so ist für raschen Ablauf und wenn möglich für trockene Standorte für die Arbeitnehmer zu sorgen.

² Soweit die produktionstechnischen Bedingungen es gestatten, müssen die Bodenbeläge aus einem die Wärme schlecht leitenden Material bestehen. Wird nur an bestimmten Plätzen dauernd gearbeitet, so müssen nur dort solche Beläge vorhanden sein.

³ Bodenkonstruktionen sind wärmeisolierend auszuführen, wenn unter dem Boden wesentlich niedrigere oder höhere Temperaturen als im Arbeitsraum auftreten können.

2. Abschnitt: Licht, Raumklima, Lärm und Erschütterungen

Art. 15 Licht

[1] Sämtliche Räume, Arbeitsplätze und Verkehrswege innerhalb und ausserhalb der Gebäude müssen entsprechend ihrer Verwendung ausreichend natürlich oder künstlich beleuchtet sein.

[2] In den Arbeitsräumen soll Tageslicht vorhanden sein sowie eine künstliche Beleuchtung, welche der Art und den Anforderungen der Arbeit angepasste Sehverhältnisse (Gleichmässigkeit, Blendung, Lichtfarbe, Farbspektrum) gewährleistet.

[3] Räume ohne natürliche Beleuchtung dürfen nur dann als Arbeitsräume benützt werden, wenn durch besondere bauliche oder organisatorische Massnahmen sichergestellt ist, dass den Anforderungen der Gesundheitsvorsorge insgesamt Genüge getan ist.

Art. 16 Raumklima

Sämtliche Räume sind ihrem Verwendungszweck entsprechend ausreichend natürlich oder künstlich zu lüften. Raumtemperatur, Luftgeschwindigkeit und relative Luftfeuchtigkeit sind so zu bemessen und aufeinander abzustimmen, dass ein der Gesundheit nicht abträgliches und der Art der Arbeit angemessenes Raumklima gewährleistet ist.

Art. 17 Lüftung

[1] Bei natürlicher Lüftung sind Fassadenfenster und Dachlichter sowohl für eine schwache Dauerlüftung als auch für eine rasche Durchlüftung einzurichten.

[2] Bei künstlicher Lüftung sind Zufuhr und Abfuhr der Luft aufeinander abzustimmen und der Art der Arbeit sowie der Art des Betriebes anzupassen. Belästigende Zugerscheinungen sind zu vermeiden.

[3] Wenn es mit Rücksicht auf die Gesundheit der Arbeitnehmer erforderlich ist, müssen Lüftungsanlagen mit einer Warneinrichtung versehen sein, die Störungen anzeigt.

[4] Ablagerungen und Verunreinigungen, die zu einer unmittelbaren Gesundheitsgefährdung der Arbeitnehmer durch Verschmutzung der Raumluft führen können, müssen rasch beseitigt werden.

[5] Lüftungskanäle müssen mit gut zugänglichen Kontroll- und Reinigungsöffnungen sowie allenfalls mit Spülwasseranschlüssen und -ableitungen ausgestattet sein.

Art. 18 Luftverunreinigung

[1] Luft, die durch Gerüche, Gase, Dämpfe, Nebel, Rauch, Staub, Späne und dergleichen in einer die Gesundheit beeinträchtigenden Weise verunreinigt wird, ist so

nahe wie möglich an der Stelle, wo sie verunreinigt wird, wirksam abzusaugen. Nötigenfalls ist die Verunreinigungsquelle räumlich abzutrennen.

² Soweit erforderlich, ist die abgesaugte Luft durch Frischluft zu ersetzen; diese ist nötigenfalls ausreichend zu erwärmen und zu befeuchten.

³ Abgesaugte Luft darf nur in die Räume zurückgeführt werden, wenn dadurch keine Gesundheitsbeeinträchtigung der Arbeitnehmer entsteht.

Art. 19 Nichtraucherschutz

Der Arbeitgeber hat im Rahmen der betrieblichen Möglichkeiten dafür zu sorgen, dass die Nichtraucher nicht durch das Rauchen anderer Personen belästigt werden.

Art. 20 Sonneneinwirkung und Wärmestrahlung

Die Arbeitnehmer sind vor übermässiger Sonneneinwirkung sowie vor übermässiger Wärmestrahlung, die durch Betriebseinrichtungen und Arbeitsvorgänge verursacht wird, zu schützen.

Art. 21 Arbeit in ungeheizten Räumen oder im Freien

Muss in ungeheizten Räumen, in nicht vollumwandeten Bauten oder im Freien gearbeitet werden, so sind die erforderlichen Massnahmen zum Schutz der Arbeitnehmer vor Kälte- und Witterungseinflüssen zu treffen. Soweit möglich ist insbesondere dafür zu sorgen, dass sich die Arbeitnehmer an den einzelnen Arbeitsplätzen erwärmen können.

Art. 22 Lärm und Erschütterungen

¹ Lärm und Erschütterungen sind zu vermeiden oder zu bekämpfen.

² Zum Schutz der Arbeitnehmer sind insbesondere folgende Vorkehrungen zu treffen:

a. bauliche Massnahmen;
b. Massnahmen an Betriebseinrichtungen;
c. Isolation oder örtliche Abtrennung der Lärmquelle;
d. Massnahmen der Arbeitsorganisation.

3. Abschnitt: Arbeitsplätze

Art. 23 Allgemeine Anforderungen

Arbeitsplätze, Arbeitsgeräte und Hilfsmittel sind nach ergonomischen Gesichtspunkten zu gestalten und einzurichten. Arbeitgeber und Arbeitnehmer sorgen für ihre sachgerechte Benutzung.

Art. 24 Besondere Anforderungen

¹ Bei den Arbeitsplätzen muss so viel freier Raum vorhanden sein, dass sich die Arbeitnehmer bei ihrer Tätigkeit unbehindert bewegen können.

² Ständige Arbeitsplätze sind so zu gestalten, dass in zwangsloser Körperhaltung gearbeitet werden kann. Sitze müssen bequem und der auszuführenden Arbeit sowie dem Arbeitnehmer angepasst sein; nötigenfalls sind Arm- und Fussstützen anzubringen.

³ Die Arbeitsplätze sind so einzurichten, dass, wenn möglich, sitzend oder wechselweise sitzend und stehend gearbeitet werden kann. Kann die Arbeit nur stehend verrichtet werden, so sind Sitzgelegenheiten zur zeitweisen Benützung bereitzustellen.

⁴ Arbeitsplätze sind durch geeignete Massnahmen, wie Schutzwände oder räumliche Trennung, so einzurichten, dass die Arbeitnehmer vor Gesundheitsbeeinträchtigungen durch benachbarte Betriebseinrichtungen oder Lager geschützt sind.

⁵ Von ständigen Arbeitsplätzen aus muss die Sicht ins Freie vorhanden sein. In Räumen ohne Fassadenfenster sind ständige Arbeitsplätze nur zulässig, wenn durch besondere bauliche oder organisatorische Massnahmen sichergestellt ist, dass den Anforderungen der Gesundheitsvorsorge insgesamt Genüge getan ist.

4. Abschnitt: Lasten

Art. 25

¹ Um zu vermeiden, dass die Arbeitnehmer Lasten manuell handhaben müssen, sind die geeigneten organisatorischen Massnahmen zu treffen und die geeigneten Mittel, insbesondere mechanische Ausrüstungen, zur Verfügung zu stellen.

² Lässt sich die manuelle Handhabung von Lasten nicht vermeiden, so sind die geeigneten Arbeitsmittel zum Heben, Tragen und Bewegen schwerer oder unhandlicher Lasten zur Verfügung zu stellen, um die Gefährdung der Arbeitnehmer bei deren manuellen Handhabung möglichst gering zu halten.

³ Die Arbeitnehmer sind über die mit dem Handhaben von Lasten verbundenen Gesundheitsgefahren zu informieren und über das richtige Heben und Tragen von Lasten anzuleiten.

⁴ Die Arbeitnehmer sind über Gewicht und Gewichtsverteilung der Lasten zu informieren.

5. Abschnitt: Überwachung der Arbeitnehmer

Art. 26

¹ Überwachungs- und Kontrollsysteme, die das Verhalten der Arbeitnehmer am Arbeitsplatz überwachen sollen, dürfen nicht eingesetzt werden.

² Sind Überwachungs- oder Kontrollsysteme aus andern Gründen erforderlich, sind sie insbesondere so zu gestalten und anzuordnen, dass die Gesundheit und die Bewegungsfreiheit der Arbeitnehmer dadurch nicht beeinträchtigt werden.

6. Abschnitt: Persönliche Schutzausrüstung und Arbeitskleidung

Art. 27   Persönliche Schutzausrüstung

¹ Können Gesundheitsbeeinträchtigungen durch technische oder organisatorische Massnahmen nicht oder nicht vollständig ausgeschlossen werden, so muss der Arbeitgeber den Arbeitnehmern zumutbare und wirksame persönliche Schutzausrüstungen zur Verfügung stellen.

² Grundsätzlich ist eine persönliche Schutzausrüstung für den persönlichen Gebrauch bestimmt. Erfordern die Umstände, dass eine persönliche Schutzausrüstung von mehreren Personen benutzt wird, so muss der Arbeitgeber entsprechende Massnahmen treffen, damit sich dadurch für die verschiedenen Benutzer keine Gesundheits- und Hygieneprobleme ergeben.

³ Ist der gleichzeitige Einsatz mehrerer persönlicher Schutzausrüstungen notwendig, so muss der Arbeitgeber dafür sorgen, dass diese aufeinander abgestimmt werden und ihre Wirksamkeit nicht beeinträchtigt wird.

Art. 28   Arbeitskleidung

Wird die Arbeitskleidung durch übelriechende oder sonstige im Betrieb verwendete Stoffe stark verunreinigt, so hat der Arbeitgeber in angemessenen Zeitabständen für ihre Reinigung zu sorgen.

7. Abschnitt: Garderoben, Waschanlagen, Toiletten, Ess- und Aufenthaltsräume, Erste Hilfe

Art. 29   Allgemeine Anforderungen

¹ Die Bestimmungen über die Gestaltung und Benutzung der Arbeitsräume gelten sinngemäss auch für Garderoben, Waschanlagen, Toiletten, Ess- und Aufenthaltsräume sowie Sanitätsräume.

² Alle Anlagen nach Absatz 1 müssen in hygienisch einwandfreiem Zustand gehalten werden.

³ Für Frauen und Männer sind getrennte Garderoben, Waschanlagen und Toiletten oder zumindest eine getrennte Benutzung dieser Einrichtungen vorzusehen.

Art. 30 Garderoben

¹ Den Arbeitnehmern sind ausreichende und den Verhältnissen angemessene Garderoben zum Wechseln und zur Aufbewahrung der Kleider zur Verfügung zu stellen, die wenn möglich in ausreichend belüftbaren, keinem andern Zwecke dienenden Räumen unterzubringen sind.

² Jedem Arbeitnehmer ist ein genügend grosser und lüftbarer Kleiderkasten oder eine offene Einrichtung zum Aufbewahren der Kleider und ein abschliessbares Fach zur Verfügung zu stellen. Nötigenfalls muss die Arbeitskleidung getrocknet und getrennt von der Strassenkleidung aufbewahrt werden können.

Art. 31 Waschanlagen

¹ Den Arbeitnehmern sind in der Nähe des Arbeitsplatzes und der Garderoben zweckmässige Waschgelegenheiten, in der Regel mit kaltem und warmem Wasser, und geeignete Reinigungsmittel zur Verfügung zu stellen.

² Bringt die Arbeit eine erhebliche Beschmutzung oder Verunreinigung mit sich, oder sind die Arbeitnehmer grosser Hitze ausgesetzt, so sind in der Nähe der Garderoben zweckmässige Duschen mit kaltem und warmem Wasser in genügender Zahl einzurichten.

³ Duschen oder Waschgelegenheiten und Umkleideräume, die voneinander getrennt sind, müssen untereinander leicht erreichbar sein.

Art. 32 Toiletten

¹ In der Nähe der Arbeitsplätze, Pausenräume, Umkleideräume und Duschen oder Waschgelegenheiten sind Toiletten in ausreichender Zahl zur Verfügung zu stellen.

² Die Zahl der Toiletten richtet sich nach der Zahl der gleichzeitig im Betrieb beschäftigten Arbeitnehmer.

³ Toiletten sind von den Arbeitsräumen durch lüftbare Vorräume zu trennen und ausreichend zu lüften.

⁴ In der Nähe der Toiletten müssen zweckmässige Einrichtungen und Mittel zum Waschen und Trocknen der Hände vorhanden sein.

Art. 33 Ess- und Aufenthaltsgelegenheiten

¹ Soweit ein Bedürfnis besteht, insbesondere bei Nacht- und Schichtarbeit, sind den Arbeitnehmern von den Arbeitsplätzen getrennte zweckmässige, ruhige und möglichst natürlich beleuchtete Ess- und Aufenthaltsgelegenheiten mit Blick ins Freie zur Verfügung zu stellen.

² Erfordert der Arbeitsablauf die Anwesenheit von Arbeitnehmern in Arbeitsräumen auch während der Pausen, so müssen zweckmässige Sitzplätze zur Verfügung stehen.

³ Nötigenfalls sind Ruhegelegenheiten einzurichten.

⁴ Stehen die Arbeitnehmer während der Arbeitszeit regelmässig und häufig in Arbeitsbereitschaft und sind keine Pausenräume vorhanden, so sind andere Räume zur Verfügung zu stellen, in denen sie sich aufhalten können.

Art. 34 Schutz der schwangeren Frauen und stillenden Mütter

Schwangere Frauen und stillende Mütter müssen sich unter geeigneten Bedingungen hinlegen und ausruhen können.

Art. 35 Trinkwasser und andere Getränke

¹ In der Nähe der Arbeitsplätze muss Trinkwasser zur Verfügung stehen. Soweit es die Arbeit erfordert, sollen ausserdem andere alkoholfreie Getränke erhältlich sein.

² Trinkwasser und andere Getränke sind in hygienisch einwandfreier Weise abzugeben.

³ Der Arbeitgeber kann den Genuss alkoholischer Getränke einschränken oder verbieten.

Art. 36 Erste Hilfe

¹ Für die Erste Hilfe müssen entsprechend den Betriebsgefahren, der Grösse und der örtlichen Lage des Betriebs stets die erforderlichen Mittel verfügbar sein. Die Erste-Hilfe-Ausstattung muss gut erreichbar sein und überall dort aufbewahrt werden, wo die Arbeitsbedingungen dies erfordern.

² Nötigenfalls müssen zweckmässig gelegene und eingerichtete Sanitätsräume und im Sanitätsdienst ausgebildetes Personal zur Verfügung stehen. Die Sanitätsräume müssen mit Tragbahren leicht zugänglich sein.

³ Die Sanitätsräume und die Aufbewahrungsstellen für die Erste-Hilfe-Ausstattung sind gut sichtbar zu kennzeichnen.

8. Abschnitt: Unterhalt und Reinigung

Art. 37

¹ Gebäude, Räume, Lager, Verkehrswege, Beleuchtungsanlagen, Absaugungs- und Lüftungsanlagen, Arbeitsplätze, Betriebseinrichtungen, Schutzausrüstungen und sanitäre Einrichtungen sind sauber und in gutem, betriebssicherem Zustand zu halten.

² Die für Unterhalt und Reinigung erforderlichen Einrichtungen, Apparate, Geräte und Mittel müssen zur Verfügung stehen.

3. Kapitel: Schlussbestimmungen

Art. 38 Richtlinien

[1] Das Staatssekretariat für Wirtschaft (SECO)[1] kann Richtlinien über die Anforderungen der Gesundheitsvorsorge aufstellen.

[2] Vor Erlass der Richtlinien sind die Eidgenössische Arbeitskommission, die kantonalen Behörden, die Eidgenössische Koordinationskommission für Arbeitssicherheit sowie weitere interessierte Organisationen anzuhören.

[3] Werden vom Arbeitgeber die Richtlinien befolgt, so wird vermutet, dass er seinen Verpflichtungen hinsichtlich der Gesundheitsvorsorge nachgekommen ist. Der Arbeitgeber kann diesen Verpflichtungen auf andere Weise nachkommen, wenn er nachweist, dass die Gesundheitsvorsorge gewährleistet ist.

Art. 39 Ausnahmebewilligungen

[1] Die Behörden können auf Antrag des Arbeitgebers im Einzelfall Ausnahmen von den Vorschriften dieser Verordnung bewilligen, wenn:

a. der Arbeitgeber eine andere, ebenso wirksame Massnahme trifft, oder
b. die Durchführung der Vorschrift zu einer unverhältnismässigen Härte führen würde und die Ausnahme mit dem Schutz der Arbeitnehmer vereinbar ist.

[2] Bevor der Arbeitgeber den Antrag stellt, muss er den betroffenen Arbeitnehmern oder deren Vertretung im Betrieb Gelegenheit geben, sich dazu zu äussern, und der Behörde das Ergebnis dieser Anhörung mitteilen.

Art. 40[2]

Art. 41 Aufhebung bisherigen Rechts und Inkrafttreten

[1] Die Verordnung III vom 26. März 1969[3] zum Arbeitsgesetz (Gesundheitsvorsorge und Unfallverhütung in industriellen Betrieben) wird aufgehoben.

[2] Diese Verordnung tritt am 1. Oktober 1993 in Kraft.

---

1 Ausdruck gemäss Art. 22 Abs. 1 Ziff. 9 der V vom 17. Nov. 1999, in Kraft seit 1. Juli 1999 (AS 2000 187).
2 Aufgehoben durch Ziff. IV 39 der V vom 22. Aug. 2007 zur formellen Bereinigung des Bundesrechts, mit Wirkung seit 1. Jan. 2008 (AS 2007 4477).
3 [AS 1969 561, 1983 1968 Art. 107 Bst. a]

Nr. 7 Verordnung 4 zum Arbeitsgesetz (Industrielle Betriebe, Plangenehmigung und Betriebsbewilligung; ArGV 4)[1]

vom 18. August 1993 (Stand am 1. Dezember 2008)

SR 822.114

Der Schweizerische Bundesrat,

gestützt auf die Artikel 8 und 40 des Arbeitsgesetzes vom 13. März 1964[2] (nachstehend «Gesetz»)
sowie gestützt auf Artikel 83 des Unfallversicherungsgesetzes vom 20. März 1981[3],

verordnet:

1. Kapitel: Geltungsbereich[4]

Art. 1 …[5]

[1] Diese Verordnung regelt:

a. die besonderen Anforderungen an den Bau und die Einrichtung von Betrieben, die der Plangenehmigung und der Betriebsbewilligung (Art. 7 und 8 des Gesetzes) unterstellt sind;

b. das Verfahren der Unterstellung industrieller Betriebe unter die Sondervorschriften;

c. das Verfahren der Plangenehmigung und der Betriebsbewilligung.[6]

[2] Dem Plangenehmigungsverfahren sind neben den industriellen folgende nichtindustrielle Betriebe unterstellt:

a. Sägereien;

b.[7] Entsorgungs- und Recyclingbetriebe;

c. chemisch-technische Produktionsbetriebe;

d. Steinsägewerke;

e. Betriebe, die Zementwaren herstellen;

AS 1993 2564

1 Fassung des Titels gemäss Ziff. I der V vom 10. Mai 2000, in Kraft seit 1. Aug. 2000 (AS 2000 1636).
2 SR 822.11
3 SR 832.20
4 Fassung gemäss Ziff. I der V vom 10. Mai 2000, in Kraft seit 1. Aug. 2000 (AS 2000 1636).
5 Aufgehoben durch Ziff. I der V vom 10. Mai 2000 (AS 2000 1636).
6 Fassung gemäss Ziff. I der V vom 10. Mai 2000, in Kraft seit 1. Aug. 2000 (AS 2000 1636).
7 Fassung gemäss Ziff. I der V vom 29. Okt. 2008, in Kraft seit 1. Dez. 2008 (AS 2008 5183).

f. Eisen-, Stahl- und Metallgiessereien;
g. Betriebe der Abwasserreinigung;
h. Eisenbiegereien;
i.[1] Betriebe, die Oberflächen behandeln, wie Verzinkereien, Härtereien, Galvanobetriebe und Anodisierwerke;
k. Betriebe der Holzimprägnierung;
l.[2] Betriebe, die Chemikalien, flüssige oder gasförmige Brennstoffe oder andere leicht brennbare Flüssigkeiten oder Gase lagern oder umschlagen, wenn die geplanten Einrichtungen ein Überschreiten der Mengenschwellen nach dem Anhang 1.1 der Störfallverordnung vom 27. Februar 1991[3] erlauben;
m.[4] Betriebe, die mit Mikroorganismen der Gruppe 3 oder 4 nach Artikel 3 Absatz 2 der Verordnung vom 25. August 1999[5] über den Schutz der Arbeitnehmerinnen und Arbeitnehmer vor Gefährdung durch Mikroorganismen umgehen;
n.[6] Betriebe mit Lagern oder Räumen, in denen die Luftzusammensetzung in potenziell gesundheitsschädlicher Weise vom natürlichen Zustand abweicht, namentlich indem der Sauerstoffgehalt unter 18 Prozent liegt;
o.[7] Betriebe mit Arbeitsmitteln im Sinne von Artikel 49 Absatz 2 Ziffern 1, 2 oder 6 der Verordnung vom 19. Dezember 1983[8] über die Verhütung von Unfällen und Berufskrankheiten (VUV).

[3] Das Plangenehmigungs- und Betriebsbewilligungsverfahren erstreckt sich auf diejenigen Betriebsteile und Anlagen, die industriellen Charakter aufweisen beziehungsweise den in Absatz 2 umschriebenen Betriebsarten zuzuordnen sind, sowie auf damit baulich oder sachlich unmittelbar zusammenhängende Betriebsteile und Anlagen.

---

1 Fassung gemäss Ziff. I der V vom 29. Okt. 2008, in Kraft seit 1. Dez. 2008 (AS 2008 5183).
2 Fassung gemäss Ziff. I der V vom 29. Okt. 2008, in Kraft seit 1. Dez. 2008 (AS 2008 5183).
3 SR 814.012
4 Eingefügt durch Fassung gemäss Art. 18 der SAMV vom 25. Aug. 1999 (SR 832.321).
  Fassung gemäss Ziff. I der V vom 10. Mai 2000, in Kraft seit 1. Aug. 2000 (AS 2000 1636).
5 SR 832.321
6 Eingefügt durch Ziff. I der V vom 29. Okt. 2008, in Kraft seit 1. Dez. 2008 (AS 2008 5183).
7 Eingefügt durch Ziff. I der V vom 29. Okt. 2008, in Kraft seit 1. Dez. 2008 (AS 2008 5183).
8 SR 832.30

2. Kapitel: Bau und Einrichtung von Betrieben mit Plangenehmigungspflicht[1]

1. Abschnitt: Allgemeine Bestimmungen[2]

Art. 2 Aufträge an Dritte

Der Arbeitgeber muss einen Dritten auf die Anforderungen der Plangenehmigung ausdrücklich aufmerksam machen, wenn er ihm den Auftrag erteilt, für seinen Betrieb Einrichtungen zu planen, herzustellen, zu ändern oder instand zu setzen.

Art. 3 Fachtechnisches Gutachten

Der Arbeitgeber hat auf Verlangen der Behörde ein fachtechnisches Gutachten beizubringen, wenn begründete Zweifel bestehen, ob die geplante Anlage bei bestimmungsgemässer Benutzung den auftretenden Belastungen und Beanspruchungen standhalten wird.

2. Abschnitt: Arbeitsräume[3]

Art. 4 Unterirdische sowie fensterlose Arbeitsräume

Unter dem Erdboden liegende sowie fensterlose Räume mit ständigen Arbeitsplätzen dürfen nur in begründeten Ausnahmefällen bewilligt werden.

Art. 5 Raumhöhe

[1] Die lichte Höhe der Arbeitsräume hat mindestens zu betragen:
a. 2,75 m bei einer Bodenfläche von höchstens 100 m^2;
b. 3,00 m bei einer Bodenfläche von höchstens 250 m^2;
c. 3,50 m bei einer Bodenfläche von höchstens 400 m^2;
d. 4,00 m bei einer Bodenfläche von mehr als 400 m^2.

[2] Als Bodenfläche gilt die Fläche, die durch Wände begrenzt wird, die aus Gründen der Statik, der Sicherheit, der Gesundheitsvorsorge, des Brandschutzes oder der Produktionstechnik errichtet werden.

[3] Die Behörde kann geringere Raumhöhen zulassen, wenn:

---

[1] Ursprünglich vor Art. 4. Fassung gemäss Ziff. I der V vom 10. Mai 2000, in Kraft seit 1. Aug. 2000 (AS 2000 1636).
[2] Eingefügt durch Ziff. I der V vom 10. Mai 2000, in Kraft seit 1. Aug. 2000 (AS 2000 1636).
[3] Eingefügt durch Ziff. I der V vom 10. Mai 2000, in Kraft seit 1. Aug. 2000 (AS 2000 1636).

a. der Raum, im rechten Winkel zu den Fassadenfenstern gemessen, eine geringe Tiefe aufweist;
b. bei künstlicher Lüftung die Luft durch eine heruntergehängte Decke eingeführt wird;
c. die im betreffenden Raum geplante Arbeit im Wesentlichen sitzend und unter geringer körperlicher Beanspruchung ausgeführt wird und das vorgesehene Arbeitsverfahren die Raumluft und das Raumklima nicht oder nur geringfügig belastet.

[4] Die Behörde schreibt grössere Raumhöhen vor, wenn es die Gesundheitsvorsorge und Arbeitssicherheit erfordern. Sie kann grössere Raumhöhen vorschreiben, wenn Ausnahmen nach Artikel 17 Absatz 3 bewilligt werden.

3. Abschnitt: Verkehrswege[1]

Art. 6 Breite

Hauptverkehrswege im Innern von Gebäuden müssen wenigstens 1,20 m breit sein.

Art. 7 Treppenanlagen und Ausgänge

[1] Treppenanlagen müssen unmittelbar ins Freie führende Ausgänge aufweisen.

[2] Als Fluchtwege müssen zur Verfügung stehen:
a. bei Geschossflächen bis 600 m² mindestens eine Treppenanlage bzw. ein direkter Ausgang ins Freie;
b. bei Geschossflächen bis 1800 m² mindestens zwei und für je weitere angebrochene 900 m² eine zusätzliche Treppenanlage;
c. in Gebäuden mit mehr als acht Vollgeschossen oder mehr als 25 m Höhe bis 600 m² Geschossfläche mindestens eine und für je weitere angebrochene 600 m² eine zusätzliche Treppenanlage.

[3] Von jedem Raum eines einzelnen Untergeschosses muss wenigstens eine Treppenanlage und zusätzlich ein sicher benützbarer Notausgang erreichbar sein. Die lichte Breite des Notausganges muss mindestens 0,80 m betragen. Mehrere Untergeschosse müssen wenigstens zwei Treppenanlagen aufweisen.[2]

[4] Sind zwei oder mehr Ausgänge oder Treppenanlagen vorgeschrieben, so dürfen diese höchstens 15 m von den Gebäudeenden entfernt sein.

[5] In Gebäuden mit mehr als acht Vollgeschossen oder mehr als 25 m Höhe müssen die erforderlichen Treppenanlagen als Sicherheitstreppenanlagen ausgebildet sein.

---

1 Eingefügt durch gemäss Ziff. I der V vom 10. Mai 2000, in Kraft seit 1. Aug. 2000 (AS 2000 1636).
2 Fassung gemäss Ziff. I der V vom 29. Sept. 2006, in Kraft seit 1. Nov. 2006 (AS 2006 4183).

Art. 8[1]   Fluchtwege

[1] Arbeitsplätze, Räume, Gebäude und Betriebsgelände müssen bei Gefahr jederzeit rasch und sicher verlassen werden können. Verkehrswege, die bei Gefahr als Fluchtwege dienen, sind zweckmässig zu kennzeichnen und stets frei zu halten.

[2] Als Fluchtweg gilt der kürzeste Weg, der Personen zur Verfügung steht, um von einer beliebigen Stelle in Bauten und Anlagen ins Freie an einen sicheren Ort zu gelangen.

[3] Führen Fluchtwege nur zu einer Treppenanlage oder einem Ausgang ins Freie, so dürfen sie nicht länger als 35 m sein. Führen sie zu mindestens zwei voneinander entfernten Treppenanlagen oder Ausgängen ins Freie, so dürfen sie nicht länger als 50 m sein.

[4] Die Länge des Fluchtwegs wird im Raum als Luftlinie, im Korridor als Gehweglinie gemessen. Die Strecke innerhalb der Treppenanlage bis ins Freie wird nicht mitgerechnet.

[5] Besitzt ein Raum nur einen Ausgang, so darf kein Punkt des Raumes von diesem mehr als 20 m entfernt sein. Sind zwei oder mehr Raumausgänge vorhanden, so erhöht sich das zulässige Mass auf 35 m. Sofern die Raumausgänge nicht direkt ins Freie oder in eine Treppenanlage münden, ist als Verbindung ein Korridor notwendig und die gesamte Fluchtweglänge darf 50 m nicht übersteigen.

[6] Mündet eine Treppenanlage oder ein anderer Fluchtweg in einen Innenhof, so muss mindestens ein sicher benützbarer Hofausgang vorhanden sein.

Art. 9   Ausführung von Treppenanlagen und Korridoren

[1] Zahl, Breite, Gestaltung und Anordnung der Treppenanlagen und Korridore müssen sich nach der Ausdehnung und dem Nutzungszweck der Gebäude oder Gebäudeteile, der Zahl der Geschosse, der Gefahr des Betriebes und der Zahl der Personen richten. Die lichte Breite von Treppen und Korridoren muss wenigstens 1,20 m betragen.[2]

[2] Die lichte Breite von Treppen und Podesten für das Begehen technischer Einrichtungen und Anlagen muss wenigstens 0,80 m betragen.

[3] Treppenanlagen sind in der Regel geradläufig zu führen. Höhe und Auftrittsbreite der Stufen sind so zu bemessen, dass ein sicheres und bequemes Begehen gewährleistet ist. Bei grossen Geschosshöhen sind Zwischenpodeste anzuordnen.

[4] Nicht umwandete Treppen und Podeste sind auf jeder Seite mit Geländern zu versehen. Umwandete Treppen müssen beidseitig Handläufe aufweisen; für Treppen, die weniger als 1,5 m breit sind, genügen Handläufe auf einer Seite.

5–7 ...[3]

---

1   Fassung gemäss Ziff. I der V vom 29. Sept. 2006, in Kraft seit 1. Nov. 2006 (AS 2006 4183).
2   Fassung gemäss Ziff. I der V vom 29. Sept. 2006, in Kraft seit 1. Nov. 2006 (AS 2006 4183).
3   Aufgehoben durch Ziff. I der V vom 29. Sept. 2006, mit Wirkung seit 1. Nov. 2006 (AS 2006 4183).

Art. 10[1]   Türen und Ausgänge in Fluchtwegen

[1] Türen in Fluchtwegen müssen jederzeit als solche erkannt, in Fluchtrichtung ohne Hilfsmittel rasch geöffnet und sicher benützt werden können.

[2] Zahl, Breite, Gestaltung und Anordnung der Ausgänge müssen sich nach der Ausdehnung und dem Nutzungszweck der Gebäude oder Gebäudeteile, der Zahl der Geschosse, der Gefahr des Betriebes und der Zahl der Personen richten. Die lichte Breite einflügeliger Türen muss mindestens 0,90 m betragen. Bei zweiflügeligen Türen, die sich nur in eine Richtung öffnen lassen, muss ein Flügel eine lichte Breite von mindestens 0,90 m aufweisen. Bei zweiflügeligen Pendeltüren muss die lichte Breite jedes Flügels mindestens 0,65 m betragen.

[3] Die Breite von Türen, Treppen und Korridoren in Fluchtwegen darf weder durch Einbauten noch durch sonstige Einrichtungen unter die vorgeschriebenen Mindestmasse verkleinert werden.

Art. 11   Ortsfeste Leitern

[1] Ortsfeste Leitern mit einer Sturzhöhe von mehr als 5 m, die über keinen Steigschutz verfügen, sind von 3 m an mit einem Rückenschutz zu versehen; in Abständen von höchstens 10 m sind Zwischenpodeste anzubringen. Diese Vorschrift gilt nicht für Leitern, die für die Feuerwehr bestimmt sind.

[2] Die Leiterholme sind als Handlauf mindestens 1 m über die Ausstiegsebene hochzuziehen.

[3] Ortsfeste Leitern im Freien sind aus witterungsbeständigen Werkstoffen herzustellen.

Art. 12   Abschrankungen, Geländer

Abschrankungen und Geländer müssen eine Höhe von mindestens 1 m aufweisen und mit Zwischenleisten versehen sein. Nötigenfalls sind Bordleisten anzubringen.

Art. 13   Gleise

[1] Gleise für Schienenfahrzeuge sind so zu verlegen, dass zwischen dem Ladeprofil der Fahrzeuge und Bauten oder Hindernissen, ausgenommen bei Laderampen, ein minimaler Sicherheitsabstand wie folgt vorhanden ist:

a.   60 cm in Bereichen, in denen sich ausschliesslich mit dem Schienenverkehr beschäftigte Arbeitnehmer aufhalten;

b.   1 m im allgemeinen Verkehrsbereich.

[2] Drehscheiben sind mit bodeneben versenkten Feststellvorrichtungen zu versehen.

---

1   Fassung gemäss Ziff. I der V vom 29. Sept. 2006, in Kraft seit 1. Nov. 2006 (AS 2006 4183).

Art. 14 Laderampen

Laderampen für Schienenfahrzeuge müssen, wenn sie eine Länge von mehr als 10 m und eine Höhe von mehr als 80 cm über der Schienenoberkante aufweisen, unter der Rampe über einen Sicherheitsraum von mindestens 80 cm Höhe und 80 cm Tiefe über die ganze Rampenlänge verfügen.

Art. 15 Transporteinrichtungen

Für den innerbetrieblichen Transport von gefährlichen Stoffen oder Gegenständen sind geeignete Transporteinrichtungen und Behälter vorzusehen.

Art. 16 Rampenauffahrten

Die Neigung von Rampenauffahrten ist der Art der Fahrzeuge und der Ladungen anzupassen. Sie darf höchstens 10 Prozent, bei Benützung von handgezogenen Fahrzeugen höchstens 5 Prozent betragen. Der Belag der Fahrbahn muss griffig sein.

4. Abschnitt: Licht, Raumluft[1]

Art. 17 Fenster

[1] Die Fläche aller Fassadenfenster und Dachlichter muss bei Verwendung von normal durchsichtigem Glas ein Verhältnis zur Bodenfläche von mindestens 1 zu 8 haben.

[2] Mindestens die Hälfte der nach Absatz 1 vorgeschriebenen Fensterfläche muss in Form von durchsichtig verglasten Fassadenfenstern ausgeführt werden. Von den Arbeitsplätzen aus ist der Blick ins Freie durch Fassadenfenster zu gewährleisten, soweit es Betriebseinrichtungen und Produktionstechnik gestatten.

[3] Die Behörde kann eine geringere Fensterfläche bewilligen, insbesondere wenn Gründe der Sicherheit oder der Produktionstechnik es erfordern; mit der Bewilligung können besondere Auflagen zum Schutz der Arbeitnehmer verbunden werden.

[4] Die Höhe der Fensterbrüstung ist der Arbeitsweise anzupassen; sie soll nicht mehr als 1,2 m betragen.

[5] Blendung und belästigende Wärmeeinstrahlung sind zu verhüten.

[6] Bei natürlicher Lüftung sollen in Fassadenfenstern und Dachlichtern in der Regel auf 100 m^2 Bodenfläche mindestens 3 m^2 zur Lüftung geöffnet werden können.

Art. 18 Lüftungsanlagen

[1] Lüftungsanlagen müssen aus geeigneten Materialien bestehen. Insbesondere müssen Abluftanlagen für brennbare Gase, Dämpfe, Nebel und feste Stoffe aus nichtbrennbarem, beim Vorliegen besonderer Verhältnisse mindestens aus schwer brennbarem Material bestehen und dürfen nicht zu Funkenbildung Anlass geben.

---

1 Eingefügt durch Ziff. I der V vom 10. Mai 2000, in Kraft seit 1. Aug. 2000 (AS 2000 1636).

² Die Ausmündungen sind so anzuordnen, dass keine Entzündung durch äussere Einwirkung eintreten kann.

³ Trockenabscheider für brennbare feste Stoffe sind in sicherem Abstand zu Zündquellen anzuordnen. Sie sind so zu gestalten, dass Druckwellen einer möglichen Explosion keine schädlichen Auswirkungen haben.

⁴ Lüftungskanäle müssen mit gut zugänglichen Kontroll- und Reinigungsöffnungen sowie allenfalls mit Spülwasseranschlüssen und -ableitungen ausgestattet sein.

5. Abschnitt: Betriebe mit besonderen Gefahren[1]

Art. 19 Betriebe mit besonderer Brandgefahr
a. Geltungsbereich[2]

¹ Die Bestimmungen dieses Abschnitts gelten für Betriebe oder Betriebsteile, in denen besonders brandgefährliche Stoffe in gefahrbringender Weise oder Menge hergestellt, verarbeitet, gehandhabt oder gelagert werden.

² Als besonders brandgefährliche Stoffe gelten:
a. hochentzündliche, leicht entzündliche und rasch abbrennende Stoffe;
b. Stoffe, bei deren Erhitzung grosse Mengen brennbarer oder giftiger Gase frei werden;
c. brandfördernde Stoffe, wie Sauerstoff, leicht zersetzbare Sauerstoffträger und andere Oxydationsmittel.

Art. 20 b. Bauweise[3]

¹ Gebäude oder Räume sind in der Regel in feuerwiderstandsfähiger Bauweise zu erstellen. Freistehende eingeschossige Gebäude können in leichter Bauweise mit nichtbrennbaren Baustoffen ausgeführt werden, wenn die Sicherheit der Arbeitnehmer und der Umgebung gewährleistet ist.

² Die Behörde kann, je nach Art und Menge der besonders brandgefährlichen Stoffe und der Arbeitsverfahren, zum Schutz der Arbeitnehmer vorschreiben, dass:
a. Gebäude oder Räume in Brandabschnitte unterteilt oder freistehende oder eingeschossige Gebäude erstellt werden;
b. genügende Sicherheitsabstände eingehalten werden;
c. die Herstellung, Verarbeitung, Handhabung und Lagerung von besonders brandgefährlichen Stoffen nur in bestimmten Geschossen oder Räumen eines Gebäudes oder an bestimmten anderen Orten erfolgen darf;

---

1 Eingefügt durch Ziff. I der V vom 10. Mai 2000, in Kraft seit 1. Aug. 2000 (AS 2000 1636).
2 Fassung gemäss Ziff. I der V vom 10. Mai 2000, in Kraft seit 1. Aug. 2000 (AS 2000 1636).
3 Fassung gemäss Ziff. I der V vom 10. Mai 2000, in Kraft seit 1. Aug. 2000 (AS 2000 1636).

d. die Fluchtwege von den einzelnen Arbeitsplätzen zu den Ausgängen eine der Gefährdung entsprechende Länge nicht überschreiten.

³ Herstellung, Verarbeitung, Handhabung und Lagerung von besonders brandgefährlichen Stoffen in Räumen unter dem Erdboden können ausnahmsweise zugelassen werden, wenn die Sicherheit gewährleistet bleibt.

Art. 21   c. Höchstzahl der Arbeitnehmer, Betriebseinrichtungen, Stoffmengen[1]

Die Behörde legt je nach Art und Menge der besonders brandgefährlichen Stoffe und der Arbeitsverfahren zum Schutz der Arbeitnehmer für bestimmte Bereiche fest:
a. die zulässige Zahl der dort tätigen Arbeitnehmer;
b. die zulässigen Betriebseinrichtungen und deren Ausgestaltung;
c. die für die Herstellung, Verarbeitung, Handhabung oder Lagerung zulässigen Mengen der Stoffe;
d. die zu treffenden organisatorischen Massnahmen.

...[2]

Art. 22   Betriebe mit Explosionsgefahr
a. Geltungsbereich[3]

Die Bestimmungen dieses Abschnitts gelten für Betriebe und Betriebsteile, in denen:
a. bei der Herstellung, Verarbeitung, Handhabung oder Lagerung brennbarer Stoffe sich zusammen mit Luft explosionsfähige Gemische zu bilden vermögen;
b. explosionsfähige Stoffe und Stoffgemische vorhanden sind oder entstehen;
c. Explosivstoffe hergestellt, verarbeitet, gehandhabt oder gelagert werden.

Art. 23   b. Bauweise[4]

¹ Fabrikationsräume sind nötigenfalls mit leichten Bauelementen in der Weise zu versehen, dass die Gefährdung von Arbeitnehmern in benachbarten Gebäuden, Räumen und auf Verkehrswegen sowie in der Umgebung im Fall einer Explosion soweit möglich vermindert wird.

² Zwischen Gebäuden und zum Schutz von Verkehrswegen sowie der Umgebung sind nötigenfalls Schutzwälle oder Schutzmauern zu erstellen oder andere geeignete Massnahmen zu treffen.

³ Bodenbeläge sind so auszuführen, dass sich keine Funken bilden können.

---

1   Fassung gemäss Ziff. I der V vom 10. Mai 2000, in Kraft seit 1. Aug. 2000 (AS 2000 1636).
2   Tit. aufgehoben durch Ziff. I der V vom 10. Mai 2000 (AS 2000 1636).
3   Fassung gemäss Ziff. I der V vom 10. Mai 2000, in Kraft seit 1. Aug. 2000 (AS 2000 1636).
4   Fassung gemäss Ziff. I der V vom 10. Mai 2000, in Kraft seit 1. Aug. 2000 (AS 2000 1636).

Art. 24 c. Höchstzahl der Arbeitnehmer, Betriebseinrichtungen, Stoffmengen[1]

Die Behörde legt je nach Art und Menge der explosionsfähigen Stoffe und der Arbeitsverfahren zum Schutz der Arbeitnehmer für bestimmte Bereiche fest:

a. die zulässige Zahl der dort tätigen Arbeitnehmer;
b. die zulässigen Betriebseinrichtungen und deren Ausgestaltung;
c. die für die Herstellung, Verarbeitung, Handhabung oder Lagerung zulässigen Mengen der Stoffe;
d. die zu treffenden organisatorischen Massnahmen.

Art. 25 d. Zusätzliche Vorschriften für Betriebe mit Explosivstoffen[2]

[1] Betriebe oder Betriebsteile zur Herstellung, Verarbeitung, Handhabung und Lagerung von Explosivstoffen sind in explosionsgefährdete und nichtexplosionsgefährdete Bereiche zu unterteilen.

[2] In besonders gefährdeten Bereichen ist durch technische oder organisatorische Massnahmen die Zahl der Arbeitnehmer auf ein Mindestmass zu beschränken oder deren Anwesenheit ganz auszuschliessen.

[3] Aus jedem Raum mit ständigen Arbeitsplätzen muss wenigstens ein ungehindert benützbarer Ausgang unmittelbar ins Freie oder in eine gesicherte Zone führen.

[4] Die Verkehrswege im Freien und die Zugänge zu den Gebäuden müssen so beschaffen sein, dass die Räume beim Betreten nicht verunreinigt werden.

[5] Das Betriebsgelände ist gegen den Zutritt Unbefugter abzusperren; an den Eingängen ist durch gut sichtbare Anschriften Unbefugten der Zutritt zu verbieten.

6. Abschnitt: Richtlinien und Ausnahmebewilligungen[3]

Art. 26 Richtlinien

[1] Das Staatssekretariat für Wirtschaft (Bundesamt) kann Richtlinien über die in dieser Verordnung umschriebenen Anforderungen an den Bau und die Einrichtung von Betrieben im Rahmen der Plangenehmigung aufstellen.[4]

[2] Vor Erlass der Richtlinien sind die Eidgenössische Arbeitskommission, die kantonalen Behörden, die Eidgenössische Koordinationskommission für Arbeitssicherheit, die Schweizerische Unfallversicherungsanstalt (SUVA) sowie weitere interessierte Organisationen anzuhören.

---

1 Fassung gemäss Ziff. I der V vom 10. Mai 2000, in Kraft seit 1. Aug. 2000 (AS 2000 1636).
2 Fassung gemäss Ziff. I der V vom 10. Mai 2000, in Kraft seit 1. Aug. 2000 (AS 2000 1636).
3 Eingefügt durch Ziff. I der V vom 10. Mai 2000, in Kraft seit 1. Aug. 2000 (AS 2000 1636).
4 Fassung gemäss Ziff. I der V vom 10. Mai 2000, in Kraft seit 1. Aug. 2000 (AS 2000 1636).

³ Werden vom Arbeitgeber die Richtlinien befolgt, so wird vermutet, dass er seinen Verpflichtungen hinsichtlich Bau und Einrichtung seines Betriebes nachgekommen ist. Der Arbeitgeber kann diesen Verpflichtungen auf andere Weise nachkommen, wenn er nachweist, dass die von ihm getroffenen Massnahmen gleichwertig sind.

Art. 27 Ausnahmebewilligungen

¹ Die Behörde kann auf Antrag des Gesuchstellers im Einzelfall Ausnahmen von den Vorschriften dieser Verordnung bewilligen, wenn:

a. eine andere, ebenso wirksame Massnahme vorgesehen wird; oder

b. die Durchführung der Vorschrift zu einer unverhältnismässigen Härte führen würde und die Ausnahme mit dem Schutz der Arbeitnehmer vereinbar ist.[1]

² Bevor der Arbeitgeber den Antrag stellt, muss er allenfalls betroffenen Arbeitnehmern oder deren Vertretung im Betrieb Gelegenheit geben, sich dazu zu äussern und der Behörde das Ergebnis dieser Anhörung mitteilen.

³ Vor der Bewilligung von Ausnahmen holt die kantonale Behörde die Stellungnahme des Bundesamtes ein. Dieses holt erforderlichenfalls die Stellungnahme der SUVA ein.[2]

3. Kapitel:[3] Industrielle Betriebe[4]

1. Abschnitt: Allgemeine Bestimmungen

Art. 28 Begriffe

¹ Unter die Betriebe für die Herstellung, Verarbeitung oder Behandlung von Gütern im Sinne von Artikel 5 Absatz 2 des Gesetzes fallen auch Betriebe für die Verbrennung und Verarbeitung von Kehricht, Betriebe der Wasserversorgung und der Abwasserreinigung.

² Betriebe für die Erzeugung, Umwandlung oder Übertragung von Energie sind namentlich Gaswerke, Elektrizitätswerke, mit Einschluss der Unterwerke, der Umformer- und Transformatorenstationen, Atomanlagen sowie Pump- und Speicherwerke von Rohrleitungsanlagen zur Beförderung flüssiger oder gasförmiger Brenn- und Treibstoffe.

---

1 Fassung gemäss Ziff. I der V vom 10. Mai 2000, in Kraft seit 1. Aug. 2000 (AS 2000 1636).
2 Fassung gemäss Ziff. II 1 der V vom 24. April 2002, in Kraft seit 1. Juni 2002 (AS 2002 1347).
3 Fassung gemäss Ziff. I der V vom 10. Mai 2000, in Kraft seit 1. Aug. 2000 (AS 2000 1636).
4 Ursprünglich vor Art. 6.

Art. 29 Mindestzahl der Arbeitnehmer

¹ Für die Mindestzahl von Arbeitnehmern fallen alle Arbeitnehmer in Betracht, die in den industriellen Teilen des Betriebes beschäftigt werden, auch wenn sich die Betriebsteile in verschiedenen, aber benachbarten politischen Gemeinden befinden.

² Für die Mindestzahl von Arbeitnehmern nach Absatz 1 fallen nicht in Betracht:
a. das technische und kaufmännische Büropersonal sowie andere Arbeitnehmer, die nicht für die Herstellung, Verarbeitung oder Behandlung von Gütern oder für die Erzeugung, Umwandlung oder Übertragung von Energie beschäftigt sind;
b. Lehrlinge, Volontäre, Praktikanten sowie Personen, die nur vorübergehend im Betrieb tätig sind;
c. die überwiegend ausserhalb des industriellen Betriebes beschäftigten Arbeitnehmer.

Art. 30 Automatisierte Verfahren

Ein Verfahren gilt als automatisiert, wenn technische Einrichtungen die Bedienung, Steuerung und Überwachung von Anlagen selbsttätig besorgen und planmässig ablaufen lassen, so dass normalerweise während des ganzen Verfahrens kein menschliches Eingreifen erforderlich ist.

Art. 31 Betriebe mit besonderen Gefahren

Betriebe, die mit besonderen Gefahren für Leben oder Gesundheit der Arbeitnehmer verbunden sind (Art. 5 Abs. 2 Bst. c des Gesetzes), sind insbesondere:
a. Betriebe, in denen explosionsgefährliche, besonders brandgefährliche oder besonders gesundheitsschädliche Stoffe verarbeitet oder gelagert werden;
b. andere Betriebe, in denen erfahrungsgemäss die Gefahr von Unfällen, von Krankheiten oder von Überbeanspruchung der Arbeitnehmer besonders gross ist.

2. Abschnitt: Unterstellungsverfahren

Art. 32 Antrag auf Unterstellung

¹ Die kantonale Behörde ermittelt jeden Betrieb oder Betriebsteil, der die Voraussetzungen eines industriellen Betriebes erfüllt, und beantragt dem Bundesamt schriftlich und begründet die Unterstellung unter die Sondervorschriften für industrielle Betriebe.[1]

---

1 Fassung gemäss Ziff. II 1 der V vom 24. April 2002, in Kraft seit 1. Juni 2002 (AS 2002 1347).

² Der Antrag auf Unterstellung kann auch von der SUVA gestellt werden.

³ Der Arbeitgeber hat der Behörde in einem Fragebogen Auskunft über die für die Unterstellung massgebenden Tatsachen zu geben; er kann sich dabei zur Frage der Unterstellung äussern. Der Fragebogen ist dem Antrag beizulegen.

Art. 33 Unterstellungsverfügung

¹ ...[1]

² Die Unterstellung bleibt in Kraft, bis sie rechtskräftig aufgehoben ist. Geht ein industrieller Betrieb auf einen anderen Arbeitgeber über, so dauert die Unterstellung fort, und die Unterstellungsverfügung ist entsprechend zu ändern.

Art. 34 Aufhebung der Unterstellung

¹ Erfüllt ein unterstellter Betrieb die Voraussetzungen für die Unterstellung nicht mehr, so hebt das Bundesamt die Unterstellung auf.

² Die Unterstellung wird insbesondere aufgehoben, wenn seit einem Jahr weniger als sechs Arbeitnehmer im Betrieb beschäftigt werden oder diese Mindestzahl voraussichtlich nicht mehr erreicht wird.

³ Die Artikel 32 Absätze 1 und 2 sowie 33 Absatz 1 sind sinngemäss anwendbar.

Art. 35 Eröffnung der Verfügung

¹ Die Verfügung über die Unterstellung eines Betriebes oder Betriebsteiles unter die Sondervorschriften für industrielle Betriebe oder über die Aufhebung der Unterstellung wird dem Arbeitgeber vom Bundesamt schriftlich und begründet eröffnet.

² Doppel der Verfügung werden der kantonalen Behörde und der SUVA übermittelt.[2]

Art. 36[3] Mitteilungen von Änderungen

¹ Die kantonale Behörde hat dem Bundesamt jede ihr zur Kenntnis gelangende Tatsache mitzuteilen, die zu einer Änderung der Unterstellungsverfügung Anlass geben kann.

² Das Bundesamt eröffnet die Änderung der Unterstellungsverfügung dem Arbeitgeber und gibt diese der kantonalen Behörde sowie der SUVA bekannt.

---

1   Aufgehoben durch Ziff. II 1 der V vom 24. April 2002 (AS 2002 1347).
2   Fassung gemäss Ziff. II 1 der V vom 24. April 2002, in Kraft seit 1. Juni 2002 (AS 2002 1347).
3   Fassung gemäss Ziff. II 1 der V vom 24. April 2002, in Kraft seit 1. Juni 2002 (AS 2002 1347).

4. Kapitel:[1] Plangenehmigung und Betriebsbewilligung[2]

1. Abschnitt: Plangenehmigungsverfahren

Art. 37 Gesuch um Plangenehmigung

[1] Das Gesuch um Genehmigung der geplanten Anlage nach Artikel 7 Absatz 1 des Gesetzes ist zusammen mit den Plänen und ihrer Beschreibung bei der kantonalen Behörde schriftlich einzureichen.

[2] Im Falle eines Verfahrens nach Artikel 7 Absatz 4 des Gesetzes (koordiniertes Bundesverfahren) ist das Gesuch bei der zuständigen Bundesbehörde (Leitbehörde) einzureichen.

[3] Bei Anlagen und Bauten des Bundes, die nicht im koordinierten Bundesverfahren genehmigt werden, ist das Gesuch um Plangenehmigung beim Bundesamt einzureichen.[3]

Art. 38 Pläne

[1] Folgende Pläne sind im Doppel einzureichen:

a. ein Lageplan der Anlage und ihrer Umgebung mit Orientierung im Massstab des Grundbuchplanes, jedoch nicht kleiner als 1:1000;

b. die Grundrisse sämtlicher Räume mit Angabe ihrer Bestimmung, einschliesslich der Aufenthalts-, Ess- und Waschräume, der Räume für Erste Hilfe, der Garderoben und Toiletten, sowie die Lage der Ausgänge, Treppen und Notausgänge;

c. die Fassadenpläne mit Angabe der Fensterkonstruktionen;

d. die zur Beurteilung des Baues erforderlichen Längs- und Querschnitte, wovon je einer durch jedes Treppenhaus;

e. bei Umbauten die Pläne der bisherigen Anlage, falls sie aus den neuen Plänen nicht ersichtlich ist.

[2] Die Pläne nach Absatz 1 Buchstaben b–d sind mit eingeschriebenen Massen im Massstab 1:50, 1:100 oder 1:200 vorzulegen.

[3] Aus den Plänen müssen insbesondere ersichtlich sein die Lage der Arbeitsplätze, der Maschinen und der nachstehend genannten technischen Einrichtungen:

a. Dampfkessel, Dampfgefässe und Druckbehälter;

b. Heizungs-, Öltank-, Lüftungsanlagen, Feuerungsanlagen für technische Zwecke sowie Gas- und Abwasserreinigungsanlagen;

c. mechanische Transportanlagen;

---

1   Fassung gemäss Ziff. I der V vom 10. Mai 2000, in Kraft seit 1. Aug. 2000 (AS 2000 1636).
2   Ursprünglich vor Art. 17.
3   Fassung gemäss Ziff. II 1 der V vom 24. April 2002, in Kraft seit 1. Juni 2002 (AS 2002 1347).

d. Anlagen zur Verarbeitung und Lagerung von besonders brandgefährlichen, explosionsgefährlichen und gesundheitsschädlichen Stoffen;
e. Silos und Tankanlagen;
f. Farbspritzanlagen und Einbrennöfen;
g. Anlagen zur Erzeugung ionisierender Strahlen;
h. Feuerlösch- und Feuermeldeeinrichtungen.

Art. 39 Planbeschreibung

¹ Die Planbeschreibung ist im Doppel einzureichen und hat die folgenden Angaben zu enthalten:
a. die Art des geplanten Betriebes, die Zweckbestimmung der Räume und, soweit es zur Beurteilung des Gesuches nötig ist, ein Fabrikationsschema;
b. die Höchstzahl der voraussichtlich in den einzelnen Räumen beschäftigten Arbeitnehmer;
c. das Material der Fundamente, Wände, Fussböden, Decken, Dächer, Treppen, Türen und Fenster;
d. die technischen Einrichtungen nach Artikel 38 Absatz 3 sowie die Beleuchtungsanlagen;
e. die Räume und Einrichtungen für die Verwendung von radioaktiven Stoffen;
f. die Art und Menge besonders brandgefährlicher, explosionsgefährlicher oder gesundheitsschädlicher Stoffe;
g. die Art und Lage von Lärmquellen mit erheblicher Einwirkung auf die Arbeitnehmer und das Betriebsgelände;
h. die Verpackungs- und Transportweise besonders brandgefährlicher, explosionsgefährlicher oder gesundheitsschädlicher Stoffe.

² Können in der Planbeschreibung die nach Absatz 1 erforderlichen Angaben noch nicht oder nicht vollständig gemacht werden, so sind sie nachträglich, spätestens vor der Erstellung der betreffenden Einrichtungen beizubringen.

Art. 40 Plangenehmigung

¹ Die zuständige Behörde entscheidet über das Plangenehmigungsgesuch.

² Wird das Gesuch genehmigt, so stellt die zuständige Behörde dem Gesuchsteller den Entscheid samt einem Doppel der genehmigten Pläne und der Beschreibung zu. Das zweite Doppel der Pläne und der Beschreibung ist von der zuständigen Behörde während mindestens zehn Jahren aufzubewahren.

³ Die kantonale Behörde und die Bundesbehörden bedienen einander mit einem Doppel ihrer Plangenehmigungen; ebenso erhält die SUVA ein Doppel der Plangenehmigung.

Art. 41 Plangenehmigung im koordinierten Bundesverfahren

[1] Das Bundesamt ist die Fachbehörde im koordinierten Bundesverfahren nach den Artikeln 62a–62c des Regierungs- und Verwaltungsorganisationsgesetzes vom 21. März 1997[1] (RVOG) für die Beurteilung, ob eine Plangenehmigung nach Artikel 7 oder 8 des Gesetzes erforderlich ist.[2]

[2] Die Leitbehörde hat das Bundesamt in jedem ordentlichen Plangenehmigungsverfahren nach Artikel 62a RVOG zu konsultieren; darüber hinaus ist es zur Mitwirkung beizuziehen, wenn:[3]

a. im koordinierten Bundesverfahren Bauten und Anlagen nach Artikel 7 oder 8 des Gesetzes errichtet oder umgestaltet werden;

b. für die Errichtung oder Umgestaltung plangenehmigungs- und betriebsbewilligungspflichtiger Bauten und Anlagen eigens für die Bauphase oder Etappen davon Betriebsstätten oder Anlagen wie z.B. Betonmisch-, Förder- oder Abwasserreinigungsanlagen nötig sind; oder

c. nach Abschluss des koordinierten Bundesverfahrens in oder auf diesen errichteten Bauten und Anlagen Arbeitnehmer beschäftigt werden.

[3] Das Bundesamt nimmt als Fachbehörde zuhanden der Leitbehörde Stellung zum eingereichten Plangenehmigungsgesuch und ist für Planbesprechungen beizuziehen, soweit es um Fragen des Arbeitnehmerschutzes geht.[4]

[4] Für die Plangenehmigung im koordinierten Bundesverfahren sind die übrigen Vorschriften des Gesetzes und dieser Verordnung über die Plangenehmigung anwendbar.

2. Abschnitt: Betriebsbewilligungsverfahren

Art. 42 Gesuch um Betriebsbewilligung

Vor Aufnahme der betrieblichen Tätigkeit hat der Arbeitgeber bei der zuständigen Behörde nach Artikel 37 ein schriftliches Gesuch um Erteilung einer Betriebsbewilligung einzureichen.

---

1 SR 172.010
2 Fassung gemäss Ziff. II 1 der V vom 24. April 2002, in Kraft seit 1. Juni 2002 (AS 2002 1347).
3 Fassung gemäss Ziff. II 1 der V vom 24. April 2002, in Kraft seit 1. Juni 2002 (AS 2002 1347).
4 Fassung gemäss Ziff. II 1 der V vom 24. April 2002, in Kraft seit 1. Juni 2002 (AS 2002 1347).

Art. 43 Betriebsbewilligung

¹ Die zuständige Behörde entscheidet über das Betriebsbewilligungsgesuch. Erfordern ausreichende Gründe eine vorzeitige Aufnahme der betrieblichen Tätigkeit, so kann die zuständige Behörde eine provisorische Betriebsbewilligung erteilen, wenn die notwendigen Massnahmen zum Schutz von Leben und Gesundheit der Arbeitnehmer getroffen worden sind.

² Ergibt die Prüfung des Gesuches, dass Mängel im Bau oder in der Einrichtung des Betriebes vorhanden sind, die bei der Plangenehmigung nicht vorausgesehen werden konnten, so kann die zuständige Behörde, nach Anhörung des Arbeitgebers, die Bewilligung unter zusätzlichen Auflagen erteilen, sofern die festgestellten Mängel Leben oder Gesundheit der Arbeitnehmer gefährden.

³ Die kantonale Behörde und die Bundesbehörden bedienen einander mit einem Doppel ihrer Betriebsbewilligungen; ebenso erhält die SUVA ein Doppel der Betriebsbewilligung.

Art. 44 Betriebsbewilligung im koordinierten Bundesverfahren

¹ Das Verfahren richtet sich nach Artikel 41, soweit dieser Artikel nichts anderes vorsieht.

² Das Bundesamt ist in jedem Fall durch die Leitbehörde beizuziehen:[1]

a. wenn der Betrieb vorzeitig seine betriebliche Tätigkeit aufnehmen will;

b. bei der Abnahme des Betriebes oder der Anlage.

³ Ergeben sich Mängel bei der Abnahme, dann verfährt die Leitbehörde nach Artikel 43 Absatz 2. Für die Erteilung der notwendigen Auflagen in der Betriebsbewilligung zum Schutz von Leben und Gesundheit der Arbeitnehmer konsultiert sie das Bundesamt.[2]

3. Abschnitt: Besondere Bestimmungen

Art. 45 Umgestaltung innerer Einrichtungen

Die Plangenehmigung und Betriebsbewilligung im Sinne von Artikel 7 oder 8 des Gesetzes sind auch für die Umgestaltung innerer Einrichtungen des Betriebes wie technischer Anlagen und Einrichtungen, Umnutzungen von Räumen oder Umgestaltung von Arbeitsplätzen nachzusuchen, wenn sie eine wesentliche Änderung zur Folge haben oder wenn erhöhte Gefahren für Leben oder Gesundheit der Arbeitnehmer vorauszusehen sind.

---

1   Fassung gemäss Ziff. II 1 der V vom 24. April 2002, in Kraft seit 1. Juni 2002 (AS 2002 1347).
2   Fassung gemäss Ziff. II 1 der V vom 24. April 2002, in Kraft seit 1. Juni 2002 (AS 2002 1347).

Art. 46 Nachträglich festgestellte Missstände

[1] Hat der Betrieb seine Tätigkeit aufgenommen und wird festgestellt, dass die Anlage den Vorschriften des Bundes nicht entspricht, so haben die Vollzugs- und Aufsichtsorgane den Arbeitgeber darauf aufmerksam zu machen und ihn aufzufordern, innert einer bestimmten Frist den vorschriftsgemässen Zustand herzustellen.

[2] Kommt der Arbeitgeber dieser Aufforderung nicht nach, so ist nach den Artikeln 51 und 52 des Gesetzes zu verfahren.

[3] Ein Doppel der Aufforderung ist der SUVA zuzustellen, sofern sie die Verhütung von Unfällen und Berufskrankheiten betrifft.

5. Kapitel:[1] Schlussbestimmungen[2]

Art. 47 Übergangsbestimmung

Für Bauvorhaben von nichtindustriellen Betrieben, die nach Artikel 1 Absatz 2 Buchstabe m der Plangenehmigungspflicht unterstellt werden, ist das Plangenehmigungsverfahren durchzuführen, wenn:

a. im Zeitpunkt des Inkrafttretens der Verordnungsänderung vom 10. Mai 2000 das Baugesuch noch nicht eingereicht worden ist;

b. das Baugesuch zwar eingereicht, aber mit der Ausführung des Baus noch nicht begonnen worden ist und besondere Gründe des Arbeitnehmerschutzes es erfordern.

Art. 48 Inkrafttreten

Diese Verordnung tritt am 1. Oktober 1993 in Kraft.

---

1 Fassung gemäss Ziff. I der V vom 10. Mai 2000, in Kraft seit 1. Aug. 2000 (AS 2000 1636). Die SchlB befanden sich ursprünglich in einem Kap. 6.
2 Ursprünglich vor Art. 19.

Nr. 8   Verordnung 5 zum Arbeitsgesetz (Jugendarbeitsschutzverordnung, ArGV 5)

vom 28. September 2007 (Stand am 1. Januar 2008)

SR 822.115

Der Schweizerische Bundesrat,

gestützt auf Artikel 40 des Arbeitsgesetzes vom 13. März 1964[1] (ArG),

verordnet:

1. Abschnitt: Allgemeine Bestimmungen

Art. 1   Gegenstand

(Art. 29 Abs. 1 und 2 ArG)

Diese Verordnung regelt den Schutz der Gesundheit und der Sicherheit der jugendlichen Arbeitnehmerinnen und Arbeitnehmer sowie ihrer physischen und psychischen Entwicklung.

Art. 2   Verhältnis zum Arbeitsgesetz

Soweit diese Verordnung keine besonderen Bestimmungen enthält, gelten das Arbeitsgesetz und dessen übrige Verordnungen.

Art. 3   Anwendung des Arbeitsgesetzes auf bestimmte Betriebsarten

(Art. 2 Abs. 3 und 4 Abs. 3 ArG)

[1] In Betrieben mit überwiegend gärtnerischer Pflanzenproduktion ist das Arbeitsgesetz anwendbar auf Jugendliche in der beruflichen Grundbildung nach dem Berufsbildungsgesetz vom 13. Dezember 2002[2] (BBG) (berufliche Grundbildung).

[2] In Familienbetrieben ist das Arbeitsgesetz auf jugendliche Familienangehörige anwendbar, sofern diese gemeinsam mit anderen Arbeitnehmerinnen und Arbeitnehmern beschäftigt werden.

AS 2007 4959

1   SR 822.11

2   SR 412.10

2. Abschnitt: Besondere Tätigkeiten

Art. 4 Gefährliche Arbeiten
(Art. 29 Abs. 3 ArG)

¹ Jugendliche dürfen nicht für gefährliche Arbeiten beschäftigt werden.

² Als gefährlich gelten alle Arbeiten, die ihrer Natur nach oder aufgrund der Umstände, unter denen sie verrichtet werden, die Gesundheit, die Ausbildung und die Sicherheit der Jugendlichen sowie deren physische und psychische Entwicklung beeinträchtigen können.

³ Das Eidgenössische Volkswirtschaftsdepartement (EVD) legt fest, welche Arbeiten nach der Erfahrung und dem Stand der Technik als gefährlich gelten. Es berücksichtigt dabei, dass bei Jugendlichen mangels Erfahrung oder Ausbildung das Bewusstsein für Gefahren und die Fähigkeit, sich vor ihnen zu schützen, im Vergleich zu Erwachsenen weniger ausgeprägt sind.

⁴ Das Bundesamt für Berufsbildung und Technologie (BBT) kann mit Zustimmung des Staatssekretariats für Wirtschaft (SECO) für Jugendliche ab 16 Jahren insbesondere in den Bildungsverordnungen Ausnahmen vorsehen, sofern dies für das Erreichen der Ziele der beruflichen Grundbildung oder von behördlich anerkannten Kursen unentbehrlich ist. Es legt die notwendigen Massnahmen der Arbeitssicherheit und des Gesundheitsschutzes fest.

⁵ Darüber hinaus kann das SECO im Einzelfall Ausnahmebewilligungen erteilen, sofern dies für das Erreichen der Ziele der beruflichen Grundbildung oder von behördlich anerkannten Kursen unentbehrlich ist.

Art. 5 Bedienung von Gästen in Betrieben der Unterhaltung, Hotels, Restaurants und Cafés
(Art. 29 Abs. 3 ArG)

¹ Jugendliche dürfen nicht beschäftigt werden für die Bedienung von Gästen in Betrieben der Unterhaltung wie Nachtlokalen, Dancings, Diskotheken und Barbetrieben.

² Jugendliche unter 16 Jahren dürfen nicht beschäftigt werden für die Bedienung von Gästen in Hotels, Restaurants und Cafés. Diese Beschäftigung ist zulässig im Rahmen der beruflichen Grundbildung oder von Programmen, die zur Berufswahlvorbereitung vom Betrieb, von den ausbildungs- und prüfungsverantwortlichen Organisationen der Arbeitswelt, von Berufsberatungsstellen oder von Organisationen, die ausserschulische Jugendarbeit nach dem Bundesgesetz vom 6. Oktober 1989[1] über die Förderung der ausserschulischen Jugendarbeit betreiben, angeboten werden.

---

1   SR 446.1

Art. 6 Arbeit in Betrieben der Filmvorführung sowie in Zirkus- und Schaustellerbetrieben
(Art. 29 Abs. 3 ArG)

Jugendliche unter 16 Jahren dürfen nicht beschäftigt werden für die Arbeit in Betrieben der Filmvorführung sowie in Zirkus- und Schaustellerbetrieben. Vorbehalten bleibt Artikel 7.

Art. 7 Kulturelle, künstlerische und sportliche Darbietungen sowie Werbung
(Art. 30 Abs. 2 Bst. b ArG)

¹ Jugendliche dürfen für kulturelle, künstlerische und sportliche Tätigkeiten sowie zu Werbezwecken im Rahmen von Radio-, Fernseh-, Film- und Fotoaufnahmen und bei kulturellen Anlässen wie Theater-, Zirkus- oder Musikaufführungen, einschliesslich Proben, sowie bei Sportanlässen beschäftigt werden, sofern die Tätigkeit keinen negativen Einfluss auf die Gesundheit, die Sicherheit sowie die physische und psychische Entwicklung der Jugendlichen hat und die Tätigkeit weder den Schulbesuch noch die Schulleistung beeinträchtigt.

² Die Beschäftigung von Jugendlichen unter 15 Jahren für Tätigkeiten nach Absatz 1 muss den zuständigen kantonalen Behörden 14 Tage vor deren Aufnahme angezeigt werden. Ohne Gegenbericht innert zehn Tagen ist die Beschäftigung zulässig.

Art. 8 Leichte Arbeiten
(Art. 30 Abs. 2 Bst. a ArG)

Wo nicht eine der Sonderbestimmungen nach den Artikeln 4–7 gilt, dürfen Jugendliche ab 13 Jahren beschäftigt werden, sofern die Arbeit ihrer Natur oder den Umständen nach, unter denen sie verrichtet wird, keinen negativen Einfluss auf die Gesundheit, die Sicherheit sowie die physische und psychische Entwicklung der Jugendlichen hat und die Tätigkeit weder den Schulbesuch noch die Schulleistung beeinträchtigt. Sie dürfen namentlich beschäftigt werden in Programmen, die im Rahmen der Berufswahlvorbereitung vom Betrieb, von den ausbildungs- und prüfungsverantwortlichen Organisationen der Arbeitswelt, von Berufsberatungsstellen oder von Organisationen, die ausserschulische Jugendarbeit nach dem Bundesgesetz vom 6. Oktober 1989[1] über die Förderung der ausserschulischen Jugendarbeit betreiben, angeboten werden.

---

1   SR 446.1

3. Abschnitt: Beschäftigung schulentlassener Jugendlicher unter 15 Jahren
(Art. 30 Abs. 3 ArG)

Art. 9

¹ Können Jugendliche unter 15 Jahren nach kantonalem Recht aus der Schulpflicht entlassen oder vorübergehend vom Unterricht ausgeschlossen werden, so kann die kantonale Behörde im Einzelfall eine regelmässige Beschäftigung im Rahmen der beruflichen Grundbildung oder im Rahmen eines Förderprogramms ab 14 Jahren bewilligen.

² Die kantonale Behörde darf die Bewilligung nur erteilen, wenn ein ärztliches Zeugnis bestätigt, dass der Gesundheitszustand der oder des Jugendlichen die vorzeitige Aufnahme einer regelmässigen Beschäftigung erlaubt und die vorgesehene Tätigkeit die Gesundheit, die Sicherheit sowie die physische und psychische Entwicklung der Jugendlichen nicht gefährdet.

4. Abschnitt: Arbeits- und Ruhezeit

Art. 10 Tägliche und wöchentliche Höchstarbeitszeit
von Jugendlichen unter 13 Jahren
(Art. 30 Abs. 2 Bst. b ArG)

Die Höchstarbeitszeit für Jugendliche unter 13 Jahren beträgt drei Stunden pro Tag und neun Stunden pro Woche.

Art. 11 Tägliche und wöchentliche Höchstarbeitszeiten
sowie Pausen für schulpflichtige Jugendliche ab 13 Jahren
(Art. 30 Abs. 2 Bst. a ArG)

Die Höchstarbeitszeiten für schulpflichtige Jugendliche ab 13 Jahren betragen:

a. während der Schulzeit: drei Stunden pro Tag und neun Stunden pro Woche;
b. während der halben Dauer der Schulferien oder während eines Berufswahlpraktikums: acht Stunden pro Tag und 40 Stunden pro Woche, jeweils zwischen 6 Uhr und 18 Uhr, wobei bei mehr als fünf Stunden eine Pause von mindestens einer halben Stunde zu gewähren ist; die Dauer eines einzelnen Berufswahlpraktikums ist auf zwei Wochen begrenzt.

Art. 12 Ausnahmebewilligung für Nachtarbeit
(Art. 17 Abs. 5 und 31 Abs. 4 ArG)

¹ Die Beschäftigung Jugendlicher ab 16 Jahren zwischen 22 und 6 Uhr während höchstens neun Stunden innerhalb von zehn Stunden kann bewilligt werden, sofern:
a. die Beschäftigung in der Nacht unentbehrlich ist, um:
   1. die Ziele einer beruflichen Grundbildung zu erreichen, oder
   2. eine Betriebsstörung infolge höherer Gewalt zu beheben;
b. die Arbeit unter der Aufsicht einer erwachsenen und qualifizierten Person ausgeführt wird; und
c. die Beschäftigung in der Nacht den Besuch der Berufsfachschule nicht beeinträchtigt.

² Wird der Beginn der betrieblichen Tagesarbeit auf 5 Uhr festgelegt, so gilt dies für Jugendliche ebenfalls als Tagesarbeit.

³ Die medizinische Untersuchung und Beratung ist für Jugendliche obligatorisch, die dauernd oder regelmässig in der Nacht beschäftigt werden. Die Kosten trägt der Arbeitgeber.

⁴ Dauernde oder regelmässig wiederkehrende Nachtarbeit wird vom SECO, vorübergehende Nachtarbeit bis zu zehn Nächten pro Kalenderjahr von der kantonalen Behörde bewilligt.

Art. 13 Ausnahmebewilligung für Sonntagsarbeit
(Art. 19 Abs. 4 und 31 Abs. 4 ArG)

¹ Die Beschäftigung Jugendlicher ab 16 Jahren an Sonntagen kann bewilligt werden, sofern:
a. die Beschäftigung am Sonntag unentbehrlich ist, um:
   1. die Ziele einer beruflichen Grundbildung zu erreichen, oder
   2. eine Betriebsstörung infolge höherer Gewalt zu beheben;
b. die Arbeit unter der Aufsicht einer erwachsenen und qualifizierten Person ausgeführt wird; und
c. die Beschäftigung am Sonntag den Besuch der Berufsfachschule nicht beeinträchtigt.

² Die Beschäftigung Jugendlicher ab 16 Jahren an Sonntagen kann in einer der vom EVD nach Artikel 14 festgelegten Branchen und im dort zugelassenen Umfang auch ausserhalb der beruflichen Grundbildung bewilligt werden.

³ Nach Abschluss der obligatorischen Schulzeit kann die Beschäftigung von Schülerinnen und Schülern in einer der vom EVD nach Artikel 14 Buchstabe a festgelegten Branchen jeden zweiten Sonntag bewilligt werden.

⁴ Dauernde oder regelmässig wiederkehrende Sonntagsarbeit wird vom SECO, vorübergehende Sonntagsarbeit bis zu sechs Sonntagen pro Kalenderjahr von der kantonalen Behörde bewilligt.

Art. 14 Befreiung von der Bewilligungspflicht
für Nacht- und Sonntagsarbeit in der beruflichen Grundbildung
(Art. 31 Abs. 4 ArG)

Das EVD legt unter Berücksichtigung der Voraussetzungen nach den Artikeln 12 Absatz 1 und 13 Absatz 1 nach Konsultation der Sozialpartner fest:

a. für welche beruflichen Grundbildungen keine Bewilligung für Nacht- und Sonntagsarbeit nach den Artikeln 12 Absatz 1 und 13 Absatz 1 notwendig ist;
b. den Umfang der Nacht- und Sonntagsarbeit.

Art. 15 Ausnahme vom Verbot der Abend- und Sonntagsarbeit
(Art. 30 Abs. 2 Bst. b und 31 Abs. 4 ArG)

¹ Jugendliche dürfen bei kulturellen, künstlerischen und sportlichen Anlässen, die nur abends oder am Sonntag stattfinden, ausnahmsweise bis 23 Uhr und am Sonntag beschäftigt werden.

² In Betrieben in Fremdenverkehrsgebieten nach Artikel 25 der Verordnung 2 vom 10. Mai 2000¹ zum Arbeitsgesetz dürfen Jugendliche ausserhalb der Berufsbildung an 26 Sonntagen pro Kalenderjahr beschäftigt werden. Die Sonntage können unregelmässig auf das Jahr verteilt werden.

Art. 16 Tägliche Ruhezeit
(Art. 31 Abs. 2 ArG)

¹ Jugendlichen ist eine zusammenhängende tägliche Ruhezeit von mindestens zwölf Stunden zu gewähren.

² Sie dürfen vor Berufsschultagen oder überbetrieblichen Kursen längstens bis 20 Uhr beschäftigt werden.

---

1   SR 822.112

Art. 17 Überzeitarbeit
(Art. 31 Abs. 3 ArG)

¹ Jugendliche ab 16 Jahren dürfen nur an Werktagen im Tageszeitraum und im Abendzeitraum bis 22 Uhr zu Überzeitarbeit herangezogen werden.

² Jugendliche dürfen während der beruflichen Grundbildung nicht zu Überzeitarbeit herangezogen werden, ausser wenn dies zur Behebung einer Betriebsstörung infolge höherer Gewalt unentbehrlich ist.

5. Abschnitt: Ärztliches Zeugnis
(Art. 29 Abs. 4 ArG)

Art. 18

¹ Das EVD kann nach Einholung des Gutachtens der Eidgenössischen Arbeitskommission die Arbeiten bezeichnen, zu denen Jugendliche nur aufgrund eines ärztlichen Zeugnisses zugelassen werden dürfen. Aus dem Zeugnis muss hervorgehen, dass der oder die Jugendliche für die vorgesehene Arbeit mit oder ohne Vorbehalt geeignet ist.

² Weitergehende kantonale Vorschriften über die Beibringung eines ärztlichen Zeugnisses oder einer ärztlichen Untersuchung bleiben vorbehalten.

6. Abschnitt: Pflicht des Arbeitgebers zur Information und Anleitung
(Art. 29 Abs. 2 ArG)

Art. 19

¹ Der Arbeitgeber muss dafür sorgen, dass alle in seinem Betrieb beschäftigten Jugendlichen von einer befähigten erwachsenen Person ausreichend und angemessen informiert und angeleitet werden, namentlich in Bezug auf Sicherheit und Gesundheitsschutz am Arbeitsplatz. Er muss den Jugendlichen entsprechende Vorschriften und Empfehlungen nach Eintritt in den Betrieb abgeben und erklären.

² Der Arbeitgeber muss die Eltern der Jugendlichen oder die erziehungsberechtigten Personen über die Arbeitsbedingungen, über mögliche Gefahren sowie über die Massnahmen, die für Sicherheit und Gesundheit getroffen werden, informieren.

7. Abschnitt: Aufgaben und Organisation der Behörden

Art. 20 Eidgenössische Arbeitskommission
(Art. 29 Abs. 3 und 43 Abs. 2 ArG)

Die Eidgenössische Arbeitskommission überprüft alle fünf Jahre die Departementsverordnung nach Artikel 4 Absatz 3 und gibt diesbezügliche Empfehlungen ab.

Art. 21 Zusammenarbeit zwischen dem SECO, dem BBT und der SUVA

[1] Das SECO, das BBT und die Schweizerische Unfallversicherungsanstalt (SUVA) arbeiten für alle Fragen der Gesundheit und der Sicherheit von Jugendlichen in Ausbildung zusammen.

[2] Das BBT konsultiert das SECO bei der Ausarbeitung der Bildungsverordnungen und Bildungspläne.

[3] Das SECO konsultiert das BBT bei der Ausarbeitung der Departementsverordnungen nach den Artikeln 4 Absatz 3 und 14.

8. Abschnitt: Schlussbestimmungen

Art. 22 Änderung bisherigen Rechts

Die Verordnung 1 vom 10. Mai 2000[1] zum Arbeitsgesetz wird wie folgt geändert:
Art. 3 und 6 Abs. 2
Aufgehoben
4. Kapitel (Art. 47–59)
Aufgehoben

Art. 23 Inkrafttreten

Diese Verordnung tritt am 1. Januar 2008 in Kraft.

---

1 SR 822.111

Nr. 9 Verordnung des EVD über gefährliche Arbeiten für Jugendliche

vom 4. Dezember 2007 (Stand am 1. Januar 2008)

SR 822.115.2

Das Eidgenössische Volkswirtschaftsdepartement,

gestützt auf Artikel 4 Absatz 3 der Verordnung 5 vom 28. September 2007[1] zum Arbeitsgesetz (ArGV 5),

verordnet:

Art. 1 Gefährliche Arbeiten

Folgende Arbeiten gelten für Jugendliche als gefährlich:

a. Arbeiten, welche die physische oder psychische Leistungsfähigkeit von Jugendlichen objektiv übersteigen;
b. Arbeiten mit dem Risiko physischen, psychischen, moralischen oder sexuellen Missbrauchs, namentlich Prostitution, Herstellung von Pornografie oder pornografische Darbietungen;
c. Arbeiten in Arbeitszeitsystemen, die erfahrungsgemäss zu einer starken Belastung führen, namentlich Akkordarbeit;
d. Arbeiten, die mit gesundheitsgefährdenden physikalischen Einwirkungen verbunden sind, namentlich:
   1. ionisierende Strahlungen,
   2. Arbeiten bei Überdruck,
   3. Arbeiten bei extremer Hitze, Kälte oder erheblicher Nässe,
   4. Arbeiten, die mit erheblichen Stössen, erheblichem Lärm oder Erschütterungen verbunden sind;
e. Arbeiten mit gesundheitsgefährdenden biologischen Agenzien, namentlich Mikroorganismen der Gruppen 3 und 4 nach der Verordnung vom 25. August 1999[2] über den Schutz der Arbeitnehmerinnen und Arbeitnehmer vor Gefährdung durch Mikroorganismen;

AS 2007 6831
1 SR 822.115
2 SR 832.321

f. Arbeiten mit gesundheitsgefährdenden chemischen Agenzien, die mit einem der folgenden R-Sätze nach der Chemikalienverordnung vom 18. Mai 2005[1] versehen sind:
   1. Ernste Gefahr irreversiblen Schadens (R39),
   2. Sensibilisierung durch Einatmen möglich (Bezeichnung «S» gemäss der Liste «Grenzwerte am Arbeitsplatz»; R42),
   3. Sensibilisierung durch Hautkontakt möglich (Bezeichnung «S» gemäss der Liste «Grenzwerte am Arbeitsplatz»; R43),
   4. Kann Krebs erzeugen (Bezeichnung «K» gemäss der Liste «Grenzwerte am Arbeitsplatz»; R40, R45),
   5. Kann vererbbare Schäden verursachen (R46),
   6. Gefahr ernster Gesundheitsschäden bei längerer Exposition (R48),
   7. Kann die Fortpflanzungsfähigkeit beeinträchtigen (R60),
   8. Kann das Kind im Mutterleib möglicherweise schädigen (R61);
g. Arbeiten mit Maschinen, Ausrüstungen oder Werkzeugen, die mit Unfallgefahren verbunden sind, von denen anzunehmen ist, dass Jugendliche sie wegen mangelnden Sicherheitsbewusstseins oder wegen mangelnder Erfahrung oder Ausbildung nicht erkennen oder nicht abwenden können;
h. Arbeiten, bei denen eine erhebliche Brand-, Explosions-, Unfall-, Erkrankungs- oder Vergiftungsgefahr besteht;
i. Arbeiten unter Tag, unter Wasser, in gefährlichen Höhen, in engen Räumen oder bei Einsturzgefahr;
j. Arbeiten mit gefährlichen Tieren;
k. industrielles Schlachten von Tieren;
l. Sortieren von Altmaterial, wie Papier und Karton, von ungereinigter und nicht desinfizierter Wäsche sowie von Haaren, Borsten und Fellen.

Art. 2   Inkrafttreten

Diese Verordnung tritt am 1. Januar 2008 in Kraft.

---

[1] SR 813.11

Nr. 10 Verordnung des EVD über die Ausnahmen vom Verbot von Nacht- und Sonntagsarbeit während der beruflichen Grundbildung

vom 29. Mai 2008 (Stand am 15. Juni 2008)

SR 822.115.4

Das Eidgenössische Volkswirtschaftsdepartement,

gestützt auf Artikel 14 der Jugendarbeitsschutzverordnung vom 28. September 2007[1] (ArGV 5),

verordnet:

Art. 1 Befreiung von der Bewilligungspflicht

Für die Berufe nach den Artikeln 2–9 ist für eine Ausnahme vom Verbot der Nacht- oder der Sonntagsarbeit im Rahmen der beruflichen Grundbildung im dort festgelegten Umfang keine Bewilligung notwendig.

Art. 2 Berufe im Gastgewerbe und in der Hauswirtschaft

[1] Die Bestimmungen gelten für folgende Berufe:

a. Fachmann Hauswirtschaft/Fachfrau Hauswirtschaft EFZ;
b. Hauswirtschaftspraktiker/Hauswirtschaftspraktikerin EBA;
c. Hotellerieangestellter/Hotellerieangestellte EBA;
d. Hotelfachmann/Hotelfachfrau EFZ;
e. Restaurationsangestellter/Restaurationsangestellte EBA;
f. Restaurationsfachmann/Restaurationsfachfrau EFZ;
g. gelernter Koch/gelernte Köchin;
h. Küchenangestellter/Küchenangestellte EBA;
i. gelernter Kaufmann/gelernte Kauffrau (erweiterte Grundbildung, Basisbildung, Ausbildungs- und Prüfungsbranche Hotel-Gastro-Tourismus).

AS 2008 2473

[1] SR 822.115

² Lernende dürfen wie folgt in der Nacht arbeiten:

ab dem vollendeten 16. Altersjahr	Beschäftigung bis 23 Uhr; höchstens zehn Nächte pro Jahr bis 1 Uhr.
	An Tagen vor Besuchen der Berufsfachschule oder vor Besuchen von überbetrieblichen Kursen darf höchstens bis 20 Uhr gearbeitet werden.

³ Für den Einsatz von Lernenden an Sonntagen gelten folgende Bestimmungen:

ab dem vollendeten 16. Altersjahr	Mindestens zwölf Sonntage pro Jahr sind frei zu geben (exkl. Feriensonntage). In Saisonbetrieben können die freien Sonntage unregelmässig auf das Jahr verteilt werden.
	Für Betriebe mit zwei Schliessungstagen unter der Woche ist mindestens ein Sonntag pro Quartal frei zu geben (exkl. Feriensonntage). Wenn der Besuch der Berufsfachschule oder der Besuch von überbetrieblichen Kursen auf einen der beiden Schliessungstage fällt, so sind mindestens zwölf Sonntage pro Jahr frei zu geben (exkl. Feriensonntage).

Art. 3 Berufe in Bäckereien, Konditoreien und Confiserien

¹ Die Bestimmungen gelten für folgende Berufe:

a. gelernter Bäcker-Konditor/gelernte Bäckerin-Konditorin;
b. gelernter Konditor-Confiseur/gelernte Konditorin-Confiseurin.

² Lernende dürfen wie folgt in der Nacht arbeiten:

ab dem vollendeten 16. Altersjahr	Höchstens fünf Nächte pro Woche ab 4 Uhr (vor Sonn- und Feiertagen ab 3 Uhr).
ab dem vollendeten 17. Altersjahr	Höchstens fünf Nächte pro Woche ab 3 Uhr (vor Sonn- und Feiertagen ab 2 Uhr).

³ Lernende dürfen wie folgt an Sonntagen arbeiten:

ab dem vollendeten 16. Altersjahr	Höchstens zwei Sonntage pro Monat.
ab dem vollendeten 17. Altersjahr	Höchstens drei Sonntage pro Monat.

Art. 4 Berufe in der Milchtechnologiebranche

¹ Die Bestimmungen gelten für folgende Berufe:

a. Milchtechnologe/Milchtechnologin EFZ;
b. Milchpraktiker/Milchpraktikerin EBA.

² Lernende dürfen wie folgt in der Nacht arbeiten:

ab dem vollendeten 17. Altersjahr	Höchstens fünf Nächte pro Woche ab 3 Uhr; höchstens 48 Nächte pro Jahr.
	Die Nachtarbeit darf höchstens vier aufeinanderfolgende Wochen dauern. Auf Nachtarbeit folgt Tagesarbeit von mindestens gleicher Dauer.

Art. 5 Berufe in der Lebensmitteltechnologiebranche

¹ Die Bestimmungen gelten für folgende Berufe:

a. Lebensmitteltechnologe/Lebensmitteltechnologin EFZ;
b. Lebensmittelpraktiker/Lebensmittelpraktikerin EBA.

² Lernende aus dem Berufsfeld Backwarentechnologie dürfen wie folgt in der Nacht arbeiten:

ab dem vollendeten 16. Altersjahr	Höchstens fünf Nächte pro Woche und höchstens 90 Nächte pro Jahr; wovon 25 Nächte mit Arbeitsende spätestens um 1 Uhr und 25 Nächte mit Arbeitsbeginn frühestens um 3 Uhr.
	Die Nachtarbeit darf höchstens sechs aufeinanderfolgende Wochen dauern. Auf Nachtarbeit folgt Tagesarbeit von mindestens gleicher Dauer.
ab dem vollendeten 17. Altersjahr	Höchstens fünf Nächte pro Woche und höchstens 100 Nächte pro Jahr, wovon 25 Nächte mit Arbeitsende spätestens um 1 Uhr und 25 Nächte mit Arbeitsbeginn frühestens um 3 Uhr.
	Die Nachtarbeit darf höchstens sechs aufeinanderfolgende Wochen dauern. Auf Nachtarbeit folgt Tagesarbeit von mindestens gleicher Dauer.

³ Lernende aus den übrigen Berufsfeldern dürfen wie folgt in der Nacht arbeiten:

ab dem vollendeten 16. Altersjahr	Höchstens fünf Nächte pro Woche und höchstens 50 Nächte pro Jahr, wovon zwölf Nächte mit Arbeitsende spätestens um 1 Uhr und zwölf Nächte mit Arbeitsbeginn frühestens um 3 Uhr.
	Die Nachtarbeit darf höchstens sechs aufeinanderfolgende Wochen dauern. Auf Nachtarbeit folgt Tagesarbeit von mindestens gleicher Dauer.

| ab dem vollendeten 17. Altersjahr | Höchstens fünf Nächte pro Woche und höchstens 60 Nächte pro Jahr; wovon 15 Nächte mit Arbeitsende spätestens um 1 Uhr und 15 Nächte mit Arbeitsbeginn frühestens um 3 Uhr. |

Die Nachtarbeit darf höchstens sechs aufeinanderfolgende Wochen dauern. Auf Nachtarbeit folgt Tagesarbeit von mindestens gleicher Dauer.

Art. 6 Berufe in der Fleischfachbranche

¹ Die Bestimmungen gelten für folgende Berufe:

a. Fleischfachmann/Fleischfachfrau EFZ;
b. Fleischfachassistent/Fleischfachassistentin EBA.

² Lernende dürfen wie folgt in der Nacht arbeiten:

| ab dem vollendeten 16. Altersjahr | Höchstens zwei Nächte pro Woche bis 23 Uhr oder ab 4 Uhr. |

Art. 7 Berufe mit Tieren

¹ Die Bestimmungen gelten für folgende Berufe:

a. Pferdefachmann/Pferdefachfrau EFZ (Pferdepflege, Klassisches Reiten, Gangpferdereiten, Pferderennsport, Westernreiten);
b. Pferdewart/Pferdewartin EBA;
c. gelernter Tierpfleger/gelernte Tierpflegerin.

² Lernende dürfen wie folgt an Sonntagen und den Sonntagen gleichgestellten Feiertagen arbeiten:

| ab dem vollendeten 16. Altersjahr | Höchstens jeden zweiten Sonntag; höchstens die Hälfte der Feiertage pro Jahr. |

Art. 8 Berufe im Gesundheitswesen

¹ Die Bestimmungen gelten für folgende Berufe:

a. Fachangestellter Gesundheit/Fachangestellte Gesundheit;
b. Fachmann Betreuung/Fachfrau Betreuung EFZ;
c. Pflegeassistent/Pflegeassistentin;
d. gelernter medizinischer Praxisassistent/gelernte medizinische Praxisassistentin.

² Lernende dürfen wie folgt in der Nacht arbeiten:

ab dem vollendeten 17. Altersjahr	Höchstens zwei Nächte pro Woche; höchstens zehn Nächte pro Jahr.

³ Lernende dürfen wie folgt an Sonntagen und den Sonntagen gleichgestellten Feiertagen arbeiten:

ab dem vollendeten 17. Altersjahr	Höchstens ein Sonn- oder Feiertag pro Monat, jedoch höchstens zwei Feiertage pro Jahr, die nicht auf einen Sonntag fallen.

Art. 9   Gleisbauer/Gleisbauerin EFZ

¹ Die Bestimmungen gelten für folgenden Beruf:
   Gleisbauer/Gleisbauerin EFZ (Berufsfeld Verkehrswegbau).

² Lernende dürfen wie folgt in der Nacht arbeiten:

ab dem vollendeten 16. Altersjahr	Höchstens sechs Nächte pro Woche; höchstens 15 Nächte innert zwei Monaten; höchstens 40 Nächte pro Jahr.
	Auf eine Woche Nachtarbeit folgt mindestens eine Woche Tagesarbeit.
ab dem vollendeten 17. Altersjahr	Höchstens sechs Nächte pro Woche; höchstens 15 Nächte innert zwei Monaten; höchstens 60 Nächte pro Jahr.
	Auf eine Woche Nachtarbeit folgt mindestens eine Woche Tagesarbeit.

Art. 10   Aufhebung bisherigen Rechts

Die Verordnung des EVD vom 4. Dezember 2007[1] über die Ausnahmen vom Verbot von Nacht- und Sonntagsarbeit während der beruflichen Grundbildung wird aufgehoben.

Art. 11   Inkrafttreten

Diese Verordnung tritt am 15. Juni 2008 in Kraft.

---

1   [AS 2007 6833]

Anhang

Nr. 11 — Verzeichnis der den Sonntagen gleichgestellten kantonalen Feiertage

Stand Dezember 2008

Staatssekretariat für Wirtschaft SECO, Direktion für Arbeit

Feiertage Schweiz

Der 1. August ist in der ganzen Schweiz ein den Sonntagen gleichgestellter bezahlter Feiertag (eidg. Feiertag).

Kantonale Feiertage

Für die Gesetzgebung über öffentliche Feiertage sind ausschliesslich die Kantone zuständig. Der Bundesgesetzgeber ist verfassungsrechtlich nicht befugt, Bestimmungen über allgemeine Feiertage zu erlassen.

Im folgenden Verzeichnis sind die den Sonntagen gleichgestellten kantonalen Feiertage aufgeführt (Art. 20a Abs. 1 ArG).

Für die Beschäftigung von Arbeitnehmern an Feiertagen, die von den Kantonen den Sonntagen gleichgestellt worden sind (Art. 18 Abs. 2 ArG), benötigen die dem Arbeitsgesetz unterstehenden Betriebe eine Bewilligung für Sonntagsarbeit und eventuell auch eine Polizeierlaubnis gemäss dem kantonalen Ruhetagsgesetz.

Eine arbeitsgesetzliche Bewilligung für Sonntagsarbeit ist nicht erforderlich:

– für Betriebe, die in der Verordnung 2 zum Arbeitsgesetz vom Verbot der Sonntagsarbeit ausgenommen sind.

Die Lohnzahlung für die an Feiertagen ausfallende Arbeitszeit ist eine Frage zivilrechtlicher Natur und als solche der kantonalen Gesetzgebung entzogen (BV Art. 64; BGE 76 I 305 ff.). Der auf dem Gebiete des Zivilrechts zuständige Bundesgesetzgeber hat darauf verzichtet, eine gesetzliche Lohnzahlungspflicht für Feiertage vorzuschreiben. Die Lohnzahlung ist somit nötigenfalls durch vertragliche Abmachung zu regeln.

Nr. 11 Verzeichnis kt. Feiertage

Feiertag / Jour férié / Giorno festivo	■ AG	■ AI	■ AR	■ BE	BL	BS	■ FR	GE	GL	GR	JU	LU	■ NE	NW	OW	SG	SH	■ SO	SZ	TG	TI	UR	VD	VS	ZG	ZH
Neujahrstag / Nouvel an / Capodanno	•	•	•	•	•	•	•	•	•	•	•	•	•	•	•	•	•	•	•	•	•	•	•	•	•	•
Berchtoldstag	•			•									•							•			•			
Dreikönigstag / Epiphanie / Epifania																					•					
Instauration de la République													•													
Josephstag / Saint-Joseph / San Giuseppe																			•					•		
Fahrtsfest									•																	
Karfreitag / Vendredi Saint / Venerdì santo	•	•	•	•	•	•	•	•	•	•	•	•	•	•	•	•	•	•	•	•	•	•	•	•	•	•
Ostermontag / Lundi de Pâques / Lunedì di Pasqua	•	•	•	•	•	•	•	•	•	•	•	•	•	•	•	•	•	•	•	•	•	•	•	•	•	•
Tag der Arbeit / Fête du travail / Festa del lavoro					•	•					•						•	•			•					•
Auffahrt / Ascension / Ascensione	•	•	•	•	•	•	•	•	•	•	•	•	•	•	•	•	•	•	•	•	•	•	•	•	•	•
Pfingstmontag / Lundi de Pentecôte	•	•	•	•	•	•	•	•	•	•	•					•	•			•						•

■ siehe dazu Ausnahmen auf den folgenden Seiten

Nr. 11 Verzeichnis kt. Feiertage

Feiertag / Jour férié / Giorno festivo	■ AG	■ AI	■ AR	■ BE	BL	BS	■ FR	GE	GL	GR	JU	LU	■ NE	NW	OW	SG	SH	■ SO	SZ	TG	TI	UR	VD	VS	ZG	ZH
Fronleichnam / Fête-Dieu / Corpus Domini	●	●					●				●	●		●	●			●	●		●	●		●	●	
Bundesfeiertag / Fête nationale / Festa nazionale	●	●	●	●	●	●	●	●	●	●	●	●	●	●	●	●	●	●	●	●	●	●	●	●	●	●
Maria Himmelfahrt / Assomption / Assunzione	●	●					●					●		●	●			●	●		●	●		●	●	
Jeûne genevois / Genfer Bettag / Digiuno ginevrino								●																		
Lundi du Jeûne fédéral / Bettagsmontag																							●			
Bruderklausenfest / Fête de St-Nicolas de Flüe															●											
Allerheiligen / Toussaint / Ognissanti	●						●		●			●		●	●	●			●		●	●		●	●	
Maria Empfängnis / Immaculée Conception	●						●							●	●						●	●		●	●	
Weihnachtstag / Noël / Natale	●	●	●	●	●	●	●	●	●	●	●	●	●	●	●	●	●	●	●	●	●	●	●	●	●	●
Stephanstag / Saint-Etienne / Santo Stefano	●	●	●	●	●	●			●	●			●			●	●			●	●					●
Restauration de la République								●																		

■ siehe dazu Ausnahmen auf den folgenden Seiten

Kantonale und regionale Ausnahmen

Aargau

Für die Bezirke Aarau, Brugg, Kulm, Lenzburg und Zofingen sowie für die Gemeinde Bergdietikon im Bezirk Baden:

Neujahr	Auffahrt
Berchtoldstag	Pfingstmontag
Karfreitag	Weihnachtstag
Ostermontag	Stephanstag

Für die übrigen Gemeinden im Bezirk Baden:

Neujahr	Pfingstmontag
Karfreitag	Fronleichnam
Ostermontag	Weihnachtstag
Auffahrt	Stephanstag

Für den Bezirk Bremgarten:

Neujahr	Maria Himmelfahrt
Karfreitag	Allerheiligen
Auffahrt	Weihnachtstag
Fronleichnam	Stephanstag

Für die Bezirke Laufenburg und Muri:

Neujahr	Maria Himmelfahrt
Karfreitag	Allerheiligen
Auffahrt	Maria Empfängnis
Fronleichnam	Weihnachtstag

Für die Gemeinden Hellikon, Mumpf, Obermumpf, Schupfart, Stein und Wegenstetten im Bezirk Rheinfelden:

Neujahr	Maria Himmelfahrt
Karfreitag	Allerheiligen
Auffahrt	Maria Empfängnis
Fronleichnam	Weihnachtstag

Für die Gemeinden Kaiseraugst, Magden, Möhlin, Olsberg, Rheinfelden, Wallbach, Zeiningen und Zuzgen im Bezirk Rheinfelden:

Neujahr	Pfingstmontag
Karfreitag	Allerheiligen
Ostermontag	Weihnachtstag
Auffahrt	Stephanstag

Für den Bezirk Zurzach:

Neujahr	Fronleichnam
Berchtoldstag	Allerheiligen
Karfreitag	Weihnachtstag
Auffahrt	Stephanstag

Für den ganzen Kanton:

Fallen der Weihnachtstag und der Neujahrstag auf einen Montag oder Freitag, so gelten der Stephanstag und der Berchtoldstag als Werktage.

Appenzell IR

Neujahr	Pfingstmontag
Karfreitag	Fronleichnam
Auffahrt	Weihnachtstag
Ostermontag	Stephanstag

Der Stephanstag wird nur gefeiert, wenn dadurch nicht drei Ruhetage aufeinander folgen.

Appenzell AR

Neujahr	Pfingstmontag
Karfreitag	Weihnachtstag
Ostermontag	Stephanstag
Auffahrt	

Der Stephanstag wird nicht gefeiert, wenn der Weihnachtstag auf einen Montag oder Freitag fällt.

Bern

In Gemeinden mit vorwiegend reformierter Bevölkerung:

Neujahrstag	Auffahrt
Berchtoldstag	Pfingstmontag
Karfreitag	Weihnachtstag
Ostermontag	Stephanstag

In Gemeinden mit vorwiegend katholischer Bevölkerung:

Neujahrstag	Fronleichnamstag
Ostermontag	Maria Himmelfahrt
Auffahrt	Allerheiligen
Pfingstmontag	Weihnachtstag

Freiburg

Im katholischen Kantonsteil:

Neujahr	Maria Himmelfahrt
Karfreitag	Allerheiligen
Auffahrt	Maria Empfängnis
Fronleichnam	Weihnachtstag

Im reformierten Kantonsteil:

Neujahr	Christi Himmelfahrt
Karfreitag	Weihnachtstag

Fribourg

Dans la partie du canton qui professe le culte catholique:

Nouvel an	Assomption
Vendredi saint	Toussaint
Ascension	Immaculée Conception
Fête-Dieu	Noël

Dans la partie du canton qui professe le culte évangélique réformé:

Nouvel an	Ascension
Vendredi saint	Noël

Neuchâtel

Nouvel an
2 janvier
Fête du travail
Vendredi saint

Ascension
Noël
Saint-Etienne

Le 2 janvier (Berchtoldstag) et le Saint-Etienne seulement s'ils tombent un lundi.

Solothurn

Für den ganzen Kanton, ausgenommen den Bezirk Bucheggberg:

Neujahr
Karfreitag
Tag der Arbeit nachmittags
Auffahrt

Fronleichnam
Maria Himmelfahrt
Allerheiligen
Weihnachtstag

Für den Bezirk Bucheggberg:

Neujahr
Karfreitag
Tag der Arbeit nachmittags

Auffahrt
Weihnachtstag

Nr. 12 Auszug aus dem Bundesgesetz über die Unfallversicherung (UVG)

vom 20. März 1981 (Stand am 1. Januar 2008)

SR 832.20

Sechster Titel: Unfallverhütung

1. Kapitel: Verhütung von Berufsunfällen und Berufskrankheiten

1. Abschnitt: Geltungsbereich

Art. 81

[1] Die Vorschriften über die Verhütung von Berufsunfällen und Berufskrankheiten gelten für alle Betriebe, die in der Schweiz Arbeitnehmer beschäftigen.[1]

[2] Der Bundesrat kann die Anwendung dieser Vorschriften für bestimmte Betriebs- oder Arbeitnehmerkategorien einschränken oder ausschliessen.

2. Abschnitt: Pflichten der Arbeitgeber und Arbeitnehmer

Art. 82 Allgemeines

[1] Der Arbeitgeber ist verpflichtet, zur Verhütung von Berufsunfällen und Berufskrankheiten alle Massnahmen zu treffen, die nach der Erfahrung notwendig, nach dem Stand der Technik anwendbar und den gegebenen Verhältnissen angemessen sind.

[2] Der Arbeitgeber hat die Arbeitnehmer bei der Verhütung von Berufsunfällen und Berufskrankheiten zur Mitwirkung heranzuziehen.

[3] Die Arbeitnehmer sind verpflichtet, den Arbeitgeber in der Durchführung der Vorschriften über die Verhütung von Berufsunfällen und Berufskrankheiten zu unterstützen. Sie müssen insbesondere persönliche Schutzausrüstungen benützen, die Sicherheitseinrichtungen richtig gebrauchen und dürfen diese ohne Erlaubnis des Arbeitgebers weder entfernen noch ändern.

Art. 83 Ausführungsvorschriften

[1] Der Bundesrat erlässt nach Anhören der unmittelbar beteiligten Arbeitgeber- und Arbeitnehmerorganisationen Vorschriften über technische, medizinische und andere

---

1 Fassung gemäss Ziff. I des BG vom 18. Juni 1993, in Kraft seit 1. Jan. 1994 (AS 1993 3136 3137; BBl 1993 I 805).

Massnahmen zur Verhütung von Berufsunfällen und Berufskrankheiten in den Betrieben. Er bestimmt, wer die Kosten trägt.

² Der Bundesrat erlässt Vorschriften über die Mitwirkung von Arbeitsärzten und andern Spezialisten der Arbeitssicherheit in den Betrieben.

Art. 84 Befugnisse der Durchführungsorgane

¹ Die Durchführungsorgane können nach Anhören des Arbeitgebers und der unmittelbar betroffenen Versicherten bestimmte Massnahmen zur Verhütung von Berufsunfällen und Berufskrankheiten anordnen. Der Arbeitgeber hat den Durchführungsorganen den Zutritt zu allen Arbeitsräumen und Arbeitsplätzen des Betriebs zu gewähren und ihnen zu gestatten, Feststellungen zu machen und Proben zu entnehmen.

² Die Durchführungsorgane können Versicherte, die hinsichtlich Berufsunfällen oder Berufskrankheiten durch bestimmte Arbeiten besonders gefährdet sind, von diesen Arbeiten ausschliessen. Der Bundesrat ordnet die Entschädigung für Versicherte, die durch den Ausschluss von ihrer bisherigen Arbeit im Fortkommen erheblich beeinträchtigt sind und keinen Anspruch auf andere Versicherungsleistungen haben.

3. Abschnitt: Durchführung

Art. 85 Zuständigkeit und Koordination

¹ Die Durchführungsorgane des Arbeitsgesetzes vom 13. März 1964[1] und die SUVA vollziehen die Bestimmungen über die Verhütung von Berufsunfällen und Berufskrankheiten. Der Bundesrat regelt die Zuständigkeit und die Zusammenarbeit der Durchführungsorgane. Er berücksichtigt ihre sachlichen, fachlichen und personellen Möglichkeiten.

² Der Bundesrat bestellt eine Koordinationskommission von neun bis elf Mitgliedern und wählt einen Vertreter der SUVA zum Vorsitzenden. Die Kommission setzt sich je zur Hälfte aus Vertretern der Versicherer und der Durchführungsorgane des Arbeitsgesetzes zusammen.[2]

³ Die Koordinationskommission stimmt die einzelnen Durchführungsbereiche aufeinander ab, soweit der Bundesrat hierüber keine Bestimmungen erlassen hat; sie sorgt für eine einheitliche Anwendung der Vorschriften über die Verhütung von Berufsunfällen und Berufskrankheiten in den Betrieben. Sie kann dem Bundesrat Anregungen zum Erlass solcher Vorschriften unterbreiten und die SUVA ermächtigen, mit geeigneten Organisationen Verträge über besondere Durchführungsaufgaben auf

---

1 SR 822.11
2 Siehe auch Art. 5 der V vom 20. Sept. 1982 über die Inkraftsetzung und Einführung des BG über die Unfallversicherung [AS 1982 1724].

dem Gebiete der Verhütung von Berufsunfällen und Berufskrankheiten abzuschliessen.

⁴ Die Beschlüsse der Koordinationskommission sind für die Versicherer und die Durchführungsorgane des Arbeitsgesetzes verbindlich.

⁵ Der Bundesrat übt die Aufsicht (Art. 76 ATSG[1]) über die Tätigkeit der Koordinationskommission aus.[2]

Art. 86 Verwaltungszwang

¹ Die Kantone leisten Rechtshilfe bei der Vollstreckung rechtskräftiger Verfügungen und unaufschiebbarer Anordnungen der Durchführungsorgane.

² Werden Leben oder Gesundheit von Arbeitnehmern durch Missachtung von Sicherheitsvorschriften schwer gefährdet, so verhindert die zuständige kantonale Behörde die Benützung von Räumen oder Einrichtungen und schliesst in besonders schweren Fällen den Betrieb bis zur Behebung des sicherheitswidrigen Zustandes; sie kann die Beschlagnahme von Stoffen und Gegenständen verfügen.

4. Abschnitt: Prämienzuschlag

Art. 87

¹ Der Bundesrat setzt auf Antrag der Koordinationskommission einen Prämienzuschlag für die Verhütung von Berufsunfällen und Berufskrankheiten fest. Er kann nach Anhören der Koordinationskommission bestimmte Betriebskategorien von diesem Prämienzuschlag ganz oder teilweise befreien.

² Der Prämienzuschlag wird von den Versicherern erhoben und von der SUVA verwaltet, die darüber eine gesonderte Rechnung führt; diese bedarf der Genehmigung des Bundesrates.

³ Der Prämienzuschlag dient dazu, die Kosten zu decken, die den Durchführungsorganen aus der Tätigkeit zur Verhütung von Berufsunfällen und Berufskrankheiten entstehen. Der Bundesrat ordnet die Einzelheiten.

---

1 SR 830.1
2 Fassung gemäss Anhang Ziff. 12 des BG vom 6. Okt. 2000 über den Allgemeinen Teil des Sozialversicherungsrechts, in Kraft seit 1. Jan. 2003 (SR 830.1).

2. Kapitel: Verhütung von Nichtberufsunfällen

Art. 88 Förderung der Verhütung von Nichtberufsunfällen

[1] Die SUVA und die anderen Versicherer fördern die Verhütung von Nichtberufsunfällen. Sie betreiben gemeinsam eine Institution, die durch Aufklärung und allgemeine Sicherheitsvorkehren zur Verhütung von Nichtberufsunfällen beiträgt und gleichartige Bestrebungen koordiniert.

[2] Der Bundesrat setzt auf Antrag der Versicherer einen Prämienzuschlag für die Verhütung von Nichtberufsunfällen fest.

[3] Die Versicherer sind verpflichtet, mit dem Ertrag aus den Prämienzuschlägen die Verhütung von Nichtberufsunfällen allgemein zu fördern.

Nr. 13 — Verordnung über die Verhütung von Unfällen und Berufskrankheiten (Verordnung über die Unfallverhütung, VUV)

vom 19. Dezember 1983 (Stand am 1. Januar 2009)

SR 832.30

Der Schweizerische Bundesrat,

gestützt auf Artikel 81 des Bundesgesetzes vom 6. Oktober 2000[1] über den Allgemeinen Teil des Sozialversicherungsrechts (ATSG),
die Artikel 81–88 des Bundesgesetzes vom 20. März 1981[2] über die Unfallversicherung (Gesetz/UVG)
sowie auf Artikel 40 des Arbeitsgesetzes vom 13. März 1964[3] (ArG),[4]

verordnet:

Erster Titel: Vorschriften über die Verhütung von Berufsunfällen und Berufskrankheiten (Arbeitssicherheit)

1. Kapitel: Geltungsbereich

Art. 1 Grundsatz

[1] Die Vorschriften über die Arbeitssicherheit gelten für alle Betriebe, die in der Schweiz Arbeitnehmer beschäftigen.[5]

[2] Ein Betrieb im Sinne dieser Verordnung liegt vor, wenn ein Arbeitgeber dauernd oder vorübergehend einen oder mehrere Arbeitnehmer beschäftigt, unabhängig davon, ob feste Einrichtungen oder Anlagen vorhanden sind.

Art. 2 Ausnahmen

[1] Die Vorschriften über die Arbeitssicherheit gelten nicht für:

a. die Privathaushalte;
b. die Anlagen und Ausrüstungen der Armee.

AS 1983 1968
1   SR 830.1
2   SR 832.20
3   SR 822.11
4   Fassung gemäss Ziff. I der V vom 11. Sept. 2002, in Kraft seit 1. Jan. 2003 (AS 2002 3921).
5   Fassung gemäss Ziff. I der V vom 29. Nov. 1993, in Kraft seit 1. Jan. 1994 (AS 1993 3138).

² Die Vorschriften über die Verhütung von Berufsunfällen gelten nicht für:

a. ...[1]

b. die Luftfahrtbetriebe hinsichtlich der Sicherheit der Luftfahrzeuge und jener Tätigkeiten dieser Betriebe und Betriebsteile, die sich auf den Betrieb der Luftfahrzeuge auf der Bewegungsfläche der Flugplätze beziehen, einschliesslich Landung und Abflug;

c. Kernanlagen hinsichtlich der nuklearen Sicherheit, der Sicherung und des technischen Strahlenschutzes sowie – hinsichtlich des technischen Strahlenschutzes – Betriebe, für die nach der Verordnung vom 30. Juni 1976[2] über den Strahlenschutz das Bundesamt für Gesundheit (Bundesamt) als Kontrollinstanz vorgesehen ist;

d. Betriebe, die Anlagen im Sinne des Rohrleitungsgesetzes vom 4. Oktober 1963[3] erstellen oder benützen, hinsichtlich der Sicherheit der Rohrleitungsanlagen.

³ Hingegen gelten die Vorschriften über die Arbeitssicherheit für:

a. die militärischen Regiebetriebe und diejenigen technischen Einrichtungen und Geräte der Armee, die in Friedenszeiten von Arbeitnehmern der Regiebetriebe unterhalten werden;

b. ...[4]

c. die zu Luftfahrtbetrieben gehörenden Hallen, Werkstätten, technischen Anlagen, Einrichtungen und Geräte für Instandhaltung und Prüfung von Luft- und Motorfahrzeugen sowie Lager von Treibstoffen und Schmiermitteln, einschliesslich der Abfülleinrichtungen für Zisternenwagen und der anderen Einrichtungen für die Betankung von Luftfahrzeugen;

d. die Flugsicherungsanlagen innerhalb und ausserhalb der Flugplätze und die Bereitstellung, den Einsatz und die Instandhaltung der notwendigen Hilfsmittel, Einrichtungen und Geräte von Luftfahrtbetrieben.

---

1 Aufgehoben durch Ziff. II der V vom 6. Nov. 2002 (AS 2002 4228).

2 [AS 1976 1573, 1979 256, 1981 537, 1983 1964, 1984 876, 1987 652 Art. 21 Ziff. 4, 1988 1561, 1991 1459 Art. 22 Ziff. 2. AS 1994 1947 Art. 140 Abs. 1 Ziff. 1]. Siehe heute die Strahlenschutzverordnung vom 22. Juni 1994 (SR 814.501).

3 SR 746.1

4 Aufgehoben durch Ziff. II der V vom 6. Nov. 2002 (AS 2002 4228).

2. Kapitel: Pflichten der Arbeitgeber und der Arbeitnehmer im Allgemeinen

1. Abschnitt: Pflichten des Arbeitgebers

Art. 3 Schutzmassnahmen und Schutzeinrichtungen

[1] Der Arbeitgeber muss zur Wahrung der Arbeitssicherheit alle Anordnungen und Schutzmassnahmen treffen, die den Vorschriften dieser Verordnung und den für seinen Betrieb sonst geltenden Vorschriften über die Arbeitssicherheit sowie im Übrigen den anerkannten sicherheitstechnischen und arbeitsmedizinischen Regeln entsprechen.

[2] Der Arbeitgeber muss dafür sorgen, dass die Schutzmassnahmen und Schutzeinrichtungen in ihrer Wirksamkeit nicht beeinträchtigt werden.

[3] Werden Bauten, Gebäudeteile, Arbeitsmittel (Maschinen, Apparate, Werkzeuge oder Anlagen, die bei der Arbeit benutzt werden) oder Arbeitsverfahren geändert oder im Betrieb neue Stoffe verwendet, so muss der Arbeitgeber die Schutzmassnahmen und Schutzeinrichtungen den neuen Verhältnissen anpassen. Vorbehalten bleibt das Plangenehmigungs- und Betriebsbewilligungsverfahren nach den Artikeln 7 und 8 des ArG.[1]

Art. 4 Vorübergehende Einstellung der Arbeit

Ist die Sicherheit der Arbeitnehmer auf andere Weise nicht mehr gewährleistet, so muss der Arbeitgeber die Arbeit in den betreffenden Gebäuden oder Räumen oder an den betreffenden Arbeitsstätten oder Betriebseinrichtungen bis zur Behebung des Schadens oder des Mangels einstellen lassen, es sei denn, dass dadurch die Gefahr erhöht würde.

Art. 5[2] Persönliche Schutzausrüstungen

Können Unfall- und Gesundheitsgefahren durch technische oder organisatorische Massnahmen nicht oder nicht vollständig ausgeschlossen werden, so muss der Arbeitgeber den Arbeitnehmern zumutbare persönliche Schutzausrüstungen (PSA) wie Schutzhelme, Haarnetze, Schutzbrillen, Schutzschilde, Gehörschutzmittel, Atemschutzgeräte, Schutzschuhe, Schutzhandschuhe, Schutzkleidung, Schutzgeräte gegen Absturz und Ertrinken, Hautschutzmittel sowie nötigenfalls auch besondere Wäschestücke zur Verfügung stellen. Er muss dafür sorgen, dass diese jederzeit bestimmungsgemäss verwendet werden können.

---

1 Fassung gemäss Ziff. I der V vom 25. April 2001, in Kraft seit 1. Juni 2001 (AS 2001 1393).
2 Fassung gemäss Ziff. I der V vom 25. April 2001, in Kraft seit 1. Juni 2001 (AS 2001 1393).

Art. 6[1]   Information und Anleitung der Arbeitnehmer

[1] Der Arbeitgeber sorgt dafür, dass alle in seinem Betrieb beschäftigten Arbeitnehmer, einschliesslich der dort tätigen Arbeitnehmer eines anderen Betriebes, über die bei ihren Tätigkeiten auftretenden Gefahren informiert und über die Massnahmen zu deren Verhütung angeleitet werden. Diese Information und Anleitung haben im Zeitpunkt des Stellenantritts und bei jeder wesentlichen Änderung der Arbeitsbedingungen zu erfolgen und sind nötigenfalls zu wiederholen.

[2] Die Arbeitnehmer sind über die Aufgaben und die Funktion der in ihrem Betrieb tätigen Spezialisten der Arbeitssicherheit zu informieren.

[3] Der Arbeitgeber sorgt dafür, dass die Arbeitnehmer die Massnahmen der Arbeitssicherheit einhalten.

[4] Die Information und die Anleitung müssen während der Arbeitszeit erfolgen und dürfen nicht zu Lasten der Arbeitnehmer gehen.

Art. 6a[2]   Mitspracherechte

[1] Den Arbeitnehmern oder deren Vertretung im Betrieb steht in allen Fragen der Arbeitssicherheit ein Mitspracherecht zu.

[2] Das Mitspracherecht umfasst den Anspruch auf frühzeitige und umfassende Anhörung sowie das Recht, Vorschläge zu unterbreiten, bevor der Arbeitgeber einen Entscheid trifft. Der Arbeitgeber begründet seinen Entscheid, wenn er den Einwänden und Vorschlägen der Arbeitnehmer oder deren Vertretung im Betrieb nicht oder nur teilweise Rechnung trägt.

Art. 7   Übertragung von Aufgaben an Arbeitnehmer

[1] Hat der Arbeitgeber einen Arbeitnehmer mit bestimmten Aufgaben der Arbeitssicherheit betraut, so muss er ihn in zweckmässiger Weise aus- und weiterbilden und ihm klare Weisungen und Kompetenzen erteilen. Die für die Aus- oder Weiterbildung benötigte Zeit gilt in der Regel als Arbeitszeit.

[2] Die Übertragung solcher Aufgaben an einen Arbeitnehmer entbindet den Arbeitgeber nicht von seinen Verpflichtungen für die Arbeitssicherheit.

Art. 8   Vorkehren bei Arbeiten mit besonderen Gefahren

[1] Der Arbeitgeber darf Arbeiten mit besonderen Gefahren nur Arbeitnehmern übertragen, die dafür entsprechend ausgebildet sind. Wird eine gefährliche Arbeit von einem Arbeitnehmer allein ausgeführt, so muss ihn der Arbeitgeber überwachen lassen.

---

1   Fassung gemäss Ziff. I der V vom 6. Okt. 1997, in Kraft seit 1. Jan. 1998 (AS 1997 2374).
2   Eingefügt durch Ziff. I der V vom 6. Okt. 1997, in Kraft seit 1. Jan. 1998 (AS 1997 2374).

² Bei Arbeiten mit besonderen Gefahren müssen die Zahl der Arbeitnehmer sowie die Anzahl oder die Menge der gefahrbringenden Einrichtungen, Arbeitsmittel und Stoffe auf das Nötige beschränkt sein.[1]

Art. 9[2]   Zusammenwirken mehrerer Betriebe

¹ Sind an einem Arbeitsplatz Arbeitnehmer mehrerer Betriebe tätig, so haben deren Arbeitgeber die zur Wahrung der Arbeitssicherheit erforderlichen Absprachen zu treffen und die notwendigen Massnahmen anzuordnen. Sie haben sich gegenseitig und ihre jeweiligen Arbeitnehmer über die Gefahren und die Massnahmen zu deren Behebung zu informieren.

² Der Arbeitgeber muss einen Dritten auf die Anforderungen der Arbeitssicherheit in seinem Betrieb ausdrücklich aufmerksam machen, wenn er ihm den Auftrag erteilt, für seinen Betrieb:

a.[3] Arbeitsmittel sowie Gebäude und andere Konstruktionen zu planen, herzustellen, zu ändern oder in Stand zu halten;

b.   Arbeitsmittel[4] oder gesundheitsgefährdende Stoffe zu liefern;

c.   Arbeitsverfahren zu planen oder zu gestalten.

Art. 10   Temporärarbeit

Der Arbeitgeber, der in seinem Betrieb Arbeitskräfte beschäftigt, die er von einem anderen Arbeitgeber ausleiht, hat hinsichtlich der Arbeitssicherheit gegenüber diesen die gleichen Pflichten wie gegenüber den eigenen Arbeitnehmern.

2. Abschnitt: Pflichten des Arbeitnehmers

Art. 11

¹ Der Arbeitnehmer muss die Weisungen des Arbeitgebers in Bezug auf die Arbeitssicherheit befolgen und die allgemein anerkannten Sicherheitsregeln berücksichtigen. Er muss insbesondere die PSA benützen und darf die Wirksamkeit der Schutzeinrichtungen nicht beeinträchtigen.[5]

² Stellt ein Arbeitnehmer Mängel fest, welche die Arbeitssicherheit beeinträchtigen, so muss er sie sogleich beseitigen. Ist er dazu nicht befugt oder nicht in der Lage, so muss er den Mangel unverzüglich dem Arbeitgeber melden.

---

1   Fassung gemäss Ziff. I der V vom 25. April 2001, in Kraft seit 1. Juni 2001 (AS 2001 1393).
2   Fassung gemäss Ziff. I der V vom 6. Okt. 1997, in Kraft seit 1. Jan. 1998 (AS 1997 2374).
3   Fassung gemäss Ziff. I der V vom 25. April 2001, in Kraft seit 1. Juni 2001 (AS 2001 1393).
4   Ausdruck gemäss Ziff. I der V vom 11. April 2001, in Kraft seit 1. Juni 2001 (AS 2001 1393).
    Diese Änd. ist im gesamten Erlass berücksichtigt.
5   Fassung gemäss Ziff. I der V vom 25. April 2001, in Kraft seit 1. Juni 2001 (AS 2001 1393).

³ Der Arbeitnehmer darf sich nicht in einen Zustand versetzen, in dem er sich selbst oder andere Arbeitnehmer gefährdet. Dies gilt insbesondere für den Genuss von Alkohol oder anderen berauschenden Mitteln.

2a. Kapitel:[1] Beizug von Arbeitsärzten und anderen Spezialisten der Arbeitssicherheit

Art. 11a Beizugspflicht des Arbeitgebers

¹ Der Arbeitgeber muss nach Absatz 2 Arbeitsärzte und andere Spezialisten der Arbeitssicherheit (Spezialisten der Arbeitssicherheit) beiziehen, wenn es zum Schutz der Gesundheit der Arbeitnehmer und für ihre Sicherheit erforderlich ist.

² Die Beizugspflicht richtet sich namentlich nach:

a. dem Berufsunfall- und Berufskrankheitsrisiko, das sich aus vorhandenen statistischen Grundlagen sowie aus den Risikoanalysen ergibt;

b. der Anzahl der beschäftigen Personen; und

c. dem für die Gewährleistung der Arbeitssicherheit im Betrieb erforderlichen Fachwissen.

³ Der Beizug von Spezialisten der Arbeitssicherheit entbindet den Arbeitgeber nicht von seiner Verantwortung für die Arbeitssicherheit.

Art. 11b[2] Richtlinien über die Beizugspflicht

¹ Die Koordinationskommission nach Artikel 85 Absatz 2 des Gesetzes (Koordinationskommission) erlässt Richtlinien zu Artikel 11a Absätze 1 und 2.[3]

² Werden vom Arbeitgeber die Richtlinien befolgt, so wird vermutet, dass er seiner Verpflichtung zum Beizug von Spezialisten der Arbeitssicherheit nachgekommen ist.

³ Der Arbeitgeber kann auf andere Weise der Verpflichtung zum Beizug von Spezialisten der Arbeitssicherheit nachkommen, als dies die Richtlinien vorsehen, wenn er nachweist, dass der Schutz der Gesundheit der Arbeitnehmer und ihre Sicherheit gewährleistet ist.

Art. 11c Verfügung über die Beizugspflicht

¹ Kommt ein Arbeitgeber seiner Beizugspflicht nicht nach, kann das zuständige Durchführungsorgan nach den Artikeln 47–51 über die Beizugspflicht eine Verfügung nach Artikel 64 erlassen.

---

1 Eingefügt durch Ziff. I der V vom 1. Juni 1993 (AS 1993 1895).
2 Siehe die SchlB Änd. vom 1. Juni 1993 am Ende der vorliegenden V.
3 Fassung gemäss Anhang 5 der V vom 25. Nov. 1996 über die Eignung der Spezialistinnen und Spezialisten der Arbeitssicherheit in Kraft seit 1. Jan. 1997 (SR 822.116).

² Ist für die Verhütung von Berufsunfällen nicht dasselbe Durchführungsorgan zuständig wie für die Verhütung von Berufskrankheiten, so setzen sich die beiden Durchführungsorgane über den Erlass der Verfügung ins Einvernehmen.

Art. 11d[1]   Eignung der Spezialisten der Arbeitssicherheit

¹ Als Spezialisten der Arbeitssicherheit gelten Arbeitsärzte, Arbeitshygieniker, Sicherheitsingenieure und Sicherheitsfachleute, welche die Anforderungen der Verordnung vom 25. November 1996[2] über die Eignung der Spezialistinnen und Spezialisten der Arbeitssicherheit erfüllen.

² Der Nachweis einer ausreichenden Ausbildung gilt als erbracht, wenn der Arbeitgeber oder die betroffene Person Ausweise vorlegen kann über eine Grundausbildung und eine Weiterbildung, welche der in Absatz 1 erwähnten Verordnung entsprechen.

³ Können keine solchen Ausweise vorgelegt werden, muss der Arbeitgeber oder die betroffene Person nachweisen, dass die erworbene Ausbildung gleichwertig ist. In- und ausländische Grundausbildungen und Weiterbildungen gelten als gleichwertig, wenn ihr Niveau mindestens die Anforderungen der in Absatz 1 erwähnten Verordnung erfüllt.

⁴ Die Durchführungsorgane überprüfen die Eignung der Spezialisten der Arbeitssicherheit.

Art. 11dbis[3]   Verfügung über die Eignung der Spezialisten der Arbeitssicherheit

¹ Vor Erlass einer Verfügung müssen die Durchführungsorgane das Bundesamt[4] und das Staatssekretariat für Wirtschaft (SECO)[5] anhören.

² Die Verfügungen sind neben dem Arbeitgeber auch der betroffenen Person zu eröffnen und dem Bundesamt mitzuteilen. Die betroffene Person kann die gleichen Rechtsmittel ergreifen wie der Arbeitgeber.

Art. 11e   Aufgaben der Spezialisten der Arbeitssicherheit

¹ Die Spezialisten der Arbeitssicherheit haben namentlich folgende Funktion:

a.[6] Sie beurteilen in Zusammenarbeit mit dem Arbeitgeber nach Anhörung der Arbeitnehmer oder ihrer Vertretung im Betrieb sowie der zuständigen Vorgesetzten die Gefahren für die Sicherheit und Gesundheit der Arbeitnehmer;

---

1   Fassung gemäss Anhang 5 der V vom 25. Nov. 1996 über die Eignung der Spezialistinnen und Spezialisten der Arbeitssicherheit in Kraft seit 1. Jan. 1997 (SR 822.116).
2   SR 822.116
3   Eingefügt durch Anhang 5 der V vom 25. Nov. 1996 über die Eignung der Spezialistinnen und Spezialisten der Arbeitssicherheit, in Kraft seit 1. Jan. 1997 (SR 822.116).
4   Die Bezeichnung der Verwaltungseinheit wurde in Anwendung von Art. 16 Abs. 3 der Publikationsverordnung vom 17. Nov. 2004 (SR 170.512.1) angepasst. Diese Änd. ist im ganzen Erlass berücksichtigt.
5   Ausdruck gemäss Art. 22 Abs. 1 Ziff. 15 der V vom 17. Nov. 1999, in Kraft seit 1. Juli 1999 (AS 2000 187). Diese Änd. ist im ganzen Erlass berücksichtigt.
6   Fassung gemäss Ziff. I der V vom 6. Okt. 1997, in Kraft seit 1. Jan. 1998 (AS 1997 2374).

b. sie beraten und orientieren den Arbeitgeber in Fragen der Arbeitssicherheit, insbesondere in Bezug auf:
1. die Massnahmen zur Behebung von Mängeln und zur Verminderung von Risiken,
2.[1] die Beschaffung von neuen Einrichtungen und Arbeitsmitteln sowie die Einführung von neuen Arbeitsverfahren, Betriebsmitteln, Werkstoffen und chemischen Substanzen,
3.[2] die Auswahl von Schutzeinrichtungen und von PSA,
4.[3] die Instruktion der Arbeitnehmer über die Betriebsgefahren, denen sie ausgesetzt sind, und über die Benützung von Schutzeinrichtungen und PSA sowie andere zu treffende Massnahmen,
5. die Organisation der Ersten Hilfe, der medizinischen Notversorgung, der Bergung und der Brandbekämpfung;
c.[4] sie stehen den Arbeitnehmern oder ihrer Vertretung im Betrieb für Fragen der Sicherheit und Gesundheit am Arbeitsplatz zur Verfügung und beraten sie.

² Die Arbeitsärzte nehmen die ärztlichen Untersuchungen vor, die zur Erfüllung ihrer Aufgaben erforderlich sind. Zudem können sie im Auftrag der Schweizerischen Unfallversicherungsanstalt (SUVA) die arbeitsmedizinischen Vorsorgeuntersuchungen nach den Artikeln 71–77 übernehmen.

³ Der Arbeitgeber stimmt die Aufgabenbereiche der verschiedenen Spezialisten der Arbeitssicherheit in seinem Betrieb aufeinander ab und hält ihre Aufgaben und Kompetenzen nach Gewährung der Mitspracherechte im Sinne von Artikel 6a schriftlich fest.[5]

Art. 11f Stellung der Spezialisten der Arbeitssicherheit im Betrieb

¹ Der Arbeitgeber muss die Voraussetzungen dafür schaffen, dass die Spezialisten der Arbeitssicherheit ihre Aufgaben erfüllen können. Die Spezialisten der Arbeitssicherheit müssen den Arbeitgeber über ihre Tätigkeiten orientieren und ihn über Kontakte zu den Durchführungsorganen auf dem Laufenden halten.

² Den Spezialisten der Arbeitssicherheit muss die zur Erfüllung ihrer Aufgaben nötige Unabhängigkeit eingeräumt werden. Aus der Erfüllung ihrer Aufgaben dürfen ihnen keine Nachteile erwachsen.

---

1 Fassung gemäss Ziff. I der V vom 25. April 2001, in Kraft seit 1. Juni 2001 (AS 2001 1393).
2 Fassung gemäss Ziff. I der V vom 25. April 2001, in Kraft seit 1. Juni 2001 (AS 2001 1393).
3 Fassung gemäss Ziff. I der V vom 25. April 2001, in Kraft seit 1. Juni 2001 (AS 2001 1393).
4 Fassung gemäss Ziff. I der V vom 6. Okt. 1997, in Kraft seit 1. Jan. 1998 (AS 1997 2374).
5 Fassung gemäss Ziff. I der V vom 6. Okt. 1997, in Kraft seit 1. Jan. 1998 (AS 1997 2374).

³ Die Spezialisten der Arbeitssicherheit müssen direkten Zugang zu den Arbeitnehmern und den Arbeitsplätzen haben und in die für die Ausübung ihrer Tätigkeit erforderlichen Unterlagen des Arbeitgebers Einsicht nehmen können. Vor Entscheiden, welche die Arbeitssicherheit betreffen, namentlich vor Planungsentscheiden, muss der Arbeitgeber die Spezialisten beiziehen.

Art. 11g Stellung der Spezialisten der Arbeitssicherheit gegenüber den Durchführungsorganen

¹ Die Spezialisten der Arbeitssicherheit müssen dem zuständigen Durchführungsorgan auf Verlangen über ihre Tätigkeit Auskunft erteilen und ihre Unterlagen zur Einsicht vorlegen. Der Arbeitgeber ist darüber zu informieren.

² Die Spezialisten der Arbeitssicherheit können sich vom zuständigen Durchführungsorgan beraten und unterstützen lassen.

³ Wenn eine unmittelbare und schwere Gefahr für das Leben und die Gesundheit der Arbeitnehmer besteht und der Arbeitgeber sich weigert, die notwendigen Massnahmen zu ergreifen, müssen die Spezialisten der Arbeitssicherheit das zuständige Durchführungsorgan unverzüglich benachrichtigen.

3. Kapitel: Sicherheitsanforderungen
1. Abschnitt: Gebäude und andere Konstruktionen

Art. 12 Belastbarkeit

Gebäude und andere Konstruktionen müssen so gestaltet sein, dass sie bei ihrer bestimmungsgemässen Benutzung den auftretenden Belastungen und Beanspruchungen standhalten. Die Tragfähigkeit ist wenn nötig gut sichtbar anzuschreiben.

Art. 13 Gestaltung und Reinigung

¹ Gebäude und andere Konstruktionen müssen so gestaltet sein, dass sich gesundheitsgefährdende sowie brand- oder explosionsgefährliche Stoffe nicht in Mengen festsetzen oder ablagern können, die das Leben oder die Gesundheit der Arbeitnehmer gefährden.

² Lässt sich dies nicht vermeiden, müssen sie so gestaltet sein, dass sie leicht gereinigt werden können. Sie sind in regelmässigen Zeitabständen zu reinigen.

Art. 14 Fussböden

¹ Fussböden sollen nach Möglichkeit rutschhemmend sein und keine Stolperstellen aufweisen.

² Stolperstellen, die nicht vermieden werden können, müssen auffallend markiert sein.

Art. 15 Glaswände und -türen

Wände, Türen und Abschrankungen, die aus Glas oder ähnlichem Material bestehen, müssen so gesichert sein, dass Arbeitnehmer beim Bruch des Materials nicht verletzt werden oder abstürzen können. Grossflächige Füllungen aus durchsichtigem Material sind so zu gestalten oder zu kennzeichnen, dass sie jederzeit deutlich erkennbar sind.

Art. 16 Treppen

[1] Die lichte Breite von Treppen sowie die Höhe und Auftrittsbreite ihrer Stufen sind so zu bemessen, dass ein sicheres Begehen gewährleistet ist. Umwandete Treppen sind mindestens mit einem Handlauf zu versehen.

[2] Treppen, die an mehrgeschossigen Gebäuden im Freien angebracht werden, müssen gefahrlos begangen werden können.

Art. 17 Dächer

[1] Dächer, die aus betrieblichen Gründen oft betreten werden müssen, sind so zu gestalten, dass sie von den Arbeitnehmern sicher begangen werden können.

[2] Bevor andere Dächer betreten werden, sind Massnahmen zu treffen, die den Absturz von Arbeitnehmern verhindern.

Art. 18 Ortsfeste Leitern

Ortsfeste Leitern sind so zu gestalten und anzuordnen, dass sie sicher begangen werden können. Bei grosser Sturzhöhe müssen sie mit einem Rückenschutz und wenn nötig mit Zwischenpodesten oder mit einem Steigschutz gesichert werden.

Art. 19 Verkehrswege

[1] Verkehrswege, wie Werkstrassen, Rampenauffahrten, Gleise, Gänge, Ein- und Ausgänge sowie Treppen, müssen im Innern von Gebäuden sowie auf dem Betriebsgelände nach Zahl, Lage, Abmessungen und Beschaffenheit so gestaltet und wenn nötig bezeichnet sein, dass sie gefahrlos benützt werden können.

[2] Gebäude- und Anlageteile, die nicht ebenerdig liegen, müssen über Treppen oder Rampenauffahrten zugänglich sein. Für wenig begangene Gebäude- oder Anlageteile oder bei geringen Höhenunterschieden sind ortsfeste Leitern zulässig.

[3] Können für bestimmte Arbeitsplätze die Vorschriften über die Verkehrswege nicht vollumfänglich eingehalten werden, so sind gleichwertige Sicherheitsvorkehren zu treffen.[1]

---

1 Fassung gemäss Art. 55 der Bauarbeitenverordnung vom 29. März 2000, in Kraft seit 1. Juli 2000 [AS 2000 1403].

Art. 20[1] Fluchtwege

¹ Arbeitsplätze, Räume, Gebäude und Betriebsgelände müssen bei Gefahr jederzeit rasch und sicher verlassen werden können. Verkehrswege, die bei Gefahr als Fluchtwege dienen, sind zweckmässig zu kennzeichnen und stets frei zu halten.

² Als Fluchtweg gilt der kürzeste Weg, der Personen zur Verfügung steht, um von einer beliebigen Stelle in Bauten und Anlagen ins Freie an einen sicheren Ort zu gelangen.

³ Türen in Fluchtwegen müssen jederzeit als solche erkannt, in Fluchtrichtung ohne Hilfsmittel rasch geöffnet und sicher benützt werden können.

⁴ Zahl, Breite, Gestaltung und Anordnung der Ausgänge, Treppenanlagen und Korridore müssen sich nach der Ausdehnung und dem Nutzungszweck der Gebäude oder Gebäudeteile, der Zahl der Geschosse, der Gefahr des Betriebes und der Zahl der Personen richten.

Art. 21 Abschrankungen und Geländer

¹ Tiefliegende Fenster, Wand- und Bodenöffnungen, nicht umwandete Treppen und Podeste, Galerien, Brücken, Laufstege, Plattformen, hochliegende Arbeitsplätze, offene Kanäle, Behälter und dergleichen sind gegen den Absturz von Personen, Gegenständen, Fahrzeugen und Material durch Abschrankungen oder Geländer zu sichern.

² Auf Abschrankungen oder Geländer kann verzichtet oder ihre Höhe verringert werden, wenn dies für die Durchführung von Transporten oder für Produktionsvorgänge unerlässlich ist und eine gleichwertige Ersatzlösung getroffen wird.

Art. 22 Laderampen und Rampenauffahrten

¹ Laderampen müssen mindestens einen sicheren Abgang haben.

² Laderampen und Rampenauffahrten müssen so ausgeführt sein, dass Arbeitnehmer Fahrzeugen ausweichen können.

Art. 23 Gleise

¹ Gleise, Weichen und Drehscheiben sind so anzulegen, dass ein sicherer Betrieb gewährleistet ist.

² Gleise im Innern von Gebäuden oder im allgemeinen Verkehrsbereich, ausgenommen auf Baustellen, sind bodeneben zu verlegen. Sie sind so anzulegen, dass Arbeitnehmer Fahrzeugen ausweichen können.

---

1 Fassung gemäss Ziff. I der V vom 29. Sept. 2006, in Kraft seit 1. Nov. 2006 (AS 2006 4185).

2. Abschnitt: Arbeitsmittel[1]

Art. 24[2] Grundsatz

[1] In den Betrieben nach dieser Verordnung dürfen nur Arbeitsmittel eingesetzt werden, die bei ihrer bestimmungsgemässen Verwendung und bei Beachtung der gebotenen Sorgfalt die Sicherheit und die Gesundheit der Arbeitnehmer nicht gefährden.

[2] Die Anforderung nach Absatz 1 gilt insbesondere als erfüllt, wenn der Arbeitgeber Arbeitsmittel einsetzt, welche die Bestimmungen der entsprechenden Erlasse für das Inverkehrbringen einhalten.

[3] Arbeitsmittel, für die keine solchen Erlasse bestehen, müssen mindestens die Anforderungen nach den Artikeln 25–32 und 34 Absatz 2 erfüllen. Dasselbe gilt für Arbeitsmittel, die vor dem 31. Dezember 1996 erstmals eingesetzt worden sind (Art. 18 Abs. 1 der Verordnung vom 12. Juni 1995[3] über die Sicherheit von technischen Einrichtungen und Geräten).

Art. 25 Belastbarkeit

Arbeitsmittel müssen so gestaltet sein, dass sie bei ihrer bestimmungsgemässen Verwendung den auftretenden Belastungen und Beanspruchungen standhalten. Die Belastbarkeit ist wenn nötig gut sichtbar anzuschreiben.

Art. 26 Gestaltung und Reinigung

[1] Arbeitsmittel müssen so gestaltet sein, dass sich gesundheitsgefährdende sowie brand- oder explosionsgefährliche Stoffe nicht in Mengen festsetzen oder ablagern können, die das Leben oder die Gesundheit der Arbeitnehmer gefährden.

[2] Lässt sich dies nicht vermeiden, müssen sie so gestaltet sein, dass sie leicht gereinigt werden können. Sie sind in regelmässigen Zeitabständen zu reinigen.

Art. 27[4] Zugänglichkeit

Arbeitsmittel müssen für den Normalbetrieb, den Sonderbetrieb (Art. 43) und die Instandhaltung gefahrlos zugänglich sein, oder es müssen die notwendigen Schutzmassnahmen getroffen werden. Dabei sind die Anforderungen an den Gesundheitsschutz nach der Verordnung 3 vom 18. August 1993[5] zum Arbeitsgesetz (ArGV 3), namentlich bezüglich Ergonomie, zu erfüllen.

---

[1] Fassung gemäss Ziff. I der V vom 25. April 2001, in Kraft seit 1. Juni 2001 (AS 2001 1393).
[2] Fassung gemäss Ziff. I der V vom 25. April 2001, in Kraft seit 1. Juni 2001 (AS 2001 1393).
[3] SR 819.11
[4] Fassung gemäss Ziff. I der V vom 25. April 2001, in Kraft seit 1. Juni 2001 (AS 2001 1393).
[5] SR 822.113

Art. 28[1] Schutzeinrichtungen und Schutzmassnahmen

[1] Arbeitsmittel, die beim Verwenden eine Gefährdung der Arbeitnehmer durch bewegte Teile darstellen, sind mit entsprechenden Schutzeinrichtungen auszurüsten, die verhindern, dass in den Gefahrenbereich bewegter Teile getreten oder gegriffen werden kann.

[2] Ist es bei der vorgesehenen Arbeitsweise notwendig, mit den Händen in den Bereich bewegter Bearbeitungswerkzeuge zu greifen, so sind die Arbeitsmittel mit geeigneten Schutzeinrichtungen auszurüsten und Schutzmassnahmen zu treffen, damit man nicht ungewollt in den Gefahrenbereich gelangt.

[3] Arbeitsmittel, die beim unabsichtlichen Berühren von heissen oder sehr kalten Teilen oder durch herausgeschleuderte oder herunterfallende Gegenstände oder austretende Stoffe oder Gase eine Gefährdung der Arbeitnehmer darstellen, sind mit Schutzeinrichtungen auszurüsten oder es sind geeignete Schutzmassnahmen zu treffen.

[4] Arbeitsmittel, die mit einer Schutzeinrichtung ausgerüstet sind, dürfen nur dann verwendet werden, wenn sich die Schutzeinrichtung in Schutzstellung befindet oder im Sonderbetrieb der Schutz auf andere Weise gewährleistet wird.

Art. 29 Zündquellen

[1] Arbeitsmittel in brand- oder explosionsgefährdeten Bereichen müssen so gestaltet sein und so verwendet werden, dass sie keine Zündquellen darstellen und dass sich keine Stoffe entzünden oder zersetzen können.[2]

[2] Gegen elektrostatische Aufladungen sind die notwendigen Sicherheitsmassnahmen zu treffen.

Art. 30[3] Steuer- und Schalteinrichtungen

[1] Arbeitsmittel und wenn nötig auch ihre Funktionseinheiten müssen mit Einrichtungen ausgerüstet sein, mit denen sie von jeder Energiequelle abgetrennt oder abgeschaltet werden können. Dabei müssen allenfalls noch vorhandene gefährliche Energien abgebaut werden können. Die Einrichtungen müssen sich gegen Wiedereinschalten sichern lassen, wenn sich daraus eine Gefährdung für Arbeitnehmer ergibt.

[2] Schalteinrichtungen für den Betrieb von Arbeitsmitteln, die Einfluss auf die Sicherheit haben, müssen ihre Funktion zuverlässig erfüllen, deutlich sichtbar angebracht, eindeutig identifizierbar und entsprechend gekennzeichnet sein.

[3] Die Einschaltvorgänge bei Arbeitsmitteln dürfen nur durch absichtliches Betätigen der für das Einschalten vorgesehenen Betätigungssysteme ausgelöst werden können.

---

1   Fassung gemäss Ziff. I der V vom 25. April 2001, in Kraft seit 1. Juni 2001 (AS 2001 1393).
2   Fassung gemäss Ziff. I der V vom 25. April 2001, in Kraft seit 1. Juni 2001 (AS 2001 1393).
3   Fassung gemäss Ziff. I der V vom 25. April 2001, in Kraft seit 1. Juni 2001 (AS 2001 1393).

⁴ Jedes Arbeitsmittel muss mit den erforderlichen Einrichtungen zum Auslösen der notwendigen Abschaltvorgänge ausgerüstet sein.

Art. 31 Behälter und Leitungen

¹ Behälter, Gefässe, Silos und Rohrleitungen müssen über die notwendigen Absperr- und Schutzvorrichtungen verfügen. Diese müssen übersichtlich angeordnet sein. Bei Füllungs-, Entleerungs-, Reinigungs- oder Instandhaltungsarbeiten müssen die notwendigen Schutzmassnahmen getroffen werden.[1]

² Behälter, Gefässe und Rohrleitungen sind klar und dauerhaft zu kennzeichnen, wenn deren Inhalt, Temperatur oder Druck sowie Verwechslungsmöglichkeiten für die Arbeitnehmer eine Gefahr bilden. An Rohrleitungen ist die Strömungsrichtung anzuzeigen, wenn sie nicht eindeutig erkennbar ist.

³ Leitungskanäle müssen so gestaltet sein, dass eine übersichtliche Anordnung der Leitungen gewährleistet ist. Begehbare Leitungskanäle müssen ausserdem so gestaltet sein, dass sie gefahrlos begangen werden können.

Art. 32 Feuerungsanlagen für technische Zwecke

¹ Feuerungsanlagen für technische Zwecke sind so einzurichten und zu betreiben, dass insbesondere Brände, Explosionen, Flammenrückschläge und Vergiftungen vermieden werden. Im Aufstellungsraum ist für ausreichende Luftzufuhr zu sorgen.

² Werden Brennstoffe verwendet, die Explosionen verursachen können, so sind ausserhalb des Arbeits- und Verkehrsbereiches Einrichtungen zum Druckausgleich, insbesondere Explosionsklappen, anzubringen. Ihre Wirksamkeit darf nicht beeinträchtigt werden. Können aus technischen Gründen solche Einrichtungen nicht angebracht werden, so müssen andere Sicherheitsmassnahmen getroffen werden.

Art. 32a[2] Verwendung von Arbeitsmitteln

¹ Arbeitsmittel müssen bestimmungsgemäss verwendet werden. Insbesondere dürfen sie nur für Arbeiten und an Orten eingesetzt werden, wofür sie geeignet sind. Vorgaben des Herstellers über die Verwendung des Arbeitsmittels sind zu berücksichtigen.

² Arbeitsmittel müssen so aufgestellt und in die Arbeitsumgebung integriert werden, dass die Sicherheit und die Gesundheit der Arbeitnehmer gewährleistet sind. Dabei sind die Anforderungen an den Gesundheitsschutz nach ArGV 3[3], namentlich bezüglich Ergonomie, zu erfüllen.

---

1 Fassung gemäss Ziff. I der V vom 25. April 2001, in Kraft seit 1. Juni 2001 (AS 2001 1393).
2 Eingefügt durch Ziff. I der V vom 25. April 2001, in Kraft seit 1. Juni 2001 (AS 2001 1393).
3 SR 822.113

³ Arbeitsmittel, die an verschiedenen Orten zum Einsatz gelangen, sind nach jeder Montage daraufhin zu überprüfen, ob sie korrekt montiert sind, einwandfrei funktionieren und bestimmungsgemäss verwendet werden können. Die Überprüfung ist zu dokumentieren.

⁴ Werden Arbeitsmittel wesentlich geändert oder für andere als vom Hersteller vorgesehene Zwecke oder in nicht bestimmungsgemässer Art verwendet, so müssen die neu auftretenden Risiken so reduziert werden, dass die Sicherheit und die Gesundheit der Arbeitnehmer gewährleistet sind.

Art. 32b[1] Instandhaltung von Arbeitsmitteln

¹ Arbeitsmittel sind gemäss den Angaben des Herstellers fachgerecht in Stand zu halten. Dabei ist dem jeweiligen Einsatzzweck und Einsatzort Rechnung zu tragen. Die Instandhaltung ist zu dokumentieren.

² Arbeitsmittel, die schädigenden Einflüssen wie Hitze, Kälte und korrosiven Gasen und Stoffen ausgesetzt sind, müssen nach einem zum Voraus festgelegten Plan regelmässig überprüft werden. Eine Überprüfung ist auch vorzunehmen, wenn aussergewöhnliche Ereignisse stattgefunden haben, welche die Sicherheit des Arbeitsmittels beeinträchtigen könnten. Die Überprüfung ist zu dokumentieren.

3. Abschnitt: Arbeitsumgebung

Art. 33 Lüftung

Die Zusammensetzung der Luft am Arbeitsplatz darf die Gesundheit der Arbeitnehmer nicht gefährden. Andernfalls ist für natürliche oder künstliche Lüftung am Arbeitsplatz zu sorgen; nötigenfalls müssen weitere technische Massnahmen ergriffen werden.

Art. 34 Lärm und Vibrationen

¹ Gebäude und Gebäudeteile müssen so gestaltet sein, dass die Gesundheit oder die Sicherheit nicht durch Lärm oder Vibrationen beeinträchtigt wird.

² Arbeitsmittel müssen so gestaltet sein, dass die Gesundheit oder die Sicherheit nicht durch Lärm oder Vibrationen beeinträchtigt wird.[2]

³ Arbeitsabläufe und Produktionsverfahren müssen so gestaltet und durchgeführt werden, dass die Gesundheit oder die Sicherheit nicht durch Lärm oder Vibrationen beeinträchtigt wird.

---

1 Eingefügt durch Ziff. I der V vom 25. April 2001, in Kraft seit 1. Juni 2001 (AS 2001 1393).
2 Fassung gemäss Ziff. I der V vom 25. April 2001, in Kraft seit 1. Juni 2001 (AS 2001 1393).

Art. 35 Beleuchtung

¹ Die Arbeitsplätze, Räumlichkeiten und Verkehrswege innerhalb und ausserhalb der Gebäude müssen so beleuchtet sein, dass Sicherheit und Gesundheit der Arbeitnehmer gewährleistet sind.

² Erfordert es die Sicherheit, so muss eine netzunabhängige Notbeleuchtung vorhanden sein.

Art. 36 Explosions- und Brandgefahr

¹ In Betrieben oder Betriebsteilen mit Explosions- oder Brandgefahr müssen die erforderlichen Massnahmen getroffen werden, damit die Arbeitnehmer vor diesen Gefahren geschützt sind.

² In Bereichen mit besonderer Brand- oder Explosionsgefahr ist der Umgang mit Zündquellen verboten. An allen Zugängen müssen gut sichtbare Anschläge auf die Gefahr hinweisen und das Rauchen verbieten. Kann der Umgang mit Zündquellen vorübergehend nicht vermieden werden, so müssen alle Massnahmen getroffen werden, um Explosionen oder Brände zu verhüten.

³ Durch geeignete Massnahmen ist dafür zu sorgen, dass Zündquellen nicht in Bereiche mit besonderer Brand- oder Explosionsgefahr geraten und sich dort auswirken können.

Art. 37 Instandhaltung und Abfallbeseitigung

¹ Arbeitsplätze, Verkehrswege und Nebenräumlichkeiten sind in einem sauberen Zustand zu halten, dass Leben und Gesundheit der Arbeitnehmer nicht gefährdet werden.

² Bei Instandhaltungs- und Reinigungsarbeiten sind alle erforderlichen Schutzmassnahmen zu treffen. Die für Instandhaltung und Reinigung erforderlichen Einrichtungen, Apparate, Geräte und Mittel müssen zur Verfügung stehen.[1]

³ Abfälle sind auf angemessene Weise zu entfernen und so zu lagern oder zu beseitigen, dass für die Arbeitnehmer keine Gefahren entstehen.

⁴ Kanalisationen und ähnliche Anlagen dürfen nur begangen werden, wenn die nötigen Schutzmassnahmen getroffen sind.

---

1 Fassung gemäss Ziff. I der V vom 25. April 2001, in Kraft seit 1. Juni 2001 (AS 2001 1393).

4. Abschnitt: Arbeitsorganisation

Art. 38 Arbeitskleidung, PSA[1]

[1] Bei jeder Arbeit sind die hiefür geeigneten Arbeitskleider zu tragen. Arbeitskleider, die so beschmutzt oder beschädigt sind, dass sie für ihren Träger oder für andere Arbeitnehmer eine Gefahr darstellen, müssen gereinigt und wieder instandgestellt werden.

[2] Arbeitskleider und PSA, an denen gesundheitsgefährdende Stoffe haften, sind getrennt von den übrigen Kleidern und PSA aufzubewahren.[2]

[3] Arbeitskleider und PSA, an denen besonders gesundheitsgefährdende Stoffe wie Asbest haften, dürfen nicht zu einer Kontamination ausserhalb des Arbeitsbereiches führen. Sie sind sachgerecht zu reinigen oder direkt sachgerecht zu entsorgen.[3]

Art. 39 Zutrittsverbot

Das Betreten einer Arbeitsstätte muss für Unbefugte verboten oder besonderen Bedingungen unterstellt werden, wenn dadurch eine Gefahr für die dort beschäftigten oder hinzutretenden Arbeitnehmer entsteht. Bei dauernder Gefahr sind die Zutrittsregeln bei den Zutrittsstellen anzuschlagen.

Art. 40 Brandbekämpfung

[1] Alarmanlagen und Feuerlöscheinrichtungen müssen leicht zugänglich, gut sichtbar als solche gekennzeichnet und betriebsbereit sein.

[2] Die Arbeitnehmer sind in angemessenen Zeitabständen, in der Regel während der Arbeitszeit, über das Verhalten bei Bränden anzuleiten.

Art. 41 Transport und Lagerung

[1] Gegenstände und Materialien müssen so transportiert und gelagert werden, dass sie nicht in gefahrbringender Weise umstürzen, herabstürzen oder abrutschen können.

[2] Zum Heben, Tragen und Bewegen schwerer oder unhandlicher Lasten sind geeignete Arbeitsmittel zur Verfügung zu stellen und zu benützen.

[3] Beim Stapeln und Lagern von Stück- und Schüttgut sind die jeweils erforderlichen Massnahmen zur Gewährleistung der Sicherheit der Arbeitnehmer zu treffen.

---

1   Fassung gemäss Ziff. I der V vom 25. April 2001, in Kraft seit 1. Juni 2001 (AS 2001 1393).
2   Fassung gemäss Ziff. I der V vom 25. April 2001, in Kraft seit 1. Juni 2001 (AS 2001 1393).
3   Eingefügt durch Ziff. I der V über die Verhütung von Unfällen und Berufskrankheiten, Änderung vom 2. Juli 2008, in Kraft seit 1. Januar 2009 (AS 2008 3683).

Art. 42 Personentransport

Arbeitsmittel, die ausschliesslich für den Warentransport bestimmt sind, dürfen nicht zum Transport von Arbeitnehmern benützt werden. Sie sind wenn nötig entsprechend zu kennzeichnen.

Art. 43[1] Arbeiten an Arbeitsmitteln

Für Arbeiten im Sonderbetrieb wie rüsten/umrüsten, einrichten/einstellen, teachen, Fehler suchen/beheben und reinigen sowie bei der Instandhaltung müssen Arbeitsmittel vorher in einen nicht gefährdenden Zustand versetzt worden sein.

Art. 44 Gesundheitsgefährdende Stoffe[2]

[1] Werden gesundheitsgefährdende Stoffe hergestellt, verarbeitet, verwendet, konserviert, gehandhabt oder gelagert oder können Arbeitnehmer sonst Stoffen in gesundheitsgefährdenden Konzentrationen ausgesetzt sein, so müssen die Schutzmassnahmen getroffen werden, die aufgrund der Eigenschaften dieser Stoffe notwendig sind.[3]

[2] Wenn es die Sicherheit erfordert, müssen die Arbeitnehmer sich waschen oder andere Reinigungsmassnahmen treffen, namentlich vor Arbeitspausen und nach Beendigung der Arbeit. In solchen Fällen gilt die für Reinigungsmassnahmen verwendete Zeit als Arbeitszeit.

[3] Konsumgüter, wie Nahrungsmittel, Getränke und Raucherwaren, dürfen mit gesundheitsgefährdenden Stoffen nicht in Kontakt kommen.

Art. 45[4] Schutz gegen gesundheitsgefährdende Strahlen

Für den Umgang mit radioaktiven Stoffen oder Arbeitsmitteln, die ionisierende Strahlen aussenden, sowie beim Auftreten von gesundheitsgefährdenden nichtionisierenden Strahlen sind die erforderlichen Schutzmassnahmen zu treffen.

Art. 46 Brandgefährliche Flüssigkeiten

Bei der Herstellung, Verarbeitung, Handhabung und Lagerung von brandgefährlichen Flüssigkeiten ist dafür zu sorgen, dass diese Flüssigkeiten oder ihre Dämpfe sich nicht in gefahrbringender Weise ansammeln oder ausbreiten.

---

1 Fassung gemäss Ziff. I der V vom 25. April 2001, in Kraft seit 1. Juni 2001 (AS 2001 1393).
2 Fassung gemäss Ziff. I der V über die Verhütung von Unfällen und Berufskrankheiten, Änderung vom 2. Juli 2008, in Kraft seit 1. Januar 2009 (AS 2008 3683).
3 Fassung gemäss Ziff. I der V über die Verhütung von Unfällen und Berufskrankheiten, Änderung vom 2. Juli 2008, in Kraft seit 1. Januar 2009 (AS 2008 3683).
4 Fassung gemäss Ziff. I der V vom 25. April 2001, in Kraft seit 1. Juni 2001 (AS 2001 1393).

Zweiter Titel: Organisation
1. Kapitel: Arbeitssicherheit
1. Abschnitt: Durchführungsorgane

Art. 47 Kantonale Durchführungsorgane des ArG

Die kantonalen Durchführungsorgane des ArG beaufsichtigen die Anwendung der Vorschriften über die Arbeitssicherheit in den Betrieben sowie für Arbeitsmittel, sofern dafür nicht ein anderes Durchführungsorgan zuständig ist. Die Zuständigkeit zur Plangenehmigung und Betriebsbewilligung ergibt sich aus den Artikeln 7 und 8 des ArG.

Art. 48 Eidgenössische Durchführungsorgane des ArG

[1] Die eidgenössischen Durchführungsorgane des ArG wirken in Betrieben, die sie im Rahmen der Oberaufsicht über den Vollzug des ArG besuchen, bei der Aufsicht über die Anwendung der Vorschriften über die Verhütung von Berufsunfällen im Zuständigkeitsbereich der SUVA[1] nach Artikel 49 mit. Die Koordinationskommission entscheidet auf gemeinsamen Antrag der SUVA und des SECO über die Einzelheiten dieser Mitwirkung, insbesondere über die Zuständigkeit zum Erlass von Verfügungen.[2]

[2] Die eidgenössischen Durchführungsorgane des ArG sorgen für die einheitliche Anwendung der Vorschriften über die Arbeitssicherheit durch die kantonalen Organe sowie für die Koordination dieser Tätigkeit mit dem Vollzug der Vorschriften des ArG über die Gesundheitsvorsorge und Plangenehmigung. Hält sich ein kantonales Organ nicht an die Vorschriften, so wird es vom SECO auf die Rechtslage aufmerksam gemacht und zu deren Beachtung angehalten. Dieses kann dem kantonalen Organ nötigenfalls Weisungen erteilen. Bei anhaltender oder wiederholter Nichtbeachtung von Vorschriften ist die Koordinationskommission in Kenntnis zu setzen.[3]

[3] Die eidgenössischen Durchführungsorgane des ArG beaufsichtigen die Anwendung der Vorschriften über die Verhütung von Berufsunfällen in den Verwaltungen, Betrieben und Anstalten des Bundes, soweit dafür die SUVA nicht zuständig ist.

---

1 Bezeichnung gemäss Ziff. I der V vom 1. Juni 1993 (AS 1993 1895).
2 Fassung des Satzes gemäss Anhang 5 der V vom 25. Nov. 1996 über die Eignung der Spezialistinnen und Spezialisten der Arbeitssicherheit, in Kraft seit 1. Jan. 1997 (SR 822.116).
3 Fassung gemäss Ziff. II 2 der V vom 24. April 2002, in Kraft seit 1. Juni 2002 (AS 2002 1347).

Art. 49 Schweizerische Unfallversicherungsanstalt
a. Verhütung von Berufsunfällen

¹ Die SUVA beaufsichtigt die Anwendung der Vorschriften über die Verhütung von Berufsunfällen in folgenden Betrieben:

1. Betriebe, die Explosivstoffe herstellen oder verarbeiten;
2. Betriebe, die Lösungsmittel in grossen Mengen verwenden;
3. Betriebe, die Tankrevisionen ausführen;
4. Betriebe der chemischen Industrie;
5. Betriebe, die Kunststoffprodukte herstellen;
6. Betriebe der Maschinen-, Metall- und Uhrenindustrie, ohne Autogaragen, mechanische Werkstätten und Betriebe der Fein- und Kleinmechanik;
7. Betriebe, die Papier herstellen;
8. Gerbereien, Lederwaren- und Schuhfabriken;
9. Druckereien;
10. forstwirtschaftliche Betriebe;
11. Betriebe des Baugewerbes und Arbeiten anderer Betriebe auf deren Baustellen;
12. Betriebe, die Gestein und andere Materialien über oder unter Tag gewinnen, be- oder verarbeiten;
13. Ziegeleien und Betriebe der keramischen Industrie;
14. Betriebe, die Glas herstellen;
15. Betriebe, die Gips, Kalk, Kunststein oder Zement herstellen;
16. Betriebe, die gefährliche Abfälle, Sonderabfälle und Industrieabfälle verwerten, unschädlich machen oder beseitigen;
17. Militärische Regiebetriebe;
18.[1] Transportunternehmungen, welche dem Arbeitszeitgesetz vom 8. Oktober 1971[2] unterstehen;
19. Hilfs- und Nebenbetriebe der Luftfahrtbetriebe (Art. 2 Abs. 3 Bst. c);
20. Betriebe, die asbesthaltige Produkte herstellen;
21. Kernanlagen und andere Betriebe, in denen radioaktive Stoffe gehandhabt oder ionisierende Strahlen erzeugt werden; vorbehalten bleibt Artikel 2 Absatz 2 Buchstabe c;
22. Betriebe der Textilindustrie;
23. Betriebe, die Elektrizität oder Gas erzeugen oder verteilen;
24. Betriebe, die Wasser aufbereiten oder verteilen;

---

1 Fassung gemäss Ziff. II der V vom 6. Nov. 2002, in Kraft seit 1. Jan. 2003 (AS 2002 4228).
2 SR 822.21

25. Betriebe der Holzindustrie.

[2] Die SUVA beaufsichtigt ferner die Anwendung der Vorschriften über die Verhütung von Berufsunfällen für folgende Arbeitsmittel:[1]

1. automatische oder zentral gesteuerte Produktionseinrichtungen wie Fertigungsgruppen, Verpackungs- und Abfüllstrassen;
2. kombinierte Transportsysteme, die namentlich aus Band- und Kettenförderern, Becherwerken, Hänge- und Rollenbahnen, Dreh-, Verschiebe- und Kippvorrichtungen, Spezialwarenaufzügen, Hebebühnen oder Stapelkranen bestehen;
3. Laufkrane, Portalkrane, Drehkrane und Autokrane;
4. Aussen- und Innenbefahreinrichtungen mit freihängenden Arbeitskörben oder -sitzen zur Ausführung von Reinigungs-, Verputz- oder anderen Arbeiten;
5. Hubarbeitsbühnen mit heb- und schwenkbaren Arbeitsplattformen oder Arbeitssitzen zur Ausführung von Arbeiten;
6. Hochregallager mit Regalförderzeugen zur Lagerung von Einheitsladungen (Gebinde, palettiertes Gut) in Gestellen;
7. mechanische Einrichtungen zum Parkieren von Strassenfahrzeugen;
8. Werkseilbahnen;
9. technische Anlagen der Armee, die in Friedenszeiten von Arbeitnehmern der Regiebetriebe instandgehalten oder betrieben werden;
10. Flugsicherungsanlagen (Art. 2 Abs. 3 Bst. d);
11.[2] Druckgeräte.

[3] Die SUVA beaufsichtigt in allen Betrieben die Anwendung der Vorschriften über die Verhütung von besonderen in der Person des Arbeitnehmers liegenden Berufsunfallgefahren.

[4] Die SUVA orientiert das zuständige kantonale Durchführungsorgan des ArG über ihre Interventionen im Rahmen von Absatz 2.

Art. 50   b. Berufskrankheiten

[1] Die SUVA beaufsichtigt die Anwendung der Vorschriften über die Verhütung von Berufskrankheiten in allen Betrieben.

[2] Das Eidgenössische Departement des Innern (Departement) kann nach Anhören der SUVA und der interessierten Organisationen eine Meldepflicht für besonders gesundheitsgefährdende Arbeiten einführen.

---

1   Fassung gemäss Ziff. I der V vom 25. April 2001, in Kraft seit 1. Juni 2001 (AS 2001 1393).
2   Eingefügt durch Art. 17 Abs. 2 der Druckgeräteverwendungsverordnung vom 15. Juni 2007 (SR 832.312.12).

³ Die SUVA kann Richtlinien über maximale Arbeitsplatz-Konzentrationen gesundheitsgefährdender Stoffe sowie über Grenzwerte für physikalische Einwirkungen erlassen.

Art. 51 Fachorganisationen

Der Zuständigkeitsbereich einer geeigneten Organisation nach Artikel 85 Absatz 3 zweiter Satz des Gesetzes (Fachorganisation) sowie deren Befugnis, Verfügungen zu erlassen, werden im Vertrag umschrieben, der zwischen der SUVA und der Fachorganisation abgeschlossen wird.

2. Abschnitt: Koordinationskommission

Art. 52 Koordination der Durchführungsbereiche

Um die Zuständigkeitsbereiche der Durchführungsorgane aufeinander abzustimmen, kann die Koordinationskommission insbesondere:

a. die Aufgaben der Durchführungsorgane näher abgrenzen;
b. im Einvernehmen mit der SUVA die Mitwirkung der kantonalen Durchführungsorgane des ArG im Zuständigkeitsbereich der SUVA ordnen;
c. die eidgenössischen Durchführungsorgane des ArG oder die SUVA mit Aufgaben betrauen, die ein kantonales Durchführungsorgan mangels personeller, fachlicher oder sachlicher Mittel nicht erfüllen kann, dies bis das kantonale Organ über die erforderlichen Mittel verfügt.

Art. 52a[1] Richtlinien der Koordinationskommission

¹ Die Koordinationskommission kann zur Gewährleistung einer einheitlichen und sachgerechten Anwendung der Vorschriften über die Arbeitssicherheit Richtlinien aufstellen. Sie berücksichtigt dabei das entsprechende internationale Recht.

² Befolgt der Arbeitgeber solche Richtlinien, so wird vermutet, dass er diejenigen Vorschriften über die Arbeitssicherheit erfüllt, welche durch die Richtlinien konkretisiert werden.

³ Der Arbeitgeber kann die Vorschriften über die Arbeitssicherheit auf andere Weise erfüllen, als dies die Richtlinien vorsehen, wenn er nachweist, dass die Sicherheit der Arbeitnehmer gleichermassen gewährleistet ist.

---

1   Eingefügt durch Ziff. I der V vom 5. Mai 1999 (AS 1999 1752).

Art. 53[1] Zuständigkeiten der Koordinationskommission

Die Koordinationskommission kann insbesondere:

a. das Verfahren bestimmen, das die Durchführungsorgane bei den Kontrollen, den Anordnungen und der Vollstreckung beachten müssen;
b. auf die Verhinderung bestimmter Berufsunfälle und Berufskrankheiten ausgerichtete gesamtschweizerische oder regionale Programme zur Förderung der Arbeitssicherheit in bestimmten Betriebs- oder Berufsgruppen (Sicherheitsprogramme) aufstellen;
c. die Information und Instruktion der Arbeitgeber und Arbeitnehmer im Betrieb sowie die Information der Durchführungsorgane und die Aus- und Weiterbildung ihrer Mitarbeiter fördern;
d.[2] die Durchführungsorgane des ArG beauftragen, bestimmte in den Zuständigkeitsbereich der SUVA fallende Betriebe, Einrichtungen, Arbeitsmittel und Bauarbeiten sowie bestimmte gesundheitsgefährdende Arbeiten zu melden;
e. die Koordination der Anwendung dieser Verordnung mit derjenigen anderer Gesetzgebungen fördern;
f. die Weiter- und Fortbildung der Spezialisten der Arbeitssicherheit im Rahmen der Vorschriften des Bundesrates mit anderen Institutionen organisieren und koordinieren.

Art. 54 Vergütungsordnung

Die Koordinationskommission stellt die Vergütungsordnung der Durchführungsorgane auf und unterbreitet sie dem Departement zur Genehmigung.

Art. 55 Organisation

[1] Die Koordinationskommission gibt sich ein Geschäftsreglement, das sie dem Departement zur Genehmigung unterbreitet. Sie kann nach Bedarf Fachkommissionen zur Vorbereitung besonderer Fragen einsetzen sowie Experten und Vertreter interessierter Organisationen beiziehen.

[2] Die SUVA führt das Sekretariat der Koordinationskommission.

Art. 56 Beschaffung von Grundlagen

Die Durchführungsorgane und die Versicherer müssen der Koordinationskommission alle Angaben machen, die sie für die Beschaffung der Grundlagen zur Erfüllung ihrer Aufgaben benötigt, namentlich zur Führung von Statistiken und zur Bemessung des Prämienzuschlages für die Verhütung von Berufsunfällen und Berufskrankheiten

---

1 Fassung gemäss Ziff. I der V vom 5. Mai 1999 (AS 1999 1752).
2 Fassung gemäss Ziff. I der V vom 25. April 2001, in Kraft seit 1. Juni 2001 (AS 2001 1393).

(Art. 87 UVG). Die Versicherer müssen der Koordinationskommission die für den Versicherungsbetrieb erhobenen statistischen Unterlagen kostenlos zur Verfügung stellen.

Art. 57 Anhören der interessierten Organisationen

Vor wichtigen Beschlüssen muss die Koordinationskommission die interessierten Organisationen anhören. Als wichtige Beschlüsse gelten insbesondere:

a.[1] der Erlass von Richtlinien;
b. das Aufstellen von Sicherheitsprogrammen;
c. die Anregung an den Bundesrat, Vorschriften über die Arbeitssicherheit zu erlassen;
d. der Vorschlag zur Festsetzung des Prämienzuschlages für die Verhütung von Berufsunfällen und Berufskrankheiten;
e. der Auftrag an die SUVA zum Abschluss eines Vertrages mit einer Fachorganisation (Art. 85 Abs. 3 Satz 2 UVG).

Art. 58 Berichterstattung

[1] Die Durchführungsorgane erstatten der Koordinationskommission jährlich Bericht über ihre Tätigkeit auf dem Gebiete der Arbeitssicherheit.

[2] Die Koordinationskommission legt dem Bundesrat jährlich bis spätestens Ende Juli einen Bericht über ihre Tätigkeit im Vorjahr zur Genehmigung vor. Der genehmigte Bericht wird der Öffentlichkeit zugänglich gemacht.

2. Kapitel: Verhütung von Nichtberufsunfällen

Art. 59

[1] Die SUVA und die anderen Versicherer betreiben eine privatrechtlich organisierte Beratungsstelle für Unfallverhütung (BfU) mit gesamtschweizerischem Tätigkeitsbereich.

[2] Die BfU fördert die Verhütung von Nichtberufsunfällen, namentlich von Unfällen im Strassenverkehr, beim Sport und im Haushalt, insbesondere durch:

a. Aufklärung der Öffentlichkeit über die Unfallgefahren;
b. Beratung anderer sich mit der Verhütung von Nichtberufsunfällen befassenden Organisationen.

[3] Sie arbeitet mit öffentlichen Gemeinwesen und Organisationen ähnlicher Zielsetzung zusammen und koordiniert gleichartige Bestrebungen.

---

1   Fassung gemäss Ziff. I der V vom 5. Mai 1999 (AS 1999 1752).

⁴ Die BfU unterbreitet dem Bundesrat jährlich bis spätestens Ende Juli einen Bericht über ihre zu Lasten des Prämienzuschlages für die Verhütung von Nichtberufsunfällen (Art. 88 Abs. 2 UVG) fallende Tätigkeit im Vorjahr. Der Bericht wird der Öffentlichkeit zugänglich gemacht.

Dritter Titel: Vollzug der Vorschriften über die Arbeitssicherheit

1. Kapitel: Kontrolle, Anordnungen und Vollstreckung

1. Abschnitt: Kontrolle

Art. 60 Beratung

¹ Die Durchführungsorgane informieren die Arbeitgeber und die Arbeitnehmer oder deren Vertretung im Betrieb in zweckmässiger Weise über ihre Pflichten und Möglichkeiten zur Wahrung der Arbeitssicherheit.[1]

² Der Arbeitgeber ist berechtigt, hinsichtlich der von ihm zu treffenden Sicherheitsmassnahmen den Rat des zuständigen Durchführungsorgans einzuholen.

Art. 61 Betriebsbesuche und Befragungen

¹ Betriebsbesuche können mit oder ohne vorherige Anmeldung vorgenommen werden. Zu diesem Zweck hat der Arbeitgeber den zuständigen Durchführungsorganen den Zutritt zu allen Arbeitsräumen und Arbeitsplätzen des Betriebes sowie die Vornahme von Feststellungen und die Entnahme von Proben während und, in dringenden Fällen, auch ausserhalb der Arbeitszeit zu gestatten.

¹ᵇⁱˢ Die Arbeitnehmer oder ihre Vertretung im Betrieb sind auf ihren Wunsch in geeigneter Form zu Betriebsbesuchen und Abklärungen der Durchführungsorgane beizuziehen.[2]

² Die Durchführungsorgane können den Arbeitgeber und, auch ohne Anwesenheit von Drittpersonen, die im Betrieb beschäftigten Arbeitnehmer über die Anwendung der Vorschriften über die Arbeitssicherheit befragen.

³ Die Arbeitgeber und die Arbeitnehmer müssen den Durchführungsorganen alle für die Aufsicht über die Anwendung der Vorschriften über die Arbeitssicherheit erforderlichen Auskünfte erteilen. Sind besondere Abklärungen erforderlich, so kann das Durchführungsorgan vom Arbeitgeber verlangen, dass er ein fachtechnisches Gutachten beibringt.

---

1 Fassung gemäss Ziff. I der V vom 6. Okt. 1997, in Kraft seit 1. Jan. 1998 (AS 1997 2374).
2 Eingefügt durch Ziff. I der V vom 6. Okt. 1997, in Kraft seit 1. Jan. 1998 (AS 1997 2374).

⁴ Die bei einem Betriebsbesuch gemachten Feststellungen und das Ergebnis einer Befragung sind vom zuständigen Durchführungsorgan schriftlich festzuhalten.

Art. 62   Ermahnung des Arbeitgebers

¹ Stellt sich aufgrund eines Betriebsbesuches heraus, dass Vorschriften über die Arbeitssicherheit verletzt sind, so macht das zuständige Durchführungsorgan den Arbeitgeber darauf aufmerksam und setzt ihm eine angemessene Frist zur Einhaltung der Vorschrift. Diese Ermahnung ist dem Arbeitgeber schriftlich zu bestätigen.

² In dringenden Fällen verzichtet das Durchführungsorgan auf die Ermahnung und erlässt eine Verfügung nach Artikel 64. Sind vorsorgliche Massnahmen zu treffen, so ist die für die Rechtshilfe zuständige kantonale Behörde (Art. 86 UVG) zu benachrichtigen.

Art. 63   Anzeigen

Das zuständige Durchführungsorgan ist verpflichtet, Anzeigen wegen Nichtbefolgung von Vorschriften über die Arbeitssicherheit zu prüfen und, falls sie begründet sind, nach den Artikeln 62 sowie 64–69 zu verfahren.

2. Abschnitt: Anordnungen

Art. 64[1]   Verfügung

¹ Wird einer Ermahnung keine Folge geleistet, so ordnet das zuständige Durchführungsorgan, nach Anhörung des Arbeitgebers und der unmittelbar betroffenen Arbeitnehmer, die erforderlichen Massnahmen durch Verfügung an und setzt dem Arbeitgeber eine angemessene Frist zum Vollzug der Massnahmen.

² Der Arbeitgeber hat die Arbeitnehmer oder ihre Vertretung im Betrieb über die Anordnungen der Durchführungsorgane zu informieren.

Art. 65   Vollzugsmeldung des Arbeitgebers

¹ Der Arbeitgeber hat den Vollzug der angeordneten Massnahmen dem verfügenden Durchführungsorgan spätestens mit Ablauf der dafür angesetzten Frist zu melden.

² Kann er die Frist nicht einhalten, so hat er vor Ablauf derselben ein begründetes Verlängerungsgesuch zu stellen und die betroffenen Arbeitnehmer darüber zu informieren.

---

[1]   Fassung gemäss Ziff. I der V vom 6. Okt. 1997, in Kraft seit 1. Jan. 1998 (AS 1997 2374).

3. Abschnitt: Vollstreckung

Art. 66 Prämienerhöhung

[1] Leistet ein Arbeitgeber einer vollstreckbaren Verfügung keine Folge oder handelt er auf andere Weise Vorschriften über die Arbeitssicherheit zuwider, so kann sein Betrieb in eine höhere Stufe des Prämientarifs versetzt werden (Prämienerhöhung). In dringenden Fällen werden die erforderlichen Zwangsmassnahmen (Art. 67) getroffen.

[2] Die Prämienerhöhung wird nach Artikel 113 Absatz 2 der Verordnung vom 20. Dezember 1982[1] über die Unfallversicherung festgesetzt und, unter Angabe von Beginn und Dauer, vom zuständigen Durchführungsorgan angeordnet. Sie muss vom Versicherer unverzüglich verfügt werden. Der Versicherer übermittelt dem Durchführungsorgan eine Kopie seiner Verfügung.

[3] Findet während der Dauer der Prämienerhöhung ein Wechsel des Versicherers statt, so hat der neue Versicherer die Mehrprämie zu erheben. Er muss sich vor der Festsetzung der Prämie über das Bestehen einer allfälligen Prämienerhöhung vergewissern.

Art. 67 Zwangsmassnahmen

[1] Leistet ein Arbeitgeber einer vollstreckbaren Verfügung keine Folge, so kann das zuständige Durchführungsorgan, wenn nötig unter Beizug der kantonalen Behörde (Art. 68), allenfalls neben einer Prämienerhöhung die zur Herbeiführung des rechtmässigen Zustandes erforderlichen Massnahmen nach Artikel 41 des Bundesgesetzes vom 20. Dezember 1968[2] über das Verwaltungsverfahren ergreifen.

[2] Werden Leben oder Gesundheit von Arbeitnehmern unmittelbar schwer gefährdet, so ersucht das zuständige Durchführungsorgan die kantonale Behörde (Art. 68), die in Artikel 86 Absatz 2 des Gesetzes vorgesehenen vorsorglichen Massnahmen zu treffen. Die kantonale Behörde benachrichtigt das zuständige Durchführungsorgan über die getroffenen Massnahmen.

Art. 68 Kantonale Behörde

Die Kantone bezeichnen die für den Verwaltungszwang nach Artikel 86 des Gesetzes zuständige Behörde und melden sie der Koordinationskommission.

---

1 SR 832.202
2 SR 172.021

2. Kapitel: Ausnahmebewilligungen

Art. 69

¹ Die Durchführungsorgane können ausnahmsweise, auf schriftlichen Antrag des Arbeitgebers, im Einzelfall Abweichungen von den Vorschriften über die Arbeitssicherheit bewilligen, wenn:

a. der Arbeitgeber eine andere, ebenso wirksame Massnahme trifft, oder
b. die Durchführung der Vorschrift zu einer unverhältnismässigen Härte führen würde und die Abweichung mit dem Schutz der Arbeitnehmer vereinbar ist.

² Bevor der Arbeitgeber den Antrag stellt, muss er den betroffenen Arbeitnehmern oder deren Vertretung im Betrieb die Mitspracherechte im Sinne von Artikel 6a gewähren. Er muss das Ergebnis dieser Mitsprache im Antrag festhalten.[1]

³ Der Entscheid über den Antrag wird dem Arbeitgeber durch Verfügung eröffnet. Der Arbeitgeber hat eine erteilte Ausnahmebewilligung den betroffenen Arbeitnehmern in geeigneter Weise bekannt zu geben.

⁴ Ist ein kantonales Durchführungsorgan des ArG zur Bewilligung zuständig, so holt es vorher den Bericht des eidgenössischen Durchführungsorgans und durch dessen Vermittlung den Mitbericht der SUVA ein.

3. Kapitel:[2] Datenbank der Koordinationskommission

Art. 69a

¹ Die Arbeitssicherheits-Vollzugsdatenbank der Koordinationskommission wird von der SUVA betrieben.

² Die folgenden Stellen können zur Beaufsichtigung der Anwendung sowie zum Vollzug der Vorschriften über die Arbeitssicherheit und die Sicherheit technischer Einrichtungen und Geräte mittels Abrufverfahren auf diese Datenbank zugreifen:

a. die SUVA;
b. die eidgenössischen und kantonalen Durchführungsorgane des ArG;
c. die Fachorganisationen, wenn sie der Vertrag mit der SUVA nach Artikel 51 zum Zugriff berechtigt.

---

1 Fassung gemäss Ziff. I der V vom 6. Okt. 1997, in Kraft seit 1. Jan. 1998 (AS 1997 2374).
2 Eingefügt durch Ziff. I der V vom 22. Nov. 2000, in Kraft seit 1. Jan. 2001 (AS 2000 2917).

Vierter Titel: Arbeitsmedizinische Vorsorge
1. Kapitel: Unterstellung

Art. 70

¹ Zur Verhütung von Berufskrankheiten, die bestimmten Betriebskategorien oder Arbeitsarten eigen sind, sowie zur Verhütung gewisser in der Person des Arbeitnehmers liegenden Unfallgefahren kann die SUVA einen Betrieb, einen Betriebsteil oder einen Arbeitnehmer durch Verfügung den Vorschriften über die arbeitsmedizinische Vorsorge unterstellen.

² Bei der Unterstellung muss die SUVA die Art der auszuführenden Arbeiten, die allgemeine Erfahrung und die Erkenntnisse der Wissenschaft berücksichtigen. Sind die Betriebsverhältnisse nicht genügend abgeklärt oder ist das Ausmass der Gefährdung nicht voraussehbar, so kann eine Unterstellung vorläufig für die Dauer von höchstens vier Jahren verfügt werden.

³ Das Departement kann nach Anhören der Koordinationskommission und der interessierten Organisationen Vorschriften über die Verhütung von Berufskrankheiten in bestimmten Betriebskategorien oder bei bestimmten Arbeitsarten sowie von besonderen in der Person des Arbeitnehmers liegenden Unfallgefahren erlassen.

2. Kapitel: Vorsorgeuntersuchungen

Art. 71   Im Allgemeinen

¹ Der Arbeitgeber muss dafür sorgen, dass die den Vorschriften über die arbeitsmedizinische Vorsorge unterstehenden Arbeitnehmer durch arbeitsmedizinische Vorsorgeuntersuchungen überwacht werden. Eine arbeitsmedizinische Vorsorgeuntersuchung ist der SUVA zudem bei jedem Verdacht einer vermehrten Gefährdung eines Arbeitnehmers zu beantragen.

² Die SUVA bestimmt die Art der Untersuchungen und überwacht ihre Durchführung.

³ Der Arbeitgeber muss die Untersuchungen beim nächsten Arzt veranlassen, der fachlich geeignet ist, sie durchzuführen. Die SUVA kann Untersuchungen auch selbst durchführen oder durchführen lassen.

⁴ Nach jeder Vorsorgeuntersuchung sendet der untersuchende Arzt den verlangten Befund mit seinem Antrag zur Frage der Eignung des Arbeitnehmers (Art. 78) an die SUVA. Bestehen Gründe dafür, dass der Arbeitnehmer die gefährdende Arbeit sofort aufgeben muss, teilt dies der Arzt der SUVA unverzüglich mit.

Art. 72 Eintrittsuntersuchungen

¹ Der Arbeitgeber muss neu eintretende Arbeitnehmer, die den Vorschriften über die arbeitsmedizinische Vorsorge unterstehen, spätestens 30 Tage nach Arbeitsaufnahme der SUVA melden. Diese prüft, ob ein Entscheid über die Eignung des Arbeitnehmers (Art. 78) in Bezug auf die aufzunehmende Beschäftigung besteht, und teilt dem Arbeitgeber mit, ob eine Eintrittsuntersuchung erforderlich ist. Die SUVA kann Ausnahmen von der Meldepflicht bewilligen.

² Den Vorschriften über die arbeitsmedizinischen Vorsorgeuntersuchungen unterstehende Arbeitnehmer, über deren Eignung kein Entscheid vorliegt, müssen spätestens 30 Tage nach Empfang der Mitteilung der SUVA ärztlich untersucht werden.

³ Arbeitnehmer, die für Arbeiten unter Druckluft, wie Caisson- oder Taucherarbeiten, vorgesehen sind, müssen sofort gemeldet werden. Die Eintrittsuntersuchung muss vor der Arbeitsaufnahme erfolgen. Der Arbeitnehmer darf nicht bei der gefährdenden Arbeit beschäftigt werden, bevor die SUVA zu seiner Eignung Stellung bezogen hat.

⁴ Die SUVA kann auch bei anderen Tätigkeiten und Expositionen die Eintrittsuntersuchungen vor der Arbeitsaufnahme durchführen lassen oder selbst durchführen, wenn bereits kurzdauernde Einsätze zu einer Gefährdung der Arbeitnehmer führen können oder der Eignungsentscheid für die weitere Ausbildung der Arbeitnehmer bedeutsam ist.[1]

Art. 73 Kontrolluntersuchungen

¹ Je nach dem ärztlichen Befund und den Bedingungen, unter denen die Arbeitnehmer zu arbeiten haben, ordnet die SUVA in bestimmten Zeitabständen Kontrolluntersuchungen an.

² Arbeitnehmer, die im Zeitpunkt einer Kontrolluntersuchung keine kontrollpflichtige Arbeit verrichten, müssen erst untersucht werden, wenn sie wieder zu solchen Arbeiten zugezogen werden. In diesem Fall muss die Kontrolluntersuchung innert 30 Tagen nach Wiederaufnahme der betreffenden Arbeit veranlasst werden.

Art. 74 Nachuntersuchungen

Die SUVA kann Untersuchungen nach Aufgabe der gesundheitsgefährdenden Arbeit anordnen, wenn es aus medizinischen Gründen notwendig ist.

Art. 75 Entschädigung

Die SUVA vergütet dem Arbeitnehmer die durch arbeitsmedizinische Vorsorgeuntersuchungen entstehenden notwendigen Reise-, Unterkunfts- und Verpflegungskosten sowie, im Rahmen des versicherten Höchstverdienstes (Art. 15 UVG), den Lohnausfall.

---

[1] Eingefügt durch Ziff. I der V vom 1. Juni 1993 (AS 1993 1895).

Art. 76 Kontrollbüchlein

¹ Die SUVA kann bei besonderer Gefährdung von Arbeitnehmern, die den Vorschriften über die arbeitsmedizinischen Vorsorgeuntersuchungen unterstehen, persönliche Kontrollbüchlein einführen.

² Der Arbeitgeber muss im Kontrollbüchlein die Art der Gefährdung und die Dauer, während welcher der Arbeitnehmer ihr ausgesetzt war, angeben. Die Entscheide über die Eignung des Arbeitnehmers (Art. 78) und der Zeitpunkt der nächsten Kontroll- oder Nachuntersuchung werden von der SUVA eingetragen.

³ Das Kontrollbüchlein wird vom Arbeitgeber aufbewahrt. Dieser hat es bei der Auflösung des Arbeitsverhältnisses dem Arbeitnehmer zuhanden des neuen Arbeitgebers auszuhändigen.

Art. 77 Nichterfüllung der Untersuchungspflicht

¹ Wird eine Eintrittsuntersuchung oder eine Kontrolluntersuchung nicht fristgerecht durchgeführt, so darf der Arbeitnehmer bei der gefährdenden Arbeit nicht beschäftigt oder weiterbeschäftigt werden, solange die Untersuchung nicht nachgeholt worden ist und die SUVA zur Eignungsfrage (Art. 78) nicht Stellung genommen hat.

² Entzieht sich der Arbeitnehmer einer Vorsorgeuntersuchung und erwirbt er in der Folge eine damit zusammenhängende Berufskrankheit, verschlimmert sich diese oder erleidet er wegen der in seiner Person liegenden Gefährdung einen Berufsunfall, so werden ihm die Geldleistungen nach Artikel 21 Absatz 1 ATSG gekürzt oder verweigert.[1]

3. Kapitel: Ausschluss gefährdeter Arbeitnehmer

Art. 78 Entscheid über die Eignung eines Arbeitnehmers

¹ Die SUVA kann durch Verfügung einen Arbeitnehmer, der den Vorschriften über die arbeitsmedizinische Vorsorge untersteht, von der gefährdenden Arbeit ausschliessen (Nichteignung) oder seine Beschäftigung bei dieser Arbeit unter bestimmten Bedingungen zulassen (bedingte Eignung). Der Arbeitgeber erhält eine Kopie der Verfügung. Ist der Arbeitnehmer imstande, die Arbeit ohne Bedingungen zu verrichten (Eignung), so teilt es die SUVA dem Arbeitnehmer und dem Arbeitgeber mit.

² Die Nichteignung kann nur dann verfügt werden, wenn der Arbeitnehmer bei der weiteren Ausübung seiner bisherigen Tätigkeit einer erheblichen Gefährdung ausgesetzt ist. Sie kann befristet oder dauernd sein. Die Verfügung muss auf die Beratungs- und Entschädigungsmöglichkeiten (Art. 82, 83 und 86) verweisen.

³ ...[2]

---

1   Fassung gemäss Ziff. I der V vom 11. Sept. 2002, in Kraft seit 1. Jan. 2003 (AS 2002 3921).

2   Aufgehoben durch Art. 140 Abs. 2 der Strahlenschutzverordnung vom 22. Juni 1994 (SR 814.501).

Art. 79 Meldepflicht

Auch wenn ein Betrieb den Vorschriften über die arbeitsmedizinische Vorsorge nicht unterstellt ist, melden die anderen Durchführungsorgane, die Versicherer und die Arbeitgeber der SUVA jene Arbeitnehmer, bei denen sie die Vorschriften über den Ausschluss für individuell anwendbar halten.

Art. 80 Wirkung der Entscheide

1 Lautet ein Entscheid auf Eignung, so ist er bis zum Datum oder bis zum Ablauf der Frist gültig, für die eine Kontrolluntersuchung (Art. 73) angesetzt worden ist. Die Gültigkeit endet jedoch vorzeitig, wenn die Eignung in der Zwischenzeit durch Krankheitserscheinungen oder einen Unfall in Frage gestellt wird. In diesem Falle muss der Arbeitgeber die SUVA orientieren.

2 Lautet die Verfügung auf bedingte Eignung, so hat der Arbeitnehmer die ihm zum Schutz seiner Gesundheit auferlegten Verpflichtungen einzuhalten.

3 Lautet eine Verfügung auf befristete oder dauernde Nichteignung, so darf der Arbeitnehmer die gefährdende Arbeit nicht oder nicht vor Ablauf der angesetzten Frist aufnehmen. Ist er bereits mit einer solchen Arbeit beschäftigt, so muss er sie auf den von der SUVA festgesetzten Zeitpunkt verlassen.

4 Der Arbeitgeber ist für den Vollzug der Verfügung mitverantwortlich.

Art. 81[1] Nichtbefolgung einer Verfügung

Beachtet der Arbeitnehmer eine Verfügung über die Eignung nicht und erwirbt oder verschlimmert er dadurch die damit zusammenhängende Berufskrankheit oder erleidet er aus diesem Grunde wegen der in seiner Person liegenden Gefährdung einen Berufsunfall, so werden ihm die Geldleistungen nach Artikel 21 Absatz 1 ATSG gekürzt oder verweigert.

4. Kapitel: Ansprüche des Arbeitnehmers

1. Abschnitt: Persönliche Beratung

Art. 82

Der von einer Arbeit befristet oder dauernd ausgeschlossene Arbeitnehmer kann von der SUVA persönliche Beratung beanspruchen. Die SUVA hat ihn über die praktische Tragweite des Ausschlusses umfassend zu informieren und ihm die Stellen bekannt zu geben, an die er sich bei der Suche eines geeigneten Arbeitsplatzes wenden kann.

---

1 Fassung gemäss Ziff. I der V vom 11. Sept. 2002, in Kraft seit 1. Jan. 2003 (AS 2002 3921).

Art. 82a[1] Gebühren

Die Regelung gemäss Artikel 72a der Verordnung vom 20. Dezember 1982[2] über die Unfallversicherung gilt sinngemäss.

2. Abschnitt: Übergangstaggeld

Art. 83 Anspruch

Der von einer Arbeit befristet oder dauernd ausgeschlossene Arbeitnehmer erhält vom Versicherer ein Übergangstaggeld, wenn er wegen des Ausschlusses für kurze Zeit in erhebliche erwerbliche Schwierigkeiten gerät, insbesondere wenn er seinen Arbeitsplatz unverzüglich verlassen muss und keinen Lohn mehr beanspruchen kann.

Art. 84 Höhe und Dauer

[1] Das Übergangstaggeld entspricht dem vollen Taggeld nach Artikel 17 Absatz 1 des Gesetzes.

[2] Es wird während höchstens vier Monaten entrichtet.

Art. 85 Auszahlung

[1] Das Übergangstaggeld wird monatlich im Nachhinein ausbezahlt.

[2] ...[3]

3. Abschnitt: Übergangsentschädigung

Art. 86 Anspruch

[1] Der Arbeitnehmer, der von einer Arbeit befristet oder dauernd ausgeschlossen oder nur als bedingt geeignet erklärt worden ist, erhält vom Versicherer eine Übergangsentschädigung, wenn er:

a. durch die Verfügung trotz persönlicher Beratung, trotz Bezuges von Übergangstaggeld und trotz des ihm zumutbaren Einsatzes, den ökonomischen Nachteil auf dem Arbeitsmarkt wettzumachen, in seinem wirtschaftlichen Fortkommen erheblich beeinträchtigt bleibt;

b. in einem Zeitraum von zwei Jahren unmittelbar vor Erlass der Verfügung oder vor einem medizinisch notwendigen und tatsächlich vollzogenen Wechsel der

---

1 Eingefügt durch Ziff. I der V vom 11. Sept. 2002, in Kraft seit 1. Jan. 2003 (AS 2002 3921).
2 SR 832.202
3 Aufgehoben durch Ziff. I der V vom 11. Sept. 2002 (AS 2002 3921).

Beschäftigung bei einem der Versicherung unterstellten Arbeitgeber mindestens 300 Tage lang die gefährdende Arbeit ausgeübt hat;

c. innert zweier Jahre, nachdem die Verfügung in Rechtskraft erwachsen oder ein Anspruch auf Übergangstaggeld erloschen ist, beim Versicherer jenes Arbeitgebers, bei dem er zur Zeit des Erlasses der Verfügung gearbeitet hat, ein entsprechendes Gesuch stellt.

[2] Konnte der Arbeitnehmer innerhalb der in Absatz 1 Buchstabe b erwähnten Frist von zwei Jahren wegen Krankheit, Mutterschaft, Unfall, Militärdienst oder Arbeitslosigkeit die gefährdende Arbeit während mehr als einem Monat nicht ausüben, so wird die Frist um die Dauer der Verhinderung verlängert.

[3] Hat der Arbeitnehmer die gefährdende Arbeit einzig deshalb nicht während der in Absatz 1 Buchstabe b festgesetzten Dauer von 300 Tagen verrichtet, weil dies angesichts der Art dieser Arbeit praktisch ausgeschlossen war, so hat er trotzdem Anspruch auf die Übergangsentschädigung, wenn er die Arbeit regelmässig ausgeübt hat.

Art. 87 Höhe und Dauer

[1] Die Übergangsentschädigung beträgt 80 Prozent der Lohneinbusse, die der Arbeitnehmer wegen des befristeten oder dauernden Ausschlusses von der ihn gefährdenden Arbeit oder infolge der Verfügung auf bedingte Eignung auf dem Arbeitsmarkt erleidet. Als Lohn gilt der versicherte Verdienst nach Artikel 15 des Gesetzes.

[2] Erhält ein Arbeitnehmer, dem eine Übergangsentschädigung zugesprochen wurde, später Taggelder oder eine Rente für die Folgen eines Berufsunfalls oder einer Berufskrankheit, die mit der in der Verfügung bezeichneten Arbeit zusammenhängt, so kann die Übergangsentschädigung an diese Leistungen ganz oder teilweise angerechnet werden.

[3] Die Übergangsentschädigung wird während höchstens vier Jahren ausgerichtet.

Art. 88[1] Auszahlung

Die Übergangsentschädigung wird monatlich im Voraus entrichtet.

---

1 Fassung gemäss Ziff. I der V vom 25. April 2001, in Kraft seit 1. Juni 2001 (AS 2001 1393).

4. Abschnitt: Kürzung des Übergangstaggeldes oder der Übergangsentschädigung

Art. 89

[1] Trifft das Übergangstaggeld oder die Übergangsentschädigung mit anderen Sozialversicherungsleistungen zusammen, so wird es oder sie nach Artikel 69 ATSG gekürzt.[1]

[2] Die Übergangsentschädigung wird nach Artikel 21 Absätze 1 und 4 ATSG gekürzt oder verweigert, wenn der Berechtigte seine Stellung auf dem Arbeitsmarkt verschlechtert hat, indem er:[2]

a. die Vorschriften über die arbeitsmedizinischen Vorsorgeuntersuchungen nicht befolgt hat;

b. die verbotene Arbeit nicht aufgegeben hat oder

c. die Auflagen einer bedingten Eignungsverfügung nicht eingehalten hat.

Fünfter Titel: Finanzierung

1. Kapitel: Arbeitssicherheit

Art. 90 Kosten zu Lasten des Arbeitgebers

Der Arbeitgeber trägt die Kosten der von ihm zu treffenden Massnahmen zur Wahrung der Arbeitssicherheit sowie diejenigen allfälliger Zwangsmassnahmen.

Art. 91 Durch den Prämienzuschlag gedeckte Kosten

Folgende Kosten werden aus dem Prämienzuschlag für die Verhütung von Berufsunfällen und Berufskrankheiten (Art. 87 UVG) gedeckt:

a. die Kosten der Durchführungsorgane des ArG für ihre nach dieser Verordnung ausgeübte Aufsicht über die Anwendung der Vorschriften über die Arbeitssicherheit in den Betrieben, ausgenommen die Kosten des Plangenehmigungs- und Betriebsbewilligungsverfahrens (Art. 7 und 8 ArG);

b. die Kosten der SUVA für:
   1. ihre nach dieser Verordnung und anderen bundesrechtlichen Vorschriften entfaltete Tätigkeit im Bereich der Arbeitssicherheit,
   2. das Sekretariat der Koordinationskommission,

---

1 Fassung gemäss Ziff. I der V vom 11. Sept. 2002, in Kraft seit 1. Jan. 2003 (AS 2002 3921).
2 Fassung gemäss Ziff. I der V vom 11. Sept. 2002, in Kraft seit 1. Jan. 2003 (AS 2002 3921).

3. die Verwaltung des Prämienzuschlages für die Verhütung von Berufsunfällen und Berufskrankheiten;
c. die Kosten der Fachorganisationen (Art. 51) für ihre nach dem Vertrag mit der SUVA entfaltete Tätigkeit im Bereich der Arbeitssicherheit;
d. die Kosten der Koordinationskommission;
e. die Kosten der Versicherer für die Erfüllung besonderer Aufträge der Koordinationskommission;
f.[1] die Kosten der Durchführungsorgane für die Vollzugsaufgaben des Bundesgesetzes vom 19. März 1976[2] über die Sicherheit von technischen Einrichtungen und Geräten im Bereich der Arbeitssicherheit.

Art. 92   Verwendung des Prämienzuschlages

Die SUVA führt über die Verwendung des Prämienzuschlages eine gesonderte Rechnung, die sie mit einem Bericht alljährlich bis Ende Juli des folgenden Jahres dem Bundesrat zur Genehmigung und der Koordinationskommission zur Kenntnis unterbreitet. Der genehmigte Bericht wird der Öffentlichkeit zugänglich gemacht.

Art. 93   Voranschlag

[1] Die Durchführungsorgane unterbreiten der Koordinationskommission alljährlich bis zu einem von dieser festgesetzten Zeitpunkt ihren Voranschlag für das nächste Jahr.

[2] Die Versicherer melden der Koordinationskommission alljährlich bis zu einem von dieser festgesetzten Zeitpunkt die im nächsten Jahr zu erwartenden Nettoprämien.

[3] Gestützt auf die nach den Absätzen 1 und 2 eingereichten Angaben erstellt die Koordinationskommission ihren Voranschlag.

[4] Der Voranschlag der Koordinationskommission bildet die Grundlage für den Umfang und die Ausrichtung der Vergütungen an die Durchführungsorgane sowie für den Antrag an den Bundesrat zur Änderung des Prämienzuschlages.

Art. 94   Festsetzung des Prämienzuschlages

Der Bundesrat setzt den Prämienzuschlag in einer besonderen Verordnung fest. Der Zuschlag wird in der Regel alle fünf Jahre den Verhältnissen angepasst.

---

1 Eingefügt durch Ziff. II 1 der V vom 27. März 2002, in Kraft seit 1. Mai 2002 (AS 2002 853).
2 SR 819.1

Art. 95 Überweisung des Prämienzuschlages

¹ Die Versicherer überweisen der SUVA die eingegangenen Prämienzuschläge jeweils auf das Ende des der Zahlung folgenden Vierteljahres.

² Die Versicherer müssen die Erhebung und Überweisung des Prämienzuschlages alljährlich durch eine externe Revisionsstelle prüfen lassen. Der Bericht dieser Stelle hat mindestens über die Höhe des erhobenen Prämienzuschlages und über die entsprechenden Nettoprämien Auskunft zu geben. Er muss bis Ende Juni des dem Rechnungsjahr folgenden Jahres der Koordinationskommission übergeben werden.

Art. 96 Vergütung an die Durchführungsorgane

¹ Die Durchführungsorgane unterbreiten der Koordinationskommission vierteljährlich eine Abrechnung mit Belegen über ihre Aufwendungen.

² Geben die Abrechnungen zu keinen Beanstandungen Anlass, so werden die Vergütungen nach der Vergütungsordnung (Art. 54) den betreffenden Durchführungsorganen ausgerichtet.

³ Die Koordinationskommission kann die Abrechnungen der Durchführungsorgane revidieren oder durch eine Revisionsstelle revidieren lassen.

Art. 97 Befreiung vom Prämienzuschlag

Die privaten Haushalte sind von der Entrichtung des Prämienzuschlages für die Verhütung von Berufsunfällen und Berufskrankheiten befreit.

2. Kapitel: Verhütung von Nichtberufsunfällen

Art. 98 Bemessung des Prämienzuschlages

¹ Der Prämienzuschlag für die Verhütung von Nichtberufsunfällen (Art. 88 Abs. 2 UVG) ist so zu bemessen, dass daraus mindestens die jährlichen Beiträge der sich an der obligatorischen Unfallversicherung beteiligenden Versicherer für die BfU (Art. 59) bestritten werden können.

² Die SUVA und die anderen Versicherer unterbreiten dem Bundesrat ihren Antrag zur Festsetzung des Prämienzuschlages. Der Bundesrat hört die interessierten Organisationen an.

Art. 99 Festsetzung des Prämienzuschlages

Der Bundesrat setzt den Prämienzuschlag in einer besonderen Verordnung fest. Der Zuschlag wird in der Regel alle fünf Jahre den Verhältnissen angepasst.

Art. 100 Verwendung des Prämienzuschlages

¹ Die Versicherer dürfen den Prämienzuschlag nur zu folgenden Zwecken verwenden:

a. Beiträge an die BfU;
b. Finanzierung von eigenen Massnahmen und Massnahmen Dritter zur Verhütung von Nichtberufsunfällen;
c. Erhebung von ausserordentlichen statistischen Daten zur Verhütung von Nichtberufsunfällen für die BfU.

² Die Versicherer rechnen über die Verwendung des Prämienzuschlages gesondert ab.

...[1]

Art. 101[2]

Art. 102–103[3]

Art. 104 Vorbehalt des Polizeirechts

Vorbehalten bleiben Polizeivorschriften des Bundes, der Kantone und der Gemeinden, wie namentlich solche über die Bau-, Feuer-, Gesundheits- und Wasserpolizei, die weitergehende oder detailliertere Anforderungen stellen als diejenigen dieser Verordnung.

Art. 105 Aufhebung bisherigen Rechts

Es werden aufgehoben:

a. die Verordnung vom 23. Dezember 1960[4] über die Verhütung von Berufskrankheiten;
b. die Verordnung vom 8. Mai 1968[5] über die Koordination der Durchführung des Kranken- und Unfallversicherungsgesetzes und des Arbeitsgesetzes auf dem Gebiete der Verhütung von Unfällen und Berufskrankheiten;
c. die Verfügung vom 9. Februar 1970[6] des Eidgenössischen Departementes des Innern über die Durchführung der Unfallverhütung in der Landwirtschaft;
d. die Verfügung des Eidgenössischen Departementes des Innern vom 14. Januar 1965[7] betreffend Zusammensetzung und Entschädigung der gemäss Artikel 22 der Verordnung II vom 3. Dezember 1917 über die Unfallversicherung zu bestellenden technischen Kommission.

---

1   Aufgehoben durch Ziff. I der V vom 22. Nov. 2000 (AS 2000 2917).
2   Aufgehoben durch Ziff. I der V vom 22. Nov. 2000 (AS 2000 2917).
3   Aufgehoben durch Ziff. I der V vom 11. Sept. 2002 (AS 2002 3921).
4   [AS 1960 1660]
5   [AS 1968 617]
6   [AS 1970 283]
7   [AS 1965 81]

Art. 106 Änderung bisherigen Rechts

1. Die Verordnung vom 14. November 1979[1] über die Mitteilung kantonaler Strafentscheide wird wie folgt geändert:

Art. 4 Ziff. 19bis

...

2. Die Verordnung vom 26. Januar 1972[2] über die Arbeit in Unternehmen des öffentlichen Verkehrs wird wie folgt geändert:

Art. 24 Abs. 1 Bst. a und b

...

Art. 107 Weitergeltung von Erlassen

Folgende Erlasse bleiben vorläufig in Kraft:

a. die Verordnung III vom 26. März 1969[3] zum Bundesgesetz über die Arbeit in Industrie, Gewerbe und Handel (Gesundheitsvorsorge und Unfallverhütung in industriellen Betrieben), für das Plangenehmigungs- und Betriebsbewilligungsverfahren sowie für die allgemeine Gesundheitsvorsorge;

b. die Verordnungen über die Verhütung von Unfällen und Berufskrankheiten[4], die gestützt auf das Bundesgesetz vom 13. Juni 1911[5] über die Kranken- und Unfallversicherung erlassen worden sind;

c. die Verordnung vom 12. Mai 1971[6] über Unfallverhütungsmassnahmen bei landwirtschaftlichen Neu- und Umbauten;

d. die Verfügung des Eidgenössischen Departementes des Innern vom 26. Dezember 1960[7] über die technischen Massnahmen zur Verhütung von Berufskrankheiten, die durch chemische Stoffe verursacht werden;

e. die Verfügung I des Eidgenössischen Volkswirtschaftsdepartementes vom 8. September 1948[8] über die technischen Massnahmen zur Verhütung und Bekämpfung der Quarzstaublunge;

---

1 [AS 1979 1953, 1980 1031, 1981 572 Art. 72 Ziff. 1. AS 1984 1350 Art. 6 Abs. 1]
2 SR 822.211. Die hiernach aufgeführten Änd. sind eingefügt in der genannten V.
3 [AS 1969 561. AS 1993 2553 Art. 41 Abs. 1]
4 SR 832.311.12, 832.311.16, 832.312.13, 832.312.17/.314.12
5 [BS 8 281; AS 1959 858, 1964 965, 1968 64, 1971 1465 II Art. 6 Ziff. 2, 1977 2249 Ziff. I 611, 1978 1836 Anhang Ziff. 4, 1982 196 1676 Anhang Ziff. 1 2184 Art. 114, 1990 1091, 1991 362 Ziff. II 412, 1992 288 Anhang Ziff. 37 2350, 1995 511. AS 1995 1328 Anhang Ziff. 1]
6 [AS 1971 749. AS 2005 4289 Art. 85 Bst. g]
7 SR 832.321.11
8 [AS 1948 970. AS 2005 4289 Art. 85 Bst. e]

f. die Verfügung II des Eidgenössischen Volkswirtschaftsdepartementes vom 10. Oktober 1951[1] über die technischen Massnahmen zur Verhütung und Bekämpfung der Quarzstaublunge.

Art. 108 Übergangsbestimmungen

[1] Die vor Inkrafttreten dieser Verordnung erlassenen technischen und organisatorischen Weisungen sowie die rechtskräftigen Verfügungen über die Unterstellung von Betrieben unter die Vorschriften über die medizinischen Vorbeugungsmassnahmen der Verordnung vom 23. Dezember 1960[2] über die Verhütung von Berufskrankheiten behalten ihre Gültigkeit. Das Gleiche gilt für die Entscheide über Eignung oder Nichteignung.

[2] Bestehende Gebäude und andere Konstruktionen sowie bestehende technische Einrichtungen und Geräte, die den Anforderungen dieser Verordnung nicht entsprechen, dürfen nur dann weiter benützt werden, wenn die Sicherheit der Arbeitnehmer durch andere ebenso wirksame Massnahmen gewährleistet wird, dies jedoch spätestens bis 31. Dezember 1987.

[3] Die in Artikel 86 Absatz 1 Buchstabe b (Anspruch auf Übergangsentschädigung) festgesetzte Frist von zwei Jahren gilt auch dann, wenn der Arbeitnehmer die zur Nichteignung oder zur bedingten Eignung führende Arbeit vor Inkrafttreten dieser Verordnung ausgeübt hat.

Art. 109 Inkrafttreten

Diese Verordnung tritt am 1. Januar 1984 in Kraft.

Schlussbestimmung der Änderung vom 1. Juni 1993[3]

Die Koordinationskommission berichtet innerhalb eines Jahres nach Inkrafttreten dieser Änderung dem Departement über die Erarbeitung der Richtlinien nach Artikel 11b.

---

1 SR 832.323.112
2 [AS 1960 1660]
3 AS 1993 1895

Nr. 14 Bundesgesetz über die Sicherheit von technischen Einrichtungen und Geräten (STEG)

vom 19. März 1976 (Stand am 13. Juni 2006)

SR 819.1

Die Bundesversammlung der Schweizerischen Eidgenossenschaft,

gestützt auf die Artikel 31bis Absätze 1 und 2, 34ter Absatz 1 Buchstabe a, 64bis Absatz 1, 69bis Absatz 1 Buchstabe b der Bundesverfassung[1], nach Einsicht in eine Botschaft des Bundesrates vom 12. Februar 1975[2],

beschliesst:

1. Kapitel: Geltungsbereich und Begriffe

Art. 1 Geltungsbereich

[1] Dieses Gesetz ist anwendbar auf das Anpreisen und Inverkehrbringen technischer Einrichtungen und Geräte.

[2] Das Gesetz ist nicht anwendbar, soweit die Sicherheit von technischen Einrichtungen und Geräten durch andere bundesrechtliche Bestimmungen gewährleistet ist.

Art. 2 Begriffe[3]

[1] Als technische Einrichtungen und Geräte gelten insbesondere verwendungsbereite Maschinen, Apparate, Anlagen, Werkzeuge und Schutzausrüstungen, die beruflich oder ausserberuflich benützt werden.

[2] Technische Einrichtungen und Geräte gelten als verwendungsbereit, auch wenn ihre Einzelteile dem Empfänger zum Ein- oder Zusammenbau übergeben werden.

AS 1977 2370

1 [BS 1 3]
2 BBl 1975 I 849
3 Fassung gemäss Ziff. I des BG vom 18. Juni 1993, in Kraft seit 1. Juli 1995 (AS 1995 2766 2769; BBl 1993 I 805).

2. Kapitel:[1] Voraussetzungen für das Inverkehrbringen

Art. 3 Grundsatz

Technische Einrichtungen und Geräte dürfen nur in Verkehr gebracht werden, wenn sie bei ihrer bestimmungsgemässen und sorgfältigen Verwendung Leben und Gesundheit der Benützer und Dritter nicht gefährden. Sie müssen den grundlegenden Sicherheits- und Gesundheitsanforderungen nach Artikel 4 entsprechen, oder, wenn keine solche Anforderungen festgelegt worden sind, nach den anerkannten Regeln der Technik hergestellt worden sein.

Art. 4 Sicherheits- und Gesundheitsanforderungen

Der Bundesrat legt die grundlegenden Sicherheits- und Gesundheitsanforderungen fest; er berücksichtigt dabei das entsprechende internationale Recht.

Art. 4a Technische Normen

[1] Das zuständige Bundesamt bezeichnet im Einvernehmen mit dem Staatssekretariat für Wirtschaft[2] die technischen Normen, welche geeignet sind, die grundlegenden Sicherheits- und Gesundheitsanforderungen zu konkretisieren.

[2] Soweit möglich bezeichnet es international harmonisierte Normen.

[3] Es kann unabhängige schweizerische Normenorganisationen beauftragen, technische Normen zu schaffen.

Art. 4b Erfüllung der Anforderungen

[1] Wer eine technische Einrichtung oder ein Gerät in Verkehr bringt, muss nachweisen können, dass die Einrichtung oder das Gerät den grundlegenden Sicherheits- und Gesundheitsanforderungen entspricht.

[2] Werden technische Einrichtungen und Geräte nach den technischen Normen gemäss Artikel 4a hergestellt, so wird vermutet, dass die grundlegenden Sicherheits- und Gesundheitsanforderungen erfüllt sind.

[3] Wer technische Einrichtungen und Geräte, die den technischen Normen nach Artikel 4a nicht entsprechen, in Verkehr bringt, muss nachweisen können, dass sie die grundlegenden Sicherheits- und Gesundheitsanforderungen auf andere Weise erfüllen.

---

1 Fassung gemäss Ziff. I des BG vom 18. Juni 1993, in Kraft seit 1. Juli 1995 (AS 1995 2766 2769; BBl 1993 I 805).
2 Bezeichnung gemäss nicht veröffentlichtem BRB vom 19. Dez. 1997.

⁴ Sind keine grundlegenden Sicherheits- und Gesundheitsanforderungen festgelegt worden, so muss nachgewiesen werden können, dass die technische Einrichtung oder das Gerät nach den anerkannten Regeln der Technik hergestellt worden ist.

Art. 5　　Konformitätsbewertung

¹ Der Bundesrat regelt:

a. das Verfahren zur Überprüfung der Konformität von technischen Einrichtungen und Geräten mit den grundlegenden Sicherheits- und Gesundheitsanforderungen;
b. die Verwendung von Konformitätszeichen.

² Er kann für technische Einrichtungen und Geräte, welche ein erhöhtes Risiko darstellen, vorschreiben, dass die Übereinstimmung mit den grundlegenden Sicherheits- und Gesundheitsanforderungen durch eine Konformitätsbewertungsstelle bescheinigt wird.

³ Der Bundesrat kann mit ausländischen Staaten Vereinbarungen abschliessen über die gegenseitige Anerkennung von Prüfberichten und Konformitätsbescheinigungen.

3. Kapitel: Behörden und Durchführung

Art. 6　　Aufsicht und Vollzug

Der Vollzug des Gesetzes obliegt, unter dem Vorbehalt der Zuständigkeit des Bundes, den Kantonen sowie den ermächtigten Fachorganisationen und Institutionen. Der Bundesrat übt die Aufsicht über den Vollzug aus und regelt die nachträgliche Kontrolle von technischen Einrichtungen und Geräten.[1]

Art. 7[2]　　Gebühren

Für die nachträgliche Kontrolle von technischen Einrichtungen und Geräten durch Vollzugsorgane können Gebühren erhoben werden. Das zuständige Departement erlässt die Gebührenordnung.

---

[1] Fassung des Satzes gemäss Ziff. I des BG vom 18. Juni 1993, in Kraft seit 1. Juli 1995 (AS 1995 2766 2769; BBl 1993 I 805).

[2] Fassung gemäss Ziff. I des BG vom 18. Juni 1993, in Kraft seit 1. Juli 1995 (AS 1995 2766 2769; BBl 1993 I 805).

Art. 8[1] Veröffentlichung

Die technischen Normen nach Artikel 4a werden mit Titel sowie Fundstelle oder Bezugsquelle im Bundesblatt veröffentlicht.

Art. 9 Kommission für technische Einrichtungen und Geräte

[1] Der Bundesrat bestellt eine Kommission für technische Einrichtungen und Geräte von höchstens 15 Mitgliedern. Die Kommission kann ständige und nichtständige technische Ausschüsse bestellen, deren Mitglieder der Kommission nicht angehören müssen. Die Ausschüsse organisieren sich selbst. Die Amtsdauer der Mitglieder stimmt überein mit jener der Bundesbeamten.

[2] Die Kommission berät den Bundesrat bei der Durchführung des Gesetzes.

Art. 10 Auskunfts- und Schweigepflicht

[1] Die Beauftragten der Vollzugs- und Aufsichtsorgane können technische Einrichtungen und Geräte, die sich in Verkehr befinden, kontrollieren und nötigenfalls Muster erheben.[2]

[2] Den Beauftragten sind alle erforderlichen Auskünfte unentgeltlich zu erteilen und Einsicht in die Unterlagen, insbesondere in den Konformitätsnachweis, zu gewähren.[3]

[3] Die Beauftragten unterstehen der Schweigepflicht, soweit ihre Wahrnehmungen nicht für die Sicherheit von technischen Einrichtungen und Geräten oder für den Erfahrungsaustausch über sicherheitstechnische Massnahmen bedeutsam sind.

Art. 11 Verwaltungsmassnahmen[4]

[1] ...[5]

[2] Die Vollzugsorgane können im nachträglichen Kontrollverfahren anordnen, dass technische Einrichtungen und Geräte, die den grundlegenden Sicherheits- und Gesundheitsanforderungen oder den anerkannten Regeln der Technik nicht

---

1 Fassung gemäss Ziff. I des BG vom 18. Juni 1993, in Kraft seit 1. Juli 1995 (AS 1995 2766 2769; BBl 1993 I 805).
2 Fassung gemäss Ziff. I des BG vom 18. Juni 1993, in Kraft seit 1. Juli 1995 (AS 1995 2766 2769; BBl 1993 I 805).
3 Fassung gemäss Ziff. I des BG vom 18. Juni 1993, in Kraft seit 1. Juli 1995 (AS 1995 2766 2769; BBl 1993 I 805).
4 Fassung gemäss Ziff. I des BG vom 18. Juni 1993, in Kraft seit 1. Juli 1995 (AS 1995 2766 2769; BBl 1993 I 805).
5 Aufgehoben durch Ziff. I des BG vom 18. Juni 1993 (AS 1995 2766; BBl 1993 I 805).

genügen, nicht mehr in Verkehr gebracht werden. In Fällen schwerwiegender Gefährdung können sie deren Beschlagnahme oder Einziehung verfügen.[1]

[3] Das Verwaltungsverfahrensgesetz vom 20. Dezember 1968[2] ist anwendbar.

Art. 12[3]   Rechtspflege

[1] Der Rechtsschutz richtet sich nach den allgemeinen Bestimmungen über die Bundesrechtspflege.

[2] Gegen Verfügungen der Fachorganisationen und Institutionen kann beim Bundesverwaltungsgericht Beschwerde geführt werden.

4. Kapitel: Strafmassnahmen

Art. 13   Übertretungen

1. Wer technische Einrichtungen oder Geräte, welche die Voraussetzungen dieses Gesetzes nicht erfüllen, anpreist oder in Verkehr bringt,

    wer ein Prüfzeichen unbefugt verwendet,

    wer den Vollzugs- und Aufsichtsorganen oder ihren Beauftragten die Besichtigung oder Prüfung von technischen Einrichtungen und Geräten verweigert,

    wer die Auskunftspflicht verletzt,

    wer die Schweigepflicht verletzt,

    wird, wenn er vorsätzlich handelt, mit Haft oder Busse bestraft.
2. Handelt der Täter fahrlässig, so ist die Strafe Busse.
3. Das Strafgesetzbuch[4] und Artikel 6 des Verwaltungsstrafrechtsgesetzes vom 22. März 1974[5] sind anwendbar.

Art. 14   Unrechtmässiger Vermögensvorteil

Der Richter kann den Täter verurteilen, dem Staat einen Betrag zu bezahlen, der höchstens der mit der Widerhandlung erlangten widerrechtlichen Bereicherung entspricht.

---

[1]   Fassung gemäss Ziff. I des BG vom 18. Juni 1993, in Kraft seit 1. Juli 1995 (AS 1995 2766 2769; BBl 1993 I 805).
[2]   SR 172.021
[3]   Fassung gemäss Anhang Ziff. 97 des Verwaltungsgerichtsgesetzes vom 17. Juni 2005, in Kraft seit 1. Jan. 2007 (SR 173.32).
[4]   SR 311.0
[5]   SR 313.0

Art. 15   Strafverfolgung
Die Strafverfolgung ist Sache der Kantone.

5. Kapitel: Schlussbestimmungen

Art. 16   Ausführung und Inkrafttreten
[1] Dieses Gesetz untersteht dem fakultativen Referendum.
[2] Der Bundesrat bestimmt das Inkrafttreten.
Er erlässt die Ausführungsbestimmungen.

Datum des Inkrafttretens:
Art. 6, 7, 9: 1. Januar 1978[1]
übrige Bestimmungen: 1. Juli 1978[2]

---

1   BRB vom 21. Dez. 1977 (AS 1977 2375).
2   BRB vom 21. Dez. 1977 (AS 1977 2375).

Nr. 15 Verordnung über die Sicherheit von technischen Einrichtungen und Geräten (STEV)

vom 12. Juni 1995 (Stand am 7. Mai 2002)

SR 819.11

Der Schweizerische Bundesrat,

gestützt auf Artikel 16 Absatz 2 des Bundesgesetzes vom 19. März 1976[1] über die Sicherheit von technischen Einrichtungen und Geräten (Gesetz),

verordnet:

1. Abschnitt: Begriffe

Art. 1 Inverkehrbringen

[1] Als Inverkehrbringen gilt die entgeltliche oder unentgeltliche Übertragung neuer technischer Einrichtungen und Geräte (TEG) zum Vertrieb oder Gebrauch in der Schweiz.

[2] Nicht als Inverkehrbringen gilt die Übertragung von TEG zu Testzwecken, zur Weiterbearbeitung oder zum Export.

Art. 2 Maschinen, Gasgeräte und persönliche Schutzausrüstungen

[1] Als Maschinen gelten Maschinen und Sicherheitsbauteile nach Artikel 1 Absätze 1–3 der EG-Richtlinie Nr. 98/37 vom 22. Juni 1998[2] zur Angleichung der Rechtsvorschriften der Mitgliedstaaten für Maschinen (Maschinenrichtlinie).[3]

[2] Als Gasgeräte gelten Geräte nach Artikel 1 der EG-Richtlinie Nr. 90/396 vom 29. Juni 1990[4] zur Angleichung der Rechtsvorschriften der Mitgliedstaaten für Gasverbrauchseinrichtungen (Gasgeräterichtlinie).

AS 1995 2770

1 SR 819.1
2 ABl. Nr. L 207/1 vom 23. 7. 1998; Kodifizierte Fassung [ersetzt die Richtlinien Nr. 89/392 vom 14. 6. 1989 (ABl. Nr. L 183/9 vom 29. 6. 1989), Nr. 91/368 vom 20. 6. 1991 (ABl. Nr. L 198/16 vom 22. 7. 1991), Nr. 93/44 vom 14. 6. 1993 (ABl. Nr. L 175/12 vom 19. 7. 1993) und Nr. 93/68 vom 22. 7. 1993 (ABl. Nr. L 220/1 vom 30. 8. 1993)]; geändert durch Nr. 98/79 vom 27. 10.1998 (ABl. Nr. L 331/1 vom 7.12.1998).
3 Fassung gemäss Ziff. I der V vom 27. März 2002, in Kraft seit 1. Mai 2002 (AS 2002 853).
4 ABl. Nr. L 196/15 vom 20. 7. 1990, geändert durch die Richtlinie Nr. 93/68 vom 22. 7. 1993 (ABl. Nr. L 220/1 vom 30. 8. 1993).

³ Als persönliche Schutzausrüstungen (PSA) gelten PSA nach Artikel 1 der EG-Richtlinie Nr. 89/686 vom 21. Dezember 1989[1] zur Angleichung der Rechtsvorschriften der Mitgliedstaaten für persönliche Schutzausrüstungen (PSA-Richtlinie).

2. Abschnitt: Besondere Voraussetzungen für das Inverkehrbringen

Art. 3 Grundlegende Sicherheits- und Gesundheitsanforderungen

¹ Für Maschinen gelten die grundlegenden Sicherheits- und Gesundheitsanforderungen nach Anhang I der Maschinenrichtlinie.

² Für Gasgeräte gelten die grundlegenden Sicherheits- und Gesundheitsanforderungen nach Anhang I der Gasgeräterichtlinie.

³ Für PSA gelten die grundlegenden Sicherheits- und Gesundheitsanforderungen nach Anhang II der PSA-Richtlinie.

Art. 4 Anleitungen

¹ Die in den grundlegenden Sicherheits- und Gesundheitsanforderungen nach Artikel 3 vorgeschriebenen Betriebs-, Bedienungs- und Wartungsanleitungen oder Informationsbroschüren müssen in den schweizerischen Amtssprachen der Landesteile abgefasst sein, in denen das Produkt voraussichtlich verwendet wird.

² Soweit die Installation und die Instandhaltung eines solchen Produkts ausschliesslich von Fachpersonal des Herstellers oder seines in der Schweiz niedergelassenen Vertreters ausgeführt werden, kann die Anleitung zu diesen Arbeiten in der Sprache abgefasst sein, die das betreffende Fachpersonal versteht. Die erforderlichen Auskünfte sind den Kontrollorganen in einer Amtssprache der Schweiz oder in Englisch zu erteilen.[2]

Art. 5 Konformitätsbewertungsverfahren

¹ Für Maschinen, Gasgeräte und PSA sind die Grundsätze über die Konformitätsbewertung nach Anhang 1 dieser Verordnung zu befolgen.

² Das Eidgenössische Volkswirtschaftsdepartement (Departement) erlässt unter Berücksichtigung des entsprechenden internationalen Rechts Vorschriften über die Verfahren der Konformitätsbewertung.

---

1 ABl. Nr. L 399/18 vom 30. 12. 1989, geändert durch die Richtlinien Nr. 93/68 vom 22. 7. 1993 (ABl. Nr. L 220/1 vom 30. 8. 1993) und Nr. 93/95 vom 29. Oktober 1993 (ABl. Nr. L 276/11 vom 9. 11. 1993).

2 Fassung gemäss Ziff. I der V vom 27. März 2002, in Kraft seit 1. Mai 2002 (AS 2002 853).

Art. 6 Konformitätsbewertungsstellen

¹ Konformitätsbewertungsstellen, die nach Anhang 1 dieser Verordnung beizuziehen sind, müssen für den betreffenden Fachbereich:

a. nach der Verordnung vom 30. Oktober 1991[1] über das schweizerische Akkreditierungssystem akkreditiert sein;
b. durch das Bundesrecht anderweitig ermächtigt sein; oder
c. von der Schweiz im Rahmen eines internationalen Abkommens anerkannt sein.

² Ausländische Stellen, die nicht nach Massgabe von Absatz 1 anerkannt oder ermächtigt sind, können unter Vorbehalt von Absatz 3 beigezogen werden, wenn glaubhaft dargelegt werden kann, dass:

a. die angewandten Prüf- und Konformitätsbewertungsverfahren den schweizerischen Anforderungen genügen; und
b. die ausländische Stelle über eine Qualifikation verfügt, die der in der Schweiz geforderten gleichwertig ist.

³ Das Staatssekretariat für Wirtschaft (SECO)[2] kann verordnen, dass Bescheinigungen von Stellen nach Absatz 2 nicht anerkannt werden, wenn Bescheinigungen von geeigneten schweizerischen Stellen im Staat der ausländischen Stelle nicht anerkannt werden. Dabei sind die gesamt- und aussenwirtschaftlichen Interessen der Schweiz zu berücksichtigen.[3]

Art. 7 Konformitätserklärung

¹ Die Konformitätserklärung bescheinigt, dass das Produkt alle anwendbaren Vorschriften über sein Inverkehrbringen erfüllt, insbesondere diejenigen über die grundlegenden Sicherheits- und Gesundheitsanforderungen sowie über die Konformitätsbewertung. Sie wird durch den Hersteller oder seinen in der Schweiz niedergelassenen Vertreter ausgestellt und muss in einer der Amtssprachen der Schweiz abgefasst sein.

² Wer Maschinen in Verkehr bringt, muss dafür sorgen, dass dem Produkt eine Konformitätserklärung nach Anhang 2 dieser Verordnung beigefügt ist.

³ Wer Gasgeräte oder PSA in Verkehr bringt, muss auf Verlangen der Kontrollorgane eine Konformitätserklärung nach Anhang 2 vorlegen können.[4]

⁴ Fällt das Produkt unter mehrere Regelungen, die eine Konformitätserklärung verlangen, kann eine einzige Erklärung ausgestellt werden.

---

1 [AS 1991 2317. AS 1996 1904 Art. 41]. Siehe heute die Akkreditierungs- und Bezeichnungsverordnung vom 17. Juni 1996 (SR 946.512).
2 Ausdruck gemäss Art. 21 Ziff. 8 und Art. 22 Abs. 1 Ziff. 5 der V vom 17. Nov. 1999, in Kraft seit 1. Juli 1999 (AS 2000 187). Diese Änd. ist im ganzen Erlass berücksichtigt.
3 Fassung gemäss Ziff. I der V vom 17. Juni 1996 (AS 1996 1867).
4 Fassung gemäss Ziff. I der V vom 27. März 2002, in Kraft seit 1. Mai 2002 (AS 2002 853).

3. Abschnitt: Technische Unterlagen, Bezug von Regeltexten, Ausstellen und Vorführen

Art. 8 Technische Unterlagen

[1] Zum Nachweis der Erfüllung der Anforderungen nach Artikel 4b des Gesetzes muss diejenige Person, welche TEG in Verkehr bringt, während zehn Jahren seit der Herstellung innert angemessener Frist hinreichende technische Unterlagen beibringen können. Bei Serienanfertigungen beginnt die Frist von zehn Jahren mit der Herstellung des letzten Exemplars zu laufen.

[2] Für Maschinen, Gasgeräte und PSA gelten die im Anhang 3 dieser Verordnung aufgeführten speziellen Anforderungen an die Bereitstellung der technischen Unterlagen.

[3] Die Unterlagen oder die zu deren Beurteilung erforderlichen Auskünfte sind den Kontrollorganen in einer schweizerischen Amtssprache oder in Englisch vorzulegen beziehungsweise zu erteilen.[1]

Art. 9 Bezug von Regeltexten

[1] Die Texte der in Artikel 2 erwähnten Richtlinien können bei der Eidgenössischen Drucksachen- und Materialzentrale (EDMZ)[2] oder bei der Schweizerischen Auskunftsstelle für technische Regeln (Auskunftsstelle)[3] bezogen werden. Für den Bezug bei der EDMZ gilt die Gebührenverordnung EDMZ vom 21. Dezember 1994[4].

[2] Listen der Titel der nach Artikel 4a des Gesetzes bezeichneten technischen Normen sowie die Texte dieser Normen können bei der Auskunftsstelle bezogen werden.

Art. 10 Ausstellen und Vorführen

TEG, die den Voraussetzungen für das Inverkehrbringen nicht entsprechen, dürfen ausgestellt oder vorgeführt werden, wenn:

a. ein Schild deutlich darauf hinweist, dass die Erfüllung der gesetzlichen Anforderungen nicht nachgewiesen ist und deshalb die TEG noch nicht in Verkehr gebracht werden dürfen; und

b. die erforderlichen Massnahmen getroffen sind, um die Sicherheit und die Gesundheit von Personen zu gewährleisten.

---

1 Fassung gemäss Ziff. I der V vom 27. März 2002, in Kraft seit 1. Mai 2002 (AS 2002 853).
2 Heute: BBL, Vertrieb Publikationen, 3003 Bern
3 Schweizerisches Informationszentrum für technische Regeln (switec), Bürglistrasse 29, 8400 Winterthur (siehe AS 2002 853).
4 SR 172.041.11

4. Abschnitt:[1] Nachträgliche Kontrolle

Art. 11 Kontrollorgane

¹ Die Kontrolle über die Einhaltung der Vorschriften über das Inverkehrbringen obliegt:

a. der Schweizerischen Unfallversicherungsanstalt (SUVA);
b. der Schweizerischen Beratungsstelle für Unfallverhütung (bfu);
c. den vom Departement bezeichneten Fachorganisationen.

² Das Departement regelt die Zuständigkeit der Kontrollorgane und vereinbart mit ihnen Umfang und Finanzierung der Kontrolltätigkeiten.

Art. 12 Mitwirkung anderer Behörden und Organisationen

¹ Die Vollzugsorgane des Arbeitsgesetzes vom 13. März 1964[2] achten im Rahmen ihrer Tätigkeit darauf, dass die Arbeitgeber TEG einsetzen, welche die Sicherheitsvorschriften für TEG erfüllen.

² Sie melden dem SECO und den Kontrollorganen:

a. TEG, bei denen ein Mangel erkannt oder vermutet wird;
b. neu auf dem Markt erschienene risikoträchtige TEG.

³ Das Departement kann andere Behörden und Organisationen zur Mitwirkung heranziehen und mit ihnen entsprechende Vereinbarungen abschliessen.

⁴ Die Kontrollorgane können von der Zollverwaltung für eine festgesetzte Dauer Meldungen über die Einfuhr genau bezeichneter TEG verlangen.

...

Art. 13 Aufgaben und Befugnisse der Kontrollorgane

¹ Die Kontrollorgane führen stichprobenweise nachträgliche Kontrollen über die Einhaltung der Sicherheitsvorschriften für TEG durch. Sie verfolgen begründete Hinweise, wonach TEG den Vorschriften nicht entsprechen.

² Die nachträgliche Kontrolle nach Absatz 1 umfasst:

a. die formelle Überprüfung, ob:
   1. die Konformitätserklärung (sofern gefordert) in Ordnung ist, und
   2. die technischen Unterlagen vollständig sind;
b. eine Sicht- und Funktionskontrolle;

---

1   Fassung gemäss Ziff. I der V vom 27. März 2002, in Kraft seit 1. Mai 2002 (AS 2002 853).
2   SR 822.11

c. eine weitere nachträgliche Kontrolle des beanstandeten TEG.

³ Im Rahmen der nachträglichen Kontrolle sind die Kontrollorgane insbesondere befugt, die für den Nachweis der Konformität von TEG erforderlichen Unterlagen und Informationen zu verlangen, Muster zu erheben und Prüfungen zu veranlassen sowie während der üblichen Arbeitszeit die Geschäftsräume zu betreten.

⁴ Bringt der Inverkehrbringer die verlangten Unterlagen innerhalb der von den Kontrollorganen festgesetzten Frist nicht oder nicht vollständig bei, so können diese eine Überprüfung verfügen. Der Inverkehrbringer trägt die Kosten.

⁵ Die Kontrollorgane können eine Überprüfung auch verfügen, wenn:

a. aus der Konformitätserklärung nach Artikel 7 nicht hinreichend hervorgeht, dass ein TEG den Anforderungen entspricht;

b. Zweifel bestehen, ob ein TEG mit den eingereichten Unterlagen übereinstimmt.

⁶ Ergibt die Überprüfung nach Absatz 5, dass ein TEG den Anforderungen nicht entspricht, so trägt der Inverkehrbringer die Kosten der Überprüfung.

Art. 13a Massnahmen

¹ Entspricht ein TEG den Vorschriften dieser Verordnung nicht, so informiert das Kontrollorgan den Inverkehrbringer über das Ergebnis der Kontrolle und gibt ihm Gelegenheit zur Stellungnahme. Hierauf ordnet es gegebenenfalls die nötigen Massnahmen mit einer Verfügung an und räumt für deren Befolgung eine angemessene Frist ein. Es kann insbesondere das weitere Inverkehrbringen verbieten, den Rückruf, die Beschlagnahme oder die Einziehung verfügen sowie die von ihm getroffenen Massnahmen veröffentlichen.

² Für die nachträgliche Kontrolle, bei der sich herausstellt, dass ein TEG nicht den Vorschriften entspricht, wird dem Inverkehrbringer eine Gebühr auferlegt. Auslagen werden zusätzlich berechnet. Die Gebühren und Auslagen richten sich nach der Verordnung vom 30. April 1999[1] über die Gebühren für technische Einrichtungen und Geräte.

³ Die Kontrollorgane informieren sich gegenseitig sowie das SECO und melden dem SECO jene TEG, die den Sicherheitsvorschriften nicht genügen, und die entsprechenden Massnahmen. Wird eine Verfügung nach Absatz 1 erlassen, so stellen sie ein Doppel der Verfügung dem SECO zu.

⁴ Das Verwaltungsverfahrensgesetz vom 20. Dezember 1968[2] ist auch für die Kontrollorgane wie Fachorganisationen oder Institutionen, die nicht dem öffentlichen Recht unterstehen, anwendbar.

---

1   SR 172.048.191
2   SR 172.021

5. Abschnitt:[1] Aufsicht und Koordination

Art. 14 Aufsichtsbehörde

[1] Die Aufsicht über den Vollzug des Gesetzes obliegt, soweit sie in dieser Verordnung nicht ausdrücklich dem Departement übertragen wird, dem SECO.

[2] Das SECO sorgt für die Koordination der Tätigkeit der Kontrollorgane.[2]

[3] Es unterrichtet die Kontrollorgane periodisch über neue Sicherheitsregeln sowie über die für die Gewährleistung der Sicherheit von TEG getroffenen Massnahmen.[3]

6. Abschnitt: Schlussbestimmungen

Art. 15 Aufhebung bisherigen Rechts

Die Verordnung vom 21. Dezember 1977[4] über die Sicherheit von technischen Einrichtungen und Geräten einschliesslich der gestützt auf Artikel 4 der bisherigen Fassung des Gesetzes genehmigten Sicherheitsregeln wird aufgehoben. Vorbehalten bleibt Artikel 17.

Art. 16 Änderung bisherigen Rechts

Die Verordnung vom 9. Mai 1979[5] über die Aufgaben der Departemente, Gruppen und Ämter wird wie folgt geändert:

Art. 5 Ziff. 12 Bst. d

...

Art. 13 Ziff. 3 Bst. f

...

Art. 17 Weitergeltung von Erlassen und Vereinbarungen

[1] Folgende Erlasse bleiben vorläufig in Kraft:

a. die Verordnung des Eidgenössischen Departements des Innern vom 9. Dezember 1994[6] über grundlegende Anforderungen an Präservative;

---

1 Ursprünglich vor Art. 13. Eingefügt durch Ziff. I der V vom 27. März 2002, in Kraft seit 1. Mai 2002 (AS 2002 853).
2 Fassung gemäss Ziff. I der V vom 27. März 2002, in Kraft seit 1. Mai 2002 (AS 2002 853).
3 Eingefügt durch Ziff. I der V vom 27. März 2002, in Kraft seit 1. Mai 2002 (AS 2002 853).
4 [AS 1977 2376]
5 [AS 1979 684, 1983 1051, 1990 606 Art. 30 Ziff. 1 1535 1611, 1992 2 Art. 2 Bst. b 366 Art. 31 Abs. 2, 1994 1080, 1998 650, 1999 909 2179 Art. 17 Abs. 2, 2000 243 Anhang Ziff. 3 291 Anhang Ziff. II 2 330 Art. 18 Abs. 2 1239 Art. 12 Ziff. 1 1837 Art. 19 Ziff. 1. AS 2001 267 Art. 32 Bst. a]
6 [AS 1994 3089. AS 1996 987 Art. 20 Abs. 1]

b. die Verfügung des Eidgenössischen Departements des Innern vom 17. Dezember 1979[1] über die Zuständigkeit von Fachorganisationen zur Kontrolle technischer Einrichtungen und Geräte.

[2] ...[2]

Art. 18 Übergangsbestimmungen

[1] TEG, welche die Anforderungen des bisherigen Rechts erfüllen, dürfen bis zum 31. Dezember 1996 in Verkehr gebracht werden.

[2] Bis zum 31. Dezember 1996 genügt hinsichtlich des Erfordernisses nach Artikel 6 Absatz 1 Buchstabe a (Akkreditierung), dass ein Akkreditierungsgesuch eingereicht worden ist.

Art. 19 Inkrafttreten

Diese Verordnung tritt am 1. Juli 1995 in Kraft.

Anhang 1: Konformitätsbewertung (Art. 5 Abs. 1)

A. Maschinen

a. Für Maschinen, die nicht in Buchstabe b oder c erwähnt sind, kann der Hersteller oder sein in der Schweiz niedergelassener Vertreter die Konformitätsbewertung ohne Beizug einer Konformitätsbewertungsstelle selber vornehmen.

b. Wird eine Maschine, die in der abschliessenden Liste des Anhangs IV zur Maschinenrichtlinie aufgeführt ist, entsprechend den Normen nach Artikel 4a des Gesetzes hergestellt:

1. so müssen die Unterlagen nach Anhang 3 zusammengestellt und unverzüglich einer Konformitätsbewertungsstelle übermittelt werden, die den Empfang dieser Unterlagen umgehend bestätigt und sie aufbewahrt, oder
2. die Unterlagen müssen einer Konformitätsbewertungsstelle vorgelegt werden, die lediglich überprüft, ob die Normen nach Artikel 4a des Gesetzes korrekt angewendet wurden, und eine Bescheinigung darüber erstellt, dass diese Unterlagen den Vorschriften entsprechen, oder
3. das Modell der Maschine muss einer Baumusterprüfung unterzogen werden.

c. Werden bei der Herstellung von Maschinen nach Anhang IV der Maschinenrichtlinie die Normen nach Artikel 4a des Gesetzes nicht oder nur zum Teil beachtet, oder sind solche Normen nicht vorhanden, so muss das Modell der Maschine einer Baumusterprüfung unterzogen werden.

---

1 BBl 1980 I 251
2 Aufgehoben durch Ziff. I der V vom 27. März 2002 (AS 2002 853).

B. Gasgeräte
a. Bei serienmässig hergestellten Gasgeräten muss der Hersteller vor dem Inverkehrbringen, neben einer Baumusterprüfung, nach seiner Wahl eines der folgenden Konformitätsbewertungsverfahren einhalten:
   1. Baumusterkonformitätsverfahren mit Kontrolle (Kontrollsystem),
   2. Baumusterkonformitätsverfahren mit Zusicherung der Produktionsqualität (Qualitätssicherungssystem für die Produktion),
   3. Baumusterkonformitätsverfahren mit Zusicherung der Produktqualität (Qualitätssicherungssystem für das Produkt),
   4. die Prüfung auf Baumusterkonformität.
b. Bei der Herstellung von Gasgeräten in Einzelfertigung oder in geringer Stückzahl kann der Hersteller die Einzelprüfung wählen.

C. Persönliche Schutzausrüstungen (PSA)
a. Bei PSA im Sinne von Artikel 8 Absatz 3 der PSA-Richtlinie kann der Hersteller oder sein in der Schweiz niedergelassener Vertreter die Konformitätsbewertung selber vornehmen. Bei allen anderen PSA muss das Modell einer Baumusterprüfung unterzogen werden.
b. Bei komplexen PSA im Sinne von Artikel 8 Absatz 4 Buchstabe a der PSA-Richtlinie muss der Hersteller neben der Baumusterprüfung zusätzlich nach seiner Wahl:
   1. eine Qualitätssicherung für das Endprodukt, oder
   2. ein Qualitätssicherungssystem unterhalten.

Anhang 2: Konformitätserklärung (Art. 7 Abs. 1)

A. Grundsätze
a. Die Konformitätserklärung muss folgende Angaben enthalten:
   1. Name und Anschrift des Herstellers oder seines in der Schweiz niedergelassenen Vertreters,
   2. Beschreibung des Produkts,
   3. alle einschlägigen Bestimmungen, denen das Produkt entspricht,
   4. Name und Funktion des Unterzeichners, der bevollmächtigt ist, die Erklärung für den Hersteller oder seinen in der Schweiz niedergelassenen Vertreter rechtsverbindlich zu unterzeichnen;

b. Gegebenenfalls muss die Konformitätserklärung die folgenden Angaben enthalten:
   1. Name und Anschrift der Konformitätsbewertungsstelle und Nummer der Baumuster- bzw. Konformitätsbescheinigung,
   2. Name und Anschrift der Konformitätsbewertungsstelle, der entsprechend dem Anhang 1 nur die Unterlagen übermittelt worden sind,
   3. die Fundstellen der angewandten Normen nach Artikel 4a des Gesetzes,
   4. andere technische Normen und Spezifikationen, die angewandt wurden,
   5. Erklärung, dass das betreffende Produkt dem Baumuster entspricht,
   6. Erklärung, durch welche Verfahren nach Anhang 1 die Entsprechung mit dem Baumuster sichergestellt wird.

B. Maschinen

Für Maschinen gelten die folgenden speziellen Bestimmungen:
a. Bei einer Maschine im Sinne von Artikel 4 Absatz 2 der Maschinenrichtlinie muss in einer Erklärung des Herstellers anstatt einer Liste der eingehaltenen Bestimmungen der Hinweis enthalten sein, dass die Inbetriebnahme so lange untersagt ist, bis festgestellt wurde, dass die Maschine, in welche sie eingebaut werden soll, den Bestimmungen dieser Verordnung entspricht. Im Übrigen entspricht die Erklärung der Konformitätserklärung.
b. Bei Sicherheitsbauteilen hat die Konformitätserklärung zusätzlich die Sicherheitsfunktion anzugeben, falls diese nicht bereits aus der Beschreibung der Maschine klar ersichtlich ist.
c. Ist eine Baumusterprüfung nach Anhang 1 durchgeführt worden, muss die Konformitätserklärung die Übereinstimmung mit dem Modell bescheinigen, das Gegenstand der Baumusterprüfung war.

C. Gasgeräte

Für Gasgeräte gilt die folgende spezielle Bestimmung:
Bei Ausrüstungen im Sinne von Artikel 1 Absatz 1 der Gasgeräterichtlinie muss die Konformitätserklärung zusätzlich die Bedingungen für ihren Einbau in ein Gerät oder für ihren Zusammenbau enthalten, die dazu beitragen, dass die für fertiggestellte Geräte geltenden grundlegenden Anforderungen erfüllt sind.

Anhang 3: Spezielle Anforderungen an die technischen Unterlagen (Art. 8 Abs. 2)

A. Maschinen

Für Maschinen muss der Inverkehrbringer die folgenden der Komplexität der Maschine entsprechenden Unterlagen innert angemessener Frist verfügbar machen können:

a. einen Gesamtplan der Maschine sowie die Steuerkreispläne;
b. detaillierte und vollständige Pläne, eventuell mit Berechnungen, Versuchsergebnissen usw. für die Überprüfung der Übereinstimmung der Maschine mit den grundlegenden Sicherheits- und Gesundheitsanforderungen;
c. eine Liste der grundlegenden Anforderungen, der Normen und der anderen technischen Spezifikationen, die bei der Konstruktion der Maschine berücksichtigt wurden;
d. eine Beschreibung der Lösungen, die zur Verhütung der von der Maschine ausgehenden Gefahren gewählt wurden;
e. wenn die Konformität mit einer Norm nach Artikel 4a des Gesetzes erklärt wird, die dies vorschreibt, jeglichen technischen Bericht über die Ergebnisse der Prüfungen, die der Hersteller nach seiner Wahl selbst durchgeführt hat oder durch eine fachlich kompetente Stelle ausführen liess;
f. ein Exemplar der Betriebsanleitung der Maschine;
g. bei Serienfertigung eine Zusammenstellung der im Herstellerbetrieb getroffenen Massnahmen zur Gewährleistung der Übereinstimmung der Maschinen mit den Bestimmungen dieser Verordnung;
h. wenn die Kenntnisse über die Baugruppen unerlässlich oder notwendig sind, um die Übereinstimmung mit den grundlegenden Sicherheitsanforderungen prüfen zu können, detaillierte Pläne und sonstige genaue Angaben über die für die Herstellung der Maschinen verwendeten Baugruppen.

B. Gasgeräte

Für Gasgeräte muss der Inverkehrbringer die folgenden Unterlagen innert angemessener Frist verfügbar machen können:

a. Soweit zur Bewertung der Konformität erforderlich, Konstruktionsunterlagen, welche umfassen:
   1. eine allgemeine Beschreibung des Geräts,
   2. Konstruktions- und Fertigungszeichnungen, Schemata von Komponenten, Baugruppen, Schaltpläne usw.,
   3. Beschreibungen und Erklärungen, die für das Verständnis dieser Unterlagen nötig sind, einschliesslich der Funktionsweise des Geräts;

4. Bescheinigungen für Vorrichtungen, die in das Gerät eingebaut werden,
5. Bescheinigungen und Nachweise über die Verfahren zur Fertigung und/oder Inspektion und/oder Kontrolle des Geräts;

b. eine Liste der Normen nach Artikel 4a des Gesetzes, welche ganz oder teilweise angewandt wurden, sowie Beschreibungen der Lösungen, die gewählt wurden, um die grundlegenden Anforderungen zu erfüllen, wenn die Normen nach Artikel 4a des Gesetzes nicht angewandt wurden;

c. Testberichte;

d. Installations- und Bedienungsanleitungen;

e. andere Dokumente, welche die Möglichkeiten der Bewertung der Konformität verbessern.

C. Persönliche Schutzausrüstungen (PSA)

Für PSA muss der Inverkehrbringer die folgenden Unterlagen innert angemessener Frist verfügbar machen können:

a. die Gesamt- und Detailpläne der PSA, gegebenenfalls mit den Berechnungen und Ergebnissen der Versuche mit Prototypen, im Rahmen dessen, was erforderlich ist, um die Erfüllung der grundlegenden Anforderungen zu überprüfen;

b. das vollständige Verzeichnis der grundlegenden Sicherheits- und Gesundheitsanforderungen und der harmonisierten Normen oder sonstigen technischen Spezifikationen, die bei der Gestaltung der PSA berücksichtigt wurden.

Nr. 16 Bundesgesetz über die Information und Mitsprache der Arbeitnehmerinnen und Arbeitnehmer in den Betrieben (Mitwirkungsgesetz)

vom 17. Dezember 1993 (Stand am 6. April 2004)

SR 822.14

Die Bundesversammlung der Schweizerischen Eidgenossenschaft,

gestützt auf Artikel 34ter Absatz 1 Buchstabe b der Bundesverfassung[1],
nach Einsicht in die Botschaft des Bundesrates vom 24. Februar 1993[2],

beschliesst:

1. Abschnitt: Allgemeine Bestimmungen

Art. 1 Geltungsbereich

Dieses Gesetz gilt für alle privaten Betriebe, die ständig Arbeitnehmerinnen und Arbeitnehmer in der Schweiz beschäftigen.

Art. 2 Abweichungen

Zugunsten der Arbeitnehmerinnen und Arbeitnehmer kann von diesem Gesetz abgewichen werden. Zu ihren Ungunsten darf von den Artikel 3, 6, 9, 10, 12 und 14 Absatz 2 Buchstabe b nicht und von den übrigen Bestimmungen nur durch gesamtarbeitsvertragliche Mitwirkungsordnung abgewichen werden.

Art. 3 Anspruch auf Vertretung

In Betrieben mit mindestens 50 Arbeitnehmerinnen und Arbeitnehmern können diese aus ihrer Mitte eine oder mehrere Vertretungen bestellen.

Art. 4 Mitwirkung in Betrieben ohne Arbeitnehmervertretung

In Betrieben oder Betriebsbereichen ohne Arbeitnehmervertretung stehen die Informations- und Mitspracherechte nach den Artikeln 9 und 10 den Arbeitnehmerinnen und Arbeitnehmern direkt zu.

AS 1994 1037
1 [BS 1 3]
2 BBl 1993 I 805

2. Abschnitt: Arbeitnehmervertretung

Art. 5 Erstmalige Bestellung

1 Auf Verlangen eines Fünftels der Arbeitnehmerinnen und Arbeitnehmer ist durch eine geheime Abstimmung festzustellen, ob die Mehrheit der Stimmenden sich für eine Arbeitnehmervertretung ausspricht. In Betrieben mit mehr als 500 Beschäftigten ist die Abstimmung durchzuführen, wenn 100 von ihnen eine solche verlangen.

2 Befürwortet die Mehrheit der Stimmenden eine Arbeitnehmervertretung, so ist die Wahl durchzuführen.

3 Abstimmung und Wahl werden von Arbeitgeber- und Arbeitnehmerseite gemeinsam organisiert.

Art. 6 Wahlgrundsätze

Die Arbeitnehmervertretung wird in allgemeiner und freier Wahl bestellt. Auf Verlangen eines Fünftels der Arbeitnehmerinnen und Arbeitnehmer ist diese geheim durchzuführen.

Art. 7 Grösse

1 Die Grösse der Arbeitnehmervertretung wird von der Arbeitgeber- und der Arbeitnehmerseite gemeinsam festgelegt. Dabei ist der Grösse und der Struktur des Betriebs angemessen Rechnung zu tragen.

2 Die Vertretung besteht aus mindestens drei Personen.

Art. 8 Aufgaben

Die Arbeitnehmervertretung nimmt gegenüber der Arbeitgeberin oder dem Arbeitgeber die gemeinsamen Interessen der Arbeitnehmerinnen und Arbeitnehmer wahr. Sie informiert Letztere regelmässig über ihre Tätigkeit.

3. Abschnitt: Mitwirkungsrechte

Art. 9 Informationsrecht

1 Die Arbeitnehmervertretung hat Anspruch auf rechtzeitige und umfassende Information über alle Angelegenheiten, deren Kenntnis Voraussetzung für eine ordnungsgemässe Erfüllung ihrer Aufgaben ist.

2 Die Arbeitgeberin oder der Arbeitgeber hat die Arbeitnehmervertretung mindestens einmal jährlich über die Auswirkungen des Geschäftsganges auf die Beschäftigung und die Beschäftigten zu informieren.

Art. 10 Besondere Mitwirkungsrechte

Der Arbeitnehmervertretung stehen in folgenden Angelegenheiten nach Massgabe der entsprechenden Gesetzgebung besondere Mitwirkungsrechte zu:

a.[1] In Fragen der Arbeitssicherheit im Sinne von Artikel 82 des Unfallversicherungsgesetzes vom 20. März 1981[2] sowie in Fragen des Arbeitnehmerschutzes im Sinne von Artikel 48 des Arbeitsgesetzes vom 13. März 1964[3];

b. beim Übergang von Betrieben im Sinne der Artikel 333 und 333a des Obligationenrechts[4];

c. bei Massenentlassungen im Sinne der Artikel 335d–335g des Obligationenrechts;

d.[5] über den Anschluss an eine Einrichtung der beruflichen Vorsorge und die Auflösung eines Anschlussvertrages.

4. Abschnitt: Zusammenarbeit

Art. 11 Grundsatz

[1] Die Arbeitgeberin oder der Arbeitgeber und die Arbeitnehmervertretung arbeiten in betrieblichen Angelegenheiten nach dem Grundsatz von Treu und Glauben zusammen.

[2] Die Arbeitnehmervertretung wird von Arbeitgeberseite in ihrer Tätigkeit unterstützt. Die Arbeitgeberin oder der Arbeitgeber hat ihr im notwendigen Umfang Räume, Hilfsmittel und administrative Dienstleistungen zur Verfügung zu stellen.

Art. 12 Schutz der Mitglieder der Arbeitnehmervertretung

[1] Die Arbeitgeberin oder der Arbeitgeber darf die Mitglieder der Arbeitnehmervertretung in ihren Aufgaben nicht behindern.

[2] Die Mitglieder der Arbeitnehmervertretung dürfen von Arbeitgeberseite während des Mandats und nach dessen Beendigung wegen Ausübung dieser Tätigkeit nicht benachteiligt werden. Dies gilt auch für alle, die sich zur Wahl in eine Arbeitnehmervertretung stellen.

---

1   Fassung gemäss Art. 64 des Arbeitsgesetzes vom 13. März 1964 in der Fassung des BG vom 20. März 1998, in Kraft seit 1. Aug. 2000 (SR 822.11).

2   SR 832.20

3   SR 822.11

4   SR 220

5   Eingefügt durch Anhang Ziff. 5 des BG vom 3. Okt. 2003 (1. BVG-Revision), in Kraft seit 1. April 2004 (AS 2004 1677 1700; BBl 2000 2637).

Art. 13 Mitwirkung während der Arbeitszeit

Die Arbeitnehmervertretung kann ihre Tätigkeit während der Arbeitszeit ausüben, wenn die Wahrnehmung ihrer Aufgabe es erfordert und ihre Berufsarbeit es zulässt.

Art. 14 Verschwiegenheitspflicht

¹ Die Mitglieder der Arbeitnehmervertretung sind über betriebliche Angelegenheiten, die ihnen in dieser Eigenschaft zur Kenntnis gelangen, zur Verschwiegenheit gegenüber betriebsfremden Personen verpflichtet, sofern diese nicht mit der Wahrung der Interessen der Arbeitnehmerinnen und Arbeitnehmer betraut sind.

² Die Arbeitgeberin und der Arbeitgeber sowie die Mitglieder der Arbeitnehmervertretung sind zur Verschwiegenheit gegenüber allen Personen verpflichtet:
a. in Angelegenheiten, bei denen dies von Arbeitgeberseite oder von der Arbeitnehmervertretung aus berechtigtem Interesse ausdrücklich verlangt wird;
b. in persönlichen Angelegenheiten einzelner Arbeitnehmerinnen und Arbeitnehmer.

³ Arbeitnehmerinnen und Arbeitnehmer von Betrieben ohne Arbeitnehmervertretung, denen gestützt auf Artikel 4 das Informations- und Mitspracherecht direkt zusteht, sowie betriebsfremde Personen, die nach Absatz 1 informiert werden dürfen, sind ebenfalls zur Verschwiegenheit verpflichtet.

⁴ Im Weitern sind auch die Arbeitnehmerinnen und Arbeitnehmer zur Verschwiegenheit verpflichtet, die von der Arbeitnehmervertretung nach Artikel 8 informiert worden sind.

⁵ Die Pflicht zur Verschwiegenheit bleibt auch nach dem Ausscheiden aus der Arbeitnehmervertretung bestehen.

5. Abschnitt: Rechtspflege

Art. 15

¹ Über Streitigkeiten, die sich aus diesem Gesetz oder einer vertraglichen Mitwirkungsordnung ergeben, entscheiden unter Vorbehalt vertraglicher Schlichtungs- und Schiedsstellen die für Streitigkeiten aus dem Arbeitsverhältnis zuständigen Instanzen.

² Klageberechtigt sind die beteiligten Arbeitgeberinnen und Arbeitgeber, Arbeitnehmerinnen und Arbeitnehmer sowie deren Verbände. Für Letztere geht der Anspruch nur auf Feststellung.

³ Das Verfahren ist einfach, rasch und unentgeltlich. Der Sachverhalt wird von Amtes wegen festgestellt.

6. Abschnitt: Schlussbestimmungen

Art. 16
[1] Dieses Gesetz untersteht dem fakultativen Referendum.
[2] Der Bundesrat bestimmt das Inkrafttreten.

Datum des Inkrafttretens: 1. Mai 1994[1]

---

1   BRB vom 8. April 1994 (AS 1994 1041)

Nr. 17 Bundesgesetz über die Arbeit in Unternehmen des öffentlichen Verkehrs (Arbeitszeitgesetz, AZG)[1]

vom 8. Oktober 1971 (Stand am 1. Januar 2007)

SR 822.21

Die Bundesversammlung der Schweizerischen Eidgenossenschaft,

gestützt auf die Artikel 24ter, 26, 34ter, 36 und 64bis der Bundesverfassung[2], nach Einsicht in die Botschaft des Bundesrates vom 17. Februar 1971[3],

beschliesst:

I. Geltungsbereich

Art. 1 Unternehmen

[1] Dem Gesetz sind unterstellt:

a.[4] die Schweizerische Post,

b. die Schweizerischen Bundesbahnen sowie die konzessionierten Eisenbahn- und Trolleybusunternehmen,

c. die konzessionierten Automobilunternehmen mit öffentlichem Linienverkehr,

d. die konzessionierten Schifffahrtsunternehmen,

e. die konzessionierten Luftseilbahnunternehmen,

f. die Unternehmen, die im Auftrag der unter a–e genannten Unternehmen fahrplanmässige Fahrten ausführen.

[2] Wenn nur einzelne Teile eines Unternehmens dem öffentlichen Verkehr dienen, sind nur diese dem Gesetz unterstellt.

[3] Dem Gesetz sind auch Unternehmen mit Sitz im Ausland unterstellt, wenn deren Arbeitnehmer in der Schweiz eine unter das Gesetz fallende Tätigkeit ausüben. Die Konzessionen können die Vorschriften näher bestimmen, die jeweils zu beachten sind.

AS 1972 604

1 Abkürzung eingefügt gemäss Ziff. I des BG vom 20. März 1981, in Kraft seit 1. Jan. 1981 (AS 1981 1120; BBl 1980 III 417).

2 [BS 1 3; AS 1976 2001]

3 BBl 1971 I 440

4 Fassung gemäss Anhang Ziff. 20 des Postorganisationsgesetzes vom 30. April 1997, in Kraft seit 1. Jan. 2001 (SR 783.1).

⁴ Durch Verordnung können dem Gesetz Nebenbetriebe, die eine notwendige oder zweckmässige Ergänzung eines in Absatz 1 genannten Unternehmens bilden, unterstellt werden.

Art. 2   Arbeitnehmer

¹ Das Gesetz ist anwendbar auf Arbeitnehmer, die von einem nach Artikel 1 erfassten Unternehmen beschäftigt werden und zu ausschliesslich persönlicher Dienstleistung verpflichtet sind. Das Gesetz gilt auch für Beschäftigung im Ausland, wobei zwischenstaatliche Vereinbarungen sowie strengere ausländische Vorschriften vorbehalten sind.

² Das Gesetz ist auf Postautohalter und Inhaber von konzessionierten Automobilunternehmen mit öffentlichem Linienverkehr soweit anwendbar, als sie selber Fahrten im öffentlichen Linienverkehr ausführen.

³ Die Anwendbarkeit des Gesetzes auf Arbeitnehmer, die nur in geringem Ausmass in einem nach Artikel 1 erfassten Unternehmen beschäftigt werden, und auf private Hilfskräfte, die von Posthaltern, Postagenturinhabern sowie von Eil- und Telegrammzustellern beschäftigt werden, wird in der Verordnung geregelt.

⁴ Das Gesetz ist nicht anwendbar auf Arbeitnehmer im Verwaltungsdienst, die in einem öffentlich-rechtlichen Dienstverhältnis stehen.

II. Arbeits- und Ruhezeit
1. Arbeitnehmer im Betriebsdienst

Art. 3   Arbeitstag

Der Arbeitstag im Sinne des Gesetzes besteht aus der Dienstschicht und aus der Ruheschicht.

Art. 4   Arbeitszeit

¹ Die tägliche Arbeitszeit beträgt im Durchschnitt von 28 Tagen höchstens sieben Stunden.[1]

² Für Dienste, deren Arbeitszeit mehr als 2 Stunden Präsenzzeit umfasst, kann die durchschnittliche tägliche Arbeitszeit um höchstens 40 Minuten verlängert werden. Diese Dienste sind in der Verordnung zu bezeichnen.

---

[1] Fassung gemäss Ziff. I des BG vom 19. Dez. 1986, in Kraft seit 1. Juni 1987 (AS 1987 735 737; BBl 1986 II 549).

³ Die Höchstarbeitszeit innerhalb einer einzelnen Dienstschicht beträgt 10 Stunden, sie darf jedoch im Durchschnitt von 7 aufeinander folgenden Arbeitstagen 9 Stunden nicht überschreiten.

Art. 4bis[1] Gewährung eines Zeitzuschlages

Für den Dienst zwischen 22 und 6 Uhr ist grundsätzlich ein Zeitzuschlag zu gewähren. Der Bundesrat bestimmt die massgebenden Zeiten sowie den Umfang des Zeitzuschlages und regelt den Ausgleich.

Art. 5 Überzeitarbeit

¹ Wird die im Dienstplan vorgeschriebene Arbeitszeit aus dienstlichen Gründen überschritten, so gilt die über den Dienstplan hinausgehende Arbeitszeit grundsätzlich als Überzeitarbeit.

² Überzeitarbeit ist in der Regel durch Freizeit von gleicher Dauer auszugleichen. Ist der Ausgleich innerhalb eines angemessenen Zeitraumes nicht möglich, so ist für die Überzeitarbeit Barvergütung zu leisten. Die Barvergütung ist auf Grund des Lohnes mit einem Zuschlag von wenigstens 25 Prozent zu berechnen. Im Kalenderjahr dürfen höchstens 150 Stunden Überzeitarbeit durch Geldleistungen abgegolten werden.

³ Erfordern zwingende Gründe, wie höhere Gewalt oder Betriebsstörungen, eine Überschreitung der in Artikel 4 Absatz 3 festgesetzten Höchstarbeitszeit um mehr als zehn Minuten, so ist die gesamte über 10 bzw. 63 Stunden hinausgehende Arbeitszeit innerhalb der folgenden drei Arbeitstage durch Freizeit von gleicher Dauer auszugleichen; ferner ist eine Barvergütung gemäss Absatz 2 auszurichten.

Art. 6 Dienstschicht

¹ Die Dienstschicht besteht aus der Arbeitszeit und den Pausen; sie darf im Durchschnitt von 28 Tagen 12 Stunden nicht überschreiten. An einzelnen Tagen kann die Dienstschicht bis auf 13 Stunden verlängert werden.

² Wo besondere, durch Verordnung festzustellende Verhältnisse vorliegen, kann die Dienstschicht bis auf 15 Stunden verlängert werden, doch darf sie im Durchschnitt von 3 aufeinander folgenden Arbeitstagen 12 Stunden nicht überschreiten.

³ Erfordern zwingende Gründe, wie höhere Gewalt oder Betriebsstörungen, eine Überschreitung der in Absatz 2 festgelegten Höchstdienstschicht um mehr als zehn Minuten, so hat innerhalb der nächsten 3 Arbeitstage ein Ausgleich stattzufinden.

---

[1] Eingefügt durch Ziff. I des BG vom 19. März 1993, in Kraft seit 1. Jan. 1994 (AS 1993 2916 2917; BBl 1991 III 1285).

Art. 7   Pausen

¹ Nach ungefähr der Hälfte der Arbeitszeit ist eine Pause zu gewähren, welche die Einnahme einer Mahlzeit erlaubt. Sie soll in der Regel wenigstens eine Stunde betragen und, soweit es der Dienst gestattet, am Wohnort zugebracht werden können.

² In einer Dienstschicht sind drei Pausen zulässig; wo durch Verordnung zu umschreibende, aussergewöhnliche Verhältnisse vorliegen, kann diese Zahl auf vier erhöht werden. Eine Pause soll mindestens 30 Minuten dauern.

³ Pausen ausserhalb des Dienstortes sind zu wenigstens 30 Prozent als Arbeitszeit anzurechnen. Pausen am Dienstort sind zu wenigstens 20 Prozent anzurechnen, sofern in einer Dienstschicht mehr als zwei Pausen zugeteilt werden.¹

⁴ Auf die Gewährung einer Pause kann nach Anhören der Arbeitnehmer oder ihrer Vertreter verzichtet werden, wenn die Dienstschicht neun Stunden nicht überschreitet und der Arbeitnehmer die Möglichkeit hat, eine Zwischenverpflegung einzunehmen; dafür ist eine Arbeitsunterbrechung von 20 Minuten einzuräumen, die als Arbeitszeit gilt.

Art. 8   Ruheschicht

¹ Die Ruheschicht umfasst den Zeitraum zwischen zwei Dienstschichten und beträgt im Durchschnitt von 28 Tagen mindestens zwölf Stunden. Sie darf an einzelnen Tagen auf elf Stunden herabgesetzt werden.

² Wo besondere, durch Verordnung festzustellende Verhältnisse vorliegen, kann die Ruheschicht auf neun Stunden herabgesetzt werden, doch muss sie im Durchschnitt von 3 aufeinander folgenden Arbeitstagen mindestens zwölf Stunden betragen.

³ Die Ruheschicht soll, soweit es der Dienst gestattet, am Wohnort zugebracht werden können.

Art. 9   Nachtarbeit

¹ Als Nachtarbeit gilt die Beschäftigung zwischen 24 und 4 Uhr.

² ...²

³ Nachtarbeit darf dem Arbeitnehmer nicht mehr als siebenmal hintereinander und innerhalb von 28 Tagen an höchstens 14 Tagen zugeteilt werden.

⁴ Die Vorschriften von Absatz 3 sind nicht anwendbar auf Arbeitnehmer, die nur für Nachtarbeit angestellt sind.

⁵ Für Bauarbeiten, die aus betrieblichen Gründen nur nachts ausgeführt werden können, darf ausnahmsweise von Absatz 3 abgewichen werden.

---

1   Fassung gemäss Ziff. I des BG vom 19. Dez. 1986, in Kraft seit 1. Juni 1987 (AS 1987 735 737; BBl 1986 II 549).
2   Aufgehoben durch Ziff. I des BG vom 19. März 1993 (AS 1993 2916; BBl 1991 II 1285).

Art. 10 Ruhetage

¹ Der Arbeitnehmer hat je Kalenderjahr Anspruch auf 62 bezahlte Ruhetage. Diese sind angemessen auf das Jahr zu verteilen. Mindestens 20 Ruhetage müssen auf einen Sonntag fallen. Als Sonntage gelten auch Neujahr, Auffahrt und Weihnachten, ferner bis zu fünf kantonale Feiertage.[1]

² Für einzelne Gruppen von Arbeitnehmern der Nebenbahnen, Luftseilbahnen sowie Schifffahrts- und Automobilunternehmen kann die Zahl der Ruhesonntage durch Verordnung auf zwölf herabgesetzt werden.

³ Der Ruhetag umfasst 24 aufeinander folgende Stunden und muss am Wohnort zugebracht werden können.

⁴ Dem Ruhetag hat eine Ruheschicht voranzugehen, die im Durchschnitt von 42 Tagen mindestens zwölf Stunden beträgt; sie darf aber nicht weniger als neun Stunden dauern. Werden zwei oder mehr aufeinander folgende Ruhetage gewährt, so bezieht sich diese Vorschrift nur auf den ersten Ruhetag.

⁵ Die Verordnung regelt die Anrechnung von Dienstaussetzungen als Folge von Krankheit, Unfall, Militär- und Zivilschutzdienst, Urlaub oder aus andern Gründen auf die Ruhetage.

Art. 11 Fahrzeugführer

¹ Der Dienst am Lenkrad der Motorfahrzeug- und Trolleybusführer sowie der Dienst als Wagenführer von Strassenbahnen wird in der Verordnung geregelt.

² Für Motorfahrzeugführer, die ausser den Fahrten im öffentlichen Linienverkehr noch andere Transporte besorgen, können durch Verordnung im Rahmen der Bundesgesetzgebung über die Arbeits- und Ruhezeit der berufsmässigen Motorfahrzeugführer besondere Bestimmungen erlassen werden.

Art. 12 Dienstpläne und Diensteinteilungen

¹ Die Unternehmen haben die Einteilung der Arbeitstage sowie die Zuteilung der Ruhetage und Ferien in einer durch Verordnung bestimmten Art der Darstellung festzulegen.

² Die Arbeitnehmer oder ihre Vertreter sind vor der endgültigen Festsetzung der Dienstpläne und der Diensteinteilungen anzuhören.

---

1 Fassung gemäss Ziff. I des BG vom 20. März 1981, in Kraft seit 1. Jan. 1981 (AS 1981 1120; BBl 1980 III 417).

2. Arbeitnehmer im Verwaltungsdienst

Art. 13 Arbeitnehmer im Verwaltungsdienst
Für Arbeitnehmer im Verwaltungsdienst gilt, unter Vorbehalt von Artikel 2 Absatz 4, sinngemäss die Ordnung der Arbeits- und Ruhezeit der Bundesgesetzgebung über die Arbeit in Industrie, Gewerbe und Handel. Das Nähere bestimmt die Verordnung.

III. Ferien

Art. 14 Ferien
[1] Der Arbeitnehmer hat je Kalenderjahr Anspruch auf mindestens vier Wochen bezahlte Ferien. Die Verordnung bestimmt, ab welchem Alter sich dieser Anspruch auf fünf beziehungsweise sechs Wochen erhöht.[1]
[2] Für Arbeitnehmer im Betriebsdienst ist auf je sieben Ferientage ein bezahlter Ruhetag anzurechnen.
[3] Den Arbeitnehmern im Verwaltungsdienst sind Feiertage, die in die Ferien fallen, als Feiertage nachzugewähren.
[4] Die Verordnung regelt die Anrechnung von Dienstaussetzungen als Folge von Krankheit, Unfall, Militär-, Zivil- und Zivilschutzdienst, Urlaub oder aus andern Gründen auf die Ferien.[2]

IV. Gesundheitsvorsorge und Unfallverhütung

Art. 15 Gesundheitsvorsorge, Verhütung von Unfällen und Berufskrankheiten
[1] Durch Verordnung werden die Anwendbarkeit und der Vollzug der Vorschriften des Bundes über Gesundheitsvorsorge sowie über Verhütung von Unfällen und Berufskrankheiten geregelt.
[2] Zur Berücksichtigung der besonderen Verhältnisse bei den Unternehmen können durch Verordnung abweichende oder ergänzende Vorschriften erlassen werden.

---

1 Fassung gemäss Ziff. I des BG vom 20. März 1981, in Kraft seit 1. Jan. 1981 (AS 1981 1120; BBl 1980 III 417).
2 Fassung gemäss Anhang Ziff. 10 des Zivildienstgesetzes vom 6. Okt. 1995, in Kraft seit 1. Okt. 1996 (SR 824.0).

V. Sonderschutz[1]

Art. 16 Jugendliche

[1] Als Jugendliche gelten Arbeitnehmer bis zum vollendeten 20. Altersjahr.[2]

[2] Das Unternehmen hat auf die Gesundheit der Jugendlichen gebührend Rücksicht zu nehmen und namentlich darauf zu achten, dass sie während der Arbeit nicht überanstrengt werden.

[3] Vor dem vollendeten 15. Altersjahr dürfen Jugendliche nicht beschäftigt werden. Durch Verordnung oder genehmigte Dienstreglemente kann für bestimmte Arbeiten ein höheres Mindestalter festgesetzt werden.

Art. 17[3] Weitere Gruppen von Arbeitnehmern

[1] Schwangere dürfen nur mit ihrem Einverständnis und keinesfalls über die ordentliche Dauer der täglichen Arbeit hinaus beschäftigt werden. Sie dürfen auf blosse Anzeige hin der Arbeit fernbleiben oder sie verlassen.

[2] Wöchnerinnen dürfen während acht Wochen nach ihrer Niederkunft nicht beschäftigt werden. Auf eigenes Verlangen dürfen sie indessen bereits nach sechs Wochen wieder beschäftigt werden, wenn sie durch ärztliches Zeugnis nachweisen, dass sie arbeitsfähig sind.

[3] Stillende Mütter dürfen auch nach Ablauf von acht Wochen seit ihrer Niederkunft nur mit ihrem Einverständnis beschäftigt werden. Zum Stillen ist ihnen die erforderliche Zeit freizugeben.

[4] Der Bundesrat kann den Einsatz schwangerer Frauen oder anderer Gruppen von Arbeitnehmern für bestimmte Arbeiten aus gesundheitlichen Gründen untersagen oder von besonderen Voraussetzungen abhängig machen.

---

1   Fassung gemäss Ziff. I des BG vom 19. Dez. 1986, in Kraft seit 1. Juni 1987 (AS 1987 735 737; BBl 1986 II 549).
2   Fassung gemäss Ziff. I des BG vom 19. Dez. 1986, in Kraft seit 1. Juni 1987 (AS 1987 735 737; BBl 1986 II 549).
3   Fassung gemäss Ziff. I des BG vom 19. Dez. 1986, in Kraft seit 1. Juni 1987 (AS 1987 735 737; BBl 1986 II 549).

VI. Durchführung des Gesetzes

Art. 18 Aufsicht[1]

[1] Aufsicht und Vollzug des Gesetzes obliegen den in der Verordnung zu bezeichnenden Amtsstellen des Eidgenössischen Departements für Umwelt, Verkehr, Energie und Kommunikation[2].

[2] Die Aufsichtsbehörden entscheiden über die Unterstellung einzelner Unternehmen, Unternehmensteile oder Nebenbetriebe unter das Gesetz und die Anwendung des Gesetzes auf einzelne Arbeitnehmer sowie über Anstände zwischen Unternehmen und Arbeitnehmern über die Befolgung des Gesetzes, der dazu erlassenen Verordnung und der gestützt auf diese Bestimmungen getroffenen Verfügungen. Antragsberechtigt sind die Unternehmen und die Arbeitnehmer sowie deren Vertreter.

[3] ...[3]

Art. 19[4] Massnahmen gegen rechtswidrige Beschlüsse und Anordnungen

Die Aufsichtsbehörden sind verpflichtet, Beschlüsse und Anordnungen von Organen oder Dienststellen der Unternehmen aufzuheben, zu ändern oder ihre Durchführung zu verhindern, wenn sie gegen das Gesetz, die Verordnung, die Weisungen, die Konzession oder internationale Vereinbarungen verstossen.

Art. 20 Auskunftspflicht

Die Unternehmen und die Arbeitnehmer sind verpflichtet, den Aufsichtsorganen die erforderlichen Auskünfte über den Vollzug des Gesetzes und dessen Verordnung zu erteilen sowie die Dienstpläne und Diensteinteilungen zur Verfügung zu halten.

Art. 21 Abweichungen von den gesetzlichen Vorschriften

[1] Wenn besondere Verhältnisse vorliegen, können, nach Anhören der beteiligten Unternehmen und Arbeitnehmer oder deren Vertreter, durch Verordnung für einzelne Unternehmen oder Unternehmenskategorien Ausnahmen von den Vorschriften des Gesetzes angeordnet werden.

---

1   Fassung gemäss Anhang Ziff. 99 des Verwaltungsgerichtsgesetzes vom 17. Juni 2005, in Kraft seit 1. Jan. 2007 (SR 173.32).
2   Bezeichnung gemäss nicht veröffentlichtem BRB vom 19. Dez. 1997.
    Diese Änd. ist im ganzen Erlass berücksichtigt.
3   Aufgehoben durch Anhang Ziff. 99 des Verwaltungsgerichtsgesetzes vom 17. Juni 2005, mit Wirkung seit 1. Jan. 2007 (SR 173.32).
4   Fassung gemäss Ziff. I des BG vom 19. März 1993, in Kraft seit 1. Jan. 1994 (AS 1993 2916 2917; BBl 1991 III 1285).

² Zur Berücksichtigung aussergewöhnlicher Verhältnisse und nach Anhören der beteiligten Unternehmen und Arbeitnehmer oder deren Vertreter können die Aufsichtsbehörden im Einzelfall zeitlich befristete Abweichungen von den Vorschriften des Gesetzes bewilligen.

³ Bei Anordnung von Ausnahmen und Abweichungen sind die Erfordernisse der Verkehrs- und Betriebssicherheit sowie des Arbeitnehmerschutzes angemessen zu berücksichtigen.

Art. 22   Arbeitszeitgesetzkommission

¹ Der Bundesrat bestellt nach Entgegennahme von Vorschlägen der Unternehmen und Arbeitnehmer die Eidgenössische Arbeitszeitgesetzkommission, bestehend aus einem Präsidenten und aus Vertretern der Unternehmen und der Arbeitnehmer in gleicher Zahl.

² Die Arbeitszeitgesetzkommission begutachtet zuhanden der Bundesbehörden Fragen des Arbeitszeitgesetzes und seines Vollzugs. Sie ist befugt, von sich aus Anregungen zu machen.

Art. 23   Verordnung

Der Bundesrat erlässt Verordnungsbestimmungen

a. in den vom Gesetz ausdrücklich bezeichneten Fällen,

b. zum Vollzug des Gesetzes.

VII. Strafbestimmungen[1]

Art. 24   Strafrechtliche Verantwortlichkeit

¹ Personen, die als Arbeitgeber oder für ihn gehandelt haben oder hätten handeln sollen, sind strafbar, wenn sie den Vorschriften des Gesetzes, der Verordnung oder einer gestützt darauf erlassenen Verfügung der zuständigen Behörde über

a. Arbeits- und Ruhezeit,

b. Ferien,

c. Gesundheitsvorsorge und Unfallverhütung,

d.[2] den Sonderschutz

vorsätzlich oder fahrlässig zuwiderhandeln.

---

1   Ab 1. Jan. 2007 sind die angedrohten Strafen und die Verjährungsfristen in Anwendung von Art. 333 Abs. 2–6 des Strafgesetzbuches (SR 311.0) in der Fassung des BG vom 13. Dez. 2002 (AS 2006 3459) zu interpretieren beziehungsweise umzurechnen.

2   Fassung gemäss Ziff. I des BG vom 19. Dez. 1986, in Kraft seit 1. Juni 1987 (AS 1987 735 737; BBl 1986 II 549).

² Der Arbeitnehmer ist strafbar, wenn er den Vorschriften des Gesetzes, der Verordnung oder einer gestützt darauf erlassenen Verfügung der zuständigen Behörden über Arbeits- und Ruhezeit sowie Gesundheitsvorsorge und Unfallverhütung vorsätzlich oder fahrlässig zuwiderhandelt.

³ Die Strafe ist Busse.[1]

⁴ Begeht ein Arbeitnehmer eine nach diesem Gesetz strafbare Handlung auf Veranlassung seines Arbeitgebers oder Vorgesetzten oder haben diese die Widerhandlung nicht nach ihren Möglichkeiten verhindert, so unterstehen Arbeitgeber und Vorgesetzte der gleichen Strafandrohung wie der Arbeitnehmer. Der Arbeitnehmer kann milder oder nicht bestraft werden, wenn die Umstände es rechtfertigen.

Art. 25 Strafverfolgung. Vorbehalt des Strafgesetzbuches

¹ Ist das Unrecht oder die Schuld gering, so sieht die zuständige Behörde von der Strafverfolgung, der Überweisung an das Gericht oder der Bestrafung ab.[2]

² Die besonderen Bestimmungen des Strafgesetzbuches[3] bleiben vorbehalten.

³ Die Strafverfolgung ist Sache der Kantone.

VIII. Schluss- und Übergangsbestimmungen

Art. 26[4]

Art. 27 Übergangsbestimmungen

¹ ...[5]

² Die Anwendung des Gesetzes darf für den Arbeitnehmer keine Verminderung des gesamten bisherigen Jahresverdienstes zur Folge haben.

Art. 28 Aufhebung und Änderung von Vorschriften

¹ Mit dem Inkrafttreten des Gesetzes sind alle ihm widersprechenden Bestimmungen aufgehoben, namentlich das Bundesgesetz vom 6. März 1920[6] betreffend die Arbeitszeit beim Betriebe der Eisenbahnen und anderer Verkehrsanstalten;

---

1 Fassung gemäss Art. 333 des Strafgesetzbuches (SR 311.0) in der Fassung des BG vom 13. Dez. 2002, in Kraft seit 1. Jan. 2007 (AS 2006 3459).
2 Fassung gemäss Ziff. I des BG vom 19. März 1993, in Kraft seit 1. Jan. 1994 (AS 1993 2916 2917; BBl 1991 III 1285).
3 SR 311.0
4 Aufgehoben durch Ziff. I des BG vom 20. März 1981 (AS 1981 1120; BBl 1980 III 417).
5 Aufgehoben durch Ziff. I des BG vom 20. März 1981 (AS 1981 1120; BBl 1980 III 417).
6 [BS 8 154; AS 1948 969, 1956 1247, 1966 57 Art. 66]

Artikel 66 des Bundesgesetzes vom 13. März 1964 über die Arbeit in Industrie, Gewerbe und Handel.

[2] Das Bundesgesetz vom 13. März 1964[1] über die Arbeit in Industrie, Gewerbe und Handel wird wie folgt geändert:

Art. 2 Abs. 1 Bst. b

...

Art. 29 Inkrafttreten

Der Bundesrat bestimmt den Zeitpunkt des Inkrafttretens dieses Gesetzes.

Datum des Inkrafttretens: 28. Mai 1972[2]

---

1 SR 822.11. Die hiernach aufgeführte Änd. ist eingefügt im genannten Erlass.
2 Ziff. 1 des BRB vom 26. Jan. 1972 (AS 1972 614).

Nr. 18 Verordnung über die Arbeit in Unternehmen
des öffentlichen Verkehrs
(Verordnung zum Arbeitszeitgesetz, AZGV)[1]

vom 26. Januar 1972 (Stand am 1. Dezember 2008)

SR 822.211

Der Schweizerische Bundesrat,

gestützt auf die Artikel 21 und 23 des Bundesgesetzes vom 8. Oktober 1971[2] über die Arbeit in Unternehmen des öffentlichen Verkehrs (Gesetz, AZG)[3] sowie auf Artikel 131 des Bundesgesetzes vom 13. Juni 1911[4] über die Kranken- und Unfallversicherung,

verordnet:

I. Geltungsbereich

Art. 1 Unternehmen

[1] Als konzessionierte Eisenbahnunternehmen gelten Unternehmen, die auf Grund einer eidgenössischen Konzession Normal- und Schmalspurbahnen, Zahnradbahnen, Strassenbahnen oder Standseilbahnen betreiben.

[2] Als konzessionierte Automobilunternehmen mit öffentlichem Linienverkehr gelten Unternehmen, die auf Grund einer eidgenössischen Konzession auf einer festgelegten Strecke mit Strassenfahrzeugen fahrplanmässige Fahrten ausführen (Konzession I).

[3] Als konzessionierte Luftseilbahnunternehmen gelten Unternehmen, die auf Grund einer eidgenössischen Konzession eine Luftseilbahn betreiben. Als Luftseilbahnen gelten Pendel-, Umlauf- und Sesselbahnen, auch solche, die im Winter als Skilifte betrieben werden, sowie Schlittenseilbahnen, Aufzüge und ähnliche Transportanlagen.

AS 1972 615
1 Fassung gemäss Ziff. I der V vom 29. April 1987, in Kraft seit 1. Juni 1987 (AS 1987 738).
2 SR 822.21
3 Fassung gemäss Ziff. I der V vom 29. April 1987, in Kraft seit 1. Juni 1987 (AS 1987 738).
4 [BS 8 281; AS 1959 858, 1964 965, 1968 64, 1971 1465 II Art. 6 Ziff. 2, 1977 2249 Ziff. I 611, 1978 1836 Anhang Ziff. 4, 1982 196 1676 Anhang Ziff. 1 2184 Art. 114, 1990 1091, 1991 362 Ziff. II 412, 1992 288 Anhang Ziff. 37 2350, 1995 511. AS 1995 1328 Anhang Ziff. 1]. Siehe heute Art. 83 des BG vom 20. März 1981 über die Unfallversicherung (SR 832.20).

Art. 2 Nebenbetriebe

¹ Dem Gesetz sind folgende Nebenbetriebe unterstellt:
a. Schlafwagenbetriebe;
b. Speisewagenbetriebe;
c. Ambulante Verpflegungsdienste in Zügen;
d. Skilifte, die von einem dem Gesetz unterstellten Unternehmen betrieben werden.

² Wo in dieser Verordnung von Unternehmen die Rede ist, sind darunter auch die Nebenbetriebe nach Absatz 1 zu verstehen.

Art. 3 Arbeitnehmer

¹ Als Arbeitnehmer gilt jede Person, die zu persönlicher Dienstleistung in einem Unternehmen verpflichtet ist.

² Als Arbeitnehmer gelten auch Lehrlinge, Praktikanten, Volontäre und andere Personen, die zur Ausbildung im Unternehmen tätig sind.

³ Zu persönlicher Dienstleistung verpflichtet sind Arbeitnehmer, die auf Grund ihres Dienstverhältnisses die Arbeit weder ganz noch teilweise durch Dritte verrichten lassen dürfen.

⁴ Ein Arbeitnehmer ist nur in geringem Ausmass nach Artikel 2 Absatz 3 des Gesetzes beschäftigt, wenn seine tägliche Arbeitszeit im Durchschnitt von 28 Tagen höchstens drei Stunden beträgt. Für solche Arbeitnehmer gelten die Vorschriften des Gesetzes sinngemäss.

⁵ Die Anwendbarkeit des Gesetzes auf Arbeitnehmer, die im Auftrag eines Dritten in einem Unternehmen arbeiten, ist durch die in Artikel 27 genannten Aufsichtsbehörden zu ordnen.

Art. 4 Private Hilfskräfte

¹ Das Gesetz ist unter Vorbehalt der in den Artikeln 5 ff. dieser Verordnung genannten Ausnahmen anwendbar auf private Hilfskräfte, die von Posthaltern, Postagenturinhabern sowie von Eil- und Telegrammzustellern beschäftigt werden.

² Die in den Artikeln 5 ff. genannten Ausnahmen sind mit den privaten Hilfskräften zu vereinbaren und von der Aufsichtsbehörde im Voraus zu genehmigen.

³ Die Vorschriften in Artikel 7 Absätze 2 und 3 des Gesetzes sind auf private Hilfskräfte, die von Eil- und Telegrammzustellern beschäftigt werden, nicht anwendbar.

⁴ Das Gesetz ist nicht anwendbar auf Familienangehörige und Ablöser von Posthaltern, Postagenturinhabern sowie von Eil- und Telegrammzustellern. Ebenso ist es nicht anwendbar auf Verwandte, die mit Posthaltern, Postagenturinhabern sowie Eil- und Telegrammzustellern im gleichen Haushalt leben.

Art. 5 Betriebs- und Verwaltungsdienst

¹ Das Unternehmen wird unterteilt in Betriebsdienst und Verwaltungsdienst.

² Zum Betriebsdienst gehören die Dienststellen eines Unternehmens, denen insbesondere obliegen:

a.[1]
- Beförderung von Reisenden inkl. Billettverkauf;
- Bahnbewachung;
- Annahme, Lagerung, Beförderung und Auslieferung von Gütern im Rahmen des Personenverkehrs und von Postsendungen;
- Beförderung und Disposition von Gütern des Güterverkehrs;
- Abwicklung des Geldverkehrs;
- Nachrichtenübermittlung in allen Formen;
- Reinigungsarbeiten;

b.[2] Bau und Unterhalt der Anlagen, Einrichtungen, Fahrzeuge und Komponenten, die von den Dienststellen, welche die Leistungen nach Buchstabe a erbringen, verwendet werden;

c.[3] Erzeugung, Umwandlung, Steuerung und Übertragung von Energie in den eigenen Elektrizitätswerken, Unterwerken und Umformerstationen des Unternehmens;

d. Dienstleistungen in Nebenbetrieben gemäss Artikel 2.

³ Der Verwaltungsdienst umfasst die Unternehmensführung und die dazugehörenden administrativen und technischen Dienste des Unternehmens und der Nebenbetriebe.

II. Arbeits- und Ruhezeit

Art. 6 Arbeitszeit

¹ Als Arbeitszeit gilt die Zeit, während der ein Arbeitnehmer im Sinne von Artikel 4 Absätze 1 und 2 des Gesetzes beim Unternehmen beschäftigt ist.

² Ausserdem werden als Arbeitszeit angerechnet:

a. Reisezeiten ohne Arbeitsleistung;

b. Pausenanteile nach Artikel 7 Absatz 3 des Gesetzes;

c.[4] der Zeitzuschlag nach Artikel 4bis des Gesetzes von mindestens:
- 10 Prozent für den Dienst zwischen 22 und 24 Uhr;

---

1 Fassung gemäss Ziff. I der V vom 1. Sept. 2004, in Kraft seit 1. Okt. 2004 (AS 2004 4175).
2 Fassung gemäss Ziff. I der V vom 1. Sept. 2004, in Kraft seit 1. Okt. 2004 (AS 2004 4175).
3 Fassung gemäss Ziff. I der V vom 1. Sept. 2004, in Kraft seit 1. Okt. 2004 (AS 2004 4175).
4 Fassung gemäss Ziff. I der V vom 27. Okt. 1993, in Kraft seit 1. Jan. 1994 (AS 1993 2918).

- 30 Prozent für den Dienst zwischen 24 und 4 Uhr sowie zwischen 4 und 5 Uhr, wenn der Arbeitnehmer den Dienst vor 4 Uhr angetreten hat;
- 40 Prozent statt 30 Prozent ab Beginn des Kalenderjahres, in dem der Arbeitnehmer das 55. Altersjahr vollendet;

d.[1] bei Interventionszentren für den Einsatz von Lösch- und Rettungszügen: die Anwesenheitszeiten ohne Arbeitsleistung, wenn dafür eine schriftliche Vereinbarung zwischen dem Unternehmen und den Arbeitnehmern oder deren Vertreter vorliegt. Die Vereinbarung muss eine Angabe zum Umfang der als Arbeitszeit anzurechnenden Anwesenheitszeit ohne Arbeitsleistung enthalten.[2]

2bis Das Unternehmen vereinbart mit den Arbeitnehmern oder ihren Vertretern, wie die Arbeitszeit aus dem Zeitzuschlag nach Absatz 2 Buchstabe c ausgeglichen wird.[3]

3 Dienstfreie Tage, die dem Arbeitnehmer zu gewähren sind, damit die Bestimmungen über die Arbeitszeit eingehalten werden, sind in dieser Verordnung als Ausgleichstage bezeichnet. Ausgleichstage sind in der Regel zusammen mit Ruhetagen zuzuteilen. Der Ausgleichstag umfasst mindestens 24 aufeinanderfolgende Stunden. Abweichungen können zwischen der Unternehmung und den Arbeitnehmern oder ihren Vertretern vereinbart werden.[4]

4 Sofern es die betrieblichen Verhältnisse erlauben, ist die Fünftagewoche einzuhalten. In den übrigen Fällen sollen Ausgleichstage soweit möglich so zugeteilt werden, dass eine gegenüber der Fünftagewoche gleichwertige Lösung erreicht wird.[5]

5 Die Höchstarbeitszeit nach Artikel 4 Absatz 3 des Gesetzes kann in Ausnahmefällen und sofern betrieblich notwendig um Reisezeit ohne Arbeitsleistung, jedoch höchstens um 40 Minuten überschritten werden.[6]

6 Wird infolge Anrechnung von Reisezeiten ohne Arbeitsleistung die Höchstarbeitszeit überschritten, so richtet sich der Ausgleich nach Artikel 5 Absatz 2 des Gesetzes.[7]

7 Zur Bewältigung des Sommersaisonverkehrs vom 1. Mai bis zum 31. Oktober können Schifffahrtsunternehmen und Arbeitnehmervertreter schriftliche Vereinbarungen abschliessen, wonach die Höchstarbeitszeit nach Artikel 4 Absatz 3 des Gesetzes innerhalb einer einzelnen Dienstschicht um höchstens drei Stunden überschritten werden darf. Innerhalb von sieben aufeinander folgenden Arbeitstagen darf die Höchstarbeitszeit 72 Stunden jedoch nicht überschreiten.[8]

---

1 Eingefügt durch Ziff. I der V vom 1. Nov. 2006, in Kraft seit 1. Jan. 2007 (AS 2006 4545).
2 Fassung gemäss Ziff. I der V vom 29. April 1987, in Kraft seit 1. Juni 1987 (AS 1987 738).
3 Eingefügt durch Ziff. I der V vom 27. Okt. 1993, in Kraft seit 1. Jan. 1994 (AS 1993 2918).
4 Fassung gemäss Ziff. I der V vom 29. April 1987, in Kraft seit 1. Juni 1987 (AS 1987 738).
5 Fassung gemäss Ziff. I der V vom 29. April 1987, in Kraft seit 1. Juni 1987 (AS 1987 738).
6 Fassung gemäss Ziff. I der V vom 29. April 1987, in Kraft seit 1. Juni 1987 (AS 1987 738).
7 Eingefügt durch Ziff. I der V vom 29. April 1987, in Kraft seit 1. Juni 1987 (AS 1987 738).
8 Eingefügt durch Ziff. I der V vom 2. Nov. 2005 (AS 2005 5039).

⁸ Bei Interventionszentren für den Einsatz von Lösch- und Rettungszügen kann die Höchstarbeitszeit nach Artikel 4 Absatz 3 des Gesetzes um die anrechenbare Arbeitszeit nach Absatz 2 Buchstabe d überschritten werden.[1]

⁹ Die Dienste werden wie folgt eingeteilt:

a. Frühdienst: Dienst, der zwischen 4 Uhr und 6 Uhr beginnt;
b. Mitteldienst: Dienst, der ganz in den Zeitraum fällt, der um 6 Uhr beginnt und um 20 Uhr endet;
c. Spätdienst: Dienst, der zwischen 20 Uhr und 24 Uhr endet;
d. Nachtdienst: Dienst, der ganz oder teilweise in den Zeitraum fällt, der um 24 Uhr beginnt und um 4 Uhr endet.[2]

Art. 7   Durchschnittliche tägliche Arbeitszeit

¹ Die durchschnittliche tägliche Arbeitszeit gemäss Artikel 4 Absätze 1 und 2 des Gesetzes wird errechnet, indem die in einem Abschnitt von 28 Tagen oder in einem geschlossenen Tourenablauf geleistete Arbeitszeit zusammengezählt und durch die Zahl der Arbeitstage geteilt wird. Werden zur Erreichung des vorgeschriebenen Durchschnittes Ausgleichstage eingeteilt, so zählen diese nicht als Ruhe-, sondern als Arbeitstage.

² In Unternehmen mit starkem Saisonverkehr kann die durchschnittliche tägliche Arbeitszeit gemäss Artikel 4 Absätze 1 und 2 des Gesetzes während höchstens sechs Monaten im Jahr um eine Stunde verlängert werden, doch ist sie im Jahresdurchschnitt einzuhalten.

³ Die durchschnittliche tägliche Arbeitszeit für Unternehmen mit gesamtarbeitsvertraglich geregelter Jahresarbeitszeit und für Schifffahrtsunternehmen kann im Jahresdurchschnitt 7 Stunden betragen.[3]

⁴ Die tägliche Arbeitszeit der privaten Hilfskräfte, die von Posthaltern, Postagenturinhabern sowie von Eil- und Telegrammzustellern beschäftigt werden, kann im Durchschnitt von 28 Tagen bis auf 8 Stunden verlängert werden, doch darf sie im Jahresdurchschnitt 7 Stunden nicht überschreiten.[4] Wo besondere Verhältnisse vorliegen, kann die in Absatz 2 vorgesehene Verlängerung der Arbeitszeit um eine Stunde zusätzlich beansprucht werden.

⁵ Die tägliche Arbeitszeit der Motorfahrzeugführer, die in einem konzessionierten Automobilunternehmen mit öffentlichem Linienverkehr (ohne Nah- und Vorortsverkehrsbetriebe) oder einem Unternehmen nach Artikel 1 Absatz 1 Buchstabe f des Gesetzes beschäftigt werden, kann im Durchschnitt von 28 Tagen bis auf 8 Stunden

---

1   Eingefügt durch Ziff. I der V vom 1. Nov. 2006, in Kraft seit 1. Jan. 2007 (AS 2006 4545).
2   Eingefügt durch Ziff. I der V vom 22. Okt. 2008, in Kraft seit 1. Dez. 2008 (AS 2008 5093 5403).
3   Fassung gemäss Ziff. I der V vom 2. Nov. 2005 (AS 2005 5039).
4   Fassung gemäss Ziff. I der V vom 29. April 1987, in Kraft seit 1. Juni 1987 (AS 1987 738).

verlängert werden, doch darf sie im Jahresdurchschnitt 7 Stunden nicht überschreiten.[1]

[6] Die tägliche Arbeitszeit der Arbeitnehmer der Zahnradbahnen mit ausgesprochen touristischem Charakter, der Standseilbahnen, Luftseilbahnen und Skilifte kann im Durchschnitt von 28 Tagen bis auf 8 Stunden verlängert werden, doch darf sie im Jahresdurchschnitt 7 Stunden nicht überschreiten. Wo besondere Verhältnisse vorliegen, kann die in Absatz 2 vorgesehene Verlängerung der Arbeitszeit um eine Stunde zusätzlich beansprucht werden.[2]

Art. 8 Präsenzzeit

[1] Als Präsenzzeit gilt die Zeit, die am zugewiesenen Arbeitsplatz ohne Arbeitsleistung zugebracht werden muss.

[2] Es werden nur zusammenhängende Präsenzzeiten von wenigstens 30 Minuten und im Barrierenwärterdienst solche von wenigstens 20 Minuten berücksichtigt.

[3] Fallen Präsenzzeiten und Reisezeiten gemäss Artikel 6 Absatz 2 Buchstabe a in die gleiche Dienstschicht, kann die durchschnittliche tägliche Arbeitszeit insgesamt um höchstens 40 Minuten verlängert werden.[3]

[4] Die Zuteilung einer nach Artikel 4 Absatz 2 des Gesetzes verlängerten Arbeitszeit ist in folgenden Diensten zulässig:

a. bei Eisenbahnen
   im Stationsdienst
   im Reservedienst beim Fahrpersonal
   im Barrierenwärterdienst
   im Fahrdienst der Zahnradbahnen
   im Fahrdienst der Standseilbahnen

b. bei Schiffahrtsunternehmen
   in allen Diensten

c. bei Luftseilbahnunternehmen
   in allen Diensten

d. bei Automobilunternehmen
   im Fahrdienst

e.[4] bei Nebenbetrieben
   im Dienst in Speisewagen
   im Verpflegungsdienst in Zügen
   in allen Diensten bei Skiliften.

---

1   Fassung gemäss Ziff. I der V vom 29. April 1987, in Kraft seit 1. Juni 1987 (AS 1987 738).
2   Fassung gemäss Ziff. I der V vom 2. Nov. 2005 (AS 2005 5039).
3   Fassung gemäss Ziff. I der V vom 29. April 1987, in Kraft seit 1. Juni 1987 (AS 1987 738).
4   Fassung gemäss Ziff. I der V vom 27. Okt. 1993, in Kraft seit 1. Jan. 1994 (AS 1993 2918).

Art. 8a[1] Pikettdienst

[1] Als Pikettdienst gilt ein Dienst, in dem sich der Arbeitnehmer ausserhalb der geplanten Arbeits- oder Präsenzzeit für allfällige Arbeitseinsätze zur Behebung von Störungen oder ähnliche Sonderereignisse sowie für damit verbundene Kontrollgänge bereithält.

[2] Pikettdienst darf nur verlangt werden, wenn dies zwischen dem Unternehmen und den Arbeitnehmern oder ihren Vertretern schriftlich vereinbart worden ist.

Art. 8b[2] Einteilung zum Pikettdienst

[1] Ein Arbeitnehmer darf im Zeitraum von 28 Tagen an höchstens sieben Tagen zum Pikettdienst eingeteilt werden. Sobald die Höchstzahl erreicht ist, darf der Arbeitnehmer während den zwei darauf folgenden Wochen nicht mehr zum Pikettdienst eingeteilt werden.

[2] In Abweichung von Absatz 1 darf ein Arbeitnehmer im Zeitraum von 28 Tagen an höchstens 14 Tagen zum Pikettdienst eingeteilt werden, wenn aufgrund der betrieblichen Grösse oder Struktur nicht genügend Personal für einen Pikettdienst nach Absatz 1 zur Verfügung steht und für den Arbeitnehmer:

a. im Kalenderjahr höchstens 20 Wochen von Pikettdienst betroffen sind und nach sieben Piketttagen jeweils mindestens sieben pikettfreie Tage folgen; oder
b. im Kalenderjahr höchstens 90 Tage von Pikettdienst betroffen sind.

[3] Zur Bewältigung von winterlichen Verhältnissen darf ein Arbeitnehmer innerhalb von sechs Monaten während 16 Wochen, im Kalenderjahr jedoch während nicht mehr als 20 Wochen und insgesamt höchstens an 77 Tagen zum Pikettdienst eingeteilt werden.

[4] Eine Woche nach Absatz 2 Buchstabe a und Absatz 3 umfasst sieben Tage und beginnt jeweils am Montag.

[5] Bei Arbeitnehmern mit Familienpflichten dürfen kurzfristige Änderungen in der Einteilung der Pikettdienste nur mit deren Einverständnis vorgenommen werden.

[6] Ein Arbeitnehmer darf nicht an einem Ruhetag, während der Ruheschicht nach Artikel 10 Absatz 4 des Gesetzes oder an einem Tag, an dem er Nachtdienst leistet, zum Pikettdienst eingeteilt werden.

---

1 Eingefügt durch Ziff. I der V vom 22. Okt. 2008, in Kraft seit 1. Dez. 2008 (AS 2008 5093 5403).
2 Eingefügt durch Ziff. I der V vom 22. Okt. 2008, in Kraft seit 1. Dez. 2008 (AS 2008 5093 5403).

Art. 8c[1]   Arbeitszeit bei Pikettdienst

[1] Bei einem Einsatz während des Pikettdienstes werden die gesamte Einsatzzeit sowie die Wegzeit zum und vom Einsatzort als Arbeitszeit angerechnet und die Zeitzuschläge nach Artikel 6 Absatz 2 gewährt.

[2] Bei einem an die im Dienstplan vorgeschriebene Dienstschicht anschliessenden, unaufschiebbaren Piketteinsatz ist eine ununterbrochene Arbeitszeit von mehr als fünf Stunden zulässig.

[3] Wird infolge Piketteinsätzen die Höchstarbeitszeit überschritten, so richtet sich der Ausgleich nach Artikel 5 Absatz 2 des Gesetzes.

Art. 8d[2]   Verhältnis zwischen Piketteinsatz und Dienstschicht oder Arbeitstag

[1] Piketteinsätze gelten nicht als zu einer Dienstschicht oder zu einem Arbeitstag gehörend.

[2] Durch einen Piketteinsatz wird ein Ausgleichstag nicht zu einem Arbeitstag.

Art. 8e[3]   Ruheschicht bei Pikettdienst

Die Ruheschicht zwischen zwei Dienstschichten darf durch Einsätze während des Pikettdienstes unterbrochen werden. Die verbleibende Ruheschicht vor und nach den Einsätzen muss zusammen mindestens elf Stunden betragen; davon müssen mindestens sechs Stunden zusammenhängen.

Art. 9   Überzeitarbeit

[1] Überzeitarbeit ist in der Regel innert 56 Tagen durch Freizeit von gleicher Dauer auszugleichen. Das Unternehmen und der Arbeitnehmer vereinbaren den Zeitpunkt des Ausgleichs; sie können wenn nötig die Frist erstrecken. Kann der Ausgleich nicht innert der vereinbarten Frist erfolgen, so ist Barvergütung zu leisten.[4]

[2] Die während eines Zeitabschnittes von 28 Tagen geleistete Überzeitarbeit ist zusammenzuzählen und dann gemäss Absatz 1 auszugleichen. Bei geringfügiger Überschreitung der im Dienstplan vorgeschriebenen Arbeitszeit kann zwischen den Unternehmen und den Arbeitnehmern oder deren Vertretern eine andere Form des Ausgleichs vereinbart werden.

[3] Die Barvergütung wird auf Grund des Stundenlohnes mit einem Zuschlag von wenigstens 25 Prozent berechnet.

---

1   Eingefügt durch Ziff. I der V vom 22. Okt. 2008, in Kraft seit 1. Dez. 2008 (AS 2008 5093 5403).
2   Eingefügt durch Ziff. I der V vom 22. Okt. 2008, in Kraft seit 1. Dez. 2008 (AS 2008 5093 5403).
3   Eingefügt durch Ziff. I der V vom 22. Okt. 2008, in Kraft seit 1. Dez. 2008 (AS 2008 5093 5403).
4   Fassung gemäss Ziff. I der V vom 29. April 1987, in Kraft seit 1. Juni 1987 (AS 1987 738).

4 Der Stundenlohn ist auf Grund von 300 Arbeitstagen zu 7 Stunden zu berechnen.[1]

5 Den privaten Hilfskräften, die von Posthaltern, Postagenturinhabern sowie von Eil- und Telegrammzustellern beschäftigt werden, dürfen im Kalenderjahr höchstens 300 Stunden Überzeitarbeit durch Geldleistungen abgegolten werden.

6 Motorfahrzeugführern, die in einem konzessionierten Automobilunternehmen mit öffentlichem Linienverkehr (ohne Nah- und Vorortsverkehrsbetriebe) oder einem Unternehmen nach Artikel 1 Absatz 1 Buchstabe f des Gesetzes beschäftigt werden, dürfen im Kalenderjahr höchstens 300 Stunden Überzeitarbeit durch Geldleistungen abgegolten werden.

Art. 10 Dienstschicht

1 Ausgleichstage, die zur Erreichung der vorgeschriebenen durchschnittlichen Arbeitszeit gewährt werden, sind bei der Berechnung der durchschnittlichen Dienstschicht nicht mitzuzählen.

2 Die Dienstschicht kann mit Zustimmung der beteiligten Arbeitnehmer oder deren Vertreter ausnahmsweise bis auf 15 Stunden ausgedehnt werden:[2]
a. wegen Personalmangels als Folge von Militär- oder Zivilschutzdienst, Krankheit oder Unfall;
b. zur Bewältigung ausserordentlicher und vorübergehender Aufgaben;
c. ...[3]

2bis Bei Schifffahrtsunternehmen kann die Dienstschicht auf 15 Stunden ausgedehnt werden, wenn dies für die Bewältigung des Sommersaisonverkehrs vom 1. Mai bis zum 31. Oktober nötig ist und wenn dafür eine schriftliche Vereinbarung zwischen dem Unternehmen und den Arbeitnehmervertretern vorliegt.[4]

3 In den nachstehenden Fällen darf die Dienstschicht im Durchschnitt von 28 Tagen 13 Stunden nicht überschreiten und an einzelnen Tagen höchstens 14 Stunden betragen:
a. auf einzelnen Linien von Unternehmen, deren ordentliche tägliche Betriebsdauer mehr als 12, aber höchstens 14 Stunden beträgt;
b. bei Nah- und Vorortsverkehrsbetrieben für die Bewältigung des Morgen- und Abendspitzenverkehrs mit dem gleichen Personal;
c. bei Kleinbetrieben für die Aufrechterhaltung unentbehrlicher Morgen- und Abendverbindungen. Als Kleinbetriebe gelten Unternehmen, die im öffentlichen Linienverkehr nicht mehr als drei Jahresarbeitskräfte für den Fahrdienst benötigen;

1　Fassung gemäss Ziff. I der V vom 29. April 1987, in Kraft seit 1. Juni 1987 (AS 1987 738).
2　Fassung gemäss Ziff. I der V vom 2. Nov. 2005 (AS 2005 5039).
3　Aufgehoben durch Ziff. I der V vom 2. Nov. 2005 (AS 2005 5039).
4　Eingefügt durch Ziff. I der V vom 2. Nov. 2005 (AS 2005 5039).

d. für Arbeitnehmer in Postbüros und Postagenturen sowie von Eil- und Telegrammzustellern, zur Sicherstellung der Zufuhr der Postsachen am Morgen und der Abfuhr am Abend mit dem gleichen Personal, sofern die Fahrplangestaltung dazu zwingt;
e. mit Zustimmung der beteiligten Arbeitnehmer oder ihrer Vertreter.

⁴ Unternehmen mit Früh-, Mittel-, Spät- und Nachtdienstschichten haben unter den Arbeitnehmern für einen angemessenen Wechsel der Schichten zu sorgen. Diese Bestimmung findet keine Anwendung auf Arbeitnehmer, die nur für Nachtarbeit angestellt sind.

⁵ Die anrechenbare Arbeitszeit nach Artikel 6 Absatz 2 Buchstaben b, c und d sind bei der Berechnung der Dienstschicht nicht anzurechnen.[1]

Art. 11 Pausen

¹ Eine Verkürzung der Pausen gemäss Artikel 7 Absatz 1 des Gesetzes auf weniger als eine Stunde kann zwischen den Unternehmen und den Arbeitnehmern oder deren Vertretern vereinbart werden.

² Der Arbeitnehmer soll seine Mahlzeiten wenn möglich zur ortsüblichen Zeit und zu Hause einnehmen können. Auf Wunsch der Arbeitnehmer oder ihrer Vertreter sind Pausen am Wohnort um die Mittagszeit wenn möglich auf mehr als eine Stunde zu verlängern.

³ Zwischen 23 und 5 Uhr darf mit Ausnahme der Pause gemäss Artikel 7 Absatz 1 des Gesetzes oder zum Zwecke der Übernachtung ohne Zustimmung der Arbeitnehmer oder ihrer Vertreter keine Pause eingeteilt werden.

⁴ Ununterbrochene Arbeitszeit von mehr als fünf Stunden ist wenn möglich zu vermeiden. Vorbehalten bleibt Artikel 7 Absatz 4 des Gesetzes.

⁵ Schiffahrtsunternehmen dürfen innerhalb einer Dienstschicht an Bord im Einvernehmen mit den Arbeitnehmern oder ihren Vertretern zur Einnahme der Hauptmahlzeiten Pausen von wenigstens 30 Minuten und gesamthaft höchstens einer Stunde zuteilen.

⁶ Aussergewöhnliche Verhältnisse im Sinne von Artikel 7 Absatz 2 des Gesetzes, die zur Einteilung von vier Pausen Anlass geben können, liegen vor:
a. im Fahrdienst der Zahnradbahnen mit ausgesprochen touristischem Charakter, der Standseilbahnen, Luftseilbahnen, Skilifte, Schiffahrtsunternehmen und Automobilunternehmen mit öffentlichem Linienverkehr (ohne Nah- und Vorortsverkehrsbetriebe), wenn die Fahrplangestaltung dazu zwingt;
b. bei kleinen Dienststellen der Eisenbahnunternehmen mit geringem Verkehrsaufkommen zur Aufrechterhaltung des Morgen- und Abendverkehrs mit dem glei-

---

1 Eingefügt durch Ziff. I der V vom 1. Nov. 2006, in Kraft seit 1. Jan. 2007 (AS 2006 4545).

chen Personal, wenn fahrplanbedingte, ausgedehnte Besetzungszeiten dazu zwingen;

c. im Barrierenwärterdienst, wenn fahrplanbedingte, ausgedehnte Besetzungszeiten dazu zwingen.

[7] Als Dienstort im Sinne von Artikel 7 Absatz 3 des Gesetzes gilt der Ort, der dem Arbeitnehmer vom Unternehmen angewiesen wird. In Gemeinden mit mehreren, auseinanderliegenden Dienststellen sowie im Baudienst ist der Dienstort vom Unternehmen im Einvernehmen mit den Arbeitnehmern oder ihren Vertretern näher zu umschreiben.

[8] Sofern die Voraussetzungen von Artikel 7 Absatz 4 des Gesetzes erfüllt sind, kann für die Einnahme einer Zwischenverpflegung auf Wunsch der Arbeitnehmer oder ihrer Vertreter eine Arbeitsunterbrechung von mehr als 20 Minuten eingeräumt werden. Dabei gelten wenigstens 20 Minuten dieser Arbeitsunterbrechung als Arbeitszeit. Diese Bestimmung ist auch anwendbar, wenn aus betrieblichen Gründen Arbeitsunterbrechungen von mehr als 20 Minuten zugeteilt werden müssen, sofern die Pause nicht wenigstens eine Stunde beträgt.

Art. 12 Ruheschicht

[1] Ausgleichstage, die zur Erreichung der vorgeschriebenen durchschnittlichen Arbeitszeit gewährt werden, sind bei der Berechnung der durchschnittlichen Ruheschicht nicht mitzuzählen.

[2] Die Ruheschicht kann mit Zustimmung der beteiligten Arbeitnehmer oder ihrer Vertreter in folgenden Fällen bis auf neun Stunden verkürzt werden:

a. einmal in der Woche beim Übergang:
   1. vom Nacht- zum Mittel- oder Spätdienst, sofern der Nachtdienst nicht länger als bis 2 Uhr dauert,
   2. vom Spät- zum Früh-, Mittel- oder Spätdienst,
   3. vom Mittel- zum Früh- oder Mitteldienst, oder
   4. vom Früh- zum Frühdienst;
b. bei auswärtigen Ruheschichten;
c. bei Personalmangel als Folge von Militär- oder Zivilschutzdienst, Krankheit oder Unfall;
d. zur Bewältigung ausserordentlicher und vorübergehender Aufgaben.[1]

[2bis] Bei Schifffahrtsunternehmen kann die Ruheschicht an einzelnen Tagen auf neun Stunden herabgesetzt werden, wenn dies für die Bewältigung des Sommersaisonverkehrs vom 1. Mai bis zum 31. Oktober nötig ist und wenn dafür eine schriftliche Vereinbarung zwischen dem Unternehmen und den Arbeitnehmervertretern vorliegt.

---

1   Fassung gemäss Ziff. I der V vom 22. Okt. 2008, in Kraft seit 1. Dez. 2008 (AS 2008 5093 5403).

Im Durchschnitt von fünf aufeinanderfolgenden Arbeitstagen muss die Ruheschicht aber mindestens zwölf Stunden betragen.[1]

[2ter] Im Baudienst kann die Ruheschicht ausserhalb der Übergänge nach Absatz 2 Buchstabe a einmal in der Woche mit Zustimmung der beteiligten Arbeitnehmer oder ihrer Vertreter bis auf zehn Stunden gekürzt werden.[2]

[3] Wird die Dienstschicht gemäss Artikel 10 Absatz 3 verlängert, so darf die Ruheschicht im Durchschnitt von 28 Tagen elf Stunden betragen und an einzelnen Tagen auf zehn Stunden verkürzt werden.

[4] Im Fahrdienst von Nah- und Vorortsverkehrsbetrieben kann die Ruheschicht im Rahmen von Absatz 2 auf neun Stunden herabgesetzt werden, doch muss sie im Durchschnitt von 5 aufeinanderfolgenden Arbeitstagen mindestens zwölf Stunden betragen.

[5] Erfordern zwingende Gründe, wie höhere Gewalt oder Betriebsstörungen, eine Unterschreitung der in Artikel 8 Absatz 2 des Gesetzes festgelegten Mindestruheschicht um mehr als zehn Minuten, so ist ein Ausgleich innerhalb der nächsten drei Ruheschichten vorzunehmen.

Art. 13 Nachtarbeit

Für Bauarbeiten und Bauunterhaltsarbeiten, die aus betrieblichen Gründen nur während der Nacht ausgeführt werden können, darf ausnahmsweise höchstens vier Wochen nacheinander Nachtarbeit zugeteilt werden, wobei dem Arbeitnehmer wöchentlich ein Ruhetag und ein Ausgleichstag zusammenhängend zu gewähren sind.[3] Die Arbeitnehmer sind mindestens drei Wochen vor der ersten Nachtschicht über Beginn und voraussehbares Ende der länger dauernden Nachtarbeit zu verständigen. Werden zwei oder mehr Wochen Nachtarbeit nacheinander zugeteilt, so darf der Arbeitnehmer während der folgenden 14 Tage keine Nachtarbeit leisten.

Art. 14 Anspruch auf Ruhetage

[1] Für Arbeitnehmer, die nicht dauernd oder nicht während der ganzen Arbeitszeit von einem Unternehmen beschäftigt werden, richtet sich die Dauer der in Artikel 10 Absatz 1 des Gesetzes vorgeschriebenen Ruhetage nach der durchschnittlichen täglichen Arbeitszeit.

[2] Die kantonalen Feiertage, die gemäss Artikel 10 Absatz 1 des Gesetzes als Sonntage gelten, sind von jedem Unternehmen im Einvernehmen mit den Arbeitnehmern oder ihren Vertretern generell festzulegen.

---

1   Eingefügt durch Ziff. I der V vom 2. Nov. 2005 (AS 2005 5039).
2   Eingefügt durch Ziff. I der V vom 22. Okt. 2008, in Kraft seit 1. Dez. 2008 (AS 2008 5093 5403).
3   Fassung gemäss Ziff. I der V vom 1. Sept. 2004, in Kraft seit 1. Okt. 2004 (AS 2004 4175).

³ In die Ferien fallende Sonntage und Feiertage gelten nicht als Ruhesonntage im Sinne von Artikel 10 Absätze 1 und 2 des Gesetzes.

⁴ Erstreckt sich die Nachtarbeit in den Sonn- oder Feiertag hinein, so darf dieser Tag nicht als Ruhesonntag angerechnet werden.

⁵ Zu viel bezogene Ruhetage dürfen nur mit noch nicht bezogenen Ferien verrechnet werden, wenn der Arbeitnehmer freiwillig oder aus eigenem Verschulden aus dem Unternehmen ausscheidet.

⁶ Bei Abwesenheit des Arbeitnehmers infolge von Krankheit, Unfall, Militärdienst, Zivildienst, Zivilschutzdienst, Urlaub auf eigene Kosten und Diensteinstellung wird der Anspruch auf Ruhetage wie folgt herabgesetzt:[1]

a.[2] für je 7 Abwesenheitstage wird ein Ruhetag und für je 72 Abwesenheitstage im Kalenderjahr werden zwei weitere Ruhetage angerechnet, oder

b. die in die Dienstaussetzung fallenden Sonntage und die gemäss Artikel 10 Absatz 1 des Gesetzes als Sonntage geltenden Feiertage zählen als bezogene Ruhetage.

Die Herabsetzung des Ruhetagsanspruchs nach Buchstabe a oder b ist zwischen dem Unternehmen und den Arbeitnehmern oder deren Vertretern zu vereinbaren.

Art. 15 Zuteilung der Ruhetage

¹ Im Kalendermonat sind mindestens vier Ruhetage, wovon ein Ruhesonntag, zuzuteilen.

² Abstände von mehr als 14 Tagen zwischen Ruhetagen und von mehr als 21 Tagen zwischen Ruhesonntagen sind nicht gestattet. Anstatt des Abstandes von 21 Tagen zwischen Ruhesonntagen können bei städtischen Verkehrsbetrieben und Eisenbahnen mit touristischem Charakter, darunter auch diejenigen ohne Zahnrad, mit Zustimmung der Arbeitnehmer oder ihrer Vertreter im Zeitraum von 42 Tagen mindestens zwei Ruhesonntage zugeteilt werden.[3]

³ Die Ruhetage sind im Voraus in der Diensteinteilung zuzuteilen.

⁴ Eheleuten, die im gleichen Unternehmen arbeiten, sind auf ihren Wunsch die Ruhesonntage und wenn möglich auch die übrigen Ruhetage gleichzeitig zu gewähren.

⁵ In den Zeiten saisonbedingten starken Verkehrs dürfen Zahnradbahnen mit ausgesprochen touristischem Charakter, Standseilbahnen, Luftseilbahnen, Skilifte und Automobilunternehmen mit öffentlichem Linienverkehr (ohne Nah- und Vorortsverkehrsbetriebe) ausnahmsweise die in Absatz 1 festgelegten Mindestzahlen unterschreiten, wobei im Kalendermonat mindestens drei Ruhetage zuzuteilen sind. In

---

1 Fassung gemäss Anhang 3 Ziff. 6 der Zivildienstverordnung vom 11. Sept. 1996 (SR 824.01).
2 Fassung gemäss Ziff. I der V vom 12. Aug. 1981, in Kraft seit 1. Jan. 1981 (AS 1981 1122).
3 Fassung des zweiten Satzes gemäss Ziff. I der V vom 1. Sept. 2004, in Kraft seit 1. Okt. 2004 (AS 2004 4175).

den Zeiten saisonbedingten starken Verkehrs dürfen diese Unternehmen sowie Schifffahrtsunternehmen zudem ausnahmsweise die in Absatz 2 vorgeschriebenen Abstände um sieben Tage verlängern.[1]

[6] Bei Eisenbahnunternehmen ist die Verlängerung des Abstandes zwischen Ruhesonntagen um sieben Tage mit Zustimmung der Arbeitnehmer oder ihrer Vertreter auch dann zulässig, wenn die Voraussetzungen von Absatz 5 nicht erfüllt sind.

[7] Zur Bewältigung von starkem Reiseverkehr darf für die in diesem Dienstzweig tätigen Arbeitnehmer der in Artikel 10 Absatz 2 des Gesetzes genannten Unternehmen sowie für Arbeitnehmer der Nebenbetriebe die Zahl der Ruhesonntage bis auf 16, in ganz besonderen Fällen bis auf 12 herabgesetzt werden.

Art. 16   Verschiebung von Ruhetagen

[1] Begehren um Verschiebung von zugeteilten Ruhetagen ist wenn möglich zu entsprechen, sofern die Bestimmungen von Artikel 15 Absätze 1, 2, 5 und 6 eingehalten werden.

[2] Können zugeteilte Ruhetage aus zwingenden dienstlichen Gründen nicht gewährt werden, so sind sie nach den Bestimmungen von Artikel 15 Absätze 1, 2, 5 und 6 und wenn möglich nach dem Wunsch des Arbeitnehmers zu ersetzen.

Art. 17   Ruhetage beim Wechsel des Dienstverhältnisses

[1] Für die im Laufe des Kalenderjahres ein- oder austretenden Arbeitnehmer wird der Anspruch auf Ruhetage wie folgt festgesetzt:

a. die Zahl der Ruhetage ist im Verhältnis zur Dienstzeit herabzusetzen, oder
b. es besteht Anspruch auf die Anzahl Ruhetage, die der Zahl der in die Dienstzeit fallenden Sonntage und der gemäss Artikel 10 Absatz 1 des Gesetzes als Sonntage geltenden Feiertage entspricht.

    Der Ruhetagsanspruch nach Buchstabe a oder b ist zwischen dem Unternehmen und den Arbeitnehmern oder deren Vertretern zu vereinbaren.

[2] Sind bei Dienstaustritt nach Absatz 1 zu viele Ruhetage bezogen, so darf kein Lohnabzug gemacht werden.

Art. 18   Fahrzeugführer

[1] Der Dienst am Lenkrad der Motorfahrzeug- und Trolleybusführer sowie der Dienst als Wagenführer von Strassenbahnen darf 9 Stunden im Tag und 45 Stunden in der Woche nicht überschreiten. Werden in einer Woche sieben Arbeitstage eingeteilt, so kann der Dienst am Lenkrad bis auf 54 Stunden verlängert werden.

---

1   Fassung gemäss Ziff. I der V vom 2. Nov. 2005 (AS 2005 5039).

² Für Motorfahrzeugführer, die nach Artikel 11 Absatz 2 des Gesetzes beschäftigt werden, ist die nach der Bundesgesetzgebung über die Arbeits- und Ruhezeit der berufsmässigen Motorfahrzeugführer massgebende durchschnittliche tägliche Arbeitszeit von 8 Stunden für jede ganze oder angebrochene Stunde Tätigkeit im öffentlichen Linienverkehr um 10 Minuten herabzusetzen, höchstens aber auf die Arbeitszeit nach Artikel 4 Absatz 1 des Gesetzes.[1] Artikel 4 Absatz 2 des Gesetzes ist nur im öffentlichen Linienverkehr und nur im Rahmen der Höchstarbeitszeit für berufsmässige Motorfahrzeugführer anwendbar.

Art. 19 Dienstpläne und Diensteinteilungen

¹ Für alle dem Gesetz unterstellten Dienste hat das Unternehmen einen Dienstplan mit der graphischen Darstellung der täglichen Arbeitszeit nach Beilage A (Dienstplan) zu erstellen. Bei regelmässiger Arbeitszeit kann auf die graphische Darstellung verzichtet werden. Der Dienstplan soll Angaben über die täglichen und die durchschnittlichen Arbeitszeiten, Dienst- und Ruheschichten sowie wenn möglich über die Orte, wo auswärtige Ruhezeiten zu verbringen sind, enthalten.

² Vor Beginn eines Kalenderjahres oder Fahrplanjahres ist bei jeder Dienststelle eine Diensteinteilung für alle Arbeitnehmer nach Beilage B (Jahreseinteilung) aufzulegen. Daraus sollen ersichtlich sein:

a. Name und dienstliche Stellung des Arbeitnehmers;
b. Datum der zugeteilten Ruhe- und Ausgleichstage sowie der Ferien;
c. Zahl der Ruhetage, getrennt nach Werktagen und Sonntagen;
d. wenn möglich der zu leistende Dienst.

³ Wo aus dienstlichen Gründen eine Jahreseinteilung nach Absatz 2 nicht möglich ist, kann eine Einteilung nach Beilage C (Monatseinteilung) erstellt werden. In diesem Fall sind jedem Arbeitnehmer vor Beginn des Kalenderjahres das Datum der Ferien und die Zahl der Ruhetage und Ruhesonntage für das ganze Jahr bekanntzugeben.

⁴ Das Datum der Ferien ist dem Arbeitnehmer wenn möglich früher bekanntzugeben, als dies in den Absätzen 2 und 3 vorgesehen ist, spätestens jedoch drei Monate vor Ferienbeginn.

⁵ Dienstpläne und Diensteinteilungen sind den Arbeitnehmern oder ihren Vertretern in der Regel mindestens zehn Tage vor Inkrafttreten im Entwurf zur Kenntnis zu bringen.

---

1 Fassung gemäss Ziff. I der V vom 29. April 1987, in Kraft seit 1. Juni 1987 (AS 1987 738).

Art. 20 Arbeits- und Ruhezeit im Verwaltungsdienst

[1] Für die Ordnung der Arbeits- und Ruhezeit der Arbeitnehmer im Verwaltungsdienst sind die Vorschriften der Artikel 9–22 des Arbeitsgesetzes vom 13. März 1964[1] sowie die entsprechenden Verordnungsbestimmungen sinngemäss anwendbar. Sind gemäss diesen Vorschriften Bewilligungen erforderlich, so werden sie von den in Artikel 27 genannten Aufsichtsbehörden erteilt.

[2] Die Arbeitszeit und die Überzeitarbeit werden nach den Vorschriften der Artikel 4 und 5 des Gesetzes sowie den entsprechenden Bestimmungen dieser Verordnung geregelt.

III. Ferien

Art. 21 Ferienanspruch

[1] Für Arbeitnehmer, die nicht dauernd oder nicht während der ganzen Arbeitszeit von einem Unternehmen beschäftigt werden, richten sich die in Artikel 14 des Gesetzes und Absatz 2 hienach vorgeschriebenen Ferien nach der durchschnittlichen täglichen Arbeitszeit.

[2] Der Arbeitnehmer hat je Kalenderjahr Anspruch auf bezahlte Ferien von:

a. 5 Wochen bis und mit dem Kalenderjahr, in dem er das 20. Altersjahr vollendet;
b. 5 Wochen vom Beginn des Kalenderjahres, in dem er das 50. Altersjahr vollendet;
c. 6 Wochen vom Beginn des Kalenderjahres, in dem er das 60. Altersjahr vollendet.[2]

Art. 22 Bezug der Ferien

[1] Jeder Arbeitnehmer soll seine Ferien abwechslungsweise in den verschiedenen Jahreszeiten beziehen können. Er ist vor der Zuteilung der Ferien anzuhören, und seinen Wünschen ist, wenn möglich, zu entsprechen. In Zeiten besonders starken Verkehrs können jedoch nur Ferien beansprucht werden, sofern es der Dienst gestattet.

[2] Ferien sind möglichst zusammenhängend zu beziehen. Der Bezug in mehr als zwei Abschnitten ist in der Regel unzulässig. Auf Wunsch des Arbeitnehmers kann ausserdem, wenn möglich, eine Ferienwoche in ganze und halbe Tage aufgeteilt werden.

[3] Bei Diensteintritt oder -austritt im Laufe des Kalenderjahres sind die Ferien im Verhältnis zur Dienstzeit zu bemessen. Bei Dienstaustritt zu viel bezogene Ferientage dürfen nur mit noch nicht bezogenen Ruhetagen oder mit dem Lohn verrechnet werden, wenn der Arbeitnehmer aus eigenem Verschulden aus dem Unternehmen ausscheidet.

---

1 SR 822.11
2 Fassung gemäss Ziff. I der V vom 24. Sept. 1984, in Kraft seit 1. Juli 1984 (AS 1984 1045).

⁴ Eheleuten, die im gleichen Unternehmen arbeiten, sind auf ihren Wunsch die Ferien wenn möglich gleichzeitig zu gewähren.

Art. 23 Kürzung der Ferien

Die Ferien sind im Verhältnis zur Dauer der Dienstabwesenheit zu kürzen, wenn der Arbeitnehmer während eines Kalenderjahres zusammen länger aussetzt als:

a.[1] 90 Tage infolge von Krankheit, Unfall, Militärdienst, Zivildienst oder Zivilschutzdienst; bei der Berechnung der Kürzung der Ferien fallen die ersten 90 Abwesenheitstage ausser Betracht;

b. 30 Tage infolge von unbezahltem Urlaub.

IV. Gesundheitsvorsorge und Unfallverhütung

Art. 24 Gesundheitsvorsorge, Verhütung von Unfällen und Berufskrankheiten

¹ Auf die dem Gesetz unterstellten Unternehmen und ihre Arbeitnehmer sind unter Vorbehalt von Absatz 2 anwendbar:

a.[2] das Unfallversicherungsgesetz vom 20. März 1981[3], insbesondere die Artikel 81–87, sowie die aufgrund dieses Gesetzes erlassenen Verordnungen betreffend die Verhütung von Berufsunfällen und Berufskrankheiten;

b.[4] sinngemäss Artikel 6 des Arbeitsgesetzes vom 13. März 1964[5] sowie die Verordnung 3 vom 18. August 1993[6] zum Arbeitsgesetz.

c.[7] für dauernde Nachtarbeit sinngemäss die Artikel 17c und 17d des Arbeitsgesetzes sowie die Artikel 43–45 der Verordnung 1 vom 10. Mai 2000[8] zum Arbeitsgesetz.

² Vorbehalten bleiben:

a.[9] die Gesetzgebung des Bundes über den öffentlichen Verkehr, insbesondere die Vorschriften zur Gewährleistung der Sicherheit sowie die Vorschriften über die Gesundheitsvorsorge;

---

1 Fassung gemäss Anhang 3 Ziff. 6 der Zivildienstverordnung vom 11. Sept. 1996 (SR 824.01).
2 Fassung gemäss Art. 106 Abs. 2 der V vom 19. Dez. 1983 über die Unfallverhütung (SR 832.30).
3 SR 832.20
4 Fassung gemäss Ziff. I der V vom 6. Nov. 2002, in Kraft seit 1. Jan. 2003 (AS 2002 4228).
5 SR 822.11
6 SR 822.113
7 Eingefügt durch Ziff. I der V vom 22. Okt. 2008, in Kraft seit 1. Dez. 2008 (AS 2008 5093 5403).
8 SR 822.111
9 Fassung gemäss Ziff. I der V vom 6. Nov. 2002, in Kraft seit 1. Jan. 2003 (AS 2002 4228).

b. die übrigen auf die Unternehmen des öffentlichen Verkehrs anwendbaren Vorschriften des Bundes, wie insbesondere solche betreffend die elektrischen Schwach- und Starkstromanlagen, die friedliche Verwendung der Atomenergie und den Strahlenschutz.

³ Die Unternehmen haben den Arbeitnehmern, die Pausen oder Ruheschichten nicht am Wohnort zubringen können oder die Mahlzeiten bei der Arbeitsstelle einnehmen müssen, soweit ein Bedürfnis dafür besteht, heizbare und mit Kocheinrichtungen versehene Unterkunftsräume zur Verfügung zu stellen. Unterkunftsräume und Dienstwohnungen haben den Anforderungen der Gesundheitspflege und zeitgemässen Anforderungen an Behaglichkeit Rechnung zu tragen.

⁴ Die Vorschriften des Bundes über Gesundheitsvorsorge sowie über Verhütung von Unfällen und Berufskrankheiten sind den Arbeitnehmern von den Unternehmen soweit nötig in geeigneter Weise zur Kenntnis zu bringen.

⁵ Der Vollzug der Vorschriften nach Absatz 1 Buchstabe a wird von der Schweizerischen Unfallversicherungsanstalt ausgeübt.[1]

⁶ Das Eidgenössische Departement für Umwelt, Verkehr, Energie und Kommunikation[2] ist ermächtigt, unter Mitwirkung der Schweizerischen Unfallversicherungsanstalt, im Einvernehmen mit dem Eidgenössischen Departement des Innern und dem Eidgenössischen Volkswirtschaftsdepartement und nach Anhören der beteiligten Unternehmen und Arbeitnehmer oder deren Vertreter Ausführungsbestimmungen zu diesem Artikel zu erlassen.

V. Sonderschutz[3]

Art. 25 Sonderschutz der Jugendlichen

¹ Jugendliche bis zum vollendeten 17. Altersjahr dürfen in der Zeit zwischen 23 und 5 Uhr, ausser für Ausbildungszwecke, nicht beschäftigt werden.

² Jugendliche dürfen erst nach dem vollendeten 17. Altersjahr zu selbständigem Zugsabfertigungsdienst herangezogen werden.

³ Im Rangierdienst und im Zugsbegleitungsdienst dürfen Jugendliche erst nach dem vollendeten 18. Altersjahr selbständig eingesetzt werden.

Art. 26[4]

---

1   Fassung gemäss Ziff. I der V vom 6. Nov. 2002, in Kraft seit 1. Jan. 2003 (AS 2002 4228).
2   Bezeichnung gemäss nicht veröffentlichtem BRB vom 19. Dez. 1997.
3   Fassung gemäss Ziff. I der V vom 29. April 1987, in Kraft seit 1. Juni 1987 (AS 1987 738).
4   Aufgehoben durch Ziff. I der V vom 1. Sept. 2004, mit Wirkung seit 1. Okt. 2004 (AS 2004 4175).

VI. Durchführung des Gesetzes

Art. 27[1]   Aufsicht

[1] Aufsicht und Vollzug des Gesetzes obliegen, unter Vorbehalt von Artikel 24 Absatz 5, dem Bundesamt für Verkehr.

[2] Das Bundesamt für Verkehr ist jederzeit berechtigt, bei den Unternehmen und den Nebenbetrieben die richtige Einhaltung der Vorschriften des Gesetzes und der Verordnung an Ort und Stelle nachzuprüfen.

[3] Es kann die für den Vollzug der Bundesgesetzgebung über Arbeit in Industrie, Gewerbe und Handel sowie über die Arbeits- und Ruhezeit der berufsmässigen Motorfahrzeugführer zuständigen eidgenössischen und kantonalen Amtsstellen zu den Kontrollen beiziehen.

Art. 28   Abweichungen von den gesetzlichen Vorschriften

Die Unternehmen haben die von den Aufsichtsbehörden bewilligten Ausnahmen von den gesetzlichen Vorschriften den Arbeitnehmern zur Kenntnis zu bringen.

VII. Ausnahmebestimmungen

Art. 29[2]

Art. 30   Seilbahnen

Für Arbeitnehmer der Standseilbahnen und Luftseilbahnen sind zur Berücksichtigung aussergewöhnlicher Verhältnisse Ausnahmen von den Vorschriften des Gesetzes über die Höchstarbeitszeit im Durchschnitt von sieben aufeinanderfolgenden Arbeitstagen (Art. 4 Abs. 3) sowie von den Bestimmungen dieser Verordnung über die Zuteilung von Ruhesonntagen (Art. 15 Abs. 1 und 5) zulässig. Diese Ausnahmen bedürfen der Zustimmung der beteiligten Arbeitnehmer oder ihrer Vertreter; sie sind von der Aufsichtsbehörde im Voraus zu genehmigen.

Art. 31[3]   Schifffahrtsunternehmen

Zur Berücksichtigung aussergewöhnlicher Verhältnisse sind an höchstens acht Arbeitstagen pro Jahr Ausnahmen von den Vorschriften des Gesetzes und dieser Verordnung über die Arbeitszeit, die Dienstschicht, die Ruheschicht und die Zutei-

---

1   Fassung gemäss Ziff. I der V vom 6. Nov. 2002, in Kraft seit 1. Jan. 2003 (AS 2002 4228).
2   Aufgehoben durch Ziff. I der V vom 6. Nov. 2002 (AS 2002 4228).
3   Fassung gemäss Ziff. I der V vom 2. Nov. 2005 (AS 2005 5039).

lung von Ruhesonntagen zulässig. Die Ausnahmen bedürfen der Zustimmung der Arbeitnehmervertreter; sie sind von der Aufsichtsbehörde im Voraus zu genehmigen. Die Höchstarbeitszeit darf in keinem Fall 15 Stunden pro Tag überschreiten.

Art. 32   Schlafwagenbetriebe

[1] Schlafwagen- und Liegewagenbegleiter sind von den Vorschriften des Gesetzes über die Höchstarbeitszeit (Art. 4 Abs. 3) und die Dienstschicht (Art. 6) ausgenommen.

[2] Die Dienstpläne der Wagenbegleiter haben sich nach dem Lauf der Wagenkurse zu richten und werden vom Unternehmen mit der Zustimmung der Mehrheit der beteiligten Arbeitnehmer erstellt. Die durchschnittliche tägliche Arbeitszeit (Art. 4 Abs. 1 und 2 des Gesetzes) ist im Jahresdurchschnitt einzuhalten.

[3] Dienstunterbrechungen auf der Endstation des Wagenkurses von neun Stunden und mehr gelten als Ruheschicht, während diejenigen unter neun Stunden wie Pausen zu behandeln sind.

[4] Nach Diensten, die länger als zwei Tage dauern, ist ein Ruhetag oder Ausgleichstag zu gewähren.

[5] Mit Zustimmung der beteiligten Arbeitnehmer kann in Ausnahmefällen (Krankheit, Unfall, grosser Reiseverkehr usw.) von der Bestimmung in Absatz 4 abgewichen werden.

Art. 33   Speisewagenbetriebe und ambulanter Verpflegungsdienst in Zügen

[1] Für das fahrende Personal (Koch-, Servier- und Hilfspersonal) kann die tägliche Höchstarbeitszeit bis auf 13 Stunden verlängert werden, doch ist die durchschnittliche Arbeitszeit gemäss Artikel 4 des Gesetzes im Jahresdurchschnitt einzuhalten.[1]

[2] Für das fahrende Personal kann die Dienstschicht bis auf 17 Stunden ausgedehnt werden, doch darf sie 12 Stunden im Jahresdurchschnitt nicht überschreiten. Artikel 10 Absatz 1 ist anwendbar.

VIII. Arbeitszeitgesetzkommission

Art. 34[2]   Arbeitszeitgesetzkommission

[1] Die Eidgenössische Arbeitszeitgesetzkommission besteht aus dem Präsidenten, einem Vertreter der Schweizerischen Post, einem Vertreter der Schweizerischen Bundesbahnen und vier Vertretern der übrigen dem Gesetz unterstellten Unternehmen sowie sechs Vertretern der Arbeitnehmer.

---

1 Fassung gemäss Ziff. I der V vom 29. April 1987, in Kraft seit 1. Juni 1987 (AS 1987 738).
2 Fassung gemäss Ziff. I der V vom 6. Nov. 2002, in Kraft seit 1. Jan. 2003 (AS 2002 4228).

² Der Präsident und die 12 Mitglieder werden vom Bundesrat gewählt. Gleichzeitig bestimmt der Bundesrat für jedes Mitglied ein Ersatzmitglied. Die Amtsdauer richtet sich nach Artikel 14 der Kommissionenverordnung vom 3. Juni 1996[1].

³ Die Arbeitszeitgesetzkommission wird vom Präsidenten nach Bedarf einberufen. Sie muss einberufen werden, falls mindestens drei Mitglieder es verlangen. Den Mitgliedern ist von einem solchen Begehren Kenntnis zu geben. Das Bundesamt für Verkehr unterbreitet der Kommission einen schriftlichen Bericht, wenn die Bundesbehörden die Begutachtung eines Geschäftes verlangen.[2]

⁴ Die Arbeitszeitgesetzkommission erlässt für ihre Geschäftsführung eine Geschäftsordnung.[3]

IX. Schluss- und Übergangsbestimmungen

Art. 35[4]

Art. 36 Aufhebung früherer Bestimmungen

¹ Mit dem Inkrafttreten dieser Verordnung werden alle ihr widersprechenden Bestimmungen aufgehoben, insbesondere die Vollziehungsverordnungen I[5] und II[6] vom 12. August 1921 zum Bundesgesetz betreffend die Arbeitszeit beim Betriebe der Eisenbahnen und anderer Verkehrsanstalten und die Verordnung vom 5. Juli 1923[7] betreffend die Beschäftigung jugendlicher Personen bei den Transportanstalten.

² Artikel 13 der Verordnung II vom 3. Dezember 1917[8] über die Unfallversicherung wird mit dem Inkrafttreten dieser Verordnung für die dem Gesetz unterstellten Unternehmen aufgehoben.

Art. 37 Inkrafttreten

¹ Diese Verordnung tritt am 28. Mai 1972 in Kraft.

2–3 …[9]

---

1 SR 172.31
2 Eingefügt durch Ziff. I der V vom 1. Sept. 2004, in Kraft seit 1. Okt. 2004 (AS 2004 4175).
3 Eingefügt durch Ziff. I der V vom 1. Sept. 2004, in Kraft seit 1. Okt. 2004 (AS 2004 4175).
4 Aufgehoben durch Ziff. I der V vom 27. Okt. 1993, in Kraft seit 1. Jan. 1994 (AS 1993 2918).
5 [BS 8 161; AS 1951 1048, 1956 1249]
6 [BS 8 181; AS 1951 1049, 1956 1251]
7 [BS 8 213]
8 [BS 8 367; AS 1974 273, 1975 1456. AS 1983 38 Art. 141 Bst. b]
9 Aufgehoben durch Ziff. I der V vom 12. Aug. 1981 (AS 1981 1122).

Nr. 18 AZGV

Dienstplan

Beilage A¹

Station / Strecke / Depot: _____

Dienst: _____

Gültig ab: _____

Dienstliche Stellung	Dienst N°	Arbeitsgesetz			Graphische Darstellung der täglichen Arbeitszeit	Bemerkungen
		Tägl. Arbeitszeit Min.	Durchschnittl. Arbeitszeit Min.	Dienstschicht Min.	Ruheschicht Min.	Zeichenerklärung	z. B. auswärtige Pausen
1	2	3	4	5	6	7	8

Zeitachse: 0 1 2 3 4 5 6 7 8 9 10 11 12 13 14 15 16 17 18 19 20 21 22 23 24

Das Personal ist vor Inkraftsetzung gemäss Art. 12 AZG angehört worden

Unterschrift: _____

392

Nr. 18 AZGV

Beilage A²

Dienstplan

für die _____ in _____ Gültig von _____

Dienstschicht	Bezeichnung der Dienste oder der Kurse	Vorherige Dienstschicht	Graphische Darstellung der Arbeits- und Ruhezeit		Nacht-Dienstschicht	Dauer der Arbeitszeit Zeitzuschlag durchschnittl. Arbeitszeit Dienstschicht				Dauer der Ruheschicht an Tagen ohne Wechsel der Dienstschicht / mit Wechsel der Dienstschicht				Bemerkungen (Art des Wechsels der Dienstschichten, Barvergütung für Arbeitszeitüberschreitung usw.)	Einschaltungen Betrag
						Arbeitszeit	Zeitzuschlag	durchschnittl. Arbeitszeit	Dienstschicht	Stunden	Tage	Stunden	Tage		Fr. c.
N°		N°	0 1 2 3 4 5 6 7 8 9 10 11 12 13 14 15 16 17 18 19 20 21 22 23 24		N°	Stunden				10a	10b	10c	10d		
1	2	3			5	6	7	8	9	10a	10b	10c	10d	11	12

Dienststelle _____   genehmigt

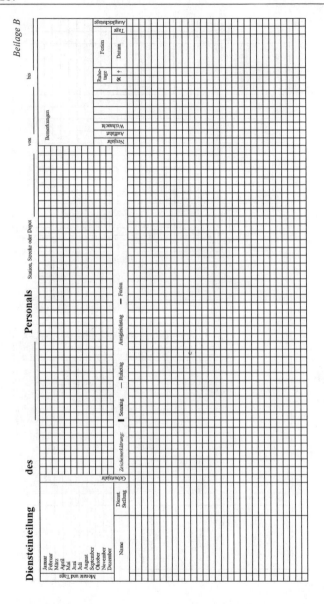

Nr. 18 AZGV

Diensteinteilung des _____ Personals Monat _____ *Beilage C¹*

Name	Dienstl. Stellung	Zeichenerklärung																														
		Bemerkungen																														
		1	2	3	4	5	6	7	8	9	10	11	12	13	14	15	16	17	18	19	20	21	22	23	24	25	26	27	28	29	30	31

Nr. 18 AZGV

Dienst-, Ruhetags- und Ferieneinteilung

Beilage C²

Dienststelle _____ für die _____ Monat _____ 19___

Name	Anrecht auf Ruhe- und Ferientage	Bisher genossene Ruhetage			Abwesend	Datum und Dienstnummer	Arbeitstage	Total Ruhetage			Abwesend	Bemerkungen
		Werktage	Sonntage	Ferien	Tage	1–31		Werktage	Sonntage	Ferien	Tage	
1	2	3	4	5	6		8	9	10	11	12	13

396

Nr. 19 Verordnung über die Arbeits- und Ruhezeit
der berufsmässigen Motorfahrzeugführer und
-führerinnen (Chauffeurverordnung, ARV 1)

vom 19. Juni 1995 (Stand am 1. Januar 2008)

SR 822.221

Der Schweizerische Bundesrat,

gestützt auf die Artikel 56 und 103 des Strassenverkehrsgesetzes
vom 19. Dezember 1958[1],

verordnet:

1. Abschnitt: Gegenstand und Begriffe

Art. 1 Gegenstand

Diese Verordnung regelt die Arbeits-, Lenk- und Ruhezeit der berufsmässigen Motorfahrzeugführer und -führerinnen sowie ihre Kontrolle und die Pflichten der Arbeitgeber.

Art. 2 Begriffe

In dieser Verordnung werden folgende Begriffe verwendet:

a. Als *Führer* oder *Führerin* gilt, wer, sei es auch nur für kurze Zeit, ein Fahrzeug nach Artikel 3 Absatz 1 lenkt;

b. als *selbständigerwerbend* gilt, wer in keinerlei Anstellungs- oder Unterstellungsverhältnis steht und allein über den Einsatz des Fahrzeuges entscheidet (Betriebsinhaber); in Zweifelsfällen (z.B. bei Vertragsfahrern) ist das tatsächliche Beschäftigungsverhältnis und nicht die Bezeichnung in einem allfälligen Vertrag massgebend; als selbständigerwerbende Führer oder Führerinnen gelten auch der Ehegatte des Betriebsinhabers, seine Verwandten in auf- und absteigender Linie und deren Ehegatten sowie seine Stiefkinder;

c. als *Arbeitnehmer* oder *Arbeitnehmerin* gilt, wer nicht selbständigerwerbender Führer oder selbständigerwerbende Führerin ist, insbesondere wer Fahrzeuge in einem Anstellungs- oder Unterstellungsverhältnis führt;

d. als *Arbeitgeber* gilt, wer als Betriebsinhaber oder Vorgesetzter gegenüber dem Führer oder der Führerin weisungsbevollmächtigt ist;

AS 1995 4031
1 SR 741.01

e. als *Arbeitszeit* gilt die Zeit, während der sich der Arbeitnehmer oder die Arbeitnehmerin zur Verfügung des Arbeitgebers zu halten hat; sie umfasst auch die blosse Präsenzzeit, die Arbeitspausen von weniger als 15 Minuten und bei Mehrfachbesatzung die Zeit des Mitfahrens; zur Arbeitszeit zählt ferner die Dauer jeder Erwerbstätigkeit bei einem anderen Arbeitgeber;

f. als *berufliche Tätigkeit* gilt für den Arbeitnehmer oder die Arbeitnehmerin die Arbeitszeit, für den selbständigerwerbenden Führer oder die selbständigerwerbende Führerin die Lenkzeit sowie die mit dem Transport zusammenhängenden Tätigkeiten;

g. als *Ruhezeit* gilt jeder ununterbrochene Zeitraum von mindestens 1 Stunde, in dem der Führer oder die Führerin frei über die Zeit verfügen kann;

h. als *Woche* gilt der Zeitraum zwischen Montag 00.00 Uhr und Sonntag 24.00 Uhr.

2. Abschnitt: Geltungsbereich

Art. 3 Geltungsbereich

[1] Die Verordnung gilt für die Führer und Führerinnen von Motorwagen und Fahrzeugkombinationen:

a. zum Sachentransport, deren Gesamtgewicht nach Fahrzeugausweis 3,5 t übersteigt;

b. zum Personentransport, die ausser dem Führersitz für eine Platzzahl von mehr als acht Personen zugelassen sind.

[2] Lenkt ein Führer oder eine Führerin im Ausland ein Fahrzeug, das in der Schweiz immatrikuliert ist, so gilt diese Verordnung, sofern die von der Schweiz ratifizierten internationalen Übereinkommen nicht strengere Vorschriften vorsehen.

[3] Die Führer und Führerinnen, die im Ausland immatrikulierte Fahrzeuge in der Schweiz lenken, müssen nur die Vorschriften der Artikel 5, 8 Absätze 1–3 und 5 sowie Artikel 9–12, 14–14c und 18 Absatz 1 einhalten.[1]

[4] Für Arbeitgeber, Unternehmen und Werkstätten gilt diese Verordnung nur, soweit einzelne Bestimmungen dies ausdrücklich vorsehen.[2]

Art. 4 Ausnahmen

[1] Die Verordnung gilt nicht für die Führer und Führerinnen von Fahrzeugen:

a. mit einer zulässigen Höchstgeschwindigkeit von 30 km/h;

---

1   Fassung gemäss Ziff. I der V vom 29. März 2006, in Kraft seit 1. Nov. 2006 (AS 2006 1689).
2   Fassung gemäss Ziff. I der V vom 29. März 2006, in Kraft seit 1. Nov. 2006 (AS 2006 1689).

b. die von der Armee, der Polizei, der Feuerwehr, vom Zivilschutz oder im Auftrag dieser Stellen verwendet werden;
c. die von Müllabfuhr-, Kanalisations- und Hochwasserschutzdiensten, von Wasser-, Gas- und Elektrizitätswerken, von Strassenunterhaltsdiensten, von Telefon-, Telegraf- und Postsachenbeförderungsdiensten und von Radio oder Fernsehen eingesetzt werden, sowie Fahrzeugen, die zur Ortung von Radio- und Fernsehübertragungs- oder -empfangsanlagen verwendet werden;
d. die zum Personentransport im Linienverkehr dienen, sofern die Linienstrecke nicht mehr als 50 km beträgt;
e. die in Notfällen oder für Rettungsmassnahmen eingesetzt werden;
f. die für ärztliche Aufgaben speziell ausgerüstet sind;
g. die für Transporte im Zirkus- oder Schaustellergewerbe verwendet werden;
h. die für die Pannenhilfe speziell ausgerüstet sind;
i. mit denen zum Zwecke der technischen Entwicklung oder bei Reparatur- oder Wartungsarbeiten Probefahrten oder Überführungsfahrten ausgeführt werden, und die neu oder umgebaut noch nicht in Verkehr stehen;
k. die zu nichtgewerblichen Sachentransporten für rein private Zwecke verwendet werden;
l. die zum Abholen von Milch bei landwirtschaftlichen Betrieben und zur Rückgabe von Milchbehältern oder von Milcherzeugnissen für Futterzwecke an diese Betriebe verwendet werden;
m. die bloss im werkinternen Verkehr eingesetzt werden und öffentliche Strassen nur mit behördlicher Bewilligung benützen dürfen (Art. 33 der Verkehrsversicherungsverordnung vom 20. Nov. 1959[1] und Art. 72 Abs. 1 Bst. e der V vom 27. Okt. 1976[2] über die Zulassung von Personen und Fahrzeugen zum Strassenverkehr, VZV).

2 Im Binnenverkehr gilt diese Verordnung ferner nicht für Führer und Führerinnen, die ausschliesslich Fahrten mit folgenden Fahrzeugen oder Fahrzeugkombinationen ausführen:

a.[3] Motorwagen zum Personentransport mit nicht mehr als 16 Sitzplätzen ausser dem Führersitz;
b. Fahrzeugkombinationen zum Sachentransport, sofern das Gesamtgewicht des Zugfahrzeugs 3,5 t und bei Sattelschleppern zudem das zulässige Gesamtgewicht des Zuges gemäss Fahrzeugausweis des Sattelschleppers 5 t nicht übersteigt;

---

1 SR 741.31
2 SR 741.51
3 Fassung gemäss Ziff. I der V vom 3. Juli 2002, in Kraft seit 1. April 2003 (AS 2002 3324).

c.[1] Verwaltungsfahrzeuge des Bundes (Art. 2 Abs. 1 der V vom 23. Febr. 2005[2] über die Fahrzeuge des Bundes und ihre Führer und Führerinnen);
d. Fahrzeuge, die zum Ausleihen von Büchern, Spielsachen, für Wanderausstellungen und dergleichen verwendet werden und für diesen Zweck besonders ausgerüstet sind;
e. Fahrschulfahrzeuge.

2bis Führer und Führerinnen, die Fahrzeuge nach Absatz 2 Buchstabe a für berufsmässige Personentransporte einsetzen, unterstehen im Binnenverkehr der Verordnung vom 6. Mai 1981[3] über die Arbeits- und Ruhezeit der berufsmässigen Führer von leichten Personentransportfahrzeugen und schweren Personenwagen.[4]

3 Im Binnenverkehr gilt die Verordnung nicht für Führer und Führerinnen, die dem Arbeitszeitgesetz vom 8. Oktober 1971[5] unterstehen und nur Transporte ausführen, die von diesem Gesetz erfasst werden. Werden zusätzlich andere Transporte ausgeführt, müssen sie für ihre gesamte berufliche Tätigkeit die Arbeits-, Lenk- und Ruhezeitvorschriften der Artikel 5–12 beachten und die Kontrollmittel nach den Artikeln 14–16 führen.

4 Im Binnenverkehr gilt die Verordnung nicht für Führer und Führerinnen, die ausschliesslich Transporte mit landwirtschaftlichen Traktoren ausführen.[6]

3. Abschnitt: Lenkzeiten, Arbeitszeiten, Pausen, Ruhezeiten

Art. 5   Lenkzeit

1 Die Lenkzeit zwischen zwei täglichen Ruhezeiten oder zwischen einer täglichen und einer wöchentlichen Ruhezeit (Tageslenkzeit) darf 9 Stunden nicht überschreiten. Die Tageslenkzeit darf zweimal pro Woche auf 10 Stunden ausgedehnt werden.

2 Der Führer oder die Führerin eines Fahrzeugs zum Sachentransport muss nach höchstens sechs Tageslenkzeiten eine wöchentliche Ruhezeit nach Artikel 11 einhalten. Diese wöchentliche Ruhezeit kann bis zum Ende des sechsten Tages verschoben werden, sofern die Gesamtlenkzeit während der sechs Tage die Höchstdauer von sechs Tageslenkzeiten nicht übersteigt.

3 Der Führer oder die Führerin eines Fahrzeugs zum Personentransport muss nach höchstens zwölf Tageslenkzeiten eine wöchentliche Ruhezeit nach Artikel 11 ein-

---

1 Fassung gemäss Anhang Ziff. II 7 der V vom 23. Febr. 2005 über die Fahrzeuge des Bundes und ihre Führer und Führerinnen (SR 514.31).
2 SR 514.31
3 SR 822.222
4 Eingefügt durch Ziff. I der V vom 3. Juli 2002, in Kraft seit 1. April 2003 (AS 2002 3324).
5 SR 822.21
6 Eingefügt durch Anhang 1 Ziff. 4 der V vom 2. Sept. 1998 (AS 1998 2352).

halten. Diese wöchentliche Ruhezeit kann bis zum Ende des zwölften Tages verschoben werden, sofern die Gesamtlenkzeit während der zwölf Tage nicht die Höchstdauer von zwölf Tageslenkzeiten übersteigt. Für die Führer und Führerinnen im internationalen Personen-Linienverkehr gelten die Grenzen von Absatz 2.

[4] Die Gesamtlenkzeit darf innerhalb zweier Wochen höchstens 90 Stunden betragen.

Art. 6 Wöchentliche Höchstarbeitszeit

[1] Die wöchentliche Höchstarbeitszeit des Arbeitnehmers oder der Arbeitnehmerin beträgt 46 Stunden.

[2] Wird ein Fahrzeug von mehr als einer Person gelenkt, die sich an mindestens drei Tagen der Woche als Mitfahrer und Führer ablösen (Mehrfachbesatzung), so darf die wöchentliche Höchstarbeitszeit 53 Stunden betragen.

Art. 7 Überzeitarbeit

[1] Die wöchentliche Höchstarbeitszeit (Art. 6) darf durch Überzeitarbeit um 5 Stunden überschritten werden. Bei vorübergehenden, ausserordentlichen Betriebsbedürfnissen (z.B. saisonale Schwankungen) sind je Woche 5 weitere Stunden Überzeitarbeit zulässig. In einem Kalenderjahr dürfen jedoch insgesamt höchstens 208 Stunden Überzeitarbeit geleistet werden.

[2] Wurden in einer Woche mehr als 5 Stunden Überzeitarbeit geleistet, so meldet der Arbeitgeber dies der Vollzugsbehörde vierteljährlich, und zwar innerhalb 14 Tagen nach Quartalsende.

[3] Die Überzeitarbeit kann durch einen Lohnzuschlag nach Obligationenrecht[1] oder durch Freizeit von gleicher Dauer ausgeglichen werden. Ein solcher Ausgleich ist innert dreier Monate vorzunehmen, sofern Arbeitgeber und Arbeitnehmer oder Arbeitnehmerin nicht einen längeren Zeitraum schriftlich vereinbaren; dieser Zeitraum darf in keinem Fall länger als zwölf Monate sein.

Art. 8 Pausen

[1] Der Führer oder die Führerin hat nach einer Lenkzeit von $4^1/_2$ Stunden eine Pause von mindestens 45 Minuten einzulegen. Diese Pause entfällt, sofern direkt anschliessend eine tägliche oder wöchentliche Ruhezeit begonnen wird.

[2] Die Pause nach Absatz 1 kann in Pausen von je mindestens 15 Minuten unterteilt werden, die in die Lenkzeit oder unmittelbar nach dieser so einzufügen sind, dass Absatz 1 eingehalten ist.

[3] Während der Pausen nach den Absätzen 1 und 2 darf der Führer oder die Führerin keine berufliche Tätigkeit ausüben; gestattet ist jedoch das Mitfahren bei Mehrfach-

---

[1] SR 220

besatzung und das Begleiten des Fahrzeugs bei kombinierten Transporten auf der Fähre oder dem Zug.

[4] Arbeitnehmer und Arbeitnehmerinnen haben nach einer Arbeitszeit von 5½ Stunden eine zusammenhängende Arbeitspause von mindestens 1 Stunde einzulegen. Wenn die Pause vor Ablauf von 5½ Stunden begonnen wird, genügen 30 zusammenhängende Minuten.

[5] Eine nach Absatz 1 eingelegte Pause gilt nicht als tägliche Ruhezeit.

Art. 9 Tägliche Ruhezeit

[1] Der Führer oder die Führerin muss innerhalb jeden Zeitraumes von 24 Stunden eine tägliche Ruhezeit von mindestens 11 zusammenhängenden Stunden einhalten.

[2] Der Führer oder die Führerin darf die Ruhezeit nach Absatz 1 höchstens dreimal pro Woche auf 9 zusammenhängende Stunden verkürzen, sofern er oder sie bis zum Ende der folgenden Woche eine entsprechende Ruhezeit zum Ausgleich nachholt.

[3] Wird die Ruhezeit nicht nach Absatz 2 verkürzt, darf sie innerhalb von 24 Stunden in zwei oder drei Zeitabschnitte unterteilt werden, sofern ein Abschnitt mindestens 8 zusammenhängende Stunden und die tägliche Ruhezeit insgesamt mindestens 12 Stunden beträgt.

[4] Wird ein Fahrzeug von mehr als einer Person gelenkt, die sich als Mitfahrer und Führer ablösen (Mehrfachbesatzung), muss jede von ihnen innerhalb jeden Zeitraums von 30 Stunden eine tägliche Ruhezeit von mindestens 8 zusammenhängenden Stunden einhalten.

[5] Die tägliche Ruhezeit kann im Fahrzeug verbracht werden, sofern das Fahrzeug abgestellt und mit einer Schlafkabine ausgerüstet ist.

[6] Jede als Ausgleich für eine Verkürzung der täglichen Ruhezeit nachgeholte Ruhezeit muss mit einer anderen mindestens achtstündigen Ruhezeit verbunden sein. Sie ist dem Führer oder der Führerin auf dessen oder deren Antrag hin an seinem oder ihrem Wohnort oder am Standort des Fahrzeugs zu gewähren.

Art. 10 Unterbrechung der täglichen Ruhezeit bei kombinierten Transporten

Bei kombinierten Transporten darf der Führer oder die Führerin in Abweichung von Artikel 9 die tägliche Ruhezeit höchstens einmal für das Verladen des Fahrzeugs auf die Eisenbahn oder die Fähre oder das Entladen von dort unterbrechen, sofern folgende Voraussetzungen erfüllt sind:

a. Der an Land verbrachte Teil der täglichen Ruhezeit muss unmittelbar vor oder nach dem auf dem Fährschiff oder in der Eisenbahn verbrachten Teil der täglichen Ruhezeit liegen;

b. der Unterbruch zwischen den beiden Teilen der täglichen Ruhezeit muss möglichst kurz sein und darf vor Verladen des Fahrzeugs oder nach dem Verlassen der Fähre oder Eisenbahn, inbegriffen allfällige Zollformalitäten, keinesfalls länger als 1 Stunde dauern;

c. während der beiden Teile der täglichen Ruhezeit muss dem Führer oder der Führerin ein Bett oder eine Schlafkabine zur Verfügung stehen;
d. die beiden Teile der täglichen Ruhezeit müssen zusammen mindestens 2 Stunden länger sein als die zusammenhängende tägliche Ruhezeit, die der Führer oder die Führerin nach Artikel 9 am betreffenden Tag ohne Unterbruch einhalten müsste.

Art. 11 Wöchentliche Ruhezeit

¹ In jeder Woche muss der Führer oder die Führerin eine tägliche Ruhezeit nach Artikel 9 als wöchentliche Ruhezeit auf insgesamt 45 zusammenhängende Stunden ausdehnen.

² Die wöchentliche Ruhezeit nach Absatz 1 kann am Wohnort des Führers oder der Führerin oder am Standort des Fahrzeugs auf eine Mindestdauer von 36 zusammenhängenden Stunden, an einem anderen Ort auf eine Mindestdauer von 24 zusammenhängenden Stunden verkürzt werden.

³ Jede Verkürzung nach Absatz 2 ist durch eine zusammenhängende Ruhezeit auszugleichen, die vor Ende der auf die betreffende Woche folgenden dritten Woche zu beziehen ist.

⁴ Eine wöchentliche Ruhezeit, die in einer Woche beginnt und in die folgende Woche hineinreicht, kann der einen oder anderen der beiden Wochen zugerechnet werden.

⁵ Der Führer oder die Führerin eines Fahrzeugs zum Personentransport kann, ausgenommen im internationalen Linienverkehr (Art. 5 Abs. 3 Satz 3), die wöchentliche Ruhezeit auf die Woche übertragen, die auf die Woche folgt, in der er oder sie die Ruhezeit beziehen müsste, und sie an die wöchentliche Ruhezeit dieser zweiten Woche hinzufügen.

⁶ Jede als Ausgleich für eine Verkürzung der wöchentlichen Ruhezeit nachgeholte Ruhezeit muss mit einer anderen mindestens achtstündigen Ruhezeit verbunden sein. Sie ist dem Führer oder der Führerin auf dessen oder deren Antrag hin an seinem oder ihrem Wohnort oder am Standort des Fahrzeugs zu gewähren.

Art. 12 Abweichungen in Notfällen

¹ Sofern es die Verkehrssicherheit erlaubt, kann der Führer oder die Führerin von den Vorschriften über die Arbeits-, Lenk- und Ruhezeit abweichen, um einen geeigneten Abstellplatz zu erreichen, soweit dies erforderlich ist, um die Sicherheit der Fahrgäste, des Fahrzeugs oder seiner Ladung zu gewährleisten.

² Der Führer oder die Führerin hat Art und Grund der Abweichung von den Arbeits-, Lenk- und Ruhezeitvorschriften beim analogen Fahrtschreiber auf dem Einlageblatt und beim digitalen Fahrtschreiber auf einem besonderen Blatt zu vermerken. Artikel 14b Absatz 4 gilt sinngemäss.[1]

---

1 Fassung gemäss Ziff. I der V vom 29. März 2006, in Kraft seit 1. Nov. 2006 (AS 2006 1689).

4. Abschnitt: Kontrollbestimmungen

Art. 13[1] Kontrollmittel

Zur Kontrolle der Einhaltung der Lenkzeiten, Arbeitszeiten, Pausen und Ruhezeiten (Art. 5–11) dienen namentlich:

a. die Aufzeichnungen des analogen Fahrtschreibers und die Eintragungen auf den Fahrtschreiber-Einlageblättern;
b. die Aufzeichnungen des digitalen Fahrtschreibers und die vom Fahrer oder der Fahrerin datierten und unterschriebenen Ausdrucke;
c. die Fahrtschreiberkarten (Art. 13a Abs. 1);
d. die unter Einhaltung der Datenintegrität aus dem digitalen Fahrtschreiber sowie den Fahrtschreiberkarten auf externe Speichermedien ausgelesenen Daten;
e. die Eintragungen im Arbeitsbuch;
f. die Eintragungen in betriebsinternen Tagesrapporten und die Daten betriebsinterner Zeiterfassungsgeräte;
g. die Eintragungen in der Aufstellung über die Arbeits-, Lenk- und Ruhezeit.

Art. 13a[2] Fahrtschreiberkarten

[1] Für die Kontrolle der Arbeits- und Ruhezeiten werden folgende Fahrtschreiberkarten ausgestellt:

a. Fahrerkarten;
b. Werkstattkarten;
c. Unternehmenskarten;
d. Kontrollkarten.

[2] Fahrtschreiberkarten werden vor Ablauf ihrer Gültigkeitsdauer entzogen oder für ungültig erklärt, wenn:

a. sie gefälscht sind;
b. jemand eine Karte verwendet, deren Inhaber oder Inhaberin er oder sie nicht ist;
c. sie auf der Grundlage falscher Angaben oder gefälschter Dokumente erteilt wurden;
d. die Voraussetzungen für die Erteilung nicht mehr erfüllt sind.

[3] Ändern sich die Angaben auf den Fahrtschreiberkarten, so muss eine neue Karte ausgestellt werden. Der Inhaber oder die Inhaberin muss der zuständigen Behörde innerhalb von 14 Tagen jede entsprechende Änderung melden. Die bisherige Karte verliert mit der Aushändigung der neuen Karte ihre Gültigkeit.

---

1 Fassung gemäss Ziff. I der V vom 29. März 2006, in Kraft seit 1. Nov. 2006 (AS 2006 1689).
2 Eingefügt durch Ziff. I der V vom 29. März 2006, in Kraft seit 1. Nov. 2006 (AS 2006 1689).

⁴ Fahrtschreiberkarten können verlängert werden. Das Verlängerungsgesuch kann frühestens sechs Monate vor Ablauf der Gültigkeit der Karten gestellt werden. Geht das Gesuch weniger als 15 Tage vor Ablauf der Gültigkeit ein, so wird eine neue Karte ausgestellt.

⁵ Bei Beschädigung, Fehlfunktion, Verlust oder Diebstahl einer Fahrtschreiberkarte muss der Karteninhaber oder die Karteninhaberin der zuständigen Behörde innerhalb von sieben Tagen Anzeige erstatten. Innerhalb dieser Frist muss er oder sie den Ersatz der Karte beantragen. Mit der Anzeige verliert die betreffende Fahrtschreiberkarte ihre Gültigkeit.

Art. 13b[1]   Fahrerkarte

¹ Fahrerkarten werden Führern und Führerinnen erteilt, die einen Lernfahr- oder Führerausweis im Kreditkartenformat (FAK) der Kategorien B, C, D, der Unterkategorien C1 oder D1 oder der Spezialkategorie F (Art. 3 VZV[2]) besitzen. Fahrzeugführern und Fahrzeugführerinnen aus dem Ausland, die einen schweizerischen Führerausweis benötigen (Art. 42 Abs. 3bis VZV), dürfen keine Fahrerkarten erteilt werden, wenn sie Wohnsitz in einem EU-Staat haben.[3]

² Das Gesuch um eine Fahrerkarte ist bei der Behörde des Wohnsitzkantons einzureichen und beinhaltet:

a. die Personalien der gesuchstellenden Person nach den Ziffern 1 und 2 des Anhangs der Verordnung vom 29. März 2006[4] über das Fahrtschreiberkartenregister (FKRV);

b. die Nummer des FAK beziehungsweise des Lernfahrausweises.

³ Die Gültigkeitsdauer der Fahrerkarte beträgt fünf Jahre.

⁴ Pro Führer oder Führerin darf nur eine Fahrerkarte ausgestellt werden. Sie ist persönlich und nicht übertragbar.

⁵ Hat der Inhaber oder die Inhaberin einer von einem ausländischen Staat erteilten gültigen Fahrerkarte den Wohnsitz in die Schweiz verlegt, so kann er oder sie bei der kantonalen Behörde ein Gesuch um Umtausch der Fahrerkarte stellen. Die ausländische Fahrerkarte muss der kantonalen Behörde abgegeben werden.

⁶ Fahrerkarten müssen der kantonalen Behörde bei Änderungen nach Artikel 13a Absatz 3, Beschädigung oder Fehlfunktion zurückgegeben werden. Wird eine ersetzte Fahrerkarte wieder aufgefunden, so muss sie innerhalb von 14 Tagen der Behörde abgegeben werden. Die auf der Karte gespeicherten Daten sind vorgängig zu sichern.

---

1   Eingefügt durch Ziff. I der V vom 29. März 2006, in Kraft seit 1. Nov. 2006 (AS 2006 1689).
2   SR 741.51
3   Fassung gemäss Ziff. I der V vom 28. März 2007, in Kraft seit 1. Juli 2007 (AS 2007 2191).
4   SR 822.223

⁷ Der Diebstahl einer Fahrerkarte ist den zuständigen Behörden des Staates, in dem sich der Diebstahl ereignet hat, zu melden.

Art. 13c[1] Werkstattkarte

¹ Werkstattkarten werden Werkstätten erteilt, die über eine entsprechende Bewilligung der Zulassungsbehörde verfügen (Art. 102 der V vom 19. Juni 1995[2] über die technischen Anforderungen an Strassenfahrzeuge, VTS) und die die Voraussetzungen für die Erteilung einer Unternehmenskarte nicht erfüllen. In begründeten Fällen können Werkstattkarten auch Werkstätten erteilt werden, die die Voraussetzungen für die Erteilung einer Unternehmenskarte erfüllen, wenn ihre unternehmerische Tätigkeit das Sicherheitssystem nicht gefährdet (Art. 3 Abs. 1 Bst. c FKRV[3]).

² Das Gesuch um eine Werkstattkarte ist bei der Eidgenössischen Zollverwaltung einzureichen und beinhaltet:

a. Name, Adresse und Sitz der Werkstatt, des Fahrtschreiberherstellers oder des Fahrzeugherstellers (Ziff. 3 und 5 Anhang FKRV);
b. Zulassungsbewilligung nach Artikel 102 VTS;
c. Prüfzertifikatnummer, Datum, Aussteller;
d. Name, Vorname, Geburtsdatum, Heimatort, Adresse des berechtigten Werkstatttechnikers oder der berechtigten Werkstatttechnikerin (Ziff. 4 Anhang FKRV).

³ Die Gültigkeitsdauer der Werkstattkarte beträgt ein Jahr.

⁴ Die Werkstattkarte wird auf die Werkstatt und deren berechtigte Techniker und Technikerinnen ausgestellt. Sie darf nur vom berechtigten Werkstatttechniker oder von der berechtigten Werkstatttechnikerin und nur am Sitz der entsprechenden Werkstatt benutzt werden. Der Techniker oder die Technikerin ist persönlich verantwortlich für die mit seiner oder ihrer Werkstattkarte durchgeführten Arbeiten und Kalibrierungen an digitalen Fahrtschreibern.

⁵ Werkstattkarten müssen der Eidgenössischen Zollverwaltung bei Änderungen nach Artikel 13a Absatz 3, Beschädigung oder Fehlfunktion zurückgegeben werden. Wird eine ersetzte Werkstattkarte wieder aufgefunden, so muss sie innerhalb von 14 Tagen der Behörde abgegeben werden. Die auf der Karte gespeicherten Daten sind vorgängig zu sichern.

---

1 Eingefügt durch Ziff. I der V vom 29. März 2006, in Kraft seit 1. Nov. 2006 (AS 2006 1689).
2 SR 741.41
3 SR 822.223

Art. 13d[1]   Unternehmenskarte

[1] Unternehmenskarten werden Arbeitgebern, selbständig erwerbenden Führern und Führerinnen und Vermietern und Vermieterinnen von Fahrzeugen mit digitalem Fahrtschreiber erteilt.

[2] Das Gesuch um eine Unternehmenskarte ist bei der Behörde des Unternehmenssitzkantons einzureichen und beinhaltet den Namen, die Adresse und den Sitz des Unternehmens (Ziff. 6 und 7 Anhang FKRV[2]).

[3] Die Gültigkeitsdauer der Unternehmenskarte beträgt fünf Jahre.

[4] Die Unternehmenskarte wird auf den Namen des Unternehmens ausgestellt. Einem Unternehmen können mehrere Unternehmenskarten erteilt werden.

Art. 13e[3]   Kontrollkarte

[1] Kontrollkarten werden den für Strassen- oder Betriebskontrollen zuständigen Behörden der Kantone und der Eidgenössischen Zollverwaltung erteilt.

[2] Das Gesuch um eine Kontrollkarte ist bei der zuständigen Behörde einzureichen und beinhaltet die Bezeichnung, Funktion und Adresse der Kontrollbehörde (Ziff. 8 und 9 Anhang FKRV[4]).

[3] Die Gültigkeitsdauer der Kontrollkarte beträgt fünf Jahre.

[4] Die Kontrollkarte ist unpersönlich und übertragbar. Einer Behörde können mehrere Kontrollkarten erteilt werden.

Art. 14[5]   Fahrtschreiber

[1] Während der beruflichen Tätigkeit muss der Führer oder die Führerin, solange er oder sie sich im Fahrzeug oder in dessen Nähe befindet, den Fahrtschreiber ständig in Betrieb halten und so bedienen, dass die Lenkzeit, die übrige Arbeitszeit und die Pausen zeitgerecht aufgezeichnet werden. Bei Mehrfachbesatzung haben sie den Fahrtschreiber so zu bedienen, dass diese Angaben unterscheidbar für jeden von ihnen vom Gerät aufgezeichnet werden.

[2] Der Arbeitgeber und der Führer oder die Führerin sorgen für das einwandfreie Funktionieren und die ordnungsgemässe Benutzung und Bedienung des Fahrtschreibers.

---

1   Eingefügt durch Ziff. I der V vom 29. März 2006, in Kraft seit 1. Nov. 2006 (AS 2006 1689).
2   SR 822.223
3   Eingefügt durch Ziff. I der V vom 29. März 2006, in Kraft seit 1. Nov. 2006 (AS 2006 1689).
4   SR 822.223
5   Fassung gemäss Ziff. I der V vom 29. März 2006, in Kraft seit 1. Nov. 2006 (AS 2006 1689).

Art. 14a[1] Bedienung des analogen Fahrtschreibers

¹ Der Führer oder die Führerin hat auf dem Einlageblatt folgende Angaben einzutragen:

a. vor dem Einlegen des Einlageblattes:
   1. seinen oder ihren Namen und Vornamen sowie die Kontrollschildnummer des benutzten Fahrzeugs,
   2. den Kilometerstand vor Beginn der Fahrt;
b. vor dem Einlegen und nach Herausnahme des Einlageblattes: das Datum und den Ort;
c. nach Herausnahme des Blattes nach der letzten Fahrt des Tages: den neuen Kilometerstand und das Total der gefahrenen Kilometer;
d. bei einem Fahrzeugwechsel während des Tages: den Kilometerstand des vorherigen und des neuen Fahrzeugs;
e. gegebenenfalls die Zeit des Fahrzeugwechsels.

² Befindet sich der Führer oder die Führerin nicht in der Nähe des Fahrzeugs und ist dadurch nicht in der Lage, den Fahrtschreiber zu bedienen, so hat er oder sie laufend die Angaben über die Arbeits- und Ruhezeiten von Hand oder auf andere geeignete Weise leserlich auf dem Einlageblatt einzutragen. Die handschriftlichen Eintragungen dürfen die Aufzeichnungen des Gerätes nicht beeinträchtigen.

³ Bei einer Betriebsstörung oder bei einem mangelhaften Funktionieren des Fahrtschreibers hat der Führer oder die Führerin, sofern die entsprechenden Angaben über die Arbeits-, Lenk- und Ruhezeiten nicht mehr einwandfrei aufgezeichnet werden, diese auf dem Einlageblatt oder auf einem besonderen, dem Einlageblatt beizufügenden Blatt zu vermerken.

⁴ Kein Einlageblatt darf über den Zeitraum hinaus verwendet werden, für den es bestimmt ist.

⁵ Der Führer oder die Führerin muss auf dem Fahrzeug genügend leere Einlageblätter mitführen, die für den betreffenden Fahrtschreiber zugelassen sind. Er oder sie darf keine beschmutzten oder beschädigten Einlageblätter verwenden und muss die Einlageblätter sachgemäss schützen. Wird ein Einlageblatt, das bereits Aufzeichnungen aufweist, beschädigt, ist dieses dem ersatzweise verwendeten Einlageblatt beizufügen.

⁶ Der Arbeitgeber hat dem Arbeitnehmer oder der Arbeitnehmerin die Einlageblätter unentgeltlich zur Verfügung zu stellen und ihnen auf Verlangen eine Kopie der benützten Blätter auszuhändigen.

---

1   Eingefügt durch Ziff. I der V vom 29. März 2006, in Kraft seit 1. Nov. 2006 (AS 2006 1689).

Art. 14b[1] Bedienung des digitalen Fahrtschreibers

¹ Der Führer oder die Führerin hat die folgenden Angaben in den Fahrtschreiber einzugeben:

a. Ort (Land) des Beginns und des Endes der beruflichen Tätigkeit;
b. beim Einstecken oder bei der Entnahme der Fahrerkarte: Beantwortung der Eingabeaufforderungen des Gerätes mit Ja oder Nein.

² Die Fahrer- und die Beifahrerkarte müssen während der gesamten beruflichen Tätigkeit eingesteckt bleiben.

³ Befindet sich der Führer oder die Führerin nicht in der Nähe des Fahrzeugs und ist dadurch nicht in der Lage, den Fahrtschreiber zu bedienen, so hat er oder sie die Angaben über die Arbeits- und Ruhezeiten vor der Weiterfahrt manuell in das Gerät einzugeben.

⁴ Bei einer Betriebsstörung oder bei einem mangelhaften Funktionieren des Fahrtschreibers hat der Führer oder die Führerin, sofern die entsprechenden Angaben über die Arbeits-, Lenk- und Ruhezeiten nicht mehr einwandfrei aufgezeichnet, ausgedruckt oder heruntergeladen werden, diese auf einem besonderen Blatt zu vermerken. Das Blatt muss zusätzlich mit den Angaben zur Person (Name, Vorname, Nummer der Fahrerkarte oder des Führerausweises), der Kontrollschildnummer des benutzten Fahrzeugs, dem Ort des Beginns und des Endes der beruflichen Tätigkeit sowie dem Datum und der Unterschrift versehen werden. Artikel 14c gilt sinngemäss.

⁵ Wenn die Fahrerkarte beschädigt ist, Fehlfunktionen aufweist, gestohlen wurde oder sich nicht im Besitz des Führers oder der Führerin befindet, druckt der Führer oder die Führerin zu Beginn der beruflichen Tätigkeit die Angaben zum verwendeten Fahrzeug aus und versieht den Ausdruck mit Namen, Vornamen, Führerausweisnummer, Datum und Unterschrift. Am Ende der beruflichen Tätigkeit druckt der Führer oder die Führerin die vom Fahrtschreiber aufgezeichneten Daten aus und versieht diesen Ausdruck ebenfalls mit Namen, Vornamen, Führerausweisnummer, Datum und Unterschrift. Findet während der beruflichen Tätigkeit ein Fahrzeugwechsel statt, so ist für jedes Fahrzeug ein entsprechender Ausdruck anzufertigen. Artikel 14c gilt sinngemäss.

⁶ In den Fällen nach Absatz 5 darf der Führer oder die Führerin die Fahrt ohne Fahrerkarte während eines Zeitraums von höchstens 15 Kalendertagen fortsetzen; für einen längeren Zeitraum nur, wenn das für die Rückkehr des Fahrzeuges an seinen Standort erforderlich ist.

⁷ Der Führer oder die Führerin muss auf dem Fahrzeug genügend Druckerpapier mitführen. Er oder sie darf kein beschmutztes, beschädigtes oder nicht für den Fahrtschreiber zugelassenes Druckerpapier verwenden und muss das Druckerpapier sachgemäss schützen.

---

1 Eingefügt durch Ziff. I der V vom 29. März 2006, in Kraft seit 1. Nov. 2006 (AS 2006 1689).

⁸ Der Arbeitgeber hat dem Arbeitnehmer oder der Arbeitnehmerin das Druckerpapier sowie die für das Herunterladen der Daten von der Fahrerkarte notwendigen Hilfsmittel unentgeltlich zur Verfügung zu stellen und ihnen auf Verlangen unentgeltlich eine Kopie der Ausdrucke oder der übrigen Daten auszuhändigen.

Art. 14c[1] Vorweisen der Dokumente oder Daten zum Fahrtschreiber

¹ Lenkt der Führer oder die Führerin ein Fahrzeug mit einem analogen Fahrtschreiber, so muss er oder sie der Vollzugsbehörde jederzeit die in der laufenden Woche benützten Einlageblätter, das Einlageblatt des letzten Tages der vorangegangenen Woche, an dem er oder sie ein Fahrzeug geführt hat, sowie die Fahrerkarte vorweisen können, falls er oder sie Inhaber oder Inhaberin einer solchen Karte ist; die nicht mehr gebrauchten Einlageblätter sind dem Arbeitgeber zur Aufbewahrung (Art. 18 Abs. 3) abzugeben.

² Lenkt der Führer oder die Führerin ein Fahrzeug mit einem digitalen Fahrtschreiber, so muss er oder sie der Vollzugsbehörde jederzeit die Fahrerkarte vorweisen können.

³ Lenkt der Führer oder die Führerin abwechselnd ein Fahrzeug mit einem analogen Fahrtschreiber und ein Fahrzeug mit einem digitalen Fahrtschreiber, so muss er oder sie am Ende der beruflichen Tätigkeit oder beim Fahrzeugwechsel einen Ausdruck aus dem digitalen Fahrtschreiber erstellen sowie der Vollzugsbehörde jederzeit vorweisen können:

a. die Einlageblätter und Ausdrucke der laufenden Woche;
b. das Einlageblatt und die Ausdrucke des letzten Tages der vorangegangenen Woche, an dem er oder sie ein Fahrzeug geführt hat;
c. die Fahrerkarte.

Art. 14d[2] Digitaler Fahrtschreiber bei Mietfahrzeugen

Vermieter und Vermieterinnen von Fahrzeugen müssen dem Mieter oder der Mieterin auf Verlangen spätestens einen Monat nach Beendigung des Mietverhältnisses jene Daten im Speicher des Fahrtschreibers zur Verfügung stellen, die sich auf die vom Mieter oder der Mieterin durchgeführten Fahrten beziehen und auf die dieser oder diese nicht unmittelbar zugreifen kann. Dabei ist der Datenschutz zu gewährleisten.

Art. 15 Arbeitsbuch

¹ Der Arbeitnehmer oder die Arbeitnehmerin führt ein Arbeitsbuch über seine oder ihre Arbeitszeit, wenn er oder sie:

---

1 Eingefügt durch Ziff. I der V vom 29. März 2006, in Kraft seit 1. Nov. 2006 (AS 2006 1689).
2 Eingefügt durch Ziff. I der V vom 29. März 2006, in Kraft seit 1. Nov. 2006 (AS 2006 1689).

a.[1] diese nicht durch andere Kontrollmittel (Fahrtschreibereinlageblätter, Fahrerkarte, Ausdrucke, Tagesrapporte und Zeiterfassungsgeräte) nachweisen kann; oder
b. nicht nach einem festen Stundenplan eingesetzt wird.

[2] Der Arbeitnehmer oder die Arbeitnehmerin darf gleichzeitig nur ein Arbeitsbuch benützen, auch wenn er oder sie bei mehr als einem Arbeitgeber beschäftigt ist. Das Arbeitsbuch ist persönlich und nicht übertragbar.

[3] Der Arbeitgeber hat das Arbeitsbuch bei der Vollzugsbehörde zu beziehen und dem Arbeitnehmer oder der Arbeitnehmerin unentgeltlich abzugeben. Es ist dem Arbeitgeber zurückzugeben, wenn alle Blätter ausgefüllt sind oder wenn das Arbeitsverhältnis beendigt ist.

[4] Spätestens am ersten Arbeitstag der folgenden Woche, bei Fahrten im Ausland nach der Rückkehr in die Schweiz, muss der Arbeitnehmer oder die Arbeitnehmerin die Nachweise seiner oder ihrer Arbeitszeit (perforiertes Original des Wochenblattes aus dem Arbeitsbuch, betriebsinterne Tagesrapporte) dem Arbeitgeber abgeben.

Art. 16 Aufstellung über die Arbeits-, Lenk- und Ruhezeit

[1] Der Arbeitgeber überwacht laufend anhand der verfügbaren Kontrollmittel, ob die Bestimmungen über die Arbeits-, Lenk- und Ruhezeit eingehalten worden sind. Er hält dazu für jeden Arbeitnehmer und jede Arbeitnehmerin folgende Angaben in einer Aufstellung fest:
a. die Tageslenkzeit;
b. die gesamte tägliche und wöchentliche Arbeitszeit;
c. die in einer Woche und insgesamt im Laufe eines Kalenderjahres geleisteten und ausgeglichenen oder bezahlten Überstunden;
d. die eingelegten wöchentlichen Ruhezeiten und bei deren allfälliger Unterteilung die Dauer der Teil-Ruhezeiten;
e. allfällige Beanspruchungen bei andern Arbeitgebern.

[2] Selbständigerwerbende Führer und selbständigerwerbende Führerinnen halten in einer Aufstellung die Dauer der Tageslenkzeit und die wöchentliche Ruhezeit und bei deren allfälliger Unterteilung die Dauer der Teil-Ruhezeiten fest.

[3] Für Führer und Führerinnen, deren Tageslenkzeit aufgrund einer summarischen Überprüfung der Fahrtschreiber-Aufzeichnungen offensichtlich weniger als 7 Stunden betragen hat, ist in der Aufstellung kein Eintrag der Lenkzeit erforderlich.

[4] Spätestens am Ende der Woche muss die Aufstellung nach den Absätzen 1 und 2 für die vorletzte Woche vollständig sein. Für im Ausland tätige Führer und Führerinnen ist die Aufstellung zu erstellen, sobald dies nach ihrer Rückkehr in die Schweiz möglich ist.

---

1   Fassung gemäss Ziff. I der V vom 29. März 2006, in Kraft seit 1. Nov. 2006 (AS 2006 1689).

⁵ Arbeitgeber sowie selbständigerwerbende Führer und Führerinnen, die die Aufstellung oder die Verwaltung der Speicherdaten durch Dritte ausführen lassen, bleiben für die Richtigkeit der Angaben, die Sicherung und Aufbewahrung der heruntergeladenen Daten sowie deren Vollständigkeit verantwortlich.[1]

⁶ Die Vollzugsbehörde kann auf die Aufstellung über die Arbeits-, Lenk- und Ruhezeit nach den Absätzen 1 und 2 für Führer und Führerinnen verzichten, deren berufliche Tätigkeit sich nach einem täglich gleich bleibenden Stundenplan richtet, der eine Verletzung der Arbeits-, Lenk- und Ruhezeitvorschriften ausschliesst. Die entsprechende Befreiungsverfügung enthält den Stundenplan, den Namen des Führers oder der Führerin und allenfalls des Arbeitgebers und ist auf ein Jahr befristet; sie darf nicht erneuert werden, wenn während der abgelaufenen Befreiungsperiode mehr als 20 Fahrten ausserhalb des Stundenplanes durchgeführt worden sind. Die Dauer einer allfälligen Überschreitung der wöchentlichen Höchstarbeitszeit (Art. 6 Abs. 1) muss schriftlich festgehalten werden.

Art. 16a[2]   Herunterladen von Daten beim digitalen Fahrtschreiber

Ist das Fahrzeug mit einem digitalen Fahrtschreiber ausgerüstet, so haben der Arbeitgeber sowie die selbständigerwerbenden Führer und Führerinnen dafür zu sorgen, dass:

a. die Daten aus dem Speicher des Fahrtschreibers auf ein externes Speichermedium heruntergeladen werden, und zwar:
   1. spätestens alle drei Monate, beginnend mit dem ersten Tag der Aufzeichnung,
   2. bevor ein Fahrzeug oder ein Fahrtschreiber an ein anderes Unternehmen vermietet oder verkauft wird, oder
   3. wenn der Fahrtschreiber nicht mehr korrekt funktioniert, die Daten aber noch heruntergeladen werden können;
b. die Daten von der Fahrerkarte heruntergeladen werden, und zwar:
   1. wöchentlich,
   2. bei längerer Abwesenheit des Fahrers oder der Fahrerin spätestens alle 21 Tage, beginnend mit dem ersten Tag der Aufzeichnung,
   3. bei Auflösung des Arbeitsverhältnisses des Arbeitnehmers oder der Arbeitnehmerin, oder
   4. vor Beginn der Fahrtätigkeit im Auftrag eines anderen Unternehmens und mit deren Fahrzeugen;
c. die Daten von der Unternehmenskarte spätestens alle drei Monate, beginnend mit dem ersten Tag der Aufzeichnung, heruntergeladen werden;

---

1 Fassung gemäss Ziff. I der V vom 29. März 2006, in Kraft seit 1. Nov. 2006 (AS 2006 1689).
2 Eingefügt durch Ziff. I der V vom 29. März 2006, in Kraft seit 1. Nov. 2006 (AS 2006 1689).

d. die aus dem digitalen Fahrtschreiber, von der Fahrerkarte und von der Unternehmenskarte heruntergeladenen Daten in chronologischer Reihenfolge nach Fahrzeugnummer und Fahrer oder Fahrerin beziehungsweise nach Fahrer oder Fahrerin gespeichert werden;

e. von allen Daten unverzüglich Sicherungskopien erstellt werden, die auf einem gesonderten Datenträger aufzubewahren sind;

f. die Aufstellung nach Artikel 16 Absatz 1 oder Absatz 2 vollständig erstellt wird;

g. sie vor der ersten Inbetriebnahme des Fahrtschreibers ihren Datenbereich schützen und diesen Schutz vor dem Verkauf oder der Vermietung des Fahrtschreibers wieder beenden.

Art. 17 Weitere Pflichten des Arbeitgebers und des Führers

1 Der Arbeitgeber muss dem Arbeitnehmer und der Arbeitnehmerin die Arbeit so zuteilen, dass er oder sie die Bestimmungen über die Arbeits-, Lenk- und Ruhezeit einhalten kann. Der Arbeitnehmer oder die Arbeitnehmerin muss dem Arbeitgeber rechtzeitig melden, wenn die zugeteilte Arbeit zu einer Verletzung dieser Bestimmungen führen könnte.

2 Der Arbeitgeber muss dafür sorgen, dass der Arbeitnehmer oder die Arbeitnehmerin die Bestimmungen über die Arbeits-, Lenk- und Ruhezeit einhält, die Kontrollmittel vorschriftsgemäss führt und sie ihm rechtzeitig abgibt.

3 Der Arbeitgeber führt ein Verzeichnis, in dem die Namen der Führer und Führerinnen, deren Adresse, Geburtsdatum und allfällige Arbeitsbuch-Nummer eingetragen sind.

4 Der Lohn von Arbeitnehmern und Arbeitnehmerinnen darf nicht nach der zurückgelegten Fahrstrecke, der beförderten Gütermenge oder andern die Verkehrssicherheit beeinträchtigenden Leistungen berechnet werden.

Art. 18 Auskunftspflicht

1 Arbeitgeber sowie Führer und Führerinnen müssen der Vollzugsbehörde alle Auskünfte erteilen, die für die Anwendung der Verordnung und für die Kontrolle erforderlich sind.

2 Arbeitgeber sowie selbständigerwerbende Führer und Führerinnen müssen der Vollzugsbehörde den Zutritt zum Betrieb und die nötigen Abklärungen gestatten.

3 Arbeitgeber sowie selbständigerwerbende Führer und Führerinnen müssen am Geschäftssitz während drei Jahren nach Führer oder Führerin geordnet aufbewahren:[1]

a. die Einlageblätter des Fahrtschreibers (Art. 14);

---

1 Fassung gemäss Ziff. I der V vom 29. März 2006, in Kraft seit 1. Nov. 2006 (AS 2006 1689).

b.[1] alle aus dem Speicher des digitalen Fahrtschreibers und von den Fahrer- und Unternehmenskarten heruntergeladenen Daten und die jeweiligen Sicherungskopien (Art. 16a); die Aufbewahrungsfrist beginnt mit dem Zeitpunkt, an dem das Datenpaket heruntergeladen wird;

c.[2] die Wochenblätter des Arbeitsbuches, gleichgestellte Nachweise und die ausgefüllten Arbeitsbücher (Art. 15);

d.[3] die Aufstellung über die Arbeits-, Lenk- und Ruhezeit (Art. 16);

e.[4] allfällige Befreiungsverfügungen (Art. 16 Abs. 6).

[4] Zweigniederlassungen, die Fahrzeuge selbständig einsetzen, bewahren diese Dokumente und Daten an ihrem Sitz auf.[5]

[5] Die Dokumente und Daten sind der Vollzugsbehörde auf Verlangen vorzuweisen oder in der von ihr verlangten Form einzusenden.[6]

[6] Auskünfte zu Statistik- oder Forschungszwecken richten sich nach den Bestimmungen des Bundesgesetzes vom 19. Juni 1992[7] über den Datenschutz und der Verordnung vom 14. Juni 1993[8] zum Bundesgesetz über den Datenschutz sowie nach dem Bundesstatistikgesetz vom 9. Oktober 1992[9].[10]

5. Abschnitt: Sonderbestimmungen

Art. 19 Lastwagenführer-Lehrlinge

[1] Die Arbeitszeit des Lastwagenführer-Lehrlings (Art. 6 Abs. 2 VZV[11]) darf neun Stunden je Tag nicht übersteigen; der obligatorische Schulunterricht gilt als Arbeitszeit. Die Arbeitszeit muss in die Zeit von 05.00 Uhr bis 22.00 Uhr fallen; die Kantone können im Interesse der beruflichen Ausbildung Ausnahmen bewilligen. Die tägliche Ruhezeit nach Artikel 9 Absatz 1 darf nicht verkürzt werden.[12]

[2] Lehrling, Ausbilder und Ausbilderin unterliegen den Kontrollvorschriften nach Artikel 15.

---

1 Fassung gemäss Ziff. I der V vom 29. März 2006, in Kraft seit 1. Nov. 2006 (AS 2006 1689).
2 Fassung gemäss Ziff. I der V vom 29. März 2006, in Kraft seit 1. Nov. 2006 (AS 2006 1689).
3 Fassung gemäss Ziff. I der V vom 29. März 2006, in Kraft seit 1. Nov. 2006 (AS 2006 1689).
4 Eingefügt durch Ziff. I der V vom 29. März 2006, in Kraft seit 1. Nov. 2006 (AS 2006 1689).
5 Fassung gemäss Ziff. I der V vom 29. März 2006, in Kraft seit 1. Nov. 2006 (AS 2006 1689).
6 Fassung gemäss Ziff. I der V vom 29. März 2006, in Kraft seit 1. Nov. 2006 (AS 2006 1689).
7 SR 235.1
8 SR 235.11
9 SR 431.01
10 Eingefügt durch Ziff. I der V vom 29. März 2006, in Kraft seit 1. Nov. 2006 (AS 2006 1689).
11 SR 741.51
12 Fassung gemäss Ziff. I der V vom 29. März 2006, in Kraft seit 1. Nov. 2006 (AS 2006 1689).

³ Bei Lernfahrten muss der Ausbilder oder die Ausbilderin:
a. auf dem Einlageblatt des Fahrtschreibers neben dem Namen des Lehrlings seine oder ihre Initialen eintragen;
b. ein eigenes Einlageblatt benützen; oder
c. seine oder ihre Fahrerkarte in den für den Beifahrer bestimmten Steckplatz des digitalen Fahrtschreibers einstecken.[1]

⁴ Die Lernfahrt des Lehrlings gilt auch für den Ausbilder oder die Ausbilderin als Lenkzeit.

Art. 20   Führer und Führerinnen im Nebenberuf

¹ Führer und Führerinnen, deren berufliche Tätigkeit nur teilweise dieser Verordnung untersteht (Führer und Führerinnen im Nebenberuf), dürfen in ihrer gesamten beruflichen Tätigkeit die in dieser Verordnung festgelegten Grenzen nicht überschreiten.

² Der Arbeitgeber, der Führer oder Führerinnen im Nebenberuf einsetzt, muss sich vergewissern, dass der Arbeitnehmer oder die Arbeitnehmerin diese Grenzen nicht überschreitet.

³ Die Vollzugsbehörde legt für Führer und Führerinnen im Nebenberuf, die neben ihrer Tätigkeit als Führer oder Führerin keine Erwerbstätigkeit als Arbeitnehmer oder Arbeitnehmerinnen ausüben, wie Landwirte, Studenten, Hausfrauen, eine Anzahl Stunden als Grundarbeitszeit fest, soweit sich dies wegen der Beanspruchung in ihrer Hauptbeschäftigung aufdrängt.

6. Abschnitt: Strafbestimmungen und Strafverfolgung

Art. 21   Strafbestimmungen

¹ Wer die Bestimmungen über die Arbeitszeit, Lenkzeit, Pausen und Ruhezeiten (Art. 5–11) verletzt, wird mit Busse bestraft.[2]

² Mit Busse wird bestraft, wer die Kontrollbestimmungen (Art. 13–18) verletzt, insbesondere wer:[3]

a. die Kontrollmittel (Art. 13) nicht oder nicht vorschriftsgemäss führt, bedient, sie nicht benutzt oder sie beschädigt;
b. gegenüber der für die Fahrtschreiberkarten zuständigen Behörde falsche oder unvollständige Angaben zu seiner Person macht (Art. 13a–13d);

---

1   Fassung gemäss Ziff. I der V vom 29. März 2006, in Kraft seit 1. Nov. 2006 (AS 2006 1689).
2   Fassung gemäss Ziff. I der V vom 28. März 2007, in Kraft seit 1. Juli 2007 (AS 2007 2191).
3   Fassung gemäss Ziff. I der V vom 28. März 2007, in Kraft seit 1. Juli 2007 (AS 2007 2191).

c. den Fahrtschreiber nicht in Betrieb hält, nicht richtig bedient oder die Aufzeichnungen verfälscht;
d. in Kontrolldokumenten und elektronischen Daten wahrheitswidrige oder unvollständige Angaben macht, die Lesbarkeit der Dokumente und Daten erschwert, ihren Inhalt verändert oder eine teilweise oder vollständige Datenlöschung herbeiführt;
e. eine defekte, gefälschte, ungültige oder keine Fahrtschreiberkarte für den digitalen Fahrtschreiber benutzt;
f. seine persönliche Fahrtschreiberkarte einer anderen Person zur Verfügung stellt oder eine Fahrtschreiberkarte benutzt, deren Inhaber oder Inhaberin er oder sie nicht ist;
g. ...[1]
h. das Gesamtsystem des digitalen Fahrtschreibers derart manipuliert, dass dieser falsche Daten liefert.[2]

[3] Wer die nach den Sonderbestimmungen (Art. 19 und 20) bestehenden Pflichten oder anzuwendenden Vorschriften verletzt, wird mit Busse bestraft.[3]

[4] Der Arbeitgeber, der eine nach dieser Verordnung strafbare Handlung eines Führers oder einer Führerin veranlasst oder nicht nach seinen Möglichkeiten verhindert, untersteht der gleichen Strafandrohung wie der Führer oder die Führerin. Der Richter kann den Führer oder die Führerin milder bestrafen oder von einer Bestrafung absehen, wenn die Umstände es rechtfertigen.

Art. 22 Strafverfolgung

[1] Die Strafverfolgung ist Sache der Kantone. Neben dem Kanton, in dem die Widerhandlung begangen wurde, ist auch der Kanton zuständig, der sie feststellt.

[2] Die Vollzugsbehörde des Kantons, in dem das Fahrzeug immatrikuliert ist, wird über die Strafverfolgung unterrichtet.

7. Abschnitt: Vollzug

Art. 23[4] Aufgaben der Kantone

[1] Die Kantone vollziehen diese Verordnung. Sie bezeichnen die für die Erteilung, den Entzug und die Ungültigerklärung der Fahrer-, Unternehmens- und Kontrollkarten zuständigen Stellen sowie die für den Vollzug zuständigen Behörden.[1]

---

1   Aufgehoben durch Ziff. I der V vom 28. März 2007, mit Wirkung seit 1. Jan. 2008 (AS 2007 2191).
2   Fassung gemäss Ziff. I der V vom 29. März 2006, in Kraft seit 1. Nov. 2006 (AS 2006 1689).
3   Fassung gemäss Ziff. I der V vom 28. März 2007, in Kraft seit 1. Juli 2007 (AS 2007 2191).
4   Fassung gemäss Ziff. I der V vom 29. März 2006, in Kraft seit 1. Nov. 2006 (AS 2006 1689).

[2] Die Kontrolle der Arbeits- und Ruhezeiten auf der Strasse und in den Betrieben richtet sich nach der Strassenverkehrskontrollverordnung vom 28. März 2007[2].[3]

[3] ...[4]

[4] Die Vollzugsbehörden erstellen ein Verzeichnis der Betriebe, die im Kanton ihren Geschäftssitz oder eine Zweigniederlassung haben. Sie führen eine Liste der jedem Betrieb abgegebenen Arbeitsbücher.

Art. 24 Aufgaben des Bundes

[1] Das Eidgenössische Departement für Umwelt, Verkehr, Energie und Kommunikation[5] kann generelle Weisungen für den Vollzug dieser Verordnung erlassen.

[2] Das Bundesamt für Strassen[6] kann im Einzelfall aus zwingenden Gründen Abweichungen von einzelnen Bestimmungen gestatten.

[3] Das Bundesamt für Strassen legt in Übereinstimmung mit den internationalen Vorschriften die Form und das Aussehen der Fahrtschreiberkarten fest und gibt sie heraus.[7]

[4] Die Eidgenössische Zollverwaltung ist zuständig für die Erteilung, den Entzug und die Ungültigkeitserklärung der Werkstattkarten.[8]

8. Abschnitt: ...

Art. 25–28[9]

9. Abschnitt: Inkrafttreten

Art. 29

Diese Verordnung tritt am 1. Oktober 1995 in Kraft.

---

1 Fassung gemäss Ziff. I der V vom 28. März 2007, in Kraft seit 1. Jan. 2008 (AS 2007 2191).
2 SR 741.013
3 Fassung gemäss Ziff. I der V vom 28. März 2007, in Kraft seit 1. Jan. 2008 (AS 2007 2191).
4 Aufgehoben durch Ziff. I der V vom 28. März 2007, mit Wirkung seit 1. Jan. 2008 (AS 2007 2191).
5 Ausdruck gemäss Art. 1 Ziff. 21 der V vom 22. Juni 1998, in Kraft seit 1. Jan. 1998 (AS 1998 1796).
6 Ausdruck gemäss Art. 1 Ziff. 21 der V vom 22. Juni 1998, in Kraft seit 1. Jan. 1998 (AS 1998 1796).
7 Eingefügt durch Ziff. I der V vom 29. März 2006, in Kraft seit 1. Nov. 2006 (AS 2006 1689).
8 Eingefügt durch Ziff. I der V vom 29. März 2006, in Kraft seit 1. Nov. 2006 (AS 2006 1689).
9 Aufgehoben durch Ziff. I der V vom 29. März 2006, mit Wirkung seit 1. Nov. 2006 (AS 2006 1689).

Nr. 20 Bundesgesetz über die Heimarbeit (Heimarbeitsgesetz, HArG)

vom 20. März 1981 (Stand am 1. Januar 2009)

SR 822.31

Die Bundesversammlung der Schweizerischen Eidgenossenschaft

Gestützt auf die Artikel 34ter und 64bis der Bundesverfassung[1],
nach Einsicht in eine Botschaft des Bundesrates vom 27. Februar 1980[2],
beschliesst:

1. Abschnitt: Geltungsbereich

Art. 1 Gegenstand

[1] Das Gesetz gilt für öffentliche und private Arbeitgeber, die Heimarbeit ausführen lassen, sowie für die von ihnen beschäftigten Heimarbeitnehmer.

[2] Auf Personen und Organisationen, die stellvertretend für den Arbeitgeber Heimarbeit ausgeben, sind die für Heimarbeitnehmer geltenden Schutzbestimmungen sinngemäss anwendbar.

[3] Für den Arbeitgeber im Ausland gilt das Gesetz, soweit er Heimarbeitnehmer in der Schweiz beschäftigt.

[4] Als Heimarbeit nach diesem Gesetz gilt jede gewerbliche und industrielle Hand- und Maschinenarbeit, die ein Heimarbeitnehmer allein oder mit Familienangehörigen in seiner Wohnung oder in einem andern, von ihm bestimmten Arbeitsraum gegen Lohn ausführt.

[5] Für die Anwendbarkeit des Gesetzes ist das tatsächliche Beschäftigungsverhältnis und nicht die Bezeichnung des Vertrages massgebend.

Art. 2 Zweifelsfälle

Über die Anwendbarkeit des Gesetzes entscheidet in Zweifelsfällen die kantonale Behörde von Amtes wegen oder auf Ersuchen eines Beteiligten. Ist ein Bundesbetrieb betroffen, so entscheiden die Bundesbehörden.

AS 1983 108

1 [BS 1 3; AS 1976 2001]. Den genannten Bestimmungen entsprechen heute die Art. 41, 45, 59, 63, 110, 123, 147 und 178 der BV vom 18. April 1999 (SR 101).

2 BBl 1980 II 282

2. Abschnitt: Pflichten der Arbeitgeber und der Heimarbeitnehmer

Art. 3 Bekanntgabe der Arbeitsbedingungen

Der Arbeitgeber hat dem Heimarbeitnehmer sowie Personen und Organisationen, die stellvertretend für ihn Heimarbeit ausgeben, bei der ersten Ausgabe von Heimarbeit die Arbeitsbedingungen vollständig und schriftlich bekannt zu geben.

Art. 4 Lohn, Vorgabezeit, Abrechnung

[1] Der Lohn für Heimarbeit richtet sich nach den im eigenen Betrieb für gleichwertige Arbeit geltenden Ansätzen. Fehlt ein vergleichbarer Betriebslohn, so ist der im betreffenden Wirtschaftszweig übliche regionale Lohnansatz für ähnliche Arbeiten anzuwenden. Den unterschiedlichen Arbeitsbedingungen zwischen Betrieb und Wohnort des Heimarbeitnehmers sowie den mit der Heimarbeit verbundenen Mehr- und Minderaufwendungen für Arbeitgeber und Arbeitnehmer ist angemessen Rechnung zu tragen.

[2] Wird der Lohn nach der geleisteten Arbeit bemessen (Akkordlohn), so hat der Arbeitgeber dem Heimarbeitnehmer gleichzeitig mit dem Lohnansatz den für die Arbeit geschätzten Zeitaufwand bekannt zu geben (Vorgabezeit), ausser wenn dieser wegen der Art der Heimarbeit nicht zum Voraus ermittelt werden kann.

[3] Der Arbeitgeber gibt dem Heimarbeitnehmer eine schriftliche Abrechnung, von der beide Parteien eine Ausfertigung[1] während mindestens fünf Jahren aufbewahren müssen.

Art. 5 Auslagenersatz, Arbeitsgeräte, Material, Anleitung

[1] Der Arbeitgeber hat dem Heimarbeitnehmer die erforderlichen Auslagen, insbesondere für Arbeitsgeräte, Material und deren Transport zu ersetzen.

[2] Stellt der Arbeitgeber Arbeitsgeräte oder Material zur Verfügung, so darf er dafür vom Heimarbeitnehmer keine Entschädigung verlangen. Vorbehalten bleiben die Rückgabepflicht bei Beendigung des Heimarbeitsverhältnisses und allfällige Schadenersatzansprüche des Arbeitgebers.

[3] Der Arbeitgeber hat den Heimarbeitnehmer zu den Arbeiten anzuleiten, soweit dies für dessen Sicherheit und für die Erzielung eines angemessenen Lohnes erforderlich ist.

---

1 Berichtigt durch die Redaktionskommission der BVers [Art. 33 GVG – AS 1974 1051].

Art. 6 Jugendliche

An Jugendliche, die das 15. Altersjahr noch nicht vollendet haben, darf Heimarbeit nicht zur selbständigen Ausführung ausgegeben werden.

Art. 7 Zeitliche Begrenzung der Ausgabe von Heimarbeit

[1] Der Arbeitgeber darf an Sonn- und Feiertagen Heimarbeit weder ausgeben noch abnehmen. An den übrigen Tagen darf er dies nur innerhalb der vom Bundesrat festgelegten Zeit tun. Die Kantone können für besondere Verhältnisse Ausnahmen bewilligen.

[2] Der Arbeitgeber hat auf die persönliche Leistungsfähigkeit des Heimarbeitnehmers Rücksicht zu nehmen. Er hat insbesondere die Frist für die Ablieferung der Heimarbeit so zu bemessen, dass der Heimarbeitnehmer täglich nicht mehr als acht Stunden und nicht an Sonntagen arbeiten muss.

Art. 8 Schutz von Leben und Gesundheit

[1] Arbeitsgeräte und Material, die der Arbeitgeber dem Heimarbeitnehmer abgibt, müssen so beschaffen sein, dass bei sachgemässer Handhabung Unfälle und Gesundheitsschädigungen ausgeschlossen sind.

[2] Die Heimarbeitnehmer haben die Anordnungen des Arbeitgebers zur Verhütung von Unfällen und Gesundheitsschädigungen zu befolgen. Insbesondere haben sie die Schutzeinrichtungen an den Arbeitsgeräten richtig zu handhaben und dürfen sie ohne Erlaubnis des Arbeitgebers weder entfernen noch ändern.

Art. 9 Gefährliche Arbeiten

Der Bundesrat bestimmt, welche Arbeiten nicht oder nur unter besonderen Sicherheitsvorkehrungen in Heimarbeit ausgeführt werden dürfen.

Art. 10 Verzeichnis der Heimarbeitnehmer und Registrierung

Der Arbeitgeber hat ein Verzeichnis der von ihm beschäftigten Heimarbeitnehmer zu führen und sich in das Arbeitgeberregister der Vollzugsbehörden eintragen zu lassen.

Art. 11 Auskunftspflicht

Arbeitgeber und Heimarbeitnehmer sind verpflichtet, den Vollzugs- und Aufsichtsbehörden die für den Vollzug des Gesetzes erforderlichen Auskünfte zu erteilen und ihnen Zutritt zu ihren Räumlichkeiten zu gewähren. Die Vollzugs- und Aufsichtsbehörden können Kontrollen vornehmen und Proben entnehmen sowie Verzeichnisse und andere Unterlagen einsehen, namentlich die Arbeitsbedingungen, Begleitzettel, Lieferungsbücher und Abrechnungen.

3. Abschnitt: Strafbestimmungen[1]

Art. 12 Strafen

[1] Wer einer Vorschrift dieses Gesetzes oder seiner Ausführungsbestimmungen oder einer unter Hinweis auf die Strafdrohung dieses Artikels an ihn gerichteten Einzelverfügung zuwiderhandelt, wird mit Busse bestraft.

[2] Bei vorsätzlicher Widerhandlung kann in schweren Fällen auf Haft erkannt werden.

Art. 13 Anwendbares Recht

Es gelten die allgemeinen Bestimmungen des Strafgesetzbuches[2] und Artikel 6 des Verwaltungsstrafrechtsgesetzes vom 22. März 1974[3].

Art. 14 Strafverfolgung

Die Strafverfolgung ist Sache der Kantone.

4. Abschnitt: Vollzugsbestimmungen

Art. 15 Vollzug

[1] Der Vollzug des Gesetzes ist Sache der Kantone. Sie bezeichnen die Vollzugsbehörden.

[2] Die Betriebe des Bundes vollziehen das Gesetz unter Aufsicht der Eidgenössischen Arbeitsinspektorate.

[3] Die Vollzugsbehörden führen das Arbeitgeberregister und überprüfen es mindestens einmal im Jahr.

[4] Die Vollzugsbehörden erstatten dem Bundesamt für Industrie, Gewerbe und Arbeit[4] (Bundesamt) über den Vollzug des Gesetzes jährlich Bericht.

---

1 Ab 1. Jan. 2007 sind die angedrohten Strafen und die Verjährungsfristen in Anwendung von Art. 333 Abs. 2–6 des Strafgesetzbuches (SR 311.0) in der Fassung des BG vom 13. Dez. 2002 (AS 2006 3459) zu interpretieren beziehungsweise umzurechnen.
2 SR 311.0
3 SR 313.0
4 Heute: «Staatssekretariat für Wirtschaft (SECO)» (Art. 5 der Organisationsverordnung für das Eidgenössische Volkswirtschaftsdepartement vom 14. Juni 1999 – SR 172.216.1; AS 2000 187 Art. 3).

Art. 16[1]

Art. 17 Oberaufsicht

Das Bundesamt übt die Oberaufsicht über den Vollzug des Gesetzes aus.

Art. 18[2]

Art. 19[3] Schweigepflicht

Personen, die mit dem Vollzug oder mit der Vollzugsaufsicht betraut sind, wahren das Amtsgeheimnis.

5. Abschnitt: Schlussbestimmungen

Art. 20 Ausführungsbestimmungen

Der Bundesrat erlässt die Ausführungsbestimmungen nach Anhören der Kantone, der interessierten Organisationen und der Eidgenössischen Heimarbeitskommission.

Art. 21 Änderung und Aufhebung bisherigen Rechts

1. Das Obligationenrecht (OR)[4] *wird wie folgt geändert:*
Art. 351–354 und 362 Abs. 1

...

2. Das Arbeitsgesetz vom 13. März 1964[5] *wird wie folgt geändert:*
Art. 3 Bst. f

...

3. Das Bundesgesetz vom 12. Dezember 1940[6] *über die Heimarbeit wird aufgehoben.*

---

1 Aufgehoben durch Anhang Ziff. 100 des Verwaltungsgerichtsgesetzes vom 17. Juni 2005, mit Wirkung seit 1. Jan. 2007 (SR 173.32).
2 Aufgehoben durch Anhang Ziff. II 3 des BG vom 20. März 2008 (Neuordnung der ausserparlamentarischen Kommissionen), mit Wirkung seit 1. Jan. 2009 (AS 2008 5941 5944; BBl 2007 6641).
3 Fassung gemäss Anhang Ziff. II 3 des BG vom 20. März 2008 (Neuordnung der ausserparlamentarischen Kommissionen), in Kraft seit 1. Jan. 2009 (AS 2008 5941 5944; BBl 2007 6641).
4 SR 220. Die hiernach aufgeführten Änderungen sind eingefügt im genannten BG.
5 SR 822.11. Die hiernach aufgeführten Änderungen sind eingefügt im genannten BG.
6 [BS 8 229; AS 1951 1231 Art. 14 Abs. 2, 1966 57 Art. 68, 1971 1465 Schl- und Ueb zum X. Tit. Art. 6 Ziff. 4]

Art. 22 Vorbehalt von Vorschriften

Vorbehalten bleiben insbesondere:
a. die Bundesgesetzgebung über die Verhütung von Unfällen und Berufskrankheiten, den Schutz der Umwelt, den Strahlenschutz, den Verkehr mit Giften, explosionsgefährliche Stoffe, Lebensmittel und Gebrauchsgegenstände sowie über die Sozialversicherungen;
b. die Polizeivorschriften der Kantone und Gemeinden.

Art. 23 Referendum und Inkrafttreten

¹ Dieses Gesetz untersteht dem fakultativen Referendum.
² Der Bundesrat bestimmt das Inkrafttreten.

Datum des Inkrafttretens: 1. April 1983[1]

---

1 BRB vom 20. Dez. 1982 (AS 1983 113).

Nr. 21 Verordnung über die Heimarbeit (Heimarbeitsverordnung, HArGV)

vom 20. Dezember 1982 (Stand am 1. Januar 2008)

SR 822.311

Der Schweizerische Bundesrat,

gestützt auf die Artikel 7, 9 und 20 des Heimarbeitsgesetzes vom 20. März 1981[1] (im folgenden Gesetz genannt),

verordnet:

1. Abschnitt: Geltungsbereich

Art. 1

[1] Als öffentliche Arbeitgeber im Sinne von Artikel 1 Absatz 1 des Gesetzes gelten insbesondere die öffentlichen Verwaltungen des Bundes, der Kantone und Gemeinden sowie die Körperschaften des öffentlichen Rechts.

[2] Als gewerbliche oder industrielle Hand- und Maschinenarbeit im Sinne von Artikel 1 Absatz 4 des Gesetzes gelten Verrichtungen, durch welche Güter hergestellt, verarbeitet, behandelt, verpackt, abgefüllt oder sortiert werden.

2. Abschnitt: Rechte und Pflichten der Arbeitgeber und Heimarbeitnehmer

Art. 2   Bekanntgabe der Arbeitsbedingungen

[1] Der Arbeitgeber hat dem Heimarbeitnehmer die allgemein geltenden Arbeitsbedingungen wie Tarife, Arbeitsordnungen oder Gesamtarbeitsverträge schriftlich bekanntzugeben. Die den einzelnen Heimarbeitnehmer betreffenden Vereinbarungen, namentlich über den Lohn und den Auslagenersatz, sind diesem schriftlich zu bestätigen.

[2] Die Einzelheiten des Arbeitsauftrages sind durch Begleitpapiere bekanntzugeben und, soweit nötig, mit Mustern, Entwürfen, Zeichnungen oder Beschreibungen der auszuführenden Arbeit zu ergänzen. An Stelle der Begleitpapiere kann ein Arbeitsbuch verwendet werden.

AS 1983 114
1   SR 822.31

Art. 3 Mehr- und Minderaufwendungen

¹ Als Mehraufwendungen (Art. 4 Abs. 1 des Gesetzes) gelten insbesondere:

a. für den Arbeitgeber die Kosten des Transportes der Arbeitsgeräte, Materialien und Arbeitserzeugnisse sowie die Kosten für Anleitung und Betreuung des Heimarbeitnehmers, soweit sie diejenigen für gleiche oder vergleichbare Arbeiten im Betrieb übersteigen;

b. für den Heimarbeitnehmer die Kosten des Arbeitsplatzes, soweit es sich nicht um Auslagen handelt, die nach Artikel 5 Absatz 1 des Gesetzes vom Arbeitgeber zu ersetzen sind.

² Als Minderaufwendungen (Art. 4 Abs. 1 des Gesetzes) gelten insbesondere die Einsparungen des Arbeitgebers von Kosten des Arbeitsraumes und des Arbeitsplatzes.

³ Nicht als Mehr- oder Minderaufwendungen gelten Kosten, die sich aus unabdingbaren gesetzlichen oder gesamtarbeitsvertraglichen Verpflichtungen ergeben.

⁴ Allfälligen Mehr- und Minderaufwendungen im Sinne von Artikel 4 Absatz 1 des Gesetzes kann nur so weit Rechnung getragen werden, als sie glaubhaft begründet werden.

Art. 4 Vorgabezeit

¹ Für die Berechnung der Vorgabezeit (Art. 4 Abs. 2 des Gesetzes) ist der im Betrieb für gleiche oder vergleichbare Arbeiten errechnete oder geschätzte durchschnittliche Zeitaufwand massgebend. Fehlen die entsprechenden Unterlagen, so hat der Arbeitgeber den erforderlichen Zeitaufwand zu ermitteln, ausser wenn dies wegen der Art der Heimarbeit nicht zum Voraus möglich ist. Zeitmessungen und Arbeitsstudien können, mit dem Einverständnis des Heimarbeitnehmers, auch an dessen Arbeitsplatz vorgenommen werden.

² Der Arbeitgeber hat dem Heimarbeitnehmer schriftlich mitzuteilen, wie er die Vorgabezeit ermittelt hat.

Art. 5 Abrechnung

Aus der Abrechnung (Art. 4 Abs. 3 des Gesetzes) müssen ersichtlich sein:

a. Name, Vorname und Adresse des Arbeitgebers und des Heimarbeitnehmers;
b. AHV-Nummer des Heimarbeitnehmers;
c. Zahltagsperiode und Datum der Lohnzahlung;
d. Menge und Art der abgelieferten Arbeitserzeugnisse und des allenfalls zurückgegebenen Materials;
e. bei Stück- und Akkordlohn oder ähnlichen Entlöhnungsformen die der Lohnberechnung zugrunde liegenden Bestimmungsgrössen, bei Zeitlohn die Zahl der berechneten Stunden und der Stundenlohnansatz;
f. allfällige Prämien;

g. Ferienlohn und die Zahl der vergüteten Ferien- und Feiertage;
h. Familien-, Kinder- und andere Zulagen;
i. Auslagenersatz im Sinne von Artikel 5 Absatz 1 des Gesetzes;
k. Vorschüsse, Lohnrückbehalt, Beiträge an Sozialversicherungen (AHV, Invalidenversicherung, Erwerbsersatzordnung, Arbeitslosenversicherung, Kranken-, Unfall-, berufliche Alters-, Hinterlassenen- und Invalidenversicherung).

Art. 6 Auslagen

¹ Als Auslagen (Art. 5 Abs. 1 des Gesetzes) gelten insbesondere die Kosten der vom Heimarbeitnehmer im Interesse des Arbeitgebers angeschafften Arbeitsgeräte und Materialien mit Ausnahme jener Arbeitsgeräte, die bereits im Besitz des Heimarbeitnehmers sind.

² Als Auslagen gelten auch die Kosten für den Unterhalt der für die Ausführung der Heimarbeit verwendeten Arbeitsgeräte und Materialien.

Art. 7 Zeitliche Begrenzung der Ausgabe von Heimarbeit

Heimarbeit darf nicht vor 6 Uhr und nicht nach 20 Uhr ausgegeben und abgenommen werden.

Art. 8 Schutz von Leben und Gesundheit

Der Arbeitgeber ist verpflichtet, den Heimarbeitnehmer auf die bei der Verwendung der Arbeitsgeräte und des Materials geltenden Schutzvorschriften aufmerksam zu machen. Spätestens bei deren Lieferung sind die entsprechenden Schutzvorschriften dem Heimarbeitnehmer auszuhändigen.

Art. 9 Gefährliche Arbeiten

¹ Zum Schutz der Heimarbeitnehmer und der Umgebung ihrer Arbeitsplätze dürfen folgende Arbeiten nicht in Heimarbeit ausgeführt werden:
a. Bedienung von Maschinen, Einrichtungen, Geräten, Werkzeugen und Umgang mit Materialien, sofern damit erfahrungsgemäss eine erhebliche Unfallgefahr oder Gefahr von Gesundheitsschädigungen verbunden ist;
b. Herstellen, Bearbeiten und Verpacken von Gegenständen, die Spreng- oder Zündstoffe enthalten;
c. Herstellen, Bearbeiten und Verwenden von leichtentzündbaren Stoffen, ausgenommen das Bemalen, Beschriften und Verpacken, sofern keine erhebliche Brand- oder Explosionsgefahr besteht;
d. Arbeiten, bei denen eine erhebliche Vergiftungsgefahr oder eine Gefährdung durch ionisierende Strahlen besteht;
e. Sortieren, Verarbeiten und Ausbessern ungereinigter Wäsche, Kleider und Säcke;

f. Sortieren und Verarbeiten ungereinigter Textilabfälle;
g. Arbeiten mit Schweiss- und Schneidbrennern;
h. Arbeiten, die mit heftiger Erschütterung oder starkem Lärm verbunden sind;
i. Arbeiten bei grosser Hitze und Kälte;
k. Heben, Tragen und Fortbewegen schwerer Lasten.

² Das Staatssekretariat für Wirtschaft (SECO)[1] kann nach Anhörung der Vollzugsbehörde in Einzelfällen Ausnahmen bewilligen. Solche Bewilligungen sind mit besonderen Auflagen zum Schutz des Heimarbeitnehmers und allenfalls der Umgebung des Arbeitsplatzes zu verbinden.

Art. 10   Verzeichnis der Heimarbeitnehmer und Registrierung

¹ Der Arbeitgeber hat sich spätestens vor der ersten Ausgabe von Heimarbeit in das Arbeitgeberregister seines Wohnsitz- beziehungsweise Sitzkantons seines Betriebes eintragen zu lassen. Die Vollzugsbehörde stellt ihm über die erfolgte Eintragung eine Bescheinigung aus, die aufzubewahren und auf Verlangen den Vollzugs- und Aufsichtsbehörden vorzuweisen ist.

² Der Arbeitgeber hat den Vollzugsbehörden auf deren Verlangen jährlich eine Kopie des nachgeführten Heimarbeitnehmerverzeichnisses zu übermitteln, in welchem folgende Angaben enthalten sein müssen:
a. Name, Vorname, Adresse und Geburtsdatum des Heimarbeitnehmers;
b. Beruf und Tätigkeit des Heimarbeitnehmers;
c. Datum der erstmaligen Ausgabe von Heimarbeit.

3. Abschnitt: Vollzugsbestimmungen

Art. 11   Kantone

¹ Die Kantone teilen dem SECO die nach Artikel 15 Absatz 1 des Gesetzes bezeichneten Vollzugsbehörden sowie die kantonale Beschwerdeinstanz mit.

² Die kantonalen Vollzugsbehörden treffen die für den Vollzug erforderlichen Massnahmen. Insbesondere führen sie stichprobeweise Kontrollen bei den Arbeitgebern und, bei begründetem Anlass, in den Arbeitsräumen der Heimarbeitnehmer über die Einhaltung der Vorschriften des Gesetzes und der Verordnung durch, beraten Arbeitgeber und Heimarbeitnehmer bei der Anwendung des Gesetzes und sorgen für die

---

[1] Ausdruck gemäss Art. 22 Abs. 1 Ziff. 12 der V vom 17. Nov. 1999, in Kraft seit 1. Juli 1999 (AS 2000 187). Diese Änd. ist im ganzen Erlass berücksichtigt.

fortlaufende Führung des Arbeitgeberregisters. Sie können für Ausnahmebewilligungen nach Artikel 7 Absatz 1 des Gesetzes Gebühren erheben.[1]

[3] Der jährliche Bericht nach Artikel 15 Absatz 4 des Gesetzes ist dem SECO spätestens drei Monate nach Ablauf eines Kalenderjahres zu erstatten. Dieser hat auch Angaben betreffend Verfügungen über die Anwendbarkeit des Gesetzes in Zweifelsfällen nach Artikel 2 des Gesetzes sowie über die Bewilligung von Ausnahmen von der zeitlichen Begrenzung der Ausgabe und Abnahme von Heimarbeit nach Artikel 7 dieser Verordnung zu enthalten.

Art. 12 Bund

[1] Das SECO sorgt im Rahmen seiner Oberaufsicht für einen einheitlichen Vollzug des Gesetzes. Es kann den kantonalen Vollzugsbehörden Weisungen erteilen.

[2] Es führt namentlich stichprobeweise Kontrollen durch.[2]

[3] Es berät die Kantone und die Betriebe des Bundes bei der Anwendung des Gesetzes und dieser Verordnung und überprüft die von den kantonalen Vollzugsbehörden sowie Heimarbeit ausgebenden Bundesbetrieben getroffenen Massnahmen auf ihre Übereinstimmung mit den gesetzlichen Vorschriften.

Art. 13[3]

4. Abschnitt: Schlussbestimmungen

Art. 14 Aufhebung und Änderung bisherigen Rechts

[1] Die Verordnung vom 9. Januar 1970[4] zum Bundesgesetz über die Heimarbeit wird aufgehoben.

[2] Die Ausführungsverordnung vom 28. Juni 1949[5] zum Bundesbeschluss über die Förderung der Heimarbeit wird wie folgt geändert:

Titel

...

Art. 1 Abs. 1

...

---

1 Fassung des letzten Satzes gemäss Anhang Ziff. 14 der V vom 30. Jan. 1991 über die Genehmigung kantonaler Erlasse durch den Bund (SR 172.068).
2 Fassung gemäss Ziff. II 3 der V vom 24. April 2002, in Kraft seit 1. Juni 2002 (AS 2002 1347).
3 Aufgehoben durch Ziff. II 7 der V vom 12. Sept. 2007 über die Aufhebung und Anpassung von Verordnungen im Rahmen der Neuordnung der ausserparlamentarischen Kommissionen, mit Wirkung seit 1. Jan. 2008 (AS 2007 4525).
4 [AS 1970 72]
5 SR 822.321. Die hiernach aufgeführten Änd. sind eingefügt in der genannten V.

Art. 15 Übergangsbestimmung

Die Mitglieder der bestehenden Eidgenössischen Heimarbeitskommission bleiben bis zum Ende der Amtsdauer im Amt.

Art. 16 Inkrafttreten

Diese Verordnung tritt am 1. April 1983 in Kraft.

Nr. 22 Auszug aus dem Bundesgesetz über den Erwerbsersatz für Dienstleistende und bei Mutterschaft (Erwerbsersatzgesetz, EOG)[1]

vom 25. September 1952 (Stand am 1. Januar 2009)

SR 834.1

Erster Abschnitt a: Die Erwerbsausfallentschädigung[2]

IIIa.[3] **Die Mutterschaftsentschädigung**

Art. 16b Anspruchsberechtigte

[1] Anspruchsberechtigt ist eine Frau, die:

a. während der neun Monate unmittelbar vor der Niederkunft im Sinne des AHVG[4] obligatorisch versichert war;

b. in dieser Zeit mindestens fünf Monate lang eine Erwerbstätigkeit ausgeübt hat; und

c. im Zeitpunkt der Niederkunft:
   1. Arbeitnehmerin im Sinne von Artikel 10 des Bundesgesetzes vom 6. Oktober 2000[5] über den Allgemeinen Teil des Sozialversicherungsrechts (ATSG) ist;
   2. Selbständigerwerbende im Sinne von Artikel 12 ATSG ist; oder
   3. im Betrieb des Ehemannes mitarbeitet und einen Barlohn bezieht.

[2] Die Versicherungsdauer nach Absatz 1 Buchstabe a wird entsprechend herabgesetzt, wenn die Niederkunft vor Ablauf des 9. Schwangerschaftsmonats erfolgt.

[3] Der Bundesrat regelt die Anspruchsvoraussetzungen für Frauen, die wegen Arbeitsunfähigkeit oder Arbeitslosigkeit:

a. die Voraussetzungen von Absatz 1 Buchstabe a nicht erfüllen;

b. im Zeitpunkt der Niederkunft nicht Arbeitnehmerinnen oder Selbständigerwerbende sind.

---

1 Fassung gemäss Ziff. I des BG vom 3. Okt. 2003, in Kraft seit 1. Juli 2005 (AS 2005 1429 1437; BBl 2002 7522, 2003 1112 2923).

2 Eingefügt durch Anhang Ziff. 14 des BG vom 6. Okt. 2000 über den Allgemeinen Teil des Sozialversicherungsrechts, in Kraft seit 1. Jan. 2003 (SR 830.1).

3 Eingefügt durch Ziff. I des BG vom 3. Okt. 2003, in Kraft seit 1. Juli 2005 (AS 2005 1429 1437; BBl 2002 7522, 2003 1112 2923).

4 SR 831.10

5 SR 830.1

Art. 16c Beginn des Anspruchs

¹ Der Entschädigungsanspruch entsteht am Tag der Niederkunft.

² Bei längerem Spitalaufenthalt des neu geborenen Kindes kann die Mutter beantragen, dass die Mutterschaftsentschädigung erst ausgerichtet wird, wenn das Kind nach Hause kommt.

Art. 16d[1] Ende des Anspruchs

Der Anspruch endet am 98. Tag nach seinem Beginn. Er endet vorzeitig, wenn die Mutter ihre Erwerbstätigkeit wieder aufnimmt oder wenn sie stirbt.

Art. 16e Höhe und Bemessung der Entschädigung

¹ Die Mutterschaftsentschädigung wird als Taggeld ausgerichtet.

² Das Taggeld beträgt 80 Prozent des durchschnittlichen Erwerbseinkommens, welches vor Beginn des Entschädigungsanspruchs erzielt wurde. Für die Ermittlung dieses Einkommens ist Artikel 11 Absatz 1 sinngemäss anwendbar.

Art. 16f Höchstbetrag

¹ Die Mutterschaftsentschädigung beträgt höchstens 172 Franken im Tag. Artikel 16a Absatz 2 gilt sinngemäss.

² Die Mutterschaftsentschädigung wird gekürzt, soweit sie den Höchstbetrag nach Absatz 1 übersteigt.

Art. 16g Vorrang der Mutterschaftsentschädigung

¹ Die Mutterschaftsentschädigung schliesst den Bezug der folgenden Taggelder aus:
a. der Arbeitslosenversicherung;
b. der Invalidenversicherung;
c. der Unfallversicherung;
d. der Militärversicherung;
e. der Entschädigung nach den Artikeln 9 und 10.

² Bestand bis zum Anspruchsbeginn auf die Mutterschaftsentschädigung Anspruch auf ein Taggeld nach einem der folgenden Gesetze, so entspricht die Mutterschaftsentschädigung mindestens dem bisher bezogenen Taggeld:
a. Bundesgesetz vom 19. Juni 1959[2] über die Invalidenversicherung;
b. Bundesgesetz vom 18. März 1994[3] über die Krankenversicherung;

---

1 Siehe auch SchlB der Änd. vom 3. Okt. 2003 am Schluss dieses Textes.
2 SR 831.20
3 SR 832.10

c. Bundesgesetz vom 20. März 1981[1] über die Unfallversicherung;
d. Bundesgesetz vom 19. Juni 1992[2] über die Militärversicherung;
e. Arbeitslosenversicherungsgesetz vom 25. Juni 1982[3].

Art. 16h Verhältnis zu kantonalen Regelungen

In Ergänzung zu Kapitel IIIa können die Kantone eine höhere oder länger dauernde Mutterschafts- oder eine Adoptionsentschädigung vorsehen und zu deren Finanzierung besondere Beiträge erheben.

---

[1] SR 832.20
[2] SR 833.1
[3] SR 837.0

Nr. 23 — Auszug aus der Verordnung zum Erwerbsersatzgesetz (EOV)

vom 24. November 2004 (Stand am 1. Januar 2009)

SR 834.11

2. Kapitel: Entschädigung bei Mutterschaft

1. Abschnitt: Beginn und Ende des Anspruchs auf Entschädigung

Art. 23 Beginn des Anspruchs
(Art. 16c EOG)

Der Anspruch auf Entschädigung entsteht:
a. wenn das Kind lebensfähig geboren wird; oder
b. wenn die Schwangerschaft mindestens 23 Wochen gedauert hat.

Art. 24 Aufschub des Entschädigungsanspruchs bei längerem Spitalaufenthalt des Neugeborenen
(Art. 16c Abs. 2 EOG)

[1] Der Beginn des Entschädigungsanspruchs wird aufgeschoben, wenn:
a. die Mutter den Antrag nach Artikel 16c Absatz 2 EOG stellt; und
b. durch ein Arztzeugnis nachgewiesen wird, dass das Neugeborene kurz nach der Geburt mindestens drei Wochen im Spital verbleiben muss.

[2] Der Aufschub beginnt mit dem Tag der Geburt und endet am Tag, an welchem das Neugeborene zur Mutter zurückkehrt oder stirbt.

Art. 25 Ende des Anspruchs bei Wiederaufnahme der Arbeit
(Art. 16d EOG)

Der Anspruch auf Entschädigung endet am Tag der Wiederaufnahme einer Erwerbstätigkeit, unabhängig vom Beschäftigungsgrad.

2. Abschnitt: Mindestversicherungsdauer

Art. 26 Anrechnung ausländischer Versicherungszeiten
(Art 16b Abs. 1 Bst. a EOG)

Zur Bestimmung der Mindestversicherungsdauer gemäss Artikel 16b Absatz 1 Buchstabe a EOG werden auch Zeiten berücksichtigt, während der die anspruchsberechtigte Mutter obligatorisch in einem Staat versichert war:

a. für den das Abkommen vom 21. Juni 1999[1] zwischen der Schweizerischen Eidgenossenschaft einerseits und der Europäischen Gemeinschaft und ihren Mitgliedstaaten andererseits über die Freizügigkeit, sein Anhang II und die Verordnungen Nr. 1408/71 und Nr. 574/72[2] in ihrer angepassten Fassung[3] gelten;

b. der der Europäischen Freihandelszone angehört.

Art. 27 Herabsetzung der Mindestversicherungsdauer bei vorzeitiger Geburt
(Art. 16b Abs. 2 EOG)

Bei vorzeitiger Geburt wird die in Artikel 16b Absatz 1 Buchstabe a EOG festgesetzte Versicherungsdauer herabgesetzt:

a. auf 8 Monate, wenn die Geburt zwischen dem 8. und 9. Schwangerschaftsmonat erfolgt;

b. auf 7 Monate, wenn die Geburt zwischen dem 7. und 8. Schwangerschaftsmonat erfolgt;

c. auf 6 Monate, wenn die Geburt vor dem 7. Schwangerschaftsmonat erfolgt.

---

1 SR 0.142.112.681

2 Verordnung (EWG) Nr. 574/72 des Rates vom 21. März 1972 über die Durchführung der Verordnung (EWG) Nr. 1408/71, ABl Nr. L 74 vom 27. März 1972, S. 1 (ebenfalls kodifiziert durch die Verordnung [EG] Nr. 118/97 des Rates vom 2. Dez. 1996, ABl Nr. L 28 vom 30. Jan. 1997, S. 1); zuletzt geändert durch Verordnung (EG) Nr. 307/1999 des Rates vom 8. Febr. 1999, ABl Nr. L 38 vom 12. Febr. 1999, S. 1.

3 SR 0.831.109.268.1/.11 Eine provisorische, konsolidierte Fassung des Textes der Verordnungen (EWG) Nr. 1408/71 und Nr. 574/72 mit den zuletzt durch die Verordnung (EG) des Rates Nr. 307/1999 erfolgten Änderungen kann beim Bundesamt für Sozialversicherungen, 3003 Bern, bezogen werden. Massgeblich ist hingegen allein die im Amtsblatt der EG publizierte Fassung.

3. Abschnitt: Mindesterwerbsdauer

Art. 28 Anrechnung ausländischer Beschäftigungszeiten
(Art 16b Abs. 1 Bst. b EOG)

Zur Bestimmung der Mindesterwerbsdauer gemäss Artikel 16b Absatz 1 Buchstabe b EOG werden auch Zeiten berücksichtigt, während der die anspruchsberechtigte Mutter in einem Staat erwerbstätig war:

a. für den das Abkommen vom 21. Juni 1999[1] zwischen der Schweizerischen Eidgenossenschaft einerseits und der Europäischen Gemeinschaft und ihren Mitgliedstaaten andererseits über die Freizügigkeit, sein Anhang II und die Verordnung Nr. 1408/71 und Nr. 574/72[2] in ihrer angepassten Fassung[3] gelten;
b. der der Europäischen Freihandelszone angehört.

Art. 29 Arbeitslose Mütter
(Art. 16b Abs. 3 EOG)

Eine Mutter, die im Zeitpunkt der Geburt arbeitslos ist oder infolge Arbeitslosigkeit die erforderliche Mindesterwerbsdauer nach Artikel 16b Absatz 1 Buchstabe b EOG nicht erfüllt, hat Anspruch auf die Entschädigung, wenn sie:

a. bis zur Geburt ein Taggeld der Arbeitslosenversicherung bezog; oder
b. am Tag der Geburt die für den Bezug eines Taggeldes nach dem Arbeitslosenversicherungsgesetz vom 25. Juni 1982[4] erforderliche Beitragsdauer erfüllt.

Art. 30 Entschädigungsanspruch für arbeitsunfähige Mütter
(Art. 16b Abs. 3 EOG)

¹ Eine Mutter, die im Zeitpunkt der Geburt arbeitsunfähig ist oder infolge Arbeitsunfähigkeit die erforderliche Mindesterwerbsdauer nach Artikel 16b Absatz 1 Buchstabe b EOG nicht erfüllt, hat Anspruch auf die Entschädigung, wenn sie bis zur Geburt bezogen hat:

---

1 SR 0.142.112.681
2 Verordnung (EWG) Nr. 574/72 des Rates vom 21. März 1972 über die Durchführung der Verordnung (EWG) Nr. 1408/71, ABl Nr. L 74 vom 27. März 1972, S. 1 (ebenfalls kodifiziert durch die Verordnung [EG] Nr. 118/97 des Rates vom 2. Dez. 1996, ABl Nr. L 28 vom 30. Jan. 1997, S. 1); zuletzt geändert durch Verordnung (EG) Nr. 307/1999 des Rates vom 8. Febr. 1999, ABl Nr. L 38 vom 12. Febr. 1999, S. 1.
3 SR 0.831.109.268.1/.11 Eine provisorische, konsolidierte Fassung des Textes der Verordnungen (EWG) Nr. 1408/71 und Nr. 574/72 mit den zuletzt durch die Verordnung (EG) des Rates Nr. 307/1999 erfolgten Änderungen kann beim Bundesamt für Sozialversicherungen, 3003 Bern, bezogen werden. Massgeblich ist hingegen allein die im Amtsblatt der EG publizierte Fassung.
4 SR 837.0

a. eine Entschädigung für Erwerbsausfall bei Krankheit oder Unfall einer Sozial- oder Privatversicherung; oder
b. Taggelder der Invalidenversicherung.

² Erfüllt eine arbeitsunfähige Mutter die Voraussetzungen von Absatz 1 nicht, so hat sie Anspruch auf die Entschädigung, wenn sie im Zeitpunkt der Geburt noch in einem gültigen Arbeitsverhältnis steht, ihr Anspruch auf Lohnfortzahlung jedoch vor diesem Zeitpunkt schon erschöpft war.

4. Abschnitt: Berechnung der Entschädigung

Art. 31 Entschädigung für Arbeitnehmerinnen
(Art. 16e EOG)

¹ Die Entschädigung wird auf Grund des letzten vor der Geburt erzielten und auf den Tag umgerechneten massgebenden Lohns berechnet. Für die Umrechnung werden Tage nicht berücksichtigt, an denen die Mutter kein oder nur ein vermindertes Einkommen erzielt hat wegen:

a. Krankheit;
b. Unfall;
c. Arbeitslosigkeit;
d. Dienst im Sinne von Artikel 1a EOG;
e. anderer Gründe, die nicht auf ihr Verschulden zurückzuführen sind.

² Die Artikel 5 und 6 sind sinngemäss anwendbar.

Art. 32 Entschädigung für Selbstständigerwerbende
(Art. 16e EOG)

Für selbstständig erwerbende Mütter ist Artikel 7 Absatz 1 sinngemäss anwendbar.

Art. 33 Entschädigung für Mütter, die gleichzeitig Arbeitnehmerin und Selbstständigerwerbende sind
(Art. 16e EOG)

Die Entschädigung wird auf Grund der Summe der Einkommen aus unselbstständiger und selbstständiger Tätigkeit berechnet, die nach den Artikeln 7 Absatz 1 und 30 ermittelt werden.

5. Abschnitt: Geltendmachung des Anspruchs, Festsetzung und Auszahlung der Entschädigung

Art. 34 Zuständige Ausgleichskasse und Bescheinigungen
(Art. 17–19 EOG)

[1] Artikel 19 Absätze 1 Buchstaben a und c, 2 und 3 ist sinngemäss anwendbar für die Bestimmung der Ausgleichskasse, die für die Entgegennahme der Anmeldung, die Festsetzung und Auszahlung der Entschädigung zuständig ist.

[2] Für Mütter, die bis unmittelbar vor der Geburt eine unselbstständige Erwerbstätigkeit ausgeübt haben, bescheinigt der Arbeitgeber auf dem Anmeldeformular den für die Berechnung der Entschädigung massgebenden Lohn, den während des Entschädigungsanspruchs ausgerichteten Lohn sowie die Dauer der Beschäftigung.

[3] Für Mütter, die im Zeitpunkt der Geburt arbeitslos oder arbeitsunfähig sind, vor der Arbeitslosigkeit oder Arbeitsunfähigkeit aber eine Erwerbstätigkeit ausgeübt haben, bescheinigt der letzte Arbeitgeber auf dem Anmeldeformular den für die Berechnung der Entschädigung massgebenden Lohn sowie die Dauer der Beschäftigung.

Art. 35 Festsetzung und Auszahlung der Entschädigung
(Art. 18 und 19 EOG)

[1] Für die Festsetzung der Entschädigung sind die Artikel 20 und 22 sinngemäss anwendbar.

[2] Die Entschädigung wird monatlich nachschüssig ausgerichtet. Beträgt die monatliche Entschädigung weniger als 200 Franken, so wird sie nach Beendigung des Anspruchs ausgerichtet. Vorbehalten bleibt die Verrechnung nach Artikel 19 Absatz 2 ATSG oder Artikel 20 Absatz 2 AHVG[1].

[3] Für die Ausrichtung der Entschädigung gilt Artikel 21 Absätze 3 und 4 sinngemäss.

---

1 SR 831.10

Weitere Dokumente

1. Nicht abgedruckte Erlasse

822.111.71 V des EVD vom 7. August 2002 über die Gebietszuständigkeit der Organe der Eidgenössischen Arbeitsinspektion

822.112.1 V des EVD vom 16. Juni 2006 zur Bezeichnung der Bahnhöfe und Flughäfen gemäss Artikel 26a Absatz 2 der Verordnung 2 zum Arbeitsgesetz

822.116 V vom 25. November 1996 über die Eignung der Spezialistinnen und Spezialisten der Arbeitssicherheit

2. Adressverzeichnis der kantonalen Arbeitsinspektionen und des Leistungsbereichs Arbeitsbedingungen

Zusammengestellt und laufend aktualisiert
vom Staatssekretariat für Wirtschaft (SECO):
http://www.seco.admin.ch/themen/00385/00390/index.html
«Weitere Informationen»
(Stand am 01.12.2008)

Sachregister

Es werden nach jedem Stichwort die Artikelnummer und die zugehörige(n) Kommentar-Note(n) angegeben, wobei ohne besondere Angabe immer das Arbeitsgesetz gemeint ist. Verordnungen und Spezialgesetze weisen in Klammern die jeweiligen Nummern in diesem Buch auf.

A

Abgeltung von Ruhezeit
Verbot 22
Abgeltungsanspruch
Berechnung 22; ArGV1 (Nr. 2) 33
Abgeltungsverbot
22
Abkommen
über die Arbeitsbedingungen der Rheinschiffer
3 lit. h
Abmahnung
durch das Arbeitsinspektorat 51 Abs. 1
Abpacken und Abfüllen von Waren
5 Abs. 2 N 3
Abschwächung der Arbeitsschutzvorschriften
27; ArGV2 (Nr. 5)
Abteilung für Arbeitsmedizin und Arbeitshygiene
– Anzeigen 54
– Aufgaben 42 Abs. 4 N 2
– Kontrolle der Einhaltung von Vorschriften 51 Abs. 1
– Vollzug des Gesetzes ArGV1 (Nr. 2) 75 ff.
Abwarte
s. auch Überwachungspersonal, 27 Abs. 2 lit. x
Abwasserreinigung
2 Abs. 2 N 3, 5 Abs. 2 N 3
Abweichungen
– geringfügige vom Gesetz 28
– von Vorschriften des Arbeitsschutzrechts 7 Abs. 3 N 2
Ackerbau
2 Abs. 1 lit. d; ArGV1 (Nr. 2) 5 Abs. 1
Alkohol
6 Abs. 2bis
Änderung der Arbeitsverfahren
7 Abs. 3 N 2

Änderung von Bundesgesetzen
63 ff.
Änderung von Verfügungen
50 Abs. 2
Ärzte
s. auch Arzt- und Zahnarztpraxen, 1 Abs. 2 N 2
Ärztliche Überwachung
Jugendlicher 29 Abs. 4 N 2, 41 Abs. 1 N 1
Ärztliche Untersuchung
29 Abs. 4, 73 Abs. 3
Ärztliches Zeugnis
– jugendliche Arbeitnehmer 29 Abs. 4; ArGV1 (Nr. 2) 51
– Wöchnerinnen 35 Abs. 2
Agenten
1 Abs. 2 N 2
Agenturverhältnis
3 lit. g
Akkordlohn
13 Abs. 1 N 1, 20 Abs. 2, 22; ArGV1 (Nr. 2) 33 Abs. 2
Aktivlegitimation
s. Beschwerdeberechtigung
Allgemeine Arbeitsbedingungen
s. auch Betriebsordnung,
37 Abs. 3, 38 Abs. 1, 38 Abs. 3
Arbeitnehmerähnliche Personen
1 Abs. 2 N 2
Allgemeine Verordnung zum ArG
40 Abs. 1; ArGV1 (Nr. 2)
Altersausweis
für jugendliche Arbeitnehmer
29 Abs. 4 N 1; ArGV1 (Nr. 2) 74
Altersheime
s. Heime
Amtsgeheimnis
44, 62 Abs. 1

439

Sachregister

Angestellte, technische
- Lohnzuschlag für Überzeitarbeit 13 Abs. 1
- wöchentliche Höchstarbeitszeit
  9 Abs. 1 lit. a

Anhörung
- der Arbeitnehmer; s. auch Mitwirkung
  - Arbeitszeitorganisation 48 Abs. 1 lit. b
  - Begriff 10 Abs. 1 N 2
  - Erlass der Betriebsordnung 37 Abs. 4 N 1
  - Fragen des Gesundheitsschutzes
    48 Abs. 1 lit. a
  - Massnahmen bei Nachtarbeit
    48 Abs. 1 lit. c
- der Arbeitsverbände 40 Abs. 2
- der Betriebskommission s. der Arbeitnehmer
  37 Abs. 4
- der eidgenössischen Arbeitskommission
  40 Abs. 2
- der Kantone 40 Abs. 2
- der Organisationen der Wirtschaft 40 Abs. 2
- Zuwiderhandlung gegen die Anhörungspflicht
  48 Abs. 1

Annahmeverzug
6 Abs. 1 N 4, 11 N 1, 20a Abs. 2

Anonyme Anzeigen
54 Abs. 1 N 2

Anordnungen
allgemeine 37 Abs. 1

Anregungen
durch die Arbeitskommission 43 Abs. 2

Anstalt ohne eigene Rechtspersönlichkeit
2 Abs. 2 N 1

Anstalten, öffentliche
s. öffentliche Anstalten

Antiquitätenhandel
1 Abs. 2 N 3

Anwälte
1 Abs. 2 N 2

Anzeigen
- an das Arbeitsinspektorat 54 Abs. 1 N 1
- an die Abteilung für Arbeitsmedizin und
  Arbeitshygiene 54 Abs. 1 N 1
- anonyme 54 Abs. 1 N 2
- bei der kantonalen Arbeitsbehörde
  54; 6 Abs. 1 N 2, 41 Abs. 1 N 1, 42 Abs. 2 u.
  Abs. 3 N 1
- Rechtspflicht 54 Abs. 2
- Weiterleitung 54 Abs. 1 N 1

Apotheken
- Sonderbestimmungen
  27 Abs. 2; ArGV1 (Nr. 2) ArGV2 19

Arbeiter
wöchentliche Höchstarbeitszeit 9 Abs. 1 lit. b

Arbeitgeber
- abstrakter 1 Abs. 2 N 1, 6 Abs. 1 N 4,
  6 Abs. 3 N 2
- als Träger der Arbeitsorganisation
  1 Abs. 2 N 1
- Aufspaltung der Arbeitgeberstellung;
  s. dort
- Auskunftspflicht 45 Abs. 1
- Begriff 1 Abs. 2, 6 Abs. 1 N 1
- konkreter 1 Abs. 2 N 1, 6 Abs. 1 N 4,
  6 Abs. 3 N 2
- öffentlich-rechtlicher 1 Abs. 2 N 1
- Pflichten; s. dort
- privatrechtlicher 1 Abs. 2 N 1

Arbeitgeberschutz
9 Abs. 1 lit. a N 4

Arbeitgeberverbände
27 Abs. 1

Arbeitnehmer
- Auskunftspflicht 45 Abs. 1
- Begriff 1 Abs. 2 N 2; ArGV1 (Nr. 2) 1
- mit Familienpflichten 36
- Pflichten 6 Abs. 3; ArGV3 (Nr. 6)

Arbeitnehmervertretung
s. auch Betriebskommission,
37 Abs. 4, 38 Abs. 2, 48

Arbeits- und Ruhezeit
9 ff.

Arbeitsablauf
s. Pflichten des Arbeitgebers

Arbeitsandrang
ausserordentlicher 12 Abs. 1 lit. a

Arbeitsausfall
witterungsbedingter 9 Abs. 3

Arbeitsbedingungen
5 Abs. 1, 37 Abs. 1, 38 Abs. 1 N 2

Arbeitsbefreiung
11

Arbeitsbeginn
s. auch Arbeitszeit, 10

Arbeitsbehörden
kantonale
- Beizug im Rahmen des Bewilligungsverfahrens 7 Abs. 1
- Ermittlung der industriellen Betriebe
  5 Abs. 1 N 3
- Verzeichnis siehe Weitere Dokumente

Arbeitsbereitschaft
s. auch Arbeitszeit, 9 Abs. 1 N 1, 15 Abs. 2

Arbeitsethik
konfessionelle 20a Abs. 1 N 2

Arbeitsfreie Tage
s. auch Feiertage, Ferien 11

Sachregister

Arbeitsinspektorat (Arbeitsinspektion)
Eidgenössisches
– Anzeigen 54
– Aufgaben 42 Abs. 4
– Kontrolle der Einhaltung von Vorschriften
  51 Abs. 1
– Plangenehmigung und Betriebsbewilligung 7
– Vollzug des Gesetzes ArGV1 (Nr. 2) 79
Arbeitskleidung
6 Abs. 1 N 5, 6 Abs. 4; ArGV3 (Nr. 6) 27
Arbeitskommission
Eidgenössische
40 Abs. 2, 43; ArGV1 (Nr. 2) 81
Arbeitskräftebedarf
5 Abs. 2 lit. a N 2
Arbeitsmedizin
6 Abs. 1 N 2; 42 Abs. 4 N 2
Arbeitsordnung
s. auch Betriebsordnung, 37 ff.
Arbeitsperiode
s. auch Pausen, 15 Abs. 1
Arbeitsplatz
15 Abs. 2
Arbeitsschluss
– Nachtarbeit 17 Abs. 1
– für Jugendliche 31 Abs. 2
– Regel; s. auch Arbeitszeit,
  10 Abs. 1, 10 Abs. 2
Arbeitsschutz
öffentlich-rechtlicher
2 Abs. 1 lit. d, 6 Abs. 1 N 2
Arbeitsschutzrecht
Abweichungen 7 Abs. 3 N 2
Arbeitsschutzzweck
6 Abs. 1 N 2
Arbeitsteilung
5 Abs. 2 lit. a N 2
Arbeitsverfahren
6 Abs. 2 N 2
Arbeitsvertragsrecht
6 Abs. 1 N 4, 9 Abs. 1 lit. a N 3, 20a Abs. 1
N 1, 35a Abs. 2
Arbeitsvorgang
5 Abs. 2 lit. b, 6 Abs. 2 N 2
Arbeitsweg
9 Abs. 1 N 1; ArGV1 (Nr. 2) 13
Arbeitszeit
– Abendarbeit 10
– Arbeitsbeginn 10
– Arbeitsbereitschaft 9 Abs. 1 N 1
– Arbeitsschluss 10, 17
– Arbeitsweg 9 Abs. 1 N 1; ArGV1 (Nr. 2) 13
– Ausfall 11

– Ausgleich ausgefallener Arbeitszeit;
  s. auch dort, 11
– Begriff ArGV1 (Nr. 2) 13
– Chauffeure ArGV1 (Nr. 2); ARV1 (Nr. 19)
– einheitliche Ordnung im Betrieb 9 Abs. 5
– freier Halbtag, wöchentlicher;
  s. auch dort, 21
– gleitende; s. auch dort, 11 N 1, 12 Abs. 2 N 1,
  15 Abs. 1 N 2, 31 Abs. 1, 47 Abs. 1 N 1
– Grenzen der Nachtarbeit 17a
– Grenzen der Tagesarbeit
  – Ausgleich ausgefallener Arbeitszeit;
    s. auch dort, 11
  – Beginn und Ende 10 Abs. 1
  – jugendliche Arbeitnehmer;
    s. auch dort, 31 Abs. 2
  – Verschiebung 10 Abs. 2
– Heimarbeit 9 Abs. 1 N 1 a.E.
– Nachtarbeit; s. auch dort, 16 f.
– Normalarbeitszeit 12 Abs. 1
– Pausen 9 Abs. 1 N 1
– Präsenzzeit 9 Abs. 1 N 1
– Reisezeit bei wechselnden Arbeitsstätten
  – im Lokalverkehr 9 Abs. 1 N 1;
    ArGV1 (Nr. 2) 13
  – im Überlandverkehr 9 Abs. 1 N 1;
    ArGV1 (Nr. 2) 13
– Rufbereitschaft 9 Abs. 1 N 1;
  ArGV1 (Nr. 2) 14
– Schichtarbeit und ununterbrochener Betrieb
  s. auch dort, 24 ff.
– Sonntagsarbeit; s. auch dort, 18 f.
– Tages- und Abendarbeit 10
– tägliche Höchstarbeitszeit
  – Beschränkung 10 Abs. 1–3
  – jugendliche Arbeitnehmer 31
    Abs. 1, Abs. 2
  – Nachtarbeit 17a
  – ununterbrochener Betrieb 24
– tägliche Ruhezeit 15a; ArGV1 (Nr. 2) 19
– Unternehmen des öffentlichen Verkehrs ArGV1
  (Nr. 2); AZG (Nr. 17); AZGV (Nr. 18)
– Verteilung der wöchentlichen Arbeitszeit
  21 Abs..1; ArGV1 (Nr. 2) 16
– wöchentliche Höchstarbeitszeit
  – Ausgleich ausgefallener Arbeitszeit 11
  – Büropersonal 9 Abs. 1 lit. a
  – Freizeitbeschäftigung 9 Abs. 1 N 1 a.E.
  – industrielle Betriebe
    9 Abs. 1 lit. a, 5 Abs. 2 N 1
  – jugendliche Arbeitnehmer;
    s. auch dort, 31 Abs. 1
  – Nebenbeschäftigung 9 Abs. 1 N 1 a.E.
  – Sonntagsarbeit 18

441

Sachregister

- technische und andere Angestellte
  9 Abs. 1 lit. a
- Überschreitung; s. auch Überzeitarbeit,
  12 f.
- ununterbrochener Betrieb 24
- Verkaufspersonal in Grossbetrieben
  des Detailhandels 9 Abs. 1 lit. a
- Verkürzung 26 Abs. 2
- Verlängerung; s. auch dort, 9 Abs. 4
- zeitweise Überschreitung;
  s. auch Überzeitarbeit, 12, 21 Abs. 2
- Zusammenlegung der freien Halbtage
  21 Abs. 2

Arbeitszeitbewilligung
- Allgemeines, Verfahren
  17, 19, 24, 49; ArGV1 (Nr. 2) 40 ff.
- Bekanntgabe durch Anschlag 47
- Entzug und Sperre 53
- geringfügige Abweichungen 28
- Nachtarbeit 17 Abs. 1
- Rechtsmittel 55
- Sonntagsarbeit 19 Abs. 1
- ununterbrochener Betrieb 24 Abs. 1
- Verlängerung der wöchentlichen
  Höchstarbeitszeit 9 Abs. 4

Arbeitszeitgesetz
ArGV1 (Nr. 2); AZG (Nr. 17); AZGV (Nr. 18)

Arbeitszeitgestaltung
6 Abs. 2 N 2

Arzt- und Zahnarztpraxen
- Sonderbestimmungen
  27 Abs. 2; ArGV2 (Nr. 5) 18

Assistenzärzte
2 Abs. 2 N 3; 3 lit. e

Aufbewahren von Betriebsunterlagen
46; ArGV1 (Nr. 2) 73 Abs. 2

Aufgabenbereich
- der Arbeitskommission 43 Abs. 2
- der kantonalen Behörden 41
- des Bundesrates 42 Abs. 3
- des EVD 42 Abs. 3
- des SECO 42 Abs. 3

Aufhebung
- eidgenössischer Vorschriften 72
- kantonaler Vorschriften 73

Aufschiebende Wirkung
der Beschwerde 58 Abs. 2

Aufseher
3a N 3

Aufsichtsbeschwerde
54 Abs. 2

Aufspaltung der Arbeitgeberstellung
6 Abs. 1 N 4

Auftragsverwaltung
41 Abs. 1 N 1

Ausfallende Arbeitszeit
s. auch Arbeitszeit, 11

**Ausführungsbestimmungen
des Bundesrates**
40 Abs. 1 lit. b

Ausgleich ausgefallener Arbeitszeit
- an freien Halbtagen 21 Abs. 3
- Ausgleichsarbeit 11
- Ausgleichsfrist 11
- Ausgleichszeit 11
- Bekanntgabe 47
- in Abweichung der wöchentlichen
  Höchstarbeitszeit 11
- in industriellen Betrieben 12 Abs. 2 N 1

Auskunftspflicht
45 Abs. 1

Ausländische Arbeitnehmer
32 Abs. 2

Ausländische Betriebe
1 Abs. 3

Ausleihe von Arbeitskräften
s. temporäre Arbeit

Autogewerbe
- Sonderbestimmungen
  27 Abs. 2; ArGV2 (Nr. 5) 46

Automatisiertes Verfahren
5 Abs. 2 lit. b

Automobilunternehmen
konzessionierte 2 Abs. 1 lit. b

B

Bäckereien und Konditoreien
- Sonderbestimmungen
  27 Abs. 2; ArGV2 (Nr. 5) 27

Bahnhöfe
27 Abs. 1ter; ArGV2 (Nr. 5) 26a

Banken
ArGV2 (Nr. 5) 34

Baracken
5 Abs. 2 N 2

Bau und Einrichtung des Betriebes
7 Abs. 3

Bau- und Betriebsvorschriften
6 Abs. 1 N 5

Bauausführung
7 Abs. 1 N 4

Baumschulen
2 Abs. 1 lit. e; ArGV1 (Nr. 2) 6 Abs. 1 lit. c

Baupolizeivorschriften
71 lit. c

Sachregister

Baurecht
7 Abs. 1 N 1
Baustellen
Verlängerung der wöchentlichen
Höchstarbeitszeit 9 Abs. 3
Baustopp
7 Abs. 2 N 2
Beerenkultur
2 Abs. 1 lit. d; ArGV1 (Nr. 2) 5 Abs. 1
Befragungsrecht
der Behörden 45 Abs. 1
Begründung
von Verfügungen 50 Abs. 1
Begutachtung
durch die Arbeitskommission 43 Abs. 2
Behandlung
von Gütern 5 Abs. 2 N 3
Behörden
Aufgaben und Organisation
– Bund 42
– Kantone 41
Bekanntgabe
des Stundenplans 47
Benachrichtigungspflicht
des Betriebsinhabers 32 Abs. 1
Benützungsverbot
52 Abs. 2
Beratung
48 Abs. 2
Berechnung der Mindestzahl
Beschäftigter
5 Abs. 2 lit. a N 2
Bericht
der Kantone an den Bundesrat 40 Abs. 2
Betriebsferien
11
Berufliche Grundbildung
29 Abs. 1
Berufsausübung in eigener Wohnung
1 Abs. 2 N 1
Berufsbildung
31 Abs. 4
Berufsbildungsgesetz
71 lit. a
Berufskrankheiten
s. Gesundheitsvorsorge bzw.
Gesundheitsschutz 6 ff.
Berufsschüler
21 Abs. 1
Berufsschule
31 Abs. 1
Berufstheater
– Sonderbestimmungen
27 Abs. 2; ArGV2 (Nr. 5) 35

Berufsunterricht
21 Abs. 1
Berufswahlpraktikum
30 Abs. 2
Besatzungsmitglieder
an Bord von Rheinschiffen 3 lit. h
Beschäftigung
– der jugendlichen und weiblichen Personen,
BG 72 Abs. 1 lit. c
Beschäftigungsdauer
5 Abs. 2 lit. a
Beschäftigungsheime
s. Heime
Beschäftigungsort
3 lit. b
Beschäftigungsverbot
– für jugendliche Arbeitnehmer
  – eidgenössische 30 Abs. 2
  – kantonale, aus sittenpolizeilichen
    Gründen 30 Abs. 2
– für Schwangere 35a
  – Ersatzarbeit 35b
Beschwerde
– beim SECO 42 Abs. 4
– gegen Verfügungen der kantonalen
  Behörde 56
– gegen Verfügungen des SECO 55
Beschwerdeberechtigung
58 Abs. 1
Beschwerdefrist
50 Abs. 1, 55, 56
Beschwerdeinstanz
50 Abs. 1
Beschwerderecht
50 Abs. 1
Besondere wirtschaftliche Verhältnisse
6 Abs. 1 N 8
**Betonmisch- und Belagaufbereitungs-
anlage**
5 Abs. 2 N 2
Betrieb
– ausländischer 1 Abs. 3
– Begriff 1 Abs. 2
– der Güter- und Energieproduktion; s. dort
– der öffentlichen Hand 2 Abs. 2 N 3
– für die Abfuhr, die Verbrennung oder
  Verarbeitung von Kehricht 2 Abs. 2 N 3
– für die Wasserversorgung und
  die Abwasserreinigung 2 Abs. 2 N 3
– gefährlicher; s. dort
– industrieller; s. dort
– öffentlicher 2 Abs. 2 N 3, 5 Abs. 2 N 3
– zur Erzeugung, Umwandlung oder Übertragung
  von Energie 2 Abs. 2 N 3

443

Sachregister

- zur Herstellung, Verarbeitung oder Behandlung von Gütern 2 Abs. 2 N 3

Betriebe des Bundes
2 Abs. 2; ArGV1 (Nr. 2) 4

Betriebe in Fremdenverkehrsgebieten
- Sonderbestimmungen
  27 Abs. 2; ArGV2 (Nr. 5) 25

Betriebe mit leicht verderblichen Gütern
27 Abs. 2 lit. d; ArGV2 (Nr. 5) 27, 28

Betriebe zur Instandhaltung von Fahrzeugen
27 Abs. 2 lit. h; ArGV2 (Nr. 5) 46

Betriebe zur Verarbeitung landwirtschaftlicher Erzeugnisse
27 Abs. 2 lit. e; ArGV2 (Nr. 5) 52

Betriebe, die den Bedürfnissen der Reisenden dienen
- Sonderbestimmungen
  27 Abs. 2; ArGV2 (Nr. 5) 26

Betriebliche Einrichtungen
6 Abs. 2; ArGV4 (Nr. 7)

Betriebsbesuche
45 Abs. 2; ArGV1 (Nr. 2) 72

Betriebsbewilligung
- Anspruch auf Erteilung 7 Abs. 3
- provisorische 7 Abs. 3
- Rechtsmittel 7 Abs. 3
- Verfahren 7 Abs. 3; ArGV4 (Nr. 7) 42 ff.

Betriebseröffnung
7 Abs. 1 N 4

Betriebsgebäude
6 Abs. 2 N 1

Betriebsgrösse
5 Abs. 2 lit. a N 2

Betriebsinhaber
- Begriff 1 Abs. 1 N 1, 6 Abs. 1 N 2
- industrieller Betrieb 5 Abs. 2 lit. a
- Pflichten 6 Abs. 3 N 1, 6 Abs. 4
- Anpassung der Schutzmassnahmen und -einrichtungen 7 Abs. 1 N 2
  - Erstellung eines Stundenplans 46
  - Gesundheitsvorsorge und Plangenehmigung 6 Abs. 1 N 2

Betriebsjustiz
38 Abs. 1 N 2

Betriebskommission
s. Arbeitnehmervertretung
- Bestellung 37 Abs. 4 (Nr. 3)
- Betriebsnachfolge 37 Abs. 4 N 4
- Mitsprache
  - Arbeitszeitorganisation 48 Abs. 1 lit. b
  - Gesundheitsschutz 48 Abs. 1 lit. a
  - Massnahmen bei Nachtarbeit
    48 Abs. 1 lit. c

- Mitspracherecht 48 Abs. 2
- Mitwirkungsgesetz (Nr. 16); ArGV1 (Nr. 2)
- Rechtsnatur 37 Abs. 4 N 3
- Vereinbarung der Betriebsordnung
  37 Abs. 4; ArGV1 (Nr. 2) 67

Betriebsordnung
- Aufstellung 37
- Aushändigung an die Arbeitnehmer
  ArGV1 (Nr. 2) 68
- Bekanntgabe im Betrieb
  39 Abs. 2; ArGV1 (Nr. 2) 68
- einseitiger Erlass 37 Abs. 4;
  ArGV1 (Nr. 2) 67 Abs. 2
- Einsendung 39 Abs. 1
- Form 37 Abs. 4
- freiwillige 37 Abs. 3
- Frist zur Anhörung 37 Abs. 4 N 1
- Gesundheitsvorsorge und Unfallverhütung
  38 Abs. 1
- Inhalt 38
- Kontrolle, Prüfungspflicht 39 Abs. 1
- Kündigung 37 Abs. 4 N 4
- normativer Charakter 37 Abs. 1, 39 Abs. 2
- obligatorische 37 Abs. 2, Abs. 3
- obligatorischer Inhalt
  6 Abs. 1 N 5, 38 Abs. 1
- Ordnungsstrafen 38 Abs. 1
- Vereinbarkeit mit dem ArG, anderem zwingendem Recht und GAV 39 Abs. 1
- Vereinbarung mit der Arbeitnehmervertretung
  37 Abs. 4; ArGV1 (Nr. 2) 67
- Verhältnis zu Gesetz, GAV, Vereinbarung 38 Abs. 3
- Vertragsparteien 37 Abs. 4 N 3
- Wahl der Arbeitnehmervertretung
  37 Abs. 4 N 3; ArGV1 (Nr. 2) 67 Abs. 1;
  Mitwirkungsgesetz (Nr. 16)
- Wirkungen 39 Abs. 2
- zivilrechtliche Wirkungen 39 Abs. 2
- zwingendes Recht 39 Abs. 2

Betriebsräume
45 Abs. 2; ArGV1 (Nr. 2) 72

Betriebsschliessung
52 Abs. 2

Betriebsstörungen
11, 12 lit. c, 20 Abs. 3

Betriebsteile
11, 5 Abs. 1

Betriebsunfälle
6 Abs. 1 N 4

Betriebsvereinbarung
s. Betriebsordnung

Betriebsverfassung
38 Abs. 2

Sachregister

Betriebszeit
1 Abs. 2 N 2
Bewachungsbetriebe
– Sonderbestimmungen
  27 Abs. 2; ArGV2 (Nr. 5) 45
Bewegliche Anlagen
5 Abs. 2 N 2
Bewilligungen
– Arbeitszeitbewilligung; s. dort
– Beschäftigung jugendlicher Arbeitnehmer
  29 Abs. 3, 30 Abs. 2, Abs. 3;
  ArGV5 (Nr. 8) 10 ff.
– Betriebsbewilligung; s. dort
Bewilligungsgesuche
49; ArGV1 (Nr. 2) 41
Bewilligungsverfahren
7 Abs. 1 N 1
Bezirksanwaltschaft
62 Abs. 2
Blockzeit
11 N 1
Blumenläden
– Sonderbestimmungen
  27 Abs. 2; ArGV2 (Nr. 5) 29
Bodenbestellung
– 2 Abs. 1 lit. d
Bodenpersonal der Luftfahrt
– ausländische Unternehmen 3 lit. c N 3
– Sonderbestimmungen
  27 Abs. 2; ArGV2 (Nr. 5) 47
Brandgefahr
5 Abs. 2 lit. c; ArGV4 (Nr. 7) 19 ff.
Brennereien
– fahrbare 5 Abs. 2 N 2
– Geltungsbereich 2 Abs. 1 lit. d
Bühnenensemble
3 lit. d N 3
Büropersonal
5 Abs. 2 lit. a N 2
– Lohnzuschlag für Überzeitarbeit 13 Abs. 1
– wöchentliche Höchstarbeitszeit
  9 Abs. 1 lit. a
Bundesamt für Wirtschaft und Arbeit
s. SECO
Bundesbehörden
Aufgaben und Organisation 42
Bundesrat
– Ausführungsbestimmungen 42 Abs. 3 N 2
– Bestellung der Arbeitskommission
  42 Abs. 3 N 2, 43
– Dienstanweisungen 42 Abs. 3 N 2
– Erlass von Verordnungsbestimmungen
  42 Abs. 3 N 2
– Oberaufsicht 42 Abs. 3 N 2

– Verkürzung der wöchentlichen
  Arbeitszeit
  26 Abs. 2, 42 Abs. 3 N 2
– Verwaltungsbeschwerden
  42 Abs. 3 N 2
– Weisungen 42 Abs. 3 N 2
Bundesfeiertag
20a Abs. 1
Bundespersonalgesetz
2 Abs. 2 N 2
Busse
61 Abs. 1
Bussgelder
6 Abs. 1 N 2
Butler
2 Abs. 1 lit. g
Butterzentrale
5 Abs. 2 N 3
BWA
s. SECO

C

Champignonzucht
2 Abs. 1 lit. d
Chauffeure
2 Abs. 1 lit. g, 3 lit. b, 5 Abs. 2 lit. a N 3
Chauffeurverordnung
71 lit. a; ArGV1 (Nr. 2); ARV1 (Nr. 19)
Chefärzte
3 lit. d N 1

D

Datenschutz
44a; ArGV1 (Nr. 2) 83 f., 89
Datenbekanntgabe
44a
– Adressaten 44a Abs. 1
– anonymisierte Daten 44a Abs. 4
– Ausnahmen 44a Abs. 3
– generelle Bekanntgabe 44a Abs. 5
– Gesuch 44a Abs. 2
Dekorateure
3 lit. d N 3
Delegation der Arbeitszeitkontrolle
46 N 2
Detailhandel
9 Abs. 1 N 2, 9 Abs. 1 lit. a N 4,
13 Abs. 1 N 2, 30 Abs. 2
Dienstleistungsgewerbe
5 Abs. 2 N 3
Dienststellen
der öffentlichen Verwaltung 2 Abs. 1 lit. a

Dienstverschaffungsvertrag
3 lit. a N 2, 38 Abs. 1 N 2 a.E.
Dirigenten
3 lit. d N 3
Diskriminierung
6 Abs. 1 N 9
Disziplinargewalt
– «Fabrikhoheit» 38 Abs. 1 N 2
– Dienstverschaffungsvertrag 38 Abs. 1 N 2
Disziplinarwesen
38 Abs. 1 N 2
Dokumentationssysteme
44b; ArGV1 (Nr. 2) 82
Drei- und mehrschichtige Arbeit
s. Schichtarbeit
Dreschmaschinen
5 Abs. 2 N 2
Dringlichkeit
der Arbeit 12 Abs. 1 lit. a
Druckereien
von Handels-, Bank- oder Versicherungs-
unternehmen 5 Abs. 1 N 2
Drucksachen
Herstellung 5 Abs. 2 N 3
Durchführungsbestimmungen
40

E

Eidg. Volkswirtschaftsdepartement
s. EVD
Eigenschädigung
des Arbeitnehmers 6 Abs. 3 N 2
Eingliederung
in fremde Arbeitsorganisation 1 Abs. 2 N 2
Einhaltung
der Vorschriften und Verfügungen 51 Abs. 1
Einigungswesen
s. auch Fabrikgesetz, 72 Abs. 2 lit. b
Einstellung
der Arbeit aus Sicherheitsgründen 52 Abs. 2
Einverständnis
Abweichungen vom Gesetz 28
Einzelanfertigung
5 Abs. 2 lit. a N 1
Eisenbahnunternehmen
konzessionierte 2 Abs. 1 lit. b
Elektrizitäts-, Gas- und Wasserwerke
– Sonderbestimmungen
27 Abs. 2; ArGV2 (Nr. 5) 49
Energielieferanten
für Betriebe des öffentlichen Verkehrs
2 Abs. 2 N 3

Energieproduktion
5 Abs. 2 N 4, 5 Abs. 2 lit. a N 2
Energieversorgungsbetriebe
industrielle 5 Abs. 2 N 4
Entmündigte
29 Abs. 1
Entnahme
von Proben 45 Abs. 2
Entzug und Sperre
von Arbeitszeitbewilligungen 53
Erfolgsvergütung
13 Abs. 1 N 1
Erkrankung
11 N 3
Erledigung
persönlicher Angelegenheiten 21 Abs. 1
Eröffnung
von Verfügungen 50 Abs. 1
Ersatzruhe
bei Sonntagsarbeit 20 Abs. 2, Abs. 3
Ersatzvornahme
52 Abs. 2
Erschütterungen
Schutz 6 Abs. 1 N 5, 6 Abs. 4
Erste Hilfe
6 Abs. 1 N 5
Erweiterungsbauten
7 Abs. 1 N 2
Erwerbswirtschaftliche Zielsetzung
1 Abs. 2 N 1
Erzieher
s. Geltungsbereich
Erziehungsanstalten
s. auch Heime, 3 lit. e N 3
Ess- und Aufenthaltsräume
6 Abs. 1 N 5
EVD
– Aufgaben 42 Abs. 3
– Bezeichnung von bestimmten Arbeiten
42 Abs. 3 N 3
– Erlass des Geschäftsreglementes der Arbeits-
kommission 42 Abs. 3 N 3
Explosionsgefahr
6 Abs. 1 N 5; ArGV4 (Nr. 7) 19 ff.

F

Fabrikationsstätten
mit Büros verbunden 5 Abs. 2 N 1
Fabrikbesitzer
37 Abs. 1
Fabrikgesetz
72 Abs. 1 lit. b

Sachregister

Fabrikhoheit
38 Abs. 1 N 2
Fachinspektorate
42 Abs. 4
Fahrlässigkeit
59 Abs. 1 lit. a
Familienbetriebe
- Begriff 4; ArGV1 (Nr. 2) 3
- Beschäftigung von Kindern 30 Abs. 1
- gemischte 4 Abs. 2
- Mindestalter der jugendlichen Arbeitnehmer 30 Abs. 1

Familienpflichten
Arbeitnehmer mit 36
Fehlzeitenstatistik
regionale 20a Abs. 1 N 2
Feiertage
s. auch Bundesfeiertag, 20a
- Anzeigepflicht 20a Abs. 2
- konfessionelle 11 N 1, 20a Abs. 1 N 2
- Lohnzahlung 20a Abs. 1 N 2
- Verzeichnis (Nr. 11)

Fensterlose Arbeitsräume
6 Abs. 1 N 5
Ferien
- Anspruch, privatrechtlicher 15 Abs. 1 N 1
- Aufhebung kantonaler Vorschriften 73 Abs. 1 lit. b
- Ruhetage bei ununterbrochenem Betrieb 24 Abs. 5
- Zwangsurlaub 11 N 1

Ferientage
21 Abs. 1
Fertigstellung
- von Sachen 5 Abs. 2 lit. b
- der Anlage, Betriebsbewilligung 7 Abs. 3

Feste Anlagen
5 Abs. 2 N 2
Feuerpolizeivorschriften
71 lit. c
Filmvorführung
- Sonderbestimmungen 27 Abs. 2; ArGV2 (Nr. 5) 37

Firmenreglement
s. auch Betriebsordnung, 37 ff.
Fischereibetriebe
2 Abs. 1 lit. f
Fischfang
s. Fischereibetriebe
Fischzucht
s. Fischereibetriebe
Fleischverarbeitende Betriebe
ArGV2 (Nr. 5) 27a

Fliegendes Personal
3 lit. c, 27 Abs. 2 lit. z; ArGV2 (Nr. 5) 47
Flughäfen
27 Abs. 1ter; ArGV2 (Nr. 5) 26a
Forschung
3 lit. d N 2
Forschungsassistenten
3 lit. d N 2
Forschungsinstitute der Industrie
3 lit. d N 2
Forstbetriebe
- Beschäftigung von Kindern 30 Abs. 2; ArGV1 (Nr. 2) 52 Abs. 1
- Geltung des ArG 1 Abs. 1 N 2
- Sonderbestimmungen 27 Abs. 2

Forbildung
s. Weiterbildung
Freie Berufe
1 Abs. 2 N 2
Freie Mitarbeiter
1 Abs. 2 N 2
Freier Halbtag
wöchentlicher 21
Freier Samstag
s. Samstag
Freizeit
jugendlicher Arbeitnehmer 31
Freizeitausgleich
- Überzeitarbeit 13 Abs. 2

Freizeitbeschäftigung
s. auch Arbeitszeit, 9 Abs. 1 N 1 a.E.
Freizeitgestaltung
1 Abs. 2 N 2
Fremdenverkehr
s. Betriebe in Fremdenverkehrsgebieten
Früchte- und Gemüsehandel
- Geltung des ArG 2 Abs. 1 lit. d; ArGV1 (Nr. 2) 5
- Sonderbestimmungen 27 Abs. 2; ArGV2 (Nr. 5) 52

Fünftagewoche
9 Abs. 1 N 1; ArGV1 (Nr. 2) 16
Fürsorgepflicht
des Arbeitgebers
- allgemeine 6 Abs. 1, Abs. 2
- jugendliche Arbeitnehmer 29 Abs. 2, 32

Fürsorger
s. Geltungsbereich

G

Gärtnerische Pflanzenproduktion
s. Gartenbaubetrieb
Garderoben
6 Abs. 1 N 5; ArGV3 (Nr. 6) 30
Gartenbaubetriebe
- Geltung des ArG 2 Abs. 1 lit. e
- Schutz der Lernenden
  29 Abs. 2; ArGV5 (Nr. 8) 3 Abs.1
- Sonderbestimmungen 27 Abs. 2
Gartenbaulernende
29 Abs. 2; ArGV5 (Nr. 8) 3 Abs. 1
Gastbetriebe
- Geltung des ArG 1 Abs. 1
- Sonderbestimmungen
  27 Abs. 2; ArGV2 (Nr. 5) 23
Gastgewerbe
s. Gastbetriebe
Gaststätten
- Betriebsteile 1 Abs. 2 N 3
- in Bahnhöfen und Flughäfen 27 Abs. 2
Gaswerke
s. Elektrizitäts-, Gas- und Wasserwerke
GAV
s. Gesamtarbeitsverträge
Gebäudeversicherung
7 Abs. 1 N 6
Geburt
s. auch Schwangerschaft, 21 Abs. 1
Gefährdung des Lebens
62 Abs. 1
Gefährliche Betriebe
5 Abs. 2 lit. c; ArGV4 (Nr. 7) 31
Gefängnis
61 Abs. 1
Gefahr im Verzug
52 Abs. 2
Gefahrenbeseitigung
Kosten 6 Abs. 1 N 8
Geistige Arbeit
9 Abs. 1 lit. a N 3
Geistliche
s. Personen geistlichen Standes
Geltungsbereich
- Ausnahmen vom betrieblichen
  Geltungsbereich
  - dem Arbeitszeitgesetz unterstehende
    Betriebe 2 Abs. 1 lit. b
  - Familienbetriebe, reine 4
  - gärtnerische Pflanzenproduktion, ohne
    Lernende 2 Abs. 1 lit. e, 2 Abs. 2
  - Haushaltungen, private 2 Abs. 1 lit. g
  - landwirtschaftliche Urproduktion
    2 Abs. 1 lit. d
  - Milchsammelstellen, örtliche
    2 Abs. 1 lit. d
  - Milchverarbeitungsbetriebe 2 Abs. 1 lit. d
  - Nebenbetriebe der landwirtschaftlichen
    Urproduktion 2 Abs. 1 lit. d
  - öffentliche Anstalten 2 Abs. 2
  - Seeschiffahrt unter Schweizer Flagge
    2 Abs. 1 lit. c
  - Verwaltungen des Bundes, der Kantone und
    Gemeinden 2 Abs. 1 lit. a, 2 Abs. 2
- Ausnahmen vom persönlichen
  Geltungsbereich
  - Arbeitnehmer in leitender Tätigkeit
    3 lit. d
  - Aufseher 3 lit. e
  - Erzieher 3 lit. e
  - fliegendes Personal 3 lit. c
  - Fürsorger 3 lit. e
  - Handelsreisende 3 lit. g
  - Heimarbeitnehmer 3 lit. f
  - Kirchen 3 lit. a
  - Lehrer an Privatschulen 3 lit. e
  - Ordens- und Mutterhäuser 3 lit. a
  - Personal ausländischer Verwaltungen
    3 lit. b
  - Personen geistlichen Standes 3 lit. a
  - religiöse Gemeinschaften 3 lit. a
  - selbstständige künstlerische Tätigkeit
    3 lit. d
  - wissenschaftliche Tätigkeit 3 lit. d
- betrieblicher 1 Abs. 2 N 1, 5, 71 lit. b
- persönlicher 1 Abs. 2 N 2, 4
Gemeinnützige Einrichtungen
1 Abs. 2 N 1
Gemischte Betriebe
2 Abs. 1 lit. e
Gemischtwirtschaftliches Unternehmen
2 Abs. 2 N 3
Gemüsebau
s. auch Früchte- und Gemüsehandel,
2 Abs. 1 lit. d
Genugtuung
6 Abs. 1 N 4
Geranten
27 Abs. 2 lit. i
Gesamtarbeitsverträge
- Hausverträge 37 Abs. 3, 38 Abs. 2
- Verhinderung der Aushöhlung 38 Abs. 2
- Verletzung 51 Abs. 3
Gesellschafter
s. auch Arbeitnehmer, Begriff 1 Abs. 2 N 2

Gesetzesvertretende Verordnungen
40 Abs. 1 lit. a
Gesundheits- und Sicherheits einrichtungen
6 Abs. 4
Gesundheitsgefährdungen
6 Abs. 2
Gesundheitspolizeivorschriften
71 lit. c
Gesundheitsschädliche Stoffe und Strahlen
6 Abs. 1 N 5
Gesundheitsschädlichkeit
45 Abs. 2
Gesundheitsschutz
- Anwendbarkeit der Vorschriften 3a
- Mutterschaft 35
- Verkürzung der wöchentlichen Höchstarbeitszeit 26 Abs. 2

Gesundheitsschutz und Unfallverhütung
- allgemein 6 ff.; ArGV3 (Nr. 6); UVG (Nr. 12); VUV (Nr. 13)
- Heranziehung der Arbeitnehmer 6 Abs. 3 N 1
- industrielle Betriebe 6 Abs. 1 N 5, 40 Abs. 1 lit. c; ArGV3 (Nr. 6)
- Künstler 3a
- leitende Angestellte 3a
- Mitwirkungspflicht der Arbeitnehmer 6 Abs. 1 N 4, 6 Abs. 3
- Pflichten des Arbeitgebers 6 Abs. 1–3
- Pflichten von Arbeitgebern und Arbeitnehmern 6
- Regelung in der Betriebsordnung 38 Abs. 1
- Schutz vor Berufskrankheiten 6 Abs. 1 N 3
- Unternehmen des öffentlichen Verkehrs AZG (Nr. 17); AZGV (Nr. 18)
- Verwaltung des Bundes, der Kantone und Gemeinden 3a

Gewerkschaften
- Abschwächung der Arbeitsschutzvorschriften 27 Abs. 1
- überbetriebliche Organisation 38 Abs. 2

Gleitende Arbeitszeit
11 N 1, 12 Abs. 2 N 1, 15 Abs. 1 N 2, 31 Abs. 1, 47 Abs. 1 N 1
- Ausgleich ausgefallener Arbeitszeit 11 N 1
- Blockzeit 11 N 1
- jugendliche Arbeitnehmer 31 Abs. 1
- Pausen 15 Abs. 1 N 2
- Stundenplan 45 Abs. 1
- Überzeitarbeit 12 Abs. 2 N 1

Gleitzeit
11 N 1

Gottesdienst
20a Abs. 3
Grafiker
3 lit. d N 3
Gratifikation
13 Abs. 1 N 1
Grenznutzenbetriebe
6 Abs. 1 N 8
Grobfahrlässige Schädigung
6 Abs. 3 N 2
Grossbetriebe
wöchentliche Höchstarbeitszeit
9 Abs. 1 lit. a N 4
Grundbildung, berufliche
29 Abs. 1
Grundlagenforschung
s. Forschung
Günstigkeitsprinzip
39 Abs. 2
Güterproduktion
5 Abs. 2 N 3, 5 Abs. 2 lit. b

H

Haft
61 Abs. 2
Haftung
- aus unerlaubter Handlung 6 Abs. 1 N 4
- wegen Schlechterfüllung des Arbeitsvertrages 6 Abs. 3 N 2

Handelsreisende
3 lit. g
Hausangestellte
32 Abs. 2
Hausdienst
2 Abs. 1 lit. g
Haushälterin
2 Abs. 1 lit. g
Haushaltungen
- private 2 Abs. 1 lit. g

Hausrecht
Einschränkung 45 Abs. 1
Hausverträge
s. GAV
Heil- und Pflegeanstalten
s. auch Heime, 3 lit. e N 3
Heimarbeit
- Arbeitszeitvorschriften 9 Abs. 1 N 1 a.E.
- Geltung des ArG 3 lit. f

Heimarbeitsgesetz
HArG (Nr. 20); HArGV (Nr. 21)
Heime
- Sonderbestimmungen 27 Abs. 2; ArGV2 (Nr. 5) 16

Sachregister

Heirat
21 Abs. 1
Herabsetzung der Höchstarbeitszeit
s. Verkürzung
Höchstarbeitszeit
s. Arbeitszeit
Holzsägen
5 Abs. 2 N 2

I

Industrielle Betriebe
- allgemeine Bestimmungen
  ArGV4 (Nr. 7) 28 ff.
- Arbeitszeitbewilligung; s. dort
- Begriff 5
- Betriebsbewilligung; s. dort
- Betriebsordnung; s. auch dort, 37 Abs. 1
- Betriebsteile 5 Abs. 1 N 2
- Gesundheitsvorsorge
  6 Abs. 1 N 5; ArGV3 (Nr. 6)
- mit besonderer Brandgefahr
  ArGV4 (Nr. 7) 19 ff.
- mit Explosionsgefahr ArGV4 (Nr. 7) 22 ff.
- obligatorische Unfallversicherung
  5 Abs. 1 N 1
- Plangenehmigung; s. dort
- Sondervorschriften 5
- Unterstellungsverfügung
  5 Abs. 1 N 3; ArGV4 (Nr. 7) 32–36
- Verlängerung der wöchentlichen
  Höchstarbeitszeit 9 Abs. 3
- wöchentliche Höchstarbeitszeit; s. auch
  Arbeitszeit, 9 Abs. 1 lit. a

Industrielle Tätigkeit
5 Abs. 2 N 1
Informationssysteme
44b; ArGV1 (Nr. 2) 85 ff.
Inkasso
rechtskräftiger Gebührenentscheide 52 Abs. 1
Inrafttreten
74; ArGV1 (Nr. 2) 92–94
Inländisches Unternehmen im Ausland
1 Abs. 3
Inspektionskreise
42 Abs. 4 N 1
Inspektorate
- Eidg. Starkstrom-Inspektorate (ESTI)
  42 Abs. 4 N 3
- des Schweiz. Vereins des Gas- und
  Wasserfaches (SVGW) 42 Abs. 4 N 3
- des Schweiz. Elektrotechnischen Vereins
  (SEV) 42 Abs. 4 N 3
- des Schweiz. Vereins für Schweisstechnik
  (SVS) 42 Abs. 4 N 3
- des Schweiz. Vereins für technische
  Inspektionen (SVTI) 42 Abs. 4 N 3

Internate
- Sonderbestimmungen
  27 Abs. 2; ArGV2 (Nr. 5) 16

Inventaraufnahme
12 Abs. 1 lit. b
Ionisierende Strahlen
Vorschriften 6 Abs. 1 N 5

J

Jugendliche Arbeitnehmer
- Abendverkauf 31 Abs. 4
- ärztliches Zeugnis
  29 Abs. 4; ArGV5 (Nr. 8) 18
- allgemeine Vorschriften 29
- Altersausweis 29 Abs. 4 N 1
- Arbeit während der Schulferien,
  Höchstarbeitszeit 30 Abs. 2
- Arbeits- und Ruhezeit 31
- Bewilligungen
  - Beschäftigung schulentl. Jugendl.
    über 14 Jahren 30 Abs. 3
  - Beschäftigung schulpfl. Jugendl.
    unter 15 Jahren 30 Abs. 2
  - verbotene Arbeiten 29 Abs. 3
- Definition 29 Abs. 1
- Erkrankung, Unfall 32 Abs. 1
- Freizeit 31 Abs. 1
- Gesundheitsgefährdung 29 Abs. 3
- gleitende Arbeitszeit 31 Abs. 1
- Grenzen der Tagesarbeit 31 Abs. 2
- Handreichungen beim Sport 30 Abs. 2
- Hausgemeinschaft mit Arbeitgeber
  32 Abs. 2
- Mindestalter 30
- Mitwirkungspflicht bei
  der Gesundheitsvorsorge 6 Abs. 3
- Nachtarbeit 31 Abs. 4; ArGV5 (Nr. 8) 12
- obligatorischer Unterricht 31 Abs. 1
- Pausen 31 Abs. 2
- Schichtarbeit 31 Abs. 2
- Sonntagsarbeit 31 Abs. 4; ArGV5 (Nr. 8) 13
- tägliche Arbeitszeit 31 Abs. 1
- tägliche Höchstarbeitszeit 31 Abs. 2
- tägliche Ruhezeit
  31 Abs. 3; ArGV5 (Nr. 8) 16
- Überzeitarbeit 31 Abs. 1,
  Abs. 3; ArGV5 (Nr. 8) 17
- Vermeidung der Überanstrengung 29 Abs. 2

Sachregister

- Verschiebung der Grenzen der Tagesarbeit
 31 Abs. 2
- Verwendung für bestimmte Arbeiten
 29 Abs. 3
- Wahrung der Sittlichkeit 29 Abs. 2
- wöchentliche Höchstarbeitszeit 31 Abs. 1

Jugendliche Familienglieder
in Familienbetrieben
4 Abs. 3; ArGV5 (Nr. 8) 3 Abs. 2

K

Käsereien
2 Abs. 1 lit. d
Kantonale Arbeitsbehörden
- Anzeigen 54
- Aufgaben und Organisation 41
- Kontrolle der Einhaltung von Vorschriften
 51 Abs. 1

Kantonale Rekursbehörde
56 Abs. 1
Kanzleigebühren
49 Abs. 3
Kehrichtverbrennung
und -verarbeitung 2 Abs. 2 N 3,
27 Abs. 2 lit. ä; ArGV2 (Nr. 5) 50
Kinder
s. Jugendliche
Kinderarbeit
s. auch jugendliche Arbeitnehmer, 29 Abs. 1
Kinderheime
s. Heime
Kioske
s. auch Betriebe, die den Bedürfnissen
der Reisenden dienen, 27 Abs. 2 lit. m,
ArGV2 (Nr. 5) 26
Kirchen
3 lit. a
Kirchenverwaltung
3 lit. a N 1
Kleinbetriebe
- Gesundheitsvorsorge 6 Abs. 1 N 8
- Verlängerung der wöchentlichen
 Höchstarbeitszeit 9 Abs. 3

Kleingehölz
2 Abs. 1 lit. e
Köchin
2 Abs. 1 lit. g
Körperliche Arbeit
9 Abs. 1 lit. a N 3
Körperschaften, öffentliche
s. öffentliche Körperschaften
Körperverletzung
6 Abs. 1 N 2, 60, 62 Abs. 1

Kollektivvereinbarung
s. auch GAV, Betriebsordnung 37 Abs. 1
Kommanditäre
s. auch Arbeitnehmer, Begriff 1 Abs. 2 N 2
Kommissionäre
1 Abs. 2 N 2
Konfirmationsunterricht
31 Abs. 1
Konkurrenz
von Straftatbeständen 59 Abs. 1 N 2, 62 Abs. 1
Konkurrenzfähigkeit
Beeinträchtigung 17 Abs. 2 N 2
Kontrolle
- der Betriebsordnungen 39 Abs. 1

Konventionalstrafe
s. Vertragsstrafe
Koordinationskommission
7 Abs. 3 N 1
Krankenanstalten
- Sonderbestimmungen
 27 Abs. 2; ArGV2 (Nr. 5) 15

Krankenversicherung
71 Abs. 1 lit. a N 2
Krankheitstage
21 Abs. 1
- Kündigungsschutz
 6 Abs. 1 N 2, 54 Abs. 1 N 2

Künstlerische Tätigkeit
s. Geltungsbereich
Kumulation
von Verwaltungszwang und
Strafverfahren 52 Abs. 1
Kurzabsenzen
21 Abs. 1
Kurzarbeit
- Ausgleich ausgefallener Arbeitszeit 11 N 1
- Überstunden 12 Abs. 1 N 1

L

Laborchemiker
3 lit. d N 2
Ladenschlussvorschriften
s. Öffnungszeiten
Lärmschutz
6 Abs. 1 N 5, 6 Abs. 4; ArGV3 (Nr. 6) 22
Landwirtschaftliche Urproduktion
2 Abs. 1 lit. d
Landwirtschaftsbetriebe
- Beschäftigung von Kindern 30 Abs. 2
- Betriebsteile 1 Abs. 2 N 3
- Geltung des ArG 2 Abs. 1 lit. d;
 ArGV1 (Nr. 2) 5
- Nebenbetriebe 2 Abs. 1 lit. d

Lastwagenführer
Sonderbestimmungen; ARV1 (Nr. 19)
Lebensqualität
9 Abs. 1 N 1
Legitimation
s. Beschwerdeberechtigung
Lehre (berufliche Grundbildung)
Einschreiten der Aufsichtsbehörde 31 Abs. 1
Lehrer
3 lit. e
Leistungsverwaltung
des Gemeinwesens 2 Abs. 1 lit. a
Leitende Tätigkeit
Geltung des ArG 3 lit. d; ArGV1 (Nr. 2) 9
Leiter
– des Ein- und Verkaufs 3 lit. d N 1
– des Personalbüros 3 lit. d N 1
– einer Produktionsstätte 3 lit. d N 1
Lernende
– Altersgrenze 29 Abs. 1
– Bedeutung für Unterstellungsverfügung
  5 Abs. 2 lit. a N 2
– Gartenbaubetriebe 32 Abs. 1
– Geltungsbereich des ArG
  ArGV1 (Nr. 2) 1 Abs. 2
– in Betrieben der gärtnerischen
  Pflanzenproduktion 2 Abs. 3
Liquidationsarbeiten
12 Abs. 1 lit. b
Lohnbestandteile
13 Abs. 1 N 1; ArGV1 (Nr. 2) 33
Lohnzahlung
– an Feiertagen 20a Abs. 1 N 2
– an freien Halbtagen 21 Abs. 1
– bei Bereitschaftsdienst 9 Abs. 1 N 1
– für Pausen 15 Abs. 2
– Mutterschaft 35 Abs. 3, 35b
– stillende Mütter 35 Abs. 3
Lohnzuschlag
– bei Nachtarbeit 17b; ArGV1 (Nr. 2) 31
– bei Sonntagsarbeit 19 Abs. 3
– bei Überzeitarbeit
  13 Abs. 1; ArGV1 (Nr. 2) 33
– Berechnung ArGV1 (Nr. 2) 33
Luftseilbahnunternehmen
konzessionierte 2 Abs. 1 lit. b
Luftverkehrsbetriebe
– ausländische 3 lit. c N 3
– Geltung des ArG 3 lit. c

M

Mäkler
1 Abs. 2 N 2
Magaziner
5 Abs. 2 lit. a N 2
Maschinenschutzgesetz
6 Abs. 1 N 2; STEG (Nr. 14); STEV (Nr. 15)
Massnahmen
bei Missachtung von Verfügungen 52
Medizinische Labors
ArGV2 (Nr. 5) 19a
Mehrarbeit
12 Abs. 1 N 1
Meldung von Mängeln
6 Abs. 4
Merkmale der Industrie
– Arbeitsteilung 5 Abs. 2 lit. a N 2
– Betriebsgrösse 5 Abs. 2 lit. a N 2
– im Gegensatz zum Gewerbe
  5 Abs. 2 lit. a N 2
Milchpulver- und Kondensmilchfabriken
2 Abs. 1 lit. d
Milchsammelstellen
Geltung des ArG
2 Abs. 1 lit. d; ArGV1 (Nr. 2) 5 Abs. 2
Milchverarbeitungsbetriebe
– Sonderbestimmungen
  27 Abs. 2; ArGV2 (Nr. 5) 28
Milchzentralen
2 Abs. 1 lit. d
Mindestalter
jugendlicher Arbeitnehmer
– Aufhebung des BG 72 Abs. 1 lit. e
– Botengänge 30 Abs. 2
– Entlassung aus der Schulpflicht 30 Abs. 3
– Regel 30
Mindestnachtruhe
s. Nachtruhe
Mindestpausen
s. Pausen, Mindestdauer
Mindestruhezeit
s. Ruhezeit
Mitbestimmung
betriebliche 37 Abs. 4, 38 Abs. 2
Mitsprache
s. Mitwirkung
Mittel
der Betriebsorganisation 6 Abs. 2 N 2
Mitverschulden
des Arbeitnehmers 6 Abs. 3 N 2
Mitwirkung
– der Arbeitnehmer; s. auch Anhörung
– Arbeitnehmervertretung; s. Betriebsordnung

Sachregister

- Pflicht der Arbeitnehmer;
  s. Gesundheitsvorsorge
- Mitwirkungsgesetz (Nr. 16)

Modeschau
mit Kindern 30 Abs. 2

Monatslohn
9 Abs. 1 N 1, 22

Monteure
9 Abs. 1 N 1

Mutterschaft
35 ff.; ArGV1 (Nr. 2) 60 ff.

N

Nachholen
ausgefallener Arbeitszeit s. Ausgleich

Nacht
10 Abs. 1

Nachtarbeit
- Abschwächung des gesetzlichen Schutzes 27
- an Sonntagen 17 Abs. 1
- Ausnahmen vom Verbot 17
- Beeinträchtigung der Konkurrenzfähigkeit 17 Abs. 2 N 2
- Beginn und Ende 10 Abs. 1
- Beratung 17c
- Bewilligungspflicht
  17 Abs. 1; ArGV1 (Nr. 2) 40 ff.
- dauernde oder regelmässig wiederkehrende 17 Abs. 2; ArGV1 (Nr. 2) 28, 40 Abs. 2
- Dauer 17a
- Einverständnis d. Arbeitnehmers 17 Abs. 6
- freier Halbtag, wöchentlicher 21 Abs. 1
- jugendliche Arbeitnehmer 31 Abs. 4
- Lohnzuschlag 17b
- medizinische Untersuchung
  17c; ArGV1 (Nr. 2) 43 ff.
- Ruhezeit 17a Abs. 2
- Schranken
  - Ausnahmen; s. auch
    Sonderbestimmungen, 17 Abs. 1
  - Höchstarbeitszeit 17a
  - Mindestruhezeit 17a
  - Sonderschutz für Jugendliche 31 Abs. 4
- tägliche Höchstarbeitszeit 17a
- Überzeitarbeit 12 Abs. 2 N 1
- Untauglichkeit 17d
- Unternehmen des öffentlichen Verkehrs
  AZG (Nr. 17); AZGV (Nr. 18)
- ununterbrochener Betrieb 24 Abs. 1
- Verbindung mit Schicht- und Sonntagsarbeit 24 Abs. 1
- Verbot 16 f.
- Verschärfung des gesetzlichen Schutzes 26 Abs. 1
- Versetzung 17d
- vorübergehende
  17 Abs. 3; ArGV1 (Nr. 2) 27
- weitere Massnahmen 17e; ArGV1 (Nr. 2) 46
- wirtschaftliche und technische Unentbehrlichkeit ArGV1 (Nr. 2) 28
- Zeitzuschlag 17b Abs. 2; ArGV1 (Nr. 2) 31 f.

Nachtruhe
- an Samstagen und an Tagen vor Feiertagen 16 Abs. 1
- Mindestnachtruhe 10 Abs. 1

Nachtwächter
s. auch Überwachungspersonal, 27 Abs. 2 lit. x

Naturallohn
13 Abs. 1 N 1; ArGV1 (Nr. 2) 33

Nebenbeschäftigung
s. auch Arbeitszeit, 9 Abs. 1 N 1 a.E.

Nebenbetriebe
landw. Urproduktion,
s. Landwirtschaftsbetriebe

Nebenbetriebe
die unter das AZG fallen 2 Abs. 1 lit. b

Nervenheilanstalten
s. Krankenanstalten

Neubauten
7 Abs. 1 N 2

Nicht-industrielle Betriebe
- Betriebsordnung 37 Abs. 2, Abs. 3
- mit erheblichen Betriebsgefahren 8
- Plangenehmigung und Betriebsbewilligung 7

Niederkunft
s. auch Schwangere, 35 ff.; ArGV1 (Nr. 2) 60 ff.

Niederlassung
eines ausländischen Betriebes 1 Abs. 3

Normalarbeitsverträge
- für Assistenzärzte 3 lit. e N 1
- für das Pflegepersonal 27 Abs. 2 (lit. a)
- für Erziehungspersonal in Heimen 3 lit. e N 3
- für milchwirtschaftliche Arbeitnehmer
  2 Abs. 1 lit. e
- für Privatgärtner 2 Abs. 1 lit. e
- kantonale, für Arbeitnehmer
  in der Landwirtschaft 2 Abs. 1 lit. d

Normalarbeitszeit
s. Arbeitszeit

Notfälle
12 Abs. 2 N 1; ArGV1 (Nr. 2) 26

Nutztierhaltung
1 Abs. 2 N 3

O

Oberaufsicht
des Bundes 42 Abs. 1
Obstbau
s. Früchte- und Gemüsebau
Öffentlich-rechtliches Dienstverhältnis
- Arbeitnehmer von öffentlich-rechtlichen Körperschaften 2 Abs. 2; ArGV1 (Nr. 2) 7
- Begriff 2 Abs. 2 N 1
- Geltung des ArG 1 Abs. 1 N 1
- Vorbehalt von Vorschriften 71 lit. b

Öffentliche Anstalten
2 Abs. 2; ArGV1 (Nr. 2) 7
Öffentliche Betriebe
2 Abs. 2; ArGV1 (Nr. 2) 7
Öffentliche Körperschaften
2 Abs. 1 lit. a
Öffentliche Schulen
3 lit. e N 2
Öffentlicher Arbeitsschutz
s. Arbeitsschutz
Öffentlicher Verkehr
2 Abs. 1 lit. b
Öffnungszeiten für Ladengeschäfte
- Betriebe in Fremdenverkehrsgebieten und Grenzorten 27 Abs. 2; ArGV1 (Nr. 2) 25
- Polizeivorschriften 71 lit. c

Offizialdelikte
62 Abs. 2
Opportunitätsprinzip
54 Abs. 1 N 3
Orchester
3 lit. d N 3
Ordens- und Mutterhäuser
s. Geltungsbereich
Ordnungsstrafen
38 Abs. 1
Organe einer jur. Person
s. auch Arbeitnehmer, Begriff 1 Abs. 2 N 2
Organisation des Völkerrechts
3 lit. b; ArGV1 (Nr. 2) 8; Verfügung Nr. 1

P

Packer
5 Abs. 2 lit. a N 2
Pausen
- am Arbeitsplatz 15 Abs. 2
- Anrechnung an Arbeitszeit 9 Abs. 1 N 1
- Chauffeure ARV1 (Nr. 19)
- Entlöhnung 15 Abs. 2
- flexible Arbeitszeiten 15 Abs. 1 N 2
- gesetzliche 15
- jugendliche Arbeitnehmer 31 Abs. 2
- Mindestdauer 15 Abs. 1
- Unteilbarkeit 15 Abs. 1 N 2; ArGV1 (Nr. 2) 18 Abs. 3

Pensionsverhältnis
32 Abs. 2
Personal
- Ausbildung 6 Abs. 2 N 2
- Auswahl 6 Abs. 2 N 2

Personal ausl. Verwaltungen
s. Geltungsbereich
Personal ausländischer Staaten
oder internationaler Organisationen 3 lit. b
Personalakte
29 Abs. 4 N 1
Personen geistlichen Standes
3 lit. a
Personenschäden
6 Abs. 1 N 4, 6 Abs. 3 N 2
Pflanzenproduktion
2 Abs. 1 lit. e
Pflichten des Arbeitgebers
- Anleitung der Arbeitnehmer ArGV3 (Nr. 6) 3
- Arbeitsablauf, Gestaltung 6 Abs. 2
- Auskunftspflicht 45
- Bekanntgabe des Stundenplans 47
- betriebliche Einrichtungen 6 Abs. 2
- Bewilligungsgesuche 49
- Mitwirkungsrechte der Arbeitnehmer 48
- Schutz der Gesundheit 6 Abs. 1 u. Abs. 2; ArGV3 (Nr. 6)
- Verzeichnisse und Unterlagen 46
- Zutritt zum Betrieb 45 Abs. 2

Pikettdienst
9 Abs. 1 N 1; ArGV1 (Nr. 2) 14
Plangenehmigung
- Auflagen 7 Abs. 2
- bei Errichtung eines industriellen Betriebes 7 Abs. 1, Abs. 2
- geplante Anlage 7 Abs. 1, Abs. 2
- koordiniertes Bundesverfahren 7 Abs. 2 N 3
- Bericht der Suva 7 Abs. 5 N 1
- Pflicht zur Einholung 7
- Rechtsanspruch auf Erteilung 7 Abs. 2 N 2
- Rechtsmittelbelehrung 7 Abs. 2 N 1
- Verfahren ArGV4 (Nr. 7) 37 ff.
- Verfügung 7 Abs. 2 N 2

Polizeirecht
- Bau-, Feuer-, Gesundheits- und Wasserpolizei 71 lit. c
- Ruhetagsgesetzgebung der Kantone 71 lit. c
- Verweigerung der Plangenehmigung 71 lit. c
- Vorbehalt von Vorschriften 71 lit. c
- s. auch Öffnungszeiten

Sachregister

Polizeivorschriften
s. Polizeirecht
Präsenzzeit
s. auch Arbeitszeit
– als Arbeitszeit 9 Abs. 1 N 1
– Sonderbestimmungen 27 Abs. 2
Präventivkontrolle
6 Abs. 1 N 2
Präventivmassnahmen
gegen Rechtsverletzungen 52 Abs. 1
Praktikanten
1 Abs. 2 N 2, 5 Abs. 2 lit. a N 2;
ArGV1 (Nr. 2) 1 Abs. 2
Presseredaktionen
s. Zeitungs- und Zeitschriftenredaktionen
Private Haushalte
s. Haushaltungen, private
Privatgärtner
s. auch Gärtnereien, 2 Abs. 1 lit. e
Privatstrafe
38 Abs. 1 N 2
Privatwaldungen
1 Abs. 1 N 2
Produktion
als Merkmal der Industrie 5 Abs. 2 N 3
Produktionsbetriebe
2 Abs. 2 N 3
Provisorische Betriebsbewilligung
s. Betriebsbewilligung
Provisorium
einer festen Anlage 5 Abs. 2 N 2

R

Radio und Fernsehen
– Sonderbestimmungen
27 Abs. 2; ArGV2 (Nr. 5) 31
Raffinerie
5 Abs. 2 N 4
Rauchen
ArGV3 (Nr. 6) 19
Raumklima
6 Abs. 1 N 5; ArGV3 (Nr. 6) 16
Raumluft
6 Abs. 1 N 5; ArGV3 (Nr. 6) 17
Rechnungsabschlüsse
12 Abs. 1 lit. b
Rechtskonsulent
3 lit. d N 2
Rechtsmittel
55 ff.
Rechtsmittelbelehrung
– allgemein 50 Abs. 1, 56 Abs. 2
– Verweigerung der Plangenehmigung
7 Abs. 3 N 1
Rechtswidrigkeit
einer Betriebsordnung 38 Abs. 3
Regiebetriebe
2 Abs. 1 lit. a
Regisseure
3 lit. d N 3
Reinigungspersonal
5 Abs. 2 lit. a N 2
Rekursinstanzen
kantonale 40 Abs. 1
Religiöse Feiern
20a Abs. 3
Religiöse Feiertage
11 N 1
Religiöse Gemeinschaften
s. Geltungsbereich
Rentenkürzung
60
Reparatur
Behandlung von Gütern 5 Abs. 2
Reparaturwerkstätten
– Sonderbestimmungen
27 Abs. 2; ArGV2 (Nr. 5) 46
Repräsentantin der Arbeitnehmer
– Arbeitnehmervertretung
Revisoren
1 Abs. 2 N 2
Rezeptionsklausel
6 Abs. 1 N 4
Rheinschiffahrt
2 Abs. 1 lit. c
Rohrleitungsanlagen
2 Abs. 1 lit. b
Rückgriff
der Suva 6 Abs. 1 N 4, 6 Abs. 3 N 2
Rufbereitschaft
s. auch Arbeitszeit, 9 Abs. 1 N 1
Ruhetagsgesetzgebung
polizeirechtliche 71 lit. c
Ruhezeit
– Chauffeure ARV1 (Nr. 19)
– jährliche; s. auch Ferien, 15 Abs. 1 N 1
– jugendliche Arbeitnehmer 31 Abs. 2
– Pausen 15
– tägliche 15a
– Unternehmen des öffentlichen Verkehrs
ARV1 (Nr. 19)
– ununterbrochener Betrieb 24 Abs. 5
– Verbot der Abgeltung 22
– Verbot der Nachtarbeit 16
– wöchentliche 18 ff.

Ruhezeitgesetz
Aufhebung 72 Abs. 1 lit. d
Rummelplatz
s. Schaustellungsbetriebe

S

Sachschäden
6 Abs. 3 N 2
Sachverständige
42 Abs. 4
Sägewerk
2 Abs. 1 lit. d
Samstag
18 Abs. 1, 19 Abs. 1, 21 Abs. 1
Sanitäre Anlagen
6 Abs. 1 N 5; ArGV3 (Nr. 6) 29 ff.
SBB
2 Abs. 1 lit. b
Schadenersatzpflicht
gegenüber Dritten 60
Schädigung
– des Betriebsinhabers 6 Abs. 3 N 2
– eines Arbeitskollegen 6 Abs. 3 N 2
Schaustellungsbetriebe
– Sonderbestimmungen
 27 Abs. 2; ArGV2 (Nr. 5) 39
Scheinselbstständige
s. arbeitnehmerähnliche Personen 1 Abs. 2 N 2
Schichtarbeit
– Abschwächung des gesetzlichen Schutzes 27
– Definition ArGV1 (Nr. 2) 34
– jugendliche Arbeitnehmer 31 Abs. 2
– Lohnzuschlag für Überzeitarbeit 13 Abs. 1
– Ruhezeit 15a Abs. 2
– Schichtenwechsel 25; ArGV1 (Nr. 2) 34
– Überzeitarbeit 12
– ununterbrochener Betrieb
 24; ArGV1 (Nr. 2) 36 ff.
– Verschärfung des gesetzlichen Schutzes
 26 Abs. 1
– zweischichtige Tagesarbeit 10 Abs. 1 N 1
Schichtbetrieb
s. Schichtarbeit
Schichtenwechsel
s. Schichtarbeit
Schifffahrtsunternehmen
konzessionierte 2 Abs. 1 lit. b
Schiffsbesatzung
in der Hochseeschiffahrt 3 lit. h
Schlaf- und Speisewagenbetriebe
2 Abs. 1 lit. b
Schmutzarbeit
13 Abs. 1 N 1

Schnupperlehre
s. Berufswahlpraktikum
Schriftform
der Betriebsvereinbarung 37 Abs. 4
Schriftliche Androhung
von Verwaltungsmassnahmen 52 Abs. 2
Schuldbetreibung
52 Abs. 1
Schulferien
30 Abs. 2
Schulweg
31 Abs. 1
Schutz
gegen Lärm und Erschütterungen 6 Abs. 1 N 5
Schutzausrüstung
6 Abs. 1 N 5, 6 Abs. 4; ArGV3 (Nr. 6) 27
Schutzbestimmungen
weitere 26
Schutzmassnahmen
6 Abs. 1 N 5
Schutzvorschriften
5 Abs. 2 lit. c, 6 Abs. 1 N 4, 7 Abs. 3 N 1,
26 Abs. 1, 28, 29 Abs. 1, 47 Abs. 1 N 1
Schutzwirkung
von Arbeitsverträgen 6 Abs. 3 N 2
Schwach- und Starkstromanlagen
Bundesgesetz 71 Abs. 1 lit. c
Schwangere
– ärztliches Zeugnis 35a Abs. 3
– Beschäftigungsverbot
 35a; ArGV1 (Nr. 2) 64 ff.
– Beschäftigungserleichterung 35;
 ArGV1 (Nr. 2) 61
– Ersatzarbeit 35b
– Gesundheitsschutz 35; ArGV1 (Nr. 2) 62 ff.
– Lohnanspruch 35 Abs. 3, 35b
– Mutterschutzverordnung (→ Nr. 4)
 nach ArGV1
– Sonderschutz 35 Abs. 1; ArGV1 (Nr. 2) 60 ff.
– Stillen 35, 35a Abs. 2; ArGV1 (Nr. 2) 60
Schwankungen
saisonmässige 9 Abs. 3
Schweigepflicht
44; ArGV1 (Nr. 2) 82
SECO
– Änderung und Aufhebung von Unter-
 stellungsverfügungen 42 Abs. 3 N 1
– Arbeitszeitbewilligungen an
 industrielle Betriebe 42 Abs. 3 N 1
– Aufgabenbereich 42 Abs. 3
– Ausnahmebewilligungen 42 Abs. 3
– Behandlung von Anzeigen 42 Abs. 3
– Behandlung von Beschwerden 42 Abs. 3

Sachregister

- Bewilligung der Verlängerung der wöchentlichen Höchstarbeitszeit 42 Abs. 3
- Entzug und Sperre von Arbeitszeitbewilligungen 42 Abs. 3
- Oberaufsicht über den Gesetzesvollzug 42 Abs. 3
- Unterstellung von Betrieben 42 Abs. 3
- Weisungen 42 Abs. 3

Seeleute
2 Abs. 1 lit. c

Seeschifffahrt
unter Schweizer Flagge 2 Abs. 1 lit. c

Seeschifffahrtsgesetz
3 lit. h

Sektenmitglieder
3 lit. a N 2

Selbstständige Stellung
1 Abs. 2 N 2

Sicherheit
6 Abs. 4
- technischer Einrichtungen und Geräte STEG (Nr. 14); STEV (Nr. 15)

Sicherheitspolizei
52 Abs. 2

Sicherheitsvorrichtungen
Beseitigung oder Nichtanbringung 62 Abs. 1

Sittlichkeit
Massstab 6 Abs. 1 N 9, 29 Abs. 2

Sitz des Arbeitsverhältnisses
1 Abs. 3

Skilifte
2 Abs. 1 lit. b

Solisten
3 lit. d N 3

Sommer
10

Sommerzeit
11 N 1

Sonderbestimmungen
für bestimmte Betriebe 27

Sonderdelikte
59 Abs. 1 N 2

Sonderschutz
der Jugendlichen, schwangeren Frauen und stillenden Mütter 29 ff.

Sonntagsarbeit
- Abschwächung des gesetzlichen Schutzes 27
- Besuch des Gottesdienstes 20a Abs. 3
- Bewilligung 19
- dauernde oder wiederkehrende 19 Abs. 2
- Ersatzruhe 20 Abs. 2
- freier Sonntag 20
- jugendliche Arbeitnehmer 31 Abs. 4
- Lohnzuschlag 19 Abs. 3
- Sonderbestimmungen 27
- ununterbrochener Betrieb 24
- Verbot 18 f.
- Verbot der Überzeitarbeit ArGV1 (Nr. 2) 25
- Verschärfung des gesetzlichen Schutzes 26 Abs. 1
- Verschiebung der Ersatzruhe 20 Abs. 3
- Vorbehalt der Polizeivorschriften über die Sonntagsruhe 71 lit. c
- vorübergehende 19 Abs. 3

Spedition und Transport
5 Abs. 2 lit. a N 2

Spetterrin
2 Abs. 1 lit. g

Spital
rechtlich selbstständiges, das von einer Kirche betrieben wird 3 lit. a N 2

Spitex-Betriebe
ArGV2 (Nr. 5) 17

Starkstrominspektorate
s. Inspektorate

Statthalteramt
62 Abs. 2

Stillende Mütter
35 Abs. 3; ArGV1 (Nr. 2) 60

Strafandrohung
51 Abs. 2

Strafbestimmungen
59 ff.

Strafgesetzbuch
Vorbehalt 62 Abs. 1

Strafrechtliche Verantwortlichkeit
- des Arbeitgebers 59 Abs. 1
- des Arbeitnehmers 60
- des Beauftragten 59 Abs. 2

Strafverfolgung
62 Abs. 2

Strahlenschutzverordnung
6 Abs. 1 N 5

Strahlung
Gefährdung durch 6 Abs. 1 N 5

Stundenlohn
20 Abs. 2, 22

Stundenplan
47

Subjektiver Fahrlässigkeitsbegriff
6 Abs. 3 N 2

Suva
- Einholung von Ratschlägen 6 Abs. 1 N 6
- Pflichtversicherung 6 Abs. 1 N 4
- Regress 6 Abs. 1 N 4, 6 Abs. 3 N 2
- Weisungen im Plangenehmigungsverfahren 7 Abs. 1 N 6

T

Tägliche Arbeitszeit
s. Arbeitszeit
Tägliche Höchstarbeitszeit
s. Arbeitszeit
Tägliche Ruhezeit
s. Ruhezeit
Tätigkeit
vorübergehende eines ausländischen Betriebs 1 Abs. 3
Tagelohn
20 Abs. 2, 20a Abs. 1 N 2, 22
Tagesarbeit
s. auch Nachtarbeit, 10
Tagesschicht
s. Schichtarbeit
Teilnahme
an einem Delikt 59 Abs. 1 N 2
Teilzeitarbeit
- Arbeitsweg 9 Abs. 1 N 1
- Bedeutung für Unterstellungsverfügung 5 Abs. 2 lit. a N 2
- Überstunden 12 Abs. 1 N 1
- Zeitzuschlag bei Nachtarbeit 17b Abs. 3

Temporäre Arbeit
- Arbeitgeberbegriff 1 Abs. 2 N 1
- Aufspaltung der Arbeitgeberstellung 6 Abs. 1 N 4
- Disziplinargewalt 38 Abs. 1 N 2
- Haftung 6 Abs. 3 N 2

Territorialitätsprinzip
1 Abs. 3, 59 Abs. 1 N 1
Theater
s. Berufstheater
Todesfall
21 Abs. 1
Tötung
fahrlässige 6 Abs. 1 N 2, 60
Topfpflanzen- und Schnittblumenkultur
s. auch Gärtnereien, 2 Abs. 1 lit. e;
ArGV1 (Nr. 2) 6 Abs. 1
Treuepflicht
20a Abs. 3
Trinkgelder
13 Abs. 1 N 1
Trolleybus-Unternehmen
2 Abs. 1 lit. b

U

Überbeanspruchung
der Arbeitnehmer 6 Abs. 2
Übergangsbestimmung
71 ff.
Überstundenarbeit
s. auch Arbeitszeit, 12 Abs. 1
Überwachungspersonal
- Sonderbestimmungen 27 Abs. 2; ArGV2 (Nr. 5) 45

Überzeitarbeit
- Abschwächung des gesetzlichen Schutzes 27
- an freien Halbtagen 21 Abs. 3
- an Sonntagen 19 Abs. 1; ArGV1 (Nr. 2) 25 Abs. 1
- behördliche Bewilligung 12 Abs. 2 N 2
- Bekanntgabe 47 Abs. 1
- Chauffeure ARV1 (Nr. 19)
- Freizeitausgleich 13 Abs. 2; ArGV1 (Nr. 2) 25 Abs. 2
- Grenzen 12 Abs. 2
- Höchstdauer 12 Abs. 2 N 1
- jährliche Maximalgrenze 12 Abs. 2 N 3
- jugendliche Arbeitnehmer 31 Abs. 1, Abs. 3
- Lohnzuschlag 13 Abs. 1
- Sonderfälle ArGV1 (Nr. 2) 26
- Überstunden 12 Abs. 1
- Vergütung 13 Abs. 1
- Verschärfung des gesetzlichen Schutzes 26 Abs. 1
- Voraussetzungen und Dauer 12 f.
- während Ersatzruhe 20 Abs. 3

Umbauten
7 Abs. 1 N 2
Umgestaltung innerer Einrichtungen
7 Abs. 1 N 2
Umgestaltung von Gütern
5 Abs. 2 N 3
Umzug
21 Abs. 1
Unfall
6 Abs. 2 N 3
Unfallverhütung
- für alle Betriebe 6 Abs. 1 N 5; ArGV3 (Nr. 6); UVG (Nr. 12); VUV (Nr. 13)
- Pflichten von Arbeitgebern und Arbeitnehmern 6 Abs. 3 N 2; UVG (Nr. 12); VUV (Nr. 13)
- Regelung in der Betriebsordnung 38 Abs. 1

Unfallversicherungsanstalt
Schweizerische; s. Suva

Unfallversicherungsgesetz
71 lit. a; UVG (Nr. 12)
Ungehorsam
gegen amtliche Verfügungen 51 Abs. 2
Unteilbarkeit
der Pause 15 Abs. 1 N 2
Unterhaltungsbetriebe
- Beschäftigungsverbot Jugendlicher
  ArGV1 (Nr. 2) 49 lit. a
- Sonderbestimmungen
  27 Abs. 2; ArGV2 (Nr. 5) 37, 38, 39
Unterhaltungsmusiker
- Sonderbestimmungen
  27 Abs. 2; ArGV2 (Nr. 5) 36
Unterstellung
unter Sondervorschriften 5 Abs. 1
Unterstellungsverfahren
ArGV4 (Nr. 7) 32 ff.
Unterstellungsverfügungen
- des SECO 5 Abs. 1
- Rechtsmittel 55
Ununterbrochener Betrieb
- Abschwächung des gesetzlichen Schutzes 27
- Bewilligung 24 Abs. 1
- Ersatzruhe für Sonntagsarbeit
  24 Abs. 6, 20 Abs. 2
- Mindestpausen 15 Abs. 1 N 2, 24 Abs. 5
- Ruhezeit 24 Abs. 5; ArGV1 (Nr. 2) 37
- tägliche Höchstarbeitszeit
  ArGV1 (Nr. 2) 38 Abs. 3
- Verschärfung des gesetzlichen Schutzes
  26 Abs. 1
- wöchentliche Höchstarbeitszeit
  24 Abs. 5; ArGV1 (Nr. 2) 38
- zusammengesetzter ununterbrochener
  Betrieb ArGV1 (Nr. 2) 39
Urlaub
s. Ferien
Urlaubstage
21 Abs. 1
Urproduktion
5 Abs. 2 N 3

V

Verantwortlichkeit
s. strafrechtliche Verantwortlichkeit
Verband
Aktivlegitimation 58 Abs. 1
Verbot
der Benützung von Betriebsräumen 52 Abs. 2
Verderb
von Gütern 20 Abs. 3

Verfahren
nach kantonalem Recht 56 Abs. 2
Verfügung
- mit Strafandrohung 51 Abs. 2
Verhältnismässigkeit
17d, 17e Abs. 1, 51 Abs. 1, 52 Abs. 1
Verhütung
von Unfällen und Berufskrankheiten
6 Abs. 2 N 3; VUV (Nr. 13)
Verkaufsgeschäfte
19 Abs. 3, 27 Abs. 2 lit. l
Verkaufspersonal
- Lohnzuschlag für Überzeitarbeit
  13 Abs. 1 N 2
- wöchentliche Höchstarbeitszeit
  9 Abs. 1 N 2, 4
Verkehrskadetten
1 Abs. 2 N 2
Verkehrswege
6 Abs. 1 N 5, 6 Abs. 2 N 1
Verkürzung
der wöchentlichen Höchstarbeitszeit 26 Abs. 2
Verlängerung
der wöchentlichen Höchstarbeitszeit
- dauernd 27
- durch den Betriebsinhaber 9 Abs. 3
- mit Ausgleich 9 Abs. 3; ArGV1 (Nr. 2) 22
- ohne Jahresausgleich 9 Abs. 4
- und zeitweise Überschreitung
  der Höchstarbeitszeit 9 Abs. 1 N 2 a.E.
- zeitweise 27
Verletzung
der Arbeitsschutzvorschriften
6 Abs. 1 N 4, 6 Abs. 4
Verordnungen des Bundesrates
40 Abs. 1 lit. a
Verordnungsgeber
40
Verpflegungsdienste
ambulante (in Zügen) 2 Abs. 1 lit. b
Verschiebung
der Grenzen der Tages- und Abendarbeit
- Beginn und Ende 10 Abs. 2
- Sonderbestimmungen 27 Abs. 1
Versorgerschaden
6 Abs. 1 N 4
Versorgungsbetriebe
2 Abs. 2 N 3
Vertrag
mit Schutzwirkung zugunsten Dritter
6 Abs. 3 N 2
Vertragsfreiheit
9 Abs. 1 N 1

Sachregister

Vertragsstrafe
38 Abs. 1 N 2
Vertrauensarbeitszeit
46 N 2
Verwaltungen
– des Bundes, der Kantone und Gemeinden 2 Abs. 1 lit. a, 2 Abs. 2; ArGV1 (Nr. 2) 7
– Gesundheitsschutz 3a lit. a
Verwaltungsbeschwerden
– bei Nichthandeln der Behörden 54 Abs. 2
– gegen letztinstanzliche kantonale Verfügungen 57
– gegen Verfügungen des SECO 55
– gegen Weisungen bei der Betriebsbewilligung 7 Abs. 3 N 2
– Zuständigkeit 42
Verwaltungsbestimmungen
des Bundesrates 40 Abs. 1 lit. c
Verwaltungsgerichtsbeschwerde
– Anwendbarkeit des Gesetzes 41 Abs. 3
– bei Nichthandeln der Behörden 54 Abs. 2
– gegen letztinstanzliche kantonale Verfügungen 57
– gegen Verfügungen des SECO 55
– gegen Weisungen bei der Betriebsbewilligung 7 Abs. 3 N 2
Verwaltungsgerichtsprozess
56 Abs. 1
Verwaltungsmassnahmen
41 Abs. 1 N 1
Verwaltungsrechtspflege
55 ff.
Verwaltungsverfügungen
50
Verwaltungszwang
52
Verwarnung
38 Abs. 1 N 2
Verweis
38 Abs. 1 N 2
Verwendungsverbot
Jugendlicher 29 Abs. 3
Verzeichnisse
und Unterlagen des Arbeitgebers 46; ArGV1 (Nr. 2) 73
Viehhandlung
1 Abs. 2 N 3
Vollbeschäftigung
wöchentliche Arbeitszeit 5 Abs. 2 lit. a N 2
Vollstreckungszwang
52 Abs. 1
Vollziehungsverordnung
40 Abs. 1

Vollzug
des Gesetzes 41 Abs. 1, 42 Abs. 2
Vollzugsbehörden
41 Abs. 1
Volontäre
5 Abs. 2 lit. a N 2; ArGV1 (Nr. 2) 1 Abs. 2
Vorbehalt
von Strafgesetzen 59 Abs. 2, 62 Abs. 1
Vorholen
ausgefallener Arbeitszeit s. Ausgleich
Vorkehren
bei Nichtbefolgung von Vorschriften oder Verfügungen 51
Vorsätzliche Schädigung
6 Abs. 3 N 2
Vorsatz
59 Abs. 1 lit. a

W

Wäscherei eines Hotels
5 Abs. 1 N 2
Wahl der Arbeitnehmervertretung
37 Abs. 4 N 3; ArGV1 (Nr. 2) 67 Abs. 1
Waldungen
– öffentliche; s. auch Forstbetriebe, 1 Abs. 1 N 2
– private 1 Abs. 1 N 2
Wandergewerbe
1 Abs. 2 N 1
Waschen und Glätten von Wäsche
5 Abs. 2 N 3
Wasserversorgung
2 Abs. 2 N 3, 5 Abs. 2 N 3
Wasserwerke
s. Elektrizitäts-, Gas- und Wasserwerke
Wegzeiten
s. Arbeitsweg
weibliche Arbeitnehmer
s. Schwangere, stillende Mütter
Weinbau
2 Abs. 1 lit. d; ArGV1 (Nr. 2) 5
Weisungen
über Schutzmassnahmen 6 Abs. 4
Weisungsrecht
38 Abs. 1 N 2
Weiterbildung
9 Abs. 1 N 1; ArGV1 (Nr. 2) 13 Abs. 4
Weiterzug
von Entscheiden der letzten kant. Instanz 57
Werkstätten
von Bauunternehmen 5 Abs. 1 N 2
Wettbewerbsverzerrungen
42 Abs. 1

Sachregister

Widerruf
von Verfügungen 50 Abs. 2
Wiesenbau
2 Abs. 1 lit. d; ArGV1 (Nr. 2) 5 Abs. 1
Winter 10
Wirtschaftsbedingungen
27 Abs. 1, 42 Abs. 1
Wirtschaftszweig
1 Abs. 1 N 1
Wissenschaftliche Tätigkeit
s. Geltungsbereich
Witterungsbedingungen
2 Abs. 1 lit. d
Wöchentliche Höchstarbeitszeit
s. Arbeitszeit
Wöchentliche Ruhezeit
s. Ruhezeit
Wöchnerinnen
35a Abs. 3

Z

Zeitlohn
13 Abs. 1 N 1
Zeitungs- und Zeitschriftenredaktionen
– Sonderbestimmungen
27 Abs. 2; ArGV2 (Nr. 5) 30
Zeitzuschlag
17b Abs. 2
Zentralverwaltung
2 Abs. 1 lit. a

Zirkusbetriebe
– Sondervorschriften
27 Abs. 2; ArGV2 (Nr. 5) 38
**Zivilrechtliche Wirkungen
der Betriebsordnung**
39 Abs. 2
Zucht- und Nutztierhaltung
– Ausnahmen vom betrieblichen
Geltungsbereich ArGV1 (Nr. 2) 5 Abs. 1
– Geltung des ArG 2 Abs. 1 lit. d
Zuckerfabriken
9 Abs. 3
Züchtigungsrecht
des Arbeitgebers 38 Abs. 1 N 2
Zündhölzchen
BG über Fabrikation und Betrieb 72 Abs. 1 lit. a
Zusammenlegung freier Halbtage
s. auch freie Halbtage, 21 Abs. 2
Zutrittsrecht
der Behörden 45 Abs. 2; ArGV1 (Nr. 2) 72
Zuwiderhandlung
gegen Vorschriften 6 Abs. 1 N 2
Zwang
unmittelbarer 52 Abs. 1
Zwangsferien
11 N 1
Zweischichtige Tagesarbeit
s. Schichtarbeit
Zweiteilung
der Arbeitnehmergruppen 9 Abs. 5